홍형철 공무원 형법 1
[형법총론]

홍형철 변호사

제2판 머리말

이번 제2판에서는 ① 2025. 5. 1. 판례공보 내용까지 반영하여 최신판례를 추가하였고, ② 그 밖의 오타나 비문 등을 수정하였습니다.

모쪼록 본서가 수험생들의 합격에 큰 도움이 되길 바랍니다.

2025년 6월
홍형철 변호사

머리말

본서는 국가직 7급·9급 및 법원직 9급 등 공무원시험 준비를 위한 형법 기본서입니다.

짧은 수험기간 동안 여러 과목을 동시에 준비하여야 하는 공무원시험의 특성을 고려하여, 본서 한 권만으로도 시험에 필요한 형법 전체 내용을 빠짐없이 공부할 수 있도록 정리하여 수록하였습니다.

본서의 세부 구성과 내용은 다음과 같습니다.

1. 교재의 전체 차례는 이재상 교수 외 저명교수의 기본서를 참고하였습니다.

2. 형법을 처음 접하는 수험생들도 이해할 수 있도록 기본 개념부터 시험에 필요한 중요 내용 및 관련 규정, 판례까지 모두 정리하여 수록하였습니다.

3. 기본서이면서도 객관식 시험을 위한 수험교재임을 고려하여, 시험에서 출제 가능성이 떨어지는 이론적인 내용이나 지엽적인 부분은 과감히 생략하였습니다.

4. 별도로 법전을 보지 않더라도 기본서 내용에 맞춰 형법 규정을 확인할 수 있도록 조문 내용을 박스 처리하여 관련 내용 부분에 배치하였습니다.

5. 주요한 출제대상인 판례 역시 따로 박스 처리하여 수록하였고, 판례 내용 중 핵심 키워드 및 중요 부분에 대하여는 밑줄 등을 통해 한눈에 파악할 수 있도록 하였습니다.

6. 수험적으로 정리가 필요한 키워드와 중요 내용들에 대하여는 밑줄 등을 통해 강조하여 표시하였습니다. 특히 모든 시험에서 중요하게 다루어지는 중요 쟁점에 대한 키워드 부분에는 따로 강조표시를 하였습니다.

아울러 효율적인 공부를 위해 본서를 주교재로 하는 기본강의 및 핵심요약강의 등을 진행할 예정에 있습니다.

모쪼록 본서가 수험생 여러분들의 무난한 합격에 큰 도움이 될 수 있기를 기원합니다.

2024년 6월

홍형철 변호사

Contents
차 례

PART 01 형법의 일반이론

CHAPTER 01 형법의 일반이론 … 10
제1절 형법의 기본개념 · 10
제2절 형법의 기본원리 · 11
제3절 형법의 적용범위 · 39
제4절 형법이론 · 54

PART 02 범죄론

CHAPTER 01 범죄의 기본개념 … 58
제1절 범죄의 의의와 종류 · 58
제2절 행위론 및 범죄체계론 · 63
제3절 행위의 주체와 객체 · 65

CHAPTER 02 구성요건론 … 70
제1절 구성요건이론의 일반이론 · 70
제2절 결과반가치와 행위반가치 · 71
제3절 부작위범 · 73
제4절 인과관계와 객관적 귀속 · 85
제5절 구성요건적 고의 · 97
제6절 구성요건적 착오 · 106
제7절 과실 · 110
제8절 결과적 가중범 · 126

CHAPTER 03 위법성 … 135
제1절 위법성의 일반이론 · 135
제2절 정당방위 · 139
제3절 긴급피난 · 151
제4절 자구행위 · 157

제5절 피해자의 승낙 · 162
　　제6절 정당행위 · 169

CHAPTER 04 책임론 ⋯ 190
　　제1절 책임이론 · 190
　　제2절 책임능력 · 192
　　제3절 위법성의 인식과 금지착오 · 200
　　제4절 기대가능성 · 219

CHAPTER 05 미수론 ⋯ 225
　　제1절 미수범의 일반이론 · 225
　　제2절 장애미수 · 227
　　제3절 중지미수 · 237
　　제4절 불능미수 · 242
　　제5절 예비죄 · 247

CHAPTER 06 정범 및 공범론 ⋯ 253
　　제1절 정범 및 공범의 일반이론 · 253
　　제2절 간접정범 · 261
　　제3절 공동정범 · 269
　　제4절 교사범 · 293
　　제5절 종범 · 301
　　제6절 공범과 신분 · 314

CHAPTER 07 죄수론 ⋯ 324
　　제1절 죄수이론 · 324
　　제2절 일죄 · 328
　　제3절 수죄 · 348

PART 03 형벌론

제1절 형벌의 종류 · 370
제2절 형의 양정 · 383
제3절 누범 · 391
제4절 집행유예 · 선고유예 · 가석방 · 395
제5절 형의 시효와 소멸 · 407
제6절 보안처분 · 411

판례색인 · · · 415

홍형철공무원형법

PART 01

형법의 일반이론

CHAPTER 01 형법의 일반이론

제1절 형법의 기본개념

Ⅰ. 형법의 의의

1. 형법의 개념

   형법은 범죄의 성립요건과 그에 대한 법적 효과로서 형사제재(형벌과 보안처분)를 규정한 법규범의 총체이다.

2. 형법의 범위

가. 협의의 형법

   형법이라는 명칭을 가진 형법전을 말한다.

나. 광의의 형법

   명칭과 형식을 불문하고 범죄와 그에 대한 법적 효과로서 형벌과 보안처분을 규정한 모든 법규범을 의미한다(실질적 의미의 형법).

다. 양자의 관계

   형식적 의미의 형법에는 실질적 의미의 형법에 포함되지 않는 것도 있다(친고죄의 고소, 양형의 조건, 형의 집행, 형의 실효 등). 따라서, 형식적 의미의 형법이 모두 실질적 의미의 형법이 되는 것은 아니다.

Ⅱ. 형법의 성격

1. 형법의 법체계적 지위

   형법은 국가와 범죄자의 관계를 규정하는 공법이고, 재판에 적용되는 법으로서 사법(司法)법이며, 재판의 대상인 사건의 실체에 관한 법으로서 실체법이다.

2. 형법의 규범적 성격

   형법은 일정한 범죄행위를 조건으로 이에 대한 법률효과를 규정하는 가설적 규범이고, 일정한 행위가 법적으로 무가치하다고 평가하는 평가규범이며, 일반국민에게 의사결정에 있어 하나의 기준으로 작용하는 의사결정규범이다. 또한 일반국민에게 일정한 행위를 금지 또는 명령함으로써 행위의 준칙으로 삼게 하는 행위규범이고, 법관 등의 사법활동을 규제하는 재판규범이다.

Ⅲ. 형법의 기능

1. 규제적 기능

규제적(규율적) 기능이란 형법의 <u>행위규범</u> 및 <u>재판규범</u>으로서의 기능을 말한다.

2. 보호적 기능

① <u>법익보호기능</u>이란 일반국민들이 평화로운 공동생활을 영위하기 위하여 필요불가결한 조건들을 내·외의 공격과 침해로부터 보호해 주는 형법의 기능을 말한다. 다만, 형법은 형법 이외의 다른 사회적·법적 통제수단에 의해서는 법익 보호가 불가능한 경우에만 적용되는 최후의 수단이다(<u>보충성의 원칙</u>). ② <u>사회윤리적 행위가치보호기능</u>이란 사회공동체의 일원으로서 개인이 실천해야 할 윤리적 의무를 이행하도록 함으로써 사회윤리적으로 합치되는 행위 그 자체도 사회공동생활상 가치가 있는 것으로 보호하는 기능을 말한다.

3. 보장적 기능

<u>보장적 기능</u>이란 형법이 국가가 행사할 형벌권의 한계를 명확하게 규정하여 자의적 형벌로부터 국민의 자유와 권리를 보장하는 기능을 말한다. 형법은 법익침해를 수단으로 법익을 보호하므로 <u>보호적 기능과 보장적 기능은 완전한 반비례관계</u>에 있다.

제2절 형법의 기본원리

Ⅰ. 죄형법정주의

1. 의의

가. 죄형법정주의의 의미

죄형법정주의란 <u>어떤 행위가 범죄로 되고 그 범죄에 대하여 어떤 처벌을 할 것인가는 행위 이전에 미리 성문의 법률에 규정되어 있어야 한다는 원칙</u>이다. 이는 국가형벌권의 확장과 자의적 행사로부터 시민의 자유와 권리를 보장하기 위한 <u>형법의 최고원리</u>이다.

나. 현대적 의미의 죄형법정주의 - 실질적 죄형법정주의

형식적 의미의 죄형법정주의는 법률의 내용을 불문하므로 부당한 법률에 의한 형벌권의 남용을 초래할 위험성이 있다. 그러나 현대적 의미의 죄형법정주의는 법률의 내용이 실질적 정의에 합치하는 적정한 법률일 것을 요구함으로써 법관의 자의뿐만 아니라 입법자의 자의로부터도 국민의 자유를 보장하는 <u>실질적 의미의 죄형법정주의를 의미한다</u>("<u>적정한 법률 없으면 범죄 없고 형벌 없다</u>").

Ⅱ. 기능

1. 보장적 기능

죄형법정주의는 국가의 형벌권발동의 조건·정도를 명확한 실정법률에 구속시킴으로써 형벌권의 자의적 행사로부터 국민의 자유와 안전을 보장한다.

2. 적극적 일반예방기능

형법은 범죄와 형벌을 성문법률에 의하여 확정·공포함으로써 국민들이 사회적 갈등상황을 규범에 맞는 행동으로 해결하도록 교육하고, 그로 인하여 잠재적 범죄인인 일반국민들에게 법의식의 규범요구를 내면화시킴으로써 사회의 법질서 안정에 기여한다.

Ⅲ. 내용

죄형법정주의는 ① 성문법률주의, ② 소급효금지의 원칙, ③ 명확성의 원칙, ④ 유추해석금지의 원칙 및 ⑤ 적정성의 원칙을 내용으로 한다.

1. 성문법률주의

가. 의의

성문법률주의란 범죄와 형벌은 성문의 법률에 의하여 규정되어야 한다는 원칙이다. 여기서 법률이란 국회에서 제정된 형식적 의미의 법률을 의미한다. 따라서 범죄와 형벌을 명령 규칙 등에 의하여 규정하거나 관습법을 처벌근거로 하는 것은 죄형법정주의에 위반된다.

> **판례** 법률주의
>
> • 지방자치단체가 조례를 제정함에 있어 그 내용이 주민의 권리제한 또는 의무부과에 관한 사항이나 벌칙인 경우에는 법률의 위임이 있어야 하므로, 법률의 위임 없이 주민의 권리제한 또는 의무부과에 관한 사항을 정한 조례는 효력이 없다(대판 2012.11.22. 2010두19270 전원합의체).

나. 위임입법의 허용 및 한계

사회현상의 복잡다기화와 국회의 전문적·기술적 능력의 한계 및 시간적 적응능력의 한계로 인하여 범죄와 형벌에 대한 규정을 명령·규칙 등 하위법규에 위임할 필요성이 인정된다.

> **판례** 위임입법의 허용요건
>
> ① [1] 사회현상의 복잡다기화와 국회의 전문적·기술적 능력의 한계 및 시간적 적응능력의 한계로 인하여 형사처벌에 관련된 모든 법규를 예외 없이 형식적 의미의 법률에 의하여 규정한다는 것은 사실상 불가능할 뿐만 아니라 실제에 적합하지도 아니하기 때문에, 특히 긴급한 필요가 있거나 미리 법률로써 자세히 정할 수 없는 부득이한 사정이 있는 경우에 한하여 수권법률(위임법률)이 구성요건의 점에서는 처벌대상인 행위가 어떠한 것인지 이를 예측할 수 있을 정도로 구체적으로 정하고, 형벌의 점에서는 형벌의 종류 및 그 상한과 폭을 명확히 규정하는 것을 전제로 위임입법이 허용되며, 이러한 위임입법은 죄형법정주의에 반하지 않는다. [2] 식품위생법

제11조 제2항이 과대광고 등의 범위 및 기타 필요한 사항을 보건복지부령에 위임하고 있는 것은 과대광고 등으로 인한 형사처벌에 관련된 법규의 내용을 빠짐없이 형식적 의미의 법률에 의하여 규정한다는 것은 사실상 불가능하다는 고려에서 비롯된 것이고, 또한 같은 법 시행규칙 제6조 제1항은 처벌대상인 행위가 어떠한 것인지 예측할 수 있도록 구체적으로 규정되어 있다고 할 것이므로 식품위생법 제11조 및 같은 법 시행규칙 제6조 제1항의 규정이 위임입법의 한계나 죄형법정주의에 위반된 것이라고 볼 수는 없다(대판 2002.11.26. 2002도2998).

② 법률의 시행령이나 시행규칙의 규정이 모법의 위임범위를 벗어났는지를 판단함에 있어서 당해 특정조항 하나만을 가지고 판단할 것은 아니고, 시행령이나 시행규칙의 내용이 모법의 입법 취지와 관련 조항 전체를 유기적·체계적으로 살펴보아 모법의 해석상 가능한 것을 명시한 것에 지나지 아니하거나 모법 조항의 취지에 근거하여 이를 구체화하기 위한 것인 때에는 모법의 규율 범위를 벗어난 것으로 볼 수 없다(대판 2015.4.23. 2014도655).

> **판례** 위임입법의 한계를 벗어난 경우 – 죄형법정주의 위반

① 법률의 시행령이 형사처벌에 관한 사항을 규정하면서 법률의 명시적인 위임 범위를 벗어나 그 처벌의 대상을 확장하는 것은 헌법 제12조 제1항과 제13조 제1항에서 천명하고 있는 죄형법정주의의 원칙에도 어긋나는 것으로 결코 허용될 수 없다고 할 것인데, 총포·도검·화약류등단속법 제2조 제1항은 총포에 관하여 규정하면서 (중략) 시행령 제3조 제1항은 같은 법 제2조 제1항의 위임에 따라 총포의 범위를 구체적으로 정하면서도 제3호에서 모법의 위임 범위를 벗어나 총의 부품까지 총포에 속하는 것으로 규정함으로써, 같은 법 제12조 제1항 및 제70조 제1항과 결합하여 모법보다 형사처벌의 대상을 확장하고 있으므로, 이는 결국 위임입법의 한계를 벗어나고 죄형법정주의의 원칙에 위배된 것으로 무효라고 하지 않을 수 없다(대판 1999.2.11. 98도2816 전원합의체).

② 전기통신사업법 제53조 제2항은 "제1항의 규정에 의한 공공의 안녕질서 또는 미풍양속을 해하는 것으로 인정되는 통신의 대상 등은 대통령령으로 정한다."고 규정하고 있는바 이는 포괄위임입법금지원칙에 위배된다(헌재 2002.6.27. 99헌마480).

③ (전략) 의료법 제41조가 "환자의 진료 등에 필요한 당직의료인을 두어야 한다."라고 규정하고 있을 뿐인데도 시행령 조항은 당직의료인의 수와 자격 등 배치기준을 규정하고 이를 위반하면 의료법 제90조에 의한 처벌의 대상이 되도록 함으로써 형사처벌의 대상을 신설 또는 확장하였다. 그러므로 시행령 조항은 위임입법의 한계를 벗어난 것으로서 무효이다(대판 2017.2.16. 2015도16014 전원합의체).

④ "약국을 관리하는 약사 또는 한약사는 보건복지부령으로 정하는 약국관리에 필요한 사항을 준수하여야 한다"는 약사법 제19조 제4항의 규정 위반자를 200만원 이하의 벌금에 처하도록 한 약사법 제77조 제1호 중 '제19조 제4항 부분' (중략) '약국관리에 필요한 사항'이라는 처벌법규의 구성요건 부분에 관한 기본사항에 관하여 보다 구체적인 기준이나 범위를 정함이 없이 그 내용을 모두 하위법령인 보건복지부령에 포괄적으로 위임함으로써, (중략) 헌법상 포괄위임입법금지 원칙 및 죄형법정주의의 명확성 원칙에 위반된다(헌재 2000.7.20. 99헌가15).

⑤ 구 근로기준법 제30조 단서에서 임금·퇴직금 청산기일의 연장합의의 한도에 관하여 아무런 제한을 두고 있지 아니함에도 불구하고, 같은 법 시행령 제12조에 의하여 같은 법 제30조 단서에 따

른 기일연장을 3월 이내로 제한한 것은 (중략) 죄형법정주의의 원칙에 위배되고 위임입법의 한계를 벗어난 것으로서 무효이다(대판 1998.10.15. 98도1759).

판례 위임입법의 한계를 벗어나지 않은 경우

① 수협중앙회와 그 회원조합은 특정범죄 가중처벌 등에 관한 법률 제4조 제1항 제2호가 규정하고 있는 정부관리기업체의 범주에 포함될 수 있어 같은 법 제4조 제2항의 위임을 받은 같은 법 시행령 제2조 제50호가 수산업협동조합중앙회와 그 회원조합을 같은 법 제4조 제1항 소정의 정부관리기업체의 하나로 규정한 것이 위임입법의 한계를 벗어난 위헌·위법한 규정이라고 할 수 없다(대판 2007.4.27. 2007도1038).

② (①과 같은 취지) 시행령 제2조 제48호가 농업협동조합중앙회를 '정부관리기업체'의 하나로 규정한 것이 위임입법의 한계를 벗어난 것으로서 위헌·위법이라고 할 수 없다(대판 2007.11.30. 2007도6556).

③ 공공기관의 운영에 관한 법 제53조가 공기업의 임직원으로서 공무원이 아닌 사람은 형법 제129조의 적용에 있어서는 이를 공무원으로 본다고 규정하고 있을 뿐 구체적인 공기업의 지정에 관하여는 그 하위규범인 기획재정부장관의 고시에 의하도록 규정하였다 하더라도 죄형법정주의에 위배되거나 위임입법의 한계를 일탈한 것으로 볼 수 없다(대판 2013.6.13. 2013도1685).

④ (전략) 결혼중개업법 제10조의2 제4항에 의하여 대통령령에 규정하도록 위임된 '신상정보의 제공 시기'는 적어도 이용자와 상대방의 만남 이전이 될 것임을 충분히 예측할 수 있으므로, 결혼중개업법 시행령 제3조의2 제3항이 결혼중개업법 제10조의2 제4항에서 위임한 범위를 일탈하여 위임입법의 한계를 벗어났다고 볼 수 없다(대판 2019.7.25. 2018도7989).

⑤ 게임산업진흥에 관한 법률 제32조 제1항 제7호가 '환전, 환전 알선, 재매입 영업행위를 금지하는 게임머니 및 이와 유사한 것'을 대통령령이 정하도록 위임하고 있는 것은 (중략) 형벌법규의 포괄위임입법금지 원칙이나 죄형법정주의에 위배되지 않는다(대판 2009.4.23. 2008도11017).

⑥ 구 주식회사의 외부감사에 관한 법률 제13조가 금융감독위원회에게 위 회계처리기준의 구체적 내용의 정립을 위임한 것을 가리켜 (중략) 위 법률조항이 입법위임의 한계를 벗어나는 등 죄형법정주의의 원칙에 위배된 것이라고는 볼 수 없다(대판 2006.1.13. 2005도7474).

⑦ 유해화학물질관리법 제35조 제1항에서 금지하는 환각물질을 구체적으로 명확하게 규정하지 아니하고 다만 그 성질에 관하여 '흥분·환각 또는 마취의 작용을 일으키는 유해화학물질로서 대통령령이 정하는 물질'로 그 한계를 설정하여 놓고, (중략) 위임의 한계를 벗어난 것으로 볼 수 없고, (중략) 같은 법 제35조 제1항의 '섭취 또는 흡입'의 개념이 추상적이고 불명확하다거나 지나치게 광범위하다고 볼 수도 없다(대판 2000.10.27. 2000도4187).

⑧ 청소년보호법 제8조에서 직접 청소년유해매체물의 범위를 확정하지 아니하고 행정기관(청소년보호위원회 등)에 위임하여 그 행정기관으로 하여금 청소년유해매체물을 확정하도록 하는 것은 부득이하다고 할 것이다. (중략) 이 사건 법률조항이 형벌법규의 위임의 한계를 벗어나거나 불명확하여 죄형법정주의에 위반된다고 할 수 없다(헌재 2000.6.29. 99헌가16).

⑨ 공직선거및선거부정방지법 제90조 (중략) 설치가 허용되는 간판의 규격과 같은 세부적이고 기술적인 사항을 중앙선거관리위원회 규칙에서 정하도록 위임하였다 하여 이를 죄형법정주의와

포괄위임금지의 원칙에 어긋난다고 볼 수도 없다(대판 2005.1.13. 2004도7360).

⑩ [1] 구 어선법 제21조 제1항, 제27조 제1항 제1호는 어선검사증서에 기재할 사항에 관하여 해양수산부령에 위임할 사항의 내용과 범위를 구체적으로 특정하였고, 이로부터 하위법령인 해양수산부령에 규정될 사항이 어떤 것인지 대체적으로 예측할 수 있다고 보인다. (중략) 시행규칙 제63조 제1항 제1호 (가)목에 따른 [별지 제61호 서식]에서 어선검사증서에 기재할 사항을 구체적으로 규정하면서 총톤수를 포함시킨 것은 법의 위임에 따른 것으로서 위임입법의 한계를 벗어났다고 보기 어렵다(대판 2018.6.28. 2017도13426).

⑪ 석유사업법 제33조 제3호, 제26조 중 유사석유제품의 생산, 판매를 처벌하는 부분의 '유사석유제품'이라는 용어가 죄형법정주의에서 요구되는 명확성의 원칙에 위배되는 것이 아닌데다 이 사건 법률조항 그 자체가 바로 가짜 석유제품을 단속하는 취지의 것임이 누구에게나 의심 없이 인식되어 온 결과 대통령령에 규정될 내용의 대강을 예측할 수 없다고도 할 수 없어 유사석유제품의 구체적 범위나 기준을 설정함이 없이 그 내용을 곧 바로 대통령령에 위임함으로써 위임입법의 한계를 일탈한 것으로 볼 수도 없다(헌재 2001.12.20. 2001헌가6).

⑫ (전략) 완전모회사인 내국법인을 완전자회사인 외국법인 명의의 해외금융계좌의 실질적 소유자로 정한 구 「국제조세조정에 관한 법률 시행령」 제50조 제4항 본문 중 괄호 부분이 구 국제조세조정법 제34조 제6항의 위임범위를 일탈하여 무효라고 볼 수 없다(대판 2020.3.12. 2019도11381).

> **판례** 법규명령과 위임 근거
>
> • 일반적으로 법률의 위임에 의하여 효력을 갖는 법규명령의 경우, 구법에 위임의 근거가 없어 무효였더라도 사후에 법개정으로 위임의 근거가 부여되면 그 때부터는 유효한 법규명령이 되나, 반대로 구법의 위임에 의한 유효한 법규명령이 법개정으로 위임의 근거가 없어지게 되면 그 때부터 무효인 법규명령이 되므로, 어떤 법령의 위임 근거 유무에 따른 유효 여부를 심사하려면 법개정의 전·후에 걸쳐 모두 심사하여야만 그 법규명령의 시기에 따른 유효·무효를 판단할 수 있다(대판 1995.6.30. 93추83).

다. 관습형법의 금지

관습형법에 의하여 새로운 구성요건을 신설하거나 가중처벌하는 것은 허용되지 않는다. 그러나 관습법은 간접적으로 성문형법규정의 해석에 영향을 미칠 수 있고, 행위자에게 유리한 관습법을 적용하는 것은 허용된다.에 의하여 성문의 형법규정을 폐지하거나 형을 감경하는 것은 허용된다.

2. 소급효금지의 원칙(형벌불소급의 원칙)

가. 의의

형벌법규는 시행된 이후의 행위에 대하여만 적용되고 시행 이전의 행위에까지 소급하여 적용될 수 없다(형법 제1조 제1항 참조).

나. 적용범위

소급효금지의 원칙은 행위자에게 불이익한 소급효를 금지하는 것이다. 따라서 행위자에게 유리한 법률의 소급효까지 금지하는 것은 아니다(형법 제1조 제2항 참고).

> **판례** 금지되는 불리한 소급효

① 보험사기방지 특별법 제8조는 2016. 3. 29. 제정되어 2016. 9. 30.부터 시행되었으므로 위 법 시행 전에 보험금을 지급받아 기수에 이른 범행에 대해서는 위 법 위반죄로 처벌할 수 없다(대판 2022.1.13. 2021도10855).

② 2007. 1. 19. 제8247호로 법률이 개정되면서 시행된 게임산업진흥에 관한 법률 제44조 제1항 제2호, 제32조 제1항 제7호와 2007. 5. 16. 제20058호로 대통령령이 개정되면서 신설된 법 시행령 제18조의3과 그 부칙 제1조에 의하면, 법 시행령 제18조의3의 시행일 이후 위 시행령 조항 각 호에 규정된 게임머니의 환전, 환전 알선, 재매입 영업행위가 처벌되는 것이므로, 그 시행일 이전에 위 시행령 조항 각 호에 규정된 게임머니를 환전, 환전 알선, 재매입한 영업행위를 처벌하는 것은 형벌법규의 소급효금지 원칙에 위배된다(대판 2009.4.23. 2008도11017).

③ 구 형법 제62조 제1항 단서는 '금고 이상의 형의 선고를 받아 집행을 종료한 후 또는 집행이 면제된 후로부터 5년을 경과하지 아니한 자'를 형의 집행유예의 결격사유로 규정하고 있었으나, 현행 형법 제62조 제1항 단서는 '금고 이상의 형을 선고한 판결이 확정된 때부터 그 집행을 종료하거나 면제된 후 3년까지의 기간에 범한 죄에 대하여 형을 선고하는 경우'를 집행유예 결격사유로 규정하면서, (중략) 구 형법 시행중 범한 범죄에 대하여 형을 선고함에 있어, (중략) 피고인에게는 종전 형법을 적용하는 것이 유리하므로 그 법률을 적용하여야 한다(대판 2008.3.27. 2007도7874).

> **판례** 허용되는 유리한 소급효

- 형벌에 관한 법률조항이 소급하여 효력을 상실한 경우에 당해 조항을 적용하여 공소가 제기된 피고사건은 범죄로 되지 않은 때에 해당한다. 따라서 법원은 그 피고사건에 대하여 형사소송법 제325조 전단에 따라 무죄를 선고하여야 한다(대판 2018.10.25. 2015도17936).[1]

> **판례** 기타 소급효금지원칙에 위반되지 아니한 경우

① (전략) '도로교통법 제44조 제1항 또는 제2항을 2회 이상 위반한 사람'에 위와 같이 개정된 도로교통법이 시행된 2019. 6. 25. 이전에 구 도로교통법 제44조 제1항 또는 제2항을 위반한 전과가 포함된다고 보아야 한다. 이와 같이 해석하더라도 형벌불소급의 원칙이나 일사부재리의 원칙에 위배되지 않는다(대판 2020.8.20. 2020도7154).

② 법원조직법 제81조의2 이하의 규정에 의하여 마련된 대법원 양형위원회의 양형기준은 (중략) 법적 구속력을 가지지 아니하고(같은 법 제81조의7 제1항 단서), (중략) 위 양형기준이 발효하기 전에 법원에 공소가 제기된 이 사건 범죄에 관하여 형을 양정함에 있어서 위 양형기준을 참고자료로 삼았다고 하여, 거기에 상고이유로 주장하는 바와 같이 피고인에게 불리한 법률을 소급하여 적용한 위법이 있다고 할 수 없다(대판 2009.12.10. 2009도11448).

---

[1] 위헌결정의 소급효에 대하여는 '형법의 시간적 적용범위'에서 자세히 다룬다.

> **판례** 형법 제70조 제2항 개정과 소급효금지원칙
> - [1] 형벌불소급원칙에서 의미하는 '처벌'은 형법에 규정되어 있는 형식적 의미의 형벌 유형에 국한되지 않으며, 범죄행위에 따른 제재의 내용이나 실제적 효과가 형벌적 성격이 강하여 신체의 자유를 박탈하거나 이에 준하는 정도로 신체의 자유를 제한하는 경우에는 형벌불소급원칙이 적용되어야 한다. 노역장유치는 그 실질이 신체의 자유를 박탈하는 것으로서 징역형과 유사한 형벌적 성격을 가지고 있으므로 형벌불소급원칙의 적용대상이 된다. [2] 형법(2014. 5. 14. 법률 제12575호로 개정된 것) 제70조 제2항은 1억 원 이상의 벌금형을 선고받는 자에 대하여 유치기간의 하한을 중하게 변경시킨 것이므로, 이 조항 시행 전에 행한 범죄행위에 대해서는 범죄행위 당시에 존재하였던 법률을 적용하여야 한다. 그런데 부칙조항2)은 노역장유치조항의 시행 전에 행해진 범죄행위에 대해서도 공소제기의 시기가 노역장유치조항의 시행 이후이면 이를 적용하도록 하고 있으므로, 이는 범죄행위 당시 보다 불이익한 법률을 소급 적용하도록 하는 것으로서 헌법상 형벌불소급원칙에 위반된다(헌재 2017.10.26. 2015헌바239 등).

다. 관련문제

1) 보안처분과 소급효금지원칙

형벌 이외의 형사제재인 보안처분에 대해서도 소급효금지의 원칙이 적용되는지 문제 된다. 이에 대하여 판례는 개별판단설의 입장에서 형법상 보호관찰(97도703)은 물론 특정범죄자에 대한 위치추적 전자장치 부착에 관한 법률에 의한 전자감시제도(2010도11996)나 성폭력 범죄의 처벌 등에 관한 특례법에서 정한 신상정보의 공개명령 및 고지명령 제도 및 아동·청소년의 성보호에 관한 법률에 정한 공개명령 및 고지명령 제도에 대해서는 소급효금지원칙의 적용을 부정하면서, 가정폭력범죄의 처벌 등에 관한 특례법이 정한 사회봉사명령(2008어4)에 대해서는 소급효금지원칙의 적용을 긍정하고 있다.

> **판례** 보안처분에 소급효금지원칙을 적용하지 아니한 사례
> ① 개정 형법 제62조의2 제1항에 의하면 형의 집행을 유예를 하는 경우에는 보호관찰을 받을 것을 명할 수 있고, (중략) 위 조항에서 말하는 보호관찰은 형벌이 아니라 보안처분의 성격을 갖는 것으로서, 과거의 불법에 대한 책임에 기초하고 있는 제재가 아니라 장래의 위험성으로부터 행위자를 보호하고 사회를 방위하기 위한 합목적적인 조치이므로, 그에 관하여 반드시 행위 이전에 규정되어 있어야 하는 것은 아니며, 재판시의 규정에 의하여 보호관찰을 받을 것을 명할 수 있다고 보아야 할 것이고, 이와 같은 해석이 형벌불소급의 원칙 내지 죄형법정주의에 위배되는 것이라고 볼 수 없다(대판 1997.6.13. 97도703).
> ② 특정 범죄자에 대한 위치추적 전자장치 부착 등에 관한 법률에 의한 전자감시제도는, (중략) 형벌과 구별되어 그 본질을 달리하는 것으로서 형벌에 관한 소급입법금지의 원칙이 그대로 적용되지 않으므로, 위 법률이 개정되어 부착명령 기간을 연장하도록 규정하고 있더라도 그것이 소급입법금지의 원칙에 반한다고 볼 수 없다(대판 2010.12.23. 2010도11996).
> ③ 전자장치 부착명령은 전통적 의미의 형벌이 아닐 뿐 아니라, (중략) 이 사건 부착명령은 형

---

2) 형법 부칙(2014. 5. 14. 법률 제12575호) 제2조(적용례 및 경과조치) ① 제70조 제2항의 개정규정은 이 법 시행 후 최초로 공소가 제기되는 경우부터 적용한다.

벌과 구별되는 비형벌적 보안처분으로서 소급효금지원칙이 적용되지 아니한다(헌재 2012.12.27. 2010헌가82).

④ 아동·청소년의 성보호에 관한 법률에 정한 공개명령 제도는 (중략) 형벌에 관한 소급입법금지의 원칙이 그대로 적용되지 않으므로, 공개명령 제도가 시행된 2010. 1. 1. 이전에 범한 범죄에도 공개명령 제도를 적용하도록 아동·청소년의 성보호에 관한 법률이 2010. 7. 23. 법률 제10391호로 개정되었다고 하더라도 그것이 소급입법금지의 원칙에 반한다고 볼 수 없다(대판 2011.3.24. 2010도14393).

⑤ 신상정보 공개·고지명령의 법적 성격은 형벌이 아니라 보안처분이다. 신상정보 공개·고지명령은 형벌과는 구분되는 비형벌적 보안처분으로서 어떠한 형벌적 효과나 신체의 자유를 박탈하는 효과를 가져오지 아니하므로 소급처벌금지원칙이 적용되지 아니한다(헌재 2016.12.29. 2015헌바196).

> **판례** 보안처분에 소급효금지원칙을 적용한 사례
>
> - [1] 가정폭력범죄의 처벌 등에 관한 특례법이 정한 보호처분 중의 하나인 사회봉사명령은 (중략) 형벌 그 자체가 아니라 보안처분의 성격을 가지는 것이 사실이다. 그러나 한편으로 이는 가정폭력범죄행위에 대하여 형사처벌 대신 부과되는 것으로서, 가정폭력범죄를 범한 자에게 의무적 노동을 부과하고 여가시간을 박탈하여 실질적으로는 신체적 자유를 제한하게 되므로, 이에 대하여는 원칙적으로 형벌불소급의 원칙에 따라 행위시법을 적용함이 상당하다. [2] 가정폭력범죄의 처벌 등에 관한 특례법상 사회봉사명령을 부과하면서, 행위시법상 사회봉사명령 부과시간의 상한인 100시간을 초과하여 상한을 200시간으로 올린 신법을 적용한 것은 위법하다고 한 사례(대결 2008.7.24. 2008어4)

2) 소송법규정의 변경과 소급효금지의 원칙

소급효금지의 원칙은 절차법인 소송법에는 적용되지 아니함이 원칙이나, 친고죄를 비친고죄로 개정하는 경우나 공소시효를 연장·정지시키는 경우와 같이 그 소송법규정이 범죄의 가벌성에 관련된 경우 위 원칙을 적용할 수 있는지 문제 된다. 이에 대해 헌법재판소는 부정설의 입장에서 ① 일반적으로 국민이 소급입법을 예상할 수 있었거나, ② 법적 상태가 불확실하고 혼란스러워 보호할 만한 신뢰이익이 적은 경우, ③ 소급입법에 의한 당사자의 손실이 없거나 아주 경미한 경우, ④ 신뢰보호의 요청에 우선하는 심히 중대한 공익상의 사유가 소급입법을 정당화하는 경우 등 예외적인 경우에는 진정소급입법도 허용된다고 판시하였고(96헌가2), 대법원 역시 부정설의 입장에서 공소시효에 관한 진정소급도 예외적으로 허용된다고 판시하였다(96도3376).

> **판례** (소급효금지원칙이 적용됨을 전제로) 진정소급입법의 예외적 허용
>
> - 소급입법은 새로운 입법으로 이미 종료된 사실관계 또는 법률 관계에 작용케 하는 진정소급입법과 현재 진행중인 사실관계 또는 법률관계에 작용케 하는 부진정소급입법으로 나눌 수 있는바, 부진정소급입법은 원칙적으로 허용되지만 소급효를 요구하는 공익상의 사유와 신뢰보호의 요청 사이의 교량과정에서 신뢰보호의 관점이 입법자의 형성권에 제한을 가하게 되는데 반하여, 기존의 법에 의하여 형성되어 이미 굳어진 개인의 법적 지위를

사후입법을 통하여 박탈하는 것 등을 내용으로 하는 **진정소급입법**은 개인의 신뢰보호와 법적 안정성을 내용으로 하는 법치국가원리에 의하여 특단의 사정이 없는 한 헌법적으로 허용되지 아니하는 것이 원칙이고, 다만 일반적으로 국민이 소급입법을 예상할 수 있었거나 법적 상태가 불확실하고 혼란스러워 보호할 만한 신뢰이익이 적은 경우와 소급입법에 의한 당사자의 손실이 없거나 아주 경미한 경우 그리고 신뢰보호의 요청에 우선하는 심히 중대한 공익상의 사유가 소급입법을 정당화하는 경우 등에는 예외적으로 진정소급입법이 허용된다(헌재 1999.7.22. 97헌바76).

판례 공소시효와 소급효

① [1] 공소시효를 정지·연장·배제하는 내용의 특례조항을 신설하면서 소급적용에 관한 명시적인 경과규정을 두지 아니한 경우에 그 조항을 소급하여 적용할 수 있다고 볼 것인지에 관하여는 이를 해결할 보편타당한 일반원칙이 존재할 수 없는 터이므로 적법절차원칙과 소급금지원칙을 천명한 헌법 제12조 제1항과 제13조 제1항의 정신을 바탕으로 하여 법적 안정성과 신뢰보호원칙을 포함한 법치주의 이념을 훼손하지 아니하도록 신중히 판단하여야 한다. [2] (중략) 2011. 11. 17. 법률 제11088호로 개정되어 2011. 11. 17. 시행된 「성폭력범죄의 처벌 등에 관한 특례법」은 (중략) 공소시효 배제조항을 신설하면서도 이에 대하여는 법률 제10258호 성폭력처벌법 부칙 제3조와 같은 경과규정을 두지 아니하였다. (중략) 이 사건 장애인 준강간의 점에 대하여는 이 사건 법률 제20조 제3항을 소급하여 적용할 수 없다(대판 2015.5.28. 2015도1362).

② 군형법상 정치관여죄는 2014. 1. 14. 자 법률 개정을 통해 구성요건이 세분화되고 법정형이 높아짐으로써 그 실질이 달라졌다고 평가할 수 있고, 공소시효 기간에 관한 특례 규정인 개정 군형법 제94조 제2항은 개정 군형법상의 정치관여죄에 대하여 규정하고 있음이 분명하다. 따라서 개정 군형법 제94조 제2항에 따른 10년의 공소시효 기간은 개정 군형법 시행 후에 행해진 정치관여 범죄에만 적용된다(대판 2021.9.9. 2019도5371).

③ [1] 아동학대범죄의 처벌 등에 관한 특례법 제34조는 '공소시효의 정지와 효력'이라는 표제 밑에 제1항에서 "아동학대범죄의 공소시효는 형사소송법 제252조에도 불구하고 해당 아동학대범죄의 피해아동이 성년에 달한 날부터 진행한다."라고 규정하며, (중략) 위 규정은 완성되지 아니한 공소시효의 진행을 일정한 요건 아래에서 장래를 향하여 정지시키는 것으로서, 시행일인 2014. 9. 29. 당시 범죄행위가 종료되었으나 아직 공소시효가 완성되지 아니한 아동학대범죄에 대하여도 적용된다(대판 2016.9.28. 2016도7273).

④ 5·18민주화운동등에관한특별법 제2조는 그 제1항에서 그 적용대상을 '1979년 12월 12일과 1980년 5월 18일을 전후하여 발생한 헌정질서파괴범죄의공소시효등에관한특례법 제2조의 헌정질서파괴범죄행위'라고 특정하고 있으므로, 그에 해당하는 범죄는 5·18민주화운동등에관한특별법의 시행 당시 이미 형사소송법 제249조에 의한 공소시효가 완성되었는지 여부에 관계없이 모두 그 적용대상이 됨이 명백하다(대판 1997.4.17. 96도3376).

3) 판례의 변경과 소급효금지의 원칙

행위시 판례에 의하면 가벌성이 부정되던 행위에 대하여 가벌성을 인정하는 것으로 판례가 변경된 경우 소급효금지의 원칙을 적용할 수 있는지 문제 된다. 이에 대해 판례는 부정설의 입장에서 판례의 변경에 따라 처벌한다고 하여 그것이 헌법상 평등의 원칙과 형벌불소급의 원칙에 반한다고 할 수는 없다고 판시하였다(97도3349).

> **판례** 판례의 변경과 소급효
- 형사처벌의 근거가 되는 것은 법률이지 판례가 아니고, 구 건축법 제57조에 관한 판례의 변경은 그 법률조항의 내용을 확인하는 것에 지나지 아니하여 이로써 위 법률조항 자체가 변경된 것이라고 볼 수는 없으므로, 행위 당시의 판례에 의하면 처벌대상이 되지 아니하는 것으로 해석되었던 행위를 판례의 변경에 따라 확인된 내용의 위 법률조항에 근거하여 처벌한다고 하여 그것이 형벌불소급의 원칙에 반한다고 할 수는 없다(대판 1999.9.17. 97도3349).

3. 명확성의 원칙

가. 의의

형법은 범죄의 구성요건과 형사제재에 관한 규정을 법관의 자의적인 해석이 허용되지 않도록 구체적으로 명확하게 규정하여야 한다.

나. 내용

1) 구성요건의 명확성

구성요건은 일반국민이 금지된 행위가 무엇인가를 알 수 있도록 명확하게 규정하여야 한다. 다만 다양한 사건에 대한 탄력적 적용을 위하여 일반조항과 규범적 개념을 사용하는 것은 불가피하다.

> **판례** 명확성 원칙의 판단기준
> ① 죄형법정주의의 원칙에서 파생되는 명확성의 원칙은 법률이 처벌하고자 하는 행위가 무엇이며 그에 대한 형벌이 어떠한 것인지를 누구나 예견할 수 있고, 그에 따라 자신의 행위를 결정할 수 있도록 구성요건을 명확하게 규정하는 것을 의미한다. 그러나 처벌법규의 구성요건이 명확하여야 한다고 하여 모든 구성요건을 단순한 서술적 개념으로 규정하여야 하는 것은 아니고, 다소 광범위하여 법관의 보충적인 해석을 필요로 하는 개념을 사용하였다고 하더라도 통상의 해석방법에 의하여 건전한 상식과 통상적인 법감정을 가진 사람이면 당해 처벌법규의 보호법익과 금지된 행위 및 처벌의 종류와 정도를 알 수 있도록 규정하였다면 처벌법규의 명확성에 배치되는 것이 아니다. 또한 어떠한 법규범이 명확한지 여부는 그 법규범이 수범자에게 법규의 의미내용을 알 수 있도록 공정한 고지를 하여 예측가능성을 주고 있는지 여부 및 그 법규범이 법을 해석·집행하는 기관에게 충분한 의미 내용을 규율하여 자의적인 법해석이나 법집행이 배제되는지 여부, 다시 말하면 예측가능성 및 자의적 법집행 배제가 확보되는지 여부에 따라 이를 판단할 수 있다(대판 2014.1.29. 2013도12939).
> ② 건전한 상식과 통상적인 법감정을 가진 사람으로 하여금 그 적용대상자가 누구이며 구체적으로 어떠한 행위가 금지되고 있는지 충분히 알 수 있도록 규정되어 있다면 죄형법정주의 명확성의 원칙에 위배되지 않는다고 보아야 한다(헌재 1996.12.26. 93헌바65).
> ③ 명확성의 원칙이란 기본적으로 최대한이 아닌 최소한의 명확성을 요구하는 것으로서, 그 문언이 법관의 보충적인 가치판단을 통해서 그 의미내용을 확인할 수 있고, 그러한 보충적 해석이 해석자의 개인적인 취향에 따라 좌우될 가능성이 없다면 명확성의 원칙에 반한다고 할 수 없다(대판 2008.10.23. 2008초기264).
> ④ 사물의 변별능력을 제대로 갖춘 일반인의 이해와 판단으로서 그의 구성요건 요소에 해당하는 행

위유형을 정형화하거나 한정할 합리적 해석기준을 찾을 수 있다면 죄형법정주의가 요구하는 형벌법규의 명확성의 원칙에 반하는 것이 아니다(대판 2002.7.26. 2002도1855, 대판 2000.10.27. 98도679).

> **판례** 명확성 원칙에 위배되는 경우

① [1] 미성년자보호법 제2조의2 제1호 및 그 처벌조항인 제6조의2, 제7조의 각 해당부분의 불량만화에 대한 정의 중 전단 부분의 "음란성 또는 잔인성을 조장할 우려"라는 표현을 보면, '음란성'은 법관의 보충적인 해석을 통하여 그 규범내용이 확정될 수 있는 개념이라고 할 수 있으나, 한편 '잔인성'에 대하여는 아직 판례상 개념규정이 확립되지 않은 상태이고 (중략) 이 사건 미성년자보호법 조항은 법관의 보충적인 해석을 통하여도 그 규범내용이 확정될 수 없는 모호하고 막연한 개념을 사용함으로써 그 적용범위를 법집행기관의 자의적인 판단에 맡기고 있으므로, 죄형법정주의에서 파생된 명확성의 원칙에 위배된다. [2] 아동복지법 제18조 제11호 및 그 처벌조항인 제34조 제4호, 제37조의 각 해당부분의 "어질고 너그러운 품성"을 뜻하는 '덕성'이라는 개념은 도덕이나 윤리가 품성으로 인격화된 것을 의미한다 할 것인바, (중략) 이 사건 아동복지법 조항 역시 법관의 보충적인 해석을 통하여도 그 규범내용이 확정될 수 없는 모호하고 막연한 개념을 사용함으로써 그 적용범위를 법집행기관의 자의적인 판단에 맡기고 있으므로, 죄형법정주의에서 파생된 명확성의 원칙에 위배된다(헌재 2002.2.28. 99헌가8).

② 전기통신사업법 제53조 제2항은 "제1항의 규정에 의한 공공의 안녕질서 또는 미풍양속을 해하는 것으로 인정되는 통신의 대상 등은 대통령령으로 정한다."고 규정하고 있는바 이는 포괄위임입법금지원칙에 위배된다. 왜냐하면, 위에서 본 바와 같이 "공공의 안녕질서"나 "미풍양속"의 개념은 대단히 추상적이고 불명확하여, 수범자인 국민으로 하여금 어떤 내용들이 대통령령에 정하여질지 그 기준과 대강을 예측할 수도 없게 되어 있고, 행정입법자에게도 적정한 지침을 제공하지 못함으로써 그로 인한 행정입법을 제대로 통제하는 기능을 수행하지 못한다(헌재 2002.6.27. 99헌마480).

③ 공익을 해할 목적으로 전기통신설비에 의하여 공연히 허위의 통신을 한 자를 형사 처벌하는 전기통신기본법 제47조 제1항은 (중략) 여기서의 "공익"은 형벌조항의 구성요건으로서 구체적인 표지를 정하고 있는 것이 아니라, 헌법상 기본권 제한에 필요한 최소한의 요건 또는 헌법상 언론·출판의 자유의 한계를 그대로 법률에 옮겨 놓은 것에 불과할 정도로 그 의미가 불명확하고 추상적이다. (중략) 결국, 이 사건 법률조항은 수범자인 국민에 대하여 일반적으로 허용되는 '허위의 통신' 가운데 어떤 목적의 통신이 금지되는 것인지 고지하여 주지 못하고 있으므로 표현의 자유에서 요구하는 명확성의 요청 및 죄형법정주의의 명확성원칙에 위배하여 헌법에 위반된다(헌재 2010.12.28. 2008헌바157).

④ 1972. 10. 17. 전국에 비상계엄이 선포되었고, 계엄사령관 공소외 1은 같은 날 구 계엄법 제13조에서 정한 계엄사령관의 조치로서 모든 정치활동 목적의 실내외 집회 및 시위를 일절 금하고, 정치활동 목적이 아닌 실내외 집회는 허가를 받아야 한다는 등의 내용을 포함한 계엄포고 제1호의 내용은 (중략) '유언비어를 날조·유포하는 일체의 행위' 등 범죄의 구성요건이 추상적이고 모호할 뿐만 아니라, 그 적용범위가 너무 광범위하고 포괄적이어서

통상의 판단능력을 가진 국민이 법률에 의하여 금지되는 행위가 무엇인지를 예견하기 어려우므로 죄형법정주의의 '명확성의 원칙'에도 위배된다(대판 2018.12.13. 2016도1397).

⑤ 자동차관리법 제3조의 위임을 받아 자동차의 종류의 구분기준을 정한 구 자동차관리법 시행규칙 제2조 제1항 제3호의 화물자동차의 기준에 (중략) 어떤 자동차가 화물자동차이면서 동시에 승용 또는 승합자동차일 수 있다고 하는 해석은 (중략) 형벌법규의 명확성이나 그 엄격해석을 요구하는 죄형법정주의의 원칙에도 반하는 것이어서 허용될 수 없다(대판 2004.11.18. 2004도1228).

⑥ 전기통신사업법 제53조 제1항은 "전기통신을 이용하는 자는 공공의 안녕질서 또는 미풍양속을 해하는 내용의 통신을 하여서는 아니된다"고 규정하고 있다. (중략) 규제되는 표현의 내용이 명확하지 아니하여 명확성의 원칙에 위배된다(헌재 2002.6.27. 99헌마480).

⑦ (전략) 하객들에 대한 음식접대에 있어서 "가정의례의 참뜻"이란 개념은, (중략) 이 사건 규정(가정의례에관한법률 제4조 제1항 제7호)은 결국 죄형법정주의의 명확성 원칙을 위배하여 청구인 이병규의 일반적 행동자유권을 침해하였다(헌재 1998.10.15. 98헌마168).

⑧ 외국환관리규정(재정경제원고시 제1996-13호) 제6-15조의4 제2호 (나)목 소정의 '도박 기타 범죄 등 선량한 풍속 및 사회질서에 반하는 행위'라는 요건은, (중략) 죄형법정주의에 위배된 것일 뿐만 아니라 위임입법의 한계도 벗어난 것으로서 무효이다(대판 1998.6.18. 97도2231 전원합의체).

⑨ "현저히 사회적 불안을 야기시킬 우려가 있는 집회 또는 시위"를 주관하거나 개최한 자를 처벌하고 있는 개정 전 집회및시위에관한법률 제3조 제1항 제4호, 제14조 제1항은 문언해석상 그 적용범위가 과도하게 광범위하고 불명확하므로, (중략) 죄형법정주의에 위배될 수 있으며 (중략) 위헌의 소지가 있다(헌재 1992.1.28. 89헌가8 전원재판부).

⑩ 구 노동조합법 제46조의3은 그 구성요건을 "단체협약에 (중략) 위반한 자"라고만 규정함으로써 (중략) 법률주의에 위배되고, (중략) 명확성의 원칙에 위배된다(헌재 1998.3.26. 96헌가20 전원재판부).

> **판례** 명확성 원칙에 위배되지 않는 경우

① 폭력행위 등 처벌에 관한 법률 제4조 제1항에서 규정하고 있는 범죄단체 구성원으로서의 "활동"의 개념이 (중략) 어떠한 행위가 위 "활동"에 해당할 수 있는지는 구체적인 사건에 있어서 위 규정의 입법 취지 및 처벌의 정도 등을 고려한 법관의 합리적인 해석과 조리에 의하여 보충될 수 있는 점 등(중략) 명확성의 원칙에 위배된다고 할 수 없다(대판 2008.5.29. 2008도1857).

② '노동운동'의 개념은 근로자의 근로조건의 향상을 위한 단결권·단체교섭권·단체행동권 등 근로3권을 기초로 하여 이에 직접 관련된 행위를 의미하는 것으로 좁게 해석하여야 하고, '공무 이외의 일을 위한 집단행위'의 개념도 모든 집단행위를 의미하는 것이 아니라 공무 이외의 일을 위한 집단행위 중 공익에 반하는 행위로 축소하여 해석하여야 하는데, (중략) 아울러 '사실상 노무에 종사하는 공무원'의 개념은 공무원의 주된 직무를 정신활동으로 보고 이에 대비되는 신체활동에 종사하는 공무원으로 명확하게 해석된다(헌재 2007.8.30. 2003헌바51).

③ 구 정보통신망 이용촉진 및 정보보호 등에 관한 법률 제65조 제1항 제3호에서 규정하는 (중략) "불안감"이란 개념이 사전적으로 "마음이 편하지 아니하고 조마조마한 느낌"이라고 풀이되고 있어 이를 불명확하다고 볼 수는 없으므로, 위 규정 자체가 죄형법정주의 및 여기에서 파생된 명확성의 원칙에 반한다고 볼 수 없다(대판 2008.12.24. 2008도9581).

④ 지방교육자치에 관한 법률 제22조 제3항에서 "교육감 선거에 관하여 이 법에 정한 것을 제외하고는 그 성질에 반하지 않는 범위 안에서 공직선거법의 시·도지사 선거에 관한 규정을 준용한다."고 정한 것이 (중략) 공직선거법의 조항 중 교육감 선거에 준용되는 조항들을 일일이 구체적으로 명시하지 않았다는 이유를 들어 지방교육자치에 관한 법률 제22조 제3항이 죄형법정주의가 요구하는 명확성의 원칙에 위반된다고 볼 수 없다(대판 2009.10.29. 2009도5945).

⑤ 도시 및 주거환경정비법 제81조 제1항은, 추진위원회 위원장 또는 사업시행자는 정비사업 시행에 관하여 다음 각 호의 서류 및 관련 자료를 조합원·토지등소유자 또는 세입자가 알 수 있도록 인터넷과 그 밖의 방법을 병행하여 공개하여야 하며, 조합원 또는 토지등소유자의 열람·등사 요청이 있는 경우 즉시 이에 응하여야 한다고 규정하고, (중략) **도시정비법 제81조 제1항에서 열람·등사 요청에 응하여야 하는 자료의 범위와 즉시라는 것이 어느 정도의 시간적인 간격을 의미하는지 불명확하므로 죄형법정주의의 명확성 원칙에 반한다는 상고이유의 주장은 받아들일 수 없다**(대판 2012.2.23. 2010도8981).

⑥ 형법 제125조(폭행, 가혹행위)의 구성요건 중 '그 직무를 행함에 당하여'라 함은 (중략) 죄형법정주의의 명확성원칙에 위반되지 않는다(헌재 2015.3.26. 2013헌바140 전원재판부).

⑦ 국가보안법 제4조 제1항 제2호 (나)목에 규정된 '국가기밀'은 (중략) 죄형법정주의가 요구하는 명확성의 원칙에 반한다고 할 수 없다(대판 2013.7.26. 2013도2511).

⑧ 구 식품위생법 제13조 제1항 제1호 중 '의약품으로 오인·혼동할 우려가 있는 내용의 광고' 부분 (중략) 법관의 자의적인 해석으로 확대될 염려가 없다고 할 것이므로, 이 사건 금지조항은 죄형법정주의의 명확성원칙에 위반되지 않는다(헌재 2019.7.25. 2017헌바513 전원재판부).

⑨ 의료인은 어떠한 명목으로도 둘 이상의 의료기관을 운영할 수 없다고 규정한 의료법 제33조 제8항 본문 중 (중략) 이 사건 법률조항에서 금지하는 '의료기관 중복운영'이란, (중략) 명확성원칙에 반하지 않는다(헌재 2019.8.29. 2014헌바212 등).

⑩ 구 공직선거법 제85조 제2항의 (중략) 건전한 상식과 통상적인 법 감정을 가진 사람이면 공무원의 지위를 이용한 선거운동을 금지하는 구 공직선거법 제85조 제2항에서의 '공무원'에 지방의회의원도 포함됨을 알 수 있다. 따라서 공무원 지위이용 선거운동죄 조항은 죄형법정주의의 명확성원칙을 위반하지 아니한다(헌재 2020.3.26. 2018헌바3 전원재판부).

⑪ [1] (전략) 공무원의 지위를 이용한 선거운동을 금지하는 구 공직선거법 제85조 제2항에서의 '공무원'에 지방의회의원도 포함됨을 알 수 있다. 따라서 공무원 지위이용 선거운동죄 조항(구 공직선거법 제85조 제2항 전문 중 공무원 가운데 '지방의회의원' 부분, 공직선거법 제255조 제3항 제2호 중 위 제85조 제2항 전문의 해당 부분)은 죄형법정주의의 명확성원칙을 위반하지 아니한다.
[2] '선거운동'의 의미에 대해서는 정의규정인 공직선거법 제58조 제1항, '특정 후보자의 당선 내지 이를 위한 득표에 필요한 모든 행위 또는 특정 후보자의 낙선에 필요한 모든 행위 중 당선 또는 낙선을 위한 것이라는 목적의사가 객관적으로 인정될 수 있는 능동적,

계획적 행위를 말하는 것'이라는 (중략) 무엇이 '**선거운동에 이용할 목적**'이 있는 행위인지 여부는 개별 사안에서 행위가 이루어진 시기, 동기, 방법 등 제반사정을 종합하여 통상적인 법해석 또는 법 보충 작용을 통해 판단할 수 있다. '**재산상의 이익**'이란 재산상태의 증가를 가져오는 일체의 이익을 의미하고, (중략) 따라서 **이해유도죄 조항**(선거운동에 이용할 목적으로 기관·단체·시설에 금전·물품 등 재산상의 이익을 제공하거나 제공의 의사표시, 약속한 자를 처벌하는 공직선거법 제230조 제1항 제2호)은 죄형법정주의의 **명확성원칙을 위반하지 아니한다**(헌재 2020.3.26. 2018헌바3 전원재판부).

⑫ 업무상 군사기밀 누설행위에 관한 처벌조항인 '군사기밀 보호법' 제13조 제1항 중 '업무상 군사기밀을 취급하는 사람 또는 취급하였던 사람' 부분이 다소 일반적·규범적 개념으로 규정되었다 하더라도, (중략) 죄형법정주의의 **명확성원칙에 위반되지 않는다**(헌재 2020.5.27. 2018헌바233 전원재판부).

⑬ '군복 및 군용장구의 단속에 관한 법률' 제8조 제2항 중 '판매목적 소지'에 관한 부분, '군복 및 군용장구의 단속에 관한 법률' 제13조 제1항 제2호 중 제8조 제2항의 '판매목적 소지'에 관한 부분은 (중략) '유사', '외관상 식별이 극히 곤란'이라는 추상적인 기준을 두는 것이 불가피하다. (중략) 죄형법정주의의 **명확성원칙에 위반되지 아니한다**(헌재 2019.4.11. 2018헌가14 전원재판부).

⑭ 청소년 보호법 제26조의2 제8호 소정의 "풍기를 문란하게 하는 영업행위를 하거나 그를 목적으로 장소를 제공하는 행위" (중략) 명확성의 원칙에 반하지 아니하여 실질적 죄형법정주의에도 반하지 아니한다(대판 2003.12.26. 2003도5980).

⑮ 공직선거법 제113조의 '후보자가 되고자 하는 자'란 선거에 출마할 예정인 사람으로서 정당에 공천을 신청하거나 선거권자의 후보자추천을 받기 위한 활동을 벌이는 등 입후보 의사가 확정적으로 외부에 표출된 사람을 의미한다. (중략) 죄형법정주의가 요구하는 **명확성을 갖추었다고 할 것이다**(대결 2018.4.24. 2018초기306).

⑯ 도로교통법 제20조의2 제2호 "도로의 구부러진 곳"이라는 규정에 (중략) 죄형법정주의의 한 내용인 형벌법규의 명확성의 원칙에 반한다고 할 수는 없다(대판 2000.2.24. 99헌가4 전원재판부).

⑰ 구 도시 및 주거환경정비법 제69조 제1항 제6호에서 정한 "관리처분계획의 수립"에는 경미한 사항이 아닌 관리처분계획의 주요 부분을 실질적으로 변경하는 것이 포함된다고 해석함이 타당하고, 이러한 해석이 죄형법정주의 내지 형벌법규 **명확성의 원칙을 위반하였다고 보기 어렵다**(대판 2019.9.25. 2016도1306).

⑱ 구 국가공무원복무규정 제27조 제2항 제4호는 특정 정당 또는 정치단체에 대한 일체의 금전적 또는 물질적 후원행위를 금지한다는 것이 아니고, **금전 또는 물질의 이름이나 구실 또는 이유에 구애되지는 않지만 정당활동이나 선거와 직접적으로 관련되거나 특정 정당과의 밀접한 연계성을 인정할 수 있는 경우 등 공무원의 정치적 중립성을 훼손할 가능성이 큰 행위로서 특정 정당 또는 정치단체를 지지 또는 반대하는 것이라는 요소가 있는 행위만을 금지하는 것이라고 해석**하여야 하며, 그러한 해석 하에서 보면 구 국가공무원복무규정 제27조 제2항 제4호가 명확성의 원칙에 위배되었거나 모법인 국가공무원법 제65조 제4항의 위임범위를 벗어났다고 할 수 없다(대판 2014.5.16. 2012도12867).

> **판례** 기타 명확성의 원칙 관련 판례

① 문학작품이라고 하여 무한정의 표현의 자유를 누려 어떠한 성적 표현도 가능하다고 할 수는 없고 그것이 건전한 성적 풍속이나 성도덕을 침해하는 경우에는 형법규정에 의하여 이를 처벌할 수 있다(대판 1995.6.16. 94도2413).

② 음란물 영상의 토렌트 파일을 웹사이트 등에 게시하여 불특정 또는 다수인에게 무상으로 다운로드 받게 하는 행위 또는 그 토렌트 파일을 이용하여 별다른 제한 없이 해당 음란물 영상에 바로 접할 수 있는 상태를 실제로 조성한 행위는 정보통신망법 제74조 제1항 제2호에서 처벌 대상으로 삼고 있는 '같은 법 제44조의7 제1항 제1호를 위반하여 음란한 영상을 배포하거나 공공연하게 전시'한 것과 실질적으로 동일한 결과를 가져온다. 그러므로 위와 같은 행위는 전체적으로 보아 음란한 영상을 배포하거나 공공연하게 전시한다는 구성요건을 충족한다(대판 2019.7.25. 2019도5283).

③ 한의사가 초음파 진단기기를 사용하여 환자의 신체 내부를 촬영하여 화면에 나타난 모습을 보고 이를 한의학적 진단의 보조수단으로 사용하는 것은 한의사의 '면허된 것 이외의 의료행위'에 해당하지 않는다고 보는 것이 타당하다(대판 2022.12.22. 2016도21314 전원합의체).

④ 구 정보통신망 이용촉진 및 정보보호 등에 관한 법률 제62조 제6호 소정의 '타인의 비밀누설' 행위의 주체와 관련하여, (중략) '정보통신망에 의하여 처리·보관 또는 전송되는 타인의 비밀'을 정보통신망으로부터 직접 취득하지 아니하고 제3자를 통하여 취득한 사람이라 하더라도 그 정을 알면서 그 비밀을 알지 못하는 제3자에게 이를 알려 준 경우에는 위 법 제49조, 제62조 제6호 소정의 타인의 비밀누설죄가 성립한다(대판 2008.4.24. 2006도8644).

⑤ 음란표현도 헌법 제21조가 규정하는 언론·출판의 자유의 보호영역에는 해당하되, 다만 헌법 제37조 제2항에 따라 국가 안전보장·질서유지 또는 공공복리를 위하여 제한할 수 있는 것이라고 해석하여야 할 것이다(헌재 2009.5.28. 2006헌바109).

⑥ 구 의료법 제17조 제1항은 의료업에 종사하고 직접 진찰한 의사가 아니면 처방전 등을 작성하여 환자에게 교부하지 못한다고 규정하고 있다. 여기서 '직접'이란 '스스로'를 의미하므로 전화 통화 등을 이용하여 비대면으로 이루어진 경우에도 의사가 스스로 진찰을 하였다면 직접 진찰을 한 것으로 볼 수는 있다. (중략) 현대 의학 측면에서 보아 신뢰할 만한 환자의 상태를 토대로 특정 진단이나 처방 등을 내릴 수 있을 정도의 행위가 있어야 '진찰'이 이루어졌다고 볼 수 있고, 그러한 행위가 전화 통화만으로 이루어지는 경우에는 최소한 그 이전에 의사가 환자를 대면하고 진찰하여 환자의 특성이나 상태 등에 대해 이미 알고 있다는 사정 등이 전제되어야 한다(대판 2020.5.14. 2014도9607).

2) 제재의 명확성

형법은 범죄에 대하여 어떤 형벌과 보안처분을 과할 것인가를 명확하게 규정하여야 한다. 구체적으로는 형벌의 종류와 범위를 특정하여야 한다.

> **판례** 제재의 명확성을 위반한 경우

① 부정선거 관련자 처벌법 제5조 제4항에 예비, 음모는 이를 처벌한다라고 규정하였다 하더라도 예비, 음모는 미수범의 경우와 달라서 그 형을 따로 정하여 놓지 아니한 이상 처벌할 형을 함

께 규정한 것이라고는 볼 수 없고 (중략) 이는 죄형법정주의의 원칙상 허용할 수 없다 할 것이다(대판 1977.6.28. 77도251).

② 국가보안법 제13조가 "그 죄에 대한 법정형의 최고를 사형으로 한다"고 규정한 것이, 법정형의 최고가 사형이므로 그 이하의 형벌까지 모두 선고할 수 있다는 의미인지, 아니면 국가보안법 제7조 제5항, 제1항에 규정되어 있는 법정형 외에 사형이 법정형으로 추가된다는 의미인지 불명확하므로 형벌법규의 명확성 원칙에도 반한다(헌재 2002.11.28. 2002헌가5 전원재판부).

3) 부정기형의 금지

형의 선고시에는 기간을 특정하지 않고 그 기간이 형의 집행단계에서 결정되는 부정기형은 ① 형의 종류 또는 형의 상한과 하한이 전혀 특정되어 있지 아니한 절대적 부정기형과 ② 형의 종류 및 형의 상한·하한이 특정되어 있는 상대적 부정기형으로 나눌 수 있고, 전자는 명확성의 원칙에 위반되지만 후자는 교정교육의 효과를 기대하는 것으로 허용된다.

4. 유추해석금지의 원칙

가. 의의

유추해석금지원칙이란 법률에 규정이 없는 사항에 대해서 그와 유사한 성질을 가지는 사항에 관한 법률을 적용하는 것을 금지하는 원칙이다.

> **판례** 유추해석금지의 원칙
>
> ① 형벌법규는 문언에 따라 엄격하게 해석·적용하여야 하고 피고인에게 불리한 방향으로 지나치게 확장해석하거나 유추해석하여서는 아니되지만 형벌법규의 해석에 있어서도 법률문언의 통상적인 의미를 벗어나지 않는 한 그 법률의 입법취지와 목적, 입법연혁 등을 고려한 목적론적 해석이 배제되는 것은 아니다(대판 2002.2.21. 2001도2819 전원합의체).
>
> ② (전략) 이러한 법해석의 원리는 그 형벌법규의 적용대상이 행정법규가 규정한 사항을 내용으로 하고 있는 경우에 그 행정법규의 규정을 해석하는 데에도 마찬가지로 적용된다(대판 2007.6.29. 2006도4582).

나. 적용범위

형법각칙상의 구성요건뿐만 아니라 총칙규정에도 적용되고, 피고인에게 유리한 사유(위법성조각사유) 등을 제한적으로 유추적용하는 것도 허용되지 않는다. 그러나 피고인에게 유리한 유추해석은 허용된다.

> **판례** 유추해석금지의 원칙의 적용범위
>
> ① 형벌법규의 해석에 있어서 유추해석이나 확장해석도 피고인에게 유리한 경우에는 가능한 것이나, 문리를 넘어서는 이러한 해석은 그렇게 해석하지 아니하면 그 결과가 현저히 형평과 정의에 반하거나 심각한 불합리가 초래되는 경우에 한하여야 할 것이다(대판 2004.11.11. 2004도4049).
>
> ② 형벌법규의 해석에 있어서 법규정 문언의 가능한 의미를 벗어나는 경우에는 유추해석으로서 죄형법정주의에 위반하게 된다. 그리고 유추해석금지의 원칙은 모든 형벌법규의 구성요건과 가

벌성에 관한 규정에 준용되는데, 위법성 및 책임의 조각사유나 소추조건, 또는 처벌조각사유인 형면제 사유에 관하여 그 범위를 제한적으로 유추적용하게 되면 행위자의 가벌성의 범위는 확대되어 행위자에게 불리하게 되는바, (중략) 유추해석금지의 원칙에 위반하여 허용될 수 없다. (중략) 공직선거법 제262조의 "자수"를 '범행발각 전에 자수한 경우'로 한정하는 풀이는 "자수"라는 단어가 통상 관용적으로 사용되는 용례에서 갖는 개념 외에 '범행발각 전'이라는 또다른 개념을 추가하는 것으로서 결국은 '언어의 가능한 의미'를 넘어 공직선거법 제262조의 "자수"의 범위를 그 문언보다 제한함으로써 공직선거법 제230조 제1항 등의 처벌범위를 실정법 이상으로 확대한 것이 되고, 따라서 이는 단순한 목적론적 축소해석에 그치는 것이 아니라, 형면제 사유에 대한 제한적 유추를 통하여 처벌범위를 실정법 이상으로 확대한 것으로서 죄형법정주의의 파생원칙인 유추해석금지의 원칙에 위반된다(대판 1997.3.20. 96도1167 전원합의체).

③ 처벌규정의 소극적 구성요건을 문언의 가능한 의미를 벗어나 지나치게 좁게 해석하게 되면 피고인에 대한 가벌성의 범위를 넓게 되어 죄형법정주의의 파생원칙인 유추해석금지원칙에 어긋날 우려가 있으므로 법률문언의 통상적인 의미를 벗어나지 않는 범위 내에서 합리적으로 해석할 필요가 있다. 청탁금지법의 (중략) 제8조 제3항 제1호에서 정한 '상급 공직자등'이란 금품등 제공의 상대방보다 높은 직급이나 계급의 사람으로서 금품 등 제공 상대방과 직무상 상하관계에 있고 그 상하관계에 기초하여 사회통념상 위로·격려·포상 등을 할 수 있는 지위에 있는 사람을 말하고, 금품등 제공자와 그 상대방이 직무상 명령·복종이나 지휘·감독관계에 있어야만 이에 해당하는 것은 아니다(대판 2018.10.25. 2018도7041).

④ [1] 죄형법정주의 원칙상 형벌법규는 문언에 따라 엄격하게 해석·적용하여야 하고 피고인에게 불리한 방향으로 지나치게 확장해석하거나 유추해석하여서는 안 되는 것이 원칙이고, 이는 특정 범죄자에 대한 위치추적 전자장치 부착명령의 요건을 해석할 때에도 마찬가지이다. [2] '특정 범죄자에 대한 위치추적 전자장치 부착 등에 관한 법률' 제5조 제1항 제3호는 검사가 전자장치 부착명령을 법원에 청구할 수 있는 경우 중의 하나로 '성폭력범죄를 2회 이상 범하여(유죄의 확정판결을 받은 경우를 포함한다) 그 습벽이 인정된 때'라고 규정하고 있는데, (중략) 피부착명령청구자가 소년법에 의한 보호처분을 받은 전력이 있다고 하더라도, 이는 유죄의 확정판결을 받은 경우에 해당하지 아니함이 명백하므로, 피부착명령청구자가 2회 이상 성폭력범죄를 범하였는지를 판단할 때 소년보호처분을 받은 전력을 고려할 것이 아니다(대판 2012.3.22. 2011도15057, 2011전도249 전원합의체).

판례 유추해석금지의 원칙을 위반한 경우 – 불리한 유추해석

① 주민등록법 제21조 제2항 제3호는 같은 법 제7조 제4항의 규정에 의한 주민등록번호 부여방법으로 허위의 주민등록번호를 생성하여 자기 또는 다른 사람의 재물이나 재산상의 이익을 위하여 이를 사용한 자를 처벌한다고 규정하고 있으므로, 피고인이 허위의 주민등록번호를 생성하여 사용한 것이 아니라 타인에 의하여 이미 생성된 주민등록번호를 단순히 사용한 것에 불과하다면, 피고인의 이러한 행위는 피고인에게 불리한 유추해석을 금지하는 법리에 비추어 위 법조 소정의 구성요건을 충족시켰다고 할 수 없다(대판 2004.2.27. 2003도6535).

② 지방세법 제84조 제1항은 '지방세에 관한 범칙행위에 대한 조세범처벌법 등의 준용'이라는 제목 아래 "지방세에 관한 범칙행위에 대하여는 조세범처벌법령을 준용한다."고 규정하고 있

는바, 그 문언 및 지방세법 제82조의 다른 법률 준용 형식에 비추어 볼 때 '**조세범처벌법령**'은 조세범처벌법과 그 부속 하위법령을 의미한다고 할 것이다. (중략) 따라서 **지방세법 제84조 제1항**의 '조세범처벌법령'에 특정범죄 가중처벌 등에 관한 법률도 포함된다고 해석하는 것은 수범자인 일반인의 입장에서 이를 쉽게 예견하기 어려운 점에 비추어 **형벌법규의 명확성의 원칙에 위배**되는 것이거나 형벌법규를 지나치게 확장·유추해석하는 것으로서 **죄형법정주의에 반하여 허용되지 않는다**(대판 2008.3.27. 2007도7561).

③ 군형법 제64조 제1항의 상관면전모욕죄의 구성요건은 '상관을 그 면전에서 모욕하는' 것인데, 여기에서 '면전에서'라 함은 얼굴을 마주 대한 상태를 의미하는 것임이 분명하므로, 전화를 통하여 통화하는 것을 면전에서의 대화라고는 할 수 없다(대판 2002.12.27. 2002도2539).

④ [1] 도로교통법 제2조 제19호는 '운전'이라 함은 도로에서 차를 그 본래의 사용 방법에 따라 사용하는 것을 말한다고 규정하고 있는바, 여기에서 말하는 운전의 개념은 그 규정의 내용에 비추어 목적적 요소를 포함하는 것이므로 **고의의 운전행위만을 의미하고 자동차 안에 있는 사람의 의지나 관여 없이 자동차가 움직인 경우에는 운전에 해당하지 않는다.** [2] 어떤 사람이 자동차를 움직이게 할 의도 없이 다른 목적을 위하여 자동차의 원동기(모터)의 시동을 걸었는데, 실수로 기어 등 자동차의 발진에 필요한 장치를 건드려 원동기의 추진력에 의하여 자동차가 움직이거나 또는 불안전한 주차상태나 도로여건 등으로 인하여 자동차가 움직이게 된 경우는 자동차의 운전에 해당하지 아니한다(대판 2004.4.23. 2004도1109).

⑤ 도로교통법 제2조 제26호는 '운전'이란 차마 또는 노면전차를 본래의 사용방법에 따라 사용하는 것을 말한다고 정하고 있다. 그 중 자동차를 본래의 사용방법에 따라 사용했다고 하기 위해서는 **엔진을 걸고 발진조작을 해야 한다**(대판 2020.12.30. 2020도9994).3)

⑥ [1] **도로가 아닌 곳에서 운전면허 없이 운전한 경우에는 무면허운전에 해당하지 않는다. 도로에서 운전하지 않았는데도 무면허운전으로 처벌하는 것은 유추해석이나 확장해석에 해당하여 죄형법정주의에 비추어 허용되지 않는다.** 따라서 운전면허 없이 자동차 등을 운전한 곳이 위와 같이 일반교통경찰권이 미치는 공공성이 있는 장소가 아니라 특정인이나 그와 관련된 용건이 있는 사람만 사용할 수 있고 자체적으로 관리되는 곳이라면 도로교통법에서 정한 '도로에서 운전'한 것이 아니므로 무면허운전으로 처벌할 수 없다. [2] 아파트 단지 내 지하주차장은 아파트 단지와 주차장의 규모와 형태, 아파트 단지나 주차장에 차단 시설이 설치되어 있는지 여부, 경비원 등에 의한 출입통제 여부, 아파트 단지 주민이 아닌 외부인이 주차장을 이용할 수 있는지 여부 등에 따라서 도로교통법 제2조 제1호에서 정한 도로에 해당하는지가 달라질 수 있다. [3] 피고인이 자동차운전면허를 받지 않고 아파트 단지 안에 있는 지하주차장 약 50m 구간에서 승용차를 운전하여 도로교통법 위반(무면허운전)으로 기소된 사안에서, 위 주차장이 아파트 주민이나 그와 관련된 용건이 있는 사람만 이용할 수 있고 경비원 등이 자체적으로 관리하는 곳이라면 도로에 해당하지 않을 수 있는데, 도로교통법 제2조 제1호에서 정한 도로에 해당하는지가 불분명하여 피고인의 자동차 운전행위가 도로교통법에서 금지하는 무면허운전에 해당하지 않는다고 볼 여지가 있는데도, 아파트 단지와 주차장의 규모와 형태, 아파트 단지와 주차장의 진·출입에 관한 구체적인 관·

---

3) 피고인이 이 사건 차량에 장착된 STOP&GO 기능 조작 미숙으로 시동을 걸지 못한 상태에서 제동장치를 조작하다 차량이 뒤로 밀려 추돌사고를 야기한 경우, 피고인이 운전하려는 의사로 제동장치를 조작했어도 시동을 걸지 못한 이상 발진조작을 했다고 볼 수 없으므로, 자동차를 본래의 사용방법에 따라 사용했다고 보기 어렵다고 본 사안.

이용 상황 등에 관하여 심리하지 아니한 채 피고인의 자동차 운전행위가 무면허운전에 해당한다고 보아 유죄를 인정한 원심판결에 심리미진 및 도로교통법에서 정한 도로와 무면허운전에 관한 법리오해의 잘못이 있다고 한 사례(대판 2017.12.28. 2017도17762)

⑦ 대통령기록물법 제30조 제2항 제1호, 제14조에 의해 유출이 금지되는 대통령기록물에 원본문서나 전자파일 이외에 그 사본이나 추가 출력물까지 포함된다고 해석하는 것은 죄형법정주의 원칙상 허용되지 아니한다(대판 2021.1.14. 2016도7104).

⑧ 2007. 4. 11. 법률 제8366호로 전부 개정되기 전의 구 의료법 제18조 제1항은 '의료업에 종사하고 자신이 진찰한 의사'가 아니면 진단서·검안서·증명서 또는 처방전을 작성하여 환자에게 교부하지 못한다고 규정하고, (중략) 유추해석금지의 원칙상 전화 진찰을 하였다는 사정만으로 '자신이 진찰'하거나 '직접 진찰'을 한 것이 아니라고 볼 수는 없다(대판 2013.4.11. 2010도1388).

⑨ 구 식품위생법 제97조 제1호, 제13조 제1항, 제2항, 구 식품위생법 시행규칙 제8조의 내용을 종합하면, 법 제13조 제1항에서 금지하는 '식품에 관하여 의약품과 혼동할 우려가 있는 광고'란 라디오·텔레비전·신문·잡지·음악·영상·인쇄물·간판·인터넷, 그 밖의 방법으로 식품 등의 품질·영양가·원재료·성분 등에 대하여 질병의 치료에 효능이 있다는 정보를 나타내거나 알리는 행위를 의미한다고 보아야 한다. 따라서 식품 판매자가 식품을 판매하면서 특정 구매자에게 그 식품이 질병의 치료에 효능이 있다고 설명하고 상담하였다고 하더라도 이를 가리켜 법 제13조 제1항 에서 금지하는 '광고'를 하였다고 볼 수 없고, 그와 같은 행위를 반복하였다고 하여 달리 볼 것은 아니다(대판 2014.4.30. 2013도15002).

⑩ 국내 특정 지역의 수삼과 다른 지역의 수삼으로 만든 홍삼을 주원료로 하여 특정 지역에서 제조한 홍삼절편의 제품명이나 제조·판매자명에 특정 지역의 명칭을 사용하였다고 하더라도 이를 곧바로 '원산지를 혼동하게 할 우려가 있는 표시를 하는 행위'라고 보기는 어렵다(대판 2015.4.9. 2014도14191).

⑪ 성폭력범죄의 처벌 등에 관한 특례법 제13조는 "자기 또는 다른 사람의 성적 욕망을 유발하거나 만족시킬 목적으로 전화, 우편, 컴퓨터, 그 밖의 통신매체를 통하여 성적 수치심이나 혐오감을 일으키는 말, 음향, 글, 그림, 영상 또는 물건을 상대방에게 도달하게 한 사람은 2년 이하의 징역 또는 500만 원 이하의 벌금에 처한다."고 규정하고 있다. (중략) 통신매체를 이용하지 아니한 채 '직접' 상대방에게 말, 글, 물건 등을 도달하게 하는 행위까지 포함하여 위 규정으로 처벌할 수 있다고 보는 것은 법문의 가능한 의미의 범위를 벗어난 해석으로서 실정법 이상으로 처벌 범위를 확대하는 것이다(대판 2016.3.10. 2015도17847).

⑫ 외국환거래법 제30조가 규정하는 몰수·추징의 대상은 범인이 해당 행위로 인하여 취득한 외국환 기타 지급수단 등을 뜻하고, 이는 범인이 외국환거래법에서 규제하는 행위로 인하여 취득한 외국환 등이 있을 때 이를 몰수하거나 추징한다는 취지로서, 여기서 취득이란 해당 범죄행위로 인하여 결과적으로 이를 취득한 때를 말한다고 제한적으로 해석함이 타당하다(대판 2017.5.31. 2013도8389).

⑬ 외국환거래법 제29조 제1항 제3호, 제18조 제1항 본문에 의하여 처벌 대상이 되는 미신고 자본거래는, 금액을 일부러 나누어 거래하는 이른바 '분할거래 방식'의 자본거래에 해당한다는 등의 특별한 사정이 없는 한, 개별적으로 이루어지는 자본거래 금액이 10억 원 이상인 경우

를 의미한다고 보아야 한다(대판 2019.1.31. 2018도16474).

⑭ [1] 대부업법 제2조 제1호가 규정하는 '금전의 대부'는 그 개념요소로서 거래의 수단이나 방법 여하를 불문하고 적어도 기간을 두고 장래에 일정한 액수의 금전을 돌려받을 것을 전제로 금전을 교부함으로써 신용을 제공하는 행위를 필수적으로 포함하고 있어야 한다고 보는 것이 타당하다. 따라서 재화 또는 용역을 할인하여 매입하는 거래를 통해 금전을 교부하는 경우, (중략) 금전의 교부에 관해 위와 같은 대부의 개념요소를 인정하기 어려운 경우까지 이를 대부업법상 금전의 대부로 보는 것은, 대부업법 제2조 제1호 등 조항의 문언의 가능한 의미를 벗어나 피고인에게 불리한 방향으로 지나치게 확장해석하거나 유추해석하는 것이 되어 죄형법정주의의 원칙에 위반된다. [2] (중략) 피고인이 의뢰인들로부터 상품권을 할인 매입하면서 그 대금으로 금전을 교부한 것은 대부의 개념요소를 갖추었다고 보기 어려워 같은 법의 규율 대상이 되는 '금전의 대부'에 해당하지 않는다는 (후략) (대판 2019.9.26. 2018도7682)

⑮ 가축분뇨의 관리 및 이용에 관한 법률 제50조 제3호, 제11조 제3항에서 정한 신고대상자는 '대통령령이 정하는 규모 이상의 배출시설을 설치하고자 하는 자 또는 신고한 사항을 변경하고자 하는 자'를 말하고, 배출시설을 설치한 자가 설치 당시에 신고대상자가 아니었다면 그 후 법령의 개정에 따라 그 시설이 신고대상에 해당하게 되었더라도, 위 규정상 신고대상자인 '배출시설을 설치하고자 하는 자'에 해당한다고 볼 수 없으며, (후략) (대판 2011.7.14. 2011도2471)

⑯ (항공보안법 제42조에서 정한 '항로'의 의미 관련) 지상의 항공기가 이동할 때 '운항 중'이 된다는 이유만으로 그때 다니는 지상의 길까지 '항로'로 해석하는 것은 문언의 가능한 의미를 벗어난다(대판 2017.12.21. 2015도8335 전원합의체).

⑰ 제공된 경품을 재매입하는 행위를 구 음반·비디오물 및 게임물에 관한 법률 제50조 제3호 소정의 제32조 제3호에서 금지하는 '문화관광부장관이 정하여 고시하는 방법에 의하지 아니하고 경품을 제공하는 행위'에 해당한다고 보는 것은 형벌법규를 지나치게 유추 또는 확장해석하여 죄형법정주의의 원칙에 어긋나는 것으로서 허용될 수 없다(대판 2007.6.28. 2007도873).

⑱ '블로그', '미니 홈페이지', '카페' 등의 이름으로 개설된 사적 인터넷 게시공간의 운영자가 사적 인터넷 게시공간에 게시된 타인의 글을 삭제할 권한이 있는데도 이를 삭제하지 아니하고 그대로 두었다는 사정만으로 사적 인터넷 게시공간의 운영자가 타인의 글을 국가보안법 제7조 제5항에서 규정하는 바와 같이 '소지'하였다고 볼 수는 없다(대판 2012.1.27. 2010도8336).

⑲ 공문서위조죄나 허위공문서작성죄의 객체인 공문서는 공무원 또는 공무소가 그 직무에 관하여 작성하는 문서이고, 그 행위주체가 공무원과 공무소가 아닌 경우에는 형법 또는 특별법에 의하여 공무원 등으로 의제되는 경우를 제외하고는 계약 등에 의하여 공무와 관련되는 업무를 일부 대행하는 경우가 있더라도 공무원 또는 공무소가 될 수 없다. (중략) 공단이 선박안전법 제60조 제1항에 따라 해양수산부장관의 선박검사업무 등을 대행하면서 선박검사증서를 발급하더라도 그 업무를 수행하는 공단 임직원을 공문서의 작성 주체인 공무원으로 볼 수는 없다고 할 것이다. (중략) 따라서 공단이 해양수산부장관을 대행하여 이사장 명의로 발급하는 선박검사증서는 공무원 또는 공무소가 작성하는 문서라고 볼 수 없으므로 공문서위조죄나 허위공문서작성죄에서의 공문서에 해당하지 아니한다(대판 2016.1.14. 2015도9133).

⑳ 식품제조 등 영업자가 제31조 제2항에 의한 식품의약품안전처장 등의 위탁검사 지시에 의하여 검사 위탁을 한 경우에 위탁을 받은 자가품질위탁검사기관이 발급한 검사성적서에 검사를 하지 아

니하고도 검사를 한 것처럼 기재하거나 검사결과와 다르게 판정하는 기재를 하는 등으로 사실과 다른 내용을 기재하면 제95조 제2호의 처벌규정이 적용되지만, 제31조 제2항에 의한 위탁검사 지시를 받은 바 없이 단지 참고용 등으로 검사의뢰를 한 데 따라 검사성적서를 발급한 경우에는 거기에 사실과 달리 기재된 내용이 있더라도 위 처벌규정을 적용할 수 없다. 형벌법규의 해석은 엄격하여야 하고, 명문의 형벌법규 의미를 피고인에게 불리한 방향으로 지나치게 확장해석하거나 유추해석하는 것은 죄형법정주의의 원칙에 어긋나므로 허용되지 아니하기 때문이다. (중략) 구 축산물위생관리법, 식품의약품검사법에서 정한 '거짓의 성적서' 발급에 대한 처벌규정의 해석도 위 구 식품위생법의 경우와 동일하게 보아야 한다(대판 2016.6.9. 2015도19626).

㉑ 이미 배출시설을 설치한 경우에, 설치 당시에 '대통령령이 정하는 규모 이상의 배출시설'에 해당하지 아니하여 신고대상이 아니었다면, 그 후 법령 개정에 따라 신고대상에 해당하게 되었더라도 구 가축분뇨법 제11조 제3항에서 정한 신고대상자인 '배출시설을 설치하고자 하는 자'에 해당한다고 볼 수 없다(대판 2016.6.23. 2014도7170).

㉒ 조세범 처벌법 제11조 제1항은 조세의 회피 등을 목적으로 타인의 성명을 사용하여 사업자등록을 하는 행위를, 동조 제2항은 그와 같이 자신의 성명을 사용하여 사업자등록을 할 것을 허락하는 행위를 각 구성요건으로 하는데, (중략) 위 구성요건은 사업자등록에서의 사업자의 성명 자체를 다른 사람의 것을 사용하거나 이를 허락한 경우를 말하는 것일 뿐이고, 다른 특별한 사정이 없는 한 법인의 사업자등록을 하면서 단지 법인의 대표자 성명을 다른 사람의 것을 사용하거나 이를 허락한 경우는 위 구성요건에 해당하지 않는다(대판 2016.11.10. 2016도10770).

㉓ 구 여신전문금융업법 제70조 제2항 제2호 ㉮목은 "물품의 판매 또는 용역의 제공 등을 가장하거나 실제 매출금액을 넘겨 신용카드로 거래하거나 이를 대행하게 하는 행위"를 통하여 자금을 융통하여 준 자 또는 이를 중개·알선한 자를 처벌하도록 규정하고 있다. (중략) 위 규정은 신용카드로 대가를 지급할 실질 거래가 없음에도 마치 실제 거래가 있었던 것처럼 가장하여 신용카드를 사용하거나 실제의 거래금액을 초과하여 신용카드에 의한 결제를 하게 함으로써 자금을 융통하여 주거나 이를 중개·알선한 경우에 한하여 적용된다. 따라서 신용카드에 의한 결제 대상인 지급원인이 실제로 존재하고 원인 금액 그대로 결제가 이루어진 경우에는 신용카드를 사용한 실질 목적이 자금의 융통에 있더라도 위 규정에 의한 처벌 대상은 되지 않는다(대판 2016.10.27. 2015도11504).

㉔ 동물보호법 시행규칙 제36조 제2호는 동물판매업을 '소비자에게 반려동물을 판매하거나 알선하는 영업'으로, 제3호는 동물수입업을 '반려동물을 수입하여 동물판매업자, 동물생산업자 등 영업자에게 판매하는 영업'으로, (중략) 규정하고 있다. (중략) 시행규칙 제36조 제2호에 규정한 '소비자'는 반려동물을 구매하여 가정에서 반려 목적으로 기르는 사람을 의미한다. 여기서의 '소비자'에 동물판매업자 등 반려동물을 구매하여 다른 사람에게 판매하는 영업을 하는 자도 포함된다고 보는 것은 '소비자'의 의미를 피고인에게 불리한 방향으로 지나치게 확장해석하거나 유추해석하는 것으로서 죄형법정주의에 어긋나므로 허용되지 아니한다(대판 2016.11.24. 2015도18765).

㉕ 외국환거래법 제30조가 규정하는 몰수·추징의 대상은 법인이 해당 행위로 인하여 취득한 외국환 기타 지급수단 등을 뜻하고, 이는 법인이 외국환거래법에서 규제하는 행위로 인하여 취득한 외국환 등이 있을 때 이를 몰수하거나 추징한다는 취지로서, 여기서 취득이란 해당 범죄행위로 인하여

결과적으로 이를 취득한 때를 말한다고 제한적으로 해석함이 타당하다(대판 2017.5.31. 2013도8389).

㉖ 주식회사의 종업원이 취업활동을 할 수 있는 체류자격을 가지지 아니한 외국인을 고용한 행위와 관련하여, 그 대표이사가 종업원의 그와 같은 행위를 알 수 있는 지위에 있었다는 사정만으로 출입국관리법 제94조 제9호에서 정한 '고용한 사람'에 해당한다고 볼 수 없다(대판 2017.6.29. 2017도3005).

㉗ 주요방위산업체로 지정된 회사가 사업의 일부를 사내하도급 방식으로 다른 업체에 맡겨 방산물자를 생산하는 경우에 하수급업체에 소속된 근로자는 노동조합법 제41조 제2항이 쟁의행위를 금지하는 '주요방위산업체에 종사하는 근로자'에 해당한다고 볼 수 없다(대판 2017.7.18. 2016도3185).

㉘ 자동차관리법 제80조 제7호의2의 '허위 제공'의 의미를 '단순 누락'의 경우도 포함하는 것으로 해석하는 것은 형벌법규의 의미를 피고인에게 불리한 방향으로 지나치게 확장하거나 유추하여 해석하는 것으로 죄형법정주의 원칙에 어긋나서 허용되지 않는다(대판 2017.11.14. 2017도13421).

㉙ 구 전자금융거래법에서 말하는 '양도'에는 단순히 접근매체를 빌려 주거나 일시적으로 사용하게 하는 행위는 포함되지 아니한다고 보아야 한다(대판 2012.7.5. 2011도161670).

㉚ 일반음식점 영업자인 피고인이 바텐더 형태의 영업장에서 주로 술과 안주를 판매함으로써 구 식품위생법상 준수사항을 위반하였다는 내용으로 기소된 사안에서, 위 준수사항 중 '주류만을 판매하는 행위'에는 일반음식점영업 허가를 받고 안주류와 함께 주로 주류를 판매하는 행위도 포함된다고 해석하여 유죄를 인정한 원심판결에 관계 법령의 해석 및 죄형법정주의에 관한 법리오해의 위법이 있다고 한 사례(대판 2012.6.28. 2011도15097)

㉛ 특정범죄가중법 제14조는 "이 법에 규정된 죄에 대하여 형법 제156조에 규정된 죄를 범한 사람은 3년 이상의 유기징역에 처한다."라고 규정하고 있다. (중략) 특정범죄가중법 제14조의 '이 법에 규정된 죄'에 특정범죄가중법 제14조 자체를 위반한 죄는 포함되지 않는다고 해석함이 타당하다(대판 2018.4.12. 2017도20241, 2017전도132).

㉜ 배임죄는 '타인의 사무를 처리하는 자'라는 신분을 요하는 진정신분범이다. (중략) 채무자가 계약을 위반하여 그 의무를 이행하지 않는 등 채권자의 기대나 신뢰를 저버리는 행위를 하고, 그로 인한 채권자의 재산상 피해가 적지 않아 비난가능성이 높다거나, 채권자의 재산권 보호를 위하여 처벌의 필요성이 크다는 이유만으로 배임죄의 죄책을 묻는 것은 죄형법정주의 원칙에 반한다(대판 2020.2.20. 2019도9756 전원합의체).

㉝ 구 외국환거래법 제8조 제1항 본문은 "외국환업무를 업으로 하려는 자는 대통령령으로 정하는 바에 따라 외국환업무를 하는 데에 충분한 자본·시설 및 전문인력을 갖추어 미리 기획재정부장관에게 등록하여야 한다."라고 규정하고, 벌칙 조항인 법 제27조 제1항 제5호는 '제8조 제1항 본문에 따른 등록을 하지 아니하거나, 거짓이나 그 밖의 부정한 방법으로 등록을 하고 외국환업무를 한 자'를 처벌하도록 규정하고 있다. (중략) 법 제8조 제1항 본문에 따라 업으로 하고자 하는 경우 미리 등록하여야 하는 '외국환업무'는 법 제3조 제1항 제16호와 위 법률조항의 위임을 받은 시행령 제6조가 열거한 업무만을 의미한다고 봄이 타당하다(대판 2020.12.24. 2018도17378).

㉞ 도시정비법 혹은 그 위임에 따른 시행령에 명문의 근거 규정 없이 정비사업의 투명성·공공성 확보 내지 조합원의 알권리 보장 등 규제의 목적만을 앞세워 각 호에 명시된 서류의 '관련 자료'의 범위를 지나치게 확장하여 인정하는 것은 죄형법정주의가 요구하는 형벌법규 해석원칙에 어긋난다(대판 2022.1.27. 2021도15334).

㉟ 게임산업법과 같은 법 시행령의 제반 규정에 비추어 보면, 게임산업법 시행령 제18조의3 제3호 (라)목에서 정한 '게임물의 비정상적인 이용'이란 게임제공업자로부터 게임물을 제공받은 공중이 게임물의 제작 목적인 오락, 여가선용, 학습 및 운동효과 등을 위해 게임물을 이용하는 것이 아니라 주로 게임머니 등을 획득하기 위해 일반적이지 않은 방법으로 게임물을 이용하는 것을 뜻하고, 게임제공업자 내부에서 권한을 부여받아 게임머니 등을 생산·획득하는 경우는 포함되지 않는다(대판 2022.3.11. 2018도18872).

㊱ 출입국관리법 제94조 제9호, 제18조 제3항의 '고용'의 의미도 취업활동을 할 수 있는 체류자격을 가지지 않은 외국인으로부터 노무를 제공 받고 이에 대하여 보수를 지급하는 행위를 말한다고 봄이 타당하다. 따라서 사용사업주가 근로자파견계약 또는 이에 준하는 계약을 체결하고 파견사업주로부터 그에게 고용된 외국인을 파견받아 자신을 위한 근로에 종사하게 하였다고 하더라도 이를 출입국관리법 제94조 제9호, 제18조 제3항이 금지하는 고용이라고 볼 수 없다(대판 2020.5.14. 2018도3690).

㊲ [1] '담배의 제조'는 담배가공을 위한 일정한 작업의 수행을 전제하므로, 그러한 작업을 수행하지 않은 자의 행위를 무허가 담배제조로 인한 담배사업법 제27조 제1항 제1호, 제11조 위반죄로 의율하는 것은 특별한 사정이 없는 한 문언의 가능한 의미를 벗어나 피고인에게 불리한 방향으로 해석한 것이어서 죄형법정주의의 내용인 확장해석금지 원칙에 어긋난다. [2] 피고인이 불특정 다수의 손님들에게 연초 잎, 담배 필터, 담뱃갑을 제공하여 손님으로 하여금 담배제조기계를 조작하게 하거나 자신이 직접 그 기계를 조작하는 방법으로 담배를 제조하고, 손님에게 담배를 판매함으로써 (중략) 피고인이 담배를 제조하였다거나 제조된 담배를 소비자에게 판매하였다고 보기 어려운데도, 이와 달리 본 원심판단에 법리오해의 잘못이 있다고 한 사례(대판 2023.1.12. 2019도16782)

판례 유추해석금지원칙을 위반하지 아니한 경우

① 피고인이 갑과 운전 중 발생한 시비로 한차례 다툼이 벌어진 직후 갑이 계속하여 피고인이 운전하던 자동차를 뒤따라온다고 보고 순간적으로 화가 나 갑에게 겁을 주기 위하여 자동차를 정차한 후 4 내지 5m 후진하여 갑이 승차하고 있던 자동차와 충돌한 사안에서, (중략) 피고인이 자동차를 이용하여 갑에게 상해를 가하고, 갑의 자동차를 손괴한 행위는 폭력행위 등 처벌에 관한 법률 제3조 제1항이 정한 '위험한 물건'을 휴대하여 이루어진 범죄라고 봄이 상당하다(대판 2010.11.11. 2010도10256).

② [1] 약사법 제5조 제3항에서 금지하는 '면허증의 대여'라 함은, 다른 사람이 그 면허증을 이용하여 그 면허증의 명의자인 약사인 것처럼 행세하면서 약사에 관한 업무를 하려는 것을 알면서도 면허증 그 자체를 빌려 주는 것을 의미한다고 해석함이 상당하다. [2] 면허증 대여의 상대방 즉 차용인이 무자격자인 경우는 물론, 자격 있는 약사인 경우에도 그 대여 이후 면허증 차용인에 의하여 대여인 명의로 개설된 약국 등 업소에서 대여인이 직접 약사로서의 업무를 행하

지 아니한 채 차용인에게 약국의 운영을 일임하였다면 <u>약사면허증을 대여한 데 해당한다</u>(대판 2003.6.24. 2002도6829).

③ [1] 정보통신망법 제49조 위반행위의 객체인 '정보통신망에 의해 처리·보관 또는 전송되는 타인의 비밀'에는 정보통신망으로 실시간 처리·전송 중인 비밀, 나아가 정보통신망으로 처리·전송이 완료되어 원격지 서버에 저장·보관된 것으로 통신기능을 이용한 처리·전송을 거쳐야만 열람·검색이 가능한 비밀이 포함됨은 당연하다. 그러나 이에 한정되는 것은 아니다. 정보통신망으로 처리·전송이 완료된 다음 사용자의 개인용 컴퓨터(PC)에 저장·보관되어 있더라도, 그 처리·전송과 저장·보관이 서로 밀접하게 연계됨으로써 <u>정보통신망과 관련된 컴퓨터 프로그램을 활용해서만 열람·검색이 가능한 경우 등 정보통신체제 내에서 저장·보관 중인 것으로 볼 수 있는 비밀도 여기서 말하는 '타인의 비밀'에 포함된다고 보아야 한다.</u> [2] (중략) 정보통신망법 제49조의 '타인의 비밀 침해 또는 누설'에서 요구되는 '정보통신망에 침입하는 등 부정한 수단 또는 방법'에는 부정하게 취득한 타인의 식별부호(아이디와 비밀번호)를 직접 입력하거나 보호조치에 따른 제한을 면할 수 있게 하는 부정한 명령을 입력하는 등의 행위에 한정되지 않는다. 이러한 행위가 없더라도 사용자가 식별부호를 입력하여 정보통신망에 접속된 상태에 있는 것을 기화로 정당한 접근권한 없는 사람이 사용자 몰래 정보통신망의 장치나 기능을 이용하는 등의 방법으로 타인의 비밀을 취득·누설하는 행위도 포함된다. <u>그와 같은 해석이 죄형법정주의에 위배된다고 볼 수는 없다</u>(대판 2018.12.27. 2017도15226).

④ 폭력행위처벌법 제7조는 "정당한 이유 없이 이 법에 규정된 범죄에 공용될 우려가 있는 흉기나 그 밖의 위험한 물건을 휴대하거나 제공 또는 알선한 사람은 3년 이하의 징역 또는 300만 원 이하의 벌금에 처한다."라고 정하고 있는데, (중략) '이 법에 규정된 범죄'는 '<u>폭력행위처벌법에 규정된 범죄</u>'만을 말한다고 해석함이 타당하다(대판 2018.1.24. 2017도15914 등).

⑤ (전략) 특수폭행치상의 경우 형법 제258조의2의 신설에도 불구하고 종전과 같이 <u>형법 제257조 제1항의 예에 의하여 처벌하는 것으로 해석함이 타당하다</u>(대판 2018.7.24. 2018도3443).

⑥ 정보통신망에 의하여 처리·보관 또는 전송되는 타인의 정보를 훼손하거나 타인의 비밀을 침해·도용 또는 누설하는 행위를 금지·처벌하는 규정인 정보통신망 이용촉진 및 정보보호 등에 관한 법률 제49조 및 제62조 제6호의 '타인'에는 <u>생존하는 개인뿐만 아니라 이미 사망한 자도 포함된다</u>(대판 2007.6.14. 2007도2162).

⑦ 구 형법 제347조의2 규정의 (중략) 권한 없는 자에 의한 명령 입력행위를 '명령을 부정하게 입력하는 행위' 또는 '부정한 명령을 입력하는 행위'에 포함된다고 해석하는 것이 그 문언의 통상적인 의미를 벗어나는 것이라고 할 수도 없고, (중략) <u>금지되는 유추적용에 해당한다고 할 수도 없다</u>(대판 2003.1.10. 2002도2363).

⑧ 불특정다수인이 이러한 링크를 이용하여 별다른 제한 없이 음란한 부호 등에 바로 접할 수 있는 상태가 실제로 조성되었다면, 그러한 행위는 전체로 보아 <u>음란한 부호 등을 공연히 전시한다는 구성요건을 충족한다고 봄이 상당하며</u>, (후략) (대판 2003.7.8. 2001도1335)

⑨ 구 의료법 제19조는 "의료인은 이 법이나 다른 법령에 특별히 규정된 경우 외에는 의료·조산 또는 간호를 하면서 알게 된 다른 사람의 비밀을 누설하거나 발표하지 못한다."라고 정하고, (중략) 구 의료법 제19조에서 정한 '다른 사람'에는 생존하는 개인 이외에 이미 사

망한 사람도 포함된다고 보아야 한다(대판 2018.5.11. 2018도2844).

⑩ [1] 전자장치를 이용하여 호흡기를 통하여 체내에 흡입함으로써 흡연과 같은 효과를 낼 수 있도록 만든 니코틴이 포함된 용액은 연초의 잎에서 추출한 니코틴을 그 원료로 하는 한 증기로 흡입하기에 적합하게 제조한 것이어서 그 자체로 담배사업법 제2조의 담배에 해당한다고 해석되고, 이러한 흡입을 가능하게 하는 전자장치는 위 규정이 정하는 담배의 구성요소가 아닌 흡입을 위한 도구에 불과하다고 보아야 한다. [2] (중략) 연초의 잎 또는 연초의 잎에서 추출한 니코틴 등의 원료를 단순히 분리·포장하는 것은 제조에 해당한다고 볼 수 없지만, 이러한 원료를 가공하거나 변형하는 것뿐만 아니라 원료를 다른 물질 또는 액체와 일정한 비율로 조합하거나 희석하는 등으로, 화학적 변화를 가져오지는 않더라도 담배사업법 제2조의 '담배'에 해당하는 것을 만들어 낸 것이라면 제조에 해당한다고 보아야 한다(대판 2018.9.28. 2018도9828).

⑪ 범죄수익은닉의 규제 및 처벌 등에 관한 법률은 (중략) 위 규정은 외국인이 대한민국 영역 밖에서 한 행위가 그대로 대한민국 법률에 따라 특정범죄에 해당하는 경우에만 특정범죄로 보는 것이 아니라 그 행위를 대한민국에서의 행위로 가정적으로 구성하여 평가하면 대한민국 법률에 따라 특정범죄에 해당하는 경우에도 특정범죄로 보는 것이라고 해석하는 것이 타당하다 (대판 2018.10.25. 2016도11429).

⑫ 피고인들이 갑 등과 공모하여, 해외 베팅사이트의 운영업체와 중계계약을 체결하여 중계사이트를 개설한 후 불특정 다수의 내국인들을 회원으로 모집하고 회원들로 하여금 중계사이트를 통해 해외 베팅사이트에서 제공하는 각종 스포츠 경기의 승부에 베팅을 하게 하여 베팅이 적중할 경우 미리 정해진 비율에 따라 환전을 해주고, 적중하지 못하면 베팅금을 자신들이 취득하는 방법으로 중계사이트를 운영함으로써 국민체육진흥법을 위반하였다는 내용으로 기소된 사안에서, 피고인들의 행위가 국민체육진흥법 제26조 제2항 제1호에서 규정하는 '정보통신망을 이용하여 체육진흥투표권 등을 발행하는 시스템을 공중이 이용할 수 있도록 제공하는 행위'에 해당한다고 한 사례(대판 2018.10.30. 2018도7172 전원합의체).

⑬ 법원의 재판 또는 국회의 심의를 방해 또는 위협할 목적으로 법정이나 국회회의장 또는 그 부근에서 모욕 또는 소동한 자를 처벌하는 형법 제138조의 규정은, (중략) 본조에서의 법원의 재판에 헌법재판소의 심판이 포함된다고 보는 해석론은 문언이 가지는 가능한 의미의 범위 안에서 그 입법 취지와 목적 등을 고려하여 문언의 논리적 의미를 분명히 밝히는 체계적 해석에 해당할 뿐, 피고인에게 불리한 확장해석이나 유추해석이 아니라고 볼 수 있다(대판 2021.8.26. 2020도12017).

⑭ 도로교통법 제43조는 무면허운전 등을 금지하면서 (중략) '운전면허를 받지 아니하고'라는 법률문언의 통상적인 의미에 '운전면허를 받았으나 그 후 운전면허의 효력이 정지된 경우'가 당연히 포함된다고는 해석할 수 없다(대판 2011.8.25. 2011도7725).

⑮ (전략) 결국 저작물을 '복제하여 배포하는 행위'가 있어야 저작물의 발행이라고 볼 수 있고, 저작물을 복제한 것만으로는 저작물의 발행이라고 볼 수 없다(대판 2018.1.24. 2017도18230).

⑯ [1] 아동·청소년의 성보호에 관한 법률 제11조 제3항은 "아동·청소년성착취물을 배포·제공하거나 이를 목적으로 광고·소개하거나 공연히 전시 또는 상영한 자는 3년 이상의 징역에 처한다."라고 규정하고 있다. (중략) 링크의 게시를 포함한 일련의 행위가 불특정 또는 다수인에게 다른 웹사이트 등을 단순히 소개·연결하는 정도를 넘어 링크를 이용하여 별다른 제

한 없이 아동·청소년성착취물에 바로 접할 수 있는 상태를 실제로 조성한다면, 이는 아동·청소년성착취물을 직접 '배포'하거나 '공연히 전시'한 것과 실질적으로 다를 바 없다고 평가할 수 있으므로, 위와 같은 행위는 전체적으로 보아 아동·청소년성착취물을 배포하거나 공연히 전시한다는 구성요건을 충족한다. [2] 아동·청소년의 성보호에 관한 법률 제11조 제5항은 "아동·청소년성착취물을 구입하거나 아동·청소년성착취물임을 알면서 이를 소지·시청한 자는 1년 이상의 징역에 처한다."라고 규정하고 있다. (중략) 아동·청소년성착취물 파일을 구입하여 시청할 수 있는 상태 또는 접근할 수 있는 상태만으로 곧바로 이를 소지로 보는 것은 소지에 대한 문언 해석의 한계를 넘어서는 것이어서 허용될 수 없으므로, 피고인이 자신이 지배하지 않는 서버 등에 저장된 아동·청소년성착취물에 접근하였지만 위 성착취물을 다운로드하는 등 실제로 지배할 수 있는 상태로 나아가지는 않았다면 특별한 사정이 없는 한 아동·청소년성착취물을 '소지'한 것으로 평가하기는 어렵다(대판 2023.10.12. 2023도5757).

판례 소추조건(소송조건)의 불리한 유추해석금지

① [1] 처벌을 희망하지 않는다는 의사표시 또는 처벌희망 의사표시의 철회는 이른바 소극적 소송조건에 해당하고, 소송조건에는 죄형법정주의의 파생원칙인 유추해석금지의 원칙이 적용된다고 할 것인데, 명문의 근거 없이 그 의사표시에 법정대리인의 동의가 필요하다고 보는 것은 유추해석에 의하여 소극적 소송조건의 요건을 제한하고 피고인 또는 피의자에 대한 처벌가능성의 범위를 확대하는 결과가 되어 죄형법정주의 내지 거기에서 파생된 유추해석금지의 원칙에도 반한다. [2] (중략) 청소년의 성보호에 관한 법률 제16조에 규정된 반의사불벌죄라고 하더라도, 피해자인 청소년에게 의사능력이 있는 이상, 단독으로 피고인 또는 피의자의 처벌을 희망하지 않는다는 의사표시 또는 처벌희망 의사표시의 철회를 할 수 있고, 거기에 법정대리인의 동의가 있어야 하는 것으로 볼 것은 아니다(대판 2009.11.19. 2009도6058 전원합의체).

② 폭행죄는 피해자의 명시한 의사에 반하여 공소를 제기할 수 없는 반의사불벌죄로서 처벌불원의 의사표시는 의사능력이 있는 피해자가 단독으로 할 수 있는 것이고, 피해자가 사망한 후 그 상속인이 피해자를 대신하여 처벌불원의 의사표시를 할 수는 없다고 보아야 한다(대판 2010.5.27. 2010도2680).

③ 친고죄에 관한 고소의 주관적 불가분원칙을 규정하고 있는 형사소송법 제233조가 공정거래위원회의 고발에도 유추적용된다고 해석한다면 이는 공정거래위원회의 고발이 없는 행위자에 대해서까지 형사처벌의 범위를 확장하는 것으로서, 결국 피고인에게 불리하게 형벌법규의 문언을 유추해석한 경우에 해당하므로 죄형법정주의에 반하여 허용될 수 없다(대판 2010.9.30. 2008도4762).

④ [1] (전략) 국회증언감정법 제14조 제1항 본문에서 정한 위증죄는 같은 법 제15조의 고발을 소추요건으로 한다고 봄이 타당하다. (중략) 국회증언감정법 제15조 제1항 단서에 의한 고발도 위원회가 존속하는 동안에 이루어져야 한다고 해석하는 것이 타당하다. (중략) 이와 달리 특별위원회가 소멸하였음에도 과거 특별위원회가 존속할 당시 재적위원이었던 사람이 연서로 고발할 수 있다고 해석하는 것은 소추요건인 고발의 주체와 시기에 관하여 그 범위를 행위자에게 불리하게 확대하는 것이다. 이는 가능한 문언의 의미를 벗어나므로 유추해석금지의 원칙에 반한다(대판 2018.5.17. 2017도14749 전원합의체).

다. 입법의 흠결에 대한 해석에 의한 보충

입법자의 의사가 명백히 오기되었거나 잘못 표현된 경우 이를 해석으로 보충하는 것이 허용되는지 문제 된다. 이에 대해 판례는 긍정설의 입장에서 형법 제170조 제2항에서 말하는 '자기의 소유에 속하는 제166조 또는 제167조에 기재한 물건'이라 함은 '자기 소유에 속하는 제166조에 기재한 물건 또는 자기의 소유에 속하든 타인의 소유에 속하든 불문하고 제167조에 기재한 물건'을 의미하는 것으로 해석하고 있다(94모32).

> **판례** 형벌법규가 흠결된 경우(법문의 가능한 범위)
> - 형법 제170조 제2항에서 말하는 '자기의 소유에 속하는 제166조 또는 제167조에 기재한 물건'이라 함은 '자기의 소유에 속하는 제166조에 기재한 물건 또는 자기의 소유에 속하든, 타인의 소유에 속하든 불문하고 제167조에 기재한 물건'을 의미하는 것이라고 해석하여야 하며, (중략) 죄형법정주의의 원칙상 금지되는 유추해석이나 확장해석에 해당한다고 볼 수는 없을 것이다(대결 1994.12.20. 94모32 전원합의체).

5. 적정성의 원칙

가. 의의

적정성의 원칙이란 범죄와 형벌을 규정하는 법률의 내용은 기본적 인권을 실질적으로 보장할 수 있도록 적정해야 한다는 원칙이다. 이는 실질적 의미의 죄형법정주의에 의해 요청된다.

> **판례** 적정성의 원칙을 위반한 경우
> ① 특정범죄가중처벌등에관한법률 제5조의3(도주차량운전자)의 가중처벌 규정에서 과실로 사람을 치상하게 한 자가 구호행위를 하지 아니하고 도주하거나 고의로 유기함으로써 치사의 결과에 이르게 한 경우에 살인죄와 비교하여 그 법정형을 더 무겁게 한 것은 형벌체계상의 정당성과 균형을 상실한 것으로서 헌법 제10조의 인간으로서의 존엄과 가치를 보장한 국가의 의무와 헌법 제11조의 평등의 원칙 및 헌법 제37조 제2항의 과잉입법금지의 원칙에 반한다(헌재 1992.4.28. 90헌바24 전원재판부).
> ② '특정범죄 가중처벌 등에 관한 법률' 제6조 제7항 중 관세법 제271조 제3항 가운데 제269조 제2항에 관한 부분 (중략) 예비행위를 본죄에 준하여 처벌하도록 하고 있는 심판대상조항은 그 불법성과 책임의 정도에 비추어 지나치게 과중한 형벌을 규정하고 있는 것이다(헌재 2019.2.28. 2016헌가13 전원재판부).
> ③ 흉기 기타 위험한 물건을 휴대하여 형법상 폭행죄, 협박죄, 재물손괴죄를 범한 사람을 가중처벌하는 구 '폭력행위 등 처벌에 관한 법률' 제3조 제1항 중 "흉기 기타 위험한 물건을 휴대하여 형법 제260조 제1항(폭행), 제283조 제1항(협박), 제366조(재물손괴등)의 죄를 범한 자"에 관한 부분 및 '폭력행위 등 처벌에 관한 법률' 제3조 제1항 중 "흉기 기타 위험한 물건을 휴대하여 형법 제260조 제1항(폭행), 제283조 제1항(협박), 제366조(재물손괴등)의 죄를 범한 자"에 관한 부분 (중략) 심판대상조항은 형벌체계상의 정당성과 균형을 잃은 것이 명백하므로, 인간의 존엄성과 가치를 보장하는 헌법의 기본원리에 위배될 뿐만 아니라 그 내용에 있어서도 평등원칙에 위배된다(헌재 2015.9.24. 2014헌바154 등).

④ 도로교통법 제148조의2 제1항 중 '제44조 제1항 또는 제2항을 1회 이상 위반한 사람으로서 다시 같은 조 제1항을 위반한 사람'에 관한 부분은 (중략) 책임과 형벌 간의 비례원칙에 위반된다(헌재 2022.5.26. 2021헌가30 등).

⑤ "구 도로교통법 제148조의2 제1항 중 '제44조 제2항을 위반한 사람으로서 다시 같은 조 제1항을 위반한 사람'에 관한 부분"은 (중략) 이 사건 위헌결정 이유와 같은 이유에서 책임과 형벌 사이의 비례원칙에 어긋날 여지가 있다(대판 2022.6.30. 2022도32).

판례 적정성의 원칙을 위반하지 아니한 경우

① 특정 성폭력범죄자에 대한 위치추적 전자장치 부착에 관한 법률에 의한 전자감시제도는, 오로지 형기를 마친 성폭력범죄자의 감시를 위한 방편으로만 이용함으로써 피부착자의 기본권을 과도하게 제한하는 과잉입법에 해당한다고 볼 수도 없다(대판 2009.9.10. 2009도6061, 2009전도13).

② 군사기밀 보호법 제11조가 군사기밀 탐지·수집행위의 법정형을 10년 이하의 징역으로 규정하고 있는 것과 달리 국가보안법 제4조 제1항 제2호 (나)목의 법정형이 사형·무기 또는 7년 이상의 징역으로 규정되어 있다는 등의 사정만으로 위 조항이 지나치게 무거운 형벌을 규정하여 책임주의 원칙에 반한다거나 법정형이 형벌체계상 균형을 상실하여 평등원칙에 위배되는 조항이라고 할 수 없으며, 법관의 양형 판단 및 결정권을 중대하게 침해하는 것이라고 볼 수도 없다(대판 2013.7.26. 2013도2511).

③ 특정범죄 가중처벌 등에 관한 법률 제5조의4 제5항 제1호는 '형법 제329조부터 제331조까지의 죄 또는 그 미수죄로 세 번 이상 징역형을 받은 사람이 다시 이들 죄를 범하여 누범으로 처벌하는 경우에는 2년 이상 20년 이하의 징역에 처한다.'고 정하고 있다. (중략) 이러한 구성요건을 충족시키는 범죄자의 행위는 비난가능성이 매우 높고, 이러한 범죄자로부터 사회를 방위하고 재범을 방지하여야 할 필요성도 충분하다. 따라서 이 사건 법률조항은 책임과 형벌 간의 비례원칙에 위반되지 않는다(대판 2018.2.13. 2017도19862).

④ 준강도가 범한 강도상해죄의 법정형의 하한이 살인죄의 그것보다 높다고 하여 바로 과잉금지원칙을 위배하였다고 할 수 없다(헌재 1997.8.21. 96헌바9 전원재판부).

⑤ 교통사고로 치상케 한 후 도주한 사고운전자에 대한 법정형을 1년 이상의 유기징역형으로 규정한 특정범죄가중처벌등에관한법률 제5조의3 제1항 제2호는 (중략) 상해죄나 중상해죄보다 법정형을 무겁게 정한 것으로 형벌체계상의 정당성이나 균형 등을 상실하였다고 할 수 없으며, (후략) (헌재 1998.3.26. 97헌바83 전원재판부).

제3절 형법의 적용범위

I. 시간적 적용범위

> **제1조(범죄의 성립과 처벌)** ① 범죄의 성립과 처벌은 행위 시의 법률에 따른다.
> ② 범죄 후 법률이 변경되어 그 행위가 범죄를 구성하지 아니하게 되거나 형이 구법보다 가벼워진 경우에는 신법에 따른다.
> ③ 재판이 확정된 후 법률이 변경되어 그 행위가 범죄를 구성하지 아니하게 된 경우에는 형의 집행을 면제한다.

형법의 시간적 적용범위란 행위시와 재판시 사이에 법률의 변경이 있는 경우 신법(재판시법)과 구법(행위시법) 중 어느 법률을 적용할 것인가의 문제이다. 구체적으로는 ① 행위시에는 불가벌이었던 행위가 후에 범죄로 규정된 경우, ② 행위시에 유효했던 처벌규정이 후에 폐지된 경우 및 ③ 행위시와 재판시의 법률 사이 형의 경중 변경이 있는 경우에 문제 된다.

1. 행위시법주의

가. 의의

형법 제1조 제1항은 '범죄의 성립과 처벌은 행위시의 법률에 따른다.'고 규정하여 <u>행위시법주의와 소급효금지의 원칙</u>을 선언하고 있다.

나. 행위시의 결정

통설과 판례는 <u>범죄의 실행행위의 종료시를 행위시로</u> 보고 있다. 따라서, 실행행위 이후의 결과 및 객관적 처벌조건은 행위시를 결정하는 기준이 아니므로 <u>구법 시행시에 행위가 종료하였으나 결과는 신법 시행시에 발생한 경우에는 원칙적으로 구법이 행위시법으로 적용</u>된다.

한편, 실행행위 계속 중의 법률변경이 있는 경우(실행행위가 신·구법에 걸쳐서 행하여진 경우) 실행행위는 신법 시행시에 종료된 것이므로 <u>신법이 행위시법으로 적용</u>된다. 또한, 법률의 변경은 있었으나 그 전후 사이에 형의 경중에 변화가 없을 때에는 <u>행위시법인 구법이 적용</u>된다.

> **판례** 행위시법주의와 소급효금지의 원칙
>
> ① 범죄의 성립과 처벌은 행위시의 법률에 의한다고 할 때의 "행위시"라 함은 <u>범죄행위의 종료시를 의미한다</u>(대판 1994.5.10. 94도563).
>
> ② 포괄일죄에 관한 기존 처벌법규에 대하여 그 표현이나 형량과 관련한 개정을 하는 경우가 아니라 애초에 죄가 되지 아니하던 행위를 구성요건의 신설로 포괄일죄의 처벌대상으로 삼는 경우에는 신설된 포괄일죄 처벌법규가 시행되기 이전의 행위에 대하여는 신설된 법규를 적용하여 처벌할 수 없다(형법 제1조 제1항). 이는 신설된 처벌법규가 상습범을 처벌하는 구성요건인 경우에도 마찬가지라고 할 것이므로, 구성요건이 신설된 상습강제추행죄가 시행되기 이전의 범행은 상습강제추행죄로는 처벌할 수 없고 행위시법에 기초하여 강제추행죄로 처벌할 수 있을 뿐이며, 이 경우 그 소추요건도 상습강제추행죄에 관한 것이 아니라 강제추행죄에 관한 것이 구

비되어야 한다(대판 2016.1.28. 2015도15669).

③ '아동·청소년의 성보호에 관한 법률'은 고지명령 제도에 관한 제38조의2, 제38조의3을 신설하였는데, 그 법률 부칙 제1조는 "이 법은 공포한 날부터 시행한다. 다만 제31조의2, 제38조의2 및 제38조의3의 개정규정은 2011년 1월 1일부터 시행한다"고 규정하였으며, 부칙 제4조는 "제38조의2 및 제38조의3의 개정규정은 같은 개정규정 시행 후 최초로 아동·청소년 대상 성범죄를 범하여 고지명령을 선고받은 고지대상자부터 적용한다"고 정하였다. (중략) 법률 제11572호 아동성보호법이 시행된 뒤에도 여전히 법률 제10260호 아동성보호법 부칙 규정이 정한 대로 2011. 1. 1. 이후 '아동·청소년 대상 성폭력범죄를 저지른 자'에 대하여만 판결과 동시에 고지명령을 선고할 수 있다고 보아야 한다(대판 2014.2.13. 2013도14349 등).

④ 구 채무자 회생 및 파산에 관한 법률 제643조 제1항은 채무자가 자기 또는 타인의 이익을 도모하거나 채권자를 해할 목적으로 채무자의 재산을 손괴 또는 은닉하는 등 각 호의 어느 하나에 해당하는 행위를 하고, 채무자에 대하여 회생절차개시의 결정이 확정된 경우 사기회생죄로 처벌하도록 하고 있고, (중략) 채무자회생법의 시행 전에는 구 개인채무자회생법 제48조에서 정한 개인회생절차의 개시를 신청할 자격이 없던 개인채무자가 채무자회생법의 시행 전후에 걸쳐서 각각 구 개인채무자회생법 제87조 각 호의 사기개인회생죄 및 구 채무자회생법 제643조 제1항 각 호의 사기회생죄에서 정한 행위를 하고 구 채무자회생법의 시행 후에 그 채무자에 대하여 회생절차개시의 결정이 확정되었더라도, 그 시행 전의 행위는 행위 시의 법률인 구 개인채무자회생법에서 정한 사기개인회생죄의 주체가 될 수 없는 사람의 행위로서 범죄를 구성할 수 없으므로, 구 개인채무자회생법에서 정한 사기개인회생죄나 구 채무자회생법에서 정한 사기회생죄의 어느 것으로도 처벌할 수 없고, 그 행위가 범죄행위 자체에 해당하지 아니하는 이상 채무자회생법 시행 후의 행위와 포괄하여 일죄를 구성할 여지도 없다(대판 2016.10.13. 2016도8347).

⑤ 포괄일죄에 관한 기존 처벌법규에 대하여 그 표현이나 형량과 관련한 개정을 하는 경우가 아니라 애초에 죄가 되지 않던 행위를 구성요건의 신설로 포괄일죄의 처벌대상으로 삼는 경우에는 신설된 포괄일죄 처벌법규가 시행되기 이전의 행위에 대하여는 신설된 법규를 적용하여 처벌할 수 없고(형법 제1조 제1항), 이는 신설된 처벌법규가 상습범을 처벌하는 구성요건인 경우에도 마찬가지이다(대판 2022.12.29. 2022도10660).

판례 포괄일죄와 행위시법

① 포괄일죄로 되는 개개의 범죄행위가 법 개정의 전후에 걸쳐서 행하여진 경우에는 신·구법의 법정형에 대한 경중을 비교하여 볼 필요도 없이 범죄 실행 종료 시의 법이라고 할 수 있는 신법을 적용하여 포괄일죄로 처단하여야 한다(대판 2022.9.16. 2019도19067 등).

② 일반적으로 계속범의 경우 실행행위가 종료되는 시점에서의 법률이 적용되어야 할 것이나, 법률이 개정되면서 그 부칙에서 '개정된 법 시행 전의 행위에 대한 벌칙의 적용에 있어서는 종전의 규정에 의한다'는 경과규정을 두고 있는 경우 개정된 법이 시행되기 전의 행위에 대해서는 개정 전의 법을, 그 이후의 행위에 대해서는 개정된 법을 각각 적용하여야 한다(대판 2001.9.25. 2001도3990).

③ [비교판례] 2007. 1. 19. 법률 제8259호로 개정된 방문판매 등에 관한 법률 제23조 제2항이 시행된 이후에도 포괄일죄인 위 법률 위반 범행이 계속된 경우 그 범죄실행 종료시의 법이라고 할 수 있는 신법을 적용하여 포괄일죄로 처단하여야 하고, 또한 "이 법 시행 전의 행위에 대한 벌칙의 적용에 있어서는 종전의 규정에 따른다."는 방문판매 등에 관한 법률 부칙(2007. 1. 19.) 제3조가 적용될 수도 없다(대판 2009.9.10. 2009도5075, 대판 2009.4.9. 2009도321).

④ 상습으로 사기의 범죄행위를 되풀이 한 경우에 특정경제범죄가중처벌등에 관한 법률시행 이후의 범행으로 인하여 취득한 재물의 가액이 위 법률 제3조 제1항 제3호의 구성요건을 충족하는 때는 그 중 법정형이 중한 위 특정경제범죄가중처벌등에 관한 법률위반의 죄에 나머지 행위를 포괄시켜 특정경제범죄가중처벌등에 관한 법률위반의 죄로 처단하여야 한다(대판 1986.7.22. 86도1012 전원합의체).

⑤ [비교판례] 법무사가 등록증을 다른 사람에게 빌려주거나 법무사의 등록증을 빌린 행위가 개정된 법무사법 시행 이전부터 계속되어 온 경우에는 개정된 법무사법이 시행된 이후의 행위로 취득한 금품 그 밖의 이익만이 개정된 법무사법 제72조 제2항에 따른 몰수나 추징의 대상이 된다고 보아야 한다(대판 2020.10.15. 2020도7307).

⑥ [비교판례] 2008. 12. 26. 법률 제9169호로 개정·시행된 특정범죄 가중처벌 등에 관한 법률은 제2조 제2항에서 "형법 제129조, 제130조 또는 제132조에 규정된 죄를 범한 자는 그 죄에 대하여 정한 형(제1항의 경우를 포함한다)에 수뢰액의 2배 이상 5배 이하의 벌금을 병과한다."라고 규정하여 뇌물수수죄 등에 대하여 종전에 없던 벌금형을 필요적으로 병과 하도록 하고 있는데, 헌법 제13조 제1항의 형벌법규 불소급 원칙과 형법 제1조 제1항의 "범죄의 성립과 처벌은 행위시의 법률에 의한다."는 규정에 비추어 보면, 포괄일죄인 뇌물수수 범행이 위 신설 규정의 시행 전후에 걸쳐 행하여진 경우 특가법 제2조 제2항에 규정된 벌금형 산정 기준이 되는 수뢰액은 위 규정이 신설된 2008. 12. 26. 이후에 수수한 금액으로 한정된다고 보아야 한다(대판 2011.6.10. 2011도4260).

2. 행위시법주의의 예외 - 재판시법주의

가. 형법 제1조 제2항

1) 의의

형법 제1조 제2항은 "범죄 후 법률이 변경되어 그 행위가 범죄를 구성하지 아니하게 되거나 형이 구법보다 가벼워진 경우에는 신법에 따른다."고 하여 행위자에게 유리한 신법의 소급적용(재판시법 적용)을 인정하고 있다.

2) 적용요건 및 효과

① '범죄 후'는 구성요건에 해당하는 실행행위의 종료 후를 의미하며, ② '법률의 변경'은 법률·명령·규칙을 불문하고, 가벌성의 존부와 정도를 규율하는 '총체적 법상태'의 개정과 폐지를 의미한다. ③ '범죄를 구성하지 아니하게 된 경우'는 형법각칙이나 특별형법의 범죄구성요건이 폐지된 경우뿐만 아니라, 위법성조각사유 등 형법총칙의 변경으로 가벌성이 폐지된 경우도 포함한다. 이 경우 공소제기가 으면 법원은 면소판결을 선고하여야 한다(형사소송법 제326조 제4호). ④ '형이 구법보다 가벼워진 경우'는 가벼운 형으로 법률이 변경된 경우를 의미한다. 따라서

중한 형으로 법률이 변경되거나, 형의 경중에 차이가 없는 때에는 행위시법이 적용된다(제1조 제 1항). ⑤ 형의 경중은 형법 제50조를 기준으로 한다. 그 비교대상은 법정형이고, 주형뿐만 아니라 부가형도 포함되며, 가중·감면사유와 선택형의 가능성도 비교하여야 한다.

> **판례** 비범죄화 또는 가벼운 형으로 변경된 경우
>
> ① 구 정보통신망 이용촉진 및 정보보호 등에 관한 법률 제66조의 양벌규정은 법인에 대한 면책규정을 두지 아니하였는데, 같은 법률이 2007. 12. 21. 법률 제8778호로 개정되면서 위 양벌규정이 제75조로 대체된 후 다시 2010. 3. 17. 법률 제10138호로 개정되면서 같은 조 단서에 법인이 그 대리인, 사용인, 그 밖의 종업원의 위반행위를 방지하기 위하여 해당 업무에 관하여 상당한 주의와 감독을 게을리하지 아니한 경우에는 법인을 처벌하지 아니하도록 하는 면책규정이 추가되었는바, 이는 범죄 후 법률의 변경에 의하여 그 행위가 범죄를 구성하지 아니하거나 형이 구법보다 경한 경우에 해당한다고 할 것이어서 형법 제1조 제2항에 따라 피고인에게는 위와 같이 개정된 정보통신망 이용촉진 및 정보보호 등에 관한 법률의 양벌규정이 적용되어야 할 것이다(대판 2012.5.9. 2011도11264).
>
> ② 피고인이 사기죄로 인하여 취득하거나 제3자로 하여금 취득하게 한 재산상이익의 가액이 1억 원 이상 10억 원 미만인 때에 해당한다는 이유로 구 특정경제범죄가중처벌등에관한법률 제3조 제1항 제3호를 적용하여 가중처벌하는 항소심판결이 선고된 뒤인 1990.12.31. 법률 제4292호로 위 법률이 개정되어 위의 이득액이 5억 원 이상인 때에만 그 죄를 범한 자를 가중 처벌할 수 있도록 규정됨과 아울러 제3조 제1항 제3호가 삭제되었으므로 위 공소사실에 관하여는 형사소송법 제383조 제2호 소정의 "판결 후 형의 변경이 있는 때"에 해당하는 사유가 있다고 보아야 한다(대판 1991.1.25. 90도2560).
>
> ③ 2005. 3. 31. 법률 제7465호로 개정되어 2005. 7. 1.부터 시행된 근로기준법 제112조 제2항에 의하면, 종전에는 피해자의 의사에 상관없이 처벌할 수 있었던 근로기준법 제112조 제1항, 제36조 위반죄가 반의사불벌죄로 개정되었고, 부칙에는 그 적용과 관련한 경과규정이 없지만 개정법률이 피고인에게 더 유리할 것이므로 형법 제1조 제2항에 의하여 피고인에 대하여는 개정법률이 적용되어야 할 것인바, (후략) (대판 2005.10.28. 2005도4462)
>
> ④ 범죄 후 법률의 개정에 의하여 법정형이 가벼워진 경우에는 형법 제1조에 의하여 당해 범죄사실에 적용될 가벼운 법정형(신법의 법정형)이 공소시효기간의 기준으로 된다(대판 1987.12.22. 87도84).

> **판례** 비범죄화 또는 형의 변경이 아닌 경우
>
> ① 주식회사의 외부감사에 관한 법률은 위 법 제2조에서 정한 주식회사는 제13조 제1항에 의한 회계처리기준에 따라 재무제표를 작성하여야 한다고 하면서(제13조 제3항), 위 회계처리기준을 위반하여 허위의 재무제표를 작성·공시하는 행위를 각종 행정재재 및 형사처벌 대상으로 삼고 있는바, (중략) 위와 같은 행위 이후에 개정 회계처리기준이 실제 시행되었다고 하더라도 이는 형법 제1조 제2항이 적용되는 범죄 후 법률이 변경된 경우에 해당하지 않는다(대판 2007.6.1. 2006도1813).
>
> ② 누설한 군사기밀사항이 누설행위 이후 평문으로 저하되었거나 군사기밀이 해제되었다고 하더라도 이를 법률의 변경으로 볼 수 없으므로 재판시 법적용 여부가 문제될 여지는 없다(대판 2000.1.28. 99도4022).

③ 외국환관리규정의 개정으로 인하여 거주자가 허가 등을 받지 아니하고 휴대·출국할 수 있는 해외여행 기본경비가 증액되었다고 하여도 이는 범죄 후 법률의 변경에 의하여 범죄를 구성하지 않게 되거나 형이 가볍게 된 경우에 해당하는 것이 아니므로 형법 제1조 제2항이 적용될 여지는 없다(대판 1996.2.23. 95도2858).

④ 무단반출한 물품에 대한 세율이 범행 당시는 100퍼센트였으나 그 후 관세법의 개정으로 40퍼센트로 변경되었다고 하더라도 조세채권의 성립요건이 충족된 후에 조세법이 개정되더라도 그 구 조세법의 규정에 의하여 발생한 조세채권의 내용에는 아무 영향이 없고, 세율의 변경은 형의 변경이라고 할 수도 없어 포탈세액을 종전의 세율에 따라 산정한 것은 적법하다(대판 1984.12.26. 83도1988).

⑤ (전략) 구 특정범죄가중법 제5조의11 제1항에서의 '원동기장치자전거'에는 전동킥보드와 같은 개인형 이동장치도 포함된다고 판단되고, 비록 개정 도로교통법이 전동킥보드와 같은 개인형 이동장치에 관한 규정을 신설하면서 이를 "자동차 등"이 아닌 "자전거 등"으로 분류하였다고 하여 이를 형법 제1조 제2항의 '범죄 후 법률이 변경되어 그 행위가 범죄를 구성하지 아니하게 된 경우'라고 볼 수는 없다(대판 2023.6.29. 2022도13430).

판례 형의 경중에 차이가 없는 경우

① 범죄 후 법률의 변경이 있더라도 형이 중하게 변경되는 경우나 형의 변경이 없는 경우에는 형법 제1조 제1항에 따라 행위시법을 적용하여야 한다(대판 2015.10.29. 2015도5355).

② 특정경제범죄가중처벌등에관한법률 제3조 제1항이 1990. 12. 31. 개정되었다 하더라도 범행으로 취득한 이득이 5억 원인 경우는 개정 전후를 통하여 형의 경중은 없으므로, 행위시법인 개정 전 법률을 적용하여야 한다(대판 1991.10.18. 91도1911).

③ 법원이 인정하는 범죄사실이 공소사실과 차이가 없이 동일한 경우에는 비록 검사가 재판시법인 개정 후 신법의 적용을 구하였더라도 그 범행에 대한 형의 경중의 차이가 없으면 피고인의 방어권 행사에 실질적으로 불이익을 초래할 우려도 없어 공소장 변경절차를 거치지 않고도 정당하게 적용되어야 할 행위시법인 구법을 적용할 수 있다(대판 2002.4.12. 2000도3350).

판례 수차례 법령의 변경이 존재하는 경우

① 행위시와 재판시 사이에 수차 법령의 변경이 있는 경우에는 이 점에 관한 당사자의 주장이 없더라도 본조 제2항에 의하여 직권으로 행위시법과 제1, 2 심판시법의 세가지 규정에 의한 형의 경중을 비교하여 그중 가장 형이 경한 법규정을 적용하여 심판하여야 한다(대판 1968.12.17. 68도1324).

② 2010. 3. 31. 법률 제10209호로 개정된 특정강력범죄의 처벌에 관한 특례법 제2조 제1항 제3호는 개정 전과 달리 형법 제301조에 관해서도 '흉기나 그 밖의 위험한 물건을 휴대하거나 2인 이상이 합동하여 범한'이라는 요건을 갖추어야 '특정강력범죄'에 해당하는 것으로 규정하였고, 이는 개정된 조항의 의미와 취지 등에 비추어 피고인에게 유리하게 법률 개정이 이루어진 것으로서 형법 제1조 제2항에 규정된 '범죄 후 법률의 변경에 의하여 형이 구법보다 경한 때'에 해당한다고 보는 것이 타당하다. 따라서 법률 제10209호 특강법 개정 전에 이루어진 강간 등 상해·치상의 행위가 흉기나 그 밖의 위험한 물건을 휴대하거나 2인 이상이 합동하여 저질러

진 경우가 아니라 단순 강간행위에 의하여 저질러진 경우에는 그 범죄행위에 의하여 상해라는 중한 결과가 발생하였더라도 그 강간 등 상해·치상의 죄(형법 제301조의 죄)는 법률 제10209호 특강법 제2조 제1항 제3호에 규정된 '특정강력범죄'에 해당하지 않는다. 한편 법률 제10209호 특강법 제2조 제1항 제3호는 2011. 3. 7. 법률 제10431호로 개정됨으로써 2010. 3. 31. 개정되기 전과 같이 단순 강간행위에 의한 상해·치상죄도 '특정강력범죄'의 범위에 포함시켰으나, 범죄행위 시와 재판 시 사이에 여러 차례 법령이 개정되어 형의 변경이 있는 경우에는 이 점에 관한 당사자의 주장이 없더라도 형법 제1조 제2항에 의하여 직권으로 그 전부의 법령을 비교하여 그 중 가장 형이 가벼운 법령을 적용하여야 하므로, 법률 제10209호 특강법 개정 전에 이루어진 단순 강간행위에 의한 상해·치상의 죄는 2011. 3. 7.의 개정에도 불구하고 여전히 '특정강력범죄'에 해당하지 않는다(대판 2012.9.13. 2012도7760).

> **판례** 형의 경중의 판단

① 행위시법인 구 변호사법 제54조에 규정된 형은 징역 3년이고 재판시법인 현행 변호사법 제78조에 규정된 형은 5년 이하의 징역 또는 1천만 원 이하의 벌금으로서 신법에서는 벌금형의 선택이 가능하다 하더라도 법정형의 경중은 병과형 또는 선택형 중 가장 중한 형을 기준으로 하여 다른 형과 경중을 정하는 것이므로 행위시법인 구법의 형이 더 경하다(대판 1983.11.8. 83도2499).

② 형의 경중의 비교는 원칙적으로 법정형을 표준으로 할 것이고 처단형이나 선고형에 의할 것이 아니며, 법정형의 경중을 비교함에 있어서 법정형 중 병과형 또는 선택형이 있을 때에는 이 중 가장 중한 형을 기준으로 하여 다른 형과 경중을 정하는 것이 원칙이다(대판 1992.11.13. 92도2194).

③ 개정 전의 '3년 이하의 징역 또는 200만 원 이상 1천만 원 이하의 벌금'이 '3년 이하의 징역 또는 1천만 원 이하의 벌금'으로 되어 형법 제1조 제2항에 따라 개정된 법률에 의하여 처벌하여야 할 것이다(대판 1996.2.13. 95도2843).

④ 법정형이 "5년 이하의 징역"이었던 것이 "5년 이하의 징역 또는 1천만 원 이하의 벌금"이 되어 벌금형이 추가됨으로써 원심판결 후에 형이 가볍게 변경되었음이 (후략) (대판 1996.7.26. 96도1158)

> **판례** 위헌결정의 소급효

- [1] 헌법재판소의 위헌법률심판에 따라 위헌으로 결정된 법률 또는 법률의 조항은 그 결정이 있는 날부터 효력을 상실하는 것이 원칙이다(헌법재판소법 제47조 제2항). 다만 예외적으로 형벌에 관한 법률 또는 법률의 조항에 대한 위헌결정은 소급효가 인정되고(헌법재판소법 제47조 제3항), 위헌결정의 예외적 소급효가 인정되는 '형벌에 관한 법률 또는 법률의 조항'은 형사처벌의 직접적인 근거가 되는 실체법을 의미한다. 그러나 형벌에 관한 법률 또는 법률의 조항이더라도 처벌되지 않는 사유를 규정한 것이라면 (중략) 이러한 법률조항에 대한 위헌결정에는 헌법재판소법 제47조 제3항에 따른 소급효가 인정되지 아니하고, 위 법률조항은 같은 법 제47조 제2항에 따라 위헌결정이 있는 날부터 효력을 상실한다. [2] (중략) 형법 제328조 제1항은 형벌조각사유로서 형의 면제를 규정한 것이기 때문에 2020헌마468 등 헌법불합치결정의 소급효를 인정할 경우 오히려 그 조항에 따라 형의 면제가 되었던 사람들에게 형사상의 불이익이 미치

게 된다. 따라서 위 조항은 2020헌마468 등 헌법불합치결정이 있는 날부터 효력을 상실한다고 보아야 한다. [3] 형법 제347조의2(컴퓨터등사용사기)는 (중략) 가맹점이나 금융기관 등의 인터넷 사이트 또는 휴대전화 애플리케이션 등에 접속하여 타인의 승낙 없이 타인의 인적사항과 타인 명의의 신용카드 번호 및 그 비밀번호 등을 입력하는 방법으로 물품이나 서비스 이용대금 등을 결제하거나 금융기관 등으로부터 신용대출을 받음으로써 재산상 이익을 취득하는 행위는, 컴퓨터 등 정보처리장치에 권한 없이 정보를 입력하여 정보처리를 하게 함으로써 재산상 이익을 취득하는 행위로서 가맹점이나 대출금융기관 등에 대한 컴퓨터등사용사기죄에 해당한다(대판 2025.3.13. 2024도19846).

나. 형법 제1조 제3항

형법 제1조 제3항은 "재판이 확정된 후 법률이 변경되어 그 행위가 범죄를 구성하지 아니하게 된 경우에는 형의 집행을 면제한다."고 규정하고 있다. 유죄판결이 확정된 이상 판결 내용대로 형을 집행하는 것이 원칙이지만 위 규정은 형이 확정되지 아니한 자와의 공평을 위하여 형의 집행만을 면제하고 있다.

① '재판이 확정된 후'란 재판이 통상의 불복신청방법으로 다툴 수 없게 되고, 그 재판의 내용을 변경할 수 없는 상태에 이른 후를 의미한다. ② '법률이 변경되어 범죄를 구성하지 아니하게 된 경우'란 형벌법규 그 자체가 폐지된 경우, 구성요건의 내용이 변경되어 행위가 불가벌로 된 경우 및 형이 폐지된 경우를 포함한다. ③ '형의 집행을 면제'하는 경우 유죄판결 자체는 유효하므로 누범전과 등이 된다. ④ 재판확정 후 형이 가볍게 변경된 것에 불과한 경우에는 종전의 형을 그대로 집행한다.

	형법 제1조 제2항	형법 제1조 제3항
변경의 시기	범죄 후 재판확정 전 변경	재판확정 후 변경
비범죄화된 경우	제1조 제2항 적용 - 신법적용 면소판결(형사소송법 제326조 제4호)선고	제1조 제3항 적용 형집행면제
경한 형으로 변경된 경우	제1조 제2항 적용 - 신법적용 경한 형으로 처벌	제1조 제3항 등 적용되지 아니함 유죄판결의 선고형 그대로 집행

다. 제1조 제2항 및 제3항의 적용배제

1) 경과규정의 존재

형법 제1조 제2항과 제3항은 다른 법령에 특별규정이 있는 때에는 적용되지 않는다(제8조 단서 참조). 따라서, 신법에 경과규정을 두어 유리한 신법의 적용을 배제하는 것은 가능하다.

> **판례** 경과규정이 존재하는 경우
>
> ① [1] 범죄 후 법률의 변경에 의하여 그 행위가 범죄를 구성하지 아니하게 된 때에는 신법을 적용하여야 하고(형법 제1조 제2항), 이는 범죄 후 법령의 개폐로 형이 폐지된 때에 해당하여 면소사유가 될 것이다(형사소송법 제326조 제4호). 그러나 이 경우에도 그 개정 법률의 부칙 등에서 '개정 법률의 시행 전의 행위에 대한 벌칙의 적용에 있어서는 종전의 규정에 의한

다'는 내용의 경과규정을 두고 있는 때에는, 구법 당시의 행위에 대하여 구법을 적용하여야 하므로, 법률의 개정으로 범죄를 구성하지 않게 되거나 형이 폐지되었다고 할 수 없어 위의 면소사유에 해당하지 않는다. [2] 구 공직선거법 제254조 제1항, 제59조 제2호는 선거일에 문자메시지를 전송하는 방법으로 선거운동을 하는 것을 금지하고 있었는데, 2017. 2. 8. 법률 제14556호로 선거일에 문자메시지를 전송하는 방법으로 선거운동을 하는 것이 허용되도록 위 조항이 개정되었다. 그렇다고 하더라도 위 개정법 부칙 제5조에서 '이 법 시행 전의 행위에 대한 벌칙 및 과태료의 적용은 종전의 규정에 따른다'라고 경과규정을 두었으므로, 위 법 시행 이전에 범한 이 사건에는 구 공직선거법 제254조 제1항이 적용되어야 한다(대판 2018.2.8. 2016도16757).

② 신법에 경과규정을 두어 이러한 신법의 적용을 배제하는 것도 허용되는 것으로서, 형벌법규의 형을 종전보다 가볍게 개정하면서 그 부칙에서 개정된 법의 시행 전의 범죄에 대하여는 종전의 형벌법규를 적용하도록 규정한다 하여 형벌불소급의 원칙이나 신법우선의 원칙에 반한다고 할 수 없다 (대판 2013.7.11. 2011도15056 등).

2) 형법 제1조 제2항 '법률의 변경'의 해석 – 최근 판례의 동기설 폐지

종래 판례는 형법 제1조 제2항의 해석과 관련하여 동기설에 의해 범죄 후 법률변경의 동기가 법률이념의 변경인 경우와 단순한 사실관계의 변경인 경우를 나누어 전자인 경우에만 유리한 신법의 소급적용을 인정하였다. 그러나 최근의 판례는 위 동기설을 폐기하고, 형법 제1조 제2항의 적용범위를 다음과 같이 구체적으로 판시하였다.

판례는 ① '형벌법규 자체'의 변경에 따라 범죄를 구성하지 아니하게 되거나 형이 가벼워진 경우에는 형법 제1조 제2항이 적용되어 재판시법이 적용되고, ② '형벌법규로부터 수권·위임을 받은 법령이나 고시 등 규정'의 변경으로 인하여 범죄를 구성하지 아니하게 되거나 형이 가벼워진 경우에는 해당 형벌법규의 가벌성과 직접 관련된 형사법적 관점의 변화에 근거한 것이므로 재판시법이 적용되고, ③ '해당 형벌법규로부터 수권·위임을 받은 법령이 아닌 다른 법령'의 변경으로 인하여 범죄를 구성하지 아니하게 되거나 형이 가벼워진 경우에는 ㉠ 다른 법령의 변경이 형사법적 관점의 변화를 주된 근거로 할 때에는 재판시법이 적용되고, ㉡ 해당 형벌법규와 수권·위임관계에 있지 않고 보호목적과 입법취지를 달리하는 민사적·행정적 규율의 변경이나, 극히 기술적인 규율의 변경에 불과한 경우에는 형사법적 관점의 변화에 근거한 법령의 변경에 해당하지 않아 형법 제1조 제1항에 따라 행위시법이 적용되며, ④ '법령이 구체적인 일자나 기간으로 스스로 예정한 유효기간의 경과'로 인하여 범죄를 구성하지 아니하게 된 경우(협의의 한시법)에 이는 법령의 변경이 아니고, 형사법적 관점의 변화에 근거한 것도 아니므로 형법 제1조 제1항에 따라 행위시법이 적용된다고 판시하였다. 또한 ⑤ 유효기간을 구체적인 일자나 기간으로 특정하지 아니하고 일정한 사건의 발생에 따라 효력의 소멸을 예정한 법령이나, 그 내용과 목적이 일시적 사정에 대처하기 위하여 제정된 법령 전반[4]에 대해서까지 이러한 행위시법주의가 적용된다고 볼 수는 없고, 이러한 경우에는 입법자가 행위시법을 적용한다는 분명한 경과규정을 두었을 때에만 행위시법주의에 따른다고 판시하였다(2020도16420).

---

4) 다만, 이 부분은 2020도16420 전원합의체 판결 다수의견에서 직접적으로 판시한 것은 아니고, 별개의견 등에서 다수의견의 태도를 정리한 부분에서 설시한 내용이다.

판례 형법 제1조 제2항의 해석 - 동기설의 폐기

① [1] 형법 제1조 제2항과 형사소송법 제326조 제4호의 규정은 입법자가 법령의 변경 이후에도 종전 법령 위반행위에 대한 형사처벌을 유지한다는 내용의 경과규정을 따로 두지 않는 한 그대로 적용되어야 한다. 따라서 범죄의 성립과 처벌에 관하여 규정한 형벌법규 자체 또는 그로부터 수권 내지 위임을 받은 법령의 변경에 따라 범죄를 구성하지 아니하게 되거나 형이 가벼워진 경우에는, 종전 법령이 범죄로 정하여 처벌한 것이 부당하였다거나 과형이 과중하였다는 반성적 고려에 따라 변경된 것인지 여부를 따지지 않고 원칙적으로 형법 제1조 제2항과 형사소송법 제326조 제4호가 적용된다. 형벌법규가 대통령령, 총리령, 부령과 같은 법규명령이 아닌 고시 등 행정규칙·행정명령, 조례 등에 구성요건의 일부를 수권 내지 위임한 경우에도 이러한 고시 등 규정이 위임입법의 한계를 벗어나지 않는 한 형벌법규와 결합하여 법령을 보충하는 기능을 하는 것이므로, 그 변경에 따라 범죄를 구성하지 아니하게 되거나 형이 가벼워졌다면 마찬가지로 형법 제1조 제2항과 형사소송법 제326조 제4호가 적용된다. 그러나 해당 형벌법규 자체 또는 그로부터 수권 내지 위임을 받은 법령이 아닌 다른 법령이 변경된 경우 형법 제1조 제2항과 형사소송법 제326조 제4호를 적용하려면, 해당 형벌법규에 따른 범죄의 성립 및 처벌과 직접적으로 관련된 형사법적 관점의 변화를 주된 근거로 하는 법령의 변경에 해당하여야 하므로, 이와 관련이 없는 법령의 변경으로 인하여 해당 형벌법규의 가벌성에 영향을 미치게 되는 경우에는 형법 제1조 제2항과 형사소송법 제326조 제4호가 적용되지 않는다. 한편 법령이 개정 내지 폐지된 경우가 아니라, 스스로 유효기간을 구체적인 일자나 기간으로 특정하여 효력의 상실을 예정하고 있던 법령이 그 유효기간을 경과함으로써 더 이상 효력을 갖지 않게 된 경우도 형법 제1조 제2항과 형사소송법 제326조 제4호에서 말하는 법령의 변경에 해당한다고 볼 수 없다. [2] 피고인이 도로교통법 위반(음주운전)죄로 4회 처벌받은 전력이 있음에도 술에 취한 상태로 전동킥보드를 운전하였다고 하여 구 도로교통법 위반(음주운전)으로 기소되었는데, 구 도로교통법이 2020. 6. 9. 개정되어 원심판결 선고 후인 2020. 12. 10. 개정 도로교통법이 시행되면서 제2조 제19호의2 및 제21호의2에서 전동킥보드와 같은 '개인형 이동장치'와 이를 포함하는 '자전거 등'에 관한 정의규정을 신설함에 따라 개인형 이동장치 음주운전 행위는 자동차 등 음주운전 행위를 처벌하는 제148조의2의 적용 대상에서 제외되는 한편 자전거 등 음주운전 행위를 처벌하는 제156조 제11호가 적용되어 법정형이 종전보다 가볍도록 법률이 변경되고 별도의 경과규정은 두지 않은 사안에서, (중략) 이러한 법률 개정은 구성요건을 규정한 형벌법규 자체의 개정에 따라 형이 가벼워진 경우에 해당함이 명백하므로, 종전 법령이 반성적 고려에 따라 변경된 것인지를 따지지 않고 형법 제1조 제2항에 따라 신법인 도로교통법 제156조 제11호, 제44조 제1항으로 처벌할 수 있을 뿐이라는 이유로, 행위시법인 구 도로교통법 제148조의2 제1항, 도로교통법 제44조 제1항을 적용하여 공소사실을 유죄로 인정한 원심판결은 더 이상 유지될 수 없다고 한 사례(대판 2022.12.22. 2020도16420 전원합의체).

② 법무사인 피고인이 개인파산·회생사건 관련 법률사무를 위임받아 취급하여 변호사법 제109조 제1호 위반으로 기소되었는데, 범행 이후인 2020. 2. 4. 법률 제16911호로 개정된 법무사법 제2조 제1항 제6호에 의하여 '개인의 파산사건 및 개인회생사건 신청의 대리'가 법무사의 업무로 추가된 사안에서, 위 법무사법 개정은 범죄사실의 해당 형벌법규 자체인 변호사법 제109조 제1호 또는 그로부터 수권 내지 위임을 받은 법령이 아닌 별개의 다른 법령의 개정에 불과하고, (중략) 위 법무사법 개정은 형사법적 관점의 변화를 주된 근거로 하는 법령의 변경에 해당하지 않는다는

이유로, 원심이 형법 제1조 제2항과 형사소송법 제326조 제4호를 적용하지 아니하고 변호사법 제109조 제1호 위반의 유죄를 인정한 것은 정당하다고 한 사례(대판 2023.2.23. 2022도4610)

3. 한시법

가. 의의

① <u>협의의 한시법</u>이란 미리 일정한 유효기간이 명시된 법률이나, 형벌법규의 폐지 이전에 유효기간이 정해진 법률을 의미하고, ② <u>광의의 한시법</u>이란 협의의 한시법뿐만 아니라 법령의 내용이나 목적이 일시적 특수사정에 대처하기 위한 임시법까지 포함한다.

나. 한시법의 추급효 인정여부

형법의 시간적 적용범위와 관련하여 한시법의 유효기간 중의 위반행위에 대하여 그 유효기간이 경과한 후에도 처벌할 수 있는지, 즉 한시법의 추급효를 인정할 수 있는지 문제 된다.

기존 판례는 동기설에 따라 한시법의 실효가 입법자의 법적 견해의 변경에 의한 경우에는 추급효를 부정하고, 단순한 사실관계의 변경에 의한 경우에는 추급효를 인정하여 처벌한다고 판시하였으나, 최근 판례는 동기설을 폐기하면서 ① '법령이 구체적인 일자나 기간으로 스스로 예정한 유효기간의 경과'로 인하여 범죄를 구성하지 아니하게 된 경우(협의의 한시법)에 이는 법령의 변경이 아니고, 형사법적 관점의 변화에 근거한 것도 아니므로 형법 제1조 제1항에 따라 행위시법이 적용되고, ② 유효기간을 구체적인 일자나 기간으로 특정하지 아니하고 일정한 사건의 발생에 따라 효력의 소멸을 예정한 법령이나, 그 내용과 목적이 일시적 사정에 대처하기 위하여 제정된 법령 전반(광의의 한시법)에 대해서까지 이러한 행위시법주의가 적용된다고 볼 수는 없고, 이러한 경우에는 입법자가 행위시법을 적용한다는 <u>분명한 경과규정을 두었을 때에만 행위시법주의에 따른다</u>고 판시하였다(2020도16420).

4. 백지형법

가. 의의

백지형법이란 법률에서는 형벌만을 규정하고 그 형벌의 전제가 되는 구성요건의 내용을 다른 <u>법률·명령·고시</u>에 의하여 보충해야 할 공백을 가진 형벌법규를 의미한다. 이러한 백지형법의 공백을 보충하는 규범을 <u>보충규범</u>이라 한다.

나. 보충규범의 개폐와 추급효

백지형법에 있어서 보충규범의 개폐를 형법 제1조 제2항의 '법률의 변경'으로 볼 수 있는지에 대해 견해가 대립한다. 기존 판례는 동기설에 따라 판시하였으나, <u>최근 판례는 동기설을 폐기</u>하면서 ① '형벌법규로부터 수권·위임을 받은 법령이나 고시 등 규정'의 변경으로 인하여 범죄를 구성하지 아니하게 되거나 형이 가벼워진 경우에는 해당 형벌법규의 가벌성과 직접 관련된 형사법적 관점의 변화에 근거한 것이므로 재판시법이 적용되고, ② '해당 형벌법규로부터 수권·위임을 받은 법령이 아닌 다른 법령'의 변경으로 인하여 범죄를 구성하지 아니하게 되거나 형이 가벼워진 경우에는 ㉠ 다른 법령의 변경이 형사법적 관점의 변화를 주된 근거로 할 때에는 재판시법이 적용되고, ㉡ 해당 형벌법규와 수권·위임관계에 있지 않고 보호목적과 입법취지를 달리하는 민사적·행정적 규율의 변경이나, 극히 기술적인 규율의 변경에 부과한 경우에는 형사법적 관점의 변화에 근거한 법령의 변경에 해당하지 않아 **형법 제1조 제1항에 따라 행위시법이 적용**된다고 판시하였다.

Ⅱ. 장소적 적용범위

1. 의의 및 유형 등

형법의 장소적 적용범위란 어떤 행위자가 어떤 장소에서 범한 범죄에 대하여 대한민국 형법을 적용할 수 있는지에 대한 것이다. 이에 대하여 형법은 속지주의(제2조)를 원칙으로 하되면서 속인주의(제3조)를 가미하면서, 예외적으로 보호주의(제5조, 제6조)를 인정하고 있다.

장소적 적용범위는 크게 ① 내국인의 국내범, ② 내국인의 국외범, ③ 외국인의 국내범 및 ④ 외국인의 국외범의 경우에 문제될 수 있다.

2. 속지주의

> **제2조(국내범)** 본법은 대한민국영역내에서 죄를 범한 내국인과 외국인에게 적용한다.
>
> **제4조(국외에 있는 내국선박 등에서 외국인이 범한 죄)** 본법은 대한민국영역외에 있는 대한민국의 선박 또는 항공기내에서 죄를 범한 외국인에게 적용한다.

가. 속지주의의 원칙

형법은 대한민국 영역 내에서 죄를 범한 내국인과 외국인에게 적용된다(제2조). ① '대한민국영역'이란 한반도와 그 부속도서를 말하고, ② '죄를 범한'이란 행위와 결과의 어느 것이라도 대한민국의 영역 내에서 발생하면 충분하다.

> **판례** 속지주의
>
> ① 형법 제2조를 적용함에 있어서 공모공동정범의 경우 공모지도 범죄지로 보아야 할 것이다 (대판 1998.11.27. 98도2734).
>
> ② 외국인이 대한민국 공무원에게 알선한다는 명목으로 금품을 수수하는 행위가 대한민국 영역 내에서 이루어진 이상, 비록 금품수수의 명목이 된 알선행위를 하는 장소가 대한민국 영역 외라 하더라도 대한민국 영역 내에서 죄를 범한 것이라고 하여야 할 것이므로, 형법 제2조에 의하여 대한민국의 형벌법규인 구 변호사법 제90조 제1호가 적용되어야 한다(대판 2000.4.21. 99도3403).
>
> ③ [1] 대한민국 국민이 아닌 사람이 외국에 거주하다가 그곳을 떠나 반국가단체의 지배하에 있는 지역으로 들어가는 행위는, 대한민국의 영역에 대한 통치권이 실지로 미치는 지역을 떠나는 행위 또는 대한민국의 국민에 대한 통치권으로부터 벗어나는 행위 어디에도 해당하지 않으므로, 이는 국가보안법 제6조 제1항, 제2항의 탈출 개념에 포함되지 않는다. [2] 국가보안법 제6조 제2항의 "반국가단체나 그 구성원의 지령을 받거나 받기 위하여 또는 그 목적수행을 협의하거나 협의하기 위하여 잠입하거나 탈출한 자" 및 같은 법 제8조 제1항의 "국가의 존립·안전이나 자유민주적 기본질서를 위태롭게 한다는 정을 알면서 반국가

단체의 구성원 또는 그 지령을 받은 자와 회합·통신 기타의 방법으로 연락을 한 자"의 적용과 관련하여, 독일인이 독일 내에서 북한의 지령을 받아 베를린 주재 북한이익대표부를 방문하고 그곳에서 북한공작원을 만났다면 위 각 구성요건상 범죄지는 모두 독일이므로 이는 외국인의 국외범에 해당하여, 형법 제5조와 제6조에서 정한 요건에 해당하지 않는 이상 위 각 조항을 적용하여 처벌할 수 없다(대판 2008.4.17. 2004도4899).

④ 대한민국 영역 내에서 해외 스포츠 도박 사이트에 접속하여 베팅을 하는 방법으로 체육진흥투표권과 비슷한 것을 정보통신망을 이용하여 발행받은 다음 결과를 적중시킨 경우 재산상 이익을 얻는 내용의 도박을 하였다면, 그 스포츠 도박 사이트를 통한 도박 행위는 국민체육진흥법 제26조 제1항에서 금지하고 있는 유사행위를 이용한 도박 행위에 해당하므로, 제48조 제3호에 따라 처벌할 수 있다. 이는 그 스포츠 도박 사이트의 운영이 외국인에 의하여 대한민국 영역 외에서 이루어진 것이라고 하더라도 마찬가지이다(대판 2022.11.30. 2022도6462).

나. 기국주의

형법은 대한민국 영역 외에 있는 대한민국의 선박이나 항공기에서 죄를 범한 외국인에게도 적용된다(제4조). '대한민국영역외'는 외국 또는 공해상을 불문한다.

> **판례** 기국주의 등
>
> • 헌법 제3조는 대한민국의 영토는 한반도와 그 부속도서로 한다고 규정하고 있어 북한도 대한민국의 영토에 속하는 것이 분명하므로, 캐나다 국적을 가진 피고인이 북한의 지령을 받기 위하여 캐나다 토론토를 출발하여 일본과 중국을 순차 경유하여 북한 평양에 들어간 행위는 제3국과 대한민국 영역 내에 걸쳐서 이루어진 것이고, 피고인이 북한의 지령을 받고 국내에 잠입하여 활동하던 중 그 목적수행을 위하여 서울 김포공항에서 대한항공편으로 중국 북경으로 출국한 후 중국 북경에서 북한 평양으로 들어간 행위는 대한민국 영역 내와 대한민국 영역 외에 있는 대한민국의 항공기 내 및 대한민국의 통치권이 미치지 아니하는 제3국에 걸쳐서 이루어진 것이라고 할 것인바, 이와 같은 경우에는 비록 피고인이 캐나다 국적을 가진 외국인이라고 하더라도 형법 제2조, 제4조에 의하여 대한민국의 형벌법규가 적용되어야 할 것이고, 형법 제5조, 제6조에 정한 외국인의 국외범 문제로 다룰 것은 아니다(대판 1997.11.20. 97도2021 전원합의체).

3. 속인주의

> **제3조(내국인의 국외범)** 본법은 대한민국영역외에서 죄를 범한 내국인에게 적용한다.

형법은 대한민국 영역 외에서 죄를 범한 내국인에게 적용된다(제3조). '내국인'이란 범행당시에 대한민국 국적을 가진 자를 말하고, 북한주민도 내국인에 해당한다.

> **판례** 속인주의
>
> ① 형법 제3조에 따라, 필리핀국에서 도박을 한 피고인에게 우리 나라 형법이 당연히 적용된다(대판 2001.9.25. 99도3337).
>
> ② 국제협정이나 관행에 의하여 대한민국내에 있는 미국문화원이 치외법권지역이고 그 곳을 미국영토의 연장으로 본다 하더라도 그 곳에서 죄를 범한 대한민국 국민에 대하여 우리 법원에 먼

저 공소가 제기되고 미국이 자국의 재판권을 주장하지 않고 있는 이상 **속인주의**를 함께 채택하고 있는 **우리나라의 재판권은 동인들에게도 당연히 미친다** 할 것이다(대판 1986.6.24. 86도403).

③ [비교판례] 중국 북경시에 소재한 대한민국 영사관 내부는 여전히 중국의 영토에 속할 뿐 이를 대한민국의 영토로서 그 영역에 해당한다고 볼 수 없을 뿐 아니라, 사문서위조죄가 형법 제6조의 대한민국 또는 대한민국 국민에 대하여 범한 죄에 해당하지 아니함은 명백하다. 따라서 내국인이 아닌 피고인이 위 영사관 내에서 공소외5인 명의의 여권발급신청서 1장을 위조하였다는 공소사실에 대하여 **외국인의 국외범에 해당한다는 이유로 피고인에 대한 재판권이 없다고 판단한 것은 옳다** (대판 2006.9.22. 2006도5010).

4. 보호주의

> **제5조(외국인의 국외범)** 본법은 대한민국영역외에서 다음에 기재한 죄를 범한 외국인에게 적용한다.
> 1. 내란의 죄
> 2. 외환의 죄
> 3. 국기에 관한 죄
> 4. 통화에 관한 죄
> 5. 유가증권, 우표와 인지에 관한 죄
> 6. 문서에 관한 죄중 제225조 내지 제230조
> 7. 인장에 관한 죄중 제238조
>
> **제6조(대한민국과 대한민국국민에 대한 국외범)** 본법은 대한민국영역외에서 대한민국 또는 대한민국 국민에 대하여 전조에 기재한 이외의 죄를 범한 외국인에게 적용한다. 단 행위지의 법률에 의하여 범죄를 구성하지 아니하거나 소추 또는 형의 집행을 면제할 경우에는 예외로 한다.

속지주의와 속인주의에 의하면 외국인의 국외범에 대하여는 대한민국 형법을 적용할 수 없는 것이 원칙이다. 다만, 형법은 제5조와 제6조에서 규정하는 **보호주의**에 의해 **외국인의 국외범에 대하여도 일정한 경우 대한민국 형법적용을 예외적으로 긍정**하고 있다.

가. 제5조의 보호주의

형법은 **대한민국 영역 외**에서 ① 내란의 죄, ② 외환의 죄, ③ 국기에 관한 죄, ④ 통화에 관한 죄, ⑤ 유가증권·우표와 인지에 관한 죄, ⑥ 공문서에 관한 죄, ⑦ 공인장에 관한 죄를 범한 **외국인에게 적용된다**(제5조).

나. 제6조의 보호주의

형법은 **대한민국 영역 외**에서 **대한민국 또는 대한민국 국민에 대하여** 제5조에 기재한 이외의 죄를 범한 **외국인에게도 적용된다**(제6조). 다만, **행위지의 법률에 의해 범죄를 구성하지 않거나, 소추·형 집행을 면제할 경우는 예외로 한다.**

판례 보호주의

① 형법 제239조 제1항의 사인위조죄는 형법 제6조의 대한민국 또는 대한민국 국민에 대하여 범한 죄에 해당하지 아니하므로 중국 국적자가 중국에서 대한민국 국적 주식회사의 인장을 위조한 경우에는 외국인의 국외범으로서 그에 대하여 재판권이 없다(대판 2002.11.26. 2002도4929).

② 캐나다 시민권자인 피고인이 캐나다에서 위조사문서를 행사하였다는 내용으로 기소된 사안에서, 형법 제234조의 위조사문서행사죄는 형법 제5조 제1호 내지 제7호에 열거된 죄에 해당하지 않고, 위조사문서행사를 형법 제6조의 대한민국 또는 대한민국 국민의 법익을 직접적으로 침해하는 행위라고 볼 수도 없으므로 피고인의 행위에 대하여는 우리나라에 재판권이 없는데도, (후략) (대판 2011.8.25. 2011도6507)

③ 피고인은 2001년경에 뉴질랜드 시민권을 취득한 사실이 인정되므로 피고인은 그 무렵 대한민국의 국적을 상실하였다고 할 것이어서, 피해자공소외 1에 대한 이 사건 사기 범행 당시에는 피고인이 외국인이라고 할 것이고, 위 사기범행의 장소도 뉴질랜드임을 알 수 있으므로, 이는 결국 외국인이 대한민국 영역 외에서 대한민국 국민에 대하여 범죄를 저지른 경우에 해당한다(대판 2008.7.24. 2008도4085).

④ 내국 법인의 대표자인 외국인이 내국 법인이 외국에 설립한 특수목적법인에 위탁해 둔 자금을 정해진 목적과 용도 외에 임의로 사용한 데 따른 횡령죄의 피해자는 당해 금전을 위탁한 내국 법인이다. 따라서 그 행위가 외국에서 이루어진 경우에도 행위지의 법률에 의하여 범죄를 구성하지 아니하거나 소추 또는 형의 집행을 면제할 경우가 아니라면 그 외국인에 대해서도 우리 형법이 적용되어(형법 제6조), 우리 법원에 재판권이 있다(대판 2017.3.22. 2016도17465).

5. 세계주의

세계주의는 범죄자와 범죄인의 국적 여하를 불문하고 인류공동의 법익을 침해하는 범죄에 대하여 자국의 형법을 적용할 수 있다는 입법주의이다.

우리 형법은 2013년 4월 5일의 개정을 통해 **형법 제296조의2(세계주의)를** 신설하여 약취·유인 및 인신매매의 죄에 대하여 "제287조부터 제292조까지 및 제294조는 대한민국 영역 밖에서 죄를 범한 외국인에게도 적용한다."고 규정하여 세계주의를 명시적으로 도입하였다.

6. 외국에서 받은 형의 집행

제7조(외국에서 집행된 형의 산입) 죄를 지어 외국에서 형의 전부 또는 일부가 집행된 사람에 대해서는 그 집행된 형의 전부 또는 일부를 선고하는 형에 산입한다.

외국과 대한민국에서의 이중처벌의 가능성을 고려하여, 형법 제7조는 "죄를 지어 외국에서 형의 전부 또는 일부가 집행된 사람에 대해서는 그 집행된 형의 전부 또는 일부를 선고하는 형에 산입한다."고 규정하고 있다(필요적 산입).

판례 외국에서 받은 형의 집행

① 외국에서 형의 집행을 받은 자에 대하여 형을 선고한 것을 위법하다고 할 수 없다(대판 1988.1.19. 87도2287).

② 형법 제7조는 (중략) 여기서 '외국에서 형의 전부 또는 일부가 집행된 사람'이란 문언과 취지에 비추어 '외국 법원의 유죄판결에 의하여 자유형이나 벌금형 등 형의 전부 또는 일부가 실제로 집행된 사람'을 말한다고 해석하여야 한다. 따라서 형사사건으로 외국 법원에 기소되었다가 무죄판결을 받은 사람은, 설령 그가 무죄판결을 받기까지 상당 기간 미결구금되었더라도 이를 유죄판결에 의하여 형이 실제로 집행된 것으로 볼 수는 없으므로, '외국에서 형의 전부 또는 일부가 집행된 사람'에 해당한다고 볼 수 없고, 그 미결구금 기간은 형법 제7조에 의한 산입의 대상이 될 수 없다(대판 2017.8.24. 2017도5977 전원합의체).

Ⅲ. 인적 적용범위

1. 원칙

형법은 원칙적으로 형법의 시간적·장소적 효력이 미치는 모든 사람에게 적용된다.

2. 예외

가. 국내법상 예외

① 대통령은 내란 또는 외환의 죄를 범한 경우를 제외하고는 재직 중 형사상의 소추를 받지 아니한다(헌법 제84조, 대통령의 불소추특권). 또한 ② 국회의원은 국회에서 직무상 행한 발언과 표결에 관하여 국회 외에서 책임을 지지 아니한다(제45조, 면책특권).

> **판례** 국회의원의 면책특권
>
> ① [1] 국회의원의 면책특권의 대상이 되는 행위는 직무상의 발언과 표결이라는 의사표현행위 자체에 국한되지 아니하고 이에 통상적으로 부수하여 행하여지는 행위까지 포함하고, 그와 같은 부수행위인지 여부는 결국 구체적인 행위의 목적, 장소, 태양 등을 종합하여 개별적으로 판단할 수밖에 없다. [2] 국회의원이 국회본회의에서 질문할 원고를 사전에 배포한 행위는 면책특권의 대상이 되는 직무부수행위에 해당한다. [3] 국회의원의 면책특권에 속하는 행위에 대하여는 공소를 제기할 수 없으며 이에 반하여 공소가 제기된 것은 결국 공소권이 없음에도 공소가 제기된 것이 되어 형사소송법 제327조 제2호의 '공소제기의 절차가 법률의 규정에 위반하여 무효인 때'에 해당되므로 공소를 기각하여야 한다(대판 1992.9.22. 91도3317).
> ② 피고인이 국회 법제사법위원회에서 발언할 내용이 담긴 위 보도자료를 사전에 배포한 행위는 국회의원 면책특권의 대상이 되는 직무부수행위에 해당하므로, 피고인에 대한 허위사실적시 명예훼손 및 통신비밀보호법 위반의 점에 대한 공소를 기각하여야 한다(대판 2011.5.13. 2009도14442).

나. 국제법상 예외

한미간의 군대지위협정(Status of Forces Agreement)은 일정범위의 미군범죄에 대하여 미군 당국이 제1차적 재판관할권을 갖는 경우를 규정하고 있다.

> **판례** 국제법상 예외
>
> • 미합중국 국적을 가진 미합중국 군대의 군속인 피고인이 범행 당시 10년 넘게 대한민국에 머물면서 한국인 아내와 결혼하여 가정을 마련하고 직장 생활을 하는 등 생활근거지를 대한민국에 두고

> 있었던 경우, 피고인은 '대한민국과 아메리카합중국 간의 상호방위조약 제4조에 의한 시설과 구역 및 대한민국에서의 합중국 군대의 지위에 관한 협정'에서 말하는 '통상적으로 대한민국에 거주하는 자'에 해당하므로, 피고인에게는 위 협정에서 정한 미합중국 군대의 군속에 관한 형사재판권 관련 조항이 적용될 수 없다(대판 2006.5.11. 2005도798).

제4절 형법이론

Ⅰ. 형벌이론

1. 응보형주의

범죄는 위법한 악행이므로 범죄를 행한 자에게 상응하는 해악을 가하는 것이 형벌이며, 따라서 형벌의 본질은 응보에 있고 형벌의 내용은 악에 대한 보복적 반동으로서의 고통을 의미한다는 견해이다.

응보형주의는 형벌이 행하여진 범죄와 일치할 것을 요하며 또한 형벌권의 행사를 책임주의에 의하여 제한하고자 한다는 점에서 가치가 있다.

2. 목적형주의

형벌의 의미가 장래의 범죄를 예방하는 데 있다고 해석하는 견해이다. 이는 다시 형벌의 목적은 ① 일반인, 즉 잠재적 범죄인의 위하에 의한 범죄의 예방에 있다는 일반예방주의와 ② 범죄인에 대한 위하와 범죄인의 사회복귀 또는 격리를 통하여 바로 그 범죄인이 다시 죄를 범하는 것을 방지하는 데 있다고 하는 특별예방주의로 나누어진다.

3. 형법해석과 형벌의 목적

형벌은 본질상 해악에 대한 응보로서의 성질을 가지지만 행위-책임-응보의 원칙에 의하여 그어진 범위 안에서 일반예방과 특별예방의 목적도 고려하지 않으면 안 된다(결합설).

Ⅱ. 범죄이론

1. 객관주의

형법적 평가의 중점을 외부적인 행위와 결과에 두고 형벌의 종류와 경중도 이에 상응하여야 한다는 이론이다. 인간의 자유의사를 전제(비결정론)로 한 계몽사상에서 출발하여 형벌이론에 있어서 응보형주의 또는 일반예방주의와 이론적으로 결합되어 고전학파에 의하여 주장된 이론이다.

2. 주관주의

형벌의 대상은 범죄인이며, 형벌의 종류와 경중도 범죄인의 악성 내지 사회적 위험성에 의하여 결정되어야 한다는 이론이다. 자연과학적 결정론에 의하여 주장되고 있는 범죄이론이다.

구분		객관주의	주관주의
기본사상		개인주의·자유주의·계몽사상· 합리주의·법치국가사상	자연과학적 사상·실증주의
평가의 중점		행위중심사상	행위자중심사상
착오론(사실의 착오)		구체적 부합설, 법정적 부합설	추상적 부합설
책임론	책임의 근거	도의적 책임론	사회적 책임론
	책임능력의 본질	범죄능력	형벌능력
	책임판단의 대상	행위책임	성격책임
미수론	미수의 처리	기수의 형보다 감경	구별 불요
	실행의 착수	객관설	주관설
	불능미수의 위험성	객관설, 구체적 위험설	주관설
공범론	공동정범의 본질	범죄공동설	행위공동설
	공범의 종속성	공범종속성설	공범독립성설
죄수론		행위표준설, 법익표준설, 구성요건표준설	의사표준설

3. 형법해석과 범죄이론

객관주의는 형법의 사회방위적 기능을 무시할 염려가 있으며 주관주의는 개인의 자유보장을 위협할 우려가 있다. 근본적으로 범죄는 양 요소의 결합이므로 범죄를 평가함에 있어서는 양 요소를 종합하여 판단하여야 한다. 형법도 <u>원칙적으로는 객관주의에 입각하고 있으면서 주관주의를 고려한 절충적 태도</u>를 취하고 있다.

Ⅲ. 형법학파의 대립

1. 고전학파

고전학파는 계몽철학의 개인주의·자유주의를 사상적 배경으로 하여 형벌이론에 관한 <u>응보형주의</u>와 <u>일반예방이론</u>이 범죄이론인 <u>객관주의</u>와 결합하여 형성된 법사상이다.

2. 근대학파

산업혁명 이후 발달한 자연과학적 방법론을 배경으로 하여, 형벌이론의 <u>특별예방주의</u>가 범죄이론에 있어서 <u>주관주의</u>와 결합하여 이루어진 형법사상이다.

	고전학파	근대학파
자유의사	인정 → 의사자유론, 비결정론	부정 → 의사비자유론, 결정론
범죄의 본질	객관주의	주관주의
책임의 근거	도의적 책임론	사회적 책임론
형벌의 본질	본질은 응보, 목적은 일반예방	특별예방
부정기형	부정	긍정
형벌과 보안처분	이원론 → 대체 부정	일원론 → 대체 인정

 MEMO

홍형철공무원형법

PART 02

범죄론

CHAPTER 01 범죄의 기본개념

제1절 범죄의 의의와 종류

I. 범죄의 의의

1. 범죄의 개념

① 구성요건에 해당하고 위법하고 책임 있는 행위를 범죄라고 하는 **형식적 범죄개념**과 ② 범죄란 형벌을 가할 필요가 있는 불법일 것을 요하며, 그것은 사회적 유해성 내지 법익을 침해하는 반사회적 행위를 의미한다고 하는 **실질적 범죄개념**이 존재한다. 양 개념은 **상호 보충적인 관계**에 있다.

2. 범죄의 본질

① **권리침해설**이란 범죄의 본질은 개별적인 권리를 침해하는 데 있다는 견해이고, ② **법익침해설**이란 범죄의 본질은 법익을 침해하거나 침해할 위험에 있다는 견해이며, ③ **의무위반설**은 범죄의 본질은 사회질서 내지 법익을 침해하지 아니하여야 할 의무를 위반하는 데 있다는 견해이다.

형법은 법익침해라는 결과뿐만 아니라 법익을 침해하는 행위 자체도 금지하고 있다. 따라서 법익침해설과 의무위반설을 결합하여 범죄의 본질을 파악하는 것이 타당하다(결합설).

II. 범죄의 성립조건·처벌조건·소추조건

1. 범죄의 성립조건

범죄가 성립하기 위하여는 ① 구체적인 행위가 형법 각칙에서 규정하는 범죄의 구성요건에 합치한다는 평가인 **구성요건해당성**, ② 이와 같이 구성요건에 해당하는 행위가 법질서 전체의 입장에서 허용되지 않는다는 부정적 가치판단을 의미하는 **위법성** 및 ③ 구성요건에 해당하고 위법한 행위를 한 행위자에 대한 비난가능성을 의미하는 **책임**이 있어야 한다.

2. 범죄의 처벌조건

가. 의의 및 종류

<u>범죄가 성립한 경우에 형벌권의 발생을 위하여 필요한 조건</u>을 말한다. 이는 다시 ① 성립한 범죄에 대한 형벌권의 발생을 좌우하는 외부적·객관적 사유를 말하는 **객관적 처벌조건**(예컨대, 형법 제129조 제2항의 <u>사전수뢰죄에 있어 공무원 또는 중재인이 된 사실</u>) 및 ② 이미 성립한 범죄에 대하

여 행위자의 특수한 신분관계로 인하여 형벌권이 발생하지 않는 경우를 말하는 <u>인적 처벌 조각사유</u>(예컨대, 형법 제328조 제1항의 친족상도례에 있어서 직계혈족·배우자·동거친족 등의 신분)로 나눌 수 있다.

나. 법적 효과

① 객관적 처벌조건이 결여되었거나 인적 처벌조각사유가 존재하는 경우, 범죄는 성립하지만 불가벌이므로 **형면제판결**을 한다. 다만 판례는 국회의원의 면책특권에 속하는 행위에 대하여는 공소기각판결(형사소송법 제327조 제2호)을 선고하여야 한다는 입장이다(91도3317). ② 객관적 처벌조건이 결여되었거나 인적 처벌조각사유가 존재하더라도 그 행위는 위법한 행위이므로 **상대방은 정당방위가 가능**하다. 또한 ③ 객관적 처벌조건이 결여된 경우에도 구성요건해당성과 위법성은 인정되므로 **공범**(교사범, 종범)**의 성립이 가능**하고, ④ 처벌조건은 객관적으로 존재하기만 하면 되고 고의의 인식대상이 아니므로 <u>이에 대한 착오는 범죄성립에 영향이 없다</u>.

3. 범죄의 소추조건

범죄가 성립하고 형벌권이 발생하는 경우라도 그 <u>범죄를 소추</u>(공소제기, 기소)<u>하기 위하여 소송법상 필요한 조건</u>(소송조건)을 말한다. 소추조건은 실체법적 조건인 범죄의 성립요건과 처벌조건과는 달리 **공소제기의 유효조건**이므로 이의 흠결 시에는 공소기각 등 형식재판으로 소송을 종결한다(형사소송법 제327조).

가. 친고죄

<u>공소제기를 위하여는 피해자 기타 고소권자의 고소가 필요한 범죄</u>를 말한다. 친고죄에는 범인과 피해자 사이에 일정한 신분관계가 있음으로써 비로소 친고죄가 되는 **상대적 친고죄**(형법 제328조 제2항)와 상대적 친고죄 이외의 친고죄인 **절대적 친고죄**가 있다.

나. 반의사불벌죄

<u>피해자의 명시한 의사에 반하여 공소를 제기할 수 없는 범죄</u>를 말한다.

친고죄	반의사불벌죄
사자명예훼손죄, 모욕죄(제312조 제1항) 비밀침해죄, 업무상비밀누설죄(제318조) 상대적 친고죄(제328조 제2항)	폭행죄, 존속폭행죄(제260조 제3항) 협박죄, 존속협박죄(제283조 제3항) 명예훼손죄, 출판물에 의한 명예훼손죄(제312조 제2항) 과실치상죄(제266조 제2항) 등

III. 범죄의 종류

1. 결과범(실질범)과 거동범(형식범)

① 살인죄·상해죄·강도죄 등과 같이 행위뿐만 아니라 <u>결과의 발생도 구성요건에 속하는 범죄</u>를 <u>결과범 또는 실질범</u>이라고 한다. 이에 반하여 ② 주거침입죄·무고죄·위증죄 등과 같이

구성요건의 내용이 결과의 발생을 요하지 않고 법에 규정된 행위를 함으로써 충족되는 범죄를 형식범 또는 거동범이라고 한다.

인과관계와 객관적 귀속은 결과범에 있어서만 객관적 구성요건요소가 되고, 거동범의 경우에는 착수미수의 중지미수만이 가능하나, 결과범의 경우에는 실행미수의 중지미수까지 가능하다.

2. 침해범과 위험범(위태범)

① 살인죄·상해죄 등과 같이 구성요건이 법익의 현실적 침해를 요하는 범죄를 침해범이라고 하고, ② 유기죄·업무방해죄·방화죄 등과 같이 구성요건이 전제로 하는 보호법익에 대한 위험의 야기로 족한 범죄를 위태범 또는 위험범이라고 한다. 위태범은 다시 현실적 위험의 발생을 요건으로 하는 구체적 위험범과 법익침해의 일반적 위험이 있으면 구성요건이 충족되는 추상적 위험범으로 구별된다.

	추상적 위험범	구체적 위험범
위험의 정도	추상적(일반적) 위험	구체적(현실적) 위험
위험의 발생	구성요건요소 아님	구성요건요소
위험의 인식	고의의 내용 아님	고의의 내용
범죄의 성질	대부분 거동범	대부분 결과범
위험발생의 입증	불요	필요

추상적 위험범	구체적 위험범
현주건조물방화죄, 공용건조물방화죄, 타인소유일반건조물방화죄, 현주·공용건조물실화죄, 타인소유일반건조물실화죄, 공공용가스·전기공급방해죄, 현주·공용건조물일수죄, 타인소유일반건조물일수죄, 과실현주·공용건조물일수죄, 수리방해죄, 교통방해죄, 통화에 관한 죄, 유가증권·인지·우표에 관한 죄, 문서에 관한 죄, 낙태죄, 유기죄, 명예훼손죄, 업무방해죄, 경매·입찰방해죄, 비밀침해죄, 업무상비밀누설죄, 강제집행면탈죄, 권리행사방해죄, 도박죄, 소요죄, 수뢰죄, 공무집행방해죄, 위계공무집행방해죄, 범인은닉죄, 위증죄, 증거인멸죄, 무고죄	자기소유일반물건방화죄, 일반물건방화죄, 자기소유일반건조물실화죄, 일반물건실화죄, 자기소유일반건조물일수죄, 폭발성물건파열죄, 가수·전기등방류죄, 가스·전기공급방해죄, 과실일반건조물일수죄, 내란죄, 직무유기죄

3. 계속범과 상태범

① 체포·감금죄 등 구성요건적 행위가 위법상태의 야기뿐만 아니라 시간적 계속성을 요하는 범죄를 계속범이라고 하고, ② 살인죄나 상해죄 등 법익침해 또는 침해의 위험발생이 있으면 기수가 되고 그로써 범죄가 종료되는 범죄를 즉시범이라 한다. 또한 ③ 절도죄 등과 같이 구성요건적 결과의 발생, 즉 법익침해가 발생함으로써 기수가 되고 법익침해행위도 종료되지만, 법익의 침해 상태가 기수 및 범행 종료 이후에도 계속되는 범죄를 상태범이라 한다.

상태범과 즉시범은 기수시기와 종료시기가 일치한다는 점에서 구별실익이 없다고 보는 견해도 존재한다. 상태범은 행위자의 행위가 위법상태를 한 번 야기함으로 기수가 되고 동시에 종료되는 범죄이므로, 이미 야기한 위법상태에 포섭되는 기수 후의 행위는 불가벌적 사후행위가 된다.

	계속범	즉시범 및 상태범
공소시효의 기산점	종료시	기수시
공동정범·종범의 성립시기	종료시까지	기수시까지
정당방위의 가능시기	종료시까지	기수시까지

4. 일반범과 신분범 및 자수범

1) 일반범
누구나 행위자(정범)가 될 수 있는 범죄를 말한다.

2) 신분범
구성요건이 행위의 주체에 일정한 신분을 요하는 범죄를 말하며, 이는 다시 ① 일정한 신분이 있는 자에 의하여만 범죄가 성립하는 진정신분범과 ② 신분 없는 자에 의하여도 범죄가 성립할 수 있지만, 신분 있는 자가 죄를 범한 때에는 형이 가중되거나 감경되는 부진정신분범으로 나눌 수 있다.

진정신분범	부진정 신분범
직무유기죄, 피의사실공표죄, 공무상비밀누설죄, 직권남용죄, 수뢰죄, 공무상보관물무효죄, 도주죄, 집합명령위반죄, 위증죄, 허위진단서작성죄, 허위공문서작성죄, 유기죄, 업무상비밀누설죄, 횡령죄, 배임죄	불법체포·감금죄, 간수자도주원조죄, 존속살해죄, 업무상과실치사상죄, 업무상횡령죄, 업무상배임죄 ※ 업무상횡령죄와 업무상배임죄는 이중의 신분범

3) 자수범
행위자 자신이 직접 실행해야 범할 수 있는 범죄를 말하며, 위증죄(제152조)가 대표적이다. 직접정범의 형태로만 범할 수 있으므로, 직접실행행위를 하지 않는 간접정범은 성립할 수 없다. 다만, 공범의 성립은 가능하다.

4) 의무범
구성요건이 요구하는 형법외적 특별의무를 침해할 수 있는 의무자만이 정범이 될 수 있는 범죄를 말한다. 우리 형법상 의무범은 진정신분범의 특수형태에 해당한다.

5. 목적범·경향범·표현범

가. 목적범
구성요건상 고의 이외에 일정한 행위의 목적을 필요로 하는 범죄이다. 이는 다시 ① 목적의 존재가 범죄의 성립요건인 진정목적범과 목적의 존재가 형의 가중·감경사유인 ② 부진정목적범으로 나눌 수 있다.

> **판례** 목적범에서 목적의 인식정도
> ① 내란죄에 있어서의 국헌문란의 목적은 (중략) 그 목적은 엄격한 증명사항에 속하고 직접적임을 요하나 결과발생의 희망, 의욕임을 필요로 한다고 할 수는 없고, 또 확정적 인식임을 요하지 아니하며, 다만 미필적인식이 있으면 족하다 할 것이다(대판 1980.5.20. 80도306).
> ② 국가보안법 제7조 제5항에서의 '목적'이란 찬양·고무 등 행위에 대한 적극적 의욕이나 확정적 인식까지는 필요 없고 미필적 인식으로 족하므로, 표현물의 내용이 객관적으로 보아 반국가단체의 활동에 동조하는 등의 이적성을 담고 있는 것임을 인식하고, 나아가 그와 같은 행위가 이적행위가 될지도 모른다는 미필적 인식이 있으면 구성요건이 충족되는 것이다(대판 2004.8.30. 2004도3212).

형법 제33조의 적용여부와 관련하여 목적범에서 '목적'이 신분에 포함되는지 여부가 문제 된다. 이에 대하여 판례는 긍정설의 입장에서 형법 제152조 제1항과 제2항을 제33조 단서에서 정하는 '신분관계로 인하여 형의 경중이 있는 경우'에 해당한다고 판시하였다(93도1002).

> **판례** 목적과 신분
> • [1] 형법 제33조 소정의 이른바 신분관계라 함은 남녀의 성별, 내·외국인의 구별, 친족관계, 공무원인 자격과 같은 관계뿐만 아니라 널리 일정한 범죄행위에 관련된 범인의 인적관계인 특수한 지위 또는 상태를 지칭하는 것이다. [2] 형법 제152조 제1항과 제2항은 위증을 한 범인이 형사사건의 피고인 등을 '모해할 목적'을 가지고 있었는가 아니면 그러한 목적이 없었는가 하는 범인의 특수한 상태의 차이에 따라 범인에게 과할 형의 경중을 구별하고 있으므로, 이는 바로 형법 제33조 단서 소정의 "신분관계로 인하여 형의 경중이 있는 경우"에 해당한다고 봄이 상당하다(대판 1994.12.23. 93도1002).

진정목적범	부진정목적범
범죄단체등조직죄, 다중불해산죄, 직무·사직강요죄, 법정·국회의장모욕죄, 무고죄, 통화에 관한 죄, 유가증권에 관한 죄, 문서에 관한 죄, 음행매개죄, 도박장소개설죄, 강제집행면탈죄	내란목적살인죄, 모해위증죄, 모해증거인멸죄, 판매목적아편소지죄, 판매목적아편흡식기소지죄, 추행·간음·결혼·영리목적약취·유인죄

나. 경향범

공연음란죄, 학대죄 등과 같이 행위의 객관적 측면이 행위자의 일정한 주관적 경향의 발현으로 행해졌을 때 구성요건이 충족되는 범죄를 말한다.

다. 표현범

위증죄, 무고죄 등과 같이 행위자의 내면적인 지식상태와 모순되는 표현으로서 행위가 행해졌을 때 범죄로 되는 경우를 말한다.

제2절 행위론 및 범죄체계론

Ⅰ. 행위론

1. 행위론의 의의

   행위론이란 범죄론에 대한 상위개념으로서 범죄의 모든 발생형태, 즉 작위범과 부작위범, 고의범과 과실범에 보편타당하게 적용될 수 있는 행위개념은 가능한가, 또 이러한 행위개념은 존재론적으로 파악해야 하는가 혹은 규범적으로 파악해야 하는가라는 문제를 의미한다.

2. 행위의 최소한의 요건

   형법상 행위는 인간의 행위이어야 하고, 외부적·신체적 동작이어야 하며, 인간의 정신작용의 통제와 조종에 의한 것이여야 한다.

3. 행위론의 종류

   ① 행위를 '유의적 거동에 의한 외계의 변화', '의사에 의한 신체적 동작 또는 태도'라고 정의하는 인과적 행위론, ② 행위를 목적성 내지 목적활동성의 작용으로 이해하는 목적적 행위론 및 ③ 행위를 '사회적으로 중요한 인간의 행태' 또는 '인간의 의사에 의하여 지배되거나 지배가능한 사회적으로 중요한 행태'로 정의하는 사회적 행위론이 존재한다.

   행위개념은 심리적·사회적 소여를 고려하면서 형법이론의 필요성에 따라 정립되어야 한다. 이러한 요구를 충족하는 것이 사회적 행위론이라고 할 수 있다. 행위개념의 본질적 요소로서 사회성을 요구하며, 상위개념인 사회성에 목적성과 인과성 및 행위기대를 포함시킴으로써 행위개념은 내용 있는 개념이 되고, 행위개념 속에 고의행위와 과실행위, 작위와 부작위가 포함될 수 있게 된다.

Ⅱ. 범죄체계론

1. 범죄체계론의 의의

   범죄체계론이란 형식적 의의의 범죄가 성립하는 데 필요한 요소를 유기적으로 편성하여 이를 통일적으로 고찰하기 위한 형법이론적 과제를 말한다.

2. 범죄체계론의 종류 및 내용

구분	고전적 범죄체계	신고전적 범죄체계	목적적 범죄체계	합일태적 범죄체계
방법론적 기초	자연과학, 실증주의, 자유주의적 법치국가사상	신칸트주의(가치철학)	실증과학, 사고심리학, 현상학·존재론적 사상	통일적 이념의 결여
특징	객관적인 것은 불법, 주관적인 것은 책임이라는 명제	고전적 범죄체계의 기본 골격은 유지하면서 가치판단의 도입으로 수정·보완	고의를 포함한 모든 주관적 불법요소를 구성요건요소로 파악 (Welzel)	고의·과실의 이중적 지위와 기능 인정

행위	자연적 행위개념으로서의 인과적 행위론(행위: 유의성과 거동성)	가치 개념의 도입으로 규범적 인과적 행위론	① 행위의 목적성을 고의와 동일시하고, 이를 토대로 행위를 목적 활동의 수행으로 파악(목적적 행위론) ② 부작위의 행위성 곤란: 행태=행위+부작위	인과성과 목적성을 포용하는 사회적 행위개념 (사회적 행위론)
구성요건	구성요건의 몰가치적·객관적·기술적 개념으로 파악	① 객관적 구성요건요소만으로 구성되는 것이 원칙, 예외적으로 주관적·규범적 구성요건요소의 발견 ② 구성요건은 위법성을 징표함	① 고의를 위법성인식과 분리하여 일반적 주관적 구성요건요소로 파악 ② 과실도 객관적 주의의무 위반으로서 (주관적) 구성요건요소로 이해 ③ 구성요건은 위법성을 징표함	① 고의와 과실을 주관적 구성요건요소로 파악(다만, 과실의 구체적 내용이 무엇인지에 대해서는 견해 대립) ② 구성요건은 위법성을 징표함
위법성	① 전체 법질서 측면에서, 실현된 구성요건에 대한 법적 평가(규범적 표지) ② 형식적 위법성론 ③ 객관적 위법성론 ④ 불법의 본질은 결과반가치	① 실질적 위법성론 ② 불법은 실질적인 사회유해성의 관점에서 파악 ③ 불법의 본질은 결과반가치	① 객관적 위법성론 ② 불법의 본질은 행위반가치(인적 불법론)	① 객관적 위법성론 ② 불법을 행위반가치와 불가분적 연관에서 동등하게 고려 (이원적·인적 불법론) ③ 주관적 정당화요소를 모든 위법성조각사유에서 일반화
책임	① 주관적 요소만으로 구성 ② 심리적 책임개념 ③ 책임구조 : 책임능력(책임조건), 고의·과실(책임형식) ④ 고의의 요소로 : -위법성인식불요설 -위법성인식필요설	① 규범적 책임개념 : 비난가능성의 표지에 의해 평가적으로 파악 ② 책임구조: 책임능력, 책임형식(고의, 과실), 기대가능성 ③ 위법성의 인식(가능성)은 고의의 요소	① 순수 규범적 책임개념 ② 위법성의 인식은 고의와 분리된 독자적 책임요소로 이에 대한 착오는 금지착오(엄격책임설)에 해당 ③ 책임구조 : 책임능력, 위법성인식, 기대가능성	① 순수하지 않은 규범적 책임론 ② 심정반가치로서의 고의 ③ 과실을 책임요소로 파악(고의·과실의 이중적 지위 인정) ④ 책임구조 : 책임능력, 고의·과실(책임형식), 위법성인식, 기대가능성

제3절 행위의 주체와 객체

Ⅰ. 행위의 주체

행위의 주체는 원칙적으로 자연인에 제한된다. 문제는 자연인 이외에 법인도 행위의 주체가 될 수 있는가에 있다. 이것이 법인의 범죄능력에 관한 문제로 다루어지고 있다.

1. 법인의 범죄능력

형법에는 법인의 범죄능력에 관한 명문의 규정이 없다. 그러나 행정형법 등과 같이 개별규정에서 법인을 처벌하는 경우, 이러한 규정이 법인의 범죄능력을 인정한 것으로 해석할 수 있는지 문제된다. 이에 대하여 판례는 부정설의 입장에서 '법인은 다만 사법상의 의무의 주체가 될 뿐 범죄능력이 없어 법인이 배임죄의 주체가 될 수 없고 그 법인을 대표하여 사무를 처리하는 자연인인 대표기관이 배임죄의 주체가 된다'고 판시하였다(82도2595).

> **판례** 법인의 범죄능력
>
> ① 형법 제355조 제2항의 배임죄에 있어서 타인의 사무를 처리할 의무의 주체가 법인이 되는 경우라도 법인은 다만 사법상의 의무주체가 될 뿐 범죄능력이 없는 것이며 그 타인의 사무는 법인을 대표하는 자연인인 대표기관의 의사결정에 따른 대표행위에 의하여 실현될 수밖에 없어 그 대표기관은 마땅히 법인이 타인에 대하여 부담하고 있는 의무내용 대로 사무를 처리할 임무가 있다 할 것이므로 법인이 처리할 의무를 지는 타인의 사무에 관하여는 법인이 배임죄의 주체가 될 수 없고 그 법인을 대표하여 사무를 처리하는 자연인인 대표기관이 바로 타인의 사무를 처리하는 자 즉 배임죄의 주체가 된다(대판 1984.10.10. 82도2595 전원합의체).
>
> ② 법인격 없는 사단과 같은 단체는 법인과 마찬가지로 사법상의 권리의무의 주체가 될 수 있음은 별론으로 하더라도 법률에 명문의 규정이 없는 한 그 범죄능력은 없고 그 단체의 업무는 단체를 대표하는 자연인인 대표기관의 의사결정에 따른 대표행위에 의하여 실현될 수밖에 없는바, 구 건축법 제26조 제1항의 규정에 의하여 건축물의 유지·관리의무를 지는 '소유자 또는 관리자'가 법인격 없는 사단인 경우에는 자연인인 대표기관이 그 업무를 수행하는 것이므로, 같은 법 제79조 제4호에서 같은 법 제26조 제1항의 규정에 위반한 자라 함은 법인격 없는 사단의 대표기관인 자연인을 의미한다(대판 1997.1.24. 96도524).

2. 법인의 처벌능력

가. 법인 처벌의 근거

법인의 범죄능력을 부정한다 하더라도 양벌규정에 의하면 법인의 범죄능력 인정여부와 관계없이 법인에게 형벌능력을 인정할 수밖에 없게 된다. 다만 앞서 살펴본 바와 같이 법인의 범죄능력을 부정하는 이상 법인에게 형벌능력을 인정하여 처벌하는 근거가 무엇인지 문제 된다.

이에 대하여 헌법재판소는 과실책임설의 입장에서 종업원의 위반행위에 대해 감독자·개인의 과실유무와 무관하게 법인·개인을 처벌하는 양벌규정을 책임주의위반을 이유로 헌법에 위반된다고 판시한바 있고(2008헌가10), 대법원 역시 최근에는 과실책임설의 입장에서 '지입회사인 법인은 지입차주의 위반행위가 발생한 그 업무와 관련하여 법인이 상당한 주의 또는 관리·감독 의무를 게을리한 과실로 인하여 처벌되는 것'이라고 판시하였다(2009도9624).

> **판례** 법인처벌의 근거
>
> ① 이 사건 법률조항은 영업주가 고용한 종업원 등이 그 업무와 관련하여 위반행위를 한 경우에, 그와 같은 종업원 등의 범죄행위에 대해 영업주가 비난받을 만한 행위가 있었는지 여부와는 전혀 관계없이 종업원 등의 범죄행위가 있으면 자동적으로 영업주도 처벌하도록 규정하고 있다. (중략) 이 사건 법률조항은 아무런 비난받을 만한 행위를 한 바 없는 자에 대해서까지, 다른 사람의 범죄행위를 이유로 처벌하는 것으로서 형벌에 관한 책임주의에 반하므로 헌법에 위반된다(헌재 2009.7.30. 2008헌가10).
>
> ② 형벌의 자기책임원칙에 비추어 볼 때 위 양벌규정은 법인이 사용인 등에 의하여 위반행위가 발생한 그 업무와 관련하여 상당한 주의 또는 관리감독 의무를 게을리한 때에 한하여 적용된다고 봄이 상당하고, (후략) (대판 2011.7.14. 2009도5516)
>
> ③ 지입회사인 법인은 지입차주의 위반행위가 발생한 그 업무와 관련하여 법인이 상당한 주의 또는 관리감독 의무를 게을리한 과실로 인하여 처벌되는 것이라 할 것인데, (후략) (대판 2010.4.15. 2009도9624)
>
> ④ 양벌규정에 의한 영업주의 처벌은 금지위반행위자인 종업원의 처벌에 종속하는 것이 아니라 독립하여 그 자신의 종업원에 대한 선임감독상의 과실로 인하여 처벌되는 것이므로 종업원의 범죄성립이나 처벌이 영업주 처벌의 전제조건이 될 필요는 없다(대판 2006.2.24. 2005도7673, 대판 1987.11.10. 87도1213).
>
> ⑤ 양벌규정은 법인의 대표자나 법인 또는 개인의 대리인, 사용인, 그 밖의 종업원 등 행위자가 법규위반행위를 저지른 경우, 일정 요건 하에 이를 행위자가 아닌 법인 또는 개인이 직접 법규위반행위를 저지른 것으로 평가하여 행위자와 같이 처벌하도록 규정한 것으로서, 이때의 법인 또는 개인의 처벌은 행위자의 처벌에 종속되는 것이 아니라 법인 또는 개인의 직접책임 내지 자기책임에 기초하는 것이기는 하다(대판 2020.6.11. 2016도9367).
>
> ⑥ 정보통신망 이용촉진 및 정보보호 등에 관한 법률 제75조는 "법인의 대표자나 법인 또는 개인의 대리인, 사용인, 그 밖의 종업원이 그 법인 또는 개인의 업무에 관하여 제71조부터 제73조까지 또는 제74조 제1항의 어느 하나에 해당하는 위반행위를 하면 그 행위자를 벌하는 외에 그 법인 또는 개인에게도 해당 조문의 벌금형을 과한다. 다만 법인 또는 개인이 그 위반행위를 방지하기 위하여 해당 업무에 관하여 상당한 주의와 감독을 게을리하지 아니한 경우에는 그러하지 아니하다."고 규정하고 있다. (중략) 여기에서 말하는 법인의 사용인에는 법인과 정식 고용계약이 체결되어 근무하는 자뿐만 아니라 그 법인의 업무를 직접 또는 간접으로 수행하면서 법인의 통제·감독하에 있는 자도 포함되고, 이 경우 법인은 위반행위가 발생한 그 업무와 관련하여 법인이 상당한 주의 또는 관리·감독 의무를 게을리한 과실로 인하여 처벌되는 것이라 할 것이다(대판 2012.5.9. 2011도11264).

> **판례** 지방자치단체에 대한 양벌규정 적용여부

① 국가가 본래 그의 사무의 일부를 지방자치단체의 장에게 위임하여 그 사무를 처리하게 하는 기관위임사무의 경우에는 지방자치단체는 국가기관의 일부로 볼 수 있는 것이지만, 지방자치단체가 그 고유의 자치사무를 처리하는 경우에는 지방자치단체는 국가기관의 일부가 아니라 국가기관과는 별도의 독립한 공법인이므로, 지방자치단체 소속 공무원이 지방자치단체 고유의 자치사무를 수행하던 중 도로법 제81조 내지 제85조의 규정에 의한 위반행위를 한 경우에는 지방자치단체는 도로법 제86조의 양벌규정에 따라 처벌대상이 되는 법인에 해당한다(대판 2005.11.10. 2004도2657).

② [1] 국가가 본래 그의 사무의 일부를 지방자치단체의 장에게 위임하여 처리하게 하는 기관위임사무의 경우 지방자치단체는 국가기관의 일부로 볼 수 있고, 지방자치단체가 그 고유의 자치사무를 처리하는 경우 지방자치단체는 국가기관의 일부가 아니라 국가기관과는 별도의 독립한 공법인으로서 양벌규정에 의한 처벌대상이 되는 법인에 해당한다. [2] (중략) 위 항만순찰 등의 업무가 지방자치단체의 장이 국가로부터 위임받은 기관위임사무에 해당하여, 해당 지방자치단체가 구 자동차관리법 제83조의 양벌규정에 따른 처벌대상이 될 수 없다고 한 사례(대판 2009.6.11. 2008도6530)

> **판례** 기타 법인 처벌 관련 판례

① 법인의 직원 또는 사용인이 위반행위를 하여 양벌규정에 의하여 법인이 처벌받는 경우, 법인에게 자수감경에 관한 형법 제52조 제1항의 규정을 적용하기 위하여는 법인의 이사 기타 대표자가 수사책임이 있는 관서에 자수한 경우에 한하고, 그 위반행위를 한 직원 또는 사용인이 자수한 것만으로는 위 규정에 의하여 형을 감경할 수 없다(대판 1995.7.25. 95도391).

② 자동차운수사업법 제72조 제5호는 같은 법 제58조의 규정에 의한 허가를 받지 아니하고 자가용자동차를 유상으로 운송용에 제공하거나 임대한 자를 처벌한다고 규정하고, 같은 법 제74조는 이른바 양벌규정으로서 "법인의 대표자나 법인 또는 개인의 대리인, 사용인 기타의 종업원이 그 법인 또는 개인의 업무와 관련하여 같은 법 제72조의 위반행위를 한 때에는 행위자를 벌하는 외에 그 법인 또는 개인에 대하여도 각 해당 조항의 벌금형에 처한다."고 규정하고 있을 뿐이고 법인격 없는 사단에 대하여서도 위 양벌규정을 적용할 것인가에 관하여는 아무런 명문의 규정을 두고 있지 아니하므로, 죄형법정주의의 원칙상 법인격 없는 사단에 대하여는 같은 법 제74조에 의하여 처벌할 수 없고, 나아가 법인격 없는 사단에 고용된 사람이 유상운송행위를 하였다 하여 법인격 없는 사단의 구성원 개개인이 위 법 제74조 소정의 "개인"의 지위에 있다 하여 처벌할 수도 없다(대판 1995.7.28. 94도3325).

③ 회사 대표자의 위반행위에 대하여 징역형의 형량을 작량감경하고 병과하는 벌금형에 대하여 선고유예를 한 이상 양벌규정에 따라 그 회사를 처단함에 있어서도 같은 조치를 취하여야 한다는 논지는 독자적인 견해에 지나지 아니하여 받아들일 수 없다(대판 1995.12.12. 95도1893).

④ 약국을 실질적으로 경영하는 약사가 다른 약사를 고용하여 그 고용된 약사를 명의상의 개설약사로 등록하게 해두고 실질적인 영업약사가 약사 아닌 종업원을 직접 고용하여 영업하던 중 그 종업원이 약사법위반 행위를 하였다면 약사법 제78조의 양벌규정상의 형사책임은 그 실질적 경영자가 지게 된다(대판 2000.10.27. 2000도3570).

⑤ 구 농산물품질관리법 제37조 중 "법인의 대표자가 그 법인의 업무에 관하여 제34조의2의 위반행위를 한 때에는 그 법인에 대하여도 해당 조의 벌금형을 과한다." (중략) 법인은 기관을 통하여 행위하므로 법인이 대표자를 선임한 이상 그의 행위로 인한 법률효과는 법인에게 귀속되어야 하고, 법인 대표자의 범죄행위에 대하여는 법인 자신이 자신의 행위에 대한 책임을 부담하여야 하는바, <u>법인 대표자의 법규위반행위에 대한 법인의 책임은 법인 자신의 법규위반행위로 평가될 수 있는 행위에 대한 법인의 직접책임으로서, 대표자의 고의에 의한 위반행위에 대하여는 법인 자신의 고의에 의한 책임을, 대표자의 과실에 의한 위반행위에 대하여는 법인 자신의 과실에 의한 책임을 부담하는 것이다. 따라서, 법인의 '대표자' 관련 부분은 대표자의 책임을 요건으로 하여 법인을 처벌하므로 책임주의원칙에 반하지 아니한다</u>(헌재 2010.7.29. 2009헌가25 등).

⑥ 회사합병이 있는 경우 (중략) <u>합병으로 인하여 소멸한 법인이 그 종업원 등의 위법행위에 대해 양벌규정에 따라 부담하던 형사책임은 그 성질상 이전을 허용하지 않는 것으로서 합병으로 인하여 존속하는 법인에 승계되지 않는다</u>(대판 2015.12.24. 2015도13946).

⑦ [1] 구 건축법 제108조 제1항은 같은 법 제11조 제1항에 의한 허가를 받지 아니하고 건축물을 건축한 건축주를 처벌한다고 규정하고, 같은 법 제112조 제4항은 양벌규정으로서 "개인의 대리인, 사용인, 그 밖의 종업원이 그 개인의 업무에 관하여 제107조부터 제111조까지의 규정에 따른 위반행위를 하면 행위자를 벌할 뿐만 아니라 그 개인에게도 해당 조문의 벌금형을 과한다."라고 규정하고 있다. 그러나 <u>법인격 없는 사단에 고용된 사람이 위반행위를 하였더라도 법인격 없는 사단의 구성원 개개인이 위 법 제112조에서 정한 '개인'의 지위에 있다 하여 그를 처벌할 수는 없다.</u> [2] 갑 교회의 총회 건설부장인 피고인이 관할시청의 허가 없이 건물 옥상층에 창고시설을 건축하는 방법으로 건물을 불법 증축하여 건축법 위반으로 기소된 경우, 갑 교회는 을을 대표자로 한 법인격 없는 사단이고, 피고인은 갑 교회에 고용된 사람이므로, 을을 구 건축법 제112조 제4항 양벌규정의 '개인'의 지위에 있다고 보아 피고인을 같은 조항에 의하여 처벌할 수는 없다(대판 2017.12.28. 2017도13982).

⑧ <u>주식회사의 주식이 사실상 1인의 주주에 귀속하는 1인회사의 경우에도 회사와 주주는 별개의 인격체로서, 1인회사의 재산이 곧바로 1인주주의 소유라고 할 수 없기 때문에, 양벌규정에 따른 책임에 관하여 달리 볼 수 없다</u>(대판 2018.4.12. 2013도6962).

⑨ <u>특별한 근거규정이 없는 한 법인이 설립되기 이전에 자연인이 한 행위에 대하여 양벌규정을 적용하여 법인을 처벌할 수는 없다고 봄이 타당하다</u>(대판 2018.8.1. 2015도10388).

⑩ 조세범처벌법 제3조는 법인의 대표자, 법인 또는 개인의 대리인, 사용인 기타의 종업인 등 행위자를 같은 법 제9조 제1항 소정의 조세포탈범으로 처벌하는 근거 조문이 되는 것이고, <u>여기서 말하는 '법인의 대표자'에는 그 명칭 여하를 불문하고 당해 법인을 실질적으로 경영하면서 사실상 대표하고 있는 자도 포함된다</u>(대판 2011.3.24. 2010도14817, 대판 1997.6.13. 96도1703).

나. 양벌규정에 의한 수범자영역의 확대

양벌규정에서 법인이나 업무주만을 처벌의 대상으로 규정하고 실제행위자 개인에 대하여는 따로 처벌규정을 두고 있지 아니한 경우에도 양벌규정을 근거로 실제행위자를 처벌할 수 있는지 문제 된다. 이에 대하여 판례는 긍정설의 입장에서 '구 건축법 제57조의 양벌규정은 당해 업무를 실제로 집행하는 자가 당해 업무집행과 관련하여 위 벌칙규정의 위반행위를 한 경우, 위 양벌규정에 의하여 처벌할 수 있도록 한 행위자의 처벌규정임과 동시에 그 위반행위의 이익귀속주체인 업무주에 대한 처벌규정'이라고 판시하였다(95도2870).

> **판례** 양벌규정에 의한 수범자 영역의 확대
>
> ① 구 건축법 제54조 내지 제56조의 벌칙규정에서 그 적용대상자를 건축주, 공사감리자, 공사시공자 등 일정한 업무주로 한정한 경우에 있어서, 같은 법 제57조의 양벌규정은 업무주가 아니면서 당해 업무를 실제로 집행하는 자가 있는 때에 위 벌칙규정의 실효성을 확보하기 위하여 그 적용대상자를 당해 업무를 실제로 집행하는 자에게까지 확장함으로써 그러한 자가 당해 업무집행과 관련하여 위 벌칙규정의 위반행위를 한 경우 위 양벌규정에 의하여 처벌할 수 있도록 한 행위자의 처벌규정임과 동시에 그 위반행위의 이익귀속주체인 업무주에 대한 처벌규정이라고 할 것이다(대판 1999.7.15. 95도2870 전원합의체).
>
> ② 건설산업기본법 제98조 제2항은 "법인의 대표자나 법인 또는 개인의 대리인, 사용인, 그 밖의 종업원이 그 법인 또는 개인의 업무에 관하여 제94조, 제95조, 제95조의2, 제96조 또는 제97조 제1호·제2호·제3호의 위반행위를 하면 그 행위자를 벌하는 외에 그 법인 또는 개인에게도 해당 조문의 벌금형을 과한다."라고 정하고 있다. (중략) 위 규정은 해당 법조의 위반행위를 건설시공자인 법인이나 개인이 직접 하지 않는 경우에 그 행위자나 건설시공자 쌍방을 모두 처벌하려는 것이므로, 이 양벌규정에 따라 건설시공자가 아닌 행위자도 업무주인 건설시공자에 대한 벌칙규정의 적용대상이 된다(대판 2017.12.5. 2017도11564).
>
> ③ [1] 구 개인정보 보호법 제71조 제2호는 같은 법 제18조 제1항을 위반하여 이용 범위를 초과하여 개인정보를 이용한 개인정보처리자를 처벌하도록 규정하고 있고, 같은 법 제74조 제2항에서는 법인의 대표자나 법인 또는 개인의 대리인, 사용인, 그 밖의 종업원이 그 법인 또는 개인의 업무에 관하여 같은 법 제71조에 해당하는 위반행위를 하면 그 행위자를 벌하는 외에 그 법인 또는 개인에게도 해당 조문의 벌금형을 과하도록 하는 양벌규정을 두고 있다. [2] 위 법 제71조 제2호, 제18조 제1항에서 벌칙규정의 적용대상자를 개인정보처리자로 한정하고 있기는 하나, (중략) 위 양벌규정에 의하여 개인정보처리자 아닌 행위자도 위 벌칙규정의 적용대상이 된다. [3] 그러나 구 개인정보 보호법은 제2조 제5호, 제6호에서 공공기관 중 법인격이 없는 '중앙행정기관 및 그 소속 기관' 등을 개인정보처리자 중 하나로 규정하고 있으면서도, 양벌규정에 의하여 처벌되는 개인정보처리자로는 같은 법 제74조 제2항에서 '법인 또는 개인'만을 규정하고 있을 뿐이고, 법인격 없는 공공기관에 대하여도 위 양벌규정을 적용할 것인지 여부에 대하여는 명문의 규정을 두고 있지 않으므로, 죄형법정주의의 원칙상 '법인격 없는 공공기관'을 위 양벌규정에 의하여 처벌할 수 없고, 그 경우 행위자 역시 위 양벌규정으로 처벌할 수 없다고 봄이 타당하다(대판 2021.10.28. 2020도1942).

II. 행위의 객체와 보호의 객체

행위의 객체란 구성요건적 행위수행의 구체적 대상을 의미하고, 보호의 객체란 형법에 의하여 보호되고 있는 생활이익이나 가치, 즉 보호법익을 의미한다.

보호법익은 국가적 법익, 사회적 법익, 개인적 법익으로 분류된다.

CHAPTER 02 구성요건론

제1절 구성요건이론의 일반이론

I. 구성요건의 의의

구성요건이란 형법상 금지 또는 요구되는 행위가 무엇인가를 추상적·일반적으로 기술해 놓은 것을 말한다. 반면, 구성요건해당성이란 구체적인 행위가 법률에 규정된 구성요건의 전부 또는 일부를 실현하는 성질을 말하고, 구성요건의 충족이란 구성요건의 객관적 요소와 주관적 요소를 모두 갖춘 경우를 말한다.

II. 구성요건이론

1. 구성요건의 분류

총체적 구성요건	가벌성의 모든 전제조건(소추조건은 제외), 즉 처벌조건까지 포함하는 개념
보장 구성요건	법적 구성요건(초법규적 위법성조각사유는 제외)
범죄 구성요건(광의)	특별한 책임표지는 포함하지만 정당화사유·책임조각사유는 불포함
불법 구성요건(협의)	선별기능(형법상 행위 유형을 밝힘), 지시기능(유해함을 알림), 징표기능(불법구성요건이 실현될 때 정당화사유가 존재하지 않은 행위에 대해서는 위법함을 추단)
책임 구성요건	특별한 책임표지(영아살해죄의 치욕은폐, 양육불능의 예상)
총체적 불법 구성요건	불법구성요건+위법성조각사유, 소극적 구성요건요소이론에서 사용하는 개념

2. 구성요건개념의 발전과정

Beling의 구성요건개념	구성요건은 몰가치적·객관적 규범적 또는 주관적 요소는 구성요건에 포함되어 있지 아니함 위법성과 책임에 대한 구성요건의 독자성을 강조
M. E. Mayer의 구성요건개념	구성요건은 위법성을 징표하며 위법성의 인식근거 구성요건에도 규범적인 면이 있음을 발견하고 규범적 구성요건요소 지적 구성요건에도 주관적 요소가 있음을 지적
Mezger의 구성요건개념	입법자의 구성요건 설정행위 자체가 이미 불법을 적극적으로 근거짓는 것 구성요건은 위법성의 존재근거
결론	구성요건은 규범적 구성요건요소의 발견에 의하여 규범적 성격을 가짐 구성요건은 객관적 요소와 주관적 요소가 공존함

Ⅲ. 구성요건과 위법성

구성요건해당성은 위법성의 인식근거 내지 징표가 된다. 그러나 위법성에 대한 징표는 위법성조각사유의 존재에 의하여 제거될 수 있기 때문에, 구성요건해당성은 행위의 위법성과 실질적 불법성에 대한 종국적인 판단이 아니다.

Ⅳ. 구성요건의 요소

1. 기술적 구성요건요소와 규범적 구성요건요소

① **기술적 구성요건요소**란 살인죄에 있어서 '사람', 절도죄에 있어서 '재물'과 같이 개별적인 경우에 사실확정에 의하여 그 의미를 인식할 수 있는 구성요건요소를 말하며, ② **규범적 구성요건요소**는 절도죄에 있어서 '재물의 타인성', '불법영득의 의사', 문서위조죄에 있어서의 '문서', 뇌물죄에 있어서의 '공무원' 등과 같이 규범의 논리적 판단에 의하여 이해되고 보완적인 가치판단에 의하여 확정될 수 있는 구성요건요소를 말한다.

2. 객관적 구성요건요소와 주관적 구성요건요소

① **객관적 구성요건요소**란 행위의 주체, 행위의 객체, 행위의 태양, 결과의 발생 및 인과관계 등과 같이 행위의 외적 발생형태를 결정하는 상황을 의미하며, ② **주관적 구성요건요소**는 목적·고의·과실 등과 같이 행위자의 관념세계에 속하는 심리적·정신적 구성요건상황을 말한다.

3. 기술된 요소와 기술되지 않은 요소

① **기술된 구성요건요소**란 죄형법정주의의 명확성의 원칙에 따라 구성요건에 기술되어 있는 구성요건요소를 말하고, ② **기술되지 않은 구성요건요소**란 불법영득의사, 객관적 귀속처럼 구성요건에 명시적으로 규정되어 있지 않지만 학설에 의하여 인정된 구성요건요소를 말한다.

제2절 결과반가치와 행위반가치

Ⅰ. 결과반가치와 행위반가치의 의의

1. 결과반가치

결과반가치란 행위가 초래한 외부적 상황에 대하여 내려지는 부정적 가치판단을 의미한다. 여기의 외부적 상황에는 결과범에서의 결과만이 아니라 위험범이나 거동범이 야기한 부정적인 상황도 포함된다.

2. 행위반가치

행위반가치란 행위에 대하여 사회윤리적 견지에서 내려지는 부정적 가치판단을 의미한다. 여기에서 '행위'는 법적으로 부정적인 평가를 받는 의사와 그에 따른 행동을 의미한다.

3. 본질

모든 범죄행형태는 결과반가치와 행위반가치가 존재할 때 불법구성요건에 해당한다는 평가를 받게된다. 따라서 겨로가반가치와 행위반가치는 **불법의 본질**에 해당한다.

Ⅱ. 결과반가치론과 행위반가치론

1. 결과반가치론

결과반가치론이란 불법의 실체가 법익의 침해 또는 그 위험에 있다는 견해이다.

2. 행위반가치론

가. 인적 불법론

인적 불법론은 불법은 행위자와 내용적으로 분리된 결과야기에 의하여 구성되는 것이 아니라 특정한 행위자의 소행으로 관찰되는 '행위'가 불법판단을 받는 것이라는 견해이다.

나. 일원적·주관적 인적 불법론

일원적·주관적 인적 불법론은 불법을 행위자의 주관적인 불법의사에 의해서 나타나는 행위반가치만으로 구성하고, 결과반가치를 객관적 처벌조건으로 이해하는 견해이다.

다. 이원적 인적 불법론

이원적 인적불법론은 불법은 결과반가치로서의 법익의 침해 또는 위험과 행위의 주관적·객관적 측면을 포섭하는 행위반가치를 고려하여 판단해야 하며, 결과반가치와 행위반가치는 동일한 서열에서 병존하는 불가피한 불법요소라는 견해이다. 우리나라의 통설이며, 사회적 행위론 및 합일태적 범죄체계를 그 이론적 배경으로 한다.

Ⅲ. 결과반가치와 행위반가치의 내용

1. 결과반가치의 내용

가. 법익침해

법익침해란 현실적인 법익침해결과가 발생한 상태로서, 기수범의 결과반가치이다. 이는 기수와 수를 구별하는 기준이 된다.

나. 법익침해의 위험성

법익치해의 위험성이란 현실적인 법익침해의 결과는 발생하지 않았지만 침해의 발생이 가능한 상태로서, 미수범의 결과반가치이다.

2. 행위반가치의 내용

가. 주관적 요소

고의·과실(객관적 주의의무위반)은 물론 목적 또는 경향과 같은 주관적 불법요소도 당연히 행위반가치의 내용이 된다. 다만 고의와 과실(행위자의 주관적 예견가능성)은 불법요소에 그치는 것이 아니라 불법요소임과 동시에 책임요소가 되는 이중의 기능을 가진다고 해야 한다.

나. 객관적 요소

범죄의 가벌성이 범행실행의 종류와 방법에 의하여 결정되는 경우(예컨대 특수폭행죄에서 위험한 물건의 휴대)와 행위자가 의무를 부과하는 객관적 요소에 의하여 일정한 범위의 사람에게 제한되는 경우(예컨대 신분범의 신분)가 이에 해당한다.

구분	결과반가치론	행위반가치론
형법의 기능·임무	법익보호	사회윤리적 행위가치보호
불법의 본질	법익침해·침해의 위험	행위의 반사회성
고의·과실	책임요소	주관적 불법요소
과실범의 불법	법익침해가 동일하므로 고의범에 비해서 불법의 경중에서 차이가 없다.	고의범과 불법의 경중에서 차이 인정(주의의무 위반)
위법성조각원리	법익형량설, 우월적 이익설	사회상당성설, 목적설
우연방위의 법적 효과	위법성조각설	기수범설
실행의 착수시기	객관설	주관설
불능범과 불능미수	객관설	주관설 → 불능범 부정

제3절 부작위범

> **제18조(부작위범)** 위험의 발생을 방지할 의무가 있거나 자기의 행위로 인하여 위험발생의 원인을 야기한 자가 그 위험발생을 방지하지 아니한 때에는 그 발생된 결과에 의하여 처벌한다.

Ⅰ. 부작위의 본질

1. 부작위의 의의

부작위란 규범적으로 요구되는 일정한 신체운동을 하지 않는 소극적 태도를 말한다. 범죄는 보통 작위에 의하여 실행되지만 때로는 결과의 발생을 방지하지 않는 부작위에 의하여도 실현될 수 있다. 금지규범이 작위를 금지함에 반하여, 부작위는 명령규범에 위반하는 것을 말한다.

2. 부작위의 행위성

사회적 행위론에 의할 때에 부작위는 법적 행위기대라는 규범적 가치판단요소에 의하여 사회적 중요성을 가지는 인간의 행태가 되어 작위와 함께 행위의 기본형태를 이루게 된다.

3. 작위와 부작위의 구별

가. 일반적 구별

<u>신체적인 힘을 투입하여 사건의 인과적 경과를 일정한 방향으로 조종하면 작위이고, 신체적인 힘을 투입하지 않음으로써 사태의 진전을 그대로 방치하면서 개입하지 아니하면 부작위이다.</u>

나. 작위와 부작위가 병존하는 경우의 구별

하나의 행위가 작위적 요소와 부작위적 요소를 동시에 가지고 있는 경우 어느 것을 형법적 판단의 기준으로 삼아야 할 것인지 문제 된다. 이에 대하여 판례는 보충관계설(자연적 관찰방법설)과 유사한 입장에서 '<u>행위자가 자신의 신체적 활동이나 물리적·화학적 작용을 통하여 적극적으로 타인의 법익 상황을 악화시킴으로써 결국 그 타인의 법익을 침해하기에 이르렀다면, 이는 작위에 의한 범죄로 봄이 원칙</u>'이라고 판시하였다(2002도995).

> **판례** 작위와 부작위의 구별
>
> ① [1] 어떠한 범죄가 적극적 작위에 의하여 이루어질 수 있음은 물론 결과의 발생을 방지하지 아니하는 소극적 부작위에 의하여도 실현될 수 있는 경우에, 행위자가 자신의 신체적 활동이나 물리적·화학적 작용을 통하여 적극적으로 타인의 법익 상황을 악화시킴으로써 결국 그 타인의 법익을 침해하기에 이르렀다면, 이는 <u>작위에 의한 범죄로 봄이 원칙</u>이고, 작위에 의하여 악화된 법익 상황을 다시 되돌이키지 아니한 점에 주목하여 이를 부작위범으로 볼 것은 아니며, 나아가 악화되기 이전의 법익 상황이, 그 행위자가 과거에 행한 또 다른 작위의 결과에 의하여 유지되고 있었다 하여 이와 달리 볼 이유가 없다. [2] <u>보호자가 의학적 권고에도 불구하고 치료를 요하는 환자의 퇴원을 간청하여 담당 전문의와 주치의가 치료중단 및 퇴원을 허용하는 조치를 취함으로써 환자를 사망에 이르게 한 행위</u>에 대하여 보호자, 담당 전문의 및 주치의가 부작위에 의한 살인죄의 공동정범으로 기소된 사안에서, <u>담당 전문의와 주치의에게 환자의 사망이라는 결과 발생에 대한 정범의 고의는 인정</u>되나 환자의 사망이라는 결과나 그에 이르는 사태의 핵심적 경과를 계획적으로 조종하거나 저지·촉진하는 등으로 지배하고 있었다고 보기는 어려워 공동정범의 객관적 요건인 이른바 <u>기능적 행위지배가 흠결</u>되어 있다는 이유로 <u>작위에 의한 살인방조죄만 성립</u>한다(대판 2004.6.24. 2002도995).5)
>
> ② [1] 경찰관이 불법체류자의 신병을 출입국관리사무소에 인계하지 않고 훈방하면서 이들의 인적사항조차 기재해 두지 아니하였다면 직무유기죄가 성립한다고 한 사례. [2] 하나의 행위가 부작위범인 직무유기죄와 작위범인 허위공문서작성·행사죄의 구성요건을 동시에 충족하는 경우, 공소제기권자는 재량에 의하여 작위범인 허위공문서작성·행사죄로 공소를 제기하지 않고 부작위범인 직무유기죄로만 공소를 제기할 수 있다(대판 2008.2.14. 2005도4202).

---

5) 퇴원을 요구한 피해자의 처에게는 민법상 배우자의 부양의무를 근거로 부작위에 의한 살인죄를 인정하고, 담당 전문의와 주치의에게는 작위에 의한 살인방조죄를 인정하였으며, 인턴에게는 단순보조자이며 고의가 없다는 이유로 무죄를 선고한 사안

Ⅱ. 부작위범

1. 부작위범의 의의와 종류

가. 부작위범의 의의

부작위범이란 부작위에 의하여 범하는 범죄를 말하고, 부작위범이 성립하기 위해서는 작위의무가 있을 것을 전제로 한다.

나. 부작위범의 종류

① 법률에 명문으로 부작위에 의해서만 실현될 수 있도록 규정된 범죄는 진정부작위범이고, ② 법률상의 규정형식은 작위범이지만, 부작위에 의해서도 실현할 수 있는 범죄는 부진정부작위범이다(형식설).

> **판례** 진정부작위범
>
> ① 일정한 기간 내에 잘못된 상태를 바로잡으라는 행정청의 지시를 이행하지 않았다는 것을 구성요건으로 하는 범죄는 이른바 진정부작위범으로서 그 의무이행기간의 경과에 의하여 범행이 기수에 이름과 동시에 작위의무를 발생시킨 행정청의 지시 역시 그 기능을 다한 것으로 보아야 한다(대판 1994.4.26. 93도1731).
>
> ② 구 공중위생관리법 (중략) 신고의무 위반으로 인한 구 공중위생관리법 위반죄는 구성요건이 부작위에 의하여서만 실현될 수 있는 진정부작위범에 해당한다고 할 것이고, 한편 부작위범 사이의 공동정범은 다수의 부작위범에게 공통된 의무가 부여되어 있고 그 의무를 공통으로 이행할 수 있을 때에만 성립한다고 할 것이다. 그리고 공중위생영업의 신고의무는 '공중위생영업을 하고자 하는 자'에게 부여되어 있고, 여기서 '영업을 하는 자'라 함은 영업으로 인한 권리의무의 귀속주체가 되는 자를 의미하므로, 영업자의 직원이나 보조자의 경우에는 영업을 하는 자에 포함되지 않는다고 해석함이 상당하다(대판 2009.2.12. 2008도9476).

2. 부작위범의 일반적 성립요건

가. 일반적 행위가능성

일반적 행위가능성이란 법률이 요구하는 작위의무를 이행하는 것이 일반인에게 가능한 것을 말한다. 부작위범이 성립하기 위해서는 작위의무가 요구되는데, 객관적으로 불가능한 것을 요구하는 작위의무는 성립할 수 없기 때문이다.

일반적 행위가능성은 부작위의 행위개념에 해당하므로 이러한 가능성이 없다면 부작위의 행위성은 인정되지 않는다.

나. 구성요건해당성

1) 객관적 구성요건요소

  가) 구성요건적 부작위

  (1) 부작위범 일반에 공통된 요건

  ① 작위가 요구되는 객관적 상황, 즉 구성요건적 상황이 존재해야 하고, ② 행위자가 명령규

범이 요구하는 행위를 하지 않아야, 즉 부작위하여야 하며, ③ 행위자에게 작위의무를 이행할 수 있는 개별적 행위가능성이 있어야 한다.

> **판례** 결과발생의 방지 가능성
>
> • 부작위에 의한 현주건조물방화치사 및 현주건조물방화치상죄가 성립하기 위하여는, 피고인에게 법률상의 소화의무가 인정되는 외에 소화의 가능성 및 용이성이 있었음에도 피고인이 그 소화의무에 위배하여 이미 발생한 화력을 방치함으로써 소훼의 결과를 발생시켜야 하는 것인데, 이 사건 화재가 피고인의 중대한 과실 있는 선행행위로 발생한 이상 피고인에게 이 사건 화재를 소화할 법률상 의무는 있다 할 것이나, 피고인이 이 사건 화재 발생 사실을 안 상태에서 모텔을 빠져나오면서도 모텔 주인이나 다른 투숙객들에게 이를 알리지 아니하였다는 사정만으로는 피고인이 이 사건 화재를 용이하게 소화할 수 있었다고 보기 어렵고, 달리 이를 인정할 만한 증거가 없다(대판 2010.1.14. 2009도12109 등).

(2) 부진정부작위범에만 특유한 요건

① 행위자는 결과발생을 방지할 의무가 있는 자이어야 하고(보증인지위), ② 보증인지위에 있는 자의 부작위가 작위에 의한 구성요건의 실현과 같은 가치를 갖는 것으로 평가되어야 한다(행위정형의 동가치성).

나) 구성요건적 결과

진정부작위범은 거동범에 해당하므로 구성요건적 결과발생을 요하지 아니한다. 그러나 **부진정부작위범은 결과범에 해당하므로 구성요건적 결과가 발생하여야 한다.**

다) 인과관계 및 객관적 귀속

진정부작위범은 거동범에 해당하므로 원칙적으로 부작위와 결과간의 인과관계 및 객관적 귀속이 문제되지 않는다. 그러나 **부진정부작위범은 결과범에 해당하므로 부작위와 구성요건적 결과 사이에 인과관계 및 객관적 귀속이 요구된다.**

2) 주관적 구성요건요소

가) 고의

구성요건적 상황의 존재, 명령된 행위의 부작위, 개별적 행위가능성 등을 인식하여야 한다. 부진정부작위범의 경우에는 보증인지위와 동가치성 및 결과방지의 가능성도 인식해야 한다.

나) 과실

주의의무에 위반하여 요구된 행위를 부작위하고 구성요건적 상황에 대한 예견가능성이 있을 때 과실이 인정된다.

다. 위법성 및 책임

1) 위법성

부작위범에 있어서도 구성요건해당성이 위법성을 징표한다는 점은 작위범의 경우와 같다. 따라서 구성요건에 해당하는 부작위의 위법성은 위법성조각사유의 존재에 의하여 조각될 수 있다.

2) 책임

부작위범의 책임비난도 작위범의 경우와 같이 **책임능력과 위법성의 인식 및 책임조각사유의 부존재를 필요**로 한다.

Ⅲ. 부진정부작위범의 특유한 구성요건

1. 동치성의 의미

동치성이란 부진정부작위범이 성립하기 위하여 부작위범의 일반적 구성요건 이외에 부작위가 작위와 같이 평가될 수 있어야 한다는 것을 의미한다. 동치성은 **부진정부작위범의 객관적 구성요건요소**에 속하고, 구체적으로는 보증인지위와 행위정형의 동가치성으로 나눌 수 있다.

2. 보증인지위

가. 의의 및 발생요건

보증인지위란 일정한 법익과 특수하고도 밀접한 관계를 맺고 있어서 그 법익이 침해되지 않도록 보증 또는 보장해 주어야 할 지위를 말한다. 이는 부진정부작위범의 **규범적 구성요건요소**이다. 또한 객관적 행위자표지에 해당하여 부진정부작위범은 작위의무자만이 범할 수 있는 **진정신분범**의 성격을 갖는다.

이러한 보증인지위가 인정되기 위해서는 ① **보호법익의 주체에게 법익에 대한 침해위협에 대처할 능력이 없어야 하고**, ② **부작위자에게 위험으로부터 그 법익을 보호해야 할 작위의무**(보증인의무)가 있어야 하며, ③ **부작위자가 이러한 보호적 지위에서 법익침해를 일으키는 사태를 지배하고 있어야 한다**(2015도6809).

나. 보증인의무

1) 의의

보증인의무란 **보증인지위로부터 발생하는 결과발생방지의무**를 말한다. 이러한 의무는 법적 의무여야 하고, 단순한 도덕적 의무로는 불충분하다. 또한 보증인의무는 행위자에게 그 신분상의 지위로 인하여 특별히 주어진 의무여야 하므로, 일반적 부조의무는 법적 의무일지라도 보증인의무가 아니다.

2) 보증인지위 및 보증인의무의 체계적 지위

보증인지위에 대하여 착오를 일으킨 경우의 법적 취급과 관련하여 보증인지위의 체계적 지위가 문제 된다. 이에 대하여는 ① 위법성요소설, ② 구성요건요소설 및 ③ **보증인지위는 구성요건요소로, 보증인의무는 위법성요소로 구별하여 이해하는 이분설**이 대립한다.[6]

생각건대, 범죄체계론상 보증인의무는 고의의 인식대상인 구성요건표지가 아니라 위법성과 관련된

---

[6] ① 위법성요소설에 의하면 보증인지위와 보증인의무에 관한 착오는 모두 금지착오가 되고, ② 구성요건요소설에 의하면 보증인지위에 관한 착오는 구성요건적 착오가 되며, ③ 이분설에 의하면 보증인의무에 관한 착오는 금지착오가 된다.

일반적 범죄표지로서 위법성인식의 대상이 될 뿐이므로 이분설이 타당하다. 따라서 보증인적 지위에 관한 착오는 구성요건적 착오(제13조)에, 보증인의무에 관한 착오는 금지착오(제16조)에 해당한다.

3) 보증인지위의 발생근거

형법 제18조는 '위험의 발생을 방지할 의무가 있거나 자기의 행위로 인하여 위험발생의 원인을 야기한 자'라고 하여 그 후단에 선행행위로 인한 보증인의무를 규정하고 있지만, 전단의 보증인지위의 발생근거에 대하여는 명확히 규정하고 있지 아니하다. 이와 관련하여 보증인지위의 발생근거가 무엇인지 문제 된다.

이에 대하여 판례는 형식설의 입장에서 '법령, 법률행위(계약), 선행행위로 인한 경우는 물론이고 기타 신의성실의 원칙이나 사회상규 혹은 조리상 작위의무가 기대되는 경우에도 법적인 작위의무는 있다'고 판시하였다(95도2551).

> **판례** 보증인지위의 발생근거
>
> ① [1] 업무상횡령죄의 불법영득의사라 함은 타인의 재물을 보관하는 자가 자기 또는 제3자의 이익을 꾀할 목적으로 업무상의 임무에 위배하여 보관하는 타인의 재물을 자기의 소유인 경우와 같이 처분하는 의사를 의미하고, 반드시 자기 스스로 영득하여야만 하는 것은 아니다. [2] 종범은 정범의 실행행위 중에 이를 방조하는 경우뿐만 아니라, 실행 착수 전에 장래의 실행행위를 예상하고 이를 용이하게 하는 행위를 하여 방조한 경우에도 정범이 실행행위를 한 경우에 성립한다. [3] 형법상 방조는 작위에 의하여 정범의 실행을 용이하게 하는 경우는 물론, 직무상의 의무가 있는 자가 정범의 범죄행위를 인식하면서도 그것을 방지하여야 할 제반 조치를 취하지 아니하는 부작위로 인하여 정범의 실행행위를 용이하게 하는 경우에도 성립된다. [4] 형법상 부작위범이 인정되기 위해서는 형법이 금지하고 있는 법익침해의 결과 발생을 방지할 법적인 작위의무를 지고 있는 자가 그 의무를 이행함으로써 결과 발생을 쉽게 방지할 수 있었음에도 불구하고 그 결과의 발생을 용인하고 이를 방관한 채 그 의무를 이행하지 아니한 경우에, 그 부작위가 작위에 의한 법익침해와 동등한 형법적 가치가 있는 것이어서 그 범죄의 실행행위로 평가될 만한 것이라면, 작위에 의한 실행행위와 동일하게 부작위범으로 처벌할 수 있고, 여기서 작위의무는 법적인 의무이어야 하므로 단순한 도덕상 또는 종교상의 의무는 포함되지 않으나 작위의무가 법적인 의무인 한 성문법이건 불문법이건 상관이 없고 또 공법이건 사법이건 불문하므로, 법령, 법률행위, 선행행위로 인한 경우는 물론이고 기타 신의성실의 원칙이나 사회상규 혹은 조리상 작위의무가 기대되는 경우에도 법적인 작위의무는 있다. [5] 법원의 입찰사건에 관한 제반 업무를 주된 업무로 하는 공무원이 자신이 맡고 있는 입찰사건의 입찰보증금이 계속적으로 횡령되고 있는 사실을 알았다면, 담당 공무원으로서는 이를 제지하고 즉시 상관에게 보고하는 등의 방법으로 그러한 사무원의 횡령행위를 방지해야 할 법적인 작위의무를 지는 것이 당연하고, 비록 그의 묵인 행위가 배당불능이라는 최악의 사태를 막기 위한 동기에서 비롯된 것이라고 하더라도 자신의 작위의무를 이행함으로써 결과 발생을 쉽게 방지할 수 있는 공무원이 그 사무원의 새로운 횡령범행을 방조 용인한 것을 작위에 의한 법익 침해와 동등한 형법적 가치가 있는 것이 아니라고 볼 수는 없다는 이유로, 그 담당 공무원을 업무상횡령의 종범으로 처벌한 사례(대판 1996.9.6. 95도2551)
>
> ② [1] 범죄는 보통 적극적인 행위에 의하여 실행되지만 때로는 결과의 발생을 방지하지 아니한 부작위에 의하여도 실현될 수 있다. 형법 제18조는 (중략) 위 규정에서 말하는 부작위는 법적 기

대라는 규범적 가치판단 요소에 의하여 사회적 중요성을 가지는 사람의 행태가 되어 법적 의미에서 작위와 함께 행위의 기본 형태를 이루게 되므로, 특정한 행위를 하지 아니하는 부작위가 형법적으로 부작위로서의 의미를 가지기 위해서는, 보호법익의 주체에게 해당 구성요건적 결과 발생의 위험이 있는 상황에서 행위자가 구성요건의 실현을 회피하기 위하여 요구되는 행위를 현실적·물리적으로 행할 수 있었음에도 하지 아니하였다고 평가될 수 있어야 한다. 나아가 살인죄와 같이 일반적으로 작위를 내용으로 하는 범죄를 부작위에 의하여 범하는 이른바 부진정 부작위범의 경우에는 보호법익의 주체가 법익에 대한 침해위협에 대처할 보호능력이 없고, 부작위행위자에게 침해위협으로부터 법익을 보호해 주어야 할 법적 작위의무가 있을 뿐 아니라, 부작위행위자가 그러한 보호적 지위에서 법익침해를 일으키는 사태를 지배하고 있어 작위의무의 이행으로 결과발생을 쉽게 방지할 수 있어야 부작위로 인한 법익침해가 작위에 의한 법익침해와 동등한 형법적 가치가 있는 것으로서 범죄의 실행행위로 평가될 수 있다. 다만 여기서의 작위의무는 법령, 법률행위, 선행행위로 인한 경우는 물론, 신의성실의 원칙이나 사회상규 혹은 조리상 작위의무가 기대되는 경우에도 인정된다. 또한 부진정 부작위범의 고의는 반드시 구성요건적 결과발생에 대한 목적이나 계획적인 범행 의도가 있어야 하는 것은 아니고 법익침해의 결과발생을 방지할 법적 작위의무를 가지고 있는 사람이 의무를 이행함으로써 결과발생을 쉽게 방지할 수 있었음을 예견하고도 결과발생을 용인하고 이를 방관한 채 의무를 이행하지 아니한다는 인식을 하면 족하며, 이러한 작위의무자의 예견 또는 인식 등은 확정적인 경우는 물론 불확정적인 경우이더라도 미필적 고의로 인정될 수 있다. [2] (중략) 선장은 (중략) 선박공동체 전원의 안전이 종국적으로 확보될 때까지 적극적·지속적으로 구조조치를 취할 법률상 의무가 있다. 또한 선장이나 승무원은 수난구호법 제18조 제1항 단서에 의하여 조난된 사람에 대한 구조조치의무를 부담하고, 선박의 해상여객운송사업자와 승객 사이의 여객운송계약에 따라 승객의 안전에 대하여 계약상 보호의무를 부담하므로, 모든 승무원은 선박 위험 시 서로 협력하여 조난된 승객이나 다른 승무원을 적극적으로 구조할 의무가 있다. 따라서 선박침몰 등과 같은 조난사고로 승객이나 다른 승무원들이 스스로 생명에 대한 위협에 대처할 수 없는 급박한 상황이 발생한 경우에는 선박의 운항을 지배하고 있는 선장이나 갑판 또는 선내에서 구체적인 구조행위를 지배하고 있는 선원들은 적극적인 구호활동을 통해 보호능력이 없는 승객이나 다른 승무원의 사망 결과를 방지하여야 할 작위의무가 있으므로, 법익침해의 태양과 정도 등에 따라 요구되는 개별적·구체적인 구호의무를 이행함으로써 사망의 결과를 쉽게 방지할 수 있음에도 그에 이르는 사태의 핵심적 경과를 그대로 방관하여 사망의 결과를 초래하였다면, 부작위는 작위에 의한 살인행위와 동등한 형법적 가치를 가지고, 작위의무를 이행하였다면 결과가 발생하지 않았을 것이라는 관계가 인정될 경우에는 작위를 하지 않은 부작위와 사망의 결과 사이에 인과관계가 있다. [3] 항해 중이던 선박의 선장 피고인 甲, 1등 항해사 피고인 乙, 2등 항해사 피고인 丙이 (중략) 살인 및 살인미수로 기소된 사안에서, (중략) 피고인 乙, 丙이 간부 선원들로서 선장을 보좌하여 승객 등을 구조하여야 할 지위에 있음에도 별다른 구조조치를 취하지 아니한 채 사태를 방관하여 결과적으로 선내 대기 중이던 승객 등이 탈출에 실패하여 사망에 이르게 한 잘못은 있으나, 그러한 부작위를 작위에 의한 살인의 실행행위와 동일하게 평가하기 어렵고, 또한 살인의 미필적 고의로 피고인 甲의 부작위에 의한 살인행위에 공모 가담하였다고 단정하기도 어려우므로, 피고인 乙, 丙에 대해 부작위에 의한 살인의 고의를 인정하기 어렵다고 한 원심의 조치는 정당하다고 한 사례(대판 2015.11.12. 2015도6809 전원합의체)

다. (형식설에 의한) 보증인지위의 유형

1) 법령에 의한 작위의무

법령에는 **법률·명령·규칙** 등이 포함되고, **공법·사법을 불문**한다. 친권자의 보호의무(민법 제913조), 친족 간의 부양의무(제974조), 부부 간의 부양의무(제826조) 및 경찰관의 보호조치의무(경찰관직무집행법 제4조), 의사의 진료와 응급조치의무(의료법 제16조), 의사의 진료와 응급조치의무(도로교통법법 제16조)가 여기에 해당한다.

> **판례** 법령에 의한 작위의무
>
> ① 법원의 입찰사건에 관한 제반 업무를 주된 업무로 하는 공무원이 자신이 맡고 있는 입찰사건의 입찰보증금이 계속적으로 횡령되고 있는 사실을 알았다면, 담당 공무원으로서는 이를 제지하고 즉시 상관에게 보고하는 등의 방법으로 그러한 사무원의 횡령행위를 방지해야 할 법적인 작위의무를 지는 것이 당연하고, (후략) (대판 1996.9.6. 95도2551)
>
> ② 피고인은 이 사건 아파트 지하실의 소유자로서 임차인인 공소외 김 경도의 위 지하실에 대한 원심판시와 같은 용도변경행위를 방지할 의무가 있음에도 불구하고 이를 묵시적으로 승인하여 방조한 사실이 넉넉히 인정된다(대판 1985.11.26. 85도1906).

2) 계약에 의한 작위의무

계약에 의하여 보호의무를 인수한 경우이다. 고용계약에 의한 보호의무, 간호사의 환자간호의무 등이 여기에 해당한다.

> **판례** 계약상 작위의무가 인정되는 경우
>
> ① 대표이사로서 위 압류시설이 위치한 골프장의 개장 및 운영 전반에 걸친 포괄적 권한과 의무를 지닌 피고인으로서는 위와 같은 회사의 대외적 의무사항이 준수될 수 있도록 적절한 조치를 취할 위임계약 혹은 조리상의 작위의무가 존재한다고 보아야 할 것인데, (중략) 적어도 위 압류, 봉인에 의하여 사용이 금지된 골프장 시설물에 대하여 위 시설물의 사용 및 그 당연한 귀결로서 봉인의 훼손을 초래하게 될 골프장의 개장 및 그에 따른 압류시설 작동을 제한하거나 그 사용 및 훼손을 방지할 수 있는 적절한 조치를 취할 의무는 존재한다고 보아야 할 것이고, 그럼에도 피고인이 그러한 조치 없이 위 개장 및 압류시설 작동을 의도적으로 묵인 내지 방치함으로써 예견된 결과를 유발한 경우에는 부작위에 의한 공무상표시무효죄의 성립을 인정할 수 있다고 보아야 할 것이다(대판 2005.7.22. 2005도3034).
>
> ② 법무사가 아닌 사람이 법무사로 소개되거나 호칭되는 데에도 자신이 법무사가 아니라는 사실을 밝히지 않은 채 법무사 행세를 계속하면서 근저당권설정계약서를 작성한 사안에서, 부작위에 의한 법무사법 제3조 제2항 위반죄를 인정할 수 있다(대판 2008.2.28. 2007도9354).
>
> ③ 백화점에서 바이어를 보조하여 특정매장에 관한 상품관리 및 고객들의 불만사항 확인 등의 업무를 담당하는 직원은 자신이 관리하는 특정매장의 점포에 가짜 상표가 새겨진 상품이 진열·판매되고 있는 사실을 발견하였다면 고객들이 이를 구매하도록 방치하여서는 아니되고 점주나 그 종업원에게 즉시 그 시정을 요구하고 바이어 등 상급자에게 보고하여 이를 시정하도록 할 근로계약상·조리상의 의무가 있다고 할 것임에도 불구하고 이러한 사실을 알고서도 점주 등에게 시정조치를 요구하거나 상급자에게 이를 보고하지 아니함으로써 점주로 하여금 가짜 상표가 새겨진 상품들을

고객들에게 계속 판매하도록 방치한 것은 작위에 의하여 점주의 상표법위반 및 부정경쟁방지법위반 행위의 실행을 용이하게 하는 경우와 동등한 형법적 가치가 있는 것으로 볼 수 있으므로, 백화점 직원인 피고인은 부작위에 의하여 공동피고인 점주의 상표법위반 및 부정경쟁방지법위반 행위를 방조하였다고 인정할 수 있다(대판 1997.3.14. 96도1639).

④ 은행지점장이 정범인 부하직원들의 범행을 인식하면서도 그들의 은행에 대한 배임행위를 방치하였다면 배임죄의 방조범이 성립된다(대판 1984.11.27. 84도1906).

> **판례** 계약상 작위의무가 인정되지 않는 경우
>
> • 중고 자동차 매매에 있어서 매도인의 할부금융회사 또는 보증보험에 대한 할부금 채무가 매수인에게 당연히 승계되는 것이 아니므로 그 할부금 채무의 존재를 매수인에게 고지하지 아니한 것은 부작위에 의한 기망에 해당하지 아니한다(대판 1998.4.14. 98도231).

3) 선행행위에 의한 작위의무

자기의 행위로 위험발생의 원인을 야기한 자는 위험발생을 방지할 의무가 있다(제18조). 실화자의 소화의무나 행인을 과실치상한 운전자의 구호의무 등이 여기에 해당한다.

> **판례** 선행행위에 의한 작위의무
>
> ① 피고인이 조카인 피해자(10세)를 살해할 것을 마음먹고 저수지로 데리고 가서 미끄러지기 쉬운 제방 쪽으로 유인하여 함께 걷다가 피해자가 물에 빠지자 그를 구호하지 아니하여 피해자를 익사하게 한 것이라면 (중략) 피해자의 숙부로서 익사의 위험에 대처할 보호능력이 없는 나이 어린 피해자를 익사의 위험이 있는 저수지로 데리고 갔던 피고인으로서는 피해자가 물에 빠져 익사할 위험을 방지하고 피해자가 물에 빠지는 경우 그를 구호하여 주어야 할 법적인 작위의무가 있다고 보아야 할 것이고, 피해자가 물에 빠진 후에 피고인이 살해의 범의를 가지고 그를 구호하지 아니한 채 그가 익사하는 것을 용인하고 방관한 행위(부작위)는 피고인이 그를 직접 물에 빠뜨려 익사시키는 행위와 다름없다고 형법상 평가될 만한 살인의 실행행위라고 보는 것이 상당하다(대판 1992.1.11. 91도2951).
>
> ② 피고인이 미성년자를 유인하여 포박 감금한 후 단지 그 상태를 유지하였을 뿐인데도 피감금자가 사망에 이르게 된 것이라면 피고인의 죄책은 감금치 사죄에 해당한다 하겠으나, 나아가서 그 감금상태가 계속된 어느 시점에서 피고인에게 살해의 범의가 생겨 피감금자에 대한 위험발생을 방지함이 없이 포박감금상태에 있던 피감금자를 그대로 방치함으로써 사망케 하였다면 피고인의 부작위는 살인죄의 구성요건적 행위를 충족하는 것이라고 평가하기에 충분하므로 부작위에 의한 살인죄를 구성한다(대판 1982.11.23. 82도2024).
>
> ③ 폭약을 호송하는 자가 화차 내에서 촛불을 켜 놓은 채 잠자다가 폭약상자에 불이 붙는 순간 이를 발견하였으나 그 상자를 뒤집는 등 방법으로 쉽게 진화할 수 있는데도 도주한 경우 부작위에 의한 폭발물파열죄(현행 형법상 폭발물사용죄)가 성립한다(대판 1978.9.26. 78도1996).
>
> ④ 자전거 전용통로에 도시가스배관, 철도횡단흉관 압입공사를 하기 위하여 너비 약 3미터, 깊이 약 1미터, 길이 약 5미터의 웅덩이를 파두어 야간에 그곳을 지나던 통행인이 위 웅덩이에 떨어져 상해를 입었다면 동 공사현장 감독에게는 공사현장의 보안관리를 소홀히 한 주의의무위반이 있다(대판 1986.8.19. 86도915).

4) 조리에 의한 작위의무

관리자의 위험발생방지의무, 목적물의 하자에 대한 신의칙상의 고지의무 등과 같이 사회상규 또는 조리에 의하여도 작위의무가 발생한다.

> **판례** 조리(신의칙)상의 작위의무
>
> ① 피고인은 위 토지가 정주시에 의하여 협의매수되거나 수용될 것이라는 점을 알고 있었으므로, 이러한 사정을 모르고 위 토지를 매수하려는 피해자 한준석에게 위와 같은 사정을 고지할 신의칙상 의무가 있다 (중략) 이러한 사정을 고지하지 아니한 피고인의 행위는 부작위에 의한 사기죄를 구성한다(대판 1993.7.13. 93도14).
>
> ② 매수인이 매도인에게 매매잔금을 지급함에 있어 착오에 빠져 지급해야 할 금액을 초과하는 돈을 교부하는 경우, 매도인이 사실대로 고지하였다면 매수인이 그와 같이 초과하여 교부하지 아니하였을 것임은 경험칙상 명백하므로, 매도인이 매매잔금을 교부받기 전 또는 교부받던 중에 그 사실을 알게 되었을 경우에는 특별한 사정이 없는 한 매도인으로서는 매수인에게 사실대로 고지하여 매수인의 그 착오를 제거하여야 할 신의칙상 의무를 지므로 그 의무를 이행하지 아니하고 매수인이 건네주는 돈을 그대로 수령한 경우에는 사기죄에 해당될 것이지만, 그 사실을 미리 알지 못하고 매매잔금을 건네주고 받는 행위를 끝마친 후에야 비로소 알게 되었을 경우에는 (중략) 교부하는 돈을 그대로 받은 그 행위는 점유이탈물횡령죄가 될 수 있음은 별론으로 하고 사기죄를 구성할 수는 없다(대판 2004.5.27. 2003도4531).
>
> ③ 임대인이 임대차계약을 체결하면서 임차인에게 임대목적물이 경매진행 중인 사실을 알리지 아니한 경우, 임차인이 등기부를 확인 또는 열람하는 것이 가능하더라도 사기죄가 성립한다(대판 1998.12.8. 98도3263).
>
> ④ [1] 거래의 상대방이 일정한 사정에 관한 고지를 받았더라면 당해 거래에 임하지 아니하였을 것임이 경험칙상 명백한 경우 그 거래로 인하여 재물을 수취하는 자에게는 신의성실의 원칙상 사전에 상대방에게 그와 같은 사정을 고지할 의무가 있다고 할 것이므로 이를 고지하지 아니한 것은 고지할 사실을 묵비함으로써 상대방을 기망한 것이 되어 사기죄를 구성한다. [2] 물품의 국내 독점판매계약을 체결함에 있어서 (이미 다른 회사가 같은 용도와 같은 성능을 가진 이름도 같은 제품을 국내에 판매하고 있다는 사실에 대한)고지의무 위반이 있다는 이유로 사기죄를 인정한 원심판결을 수긍한 사례(대판 1996.7.30. 96도1081)
>
> ⑤ 부동산매매에 있어서 매매목적물에 관하여 소유권귀속에 관한 분쟁이 있어 재심소송이 계속 중에 있다면 이러한 사정들은 특별한 사정이 없는 한 매수인으로서는 매매계약의 체결 여부를 결정짓는 매우 중요한 요소이므로 매도인은 거래의 신의성실의 원칙상 매수인에게 고지할 의무가 있다 할 것이고 매도인 이 매수인에게 소송계속사실을 숨기고 매도하여 대금을 교부받았다면 이는 사기죄를 구성한다(대판 1986.9.9. 86도956).

> **판례** 도로교통법 제54조 제1항의 의무

- 도로교통법 제54조 제1항, 제2항이 규정한 교통사고 발생 시의 구호조치의무 및 신고의무는 (중략) 교통사고의 결과가 피해자의 구호 및 교통질서의 회복을 위한 조치가 필요한 상황인 이상 그 의무는 교통사고를 발생시킨 당해 차량의 운전자에게 그 사고 발생에 있어서 고의·과실 혹은 유책·위법의 유무에 관계없이 부과된 의무라고 해석함이 상당할 것이므로, 당해 사고에 있어 귀책사유가 없는 경우에도 위 의무가 없다 할 수 없고, 또 위 의무는 신고의무에만 한정되는 것이 아니므로 타인에게 신고를 부탁하고 현장을 이탈하였다고 하여 위 의무를 다한 것이라고 말할 수는 없다(대판 2015.10.15. 2015도12451).

3. 행위정형의 동가치성

행위정형의 동가성이란 보증인지위에 있는 자의 부작위가 작위적 방법에 의한 구성요건의 실현과 동등한 것으로 평가될 수 있어야 한다는 의미이다. 이는 부진정부작위범의 규범적 구성요건요소의 성격을 가지고, 이에 대한 판단은 형법각칙의 개별적인 구성요건의 해석에 의하여 결정된다.

> **판례** 행위정형의 동가치성

① 형법이 금지하고 있는 법익침해의 결과발생을 방지할 법적인 작위의무를 지고 있는 자가 그 의무를 이행함으로써 결과발생을 쉽게 방지할 수 있었음에도 불구하고 그 결과의 발생을 용인하고 이를 방관한 채 그 의무를 이행하지 아니한 경우에, 그 부작위가 작위에 의한 법익침해와 동등한 형법적 가치가 있는 것이어서 그 범죄의 실행행위로 평가될 만한 것이라면, 작위에 의한 실행행위와 동일하게 부작위범으로 처벌할 수 있다고 할 것이다(대판 1992.2.11. 91도2951).

② [1] 업무방해죄와 같이 작위를 내용으로 하는 범죄를 부작위에 의하여 범하는 부진정 부작위범이 성립하기 위해서는 부작위를 실행행위로서의 작위와 동일시할 수 있어야 한다. [2] 피고인이 갑과 토지 지상에 창고를 신축하는 데 필요한 형틀공사 계약을 체결한 후 그 공사를 완료하였는데, 갑이 공사대금을 주지 않는다는 이유로 위 토지에 쌓아 둔 건축자재를 치우지 않고 공사현장을 막는 방법으로 위력으로써 갑의 창고 신축 공사 업무를 방해하였다는 내용으로 기소된 사안에서, (중략) 피고인이 자신의 공사를 위하여 쌓아 두었던 건축자재를 공사 완료 후에 단순히 치우지 않은 행위가 위력으로써 갑의 추가 공사 업무를 방해하는 업무방해죄의 실행행위로서 갑의 업무에 대하여 하는 적극적인 방해행위와 동등한 형법적 가치를 가진다고 볼 수 없는데도, 이와 달리 보아 공소사실을 유죄로 인정한 원심판결에 부작위에 의한 업무방해죄의 성립에 관한 법리오해의 잘못이 있다고 한 사례(대판 2017.12.22. 2017도13211)

③ [1] 인터넷 포털 사이트를 운영하는 회사와 그 대표이사는 정보제공업체들이 음란한 정보를 반포·판매하지 않도록 통제하거나 저지하여야 할 조리상의 의무를 부담한다. [2] 인터넷 포털 사이트를 운영하는 회사와 그 대표이사가 정보제공업체들의 음란정보 반포·판매 행위를 방치한 것만으로는 구 전기통신기본법 제48조의2 위반죄의 정범에 해당하지 않는다(대판 2006.4.28. 2003도80).

Ⅳ. 관련문제

1. 부진정부작위범의 처벌

형법은 부진정부작위범의 처벌에 관하여 아무런 규정도 두고 있지 않으므로 부진정부작위범도 작위범과 동일하게 처벌된다.

2. 부작위범과 공범

가. 부작위범에 대한 공범

부작위범에 대하여도 적극적인 작위에 의한 교사와 방조는 가능하며, 부작위범 사이 및 작위범과 부작위범 사이의 공동정범도 가능하다. 또한 부작위범을 도구로 이용한 간접정범도 있을 수 있다.

나. 부작위에 의한 공범

① 부작위에 의한 교사는 피교사자에 대하여 현실적으로 아무런 심리적 영향을 주지 못하므로 불가능하다. 반면, ② 부작위에 의한 방조는 결과발생을 방지해야 할 보증인지위에 있는 자가 정범의 범행을 방치한 경우에 가능하다. ③ 부작위에 의한 공동정범은 보증인 상호간에 공동실행의 의사와 의무위반의 공동성이 인정되면 가능하고, 부작위범과 작위범 사이의 공동정범도 성립할 수 있다. ④ 부작위에 의한 간접정범은 교사범과 같은 이유로 불가능하다.

> **판례** 부작위범의 공동정범
>
> ① 공중위생관리법 제3조 제1항 전단은 "공중위생영업을 하고자 하는 자는 공중위생영업의 종류별로 보건복지부령이 정하는 시설 및 설비를 갖추고 시장·군수·구청장에게 신고하여야 한다"고 규정하고 있고, (중략) 신고의무 위반으로 인한 공중위생관리법 위반죄는 구성요건이 부작위에 의하여서만 실현될 수 있는 진정부작위범에 해당한다고 할 것이고, 한편 부작위범 사이의 공동정범은 다수의 부작위범에게 공통된 의무가 부여되어 있고 그 의무를 공통으로 이행할 수 있을 때에만 성립한다고 할 것이다. 그리고 공중위생영업의 신고의무는 '공중위생영업을 하고자 하는 자'에게 부여되어 있고, 여기서 '영업을 하는 자'라 함은 영업으로 인한 권리의무의 귀속주체가 되는 자를 의미하므로, 영업자의 직원이나 보조자의 경우에는 영업을 하는 자에 포함되지 않는다고 해석함이 상당하다. (중략) 피고인들에게 공통된 신고의무가 부여되어 있지 않은 이상 부작위범인 신고의무 위반으로 인한 공중위생관리법 위반죄의 공동정범도 성립할 수 없다 (후략) (대판 2008.3.27. 2008도89).
>
> ② [1] 구 정신보건법 제24조 (중략) 보호의무자 확인 서류 등 수수 의무 위반으로 인한 구 정신보건법 위반죄는 구성요건이 부작위에 의해서만 실현될 수 있는 진정부작위범에 해당한다. [2] 진정부작위범인 위 수수 의무 위반으로 인한 구 정신보건법 위반죄의 공동정범은 그 의무가 수인에게 공통으로 부여되어 있는데도 수인이 공모하여 전원이 그 의무를 이행하지 않았을 때 성립할 수 있다. 그리고 위 규정에 따르면 보호의무자 확인 서류 등의 수수 의무는 '정신의료기관 등의 장'에게만 부여되어 있고, 정신의료기관 등의 장이 아니라 그곳에 근무하고 있을 뿐인 정신건강의학과 전문의는 위 규정에서 정하는 보호의무자 확인 서류 등의 수수 의무를 부담하지 않는다고 보아야 한다(대판 2021.5.7. 2018도12973).

③ [1] 자본시장과 금융투자업에 관한 법률 제147조 (중략) 주권상장법인의 주식 등 대량보유·변동 보고의무 위반으로 인한 자본시장법 위반죄는 구성요건이 부작위에 의해서만 실현될 수 있는 진정부작위범에 해당한다. 진정부작위범인 주식 등 대량보유·변동 보고의무 위반으로 인한 자본시장법 위반죄의 공동정범은 그 의무가 수인에게 공통으로 부여되어 있는데도 수인이 공모하여 전원이 그 의무를 이행하지 않았을 때 성립할 수 있다. [2] (중략) 주권상장법인의 주식 등 변경 보고의무 위반으로 인한 자본시장법 위반죄는 구성요건이 부작위에 의해서만 실현될 수 있는 진정부작위범에 해당한다. 진정부작위범인 주식 등 변경 보고의무 위반으로 인한 자본시장법 위반죄의 공동정범은 그 의무가 수인에게 공통으로 부여되어 있는데도 수인이 공모하여 전원이 그 의무를 이행하지 않았을 때 성립할 수 있다(대판 2022.1.13. 2021도11110).

④ [1] 실화죄에 있어서 공동의 과실이 경합되어 화재가 발생한 경우 적어도 각 과실이 화재의 발생에 대하여 하나의 조건이 된 이상은 그 공동적 원인을 제공한 사람들은 각자 실화죄의 책임을 면할 수 없다. [2] 피고인들이 분리수거장 방향으로 담배꽁초를 던져 버리고 현장을 떠난 후 화재가 발생하여 각각 실화죄로 기소된 사안에서, 피고인들 각자 본인 및 상대방이 버린 담배꽁초 불씨가 살아 있는지를 확인하고 이를 완전히 제거하는 등 화재를 미리 방지할 주의의무가 있음에도 이를 게을리 한 채 만연히 현장을 떠난 과실이 인정되고 이러한 피고인들 각자의 과실이 경합하여 위 화재를 일으켰다고 보아, 피고인들 각자의 실화죄 책임을 인정한 원심판결을 수긍한 사례(대판 2023.3.9. 2022도16120).

3. 작위의무의 착오

객관적 구성요건에 해당하는 사실을 인식하지 못하고 일정한 작위를 하지 않은 경우에는 구성요건적 착오가 되고, 객관적 구성요건에 해당하는 사실은 인식하였으나 자신의 부작위가 위법하지 않다고 오인하고 작위로 나아가지 않는 경우에는 금지착오가 된다.

4. 과실범의 부작위범

진정부작위범과 부진정부작위범을 불문하고 과실범처벌규정이 있을 때 과실에 의한 부작위범이 성립할 수 있다. 그러나 우리 형법상 과실의 진정부작위범을 처벌하는 규정은 없다.

제4절 인과관계와 객관적 귀속

> **제17조(인과관계)** 어떤 행위라도 죄의 요소되는 위험발생에 연결되지 아니한 때에는 그 결과로 인하여 벌하지 아니한다.

I. 인과관계의 의의 및 유형

1. 인과관계의 의의

인과관계란 발생한 결과를 행위자의 행위에 의한 것으로 귀속시키는 데 필요한 행위와 결과사이의 연관관계를 의미한다. 이는 구성요건의 내용으로서 결과발생을 필요로 하는 결과범·침해범에서만 문제 된다.

인과관계가 부정되면 고의범의 경우에는 미수범처벌규정이 있는 경우에 한하여 미수범이 성립하나, 과실범은 미수범 처벌규정이 없으므로 처벌되지 아니한다.

2. 인과관계의 유형

유형	의미	예시
기본적 인과관계	행위가 다른 원인의 개입 없이 직접 구성요건적 결과를 야기한 경우	갑이 을을 고의로 살해한 경우에 을의 사망이 갑의 행위로 인한 것임을 인식하는 데 다른 장애요소가 전혀 없는 경우
이중적 인과관계 (택일적 인과관계)	단독으로도 동일한 결과를 발생시키기에 충분한 여러 개의 원인이 결합하여 일정한 결과가 발생한 경우	갑과 을이 각각 치사량의 독약을 병에게 먹여 병이 사망한 경우
누적적 인과관계 (중첩적 인과관계)	각기 독자적으로는 결과를 발생시킬 수 없는 여러 조건들이 공동으로 작용하여 일정한 결과가 발생한 경우	갑과 을이 단독으로는 치사량이 되지 못하는 독약을 각각 병에게 먹인 바 전체량이 치사량에 미쳐서 병이 사망한 경우
추월적 인과관계	나중의 조건이 기존의 조건을 추월하여 결과를 야기한 경우에 나중의 조건과 발생된 결과 사이의 인과관계	갑이 병에게 독약을 먹였으나 약효가 일어나기 전에 을이 병을 사살한 경우에 을의 총격과 병의 사망 사이의 인과관계
경합적 인과관계	어느 행위에 의하더라도 결과가 동시에 발생하였을 것으로 생각되는 경우의 현실적 인과과정	갑이 승용차에 타려는 병을 사살했으나 갑의 저격이 아니더라도 병은 을이 승용차에 장치한 폭탄의 폭발에 의하여 사망했을 것이 틀림없는 경우에 갑의 총격과 병의 사망 사이의 인과관계
가설적 인과관계	발생한 결과에 대한 원인행위가 없었더라도 가설적 원인(가정적 또는 예비적 원인)에 의해서 같은 결과가 발생했을 고도의 개연성이 있는 경우에 가설적 원인과 결과발생 간의 인과관계	갑이 을을 비행기 탑승 직전에 사살하였는데 그 비행기는 이륙 후 추락하여 탑승자 전원이 사망한 경우에 추락사고와 을의 사망 사이의 인과관계
단절적 인과관계	제1행위가 목표로 한 결과가 발생하였으나 그 결과는 제2의 독립행위가 제1행위의 효력을 제거하고 독립적으로 발생시킨 것인 경우에 제1행위와 결과 간의 인과관계(제2행위를 기준으로 하면 추월적 인과관계)	갑이 병에게 독약을 먹였으나 약효가 일어나기 전에 을이 병을 사살한 경우에 갑의 행위와 병의 사망 간의 인과관계
비유형적 인과관계	일정한 행위가 결과에 대하여 원인이 되지만 그 결과에 이르는 과정에 다른 원인이 개입하여 최초의 원인행위와 결합하여 결과가 발생한 경우(다만 최초의 원인행위는 결과발생시까지 효력이 지속되어야 함)	갑이 을을 살해하려고 저격하였으나 가벼운 상처만 입은 을이 병원으로 가는 도중에 교통사고로 사망한 경우

Ⅱ. 인과관계에 대한 이론

1. 조건설(등가설)

조건설은 행위와 결과 사이에 조건적 인과관계, 즉 그러한 행위가 없었더라면 그러한 결과가 발생하지 않았다고 볼 수 있는 관계가 있으면 인과관계를 인정하며, 여기에는 conditio sine qua non의 공식(절대적 제약공식)이 적용된다.

2. 원인설

원인설은 조건설에 의하여 확정된 인과관계의 내부에서 결과의 발생에 특히 중요한 영향을 준 원인과 단순한 조건을 구별하여 전자에 대해서만 인과관계를 인정하는 견해이다.

3. 상당인과관계설

상당인과관계설은 사회생활상 일반적인 생활경험에 비추어 그러한 행위로부터 그러한 결과가 발생하는 것이 상당하다고 인정될 때, 즉 개연성이 있을 때 인과관계를 인정하는 견해이다. 이러한 상당성은 일반적인 생활경험을 기준으로 판단한다. 이는 우리 대법원의 일관된 태도이다.

4. 중요설

중요설은 인과관계와 귀책의 문제를 엄격히 구별하여, 인과관계의 존부는 조건설에 의하여 논리적으로 판단되지만 형법적 평가인 결과귀속은 개개의 구성요건에 반영된 형법적 중요성에 따라 규범적으로 판단하여야 한다는 견해이다.

5. 합법칙적 조건설

합법칙적 조건설은 조건설에 의한 인과관계는 '행위가 시간적으로 뒤따르는 외계의 변화에 연결되고 행위와 합법칙적으로 결합되어 구성요건적 결과로 실현되었을 때'에 인정된다고 하는 견해이다.

6. 검토

사실판단과 규범판단은 엄격하게 분리되는 것이므로 인과관계의 확정은 합법칙적 조건설에 의하고, 구체적인 결과귀속의 문제는 객관적 귀속이론에 의하여 해결하는 합법칙적 조건설이 타당하다.

Ⅲ. 객관적 귀속이론

1. 객관적 귀속이론의 의의 및 성격

객관적 귀속이론이란 인과관계가 인정되는 결과를 행위자의 행위에 객관적으로 귀속시킬 수 있는가를 확정하는 이론을 말한다. 즉 발생된 결과를 행위자에게 귀속시킬 수 있는가의 문제는 인과관계가 있는가라는 존재론적인 문제가 아니라 그 결과가 정당한 처벌이라는 관점에서 행위자에게 객관적으로 귀속될 수 있느냐라는 규범적·법적 문제에 속한다.

특히 객관적 귀속이론은 인과관계가 인정된 행위에 대해서 규범적 관점에서 결과귀속을 줄이려는 노력(특히 비유형적 인과관계에서의 행위자의 책임 제한 문제)과 관련이 있다. 결론적으로 객관적 귀속이 인정되면 기수가 되고, 인정되지 않으면 미수가 된다.

2. 객관적 귀속의 판단 기준

① **지배가능성이론**은 법은 객관적으로 예측이 불가능한 결과의 발생을 회피할 것을 요구할 수 없으므로 발생된 결과는 객관적으로 예측가능하고 회피가능한 경우에 한하여 행위자에게 객관적으로 귀속될 수 있다는 이론이다. ② **위험창출이론**이란 행위자의 행위가 법익침해의 원인을 야기하는 것만으로는 부족하고 법적으로 허용되지 아니한 위험을 창출·강화시켜야 객관적 구성요건에의 귀속을 인정할 수 있다는 이론이다. 위험창출이 결여된 경우에는 행위반가치 결여로 가벌성이 탈락된다. ③ **위험실현이론**이란 행위자에 의해 창출되거나 증가된 위험이 구성요건적 결과에 사실상 실현되었을 때 객관적 귀속을 인정할 수 있다는 이론이다. 결과가 행위자가 창출한 위험의 실현이 아니라 우연히 개입한 일상적인 위험이 현실화된 경우에는 객관적 귀속이 부정되고, 미수범의 성립이 가능하다. ④ **규범의 보호목적이론**이란 행위자가 보호법익에 대하여 허용된 위험을 초과하는 위험을 창출하였고 그 위험이 결과로 실현되었으나 그 인과과정의 진행을 방지하도록 하는 것이 당해 범죄구성요건의 임무가 아닌 경우에는 객관적 귀속이 부정된다는 이론이다. 규범의 보호목적이 결여된 때에는 가벌성이 탈락하거나, 미수가 된다.

IV. 관련문제

1. 비유형적 인과관계 – 타행위의 개입

비유형적 인과관계, 즉 선행행위의 인과과정에 타행위가 개입된 경우에 객관적 귀속을 인정할 수 있는지 문제 된다.

이러한 경우 ① 선행행위에 의해 설정된 위험이 방해받지 않고 실현되었다면 그 결과는 선행행위에 귀속된다. 그러나 ② 후행하는 다른 요소의 개입이 추가적 위험요소를 창출한 경우에는 그 고의 또는 과실의 경중에 따라 귀속여부가 결정된다. 구체적으로는 ㉠ 후행하는 타행위의 개입이 피해자 자신이나 제3자의 통상적 과실이 개입된 것이어서 예견가능한 경우에는 선행행위에 의하여 창출된 위험이 방해받지 않고 실현된 것이므로 결과는 선행행위에 객관적으로 귀속된다. ㉡ 반면에 타행위의 개입이 피해자 자신이나 제3자의 고의나 중과실 혹은 천재지변에 의한 것이어서 그것이 우연에 가깝거나 극히 이례적이기 때문에 예견할 수 없었을 경우에는 타행위에 의하여 추가적 위험이 발생한 것이므로 결과는 선행행위가 아니라 나중에 개입한 타행위에 객관적으로 귀속되고, 선행행위에 대해서는 미수범만이 성립할 수 있을 뿐이다.

판례도 같은 입장에서 '살인의 실행행위와 피해자의 사망과의 사이에 다른 사실이 개재되어 그 사실이 치사의 직접적인 원인이 되었다고 하더라도 그와 같은 사실이 통상 예견할 수 있는 것에 지나지 않는다면 살인의 실행행위와 피해자의 사망과의 사이에 인과관계가 있는 것'이라고 판시하였다(93도3612).[7]

---

[7] 판례는 통설과 달리 인과관계의 의미에 대하여 상당인과관계설을 취하면서도 결론에 있어 합법칙적 조건설과 동일하게 판시하고 있다.

판례 인과관계에 피해자의 행위가 개입된 경우 - 인과관계(객관적 귀속) 인정

① 살인의 실행행위가 피해자의 사망이라는 결과를 발생하게 한 유일한 원인이거나 직접적인 원인이어야만 되는 것은 아니므로, 살인의 실행행위와 피해자의 사망과의 사이에 다른 사실이 개재되어 그 사실이 치사의 직접적인 원인이 되었다고 하더라도 그와 같은 사실이 통상 예견할 수 있는 것에 지나지 않는다면 살인의 실행행위와 피해자의 사망과의 사이에 인과관계가 있는 것으로 보아야 한다. (중략) 자상을 입은 피해자가 콜라와 김밥 등을 함부로 먹은 탓으로 체내에 수분저류가 발생하여 합병증이 유발됨으로써 사망하게 된 경우 (중략) 살인행위와 피해자의 사망과의 사이에 인과관계가 있다(대판 1994.3.22. 93도3612).

② 피고인이 아파트 안방에서 안방문에 못질을 하여 동거하던 피해자가 술집에 나갈 수 없게 감금하고, 피해자를 때리고 옷을 벗기는 등 가혹한 행위를 하여 피해자가 이를 피하기 위하여 창문을 통해 밖으로 뛰어 내리려 하자 피고인이 이를 제지한 후, 피고인이 거실로 나오는 사이에 갑자기 안방 창문을 통하여 알몸으로 아파트 아래 잔디밭에 뛰어 내리다가 다발성 실질장기파열상 등을 입고 사망한 경우, 피고인의 중감금행위와 피해자의 사망 사이에는 인과관계가 있어 피고인은 중감금치사죄의 죄책을 진다(대판 1991.10.25. 91도2085).

③ 피고인이 자신이 경영하는 속셈학원의 강사로 피해자를 채용하고 학습교재를 설명하겠다는 구실로 유인하여 호텔 객실에 감금한 후 강간하려 하자, 피해자가 완강히 반항하던 중 피고인이 대실시간 연장을 위해 전화하는 사이에 객실 창문을 통해 탈출하려다가 지상에 추락하여 사망한 사안에서, 피고인의 강간미수행위와 피해자의 사망과의 사이에 상당인과관계가 있다고 보아 피고인을 강간치사죄로 처단한 원심의 판단을 수긍한 사례(대판 1995.5.12. 95도425)

④ 승용차로 피해자를 가로막아 승차하게 한 후 피해자의 하차 요구를 무시한 채 당초 목적지가 아닌 다른 장소를 향하여 시속 약 60km 내지 70km의 속도로 진행하여 피해자를 차량에서 내리지 못하게 한 행위는 감금죄에 해당하고, 피해자가 그와 같은 감금상태를 벗어날 목적으로 차량을 빠져 나오려다가 길바닥에 떨어져 상해를 입고 그 결과 사망에 이르렀다면 감금행위와 피해자의 사망 사이에는 상당인과관계가 있다고 할 것이므로 감금치사죄에 해당한다(대판 2000.2.11. 99도5286).

판례 인과관계에 피해자의 행위가 개입된 경우 - 인과관계(객관적 귀속) 부정

① 강간을 당한 피해자가 집에 돌아가 음독자살하기에 이르른 원인이 강간을 당함으로 인하여 생긴 수치심과 장래에 대한 절망감 등에 있었다 하더라도 그 자살행위가 바로 강간행위로 인하여 생긴 당연의 결과라고 볼 수는 없으므로 강간행위와 피해자의 자살행위 사이에 인과관계를 인정할 수는 없다(대판 1982.11.23. 82도1446).

② 강도상해죄는 강도가 사람을 상해한 경우에 성립하는 것이므로 도주하는 강도를 체포하기 위해 위에서 덮쳐 오른손으로 목을 잡고, 왼손으로 앞부분을 잡는 순간 강도가 들고 있던 벽돌에 끼어 있는 철사에 찔려 부상을 입었다거나 또는 도망하려는 공범을 뒤에서 양팔로 목을 감싸잡고 내려오다 같이 넘어져 부상을 입은 경우라면 위 부상들은 피해자들의 적극적인 체포행위 과정에서 스스로의 행위의 결과로 입은 상처이어서 위 상해의 결과에 대하여 강도상해죄로 의율할 수 없다(대판 1985.7.9. 85도1109).

③ 피고인은 평소 앙심을 품고 있던 파출소에 야간에 방화하였는데, 당시 숙직하고 있던 수사계장이 유치장 쪽 벽에 붙어 연소하고 있는 인쇄물을 철거하고 불붙은 의자를 밖으로 들어내는 등 적극적으로 진화작업에 열중한 나머지 안면부 경부 및 손등에 전치 5주일간의 가료를 요하는 제2도 화상을 입게된 경우, 행위자뿐만 아니라 일반경험상으로도 전연 예견할 수 없었던 결과가 발생한 경우에는 결과로 인하여 행위자를 처벌할 수 없다(대판 1966.6.28. 66도1).

판례 피해자의 질병이 개입된 경우 – 인과관계(객관적 귀속) 인정

① [1] 피해자를 2회에 걸쳐 두 손으로 힘껏 밀어 땅바닥에 넘어뜨리는 폭행을 가함으로써 그 충격으로 인한 쇼크성 심장마비로 사망케 하였다면 비록 위 피해자에게 그 당시 심관성동맥경화 및 심근섬유화 증세등의 심장질환의 지병이 있었고 음주로 만취된 상태였으며 그것이 피해자가 사망함에 있어 영향을 주었다고 해서 피고인의 폭행과 피해자의 사망간에 상당인과 관계가 없다고 할 수 없다. [2] 피고인은 피해자가 평소 병약한 사람인데다 그 당시 음주만취된 상태였다는 것을 알고 있었던 사실이 인정되므로 그 구체적인 병명은 몰랐다고 하더라도 앞서본 바와 같이 피고인이 피해자를 2회에 걸쳐 두손으로 힘껏 밀어 넘어뜨린 때에 이미 그 폭행과 그 결과에 대한 예견가능성이 있었다 할 것이고 그로 인하여 치사의 결과가 발생하였다면 이른바 결과적 가중범의 죄책을 면할 수 없다(대판 1986.9.9. 85도2433).

② 피고인이 피해자의 멱살을 잡아 흔들고 주먹으로 가슴과 얼굴을 1회씩 구타하고 멱살을 붙들고 넘어뜨리는 등 신체 여러 부위에 표피박탈, 피하출혈 등의 외상이 생길 정도로 심하게 폭행을 가함으로써 평소에 오른쪽 관상동맥폐쇄 및 심실의 허혈성심근섬유화증세 등의 심장질환을 앓고 있던 피해자의 심장에 더욱 부담을 주어 나쁜 영향을 초래하도록 하였다면, 비록 피해자가 관상동맥부전과 허혈성심근경색 등으로 사망하였더라도, 피고인의 폭행의 방법, 부위나 정도 등에 비추어 피고인의 폭행과 피해자의 사망과 간에 상당인과관계가 있었다고 볼 수 있다(대판 1989.10.13. 89도556).

③ 피해자가 평소 병약한 상태에 있었고 피고인의 폭행으로 그가 사망함에 있어서 지병이 또한 사망 결과에 영향을 주었다고 하여 폭행과 사망 간에 인과관계가 없다고 할 수 없다(대판 1979.10.10. 79도2040).

판례 피해자의 질병이 개입된 경우 – 인과관계(객관적 귀속) 부정

• 고등학교 교사가 제자의 잘못을 징계코자 왼쪽뺨을 때려 뒤로 넘어지면서 사망에 이르게 한 경우 위 피해자는 두께 0.5mm밖에 안 되는 비정상적인 얇은 두개골이었고 또 뇌수종을 가진 심신허약자로서 좌측뺨을 때리자 급성뇌성압상승으로 넘어지게 된 것이라면 위 소위와 피해자의 사망 간에는 이른바 인과관계가 없는 경우에 해당한다(대판 1978.11.28. 78도1961).

판례 제3자의 행위가 개입된 경우 – 인과관계(객관적 귀속) 인정

① 피고인이 주먹으로 피해자의 복부를 1회 강타하여 장파열로 인한 복막염으로 사망케 하였다면, 비록 의사의 수술지연 등 과실이 피해자의 사망의 공동원인이 되었다 하더라도 피고인의 행위가 사망의 결과에 대한 유력한 원인이 된 이상 그 폭력행위와 치사의 결과간에는 인과관계가 있다 할 것이어서 피고인은 피해자의 사망의 결과에 대해 폭행치사의 죄책을 면할 수 없다(대판 1984.6.26. 84도831 등).

② 운전자가 차를 세워 시동을 끄고 1단 기어가 들어가 있는 상태에서 시동열쇠를 끼워놓은 채 11세 남짓한 어린이를 조수석에 남겨두고 차에서 내려온 동안 동인이 시동열쇠를 돌리며 악셀러레이터 페달을 밟아 차량이 진행하여 사고가 발생한 경우, (중략) 사고를 미리 막을 수 있는 제반조치를 취할 업무상 주의의무가 있다 할 것이어서 이를 게을리한 과실은 사고결과와 법률상의 인과관계가 있다고 봄이 상당하다(대판 1986.7.8. 86도1048).

③ 피고인이 운행하던 자동차로 도로를 횡단하던 피해자를 충격하여 피해자로 하여금 반대차선의 1차선상에 넘어지게 하여 피해자가 반대차선을 운행하던 자동차에 역과되어 사망하게 하였다면 피고인은 그와 같은 사고를 충분히 예견할 수 있었고 또한 피고인의 과실과 피해자의 사망 사이에는 인과관계가 있다고 할 것이므로 피고인은 업무상과실치사죄의 죄책을 면할 수 없다(대판 1988.11.8. 88도928).

④ 피고인이 야간에 오토바이를 운전하다가 도로를 무단횡단하던 피해자를 충격하여 피해자로 하여금 위 도로상에 전도케 하고, 그로부터 약 40초 내지 60초 후에 다른 사람이 운전하던 타이탄트럭이 도로 위에 전도되어 있던 피해자를 역과하여 사망케 한 경우, 피고인이 전방좌우의 주시를 게을리한 과실로 피해자를 충격하였고 나아가 이 사건 사고지점 부근 도로의 상황에 비추어 야간에 피해자를 충격하여 위 도로에 넘어지게 한 후 40초 내지 60초 동안 그대로 있게 한다면 후속차량의 운전사들이 조금만 전방주시를 태만히 하여도 피해자를 역과할 수 있음이 당연히 예상되었던 경우라면 피고인의 과실행위는 피해자의 사망에 대한 직접적 원인을 이루는 것이어서 양자 간에는 상당인과관계가 있다(대판 1990.5.22. 90도580).

⑤ [1] 형법 제188조에 규정된 교통방해에 의한 치사상죄는 결과적 가중범이므로, 위 죄가 성립하려면 교통방해 행위와 사상의 결과 사이에 상당인과관계가 있어야 하고 행위 시에 결과의 발생을 예견할 수 있어야 한다. 그리고 교통방해 행위가 피해자의 사상이라는 결과를 발생하게 한 유일하거나 직접적인 원인이 된 경우만이 아니라, 그 행위와 결과 사이에 피해자나 제3자의 과실 등 다른 사실이 개재된 때에도 그와 같은 사실이 통상 예견될 수 있는 것이라면 상당인과관계를 인정할 수 있다. [2] 피고인이 고속도로 2차로를 따라 자동차를 운전하다가 1차로를 진행하던 갑의 차량 앞에 급하게 끼어든 후 곧바로 정차하여, 갑의 차량 및 이를 뒤따르던 차량 두 대는 연이어 급제동하여 정차하였으나, 그 뒤를 따라오던 을의 차량이 앞의 차량들을 연쇄적으로 추돌케 하여 을을 사망에 이르게 하고 나머지 차량 운전자 등 피해자들에게 상해를 입힌 사안에서, (중략) 피고인의 정차 행위와 사상의 결과 발생 사이에 상당인과관계가 있고, 사상의 결과 발생에 대한 예견가능성도 인정된다는 이유로, 피고인에게 일반교통방해치사상죄를 인정한 원심판단이 정당하다고 한 사례(대판 2014.7.24. 2014도6206).

⑥ (전략) 피해자가 위와 같이 계속되는 피고인의 폭행을 피하려고 다시 도로를 건너 도주하다가 차량에 치여 사망한 사실을 인정한 다음, 위와 같은 사정에 비추어 보면 피고인의 위 상해행위와 피해자의 사망 사이에 상당인과관계가 있다(대판 1996.5.10. 96도529).

판례 제3자의 행위가 개입된 경우 - 인과관계(객관적 귀속) 부정

① 운전사가 시동을 끄고 시동열쇠는 꽂아둔 채로 하차한 동안에 조수가 이를 운전하다가 사고를 냈다면, 시동열쇠를 꽂아둔 행위와 조수의 운전으로 인한 사고(상해)의 결과발생 사이에는 특별한 사정이 없는 한 인과관계가 없다(대판 1971.9.28. 71도1082).

판례 기타 인과관계 관련 판례 - 인과관계(객관적 귀속) 인정

① 피고인의 강타로 인하여 임신 7개월의 피해자가 지상에 넘어져서 4일 후에 낙태하고 위 낙태로 유발된 심근경색증으로 죽음에 이르게 된 경우 피고인의 구타행위와 피해자의 사망 간에는 인과관계가 있다(대판 1972.3.28. 72도296).

② 피해자의 머리를 한번 받고 경찰봉으로 때린 구타행위와 피해자가 외상성 뇌경막하 출혈로 사망할 때까지 사이 약 20여 시간이 경과하였다 하더라도 그 사이 피해자는 머리가 아프다고 누워 있었고 그 밖에 달리 사망의 중간요인을 발견할 자료가 없다면 위 시간적 간격이 있었던 사실만으로 피고인의 구타와 피해자의 사망 사이에 인과관계가 없다고 할 수 없다(대판 1984.12.11. 84도2347).

③ 피고인의 자상행위가 피해자를 사망하게 한 직접적 원인은 아니었다 하더라도 이로부터 발생된 다른 간접적 원인이 결합되어 사망의 결과를 발생하게 한 경우라도 그 행위와 사망 간에는 인과관계가 있다고 할 것인바, 이 사건 진단서에는 직접사인 심장마비, 호흡부전, 중간선행사인 패혈증, 급성심부전증, 선행사인 자상, 장골정맥파열로 되어 있으며, 피해자가 부상한 후 1개월이 지난 후에 위 패혈증 등으로 사망하였다 하더라도 그 패혈증이 위 자창으로 인한 과다한 출혈과 상처의 감염 등에 연유한 것인 이상 자상행위와 사망과의 사이에 인과관계의 존재를 부정할 수 없다(대판 1982.12.28. 82도2525).

④ 자기집 안방에서 취침하다가 일산화탄소(연탄가스) 중독으로 병원 응급실에 후송되어 온 환자를 진단하여 일산화탄소 중독으로 판명하고 치료한 담당의사에게 회복된 환자가 이튿날 퇴원할 당시 자신의 병명을 문의하였는데도 의사가 아무런 요양방법을 지도하여 주지 아니하여, 환자가 일산화탄소에 중독되였던 사실을 모르고 퇴원 즉시 사고 난 자기집 안방에서 다시 취침하다 전신피부파열 등 일산화탄소 중독을 입은 것이라면, (중략) 요양방법의 지도의무가 있는 것이므로 이를 태만한 것으로서 의사로서의 업무상과실이 있고, 이 과실과 재차의 일산화탄소 중독과의 사이에 인과관계가 있다고 보아야 한다(대판 1991.2.12. 90도2547).

⑤ 임차인이 자신의 비용으로 설치·사용하던 가스설비의 휴즈콕크를 아무런 조치 없이 제거하고 이사를 간 후 가스공급을 개별적으로 차단할 수 있는 주밸브가 열려져 가스가 유입되어 폭발사고가 발생한 경우, (중략) 그 휴즈콕크를 제거하면서 그 제거부분에 아무런 조치를 하지 않고 방치하면 주밸브가 열리는 경우 유입되는 가스를 막을 아무런 안전장치가 없어 가스유출로 인한 대형사고의 가능성이 있다는 것은 평균인의 관점에서 객관적으로 볼 때 충분히 예견할 수 있다는 이유로 임차인의 과실과 가스폭발사고 사이의 상당인과관계를 인정한 사례(대판 2001.6.1. 99도5086)

⑥ 자동차의 운전자가 그 운전상의 주의의무를 게을리하여 열차건널목을 그대로 건너는 바람에 그 자동차가 열차좌측 모서리와 충돌하여 20여미터쯤 열차 진행방향으로 끌려가면서 튕겨나갔고 피해자는 타고 가던 자전거에서 내려 위 자동차 왼쪽에서 열차가 지나가기를 기다리고 있다가 위 충돌사고로 놀라 넘어져 상처를 입었다면 비록 위 자동차와 피해자가 직접 충돌하지는 아니하였더라도 자동차운전자의 위 과실과 피해자가 입은 상처 사이에는 상당한 인과관계가 있다(대판 1989.9.12. 89도866).

⑦ 피고인이 자동차를 운전하다 횡단보도를 걷던 보행자 甲을 들이받아 그 충격으로 횡단

보도 밖에서 甲과 동행하던 피해자 乙이 밀려 넘어져 상해를 입은 사안에서, 위 사고는, 피고인이 횡단보도 보행자 甲에 대하여 구 도로교통법 제27조 제1항에 따른 주의의무를 위반하여 운전한 업무상 과실로 야기되었고, 乙의 상해는 이를 직접적인 원인으로 하여 발생하였다는 이유로, 피고인의 행위가 구 교통사고처리 특례법 제3조 제2항 단서 제6호에서 정한 **횡단보도 보행자 보호의무의 위반행위에 해당한다**고 한 사례(대판 2011.4.28. 2009도12671)

⑧ 4일 가량 물조차 제대로 마시지 못하고 잠도 자지 아니하여 거의 탈진 상태에 이른 피해자의 손과 발을 17시간 이상 묶어 두고 좁은 차량 속에서 움직이지 못하게 감금한 행위와 묶인 부위의 혈액 순환에 장애가 발생하여 혈전이 형성되고 그 혈전이 폐동맥을 막아 사망에 이르게 된 결과 사이에는 상당인과관계가 있다(대판 2002.10.11. 2002도4315).

⑨ [1] 피고인이 제왕절개수술을 시행 중 태반조기박리를 발견하고도 피해자의 출혈 여부 관찰을 간호사에게 지시하였다가 수술 후 약 45분이 지나 대량출혈을 확인하고 전원 조치하였으나 그 후 피해자가 사망한 사안에서, 피고인에게 대량출혈 증상을 조기에 발견하지 못하고, 전원을 지체하여 피해자로 하여금 신속한 수혈 등의 조치를 받지 못하게 한 과실이 있다고 한 사례. [2] 피고인이 제왕절개수술 후 대량출혈이 있었던 피해자를 전원 조치하였으나 전원받은 병원 의료진의 조치가 다소 미흡하여 도착 후 약 1시간 20분이 지나 수혈이 시작된 사안에서, 피고인의 전원지체 등의 과실로 신속한 수혈 등의 조치가 지연된 이상 피해자의 사망과 피고인의 과실 사이에 인과관계가 인정된다고 한 사례(대판 2010.4.29. 2009도7070)

⑩ 택시 운전자인 피고인이 교통신호를 위반하여 4거리 교차로를 진행한 과실로 교차로 내에서 갑이 운전하는 승용차와 충돌하여 갑 등으로 하여금 상해를 입게 하였다고 하여 교통사고처리 특례법 위반으로 기소된 사안에서, 피고인의 택시가 차량 신호등이 적색 등화임에도 횡단보도 앞 정지선 직전에 정지하지 않고 상당한 속도로 정지선을 넘어 횡단보도에 진입하였고, 횡단보도에 들어선 이후 차량 신호등이 녹색 등화로 바뀌자 교차로로 계속 직진하여 교차로에 진입하자마자 교차로를 거의 통과하였던 갑의 승용차 오른쪽 뒤 문짝 부분을 피고인 택시 앞 범퍼 부분으로 충돌한 점 등을 종합할 때, **피고인이 적색 등화에 따라 정지선 직전에 정지하였더라면 교통사고는 발생하지 않았을 것임이 분명하여 피고인의 신호위반행위가 교통사고 발생의 직접적인 원인이 되었다**(대판 2012.3.15. 2011도17117).

⑪ 피고인이 甲의 뺨을 1회 때리고 오른손으로 목을 쳐 甲으로 하여금 뒤로 넘어지면서 머리를 땅바닥에 부딪치게 하여 상해를 가하고 그로 인해 사망에 이르게 하였다는 내용으로 기소된 사안에서, 甲이 두부 손상을 입은 후 병원에서 입원치료를 받다가 합병증으로 사망에 이르게 되어 피고인의 범행과 甲의 사망 사이에 인과관계를 부정할 수 없고, 사망 결과에 대한 예견가능성이 있었는데도, 이와 달리 보아 상해치사의 공소사실을 무죄로 판단한 원심판결에 법리오해의 위법이 있다고 한 사례(대판 2012.3.15. 2011도17648)

⑫ [1] 사기죄는 타인을 기망하여 착오에 빠뜨리고 그로 인하여 피기망자가 처분행위를 하도록 유발하여 재물 또는 재산상의 이익을 얻음으로써 성립하는 범죄이다. 따라서 사기죄가 성립하려면 행위자의 기망행위, 피기망자의 착오와 그에 따른 처분행위, 그리고 행위자 등의 재물이나 재산상 이익의 취득이 있고, 그 사이에 순차적인 인과관계가 존재하여야 한다. [2] 피고인 등이 토지의 소유자이자 매도인인 피해자 甲 등에게 토지거래허가 등에 필요한 서류라고 속여 근저당권설정계약서 등에 서명·날인하게 하고 인감증명서를 교부받은 다음,

이를 이용하여 甲 등의 소유 토지에 피고인을 채무자로 한 근저당권을 乙 등에게 설정하여 주고 돈을 차용하는 방법으로 재산상 이익을 취득하였다고 하여 특정경제범죄 가중처벌 등에 관한 법률 위반(사기) 및 사기로 기소된 사안에서, **甲 등은 피고인 등의 기망행위로 착오에 빠진 결과 토지거래허가 등에 필요한 서류로 잘못 알고 처분문서인 근저당권설정계약서 등에 서명 또는 날인함으로써 재산상 손해를 초래하는 행위를 하였으므로 甲 의 행위는 사기죄에서 말하는 처분행위에 해당하고**, 甲 등이 비록 자신들이 서명 또는 날인하는 문서의 정확한 내용과 문서의 작성행위가 어떤 결과를 초래하는지를 미처 인식하지 못하였더라도 토지거래허가 등에 관한 서류로 알고 그와 다른 근저당권설정계약에 관한 내용이 기재되어 있는 문서에 스스로 서명 또는 날인함으로써 그 문서에 서명 또는 날인하는 행위에 관한 인식이 있었던 이상 처분의사도 인정됨(대판 2017.2.16. 2016도13362 전원합의체).

> **판례** 기타 인과관계 관련 판례 - 인과관계 부정

① 피고인 운전의 차가 이미 정차하였음에도 뒤쫓아오던 차의 충돌로 인하여 앞차를 충격하여 사고가 발생한 경우, 설사 피고인에게 안전거리를 준수치 않은 위법이 있었다 할지라도 그것이 이 사건 피해결과에 대하여 인과관계가 있다고 단정할 수 없다(대판 1983.8.23. 82도3222).

② 초지조성공사를 도급받은 수급인이 불경운작업(산불작업)을 하도급을 준 이후에 계속하여 그 작업을 감독하지 아니한 잘못이 있다 하더라도 이는 도급자에 대한 도급계약상의 책임이지 위 하수급인의 과실로 인하여 발생한 산림실화에 상당인과관계가 있는 과실이라고는 할 수 없다(대판 1987.4.28. 87도297).

③ 전매사실을 숨기고 지주명의로 위장하여 대지에 관한 매매계약을 체결하였으나 그 이행에 아무런 영향이 없었다 하여 사기죄의 성립을 부정한 사례(대판 1985.5.14. 84도2751).

④ 피고인이 선단의 책임선인 제1봉림호의 선장으로 조업 중이었다 하더라도 피고인으로서는 종선의 선장에게 조업상의 지시만 할 수 있을 뿐 선박의 안전관리는 각 선박의 선장이 책임지도록 되어 있었다면 그 같은 상황하에서 피고인이 풍랑중에 종선에 조업지시를 하였다는 것만으로는 종선의 풍랑으로 인한 매몰사고와의 사이에 인과관계가 성립할 수 없다고 한 원심의 판단은 타당하다(대판 1989.9.12. 89도1084).

⑤ 일반 사인이나 회사가 금원을 대여한 경우와는 달리 전문적으로 대출을 취급하면서 차용인에 대한 체계적인 신용조사를 행하는 금융기관이 금원을 대출한 경우에는, 비록 대출 신청 당시 차용인에게 변제기 안에 대출금을 변제할 능력이 없었고, 금융기관으로서 자체 신용조사 결과에는 관계없이 '변제기 안에 대출금을 변제하겠다.'는 취지의 차용인 말만을 그대로 믿고 대출하였다고 하더라도, 차용인의 이러한 기망행위와 금융기관의 대출행위 사이에 인과관계를 인정할 수는 없다(대판 2000.6.27. 2000도1155).

⑥ 피해자와 성관계를 하던 중에 피해자가 피고인의 성교행위가 너무 과격하다는 이유로 항의를 하면서 성교를 중단하는 바람에 말다툼이 벌어져 이에 화가 난 피고인이 피해자에 대한 폭행을 시작하면서 피해자가 이불을 뒤집어쓴 후에도 계속해서 주먹과 발로 피해자를 구타한 후 이불 속에 들어 있는 피해자를 두고 옷을 입고 방을 나가다가 탁자 위의 피해자 손가방 안에서 현금 20만 원 등이 든 피해자의 키홀더를 우발적으로 가져갔다는 것이고, (중략) 비록 위 재물의 취득이 피해자에 대한 폭행 직후에 이루어지긴 했지만 위 폭행이 피해자의 재물 탈취를 위한 피해자의 반항억압의 수단으로 이루어졌다고 단정할 수 없어 양자

사이에 인과관계가 존재한다고 보기 어렵다 할 것이고, (중략) 위 인정 사실만으로는 **폭행에 의한 강도죄의 성립을 인정하기에 부족하다**고 하지 아니할 수 없다(대판 2009.1.30. 2008도10308).

⑦ 선행 교통사고와 후행 교통사고 중 어느 쪽이 원인이 되어 피해자가 사망에 이르게 되었는지 밝혀지지 않은 경우 **후행 교통사고를 일으킨 사람의 과실과 피해자의 사망 사이에 인과관계가 인정되기 위해서는 후행 교통사고를 일으킨 사람이 주의의무를 게을리하지 않았다면 피해자가 사망에 이르지 않았을 것이라는 사실이 증명되어야 하고, 그 증명책임은 검사에게 있다**(대판 2007.10.26. 2005도8822).

2. 합법적 대체행위이론

과실범의 결과는 주의의무위반으로 인하여 발생한 때에만 행위자에게 귀속된다. 그러나 행위자가 주의의무위반을 함으로써 구성요건적 결과를 야기하였으나, 만일 행위자가 주의의무를 다한 경우에도(합법적 대체행위가 있었을 경우) 마찬가지로 동일한 결과가 발생하였을 것이라고 어느 정도 인정될 수 있는 경우 객관적 귀속을 부정할 수 있을지 문제 된다.

이에 대하여 판례는 인과관계에 대한 상당인과관계설을 취하면서도 결론적으로 무죄추정설과 유사한 입장에서 주의의무를 준수하였더라면 결과발생이 방지되었을 것임이 입증된 경우에 한하여 상당인과관계를 인정하고 있다(90도694).

> **판례** 합법적 대체행위이론
>
> ① (전략) 혈청에 의한 간기능검사를 시행하지 않거나 이를 확인하지 않은 피고인들의 과실과 피해자의 사망 간에 인과관계가 있다고 하려면 피고인들이 수술 전에 피해자에 대한 간기능검사를 하였더라면 피해자가 사망하지 않았을 것임이 입증되어야 할 것인데도(수술 전에 피해자에 대하여 혈청에 의한 간기능검사를 하였더라면 피해자의 간기능에 이상이 있었다는 검사결과가 나왔으리라는 점이 증명되어야 할 것이다) 원심은 피해자가 수술당시에 이미 간손상이 있었다는 사실을 증거 없이 인정함으로써 채증법칙위반 및 인과관계에 관한 법리오해의 위법을 저지른 것이다(대판 1990.12.11. 90도694).
>
> ② 피고인이 트럭을 도로의 중앙선 위에 왼쪽 바깥 바퀴가 걸친 상태로 운행하던 중 피해자가 승용차를 운전하여 피고인이 진행하던 차선으로 달려오다가 급히 자기 차선으로 들어가면서 피고인이 운전하던 트럭과 교행할 무렵 다시 피고인의 차선으로 들어와 그 차량의 왼쪽 앞 부분으로 트럭의 왼쪽 뒷바퀴 부분을 스치듯이 충돌하고 이어서 트럭을 바짝 뒤따라 가던 차량을 들이받았다면, **설사 피고인이 중앙선 위를 달리지 아니하고 정상 차선으로 달렸다 하더라도 사고는 피할 수 없다 할 것이므로 피고인 트럭의 왼쪽 바퀴를 중앙선 위에 올려놓은 상태에서 운전한 것만으로는 위 사고의 직접적인 원인이 되었다고 할 수 없다**(대판 1991.2.26. 90도2856).
>
> ③ [1] 한의사인 피고인이 피해자에게 문진하여 과거 봉침을 맞고도 별다른 이상반응이 없었다는 답변을 듣고 알레르기 반응검사(skin test)를 생략한 채 환부인 목 부위에 봉침시술을 하였는데, 피해자가 위 시술 직후 아나필락시 쇼크반응을 나타내는 등 상해를 입은 사안에서, 피고인에게 과거 알레르기 반응검사 및 약 12일 전 봉침시술에서도 이상반응이 없었던 피해자를 상대로 다시 알레르기 반응검사를 실시할 의무가 있다고 보기는 어렵고, 설령 그러한 의무가 있

다고 하더라도' 제반 사정에 비추어 알레르기 반응검사를 하지 않은 과실과 피해자의 상해 사이에 상당인과관계를 인정하기 어렵다는 이유로, 같은 취지의 원심판단을 수긍한 사례. [2] 의사가 설명의무를 위반한 채 의료행위를 하여 피해자에게 상해가 발생하였다고 하더라도, 업무상 과실로 인한 형사책임을 지기 위해서는 피해자의 상해와 의사의 설명의무 위반 내지 승낙취득 과정의 잘못 사이에 상당인과관계가 존재하여야 하고, 이는 한의사의 경우에도 마찬가지이다(대판 2015.6.24. 2014도11315 등).

④ 공사감독관이 위와 같은 직무에 위배하여 당해 건축공사가 불법하도급되어 무자격자에 의하여 시공되고 있는 점을 알고도 이를 묵인하였거나 그와 같은 사정을 쉽게 적발할 수가 있었음에도 직무상의 의무를 태만히 하여 무자격자로 하여금 공사를 계속하게 함으로써 붕괴사고 등의 재해가 발생한 경우에, 만일 자격 있는 자가 시공을 하였다면 당해 재해가 발생하지 아니하였거나 재해 발생의 위험이 상당히 줄어들었으리라고 인정된다면, 공사감독관의 그와 같은 직무상의 의무위반과 붕괴사고 등의 재해로 인한 치사상의 결과 사이에 상당인과관계가 있다(대판 1995.9.15. 95도906).

⑤ [1] 피고인 A의 흡입독성시험 미실시로 인한 주의의무 위반과 결과 발생 사이의 인과관계 관련 상고이유 주장에 관하여, 원심은 (중략) 피고인 A가 2000. 10.경 또는 그 이후에 급성 흡입독성시험을 실시하였다면, AL의 유해성을 확인할 수 있었을 것이므로, 위 피고인이 급성 흡입독성시험을 실시하지 않은 업무상과실과 사상의 결과 사이에 인과관계가 인정된다는 취지로 볼 수 있고, (중략) 인과관계에 관한 법리를 오해한 위법이 없다(대판 2018.1.25. 2017도12537).[8]

3. 규범의 보호목적이론

발생한 결과가 문제된 당해 규범의 보호범위 안에서 발생한 경우에만 객관적 귀속을 인정할 수 있고, 그 결과회피가 규범의 보호목적이 아닌 반사적 이익에 불과할 경우에는 객관적 귀속이 부정된다는 규범의 보호목적이론을 인정할 수 있는지 여부가 문제 된다.

이에 대하여 판례는 인과관계에 대한 상당인과관계설을 취하면서도 결론적으로 긍정설과 동일한 입장에서 '운전자가 제한속도를 지키며 진행하였더라면 피해자가 좌회전하여 진입하는 것을 발견한 후에 충돌을 피할 수 있었다는 등의 사정이 없는 한 운전자가 제한속도를 초과하여 과속으로 진행한 잘못이 있다하더라도 그러한 잘못과 교통사고의 발생 사이에 상당인과관계가 있다고 볼 수는 없다'고 판시하였다(98도1854). 또한 '위험결과의 방지의무가 전적으로 타인의 책임영역에 속할 때에도 규범의 보호목적이론에 의해 결과귀속이 부정'된다고 판시하였다(90도2547 판례 등).

> **판례** 규범의 보호목적이론
>
> ① 녹색등화에 따라 왕복 8차선의 간선도로를 직진하는 차량의 운전자는 특별한 사정이 없는 한 왕복 2차선의 접속도로에서 진행하여 오는 다른 차량들도 교통법규를 준수하여 함부로 금지된 좌회전을 시도하지는 아니할 것으로 믿고 운전하면 족하고, 접속도로에서 진행

---

8) 2000년 가습기 살균제를 제조·판매하면서 제품에 들어간 독성 화학물질 폴리헥사메틸렌구아니딘(PHMG)의 안전성을 검증하지 않아 사망자 73명 등 181명의 피해자를 낸 "가습기 살균제 사건"의 판결. 독성물질의 사용과 표시 등과 사망·상해라고 하는 결과 간의 인과관계를 인정한 사례.

하여 오던 차량이 아예 허용되지 아니하는 좌회전을 감행하여 직진하는 자기 차량의 앞을 가로질러 진행하여 올 경우까지 예상하여 그에 따른 사고발생을 미리 방지하기 위하여 특별한 조치까지 강구할 주의의무는 없다 할 것이고, 또한 운전자가 제한속도를 지키며 진행하였더라면 피해자가 좌회전하여 진입하는 것을 발견한 후에 충돌을 피할 수 있었다는 등의 사정이 없는 한 운전자가 제한속도를 초과하여 과속으로 진행한 잘못이 있다 하더라도 그러한 잘못과 교통사고의 발생 사이에 상당인과관계가 있다고 볼 수는 없다(대판 1998.9.22. 98도1854).

② 피고인 운전의 차가 이미 정차하였음에도 뒤쫓아오던 차의 충돌로 인하여 앞차를 충격하여 사고가 발생한 경우, 설사 피고인에게 안전거리를 준수치 않은 위법이 있었다 할지라도 그것이 이 사건 피해결과에 대하여 인과관계가 있다고 단정할 수 없다(대판 1983.8.23. 82도3222).

V. 형법 제17조의 해석

우리 형법 제17조는 인과관계에 관하여 '어느 행위라도 죄의 요소되는 위험발생에 연결되지 아니한 때에는 그 결과로 인하여 벌하지 아니한다.'고 규정하고 있는바, 여기서 인과관계의 확정은 합법칙적 조건설에 의하여 결정하고 그 중요성은 객관적 귀속이론으로 판단하는 것이 타당하다 할 것이다. 객관적 귀속이 부정되는 경우 고의범의 경우에는 미수의 성립이 가능하다.

제5절 구성요건적 고의

I. 고의의 의의와 본질

> **제13조(고의)** 죄의 성립요소인 사실을 인식하지 못한 행위는 벌하지 아니한다. 다만, 법률에 특별한 규정이 있는 경우에는 예외로 한다.

1. 고의의 의의

고의란 객관적 행위상황을 인식하고 구성요건을 실현하려는 의사를 말한다. 형법 제13조는 "죄의 성립요소인 사실을 인식하지 못한 행위는 벌하지 아니한다. 다만, 법률에 특별한 규정이 있는 경우에는 예외로 한다."고 규정하고 있다.

2. 고의의 본질

고의는 ① 지적요소로서 객관적 구성요건요소에 해당하는 사실의 인식이 있어야 하고, ② 의지적 요소로서 구성요건의 실현을 목표로 하는 의사가 있어야 한다.

3. 고의의 체계적 지위

가. 책임요소설

고의범의 구성요건을 유의적인 결과의 야기라고 이해하는 인과적 행위론에 의하면 고의는 모든 주관적 범죄요소와 함께 책임요소 내지 책임형식에 지나지 않는다고 한다.

나. 구성요건요소설

고의는 객관적 구성요건을 실현하기 위한 목적성으로서 인격적 행위불법의 핵심이라고 이해하는 목적적 행위론이나 행위를 의사에 의하여 지배되는 법적·사회적 의미통일체라고 이해하는 사회적 행위론에 의하면 고의는 주관적 구성요건요소가 된다.

다. 이중적 지위설

이중적 지위설은 행위의 방향을 결정하는 행위의사로서의 고의는 구성요건요소가 되며, 심정반가치로서의 고의는 책임요소가 된다고 보아 고의의 이중적 지위를 인정하는 견해이다(사회적 행위론, 합일태적 범죄체계). 여기서 심정반가치란 고의의 불법행위를 통하여 드러나는 행위자의 법적대적 태도에 대한 부정적 가치판단을 말한다.

라. 검토

형법이 고의범을 과실범보다 중하게 벌하는 것은 고의와 과실의 행위불법이 다를 뿐만 아니라 책임의 경중에도 차이가 있기 때문이다. 따라서 이중적 지위설이 타당하고, 구성요건적 고의가 인정되면 원칙적으로 책임고의는 추정된다.

II. 고의의 내용

1. 지적 요소

고의는 객관적 구성요건요소에 해당하는 모든 사실(행위의 주체, 객체, 결과, 태양, 행위상황 등)을 인식하여야 인정된다.

> **판례** 객관적 구성요건요소를 인식하지 못한 경우
> ① 절도의 범의는 타인의 점유하에 있는 타인소유물을 그 의사에 반하여 자기 또는 제3자의 점유하에 이전하는 데에 대한 인식을 말하므로, 타인이 그 소유권을 포기하고 버린 물건으로 오인하여 이를 취득하였다면 이와 같이 오인하는 데에 정당한 이유가 인정되는 한 절도의 범의를 인정할 수 없다(대판 1989.1.17. 88도971).
> ② 자정 가까운 시간에 점포를 폐점하면서 제조 년월일이 오래된 빵을 별다른 감수조치를 취함이 없이 점포 밖에 방치하였다면 외관상 피해자가 그 소유를 포기한 물품으로 오인될 수도 있고, 이러한 경우에 그 빵을 가져간 행위는 절도의 범의를 인정하기 어려운 경우가 있을 것 (후략) (대판 1984.12.11. 84도2002)
> ③ 절도죄에 있어서 재물의 타인성을 오신하여 그 재물이 자기에게 취득(빌린 것)할 것이 허용된 동일한 물건으로 오인하고 가져온 경우에는 범죄사실에 대한 인식이 있다고 할 수 없으므로 범의가 조각되어 절도죄가 성립하지 아니한다(대판 1983.9.13. 83도1762).

처벌조건·소추조건은 구성요건요소가 아니므로 인실할 필요가 없다. 또한 목적 등의 주관적 사실도 객관적 사실이 아니므로 인식할 필요가 없다. 위법성의 인식은 독자적인 책임요소이므로 고의의 성립에 위법성인식은 필요가 없다.

고의의 인식대상에 해당하는 것	고의의 인식대상에 해당하지 않는 것
객관적 구성요건요소 : 주체, 객체, 행위, 상황, 결과, 인과관계	주관적 구성요건요소 : 고의, 과실, 목적, 불법영득의사
신분범의 신분(진정신분, 부진정신분) : 존속살해죄의 존속, 수뢰죄에서의 공무원이라는 신분	위법성, 책임, 상습성, 영아살해죄에서의 '치욕은폐의 동기', 소추조건, 처벌조건 : 친족상도례의 친족
구체적 위험범의 '위험 발생' : 자기소유건조물방화죄의 공공의 위험	추상적 위험범의 '위험 발생' : 타인소유일반건조물방화죄의 공공의 위험
결과적 가중범의 기본범죄에 대한 고의 : 강간치상죄에서의 '강간'	결과적 가중범의 중한 결과에 대한 과실 : 강간치상죄의 '상해'

2. 의지적 요소

고의가 성립하기 위해서는 행위자가 인식한 내용을 실현하려는 의사가 있어야 한다.

> **판례** 의사적 요소가 결여된 경우
> - 제분에 이기지 못하여 식도를 휘두르는 피고인을 말리거나 그 식도를 뺏으려고 한 그 밖의 피해자들을 닥치는 대로 찌르는 무차별 횡포를 부리던 중에 그의 부(父)까지 찌르게 된 결과를 빚은 경우 피고인이 칼에 찔려 쓰러진 부를 부축해 데리고 나가지 못하도록 한 일이 있다고 하여 그의 부를 살해할 의사로 식도로 찔러 살해하였다는 사실을 인정하기는 어렵다고 봄이 상당하다(대판 1977.1.11. 76도3871).

인식의 정도	의사의 정도
확실성 단계 → 단순의사 단계 → 충분한 가능성 단계 → 가능성 단계(과실의 지적 수준) → 가능성의 인식조차 없는 단계(인식 없는 과실)	의욕적 의사단계 → 단순의사 단계 → 감수의사 단계 → 감수의사조차 없는 단계(과실범)

Ⅲ. 고의의 종류

1. 확정적 고의

구성요건적 결과의 실현을 행위자가 인식하였거나 확실히 예견한 경우를 말하며, 직접적 고의라고도 한다.

2. 불확정적 고의

구성요건적 결과에 대한 인식 또는 예견이 불명확한 경우를 말하며, 이에는 미필적 고의·택일적 고의 및 개괄적 고의가 포함된다.

가. 미필적 고의

1) 의의

미필적 고의란 행위자가 객관적 구성요건실현의 가능성을 인식하고 그것을 감수 또는 용인하는 의사를 표명한 경우의 고의를 말한다.

2) 미필적 고의와 인식 있는 과실의 구별

미필적 고의 역시 고의의 지적 요소로서 구성요건적 결과발생의 가능성을 인식하여야 한다. 그러나 지적 요소에 있어서는 미필적 고의와 인식 있는 과실과의 사이에는 아무런 차이가 없다. 따라서 미필적 고의를 인식 있는 과실과 구별하기 위하여는 이러한 지적 요소 이외에 다른 요소가 필요하고, 이와 관련하여 미필적 고의와 인식 있는 과실의 구별기준이 문제 된다.

이에 대하여 판례는 용인설의 입장에서 피고인이 위와 같은 결과발생의 가능성을 인정하고 있으면서도 피해자를 병원에 옮기지 않고 사경에 이른 피해자를 그대로 방치한 소위는 피해자가 사망하는 결과에 이르더라도 용인할 수밖에 없다는 내심의 의사가 있는 경우 살인의 미필적 고의를 인정할 수 있다고 판시하였다(98도980).

> **판례** 미필적 고의가 인정되는 경우
>
> ① 미필적 고의라 함은 결과의 발생이 불확실한 경우 즉 행위자에 있어서 그 결과 발생에 대한 확실한 예견은 없으나 그 가능성은 인정하는 것으로, 이러한 미필적 고의가 있었다고 하려면 결과 발생의 가능성에 대한 인식이 있음은 물론 나아가 결과 발생을 용인하는 내심의 의사가 있음을 요한다(대판 1987.2.10. 86도2338).
>
> ② 피해자를 아파트에 유인하여 양 손목과 발목을 노끈으로 묶고 입에 반창고를 두 겹으로 붙인 다음 양 손목을 묶은 노끈은 창틀에 박힌 시멘트 못에, 양 발목을 묶은 노끈은 방문 손잡이에 각각 잡아매고 얼굴에 모포를 씌워 감금한 후 수차 아파트를 출입하다가 마지막 들어갔을 때 피해자가 이미 탈진 상태에 이르러 박카스를 마시지 못하고 그냥 흘려버릴 정도였고 피고인이 피해자의 얼굴에 모포를 덮어씌워 놓고 그냥 나오면서 피해자를 그대로 두면 죽을 것 같다는 생각이 들었다면, 피고인이 위와 같은 결과발생의 가능성을 인정하고 있으면서도 피해자를 병원에 옮기지 않고 사경에 이른 피해자를 그대로 방치한 소위는 피해자가 사망하는 결과에 이르더라도 용인할 수밖에 없다는 내심의 의사 즉 살인의 미필적 고의가 있다고 할 것이다(대판 1982.11.23. 82도2024).
>
> ③ 야간에 타인의 집의 창문을 열고 집 안으로 얼굴을 들이미는 등의 행위를 하였다면 피고인이 자신의 신체의 일부가 집 안으로 들어간다는 인식 하에 하였더라도 주거침입죄의 범의는 인정되고, 또한 비록 신체의 일부만이 집 안으로 들어갔다고 하더라도 사실상 주거의 평온을 해하였다면 주거침입죄는 기수에 이르렀다(대판 1995.9.15. 94도2561).
>
> ④ [1] 협박죄에 있어서의 협박이라 함은 일반적으로 보아 사람으로 하여금 공포심을 일으킬 수 있는 정도의 해악을 고지하는 것을 의미하므로 그 주관적 구성요건으로서의 고의는 행위자가 그러한 정도의 해악을 고지한다는 것을 인식, 인용하는 것을 그 내용으로 하고 고지한 해악을 실제로 실현할 의도나 욕구는 필요로 하지 아니하고, (중략) [2] 피고인이 피해자인 누나의 집에서 갑자기 온 몸에 연소성이 높은 고무놀을 바르고 라이타 불을 켜는 동작을 하면서 이를 말리려는 피해자 등에게 가위, 송곳을 휘두르면서 "방에 불을 지르겠다.", "가족 전부를 죽여버리겠다."고 소리쳤고 피해자가 피고인의 행위를 약 1시간 가량 말렸으나 듣지 아니하여 무섭고 두려워서 신고를 하였다면, 피고인의 행위는 피해자 등에게 공포심을 일으키기에 충분할 정도의 해악을 고지한 것이고, 나아가 피고인에게 실제로 피해자 등의 신체에 위해를 가할 의사나 불을 놓을 의사가 없었

다고 할지라도 위와 같은 해악을 고지한다는 점에 대한 인식, 인용은 있었다고 봄이 상당하고, 피해자가 그 이상의 행동에 이르지 못하도록 막은 바 있다 해도 피고인의 행위가 단순한 감정적 언동에 불과하거나 가해의 의사가 없음이 객관적으로 명백한 경우에 해당한다고는 볼 수 없다(대판 1991.5.10. 90도2102).

⑤ [1] 강도살인죄에 있어서의 살인의 범의는 반드시 살해의 목적이나 계획적인 살해의 의도가 있어야 인정되는 것은 아니고, 자기의 행위로 인하여 타인의 사망의 결과를 발생시킬 만한 가능 또는 위험이 있음을 인식하거나 예견하면 족한 것이고 그 인식이나 예견은 확정적인 것은 물론 불확정적인 것이라도 이른바 미필적 고의로 인정되는 것인바, (중략) [2] 강도가 베개로 피해자의 머리부분을 약 3분간 누르던 중 피해자가 저항을 멈추고 사지가 늘어졌음에도 계속하여 누른 행위에 살해의 고의가 있었다고 한 원심의 판단을 수긍한 사례(대판 2002.2.8. 2001도6425)

⑥ 유흥업소의 업주로서는 다른 공적 증명력 있는 증거를 확인해 봄이 없이 단순히 건강진단결과서상의 생년월일 기재만을 확인하는 것으로는 청소년보호를 위한 연령확인의무 이행을 다한 것으로 볼 수 없고, 따라서 이러한 의무이행을 다하지 아니한 채 대상자가 성인이라는 말만 믿고 타인의 건강진단결과서만을 확인한 채 청소년을 청소년유해업소에 고용한 업주에게는 적어도 청소년 고용에 관한 미필적 고의가 있음을 인정한 사례(대판 2002.6.28. 2002도2425)

⑦ 공소외 1이 면접 당시 지배인공소외 2로부터 주민등록증을 보여달라는 요구를 받고도 이를 제시하지 않고 자신의 나이를 속였음에도(공판기록 제50면) 피고인이 채용을 보류하거나 거부하지 아니하였고, 그 후 공소외 1이 2주 동안 위 유흥주점에서 일하였는데도 그의 신분과 연령을 확인하지 아니한 이상 피고인에게는 청소년임에도 불구하고 공소외 1을 고용한다는 점에 관하여 미필적 고의가 있었다고 봄이 상당하다(대판 2011.12.13. 2010도10029).

⑧ 제1종 운전면허 소지자인 피고인이 정기적성검사기간 내에 적성검사를 받지 아니하였다고 하여 구 도로교통법 위반으로 기소된 사안에서, 운전면허증 소지자가 운전면허증만 꺼내 보아도 쉽게 알 수 있는 정도의 노력조차 기울이지 않는 것은 적성검사기간 내에 적성검사를 받지 못하게 되는 결과에 대한 방임이나 용인의 의사가 존재한다고 봄이 타당한 점 등에 비추어 볼 때, 피고인이 적성검사기간 도래 여부에 관한 확인을 게을리하여 기간이 도래하였음을 알지 못하였더라도 적성검사기간 내에 적성검사를 받지 않는 데 대한 미필적 고의는 있었다(대판 2014.4.10. 2012도8374).

⑨ 현행범인 체포의 요건을 갖추었는지에 관한 검사나 사법경찰관 등의 판단에는 상당한 재량의 여지가 있으나, 체포 당시 상황으로 보아도 요건 충족 여부에 관한 검사나 사법경찰관 등의 판단이 경험칙에 비추어 현저히 합리성을 잃은 경우 그 체포는 위법하다. 그리고 범죄의 고의는 확정적 고의뿐만 아니라 결과 발생에 대한 인식이 있고 이를 용인하는 의사인 이른바 미필적 고의도 포함하므로, 피고인이 인신구속에 관한 직무를 집행하는 사법경찰관으로서 체포 당시 상황을 고려하여 경험칙에 비추어 현저하게 합리성을 잃지 않은 채 판단하면 체포 요건이 충족되지 아니함을 충분히 알 수 있었는데도, 자신의 재량 범위를 벗어난다는 사실을 인식하고 그와 같은 결과를 용인한 채 사람을 체포하여 권리행사를 방해하였다면, 직권남용체포죄와 직권남용권리행사방해죄가 성립한다(대판 2017.3.9. 2013도16162).

⑩ 약국 개설자들인 피고인들이 공모하여 자신들이 속한 회원 약국들 전부를 위한 공동의 안내도우미를 고용하고, 그 공동의 안내도우미로 하여금 인근 병원 근처에서 약국을 정하지 않은 환자들에게 접근하여 회원 약국들 중 미리 정해진 순번 약국으로 안내하면서 편의 차량을 제공하는 등 소비자·환자 등을 유치하기 위한 호객행위 등의 부당한 방법을 사용하여 약사법 위반으로 기소된 사안에서, (중략) 피고인들은 위 안내 행위가 약사법이 금지한 호객행위 등에 해당함을 인식하였다고 볼 여지가 많다고 하여, 이와 달리 본 원심판단에 잘못이 있다고 한 사례(대판 2022.5.12. 2020도18062)

⑪ 건장한 체격의 군인이 왜소한 체격의 피해자를 폭행하고 특히 급소인 목을 설골이 부러질 정도로 세게 졸라 사망케 한 행위에 살인의 범의가 있다(대판 2001.3.9. 2000도5590).

⑫ 피고인이 9세의 여자 어린이에 불과하여 항거를 쉽게 제압할 수 있는 피해자의 목을 감아서 졸라 실신시킨 후 그곳을 떠나버린 이상 그와 같은 자신의 가해행위로 인하여 피해자가 사망에 이를 수도 있다는 사실을 인식하지 못하였다고 볼 수 없으므로, 적어도 그 범행 당시에는 피고인에게 살인의 범의가 있었다고 한 사례(대판 1994.12.22. 94도2511)

⑬ 피고인이 자신의 허리띠를 잡으며 욕설하는 피해자를 과도를 오른손에 들고 찔러서 피해자가 좌흉부에서 심장을 관통하는 자창에 의한 실혈로 사망하였고, 피고인이 그 직후 과도를 소지한 채 현장을 도망쳐 나왔다면, 상해의 부위, 정도로 볼 때 단순히 피해자를 위협하기 위하여 서로 밀고 당기는 과정에서 발생한 것이 아니고 피고인이 과도로 피해자의 왼쪽 가슴을 힘껏 깊숙이 찌른 것으로 보여지고 그 범행이 우발적이라 할지라도 살인의 결과발생을 인식하고 저지른 소행으로서 미필적 고의가 있었다고 보여진다(대판 1989.12.26. 89도2087).

⑭ 피고인이 경영하던 기업이 과다한 금융채무부담, 덤핑판매로 인한 재무구조악화 등으로 특별한 금융혜택을 받지 않는 한 도산이 불가피한 상황에 이르렀는데 피고인이 특별한 금융혜택을 받을 수 없음에도 위 상황을 숨기고 대금지급이 불가능하게 될 가능성을 충분히 인식하면서 피해자로부터 생산자재용 물품을 납품받았다면 편취의 미필적 범의가 인정된다(대판 1983.5.10. 83도340 전원합의체).

⑮ 인체의 급소를 잘 알고 있는 무술교관 출신의 피고인이 무술의 방법으로 피해자의 울대를 가격하여 사망케 한 행위에 살인의 범의가 있다고 본 사례(대판 2000.8.18. 2000도2231)

판례 미필적 고의가 인정되지 않는 경우

① 명예훼손죄의 주관적 구성요건으로서의 범의는 행위자가 피해자의 명예가 훼손되는 결과를 발생케 하는 사실을 인식하므로 족하다 할 것이나 새로 목사로서 부임한 피고인이 전임 목사에 관한 교회 내의 불미스러운 소문의 진위를 확인하기 위하여 이를 교회집사들에게 물어보았다면 이는 경험칙상 충분히 있을 수 있는 일로서 명예훼손의 고의 없는 단순한 확인에 지나지 아니하여 사실의 적시라고 할 수 없다 할 것이므로 이 점에서 피고인에게 명예훼손의 고의 또는 미필적 고의가 있을 수 없다고 할 수밖에 없다(대판 1985.5.28. 85도588).

② 관할 경찰당국이 운전면허취소통지에 갈음하여 적법한 공고를 거쳤다고 하더라도 공고만으로 운전면허가 취소된 사실을 알게 되었다고 볼 수 없다 할 것이므로 피고인에게 무면허운전이라는 점에 대한 고의가 있었다고 할 수 없다(대판 1993.3.23. 92도3045).

③ [1] 도로교통법 제109조 제1호, 제40조 제1항 위반의 죄는 유효한 운전면허가 없음을 알면서도 자동차를 운전하는 경우에만 성립하는, 이른바 고의범이므로, 기존의 운전면허가 취소된 상태에서 자동차를 운전하였더라도 운전자가 면허취소사실을 인식하지 못한 이상 도로교통법위반(무면허운전)죄에 해당한다고 볼 수 없고, 관할 경찰당국이 운전면허취소처분의 통지에 갈음하는 적법한 공고를 거쳤다 하더라도, 그것만으로 운전자가 면허가 취소된 사실을 알게 되었다고 단정할 수는 없으며, 이 경우 운전자가 그러한 사정을 알았는지는 각각의 사안에서 면허취소의 사유와 취소사유가 된 위법행위의 경중, 같은 사유로 면허취소를 당한 전력의 유무, 면허취소처분 통지를 받지 못한 이유, 면허취소 후 문제된 운전행위까지의 기간의 장단, 운전자가 면허를 보유하는 동안 관련 법령이나 제도가 어떻게 변동하였는지 등을 두루 참작하여 구체적·개별적으로 판단하여야 한다. [2] 운전면허증 앞면에 적성검사기간이 기재되어 있고, 뒷면 하단에 경고 문구가 있다는 점만으로 피고인이 정기적성검사 미필로 면허가 취소된 사실을 미필적으로나마 인식하였다고 추단하기 어렵다고 한 사례 (대판 2004.12.10. 2004도6480)

④ [1] 범죄구성요건의 주관적 요소로서 미필적 고의라 함은 범죄사실의 발생가능성을 불확실한 것으로 표상하면서 이를 용인하고 있는 경우를 말하고, 미필적 고의가 있었다고 하려면 범죄사실의 발생가능성에 대한 인식이 있음은 물론 나아가 범죄사실이 발생할 위험을 용인하는 내심의 의사가 있어야 하며, (중략) [2] 대구지하철화재 사고 현장을 수습하기 위한 청소작업이 한참 진행되고 있는 시간 중에 실종자 유족들로부터 이의제기가 있었음에도 대구지하철공사 사장이 즉각 청소 작업을 중단하도록 지시하지 아니하였고 수사기관과 협의하거나 확인하지 아니하였다고 하여 위 사장에게 그러한 청소 작업으로 인하여 증거인멸의 결과가 발생할 가능성을 용인하는 내심의 의사까지 있었다고 단정하기는 어렵다고 한 사례(대판 2004.5.14. 2004도74, 대판 2004.2.27. 2003도7507)

⑤ 공무원이 여러 차례의 출장반복의 번거로움을 회피하고 민원사무를 신속히 처리한다는 방침에 따라 사전에 출장조사한 다음 출장조사 내용이 변동 없다는 확신 하에 출장복명서를 작성하고 다만 그 출장일자를 작성일자로 기재한 것이라면 허위공문서작성의 범의가 있었다고 볼 수 없다 할 것이다(대판 2001.1.5. 99도4101, 대판 1983.12.27. 82도3141).

⑥ [1] 자살방조죄가 성립하기 위해서는 그 방조 상대방의 구체적인 자살의 실행을 원조하여 이를 용이하게 하는 행위의 존재 및 그 점에 대한 행위자의 인식이 요구된다. [2] 피고인이 인터넷 사이트 내 자살 관련 카페 게시판에 청산염 등 자살용 유독물의 판매광고를 한 행위가 단지 금원 편취 목적의 사기행각의 일환으로 이루어졌고, 변사자들이 다른 경로로 입수한 청산염을 이용하여 자살한 사정 등에 비추어, 피고인의 행위는 자살방조에 해당하지 않는다고 한 사례(대판 2005.6.10. 2005도1373)

⑦ 피해자가 피고인의 신용상태를 인식하고 있어 장래의 변제지체 또는 변제불능에 대한 위험을 예상하고 있거나 예상할 수 있었다면, 피고인이 구체적인 변제의사, 변제능력, 거래조건 등 거래 여부를 결정지을 수 있는 중요한 사항을 허위로 말하였다는 등의 사정이 없는 한, 피고인이 그 후 제대로 변제하지 못하였다는 사실만 가지고 변제능력에 관하여 피해자를 기망하였다거나 사기죄의 고의가 있었다고 단정할 수 없다(대판 2016.6.9. 2015도18555).

판례 기타 미필적 고의 관련 판례

① 공무집행방해죄에 있어서의 범의는 상대방이 직무를 집행하는 공무원이라는 사실, 그리고 이에 대하여 폭행 또는 협박을 한다는 사실을 인식하는 것을 그 내용으로 하고, 그 인식은 불확정적인 것이라도 소위 미필적 고의가 있다고 보아야 하며, 그 직무집행을 방해할 의사를 필요로 하지 아니하고 (후략) (대판 1995.1.24. 94도1949).

② 관할 경찰당국이 운전면허취소통지에 갈음하여 적법한 공고를 거쳤다고 하더라도 공고만으로 운전면허가 취소된 사실을 알게 되었다고 볼 수 없다 할 것이므로 피고인에게 무면허운전이라는 점에 대한 고의가 있었다고 할 수 없다(대판 1993.3.23. 92도3045).

③ 무고죄에 있어서 범의는 반드시 확정적 고의임을 요하지 아니하고 미필적 고의로서도 족하다 할 것이므로 무고죄는 신고자가 진실다는 확신 없는 사실을 신고함으로써 성립하고 그 신고사실이 허위라는 것을 확신함을 필요로 하지 않는다(대판 1996.5.10. 96도324).

④ 상해죄는 결과범이므로 그 성립에는 상해의 원인인 폭행에 관한 인식이 있으면 충분하고 상해를 가할 의사의 존재는 필요하지 않으나, 폭행을 가한다는 인식이 없는 행위의 결과로 피해자가 상해를 입었던 경우에는 상해죄가 성립하지 아니한다(대판 2000.7.4. 99도4341, 대판 1983.3.22. 83도231).

⑤ 방조는 정범이 범행을 한다는 것을 알면서 그 실행행위를 용이하게 하는 종범의 행위이므로 종범은 정범의 실행을 방조한다는 방조의 고의와 정범의 행위가 구성요건에 해당한다는 점에 대한 정범의 고의가 있어야 한다(대판 2003.4.8. 2003도382).

⑥ 상해죄의 성립에는 상해의 원인인 폭행에 대한 인식이 있으면 충분하고 상해를 가할 의사의 존재까지는 필요하지 않다(대판 2006.11.23. 2006도2732, 대판 2000.7.4. 99도4341).

⑦ 업무방해죄의 성립에 있어서 업무방해의 결과가 실제로 발생하여야만 하는 것은 아니고 업무방해의 결과를 초래할 위험이 있으면 충분하므로, 고의 또한 반드시 업무방해의 목적이나 계획적인 업무방해의 의도가 있어야만 하는 것은 아니고 자기의 행위로 인하여 타인의 업무가 방해될 가능성 또는 위험에 대한 인식이나 예견으로 충분하며, 그 인식이나 예견은 확정적인 것은 물론 불확정적인 것이라도 이른바 미필적 고의로 인정된다(대판 2012.5.24. 2011도7943).

⑧ 범죄의 고의는 확정적 고의뿐만 아니라 결과 발생에 대한 인식이 있고 그를 용인하는 의사인 이른바 미필적 고의도 포함하므로 허위사실 적시에 의한 명예훼손죄 역시 미필적 고의에 의하여도 성립하고, 위와 같은 법리는 형법 제308조의 사자명예훼손죄의 판단에서도 마찬가지로 적용된다(대판 2014.3.13. 2013도12430).

⑨ [1] 허위진단서작성죄가 성립하기 위하여서는 진단서의 내용이 객관적으로 진실에 반할 뿐 아니라 작성자가 진단서 작성 당시 그 내용이 허위라는 점을 인식하고 있어야 하고, 주관적으로 진찰을 소홀히 한다든가 착오를 일으켜 오진한 결과로 진실에 반한 진단서를 작성하였다면 허위진단서작성에 대한 인식이 있다고 할 수 없으므로 허위진단서작성죄가 성립하지 않는다. [2] 고의의 일종인 미필적 고의는 중대한 과실과는 달리 범죄사실의 발생 가능성에 대한 인식이 있고 나아가 범죄사실이 발생할 위험을 용인하는 내심의 의사가 있어야 한다. 행위자가 범죄사실이 발생할 가능성을 용인하고 있었는지는 행위자의 진술에 의존하지 않고 외부에 나타난 행위의 형태와 행위의 상황 등 구체적인 사정을 기초로 일반인이라면 해당 범죄사실이 발생할 가능성을 어떻게 평가할 것인지를 고려하면서 행위자의 입장에서 그 심리상태를 추인하여야 한다. [3] 의사 등이 사망

진단서를 작성할 당시 기재한 사망 원인이나 사망의 종류가 허위인지 또는 의사 등이 그러한 점을 인식하고 있었는지는 임상의학 분야에서 실천되고 있는 의료 수준 및 사망진단서 작성현황에 비추어 사망진단서 작성 당시까지 작성자가 진찰한 환자의 구체적인 증상 및 상태 변화, 시술, 수술 등 진료 경과 등을 종합하여 판단하여야 한다. 특히 부검을 통하지 않고 사망의 의학적 원인을 정확하게 파악하는 데에는 한계가 있으므로, 부검 결과로써 확인된 최종적 사인이 이보다 앞선 시점에 작성된 사망진단서에 기재된 사망 원인과 일치하지 않는다는 사정만으로 사망진단서의 기재가 객관적으로 진실에 반한다거나, 작성자가 그러한 사정을 인식하고 있었다고 함부로 단정하여서는 안 된다(대판 2024.4.4. 2021도15080).

나. 택일적 고의

택일적 고의는 행위자가 두 가지 구성요건 또는 결과 중에서 어느 하나만 실현하기를 원하지만 그 중 어느 것에서 그 결과가 발생해도 좋다고 생각하고 행위하는 경우의 고의를 말한다.

한 범죄가 기수가 된 경우에는 택일관계에 있는 모든 범죄에 대해서 고의가 인정되므로 미수와 기수의 상상적 경합이 성립하며, 모든 범죄가 미수에 그친 경우에는 택일관계에 있는 모든 범죄에 대해 고의가 인정되므로 수개의 미수 사이에 상상적 경합이 성립한다.

다. 사전고의

사전고의란 행위자가 행위 이전에는 구성요건의 실현의사를 가지고 있었으나 행위시에는 그 의사가 없었던 경우를 말한다. 이 경우 고의는 실행행위시에 있어야 하므로 고의범은 성립하지 않고 과실범만이 성립할 수 있을 뿐이다.

라. 사후고의

사후고의란 행위자가 고의 없이 구성요건적 사실을 실현한 후에 비로소 그 결과를 인식·인용한 경우를 말한다. 이 경우 역시 고의범은 성립하지 않고 과실범 성부만이 문제 된다.

마. 승계고의

승계고의란 고의가 일련의 계속된 행위의 중간에 생긴 경우에 전체에 대한 고의가 인정될 수 있는지의 문제이다. 이 경우에는 고의 이후의 행위에 대하여만 고의범이 성립한다.

제6절 구성요건적 착오

I. 구성요건적 착오의 의의

> **제15조(사실의 착오)** ① 특별히 무거운 죄가 되는 사실을 인식하지 못한 행위는 무거운 죄로 벌하지 아니한다.

1. 구성요건적 착오의 의의

구성요건적 착오란 행위자가 주관적으로 인식·인용한 범죄사실과 현실적으로 발생한 범죄사실이 일치하지 아니하는 경우를 말한다. 이러한 착오의 대상은 구성요건적 고의의 지적 요소의 대상이 되는 모든 객관적 구성요건표지이다. 따라서 그 밖의 사정(형벌의 종류, 가벌성, 처벌조건, 소추조건, 책임능력, 처벌조각사유, 범행동기, 상습성 등)에 대한 착오는 구성요건적 착오가 아니다.

> **판례** 친족관계에 대한 착오
>
> - 피고인이 본가의 소유물로 오신하여 이를 절취하였다 할지라도 그 오신은 형의 면제사유에 관한 것으로서 이에 범죄의 구성요건 사실에 관한 본조 제1항은 적용되지 않는 것이므로 그 오신은 본건 범죄의 성립이나 처벌에 아무런 영향도 미치지 아니한다(대판 1966.6.28. 66도104).

2. 반전된 구성요건적 착오

구성요건적 착오는 객관적으로 존재하는 구성요건적 사실의 전부 또는 일부를 행위자가 인식하지 못한 경우로서 사실에 대한 소극적 착오를 일으킨 경우이다. 이에 비해 반전된 구성요건적 착오란 객관적으로 존재하지 않는 구성요건적 사실을 행위자가 적극적으로 존재한다고 생각하는 적극적 착오를 말한다. 이를 불능범 또는 불능미수라 한다(예컨대, 사람을 향해 총을 쏘았으나 실제로는 사람이 아니라 마네킹이었던 경우).

3. 법률의 착오

법률의 착오는 행위가 법적으로 허용되지 않는 점에 대한 착오를 의미한다. 형법 역시 법률의 착오는 제16조에서 별도로 규정하고 있어 구성요건 착오와 구별하고 있다.

II. 구성요건적 착오와 관련된 착오의 유형

1. 인식사실은 범죄사실이 아니지만 발생사실은 범죄사실인 경우

행위자가 범죄에 대한 인식을 하지 아니하였지만 범죄가 발생한 경우, 고의는 존재하지 아니하여 고의범은 성립하지 아니하고, 과실범 성부가 문제될 뿐이다(제13조).

2. 행위자가 인식한 범죄사실보다 중한 사실을 실현한 경우

행위자가 경한 범죄사실을 인식하고 행위하였으나 중한 범죄가 발생한 경우, 형법 제15조 제1항에 의하여 발생사실인 중한 죄에 대하여는 고의가 조각되고, 행위자가 인식한 경한 범죄가 성립한다.

> **판례** 가감적 구성요건에 대한 착오
> - 직계존속임을 인식치 못하고 살인을 한 경우에는 형법 제15조 소정의 특히 중한 죄가 되는 사실을 인식하지 못한 행위에 해당하므로 (중략) 보통살인죄의 형으로 처단하여야 할 것이다(대판 1960.10.31. 4293형상494)

3. 행위자가 인식한 사실과 발생한 사실 모두 범죄이나 양자가 불일치하는 경우

A를 저격하였으나 B가 사망한 경우와 같이, 행위자가 인식한 사실과 발생한 사실이 불일치하는 경우와 본래적 의미의 구성요건적 착오에 해당한다. 다만 앞서 살펴본 제15조 제1항이 적용되는 경우는 그 규정대로 해결되고, 나머지 경우가 구성요건적 착오로서 그 해결론이 문제 된다.

Ⅲ. 구성요건적 착오의 유형

1. 구체적 사실의 착오

구체적 사실의 착오란 인식사실과 발생사실이 동일한 구성요건에 속하나 양자의 구체적 사실 내용이 일치하지 아니하는 경우, 즉 인식한 객체와 결과가 발생한 객체가 구성요건적으로 동가치이지만 구체적으로 일치하지 않는 경우를 말한다(동가치적 객체 간의 착오).

구체적 사실의 착오는 다시 ① 행위객체의 동일성을 착오한 객체의 착오와 ② 행위의 수단·방법이 잘못되어 의도한 객체 이외의 객체에 대하여 결과가 발생한 방법의 착오로 나눌 수 있다.

2. 추상적 사실의 착오

추상적 사실의 착오란 인식사실과 발생사실이 서로 다른 구성요건에 해당하는 경우, 즉 행위자가 인식한 사실과 현실적으로 발생한 사실이 서로 다른 가치를 가진 행위객체를 대상으로 하는 범죄인 경우를 말한다(이가치적 객체 간의 착오). 추상적 사실의 착오 역시 ① 객체의 착오와 ② 방법의 착오로 나눌 수 있다.

Ⅳ. 구성요건적 착오의 해결론

구성요건적 착오에 관하여는 구성요건적 사실에 대한 행위자의 인식과 실제로 발생한 구성요건적 사실이 어느 정도까지 부합하여야 고의의 전용을 인정하여 발생사실을 고의기수로 처벌할 수 있는지 문제 된다.

이에 대하여 ① 구체적 부합설은 행위자가 인식한 사실과 발생한 결과가 구체적으로 부합하는 경우에 결과에 대한 고의를 인정하는 견해이고, ② 법정적 부합설은 행위자가 인식한 범죄사실과 실제로 발생한 사실이 동일한 구성요건 또는 죄질에 속하는 경우 발생사실에 대한 고의기수를 인정하는 견해이며, ③ 추상적 부합설은 범죄의사가 어떠한 형태로든 결과발생을 야기하면 범죄의사와 결과가 가벌성의 점에서 중첩되는 범위 내에서 고의기수를 인정하는 견해이다.

판례는 법정적 부합설의 입장에서 '소위 타격의 착오가 있는 경우라 할지라도 행위자의 살인의 범의 성립에 지장이 없다'고 판시하였다(83도2813).

	구체적 사실의 착오		추상적 사실의 착오	
	객체의 착오	방법의 착오	객체의 착오	방법의 착오
구체적 부합설	발생사실에 대한 고의기수범	인식사실에 대한 미수범과 발생사실에 대한 과실범의 상상적 경합		
법정적 부합설	발생사실에 대한 고의기수범		인식사실에 대한 미수범과 발생사실에 대한 과실범의 상상적 경합	
추상적 부합설	발생사실에 대한 고의기수범		**경한 죄의 고의로 중한 죄를 실현한 경우 –** 경한 죄의 기수와 중한 죄의 과실범의 상상적 경합 **중한 죄의 고의로 경한 죄를 실현한 경우 –** 중한 죄의 미수와 경한 죄의 기수 중 중한 죄로 처벌	

판례 구체적 사실의 착오 중 객체의 착오

- [1] 피고인들이 공소외 1·2·3·4 등과 공모하여 그들의 동료인 공소외 5·6 등을 납치·폭행한 공소외 7 등 타워파 폭력조직원들에 대하여 보복을 하기로 결의한 후, 1993. 2.1 5. 05:30경 전주시 덕진구 금암동 소재 여관 1로 공소외 7 등을 찾아가서 상호공동하여 공소외 1과 피고인 4는 그곳 안내실에서 종업원인 공소외 한정숙이 경찰에 연락을 하지 못하도록 감시하고, 뒤이어 도착한 피고인 2는 여관문 앞에서 망을 보고 공소외 2는 여관 302호실 방문 앞에서 망을 보고, 피고인 5와 공소외 4는 각목을, 공소외 3은 쇠파이프를, 피고인 1과 3은 낫을, 피고인 6은 또 다른 흉기를 각 소지한 채 위 302호실로 들어가 그 곳에서 잠을 자던 피해자 1·2를 공소외 7의 일행인줄 잘못 알고 각기 각목과 쇠파이프로 위 피해자들의 머리와 몸을 마구 때리고, 낫으로 팔과 다리 등을 닥치는대로 여러 차례 힘껏 내리찍은 사실을 인정 (중략) 피고인 1·3·5·6은 물론 피고인 4에게도 (피해자 1·2에 대한) 살인의 범의가 있었다(대판 1994.3.22. 93도3612).

판례 구체적 사실의 착오 중 방법의 착오

① 피고인이 공소외인과 동인의 처를 살해할 의사로서 농약 1포를 숭늉그릇에 투입하여 공소외인 가의 식당에 놓아둠으로써 그 정을 알지 못한 공소외인의 장녀가 이를 마시게 되어 동인을 사망케 하였다면 (중략) 공소외인의 장녀에 대하여 살인죄가 성립한다(대판 1968.8.23. 68도884).

② 사람을 살해할 목적으로 총을 발사한 이상 그것이 목적하지 아니한 다른 사람에게 명중되어 사망의 결과가 발생하였다 하더라도 살의를 저각하지 않는 것이라 할 것이니 원심인정과 같이 피고인이 하사 주재훈을 살해할 목적으로 발사한 총탄이 이를 제지하려고 피고인 앞으로 뛰어들던 병장 강제갑에게 명중되어 동 강제갑이 사망한 본건의 경우에 있어서의 동 강제갑에 대한 살인죄가 성립한다 할 것이므로 동 강제갑에 대한 피고인의 살의를 부정하는 논지도 이유 없다(대판 1975.4.22. 75도727).

③ 피고인이 먼저 피해자 1을 향하여 살의를 갖고 소나무 몽둥이를 양손에 집어들고 힘껏 후려친 가

격으로 피를 흘리며 마당에 고꾸라진 동녀와 동녀의 등에 업힌 피해자 2의 머리부분을 위 몽둥이로 내리쳐 피해자 2를 현장에서 두개골절 및 뇌좌상으로 사망케 한 소위를 살인죄로 의율한 원심조처는 정당하게 긍인되며 <u>소위 타격의 착오가 있는 경우라 할지라도 행위자의 살인의 범의성립에 방해가 되지 아니하니</u> (후략) (대판 1984.1.24. 83도2813)

④ 갑이 을 등 3명과 싸우다가 힘이 달리자 식칼을 가지고 이들 3명을 상대로 휘두르다가 이를 말리면서 식칼을 뺏으려던 피해자 병에게 상해를 입혔다면 갑에게 상해의 범의가 인정되며 상해를 입은 사람이 목적한 사람이 아닌 다른 사람이라 하여 과실상해죄에 해당한다고 할 수 없다(대판 1987.10.26. 87도1745).

V. 관련문제

1. 인과관계의 착오

인과관계의 착오란 행위자가 의도한 객체에 의도한 결과가 발생하였지만, 그 결과가 행위자의 인식과는 다른 경로를 통해 발생한 경우를 말한다. 이러한 인과관계 착오는 ① 현실로 진행된 인과과정과 행위자가 예견한 인과의 진행의 차이가 비본질적인 경미한 것인 경우에는 발생사실에 대한 고의기수범이 성립하고, ② 그 차이가 일상적인 생활경험에 의하여 예견할 수 있는 범위를 벗어나 규범적으로 다른 행위로 평가되는 본질적인 경우에는 <u>인식사실의 미수범과 발생사실의 과실범이 성립하고 양 죄는 상상적 경합의 관계에 있다.</u>

2. 개괄적 고의

개괄적 고의란 행위자의 의도와 달리 제1행위에 연속된 제2행위에 의하여 제1행위시의 행위자 고의가 실현된 경우를 말한다. 이러한 개괄적 고의 사안의 취급방법이 문제 된다.

이에 대하여 판례는 개괄적 고의설과 유사한 입장에서 '전 과정을 개괄적으로 보면 피해자의 살해라는 처음에 예견된 사실이 결국은 실현된 것으로서 살인죄의 죄책을 면할 수 없다'고 판시하였다(88도650).

> **판례** 개괄적 고의
>
> • 피고인이 자신의 부인을 희롱하는 피해자에 대한 분노가 폭발하여 살해하기로 마음먹고 돌로 수차례 내리쳐 피해자가 뇌진탕으로 실신하자 죽은 것으로 오인하고 시체를 몰래 파묻어 증거를 없애기 위해 150m 정도 떨어진 개울가로 끌고 가 모래웅덩이에 묻었다면 피해자가 피고인의 구타행위로 인해 직접 사망한 것이 아니라 죄적을 인멸할 목적으로 행한 매장행위에 의해 사망하게 되었더라도 전과정을 개괄적으로 보면 피해자의 살해라는 애초의 예견사실이 결국 실현된 것이기 때문에 살인죄의 죄책을 면할 수 없다(대판 1988.6.28. 88도650).

제7절 과실

I. 서설

> **제14조(과실)** 정상적으로 기울여야 할 주의를 게을리하여 죄의 성립요소인 사실을 인식하지 못한 행위는 법률에 특별한 규정이 있는 경우에만 처벌한다.

1. 과실의 의의와 종류

가. 과실과 과실범

과실이란 정상적으로 기울여야 할 주의를 게을리하여 죄의 성립요소인 사실을 인식하지 못하는 것을 말한다(제14조). 또한 사회생활에서 요구되는 주의의무를 위반함으로써 구성요건적 결과가 발생하는 경우에 형벌이 과하여지는 범죄가 과실범이다. 이러한 과실범은 법률에 특별한 규정이 있는 경우에 한하여 처벌된다(제14조).

> **판례** 과실범의 처벌
> - [1] 술을 마시고 찜질방에 들어온 甲이 찜질방 직원 몰래 후문으로 나가 술을 더 마신 다음 후문으로 다시 들어와 발한실에서 잠을 자다가 사망한 사안에서, (중략) 찜질방 직원 및 영업주에게 손님이 몰래 후문으로 나가 술을 더 마시고 들어올 경우까지 예상하여 직원을 추가로 배치하거나 후문으로 출입하는 모든 자를 통제·관리하여야 할 업무상 주의의무가 있다고 보기 어렵다. [2] 행정상의 단속을 주안으로 하는 법규라 하더라도 '명문규정이 있거나 해석상 과실범도 벌할 뜻이 명확한 경우'를 제외하고는 형법의 원칙에 따라 '고의'가 있어야 벌할 수 있다(대판 2010.2.11. 2009도9807).

나. 과실의 본질

과실은 주의의무위반, 즉 구성요건적 결과발생을 예견하고 그에 따라 결과발생을 회피할 수 있었는데 그렇게 하지 않았다는 법적 평가에 그 본질이 있다(예견가능성과 회피가능성). 여기서 주의의무란 구성요건이 실현되지 않도록 주의해야 할 의무를 말한다.

> **판례** 예견가능성과 회피가능성
> ① 피고인들이 자신들과 함께 술을 마시고 만취되어 의식이 없는 피해자를 부축하여 학교 선배인 장은석의 자취집에 함께 가서 촛불을 가져 오라고 하여 장은석이 가져온 촛불이 켜져 있는 방안에 이불을 덮고 자고 있는 피해자를 혼자 두고 나옴에 있어 그 촛불이 피해자의 발로부터 불과 약 70 내지 80cm 밖에 떨어져 있지 않은 곳에 마분지로 된 양초갑 위에 놓여져 있음을 잘 알고 있었던 피고인들로서는 (중략) 술에 취한 피해자가 정신없이 몸부림을 치다가 발이나 이불자락으로 촛불을 건드리는 경우 그것이 넘어져 불이 이불이나 비닐장판 또는 벽지 등에 옮겨붙어 화재가 발생할 가능성이 있고, 또한 화재가 발생하는 경우 화재에 대처할 능력이 없는 피해자가 사망할 가능성이 있음을 예견할 수 있으므로 이러한 경우 피해자를 혼자 방에 두고 나오는 피고인들로서는 촛불을 끄거나 양초가 쉽게 넘어지지 않도록 적절하고 안전한 조치를 취하여야 할 주의 의무가 있다 할 것인바, 비록 피고인들이 직접 촛불을 켜지 않았다

할지라도 위와 같은 주의 의무를 다하지 않은 이상 피고인들로서는 이 사건 화재발생과 그로 인한 피해자의 사망에 대하여 과실책임을 면할 수는 없다 할 것이다(대판 1994.8.26. 94도1291).

② 경찰관인 피고인들은 동료 경찰관인 갑 및 피해자 을과 함께 술을 많이 마셔 취하여 있던 중 갑자기 위 갑이 총을 꺼내 을과 같이 총을 번갈아 자기의 머리에 대고 쏘는 소위 "러시안 룰렛" 게임을 하다가 을이 자신이 쏜 총에 맞아 사망한 경우 (중략) 경찰관이라는 신분상의 조건을 고려하더라도 위와 같은 상황에서 피고인들이 이 사건 "러시안 룰렛"게임을 즉시 물리력으로 제지하지 못하였다 한들 그것만으로는 위 갑의 과실과 더불어 중과실치사죄의 형사상 책임을 지울 만한 위법한 주의의무위반이 있었다고 평가할 수 없다(대판 1992.3.10. 91도3172).

다. 과실의 종류

1) 인식 있는 과실과 인식 없는 과실

① **인식 없는 과실**이란 행위자가 주의의무의 위반으로 인하여 구성요건이 실현될 수 있는 가능성을 인식하지 못한 때를 말하며, ② **인식 있는 과실**은 구성요건이 실현될 수 있음은 인식하였으나 주의의무에 위반하여 그것이 실현되지 않을 것으로 신뢰한 것을 말한다. 양자는 불법의 경중에는 차이가 없고, 인식 있는 과실은 미필적 고의와의 구별에서만 문제된다.

2) 보통의 과실, 업무상 과실 및 중과실

① **업무상 과실**이란 일정한 업무에 종사하는 자가 당해 **업무수행상 요구되는 주의의무를 태만히** 한 경우이고, ② **중과실**이란 주의의무를 현저히 태만히 한 경우로서, **극히 근소한 주의만 기울였다면 결과발생을 방지할 수 있었음에도 불구하고 부주의로 이를 예견하지 못한 경우**를 말한다. ③ **보통의 과실**(경과실)이란 일반적인 과실을 말한다. 업무상 과실과 중과실은 보통의 과실보다 중하게 처벌된다.

> **판례** 중과실을 인정한 경우
>
> ① 성냥불이 꺼진 것을 확인하지 아니한 채 플라스틱 휴지통에 던진 것이 중대한 과실에 해당한다고 본 사례(대판 1993.7.27. 93도135)
>
> ② 피고인이 84세 여자 노인과 11세의 여자 아이를 상대로 안수기도를 함에 있어서 그들을 바닥에 반드시 눕혀 놓고 기도를 한 후 "마귀야 물러가라", "왜 안 나가느냐"는 등 큰 소리를 치면서 한 손 또는 두 손으로 그들의 배와 가슴 부분을 세게 때리고 누르는 등의 행위를 여자 노인에게는 약 20분간, 여자아이에게는 약 30분간 반복하여 그들을 사망케 한 사안에서, (중략) 피고인에 대하여 중과실치사죄로 처단한 원심판결을 수긍한 사례(대판 1997.4.22. 97도538)
>
> ③ 보일러로부터 5 내지 10센티미터쯤의 거리에 판시 가연물질을 그대로 두고 신문지를 구겨서 보일러의 공기조절구를 살짝 막아놓은 채 그 자리를 떠나버렸기 때문에 판시와 같은 화재가 발생한 (중략) 피고인의 행위를 중실화죄로 다스린 원심의 조치도 정당하여 (후략) (대판 1988.8.23. 88도855)
>
> ④ 피고인이 관리하던 주차장 출입구 문주의 하단부분에 금이 가 도괴될 위험성이 있었다면 (중

략) 도괴로 인한 인명의 피해를 막도록 조치를 하여야 할 주의의무가 있다 할 것이며 동 주차장에는 사람이나 자동차의 출입이 빈번하고 근처 거주의 어린아이들이 문주근방에서 놀이를 하는 사례가 많은데도 불구하고 <u>소유자에게 그 보수를 요구하는데 그쳤다면 그 주의의무를 심히 게을리한 중대한 과실이 있다고 할 것이다</u>(대판 1982.11.23. 82도2346).

⑤ 농약을 평소에 신문지에 포장하여 판매하여 온 "중조"와 같은 모양으로 포장하여 점포선반에 방치하고 가족에게 알리지 아니하여 사고가 발생하였다면 <u>중과실치사의 죄책을 면할 수 없다</u>(대판 1961.11.16. 4292형상312).

> **판례** 중과실을 인정하지 아니한 경우

① 연탄아궁이로부터 80센티미터 떨어진 곳에 쌓아둔 스폰지요, 솜 등이 연탄아궁이 쪽으로 넘어지면서 화재현장에 의한 화재가 발생한 경우라고 하더라도 그 스폰지요, 솜 등을 쌓아두는 방법이나 상태 등에 관하여 아주 작은 주의만 기울였더라면 스폰지요나 솜 등이 넘어지고 또 그로 인하여 화재가 발생할 것을 예견하여 회피할 수 있었음에도 불구하고 부주의로 이를 예견하지 못하고 스폰지와 솜 등을 쉽게 넘어질 수 있는 상태로 쌓아둔 채 방치하였기 때문에 화재가 발생한 것으로 판단되어야만, "중대한 과실"로 인하여 화재가 발생한 것으로 볼 수 있다(대판 1989.1.17. 88도643).

② 호텔오락실의 경영자가 그 오락실 천정에 형광등을 설치하는 공사를 하면서 그 호텔의 전기보안담당자에게 아무런 통고를 하지 아니한 채 무자격전기기술자로 하여금 전기공사를 하게 하였더라도, 전기에 관한 전문지식이 없는 오락실경영자로서는, (중략) 위와 같은 부실공사가 그대로 방치되고 그로 인하여 전선의 합선에 의한 방화가 발생할 것등을 쉽게 예견할 수 있었다고 보기는 어려우므로 위 오락실경영자에게 위와 같은 과실이 있었더라도 <u>사회통념상 이를 화재발생에 관한 중대한 과실이라고 평가하기는 어렵다</u>(대판 1989.10.13. 89도204).

2. 과실의 체계적 지위

이중적 지위설에 따라 <u>객관적 주의의무위반은 구성요건요소</u>가 되고, <u>주관적 주의의무위반은 책임요소</u>가 된다. 이는 <u>합일태적 범죄체계를 이론적 배경</u>으로 하여 <u>과실의 이중기능을 인정하는 견해</u>이다.

II. 과실범의 성립요건

1. 과실범의 구성요건해당성

가. 객관적 주의의무위반

1) 의의

객관적 주의의무위반은 행위자가 사회생활상 요구되는 주의의무를 태만히 하여 예견가능하고 회피가능했던 결과를 야기한 경우를 말한다. 이는 과실의 본질적 요소로서 과실범의 행위반가치를 구성하는 불법요소가 된다.

2) 객관적 주의의무의 판단기준

객관적 주의의무의 판단기준에 대하여 견해가 대립하고, 판례는 객관설의 입장에서 '과실의 유무를 판단함에는 같은 업무와 직무에 종사하는 일반적 보통인의 주의의무를 기준으로 하여야 한다'고 판시하였다(2018도2844).

> **판례** 과실의 판단기준

① 의료과오사건에서 의사의 과실을 인정하려면 결과 발생을 예견할 수 있고 또 회피할 수 있었는데도 예견하거나 회피하지 못한 점을 인정할 수 있어야 한다. 의사의 과실이 있는지는 같은 업무 또는 분야에 종사하는 평균적인 의사가 보통 갖추어야 할 통상의 주의의무를 기준으로 판단하여야 하고, 사고 당시의 일반적인 의학 수준, 의료환경과 조건, 의료행위의 특수성 등을 고려하여야 한다. (중략) 의사는 환자에게 적절한 치료를 하거나 그러한 조치를 하기 어려운 사정이 있다면 신속히 전문적인 치료를 할 수 있는 다른 병원으로 전원시키는 등의 조치를 하여야 한다(대판 2018.5.11. 2018도2844).

② [1] 의사가 설명의무를 위반한 채 의료행위를 하였다가 환자에게 상해 또는 사망의 결과가 발생한 경우 의사에게 업무상 과실로 인한 형사책임을 지우기 위해서는 의사의 설명의무 위반과 환자의 상해 또는 사망 사이에 상당인과관계가 존재하여야 한다. [2] (중략) 의사에게는 환자의 상황, 당시의 의료수준, 자신의 지식·경험 등에 따라 적절하다고 판단되는 진료방법을 선택할 폭넓은 재량권이 있으므로, 의사가 특정 진료방법을 선택하여 진료를 하였다면 해당 진료방법 선택과정에 합리성이 결여되어 있다고 볼 만한 사정이 없는 이상 진료의 결과만을 근거로 하여 그 중 어느 진료방법만이 적절하고 다른 진료방법을 선택한 것은 과실에 해당한다고 말할 수 없다(대판 2015.6.24. 2014도11315).

③ 환자의 명시적인 수혈 거부 의사가 존재하여 수혈하지 아니함을 전제로 환자의 승낙(동의)을 받아 수술하였는데 수술 과정에서 수혈을 하지 않으면 생명에 위험이 발생할 수 있는 응급상태에 이른 경우에, 환자의 생명을 보존하기 위해 불가피한 수혈 방법의 선택을 고려함이 원칙이라 할 수 있지만, 한편으로 환자의 생명 보호에 못지않게 환자의 자기결정권을 존중하여야 할 의무가 대등한 가치를 가지는 것으로 평가되는 때에는 이를 고려하여 진료행위를 하여야 한다. (중략) 다만 환자의 생명과 자기결정권을 비교형량하기 어려운 특별한 사정이 있다고 인정되는 경우에 의사가 자신의 직업적 양심에 따라 환자의 양립할 수 없는 두 개의 가치 중 어느 하나를 존중하는 방향으로 행위하였다면, 이러한 행위는 처벌할 수 없다(대판 2014.6.26. 2009도14407).

④ [1] 의료사고에서 의사의 과실을 인정하기 위해서는, 의사가 결과 발생을 예견할 수 있었음에도 이를 예견하지 못하였거나 결과 발생을 회피할 수 있었음에도 이를 회피하지 못하였는지 여부를 검토하여야 하고, 과실 유무를 판단할 때에는 같은 업무·직무에 종사하는 일반적 평균인의 주의 정도를 표준으로 하여 사고 당시의 일반적 의학의 수준과 의료 환경 및 조건, 의료행위의 특수성 등을 고려하여야 한다. 의료사고에서 의사의 과실과 결과 발생 사이에 인과관계를 인정하기 위해서는, 주의의무 위반이 없었더라면 그러한 결과가 발생하지 않았을 것임이 증명되어야 한다. [2] 의사에게 의료행위로 인한 업무상과실치사상죄를 인정하기 위해서는, 의료행위 과정에서 공소사실에 기재된 업무상과실의 존재는 물론 그러한 업무상과실로 인하여 환자에게 상해·사망 등 결과가 발생한 점에 대하여도 엄격한 증거에 따라 합리적 의심의 여지가 없을 정도로 증명이 이루어져야 한다. 설령 의료행위와 환자에게 발생한 상해·사망 등 결과 사이에 인과관계가 인정되는 경우에도, 검사가 공소사실에 기재한 바와 같은 업무상과실로 평가할 수 있는 행위의 존재 또는 그 업무상과실의 내용을 구체적으로 증

명하지 못하였다면, 의료행위로 인하여 환자에게 상해·사망 등 결과가 발생하였다는 사정만으로 의사의 업무상과실을 추정하거나 단순한 가능성·개연성 등 막연한 사정을 근거로 함부로 이를 인정할 수는 없다(대판 2023.1.12. 2022도11163).

3) 객관적 주의의무의 근거

법령, 조리 및 판례가 객관적 주의의무의 근거가 된다.

> **판례** 주의의무의 근거
>
> ① 결과 발생을 예견할 수 있고 또 그것을 회피할 수 있음에도 불구하고 정상의 주의의무를 태만히 함으로써 결과 발생을 야기하였다면 과실범의 죄책을 면할 수 없고, 위와 같은 주의의무는 반드시 개별적인 법령에서 일일이 그 근거나 내용이 명시되어 있어야만 하는 것이 아니며, 결과 발생에 즈음한 구체적인 상황에서 이와 관련된 제반 사정들을 종합적으로 평가하여 결과 발생에 대한 예견 및 회피 가능성을 기준으로 삼아 그 결과 발생을 방지하여야 할 주의의무를 인정할 수 있는 것이다(대판 2009.4.23. 2008도11921).
>
> ② 고속도로의 노면이 결빙된 데다가 짙은 안개로 시계가 20m 정도 이내였다면 (중략) 단순히 제한속도를 준수하였다는 사실만으로는 주의의무를 다하였다 할 수 없다(대판 1990.12.26. 89도2589).

나. 결과의 발생

과실범은 결과범이므로 **구성요건적 결과가 발생**해야 한다. 여기서 결과는 고의범과 동일하게 침해범뿐만 아니라 위험범으로도 가능하다. 또한 결과발생의 원인도 작위·부작위를 불문한다.

다. 인과관계 및 객관적 귀속

행위자의 과실과 구성요건적 결과발생 사이에는 **인과관계 및 객관적 귀속이 인정**되어야 한다.

> **판례** 인과관계가 부정되는 경우
>
> ① 탄광덕대인 피고인이 화약류취급책임자 면허가 없는 갑에게 화약고 열쇠를 맡기었던 바 갑이 경찰관의 화약고 검열에 대비하여 임의로 화약고에서 뇌관, 폭약 등을 꺼내어 이를 노무자 숙소 아궁이에 감추었고, 이 사실을 모르는 자가 위 아궁이에 불을 때다 위 폭발물에 인화되어 폭발위력으로 사람을 사상에 이르게 한 경우에는 피고인으로서는 위와 같은 사고를 예견할 수 있었다고 보기 어려울뿐 아니라 피고인이 갑에게 위 열쇠를 보관 시키고 화약류를 취급하도록 한 행위와 위 사고발생 간에는 인과관계가 있다고 할 수 없다(대판 1981.9.8. 81도53).
>
> ② 완전한 제동장치를 아니하고 화물(3톤)을 적재한 채 단지 양쪽 뒷바퀴에 받침돌만 괴어 경사진 포장도로상에 세워 둔 삼륜차의 한쪽 뒷바퀴를 구두발로 찬 행위와 그 삼륜차의 후진으로 인한 사고발생간에는 특별한 사정이 없는 한 인과관계를 인정할 수 없다(대판 1970.9.22. 70도1526).

> **판례** 인과관계가 인정되는 경우
>
> • 알코올중독자의 수용시설을 운영 또는 관리하던 피고인들로서는 알코올중독자의 금단증상에 대비하여 의사 등을 배치하고 금단증상을 보이는 알코올중독자를 즉시 병원으로 호송하여 치료를 받게 하는 등의 조치를 다할 주의의무가 있음에도 피해자가 금단증상을 보일 때 위와 같은 주의의

무를 다하지 아니하고 피해자를 독방에 가둔 다음 그대로 방치한 과실이 있고, 피고인들은 알코올 중독증세가 심해 금단증상이 잦았던 피해자가 위와 같은 경우에 자살하는 등 위험한 행동을 할 수도 있었음을 충분히 예견할 수 있었다 할 것이므로, 피고인들의 과실과 위 피해자의 사망 간에는 인과관계가 인정된다고 봄이 상당하다 하여 이 사건 업무상과실치사죄가 인정된다(대판 2005.3.24. 2004도8137).

> **판례** 합법적 대체행위

① [1] 의사에게 의료행위로 인한 업무상과실치사상죄를 인정하기 위해서는, 의료행위 과정에서 공소사실에 기재된 업무상과실의 존재는 물론 그러한 업무상과실로 인하여 환자에게 상해·사망 등 결과가 발생한 점에 대하여도 엄격한 증거에 따라 합리적 의심의 여지가 없을 정도로 증명이 이루어져야 한다. 따라서 검사는 공소사실에 기재한 업무상과실과 상해·사망 등 결과 발생 사이에 인과관계가 있음을 합리적인 의심의 여지가 없을 정도로 증명하여야 하고, 의사의 업무상과실이 증명되었다는 사정만으로 인과관계가 추정되거나 증명 정도가 경감되는 것은 아니다. 이처럼 형사재판에서는 인과관계 증명에 있어서 '합리적인 의심이 없을 정도'의 증명을 요하므로 그에 관한 판단이 동일 사안의 민사재판과 달라질 수 있다. [2] 마취통증의학과 의사인 피고인이 수술실에서 환자인 피해자 갑(73세)에게 마취시술을 시행한 다음 간호사 을에게 환자의 감시를 맡기고 수술실을 이탈하였는데, 이후 갑에게 저혈압이 발생하고 혈압 회복과 저하가 반복됨에 따라 을이 피고인을 수회 호출하자, 피고인은 수술실에 복귀하여 갑이 심정지 상태임을 확인하고 마취해독제 투여, 심폐소생술 등의 조치를 취하였으나, 갑이 심정지 등으로 사망에 이르게 된 사안에서, (중략) 마취유지 중 환자감시 및 신속한 대응 업무를 소홀히 한 업무상과실이 있다고 본 원심판단은 정당하나, (중략) 갑에게 심정지가 발생하였을 때 피고인이 갑을 직접 관찰하고 있다가 심폐소생술 등의 조치를 하였더라면 갑이 사망하지 않았을 것이라는 점에 대한 증명도 부족하므로, 피고인의 업무상과실로 갑이 사망하게 되었다는 점이 합리적인 의심의 여지가 없을 정도로 증명되었다고 보기 어렵다는 이유로, 이와 달리 피고인의 업무상과실로 인하여 갑이 사망하였다고 보아 피고인에게 업무상과실치사죄를 인정한 원심판단에 의사의 업무상과실과 피해자의 사망 사이의 인과관계 증명 등에 관한 법리오해의 잘못이 있다고 한 사례(대판 2023.8.31. 2021도1833)

② [1] 한의사인 피고인이 피해자에게 문진하여 과거 봉침을 맞고도 별다른 이상반응이 없었다는 답변을 듣고 알레르기 반응검사(skin test)를 생략한 채 환부인 목 부위에 봉침시술을 하였는데, 피해자가 위 시술 직후 아나필락시 쇼크반응을 나타내는 등 상해를 입은 사안에서, 피고인에게 과거 알레르기 반응검사 및 약 12일 전 봉침시술에서도 이상반응이 없었던 피해자를 상대로 다시 알레르기 반응검사를 실시할 의무가 있다고 보기는 어렵고, 설령 그러한 의무가 있다고 하더라도 제반 사정에 비추어 알레르기 반응검사를 하지 않은 과실과 피해자의 상해 사이에 상당인과관계를 인정하기 어렵다는 이유로, 같은 취지의 원심판단을 수긍한 사례. [2] 의사가 설명의무를 위반한 채 의료행위를 하여 피해자에게 상해가 발생하였다고 하더라도, 업무상 과실로 인한 형사책임을 지기 위해서는 피해자의 상해와 의사의 설명의무 위반 내지 승낙취득 과정의 잘못 사이에 상당인과관계가 존재하여야 하고, 이는 한의사의 경우에도 마찬가지이다(대판 2015.6.24. 2014도11315, 대판 2011.4.14. 2010도10104).

③ 피고인이 농배양을 하지 않은 과실이 피해자의 사망에 기여한 인과관계 있는 과실이 된다고 하려면, 농배양을 하였더라면 피고인이 투약해 온 항생제와 다른 어떤 항생제를 사용하게 되었을 것이

라거나 어떤 다른 조치를 취할 수 있었을 것이고, 따라서 피해자가 사망하지 않았을 것이라는 점을 심리·판단하여야 한다(대판 1996.11.8. 95도2710).

판례 규범의 보호목적이론

- 신호등에 의하여 교통정리가 행하여지고 있는 사거리 교차로를 녹색등화에 따라 직진하는 차량의 운전자는 특별한 사정이 없는 한 다른 차량들도 교통법규를 준수하고 충돌을 피하기 위하여 적절한 조치를 취할 것으로 믿고 운전하면 족하고, 다른 차량이 신호를 위반하고 직진하는 차량의 앞을 가로질러 직진할 경우까지 예상하여 그에 따른 사고발생을 미연에 방지할 특별한 조치까지 강구할 업무상의 주의의무는 없다고 할 것이므로, 피고인이 녹색등화에 따라 사거리 교차로를 통과할 무렵 제한속도를 초과하였더라도, 신호를 무시한 채 왼쪽도로에서 사거리 교차로로 가로 질러 진행한 피해자에 대한 업무상 과실치사의 책임이 없다(대판 1983.8.23. 82도3222).

2. 과실범의 위법성

과실범에 있어서도 구성요건이 실현됨으로써 위법성이 징표된다. 다만 과실행위의 위법성은 위법성조각사유에 의하여 배제될 수 있다.

3. 과실범의 책임

과실범도 고의범과 마찬가지로 책임능력, 위법성의 인식, 기대가능성을 책임표지로 하고, 추가로 주관적 주의의무위반을 요구한다.

주관적 주의의무위반이란 행위자가 자신의 개인적 능력에 의하여 객관적 주의의무를 인식하고 이행할 수 있었음에도 불구하고 그에게 가능한 주의를 하지 않은 경우를 말하고, 객관적 주의의무의 이행가능성 유무는 행위자의 개인적 능력을 기준으로 판단한다(주관적 예견가능성).

판례 과실범의 책임

- [1] 호텔의 사장 또는 영선과장인 피고인들에게는 화재가 발생하면 불이 확대되지 않도록 계단과 복도등을 차단하는 갑종방화문은 항상 자동개폐되도록 하며, 숙박업들이 신속하게 탈출대피할 수 있도록 각층의 을종방화문(비상문)은 언제라도 내부에서 외부로의 탈출방향으로 밀기만 하면 그대로 열려지도록 설비관리하고, 화재시에는 즉시 전층 각객실에 이를 알리는 감지기, 수신기, 주경종, 지구경종을 완벽하게 정상적으로 작동하도록 시설관리하여야 할 업무상의 주의의무가 있다 할 것이다. [2] 호텔의 사장 또는 영선과장인 피고인들이 오보가 잦다는 이유로 자동화재조기탐지 및 경보시설인 수신기의 지구경종스위치를 내려 끈 채 봉하고, 영업상 미관을 해친다는 이유로 각층에 설치된 갑종방화문을 열어두게 하고 옥외피난계단으로 통하는 을종방화문은 도난방지등의 이유로 고리를 끼워 피난구로서의 역할을 다하지 못하게 하였다면, 이와 같은 피고인들의 주의의무 해태는 결과적으로 건물의 화재발생시에 있어서 숙박객 등에게 신속하게 화재를 알릴 수 없게 되고 발화지점에서의 상하층에의 연소방지를 미흡하게 하고 또 숙박객 등을 비상구를 통해 신속하게 옥외로 대피시키지 못하게 하는 것임은 경험상 명백하다 할 것이므로, 이 사건 화재로 인한 숙박객 등의 사상이라는 결과는 충분히 예견가능한 것이라고 할 것이다. [3] 소위 과실범에 있어서의 비난가능성의 지적 요소란 결과발생의 가능성에 대한 인식으로서 인식있는 과실에는 이와 같은 인식이 있고, 인

식없는 과실에는 이에 대한 인식자체도 없는 경우이나, 전자에 있어서 책임이 발생함은 물론, 후자에 있어서도 그 결과발생을 인식하지 못하였다는 데에 대한 부주의 즉 규범적 실재로서의 과실책임이 있다고 할 것이다(대판 1984.2.28. 83도3007).

III. 객관적 주의의무의 제한원리 - 신뢰의 원칙

1. 의의 및 적용범위

신뢰의 원칙은 주의의무에 대한 규칙을 준수하는 사람이 다른 참여자들도 그렇게 하리라는 것을 신뢰하고 한 행위결과로 구성요건적 결과가 발생하더라도 그 행위는 과실행위가 되지 않는다는 원칙을 말한다. 이는 과실범에 있어서의 객관적 주의의무의 범위를 제한하는 기능을 한다.

판례는 허용된 위험의 원리와 관련하여 도로교통에 대해 신뢰의 원칙을 적용하면서(2000도2671),[9] 의료행위 등 상호신뢰를 기초로 한 위험업무에 대한 분업관계에 대해서도 위 원칙을 확대 적용하고 있다(2001도3292).

> **판례** 도로교통에 있어 신뢰의 원칙을 적용한 사례
>
> ① 고속국도에서는 보행으로 통행, 횡단하거나 출입하는 것이 금지되어 있으므로 고속국도를 주행하는 차량의 운전자는 도로 양측에 휴게소가 있는 경우에도 동 도로상에 보행자가 있음을 예상하여 감속등 조치를 할 주의의무가 있다 할 수 없다(대판 1977.6.28. 77도403).
>
> ② 도로교통법상 자동차 전용도로는 자동차만이 다닐 수 있도록 설치된 도로로서 보행자 또는 자동차 외의 차마는 자동차 전용도로로 통행하거나 횡단 할 수 없도록 되어 있으므로 자동차 전용도로를 운행하는 자동차의 운전자로서는 특별한 사정이 없는 한 무단횡단하는 보행자가 나타날 경우를 미리 예상하여 급정차할 수 있도록 운전해야 할 주의의무는 없다(대판 1989.3.28. 88도1484).
>
> ③ 피고인(갑)이 봉고트럭을 운전하고 도로 2차선상으로, 피고인(을)이 버스를 운전하고 도로 3차선상으로 거의 병행운행하고 있을 즈음 도로 3차선에서 피고인(을)의 버스뒤를 따라 운행하여 오던 피해자 운전의 오토바이가 버스를 앞지르기 위해 도로 2차선으로 진입하여 무모하게 위 트럭과 버스 사이에 끼어 들어 이 사이를 빠져 나가려 한 경우에 있어서는 선행차량이 속도를 낮추어 앞지르려는 피해자의 오토바이를 선행하도록 하여 줄 업무상 주의의무가 있다고 할 수 없다(대판 1984.5.29. 84도483).
>
> ④ 녹색등화에 따라 왕복 8차선의 간선도로를 직진하는 차량의 운전자는 특별한 사정이 없는 한 왕복 2차선의 접속도로에서 진행하여 오는 다른 차량들도 교통법규를 준수하여 함부로 금지된 좌회전을 시도하지는 아니할 것으로 믿고 운전하면 족하고, 접속도로에서 진행하여 오던 차량이 아예 허용되지 아니하는 좌회전을 감행하여 직진하는 자기 차량의 앞을 가로질러 진행하여 올 경우까지 예상하여 그에 따른 사고발생을 미리 방지하기 위하여 특별한 조치까지 강구할 주의의무는 없다 할 것이고, 또한 운전자가 제한속도를 지키며 진행하였더라면 피해자가 좌회전하여 진입하는 것을 발견한 후에 충돌을 피할 수 있었다는 등의 사정이 없는 한 운전자가 제한

---

[9] 특히 도로교통에 있어 판례는 자동차와 자동차와의 충돌사고 및 자동차와 자전거의 충돌사고에서는 신뢰의 원칙을 원칙적으로 적용하고, 반면 자동차와 보행자의 충돌사고에서는 신뢰원칙을 철저하게 적용하지 않는 경향을 보이고 있다.

속도를 초과하여 과속으로 진행한 잘못이 있다 하더라도 그러한 잘못과 교통사고의 발생 사이에 상당인과관계가 있다고 볼 수는 없다(대판 1998.9.22. 98도1854).

⑤ 교통정리가 행하여지지 않는 십자 교차로를 피고인(트럭운전사)이 먼저 진입하여 교차로의 중앙부분을 상당부분 넘어섰다면, (중략) 위 택시가 통행의 우선순위를 무시하고 과속으로 교차로에 진입 교행하여 올 것을 예상하여 사고발생을 미리 막을 주의의무가 있다 할 수 없으니 그 같은 상황하에서 일어난 차량충돌의 경우에 있어서 피고인에게 운전사로서의 주의의무를 다하지 못한 과실이 있다 할 수 없다(대판 1984.4.24. 84도185).

⑥ 각종 차량의 내왕이 번잡하고 보행자의 횡단이 금지되어 있는 육교밑 차도를 주행하는 자동차운전자가 전방 보도 위에 서 있는 피해자를 발견했다 하더라도 육교를 눈앞에 둔 동인이 특히 차도로 뛰어들 거동이나 기색을 보이지 않는 한 일반적으로 동인이 차도로 뛰어들어 오리라고 예견하기 어려운 것이므로 이러한 경우 운전자로서는 일반보행자들이 교통관계법규를 지켜 차도를 횡단하지 아니하고 육교를 이용하여 횡단할 것을 신뢰하여 운행하면 족하다 할 것이고 불의에 뛰어드는 보행자를 예상하여 이를 사전에 방지해야 할 조치를 취할 업무상 주의의무는 없다(대판 1985.9.10. 84도1572).

⑦ 교통이 빈번한 간선도로에서 횡단보도의 보행자 신호등이 적색으로 표시된 경우, 자동차운전자에게 보행자가 동 적색신호를 무시하고 갑자기 뛰어나오리라는 것까지 미리 예견하여 운전하여야 할 업무상의 주의의무까지는 없다(대판 1985.11.12. 85도1893).

⑧ 두 줄의 황색중앙선 표시가 있는 직선도로상을 운행하는 차량의 운전자로서는 특별한 사정이 없는 한 상대방향에서 운행하여 오는 차량이 도로중앙선을 넘어 자기가 진행하는 차선에 진입하지 않으리라고 믿는 것이 우리의 경험법칙에 합당하고, 또 반대차선에 연결된 소로에서 주도로로 진입하는 차량이 있다고 하더라도 그 차량이 법률상 금지된 중앙선을 침범하여 자기가 진행하는 차선에 진입하는 범법행위까지를 예상하여 자기가 운전하는 차량을 서행하거나 일일이 그 차량의 동태를 예의주시할 의무가 있다고 할 수 없다(대판 1995.7.11. 95도382).

⑨ 사고일시가 한 가을의 심야이고 그 장소가 도로교통이 빈번한 대도시 육교밑의 편도 4차선의 넓은 길 가운데 2차선 지점인 경우라면 이러한 교통상황 아래에서의 자동차 운전자는 무단횡단자가 없을 것으로 믿고 운전해가면 되는 것이고 도로교통법규에 위반하여 그 자동차의 앞을 횡단하려고 하는 사람이 있을 것까지 예상하여 그 안전까지를 확인해가면서 운전하여야 할 의무는 없다(대판 1988.10.11. 88도1320).

⑩ 자동차전용도로를 운행중인 자동차운전사들에게 반대차선에서 진행차량 사이를 뚫고 횡단하는 보행자들이 있을 것까지 예상하여 전방주시를 할 의무가 있다고 보기는 어려운 것이므로, 피해자들이 반대차선을 횡단해온 거리가 14.9미터가 된다는 것만으로 피고인의 과실을 인정할 수는 없다(대판 1990.1.23. 89도1395).

⑪ 차량의 운전자로서는 횡단보도의 신호가 적색인 상태에서 반대차선상에 정지하여 있는 차량의 뒤로 보행자가 건너오지 않을 것이라고 신뢰하는 것이 당연하고 그렇지 아니할 사태까지 예상하여 그에 대한 주의의무를 다하여야 한다고는 할 수 없다(대판 1993.2.23. 92도2077).

⑫ 도로교통법 제58조는 보행자는 고속도로를 통행하거나 횡단할 수 없다고 규정하고 있으므로 고속도로를 운행하는 자동차의 운전자로서는 특별한 사정이 없는 한 보행자가 고속도

로를 통행하거나 횡단할 것까지 예상하여 급정차를 할 수 있도록 대비하면서 운전할 주의의무는 없다 할 것이고, 따라서 고속도로를 무단횡단하는 피해자를 충격하여 사고를 발생시킨 경우라도 운전자가 상당한 거리에서 그와 같은 무단횡단을 미리 예상할 수 있는 사정이 있었고, 그에 따라 즉시 감속하거나 급제동하는 등의 조치를 취하였다면 피해자와의 충돌을 면할 수 있었다는 등의 특별한 사정이 인정되지 아니하는 한 자동차 운전자에게 과실이 있다고는 볼 수 없다(대판 1998.4.28. 98다5135).

> **판례** 신뢰의 원칙 적용을 부정한 사례

① 모든 차의 운전자는 보행자보다 먼저 횡단보행자용 신호기가 설치되지 않은 횡단보도에 진입한 경우에도, 보행자의 횡단을 방해하지 않거나 통행에 위험을 초래하지 않을 상황이 아니고서는, 차를 일시정지하는 등으로 보행자의 통행이 방해되지 않도록 할 의무가 있다(대판 2022.4.14. 2020도17724).

② 의사들의 주의의무 위반과 처방체계상의 문제점으로 인하여 수술 후 회복과정에 있는 환자에게 인공호흡 준비를 갖추지 않은 상태에서는 사용할 수 없는 약제가 잘못 처방되었고, 종합병원의 간호사로서 환자에 대한 투약 과정 및 그 이후의 경과 관찰 등의 직무 수행을 위하여 처방 약제의 기본적인 약효나 부작용 및 주사 투약에 따르는 주의사항 등을 미리 확인·숙지하였다면 과실로 처방된 것임을 알 수 있었음에도 그대로 주사하여 환자가 의식불명 상태에 이르게 된 사안에서, 간호사에게 업무상과실치상의 형사책임을 인정한 사례(대판 2009.12.24. 2005도8980).

2. 신뢰원칙의 예외

가. 행위자가 스스로 규칙을 위반한 경우

행위자가 스스로 규칙을 위반한 경우에는 스스로 야기한 위험에 대한 책임을 타인에게 전가할 수는 없으므로 이 경우에는 신뢰의 원칙이 적용되지 않는다. 다만 운전자의 규칙위반이 있더라도 규칙위반이 사고의 직접적인 원인이 되지 아니한 경우에는 신뢰의 원칙이 적용될 수 있다(95도1200).

> **판례** 운전자의 규칙위반이 사고의 직접적 원인이 되지 아니한 경우

① 신호등에 의하여 교통정리가 행하여지고 있는 ㅏ자형 삼거리의 교차로를 녹색등화에 따라 직진하는 차량의 운전자는 특별한 사정이 없는 한 다른 차량들도 교통법규를 준수하고 충돌을 피하기 위하여 적절한 조치를 취할 것으로 믿고 운전하면 족하고, 대향차선 위의 다른 차량이 신호를 위반하고 직진하는 자기 차량의 앞을 가로질러 좌회전할 경우까지 예상하여 그에 따른 사고발생을 미리 방지하기 위한 특별한 조치까지 강구하여야 할 업무상의 주의의무는 없고, 위 직진차량 운전자가 사고지점을 통과할 무렵 제한속도를 위반하여 과속운전한 잘못이 있었다 하더라도 그러한 잘못과 교통사고의 발생과의 사이에 상당인과관계가 있다고 볼 수 없다(대판 1993.1.15. 92도2579).

② 피고인이 좌회전 금지구역에서 좌회전한 것은 잘못이나 이러한 경우에도 피고인으로서는 50여 미터 후방에서 따라오던 후행차량이 중앙선을 넘어 피고인 운전차량의 좌측으로 돌진하는 등 극히 비정상적인 방법으로 진행할 것까지를 예상하여 사고발생 방지조치를 취하여야 할 업무상 주의의무가 있다고 할 수는 없고, 따라서 좌회전 금지구역에서 좌회전한 행위와 사고발생 사

이에 상당인과관계가 인정되지 아니한다는 이유로 피고인의 과실로 사고가 발생하였음을 전제로 하는 특정범죄가중처벌등에관한법률위반(도주차량)의 점에 관하여 무죄를 선고한 원심판결을 수긍한 사례(대판 1996.5.28. 95도1200).

③ 직진 및 좌회전신호에 의하여 좌회전하는 2대의 차량뒤를 따라 직진하는 차량의 운전사로서는 <u>횡단보도의 신호가 적색인 상태에서 반대차선상에 정지하여 있는 차량의 뒤로 보행자가 횡단보도를 건너오지 않을 것이라고 신뢰하는 것이 당연</u>하고 그렇지 아니할 사태까지 예상하여 그에 대한 주의의무를 다하여야 한다고는 할 수 없으며, 또 운전사가 무면허인 상태에서 제한속도를 초과하여 진행한 잘못이 있다 하더라도 그러한 잘못이 사고의 원인이 되었다고는 볼 수 없다(대판 1987.9.8. 87도1332).

나. 다른 관여자의 객관적 주의의무위반을 이미 인식하였을 경우

<u>다른 관여자의 객관적 주의의무 위반을 사전에 인식한 경우에는 신뢰관계를 기대할 수 없으므로 신뢰원칙이 적용되지 않는다.</u>

판례 상대방의 규칙위반을 이미 인식한 경우

① 과실범에 관한 이른바 신뢰의 원칙은 <u>상대방이 이미 비정상적인 행태를 보이고 있는 경우에는 적용될 여지가 없는 것</u>이고, 이는 행위자가 경계의무를 게을리하는 바람에 상대방의 비정상적인 행태를 미리 인식하지 못한 경우에도 마찬가지이다(대판 2009.4.23. 2008도11921).

② 침범금지의 황색중앙선이 설치된 도로에서 자기차선을 따라 운행하는 자동차운전수는 반대방향에서 오는 차량도 그쪽 차선에 따라 운행하리라고 신뢰하는 것이 보통이고 중앙선을 침범하여 이쪽 차선에 돌입할 경우까지 예견하여 운전할 주의의무는 없으나, 다만 반대방향에서 오는 차량이 이미 중앙선을 침범하여 비정상적인 운행을 하고 있음을 목격한 경우에는 자기의 진행전방에 돌입할 가능성을 예견하여 그 차량의 동태를 주의깊게 살피면서 속도를 줄여 피행하는 등 적절한 조치를 취함으로써 사고발생을 미연에 방지할 업무상 주의의무가 있다(대판 1986.2.25. 85도2651).

③ <u>고속도로상을 운행하는 자동차운전자는 통상의 경우 보행인이 그 도로의 중앙방면으로 갑자기 뛰어드는 일이 없으리라는 신뢰하에서 운행하는 것이지만 위 도로를 횡단하려는 피해자를 그 차의 제동거리 밖에서 발견하였다면 피해자가 반대 차선의 교행차량 때문에 도로를 완전히 횡단하지 못하고 그 진행차선쪽에서 멈추거나 다시 되돌아 나가는 경우를 예견해야 하는 것</u>이다(대판 1981.3.24. 80도3305).

④ 자동차의 대향운전시 상호충돌을 피하기 위하여 교통법규를 준수하여 운전할 것이라고 신뢰할 수 있으므로 통상의 경우 상대방이 도로의 중앙선을 침범하여 운전할 경우까지 예상하여 이에 대비할 업무상 주의의무는 없으나, 상대방이 도로중앙선을 넘어 자기의 진로에 따라 자동차를 운행하고 있거나 이와 같은 사정이 예상되는 객관적 사정이 있는 때에는 그와 같은 신뢰는 기대할 수 없기 때문에 그 대향운전자로서도 경적을 울린다거나 감속서행, 일단정지, 또는 가능한 한 도로의 우측으로 피하여 자동차를 운행하는 등의 적절한 조치를 취함으로써 상호간의 충돌을 방지할 업무상 주의의무가 있다고 할 것이다(대판 1984.3.13. 83도1859).

다. 상대방에게 규칙준수를 기대할 수 없는 사정이 있는 경우

상대방이 규칙을 알지 못하거나 규칙을 준수할 가능성이 없는 경우, 구체적으로 ① 유아·불구자·노인 등과 같이 상대방에게 규칙준수를 기재할 수 없는 경우, ② 초등학교나 유치원 앞과 같이 규칙위반이 빈번히 일어나는 장소 또는 ③ 도로사정이 비정상적인 경우 등은 신뢰의 원칙이 적용되지 않는다.

> **판례** 상대방의 규칙준수를 신뢰할 수 없는 경우
>
> ① 신뢰의 원칙은 상대방 교통관여자가 도로교통의 제반법규를 지켜 도로교통에 임하리라고 신뢰할 수 없는 특별한 사정이 있는 경우에는 그 적용이 배제된다고 할 것인바 본사건의 사고지점이 노폭 약 10미터의 편도 1차선 직선도로이며 진행방향 좌측으로 부락으로 들어가는 소로가 정(J)자형으로 이어져 있는 곳이고 당시 피해자는 자전거 짐받이에 생선상자를 적재하고 앞서서 진행하고 있었다면 피해자를 추월하고자 하는 자동차운전사는 자전거와 간격을 넓힌 것만으로는 부족하고 경적을 울려서 자전거를 탄 피해자의 주의를 환기시키거나 속도를 줄이고 그의 동태를 주시하면서 추월하였어야 할 주의의무가 있다고 할 것이고 그같은 경우 피해자가 도로를 좌회전하거나 횡단하고자 할 때에는 도로교통법의 규정에 따른 조치를 취하리라고 신뢰하여도 좋다고 하여 위 사고발생에 대하여 운전사에게 아무런 잘못이 없다고 함은 신뢰의 원칙을 오해한 위법이 있다(대판 1984.4.10. 84도79).
>
> ② 자동차의 진행전방 우측로변에 어린이가 같은 방향으로 걸어가고 있는 것을 목격한 경우에는 그 어린아이가 진행하는 버스앞으로 느닷없이 뛰어 나올 수 있음을 예견하고 속도를 줄이거나 어린이의 동태를 주시하는 등의 주의의무가 있다(대판 1970.8.18. 70도1336).
>
> ③ [1] 모든 차의 운전자는 횡단보도 표시구역을 통과하면서 보행자가 횡단보도 노면표시가 없는 곳에서 갑자기 건너오지 않을 것이라고 신뢰하는 것이 당연하고 그렇지 아니할 이례적인 사태의 발생까지 예상하여 그에 대한 주의의무를 다하여야 한다고는 할 수 없다. 다만 이러한 신뢰의 원칙은 상대방 교통관여자가 도로교통 관련 제반 법규를 지켜 자동차의 운행 또는 보행에 임하리라고 신뢰할 수 없는 특별한 사정이 있는 경우에는 적용이 배제된다. [2] 자동차의 운전자가 통상 예견되는 상황에 대비하여 결과를 회피할 수 있는 정도의 주의의무를 다하지 못한 것이 교통사고 발생의 직접적인 원인이 되었다면, 비록 자동차가 보행자를 직접 충격한 것이 아니고 보행자가 자동차의 급정거에 놀라 도로에 넘어져 상해를 입은 경우라고 할지라도, 업무상 주의의무 위반과 교통사고 발생 사이에 상당인과관계를 인정할 수 있다(대판 2022.6.16. 2022도1401).[10]

---

[10] 피고인이 맑은 날씨의 오후에 트럭을 운전하여 횡단보행자용 신호기가 설치되어 있지 않은 횡단보도를 통과한 직후 그 부근에서 도로를 횡단하려는 피해자(만 9세, 여)를 뒤늦게 발견하고 급제동 조치를 취하였으나, 차량 앞범퍼 부분으로 피해자의 무릎을 충격하여 약 2주간의 치료를 요하는 상해를 입히고도 현장을 이탈하여 특정범죄 가중처벌 등에 관한 법률」위반(도주치상)으로 기소된 사안에서, 피고인으로서는 횡단보도 부근에서 도로를 횡단하려는 보행자가 흔히 있을 수 있음을 충분히 예상할 수 있었으므로, 보행자를 발견한 즉시 안전하게 정차할 수 있도록 제한속도 아래로 속도를 더욱 줄여 서행하고 전방과 좌우를 면밀히 주시하여 안전하게 운전함으로써 사고를 미연에 방지할 업무상 주의의무가 있었음에도 이를 위반하였고, 횡단보도 부근에서 안전하게 서행하였더라면 사고 발생을 충분히 피할 수 있었을 것이므로, 피고인의 업무상 주의의무 위반과 사고 발생 사이의 상당인과관계가 인정된다고 보아, 피고인에게 「특정범죄 가중처벌 등에 관한 법률」위반(도주치상)죄에서의 업무상 주의의무 위반을 인정하기 어렵다는 이유로 공소사실을 무죄로 판단한 원심판결을 파기한 사례

3. 신뢰원칙의 확대적용 – 분업적 의료행위와 신뢰의 원칙

가. 수직적 분업관계

의사와 간호사 또는 상급의사와 하급의사 등과 같은 수직적 분업관계에서 상위분업자인 의사는 보조자에 대해 지휘·감독의무를 부담하므로 의사가 이러한 의무를 다하지 않는 한 신뢰의 원칙은 적용되지 않지만, 지휘·감독을 받는 간호사 또는 하급의사는 원칙적으로 상급의사를 신뢰할 수 있다.

판례 역시 같은 입장에서 간호사가 의료행위에 관여하는 경우 간호사는 의사의 보조자에 불과하므로 간호사를 신뢰하여 간호사에게 수혈을 일임한 의사의 과실책임을 인정하였다(97도2812). 다만, 판례는 진료보조행위에 대해서는 간호사를 신뢰한 의사에게 신뢰의 원칙 적용을 긍정한 바 있다(2001도3667).

> **판례** **수직적 분업관계**
>
> ① [1] 수련병원의 전문의와 전공의 등의 관계처럼 의료기관 내의 직책상 주된 의사의 지위에서 지휘·감독 관계에 있는 다른 의사에게 특정 의료행위를 위임하는 수직적 분업의 경우에는, 그 다른 의사에게 전적으로 위임된 것이 아닌 이상 주된 의사는 자신이 주로 담당하는 환자에 대하여 다른 의사가 하는 의료행위의 내용이 적절한 것인지 여부를 확인하고 감독하여야 할 업무상 주의의무가 있고, 만약 의사가 이와 같은 업무상 주의의무를 소홀히 하여 환자에게 위해가 발생하였다면 주된 의사는 그에 대한 과실 책임을 면할 수 없다. 이때 그 의료행위가 지휘·감독 관계에 있는 다른 의사에게 전적으로 위임된 것으로 볼 수 있는지 여부는 위임받은 의사의 자격 내지 자질과 평소 수행한 업무, 위임의 경위 및 당시 상황, 그 의료행위가 전문적인 의료영역 및 해당 의료기관의 의료 시스템 내에서 위임하에 이루어질 수 있는 성격의 것이고 실제로도 그와 같이 이루어져 왔는지 여부 등 여러 사정에 비추어 해당 의료행위가 위임을 통해 분담 가능한 내용의 것이고 실제로도 그에 관한 위임이 있었다면, 그 위임 당시 구체적인 상황하에서 위임의 합리성을 인정하기 어려운 사정이 존재하고 이를 인식하였거나 인식할 수 있었다고 볼 만한 다른 사정에 대한 증명이 없는 한, 위임한 의사는 위임받은 의사의 과실로 환자에게 발생한 결과에 대한 책임이 있다고 할 수 없다. [2] 나아가, 의료행위에 앞서 환자에게 그로 인하여 발생할 수 있는 위험성 등을 구체적으로 설명하여야 하는 주체는 원칙적으로 주된 지위에서 진료하는 의사라 할 것이나 특별한 사정이 없는 한 다른 의사를 통한 설명으로도 충분하다. 따라서 이러한 경우 다른 의사에게 의료행위와 함께 그로 인하여 발생할 수 있는 위험성에 대한 설명까지 위임한 주된 지위의 의사의 주의의무 위반에 따른 책임을 인정하려면, 그 위임사실에도 불구하고 위임하는 의사와 위임받는 의사의 관계 및 지위, 위임하는 의료행위의 성격과 그 당시의 환자 상태 및 그에 대한 각자의 인식 내용, 위임받은 의사가 그 의료행위 수행에 필요한 경험과 능력을 보유하였는지 여부 등에 비추어 위임의 합리성을 인정하기 어려운 경우에 해당하여야 한다(대판 2022.12.1. 2022도1499).
>
> ② 환자의 주치의 겸 정형외과 전공의가 같은 과 수련의 처방에 대한 감독의무를 소홀히 한 나머지, 환자가 수련의 잘못된 처방으로 인하여 상해를 입게 된 사안에서 전공의에 대한 업무상과실치상죄를 인정한 사례(대판 2007.2.22. 2005도9229).

③ 산부인과 의사인 피고인이 피해자에 대한 임신중절수술을 시행하기 위하여 마취주사를 시주함에 있어 피고인이 직접 주사하지 아니하고, 만연히 간호조무사로 하여금 직접방법에 의하여 에폰톨 500밀리그램이 함유된 마취주사를 피해자의 우측 팔에 놓게 하여 피해자에게 상해를 입혔다면 이에는 의사로서의 주의의무를 다하지 아니한 과실이 있다고 할 것이다(대판 1990.5.22. 90도579).

④ [1] 수혈을 담당하는 의사는 (중략) 간호사로 하여금 의료행위에 관여하게 하는 경우에도 그 의료행위는 의사의 책임하에 이루어지는 것이고 간호사는 그 보조자에 불과하므로, 의사는 당해 의료행위가 환자에게 위해가 미칠 위험이 있는 이상 간호사가 과오를 범하지 않도록 충분히 지도·감독을 하여 사고의 발생을 미연에 방지하여야 할 주의의무가 있고, 이를 소홀히 한 채 만연히 간호사를 신뢰하여 간호사에게 당해 의료행위를 일임함으로써 간호사의 과오로 환자에게 위해가 발생하였다면 의사는 그에 대한 과실책임을 면할 수 없다. [2] 피고인이 근무하는 병원에서는 인턴의 수가 부족하여 수혈의 경우 두 번째 이후의 혈액봉지는 인턴 대신 간호사가 교체하는 관행이 있었다고 하더라도, 위와 같이 혈액봉지가 바뀔 위험이 있는 상황에서 피고인이 그에 대한 아무런 조치도 취함이 없이 간호사에게 혈액봉지의 교체를 일임한 것이 관행에 따른 것이라는 이유만으로 정당화될 수는 없다(대판 1998.2.27. 97도2812).

⑤ 병원 인턴인 피고인이, 응급실로 이송되어 온 익수환자 甲을 담당의사 乙의 지시에 따라 구급차에 태워 다른 병원으로 이송하던 중 산소통의 산소잔량을 체크하지 않은 과실로 산소 공급이 중단된 결과 甲을 폐부종 등으로 사망에 이르게 하였다는 내용으로 기소된 사안에서, 乙에게서 이송 도중 甲에 대한 앰부 배깅(ambu bagging)과 진정제 투여 업무만을 지시받은 피고인에게 일반적으로 구급차 탑승 전 또는 이송 도중 구급차에 비치되어 있는 산소통의 산소잔량을 확인할 주의의무가 있다고 보기는 어렵고, 다만 피고인이 甲에 대한 앰부 배깅 도중 산소 공급 이상을 발견하고도 구급차에 동승한 의료인에게 기대되는 적절한 조치를 취하지 아니하였다면 업무상 과실이 있다고 할 것이나, 피고인이 산소부족 상태를 안 후 취한 조치에 어떠한 업무상 주의의무 위반이 있었다고 볼 수 없는데도, 피고인에게 산소잔량을 확인할 주의의무가 있음을 전제로 업무상과실치사죄를 인정한 원심판단에 응급의료행위에서 인턴의 주의의무 범위에 관한 법리오해 또는 심리미진의 위법이 있다고 한 사례(대판 2011.9.8. 2009도13959).

⑥ 원칙적으로 도급인에게는 수급인의 업무와 관련하여 사고방지에 필요한 안전조치를 취할 주의의무가 없으나, 법령에 의하여 도급인에게 수급인의 업무에 관하여 구체적인 관리·감독의무 등이 부여되어 있거나 도급인이 공사의 시공이나 개별 작업에 관하여 구체적으로 지시·감독하였다는 등의 특별한 사정이 있는 경우에는 도급인에게도 수급인의 업무와 관련하여 사고방지에 필요한 안전조치를 취할 주의의무가 있다(대판 2009.5.28. 2008도7030).

나. 수평적 분업관계

<u>선임·지휘·감독관계가 존재하지 아니하는</u> 병원에서 공동으로 수술을 시행하는 의사 상호간 또는 독립된 각과 전문의 상호간과 같은 <u>수평적 분업관계에서는 신뢰의 원칙이 적용</u>된다.

판례 역시 같은 입장에서 신경과 전문의의 협의진료 결과를 신뢰한 내과의사에게 신뢰의 원칙을 적용하여 업무상 과실을 부정한 바 있다(2001도3292).

> **판례** 수평적 분업관계

① [1] 의사가 진찰·치료 등의 의료행위를 함에 있어서는 사람의 생명·신체·건강을 관리하는 업무의 성질에 비추어 환자의 구체적인 증상이나 상황에 따라 위험을 방지하기 위하여 요구되는 최선의 조치를 취하여야 할 주의의무가 있는바, 의료사고가 발생한 경우에 의사의 과실을 인정하기 위해서는 의사가 결과 발생을 예견할 수 있었음에도 불구하고 그 결과 발생을 예견하지 못하였고, 그 결과 발생을 회피할 수 있었음에도 불구하고 그 결과 발생을 회피하지 못한 과실이 검토되어야 한다. (중략) [2] 어떠한 의료행위가 의사들 사이의 분업적인 진료행위를 통하여 이루어지는 경우에도 그 의료행위 관련 임상의학 분야의 현실과 수준을 포함하여 구체적인 진료환경 및 조건, 해당 의료행위의 특수성 등을 고려한 규범적인 기준에 따라 해당 의료행위에 필요한 주의의무의 준수 내지 위반이 있었는지 여부가 판단되어야 함은 마찬가지이다. 따라서 의사가 환자에 대하여 주된 의사의 지위에서 진료하는 경우라도, 자신은 환자의 수술이나 시술에 전념하고 마취과 의사로 하여금 마취와 환자 감시 등을 담당토록 하거나, 특정 의료영역에 관한 진료 도중 환자에게 나타난 문제점이 자신이 맡은 의료영역 내지 전공과목에 관한 것이 아니라 그에 선행하거나 병행하여 이루어진 다른 의사의 의료영역 내지 전공과목에 속하는 등의 사유로 다른 의사에게 그 관련된 협의진료를 의뢰한 경우처럼 서로 대등한 지위에서 각자의 의료영역을 나누어 환자 진료의 일부를 분담하였다면, 진료를 분담받은 다른 의사의 전적인 과실로 환자에게 발생한 결과에 대하여는 책임을 인정할 수 없다(대판 2022.12.1. 2022도1499).

② 내과의사가 신경과 전문의에 대한 협의진료 결과 피해자의 증세와 관련하여 신경과 영역에서 이상이 없다는 회신을 받았고, 그 회신 전후의 진료 경과에 비추어 그 회신 내용에 의문을 품을 만한 사정이 있다고 보이지 않자 그 회신을 신뢰하여 뇌혈관계통 질환의 가능성을 염두에 두지 않고 내과 영역의 진료 행위를 계속하다가 피해자의 증세가 호전되기에 이르자 퇴원하도록 조치한 경우, 피해자의 지주막하출혈을 발견하지 못한 데 대하여 내과의사의 업무상과실을 부정한 사례(대판 2003.1.10. 2001도3292)

③ 약사는 의약품을 판매하거나 조제함에 있어서 그 의약품이 그 표시 포장상에 있어서 약사법 소정의 검인 합격품이고 또한 부패 변질 변색되지 아니하고 유효기간이 경과되지 아니함을 확인하고 조제판매한 경우에는 특별한 사정이 없는 한 관능시험 및 기기시험까지 할 주의의무가 없으므로 그 약의 표시를 신뢰하고 이를 사용한 경우에는 과실이 없다고 볼 수 있다(대판 1976.2.10. 74도2046).

④ [1] 간호사가 '진료의 보조'를 함에 있어서는 모든 행위 하나하나마다 항상 의사가 현장에 입회하여 일일이 지도·감독하여야 한다고 할 수는 없고, 경우에 따라서는 의사가 진료의 보조행위 현장에 입회할 필요 없이 일반적인 지도·감독을 하는 것으로 족한 경우도 있을 수 있다 할 것인데, (중략) [2] 간호사가 의사의 처방에 의한 정맥주사(Side Injection 방식)를 의사의 입회 없이 간호실습생(간호학과 대학생)에게 실시하도록 하여 발생한 의료사고에 대한 의사의 과실을 부정한 사례(대판 2003.8.19. 2001도3667)

⑤ [1] 의료인 중 간호사의 업무는 의료법 제2조 제2항 제5호에서 '환자의 간호요구에 대한 관찰, 자료수집, 간호판단 및 요양을 위한 간호', '의사 등의 지도하에 시행하는 진료의 보조' 등으로 규정하고 있다. 간호사가 할 수 있는 '진료의 보조' 행위의 범위에 '고도의 지식과 기술을 요하여 반드시 의사만이 할 수 있는 의료행위'가 포함되지는 않는다. 그러나 그러한 의

료행위 자체가 아니라면 의사는 의료행위의 과정에서 수반되는 '진료의 보조' 행위를 간호사에게 지시하거나 위임할 수 있다. (중략) 또한 간호사가 '진료의 보조'를 할 때 모든 행위 하나하나마다 항상 의사가 현장에 입회하여 일일이 지도·감독해야 한다고 할 수는 없고, 경우에 따라서는 의사가 진료의 보조행위 현장에 입회할 필요 없이 일반적인 지도·감독을 하는 것으로 충분할 수도 있다. (중략) [2] 甲 종합병원을 설립·운영하는 피고인 재단법인의 사용인인 甲 병원 혈액내과, 종양내과, 소아종양혈액과 교수들이 소속 간호사들로 하여금 고도의 침습적 의료행위로 의사만이 할 수 있는 골수 검사에 필요한 골수 검체 채취를 하게 함으로써 피고인 법인의 업무에 관하여 무면허 의료행위를 하였다는 공소사실로 기소된 사안에서, 골수 검체 채취를 간호사가 직접 수행하는 것은 무면허 의료행위에 해당한다고 보아 공소사실을 유죄로 판단한 원심판단에 법리오해 등의 잘못이 있다고 한 사례(대판 2024.12.12. 2023도10286).

Ⅳ. 관련문제

1. 과실범의 미수

과실범의 경우에는 고의범처럼 결과발생을 인식·인용하여 실행에 옮기는 과정이 없기 때문에 미수가 성립할 수 없다(범행결의의 부존재). 또한 형법상 처벌규정도 없다.

2. 과실범의 공범

가. 과실에 의한 교사·방조

교사범과 종범은 고의범이므로 과실에 의한 교사나 방조는 인정되지 않는다.

나. 과실범에 대한 교사·방조

과실범에 대한 교사·방조의 경우에는 간접정범이 성립한다(형법 제34조 제1항).

다. 과실범의 공동정범

다수견해는 기능적 행위지배가 존재하지 않으므로 동시범이 된다고 하지만 판례는 과실범의 공동정범을 인정한다(61형상598).

3. 과실의 부작위범

진정부작위범 및 부진정부작위범 모두 성립이 가능하다.

> **판례** 기타 과실범 관련 판례
>
> ① 피고인이 사업 당시 공사현장감독인인 이상 그 공사의 원래의 발주자의 직원이 아니고 또 동 발주자에 의하여 현장감독에 임명된 것도 아니며, 건설업법상 요구되는 현장건설기술자의 자격도 없다는 등의 사유는 업무상과실책임을 물음에 아무런 영향도 미칠 수 없다(대판 1983.6.14. 82도2713).
>
> ② 정신병동에 입원 중인 환자가 완전감금병동의 화장실 창문을 열고 탈출하려다가 떨어져 죽은 사고에 있어서 위 병동의 당직간호사인 피고인이 (중략) 당시 위 창문이 잠겨 있지 않았다고 단정하기 어렵고(단순히 시정장치의 시정여부를 확인하는 것을 넘어 이를 설치 관리하는 일까지 간호사의 업무로 보기는 어렵다) 또한 피고인이 피해자가 화장실에 가는 시간을 기록하여 두고 10여 분 후에 간호보조사로부터 피해자가 병실 침대에 없다는 보고를 받은 즉시 그를 찾아 나

섰다면 그것을 가리켜 환자동태관찰의무를 게을리한 것이라고 단정할 수도 없다(대판 1992.4.28. 91도1346).

③ 안내원이 없는 시내버스의 운전사가 버스정류장에서 일단의 승객을 하차시킨 후 통상적으로 버스를 출발시키던 중 뒤늦게 버스 뒷편 좌석에서 일어나 앞 쪽으로 걸어 나오던 피해자가 균형을 잃고 넘어진 경우, (중략) 특별한 사정이 없는 한 착석한 승객 중 더 내릴 손님이 있는지, 출발 도중 넘어질 우려가 있는 승객이 있는지 등의 여부를 일일이 확인하여야 할 주의의무가 없다(대판 1992.4.28. 92도56).

④ [1] 일반인에 의해 제공되는 산후조리 업무와는 달리 신생아의 집단관리 업무를 책임지는 사람으로서는 신생아의 건강관리나 이상증상에 관하여 일반인보다 높은 수준의 지식을 갖추어 신생아를 위생적으로 관리하고 건강상태를 면밀히 살펴 이상증세가 보이면 의사나 한의사 등 전문가에게 진료를 받도록 하는 등 적절한 조치를 취하여야 할 업무상 주의의무가 있다. [2] (중략) 위 집단관리 책임자가 산모에게 신생아의 이상증세를 즉시 알리고 적절한 조치를 구하여 산모의 지시를 따른 것만으로는 업무상 주의의무를 다하였다고 볼 수 없다며 신생아 사망에 대한 업무상 과실치사의 죄책을 인정한 사례(대판 2007.11.16. 2005도1796).

⑤ 골프경기를 하던 중 골프공을 쳐서 아무도 예상하지 못한 자신의 등 뒤편으로 보내어 등 뒤에 있던 경기보조원(캐디)에게 상해를 입힌 경우에는 주의의무를 현저히 위반하여 사회적 상당성의 범위를 벗어난 행위로서 과실치상죄가 성립한다(대판 2008.10.23. 2008도6940).

⑥ 골프 카트 운업업무에 종사하는 자로서는 골프 카트 출발 전에는 승객들에게 안전 손잡이를 잡도록 고지하고 승객이 안전 손잡이를 잡은 것을 확인하고 출발하여야 하고, 우회전이나 좌회전을 하는 경우에도 골프 카트의 좌우가 개방되어 있어 승객들이 떨어져서 다칠 우려가 있으므로 충분히 서행하면서 안전하게 좌회전이나 우회전을 하여야 할 업무상 주의의무가 있다(대판 2010.7.22. 2010도1911).

⑦ [1] 앞차를 뒤따라 진행하는 차량의 운전사로서는 (중략) 앞차와의 충분한 안전거리를 유지하고 진로 전방좌우를 잘 살펴 진로의 안전을 확인하면서 진행할 주의의무가 있다. [2] 선행차량에 이어 피고인 운전 차량이 피해자를 연속하여 역과하는 과정에서 피해자가 사망한 경우, 피고인의 업무상 과실을 인정한 사례(대판 2001.12.11. 2001도5005).

제8절 결과적 가중범

제15조(사실의 착오) ② 결과 때문에 형이 무거워지는 죄의 경우에 그 결과의 발생을 예견할 수 없었을 때에는 무거운 죄로 벌하지 아니한다.

I. 결과적 가중범의 의의 및 종류

1. 결과적 가중범의 의의

결과적 가중범이란 고의에 의한 기본범죄에 의하여 행위자가 예견하지 않았던 중한 결과가 발생한 때에 형이 가중되는 범죄를 말한다. 형법 제15조 제2항은 "결과 때문에 형이 무거워지는 죄의 경우에 그 결과의 발생을 예견할 수 없었을 때에는 무거운 죄로 벌하지 아니한다."고 규정하고 있다.

2. 결과적 가중범의 종류

가. 진정결과적 가중범

진정결과적 가중범이란 고의에 의한 기본범죄에 기하여 과실로 중한 결과를 발생케 한 경우를 말한다. 폭행치사죄나 상해치사죄 등 대부분의 결과적 가중범이 이 형태에 속한다.

나. 부진정결과적 가중범

1) 의의 및 인정여부

부진정결과적 가중범이란 고의에 의한 기본범죄에 기하여 중한 결과를 과실뿐만 아니라 고의로 발생케 한 경우에도 성립하는 결과적 가중범을 말한다.

이러한 부진정결과적 가중범을 인정할 수 있는지에 대하여 견해가 대립하고, 판례는 긍정설의 입장에서 '현주건조물방화치상죄는 과실이 있는 경우뿐만 아니라 고의가 있는 경우도 포함된다'고 판시하고 있다(82도2341).

2) 부진정결과적 가중범과 중한 결과 고의범과의 죄수관계

부진정결과적 가중범을 인정함을 전제로, 결과적 가중범과 중한 결과의 고의범과의 죄수관계가 문제 된다.

이에 대해 판례는 부진정결과적 가중범과 중한 결과의 고의범의 법정형을 비교하여 판단하는 입장에서 중한 결과의 고의범이 부진정결과적 가중범보다 경하거나 같은 죄일 경우에는 부진정결과적 가중범의 일죄의 성립을, 중한 결과의 고의범이 부진정결과적 가중범보다 중한 죄일 경우 부진정결과적 가중범과 중한 결과의 고의범의 상상적 경합범의 성립을 각각 인정한다(2008도7311).

> **판례** 부진정결과적 가중범 인정여부 및 죄수
>
> ① [1] 형법 제164조 후단이 규정하는 현주건조물 방화치사상죄는 (중략) 과실이 있는 경우뿐만 아니라 고의가 있는 경우도 포함된다고 볼 것이므로, 현주건조물 내에 있는 사람을 강타하여 실신케 한 후 동건조물에 방화하여 소사케 한 피고인을 현주건조물에의 방화죄와 살인죄의 상상적 경합으로 의율할 것은 아니다. [2] (중략) 이 사건에서와 같이 불을 놓은 집에서 빠져 나오려는 피해자들을 막아 소사케 한 행위는 1개의 행위가 수개의 죄명에 해당하는 경우라고 볼 수 없고, 위 방화행위와 살인행위는 법률상 별개의 범의에 의하여 별개의 법익을 해하는 별개의 행위라고 할 것이니, 현주건조물방화죄와 살인죄는 실체적 경합관계에 있다(대판 1983.1.18. 82도2341).
>
> ② 사람을 살해할 목적으로 현주건조물에 방화하여 사망에 이르게 한 경우에는 현주건조물방화치사죄로 의율하여야 하고 이와 더불어 살인죄와의 상상적경합범으로 의율할 것은 아니며, 다만 존속살인죄와 현주건조물방화치사죄는 상상적경합범 관계에 있으므로, 법정형이 중한 존속살인죄로 의율함이 타당하다(대판 1996.4.26. 96도485).
>
> ③ [1] 기본범죄를 통하여 고의로 중한 결과를 발생하게 한 경우에 가중처벌하는 부진정결과적 가중범에서, 고의로 중한 결과를 발생하게 한 행위가 별도의 구성요건에 해당하고 그 고의범에 대하여 결과적 가중범에 정한 형보다 더 무겁게 처벌하는 규정이 있는 경우에는 그 고의범과 결과적 가중범이 상상적 경합관계에 있지만, 위와 같이 고의범에 대하여 더 무겁게 처벌하는 규정

이 없는 경우에는 결과적가중범이 고의범에 대하여 특별관계에 있으므로 **결과적 가중범만 성립하고 이와 법조경합의 관계에 있는 고의범에 대하여는 별도로 죄를 구성하지 않는다.** [2] 직무를 집행하는 공무원에 대하여 위험한 물건을 휴대하여 고의로 상해를 가한 경우에는 특수공무집행방해치상죄만 성립할 뿐, 이와는 별도로 폭력행위 등 처벌에 관한 법률 위반(집단·흉기 등 상해)죄를 구성하지 않는다(대판 2008.11.27. 2008도7311).

④ [1] **특수공무집행방해치상죄는 원래 결과적 가중범이기는 하지만**, 이는 중한 결과에 대하여 예견가능성이 있었음에 불구하고 예견하지 못한 경우에 벌하는 진정결과적 가중범이 아니라 그 결과에 대한 예견가능성이 있었음에도 불구하고 예견하지 못한 경우뿐만 아니라 **고의가 있는 경우까지도 포함하는 부진정결과적 가중범이다.** [2] 고의로 중한 결과를 발생케 한 경우에 무겁게 벌하는 구성요건이 따로 마련되어 있는 경우에는 당연히 무겁게 벌하는 구성요건에서 정하는 형으로 처벌하여야 할 것이고, 결과적 가중범의 형이 더 무거운 경우에는 결과적 가중범에 정한 형으로 처벌할 수 있도록 하여야 할 것이므로, **기본범죄를 통하여 고의로 중한 결과를 발생케 한 부진정결과적 가중범의 경우에 그 중한 결과가 별도의 구성요건에 해당한다면 이는 결과적 가중범과 중한 결과에 대한 고의범의 상상적 경합관계에 있다고 보아야 할 것이다**(대판 1995.1.20. 94도2842).

⑤ 피고인들이 피해자들의 재물을 강취한 후 그들을 살해할 목적으로 현주건조물에 방화하여 사망에 이르게 한 경우, 피고인들의 행위는 **강도살인죄와 현주건조물방화치사죄에 모두 해당하고 그 두 죄는 상상적 경합범관계에 있다**(대판 1998.12.8. 98도3416).

	진정결과적 가중범	부진정결과적 가중범
개인적 법익에 대한 죄	상해치사죄, 폭행치사상죄, 낙태치사상죄, 유기치사상죄, 인질치사상죄, 체포·감금치사상죄, 약취·유인·매매치사상죄, 강간·강제추행치사상죄, 강도치사상죄, 해상강도치사상죄, 손괴치사상죄	중상해죄, 중유기죄, 중손괴죄, 중권리행사방해죄
사회적 법익에 대한 죄	연소죄, 폭발성물건파열치사죄, 가스·전기등방류치사죄, 가스·전기등공급방해치사죄, 교통방해치사죄, 음용수혼독치사죄	현주건조물방화치사상죄, 현주건조물일수치사상죄, 폭발성물건파열치상죄, 가스·전기등방류치상죄, 가스·전기등공급방해치상죄, 교통방해치상죄, 음용수혼독치상죄
국가적 법익에 대한 죄		특수공무방해치사상죄

II. 결과적 가중범의 성립요건

1. 구성요건해당성

가. 고의의 기본범죄

형법상 결과적 가중범의 **기본범죄는 고의범**이어야 하고, 기본범죄는 기수·미수를 불문한다. 그러나 기본범죄에 미수범 처벌규정이 없는 경우에는 기본범죄가 기수인 경우에 한하여 결과적 가중범이 성립한다(낙태치사상죄, 연소죄). 다만, 기본범죄가 예비단계에 그친 경우에는 결과적 가중범이 성립하지 아니한다.

> **판례** 기본범죄가 미수에 그친 경우
> - 강간이 미수에 그치거나 간음의 결과 사정을 하지 않은 경우라도 그로 인하여 피해자가 상해를 입었으면 강간치상죄가 성립하는 것이고, 강간치상죄에 있어 상해의 결과는 강간의 수단으로 사용한 폭행으로부터 발생한 경우뿐 아니라 간음행위 그 자체로부터 발생한 경우나 강간에 수반하는 행위에서 발생한 경우도 포함하는 것이다(대판 1999.4.9. 99도519).

나. 중한 결과의 발생

중한 결과는 기본범죄에 내포된 전형적인 위험의 실현이므로 결과적 가중범의 본질적인 불법내용을 구성한다. 중한 결과는 법익침해가 대부분이지만 구체적 위험결과에 해당하는 경우도 있다(중상해죄, 중권리행사방해죄).

다. 인과관계 및 객관적 귀속

결과적 가중범도 결과범이므로 기본범죄와 중한 결과 사이에 인과관계 및 객관적 귀속이 인정되어야 한다. 객관적 귀속이 부정되는 경우 과실범의 미수는 불가벌이므로 기본범죄만이 성립가능하다.[11]

> **판례** 결과적 가중범의 인과관계
> ① 피고인이 甲의 뺨을 1회 때리고 오른손으로 목을 쳐 甲으로 하여금 뒤로 넘어지면서 머리를 땅바닥에 부딪치게 하여 상해를 가하고 그로 인해 사망에 이르게 하였다는 내용으로 기소된 사안에서, 甲이 두부 손상을 입은 후 병원에서 입원치료를 받다가 합병증으로 사망에 이르게 되어 피고인의 범행과 甲의 사망 사이에 인과관계를 부정할 수 없고, 사망 결과에 대한 예견가능성이 있었는데도, 이와 달리 보아 상해치사의 공소사실을 무죄로 판단한 원심판결에 법리오해의 위법이 있다고 한 사례(대판 2012.3.15. 2011도17648)
> ② (전략) 피해자가 위와 같이 계속되는 피고인의 폭행을 피하려고 다시 도로를 건너 도주하다가 차량에 치여 사망한 사실을 인정한 다음, 위와 같은 사정에 비추어 보면 피고인의 위 상해행위와 피해자의 사망 사이에 상당인과관계가 있다(대판 1996.5.10. 96도529).
> ③ 피고인들이 의도적으로 피해자를 술에 취하도록 유도하고 수차례 강간한 후 의식불명 상태에 빠진 피해자를 비닐창고로 옮겨 놓아 피해자가 저체온증으로 사망한 사안에서, 위 피해자의 사망과 피고인들의 강간 및 그 수반행위와의 인과관계 그리고 피해자의 사망에 대한 피고인들의 예견가능성이 인정되므로, 위 비닐창고에서 피해자를 재차 강제추행, 강간하고 하의를 벗겨 놓은 채 귀가한 피고인이 있다 하더라도 피고인들은 피해자의 사망에 대한 책임을 면한다고 볼 수 없어 강간치사죄가 인정된다고 한 사례(대판 2008.2.29. 2007도10120)
> ④ 고등학교 교사가 제자의 잘못을 징계코자 왼쪽뺨을 때려 뒤로 넘어지면서 사망에 이르게 한 경우 위 피해자는 두께 0.5mm밖에 안 되는 비정상적인 얇은 두개골이었고 또 뇌수종을 가진 심신허약자로서 좌측뺨을 때리자 급성뇌성압상승으로 넘어지게 된 것이라면 위 소위와 피해자의 사망 간에는 이른바 인과관계가 없는 경우에 해당한다(대판 1978.11.28. 78도1961).

---

[11] 결과적 가중범의 인과관계 및 객관적 귀속에 관한 판례는 제4절 인과관계와 객관적 귀속 파트를 참고

라. 중한 결과에 대한 예견가능성

중한 결과에 대한 예견가능성은 과실과 동일한 의미이고, 이는 기본범죄를 실행한 때를 기준으로 판단한다. 이러한 예견가능성은 불법요소인 동시에 책임요소로서의 의미도 가지고 있다(이중적 지위설).

> **판례** 인과관계와 예견가능성
> - 형법 제15조 제2항이 규정하고 있는 이른바 결과적 가중범은 행위자가 행위시에 그 결과의 발생을 예견할 수 없을 때에는 비록 그 행위와 결과 사이에 인과관계가 있다 하더라도 중한 죄로 벌할 수 없다(대판 1988.4.12. 88도178).

> **판례** 예견가능성을 인정한 경우
> ① [1] 폭행 또는 협박으로 타인의 재물을 강취하려는 행위와 이에 극도의 흥분을 느끼고 공포심에 사로잡혀 이를 피하려다 상해에 이르게 된 사실과는 상당인과관계가 있다 할 것이고 이 경우 강취 행위자가 상해의 결과의 발생을 예견할 수 있었다면 이를 강도치상죄로 다스릴 수 있다. [2] 피고인이 피해자와 함께 도박을 하다가 돈 3,200만 원을 잃자 도박을 할 때부터 같이 있었던 일행 2명 외에 후배 3명을 동원한 데다가 피고인은 식칼까지 들고 위 피해자로부터 돈을 빼앗으려고 한 점, (중략) 피고인의 위 폭행·협박행위와 위 피해자의 상해 사이에는 상당인과관계가 있고, 피고인으로서는 위 피해자가 위 도박으로 차지한 금원을 강취당하지 않기 위하여 반항하면서 경우에 따라서는 베란다의 외부로 통하는 창문을 통하여 위 주택 아래로 뛰어 내리는 등 탈출을 시도할 가능성이 있고 그러한 경우에는 위 피해자가 상해를 입을 수 있다는 예견도 가능하였다고 봄이 상당하므로, 피고인의 위 범죄사실은 강도치상죄를 구성한다고 본 사례(대판 1996.7.12. 96도1142).
> ② 특수공무방해치사상죄는 결과적가중범으로서 행위자가 그 결과의 발생을 예견할 수 있으면 족하다고 할 것인바, 피고인들이 도서관에 농성중인 학생들과 함께 경찰의 진입에 대항하여 건물현관 입구에는 빈 드럼통으로, 계단 등에는 책상과 걸상으로 각 장애물을 설치하고, 화염병이 든 상자 등 가연물질이 많이 모여있는 7층 복도 등에는 석유를 뿌려놓아 가연물질이 많은 옥내에 화염병이 투척되면 화염병이 불씨에 의하여 발화할 가능성이 있고 (중략) 불이 날 경우 많은 사람이 다치거나 사망할 수 있다는 것은 일반경험칙상 넉넉히 예상할 수 있는 것이므로 피고인들에게 위와 같은 화재로 인한 사망 등의 결과발생에 관하여 예견가능성이 없었다고는 할 수 없다(대판 1990.6.22. 90도767).
> ③ 사람의 얼굴과 가슴에 대한 가격은 신체기능에 중대한 지장을 초래할 수 있고 더구나 두뇌 부위에 대하여 두개골 결손을 가져올 정도로 타격을 가할 경우에 치명적인 결과를 가져올 수 있다는 것은 누구나 예견할 수 있는 일이다(대판 1984.12.11. 84도2183).

> **판례** 예견가능성을 부정한 경우
> ① 피고인과 피해자가 여관에 투숙하여 별다른 저항이나 마찰없이 성행위를 한 후, 피고인이 잠시 방 밖으로 나간 사이에 피해자가 방문을 안에서 잠그고 구내전화를 통하여 여관종업원에게 구조요청까지 한 후라면, 일반경험칙상 이러한 상황 아래에서 피해자가 피고인의 방문 흔드는 소리에 겁을 먹고 강간을 모면하기 위하여 3층에서 창문을 넘어 탈출하다가 상해를 입을 것이라고 예견

할 수는 없다고 볼 것이므로 이를 강간치상죄로 처단할 수 없다(대판 1985.10.8. 85도1537).

② 피고인이 피해자에게 상당한 힘을 가하여 넘어뜨린 것이 아니라 단지 공장에서 동료 사이에 말다툼을 하던 중 피고인이 삿대질하는 것을 피하고자 피해자 자신이 두어걸음 뒷걸음치다가 회전 중이던 십자형 스빙기계 철받침대에 걸려 넘어진 정도라면, 당시 바닥에 위와 같은 장애물이 있어서 뒷걸음치면 장애물에 걸려 넘어질 수 있다는 것까지는 예견할 수 있었다고 하더라도 그 정도로 넘어지면서 머리를 바닥에 부딪쳐 두개골절로 사망한다는 것은 이례적인 일이어서 통상적으로 일반인이 예견하기 어려운 결과라고 하지 않을 수 없으므로 피고인에게 폭행치사죄의 책임을 물을 수 없다(대판 1990.9.25. 90도1596).

③ 속칭 '생일빵'을 한다는 명목 하에 피해자를 가격하여 사망에 이르게 한 사안에서, 폭행과 사망 간에 인과관계는 인정되지만 폭행 당시 피해자의 사망을 예견할 수 없었다는 이유로 폭행치사의 공소사실에 대하여 무죄를 선고한 원심판단을 수긍한 사례(대판 2010.5.27. 2010도2680)

④ 피고인이 친구 5명과 같이 술집에서 그집 작부로 있는 피해자 등 6명과 더불어 밤 늦도록 술을 마시고 모두 각자의 상대방과 성교까지 하였는데 술값이 부족하여 친구집에 가서 돈을 빌리려고 위 일행중 피고인과 공소외 1, 2가 함께 봉고차를 타고 갈때 공소외 1과 성교를 한 피해자도 그 차에 편승하게 된 사실과 피고인과 피해자가 그 차에 마주앉아 가다가 피고인이 장난삼아 피해자의 유방을 만지고 피해자가 이를 뿌리치자 발을 앞으로 뻗어 치마를 위로 걷어올리고 구두발로 그녀의 허벅지를 문지르는 등 그녀를 강제로 추행하자 그녀가 욕설을 하면서 갑자기 차의 문을 열고 뛰어 내림으로써 부상을 입고 사망한 사실을 확정되고, 이와 같은 상황에서는 피고인이 그때 피해자가 피고인의 추행행위를 피하기 위하여 달리는 차에서 뛰어내려 사망에 이르게 될 것이라고 예견할 수 없고 달리 이를 인정할 만한 증거가 없다고 하여 피고인에게 그 사망의 결과에 대하여 책임을 묻지 아니하고 다만 강제추행으로 다스릴 수 있다(대판 1988.4.12. 88도178).

⑤ 피고인의 폭행정도가 서로 시비하다가 피해자를 떠밀어 땅에 엉덩방아를 찧고 주저앉게 한 정도에 지나지 않은 것이었고 또 피해자는 외관상 건강하여 전혀 병약한 흔적이 없는 자인데 사실은 관상동맥경화 및 협착증세를 가진 특수체질자이었기 때문에 위와 같은 정도의 폭행에 의한 충격에도 심장마비를 일으켜 사망하게 된 것이라면 피고인에게 사망의 결과에 대한 예견가능성이 있었다고 보기 어려워 결과적 가중범인 폭행치사죄로 의율할 수는 없다(대판 1985.4.3. 85도303).

⑥ 일반 경험칙상 위와 같이 욕설을 하고 피해자의 어깨쭉지를 잡고 조금 걸어가다가 놓아준 데 불과한 정도의 폭행으로 인하여 피해자가 위와 같은 상해를 입을 것이라고 예견할 수는 없다고 할 것이고, 또 기록을 살펴보아도 피해자가 평소 위와 같이 고혈압증세로 뇌출혈에 이르기 쉬운 체질이어서 위에서 본 바와 같은 정도의 욕설과 폭행으로 그와 같은 상해의 결과가 발생한 것임을 피고인이 이 사건 당시 실제로 예견하였거나 또는 예견할 수 있었다고 볼 만한 자료는 없으니 피고인에게 상해의 결과에 대한 책임을 물어 폭행치상죄로 처벌할 수는 없다고 할 것이다(대판 1982.1.12. 81도1811).

2. 위법성과 책임

기본범죄와 중한 결과 모두에 위법성이 인정될 때 결과적 가중범의 위법성이 인정되고, 결과적 가중범의 책임이 인정되기 위해서는 일반범죄와 동일한 책임표지가 기본범죄와 중한 결과 모두에 존재하여야 한다.

Ⅲ. 관련문제

1. 개괄적 과실

행위자의 제1행위인 기본범죄와 중한 결과 사이에 행위자의 제2의 과실행위가 개입한 경우에 기본범죄와 중한 결과 사이의 직접성을 인정함으로써 결과적 가중범의 성립을 인정할 것인지 문제된다(개괄적 과실의 인정여부).

이에 대하여 판례는 긍정설의 입장에서 '피고인이 피해자가 바닥에 쓰러진 채 정신을 잃고 빈사상태에 빠지자, 피해자가 사망한 것으로 오인하고, 피고인의 행위를 은폐하고 피해자가 자살한 것처럼 가장하기 위하여 피해자를 베란다로 옮긴 후 베란다 밑 약 13m 아래의 바닥으로 떨어뜨려 사망에 이르게 하였다면, 피고인의 행위는 포괄하여 단일의 상해치사죄에 해당한다'고 판시하였다(94도2361).

> **판례** 개괄적 과실
> - 피고인이 피해자에게 우측 흉골골절 및 늑골골절상과 이로 인한 우측 심장벽좌상과 심낭내출혈 등의 상해를 가함으로써, 피해자가 바닥에 쓰러진 채 정신을 잃고 빈사상태에 빠지자, 피해자가 사망한 것으로 오인하고, 피고인의 행위를 은폐하고 피해자가 자살한 것처럼 가장하기 위하여 피해자를 베란다로 옮긴 후 베란다 밑 약 13m 아래의 바닥으로 떨어뜨려 피해자로 하여금 현장에서 좌측 측두부 분쇄함몰골절에 의한 뇌손상 및 뇌출혈 등으로 사망에 이르게 하였다면, 피고인의 행위는 포괄하여 단일의 상해치사죄에 해당한다고 한 사례(대판 1994.11.4. 94도2361)

2. 결과적 가중범의 공범

가. 결과적 가중범의 공동정범

1) 부진정결과적 가중범

기본범죄와 중한 결과에 모두에 대해서 고의가 있으므로 결과적 가중범의 공동정범의 성립이 가능하다.

2) 진정결과적 가중범

공동정범에 있어서 공모한 범죄를 초과하여 중한 결과가 발생한 경우에 기본범죄 이외에 중한 결과에 대해서도 공동정범 성립을 긍정할 것인지 문제 된다(결과적 가중범의 공동정범 인정여부).

이에 대하여 판례는 긍정설의 입장에서 결과적 가중범의 공동정범은 기본범죄를 공동으로 할 의사가 있거나(91도1755), 행위를 공동으로 할 의사가 있으면 되고 결과를 공동으로 할 의사는 필요 없다고 판시하거나(93도1674), 다른 공동자에게 중한 결과에 대한 예견가능성이 있다면 결과적 가중범의 공동정범의 책임을 면할 수 없다고 판시하였다(96도215).

> **판례** 결과적 가중범의 공동정범
> ① 결과적 가중범의 공동정범은 기본행위를 공동으로 할 의사가 있으면 성립하고, 결과를 공동으로 할 의사는 필요 없으며, 그 결과의 발생을 예견할 수 있으면 족한 것이다(대판 2005.5.26. 2005도945).

② 결과적 가중범인 상해치사죄의 공동정범은 폭행 기타의 신체침해행위를 공동으로 할 의사가 있으면 성립되고 결과를 공동으로 할 의사는 필요 없다 할 것이므로 패싸움 중 한사람이 칼로 찔러 상대방을 죽게 한 경우에 다른 공범자가 그 결과 인식이 없다 하여 상해치사죄의 책임이 없다고 할 수 없다(대판 1978.1.17. 77도2193).

③ 피고인을 비롯한 30여 명의 공범들이 화염병 등 소지 공격조와 쇠파이프 소지 방어조로 나누어 회사 건물을 집단방화하기로 공모하고 이에 따라 공격조가 건물로 침입하여 화염병 수십 개를 1층 민원실 내부로 던져 불을 붙여 건물 내부를 소훼케 하는 도중에 공격조의 1인이 위 건조물 내의 피해자를 향하여 불이 붙은 화염병을 던진 사실을 알 수 있는바, (중략) 피해자의 화상은 이 사건 방화행위로 인하여 입은 것이라 할 것이므로 피고인을 비롯하여 당초 공모에 참여한 집단원 모두는 위 상해 결과에 대하여 현존건조물방화치상의 죄책을 면할 수 없다(대판 1996.4.12. 96도215).

④ 결과적 가중범인 상해치사죄의 공동정범은 폭행 기타의 신체침해 행위를 공동으로 할 의사가 있으면 성립되고 결과를 공동으로 할 의사는 필요 없으며, 여러 사람이 상해의 범의로 범행 중 한 사람이 중한 상해를 가하여 피해자가 사망에 이르게 된 경우 나머지 사람들은 사망의 결과를 예견할 수 없는 때가 아닌 한 상해치사의 죄책을 면할 수 없다(대판 2013.4.26. 2013도1222).

⑤ 결과적가중범의 공동정범은 기본행위를 공동으로 할 의사가 있으면 성립하고 결과를 공동으로 할 의사는 필요 없는바, 특수공무집행방해치상죄는 단체 또는 다중의 위력을 보이거나 위험한 물건을 휴대하고 직무를 집행하는 공무원에 대하여 폭행·협박을 하여 공무원을 사상에 이르게 한 경우에 성립하는 결과적가중범으로서 행위자가 그 결과를 의도할 필요는 없고 그 결과의 발생을 예견할 수 있으면 족하다(대판 2002.4.12. 2000도3485).

⑥ 피고인이 공범들과 공동하여 피해자의 신체를 상해하거나 폭행을 가하는 기회에 공범 중 1인이 고의로 피해자를 살해한 경우, 피고인이 살인행위를 공모하거나 공범의 살인행위에 관여하지 아니하였기 때문에 살인죄의 죄책은 지지 아니한다고 하더라도 상해나 폭행행위에 관하여는 서로 인식이 있었고 예견이 가능한 공범의 가해행위로 사망의 결과가 초래된 이상, 상해치사죄의 죄책은 면할 수 없다(대판 1991.5.14. 91도580).

나. 결과적 가중범의 교사·방조

정범이 교사·방조의 범위를 초과하여 중한 결과를 발생시켰을 경우, 교사·방조자에게 결과적 가중범의 교사·방조가 성립할 수 있는지 문제 된다.

이에 대하여 판례는 긍정설의 입장에서 교사자에게 중한 결과에 대하여 과실 내지 예견가능성이 있는 때에는 결과적 가중범의 교사범을 인정할 수 있다고 판시하였다(93도1873).

> **판례** 결과적 가중범과 공범
>
> - 교사자가 피교사자에 대하여 상해 또는 중상해를 교사하였는데 피교사자가 이를 넘어 살인을 실행한 경우 일반적으로 교사자는 상해죄 또는 중상해죄의 교사범이 되지만 이 경우 교사자에게 피해자의 사망이라는 결과에 대하여 과실 내지 예견가능성이 있는 때에는 상해치사죄의 교사범으로서의 죄책을 지울 수 있다(대판 1993.10.8. 93도1873).

3. 결과적 가중범의 미수

결과적 가중범의 성부와 관련하여 기본범죄의 기수·미수를 불문하고 중한 결과가 발생하면 결과적 가중범의 기수가 인정된다. 다만 형법 제324조의5(인질치사상죄), 제342조(강도치사상죄·해상강도치사상죄), 성폭력범죄의 처벌 등에 관한 특례법 제15조(강간 등 치상·치사)에서 결과적 가중범에 대한 미수범 처벌을 규정하고 있어, 현행법 체계상 결과적 가중범의 미수를 인정할 수 있는지가 문제 된다. 이에 대하여 판례는 부정설의 입장에서 '강간이 미수에 그친 경우라도 그 수단인 폭행에 의하여 피해자가 상해를 입었으면 성폭력범죄의 처벌 등에 관한 특례법상 강간치상죄가 성립'한다고 판시하였다(88도1628).

> **판례** 결과적 가중범의 미수
>
> - 성폭력범죄의 처벌 및 피해자보호 등에 관한 법률 제9조 제1항에 의하면 같은 법 제6조 제1항에서 규정하는 특수강간의 죄를 범한 자뿐만 아니라 특수강간이 미수에 그쳤다고 하더라도 그로 인하여 피해자가 상해를 입었으면 특수강간치상죄가 성립하는 것이고, 같은 법 제12조에서 규정한 위 제9조 제1항에 대한 미수범처벌규정은 제9조 제1항에서 특수강간치상죄와 함께 규정된 특수강간상해죄의 미수에 그친 경우, 즉 특수강간의 죄를 범하거나 미수에 그친 자가 피해자에 대하여 상해의 고의를 가지고 피해자에게 상해를 입히려다가 미수에 그친 경우 등에 적용된다(대판 2008.4.24. 2007도10058).

CHAPTER 03 위법성

제1절 위법성의 일반이론

Ⅰ. 위법성의 의의 및 본질

1. 위법성의 의의

위법성은 구성요건에 해당하는 행위가 법질서 전체의 입장과 객관적으로 모순·충돌하는 성질을 의미하고, 법질서 전체의 입장에서 내리는 부정적 가치판단이다.

불법	위법성
① 구성요건에 해당하고 위법한 행위 자체	① 행위가 법질서에 배치·모순되는 성질
② 실체개념(무가치)	② 관계개념
③ 개개의 법률에 비추어 판단	③ 법질서 전체에 비추어 판단
④ 질적·양적 차이 존재, 경중비교 가능	④ 항상 질과 양이 동일

2. 위법성의 본질

가. 위법성과 구성요건해당성

어느 행위가 구성요건에 해당하면 위법성은 추정·징표되고, 구성요건에 해당하고 위법한 행위는 불법하다고 평가된다. 위법성은 구성요건해당성을 전제로 위법성조각사유의 존부확인을 통해 소극적으로 평가된다.

나. 위법성과 책임

위법성은 법질처 전체의 입장에서 내리는 행위에 대한 반가치판단이고, 행위자가 아니라 구성요건에 해당하는 행위만을 평가한다. 반면, 책임은 일반적인 당위규범위반에 대한 개인적인 비난가능성이다. 책임판단에 있어서는 행위뿐만 아니라 행위자의 특별한 사정도 고려한다.

Ⅱ. 위법성의 본질 및 평가방법

1. 위법성의 본질

위법성의 본질에 대하여 ① 형식적 위법성론은 법규범에 규정된 작위 또는 부작위 의무의 침해에 있다고 보는 견해이고, ② 실질적 위법성은 사회유해적인 법익침해 또는 그 위험에 있다는 견해이다(법익침해설). 생각건대 위법성은 국가가 인정하는 통일된 법질서의 원칙에 위반하는 것이고, 통일된 법질서의 원칙의 내용이 되는 것은 위법성의 실질이다. 따라서 실질적 위법성론이 타당하다.

2. 위법성의 평가방법

위법성의 평가방법에 관하여는 ① 위법성은 객관적인 평가규범으로서의 법규범에 대한 위반이라고 하는 객관적 위법성론과, ② 위법성을 의사결정규범으로서의 법규범에 위반하는 것으로 이해하는 주관적 위법성론이 대립하고 있다. 생각건대, 형법은 근본적으로 평가규범이며 의사결정규범은 이로부터 파생하는 성질에 불과하다. 따라서 규범명령과 내용적으로 관련을 가지는 모든 사람이 규범의 수명자가 될 수 있고, 그의 연령·정신상태·인식능력은 여기서 고려되지 않는다. 이러한 의미에서 정신병자나 형사미성년자도 위법하게 행위할 수 있다고 하는 객관적 위법성론이 타당하다고 본다.

> **판례** 객관적 위법성론
> - 어떠한 행위가 형법 제20조 소정의 사회상규에 위배되지 않는 행위로 판단되기 위하여서는 그 범행의 동기, 행위자의 의사, 목적과 수단의 정당성, 그로 인한 법익침해의 정도 등을 종합적으로 고려하여 사회통념상 용인될 정도의 상당성이 있다고 인정되어야 하고, 그와 같은 판단에는 법질서 전체의 정신이나 그 배후에 놓여 있는 사회윤리가 그 판단의 기준이 되어야 할 것이다(대판 1997.11.14. 97도2118).

III. 위법성조각사유

1. 의의 및 종류

위법성조각사유란 구성요건에 해당하는 행위의 위법성을 배제하는 특별한 사유를 말한다. 정당화사유 또는 허용규범이라고도 하며, 허용규범의 성립요건을 허용구성요건이라고 한다. 형법상의 위법성조각사유에는 정당행위(제20조), 정당방위(제21조), 긴급피난(제22조), 자구행위(제23조), 피해자의 승낙(제24조), 명예훼손죄에서 사실의 증명(제310조)이 있고, 특별법상 위법성조각사유에는 인공임신중절(모자보건법 제14조), 현행범인의 체포(형사소송법 제212조), 점유권자의 자력구제(민법 제209조) 등이 있다.

2. 구조 및 기능

허용규범을 기초로 하는 위법성조각사유는 금지규범을 기초로 하는 구성요건에 대하여 대칭관계에 놓여있다. 따라서 구성요건과 위법성조각사유는 원칙과 예외의 관계에 있다.

위법성이 조각되려면 불법의 실질이 소멸되어야 하므로 위법성조각사유도 결과불법과 행위불법을 모두 소멸시킬 수 있는 근거를 갖추어야 한다. 위법성조각사유에서 객관적 정당화상황은 위법성조각사유의 객관적 전제사실로서, 구성요건에 해당하는 결과반가치를 상쇄한다. 또한 주관적 정당화요소는 위법성조각사유의 객관적 전제사실을 인식하고서 이에 기하여 행위한다는 의사로서, 구성요건에 해당하는 행위의 행위반가치를 상쇄한다.

3. 위법성조각사유의 효과

가. 행위자에 대한 효과

위법성조각사유에 해당하는 행위는 적법한 행위가 되므로 행위자는 형벌 및 보안처분을 받지 않는다. 반면, 책임조각사유가 존재하는 경우에는 형벌은 과할 수 없지만 보안처분은 가능하다.

나. 공범에 대한 효과

위법성이 조각되는 정범의 행위에 가담한 자에게는 공범이 성립하지 아니한다(제한종속형식). 반면, 책임이 조각되는 정범의 행위에 가담한 자에게는 공범성립이 가능하다.

다. 상대방에 대한 효과

위법성조각사유가 존재하여 정당화된 행위의 상대방은 다시 정당방위를 하지 못한다. 반면, 책임 없는 자의 공격에 대하여는 정당방위가 가능하다.

Ⅳ. 주관적 정당화요소

1. 의의

주관적 정당화요소란 방위의사·피난의사·자구의사와 같이 정당화상황을 인식하고서 이에 기하여 행위한다는 의사를 말한다(주관적 위법성조각사유). 이는 고의와 대칭되는 개념으로서, 구성요건에 해당하는 행위의 행위반가치를 상쇄하는 기능을 한다.

2. 주관적 정당화요소의 요부 및 결여한 경우의 효과

주관적 정당화요소가 필요한지 여부에 대하여 견해가 대립한다.

이에 대하여 ① 불요설은 주관적 정당화요소의 필요성을 부인하고 객관적 정당화상황만 있으면 위법성조각사유가 인정된다는 견해이고(결과반가치론), ② 필요설은 객관적 정당화상황 이외에 주관적 정당화요소가 있어야 위법성조각사유가 인정된다는 견해이다(행위반가치론).

판례는 필요설의 입장에서 '피난의사가 있었다고 인정할 수 없는 이상 긴급피난의 성립을 인정할 수 없다'고 판시하였다(80도306).

> **판례** 주관적 정당화요소
>
> - 정당행위가 성립하기 위하여는 건전한 사회통념에 비추어 그 행위의 동기나 목적이 정당하여야 하고, 정당방위·과잉방위나 긴급피난·과잉피난이 성립하기 위하여는 방위의사 또는 피난의사가 있어야 한다고 할 것이다. (중략) 피고인들이 위 계엄군의 시위진압행위를 이용하여 국헌문란의 목적을 달성하려고 한 행위는 그 행위의 동기나 목적이 정당하다고 볼 수 없고, 또한 피고인들에게 방위의사나 피난의사가 있다고 볼 수도 없어 정당행위, 정당방위·과잉방위, 긴급피난·과잉피난에 해당한다고 할 수는 없다고 할 것이다(대판 1997.4.17. 96도3376).

3. 주관적 정당화요소의 내용

주관적 정당화요소는 주관적 불법요소인 고의의 반대요소인 만큼, 고의의 지적 요소와 의지적 요소에 상응하는 인식과 의사가 요구된다(인식·의사요구설).

4. 주관적 정당화요소를 결한 경우의 효과

가. 문제의 제기

우연방위 등과 같이 객관적 정당화상황만 존재하고 주관적 정당화요소가 없는 행위에 대한 법적취급이 문제 된다. 이는 위법성조각에 있어 주관적 정당화요소의 필요성 및 주관적 정당화요소의 구체적 내용과 관련된 것이다.

나. 견해의 대립

1) 위법성조각설(무죄설)

위법성조각사유의 성립에는 주관적 정당화요소가 필요 없기 때문에, 행위자가 존재하는 객관적 정당화상황을 알지 못하고 행위한 경우에도 위법성이 조각된다는 견해이다. 결과반가치론을 그 이론적 배경으로 한다.

2) 기수범설

위법성조각사유는 모든 객관적 요건과 주관적 요건이 충족된 때에만 성립하는 것이므로 객관적 정당화상황이 존재한다고 하여 구성요건적 결과가 발생한 이상 결과반가치를 부정할 수 없으므로, 위법성은 조각되지 않고 기수범이 성립한다는 견해이다. 주로 행위반가치론을 그 이론적 배경으로 한다.

3) 불능미수범설

객관적 정당화상황이 존재하므로 결과반가치는 배제되나 행위반가치는 그대로 존재하므로 미수범 성립을 긍정하되, 그 구조가 불능미수와 유사하다고 보아 제27조를 유추적용하여 처벌하여야 한다는 견해이다(다수설). 이원적·인적불법론을 그 이론적 배경으로 한다.

다. 검토

주관적 정당화요소가 없으므로 행위반가치는 여전히 인정되지만, 객관적인 정당화상황은 존재하여 결과반가치가 탈락하는 측면을 고려하여 미수범 성립을 긍정하되 그 구조가 불능미수와 유사하여 형법 제27조를 유추적용하여야 하므로, 불능미수범설이 타당하다.

제2절 정당방위

> **제21조(정당방위)** ① 현재의 부당한 침해로부터 자기 또는 타인의 법익을 방위하기 위하여 한 행위는 상당한 이유가 있는 경우에는 벌하지 아니한다.

I. 정당방위의 의의

1. 정당방위의 개념

현재의 부당한 침해로부터 자기 또는 타인의 법익을 방위하기 위하여 한 행위가 상당한 이유가 있는 경우를 정당방위라고 한다(제21조).

2. 정당방위의 근거

정당방위는 타인의 위법한 침해로부터 스스로 방위하는 것을 허용하는 자기보호의 원리와 법은 불법에 양보할 필요가 없다는 법수호의 원리에 근거를 두고 있다.

3. 정당방위의 성질

정당방위는 "부정 대 정"의 관계로서 "법은 불법에 양보할 필요가 없다"는 명제를 기본으로 하고 있는 위법성조각사유이다. 정당방위는 이익교량의 사상에 근거하고 있는 것이 아닌 점에서 긴급피난과 구별된다.

II. 정당방위의 성립요건

1. 정당방위상황 - 현재의 부당한 침해

정당방위가 성립하기 위하여는 자기 또는 타인의 법익에 대한 현재의 부당한 침해, 즉 정당방위상황이 존재하여야 한다. 이는 정당방위의 객관적 정당화상황에 해당한다.

가. 자기 또는 타인의 법익

1) 법익의 범위

법에 의하여 보호되는 모든 개인적 법익이 정당방위에 의하여 보호될 수 있다. 이 때의 법은 형법에 제한되지 않는다.

> **판례** 아버지의 신체와 신분을 위한 정당방위
> - 타인이 보는 자리에서 자식으로부터 인륜상 용납할 수 없는 폭언과 함께 폭행을 가하려는 피해자를 1회 구타한 행위는 피고인의 신체에 대한 법익뿐만 아니라 아버지로서의 신분에 대한, 법익에 대한 현재의 부당한 침해를 방위하기 위한 행위로써 정황에 비추어 볼 때 피고인으로서는 피해자에게 일격을 가하지 아니할 수 없는 상당한 이유가 있는 행위로써 정당방위에 해당한다(대판 1974.5.14. 73도2401).

2) 법익의 주체

자기 이외에 타인의 법익을 보호하기 위한 정당방위도 인정된다. 이 때의 타인은 자연인·법인·법인격 없는 단체를 모두 포함한다. 국가도 사법상 권리귀속의 주체인 국고로서 법익의 주체가 될 경우에는 정당방위의 보호대상이 된다.

> **판례** 타인의 법익을 보호하기 위한 정당방위
>
> ① [1] 어떠한 행위가 정당방위로 인정되려면 그 행위가 자기 또는 타인의 법익에 대한 현재의 부당한 침해를 방어하기 위한 것으로서 상당성이 있어야 하므로, 위법하지 않은 정당한 침해에 대한 정당방위는 인정되지 않는다. (중략) 또한 자기의 법익뿐 아니라 타인의 법익에 대한 현재의 부당한 침해를 방위하기 위한 행위도 상당한 이유가 있으면 형법 제21조의 정당방위에 해당하여 위법성이 조각된다. [2] 피고인은 ◇◇◇◇◇ ◇◇ ◇◇◇ ◇◇의 노동위원회 위원장으로서 2009. 6. 22. □□□□노동조합 위원장으로부터 '○○자동차지부 파업투쟁으로 대량 연행자가 발생할 경우 변호사 접견이 신속하게 이루어질 수 있도록 적절한 조치를 취해 줄 것을 부탁한다'는 요청을 받았다. 그 후 피고인은 2009. 6. 26. 이 사건 현장을 방문하여 위 조합원들이 불법적으로 체포되는 것을 목격하고 이에 항의하면서 전투경찰대원들의 불법 체포 행위를 제지하였으며, 전투경찰대원들은 방패로 피고인을 강하게 밀어내었다. [3] 피고인은 전투경찰대원들의 위와 같은 유형력 행사에 저항하여 **전투경찰대원인 공소외 2와 공소외 3이 들고 있던 방패를 당기고 밀어 공소외 2와 공소외 3에게 상해를 입혔다.** (중략) 피고인의 행위가 정당방위에 해당한다(대판 2017.3.15. 2013도2168).
>
> ② 차량통행문제를 둘러싸고 피고인의 부와 다툼이 있던 피해자가 그 소유의 차량에 올라타 문안으로 운전해 들어가려 하자 피고인의 부가 양팔을 벌리고 이를 제지하였으나 위 피해자가 이에 불응하고 그대로 그 차를 피고인의 부 앞쪽으로 약 3미터 가량 전진시키자 위 차의 운전석 부근 옆에 서 있던 피고인이 부가 위 차에 다치겠으므로 이에 당황하여 **위 차를 정지시키기 위하여 운전석 옆 창문을 통하여 피해자의 머리털을 잡아당겨 그의 흉부가 위 차의 창문틀에 부딪혀 약간의 상처를 입게 한 행위**는 부의 생명, 신체에 대한 현재의 부당한 침해를 방위하기 위한 행위로서 정당방위에 해당한다(대판 1986.10.14. 86도1091).

3) 국가적·사회적 법익

국가적·사회적 법익은 원칙적으로 정당방위의 대상이 아니다. 다만, 국가적·사회적 법익에 대한 침해가 동시에 개인의 법익에 대한 침해를 포함하는 경우 등에는 정당방위가 가능하다.

> **판례** 국가적·사회적 법익을 위한 정당방위(부정)
>
> • 국군보안사령부의 민간인에 대한 정치사찰을 폭로한다는 명목으로 군무를 이탈한 행위가 정당방위나 정당행위에 해당하지 아니한다고 한 사례(대판 1993.6.8. 93도766)

나. 현재의 부당한 침해

1) 침해

침해란 법익에 대한 실해 또는 위험을 야기시키는 인간의 행위를 말한다. 침해는 인간의 행위로서의 성질을 가져야 한다. 따라서 동물의 공격이 사육주의 고의·과실 없이 야기된 경우에는 긴급피난의 문제가 되지만, 그 공격이 사육주의 고의·과실에 의하여 야기된 경우에는 정당방위가 가능하다.

침해는 고의·과실행위를 불문하여, 책임 없는 행위도 포함된다. 작위뿐만 아니라 부작위에 의한 침해도 가능하다. 다만, 단순한 채무불이행은 침해가 아니다.

2) 침해의 현재성

가) 의의

현재의 침해란 법익에 대한 침해가 급박한 상태에 있거나, 막 개시되었거나, 현재 계속되고 있는 경우를 말한다. 따라서 과거·장래의 침해에 대해서는 정당방위를 할 수 없다. 그러나 침해행위의 실행의 착수 이전일지라도 방어를 지체함으로써 방어가 어려워지는 때에는 현재성이 인정된다. 또한 침해행위의 기수 이후에도 법익침해가 현장에서 계속되는 상태에 있으면 현재성이 인정된다.

현재성은 방위행위시가 아니라 침해행위시를 기준으로 결정한다.

> **판례** 침해의 현재성
>
> ① '침해의 현재성'이란 침해행위가 형식적으로 기수에 이르렀는지에 따라 결정되는 것이 아니라 자기 또는 타인의 법익에 대한 침해상황이 종료되기 전까지를 의미하는 것이므로, 일련의 연속되는 행위로 인해 침해상황이 중단되지 아니하거나 일시 중단되더라도 추가 침해가 곧바로 발생할 객관적인 사유가 있는 경우에는 그 중 일부 행위가 범죄의 기수에 이르렀더라도 전체적으로 침해상황이 종료되지 않은 것으로 볼 수 있다. 정당방위의 성립 요건으로서의 방어행위에는 순수한 수비적 방어뿐 아니라 적극적 반격을 포함하는 반격방어의 형태도 포함된다. 다만 정당방위로 인정되기 위해서는 자기 또는 타인의 법익침해를 방어하기 위한 행위로서 상당한 이유가 있어야 한다(대판 2023.4.27. 2020도6874).
>
> ② [1] 피해자의 침해행위에 대하여 자기의 권리를 방위하기 위한 부득이한 행위가 아니고, 그 침해행위에서 벗어난 후 분을 풀려는 목적에서 나온 공격행위는 정당방위에 해당한다고 할 수 없다. [2] (중략) 본건 범행 당일에도 위 공소외인이 방세를 돌려 줄테니 방을 비워달라고 요구하자 방안에서 나오지도 아니하고 금 20,000,000원을 주어야 방을 비워준다고 억지를 쓰며 폭언을 하므로 위 공소외인의 며느리가 화가 나 피고인 방의 창문을 쇠스랑으로 부수자, 이에 격분하여 배척(속칭 빠루)을 들고 나와 마당에서 이 장면을 구경하다 미처 피고인을 피하여 도망가지 못한 마을주민인 피해자 1, 2을 배척(속칭 빠루)으로 때려 각 상해를 가한 것이므로 피고인에게는 현재의 부당한 침해는 없었음이 명백하다(대판 1996.4.9. 96도241).

나) 예방적 정당방위

예방적 정당방위란 침해가 목전에 임박한 것은 아니지만 예상되는 경우에 방어를 미루거나 지체함으로써 방어가 어려워지거나 침해가 훨씬 증대될 것으로 예상되는 상황에서의 정당방위를 의미한다. 이러한 예방적 정당방위는 침해의 현재성을 인정할 수 없으므로 인정되지 아니한다.

다) 계속적 위험

예방적 정당방위와 달리 '계속적 위험'이 있는 경우, 즉 과거에 계속적으로 침해가 있었고 장래에도 그 침해가 반복될 위험이 있는 경우에도 정당방위가 가능한지 여부가 문제 된다.

이에 대하여 판례는 긍정설의 입장에서 '피고인이 약 12살 때부터 의붓아버지인 피해자의 강간행위에 의하여 정조를 유린당한 후 계속적으로 이 사건 범행 무렵까지 피해자와의 성관계를 강요받아 왔고, 그러한 침해행위가 그 후에도 반복하여 계속될 염려가 있었다면, 피고인들의 이 사건 범행 당시 피고인의 신체나 자유 등에 대한 현재의 부당한 침해상태가 있었다고 볼 여지가 없는 것은 아니'라고 판시하였다(92도2540).

> **판례** 계속적 위험과 정당방위
>
> - 의붓아버지의 강간행위에 의하여 정조를 유린당한 후 계속적으로 성관계를 강요받아 온 피고인이 상피고인과 사전에 공모하여 범행을 준비하고 의붓아버지가 제대로 반항할 수 없는 상태에서 식칼로 심장을 찔러 살해한 행위는 사회통념상 상당성을 결여하여 정당방위가 성립하지 아니한다고 본 사례(대판 1992.12.22. 92도2540).

3) 침해의 부당성

가) 의의

침해행위는 객관적으로 법질서와 모순되는 위법한 것이어야 한다. 따라서 적법한 침해에 대해서는 정당방위는 할 수 없고, 긴급피난만이 가능하다. 그러나 침해가 유책한 것일 필요는 없으므로 형사미성년자의 공격에 대해서도 정당방위는 가능하다. 위법은 반드시 형법상의 불법을 의미하는 것이 아니므로 구성요건해당성이 없는 행위도 객관적으로 위법하면 정당방위가 가능하다.

> **판례** 침해의 부당성을 인정한 경우
>
> ① 절도범으로 오인받은 자가 야간에 군중들로부터 무차별 구타를 당하자 이를 방위하기 위하여 소지하고 있던 손톱깎이 칼을 휘둘러 상해를 입힌 행위는 정당방위에 해당한다(대판 1970.9.17. 70도1473).
>
> ② 경찰관이 임의동행을 요구하며 손목을 잡고 뒤로 꺾어 올리는 등으로 제압하자 거기에서 벗어나려고 몸싸움을 하는 과정에서 경찰관에게 경미한 상해를 입힌 경우, 위법성이 결여된 행위라고 본 사례(대판 1999.12.28. 98도138).
>
> ③ 사용자가, 적법한 직장폐쇄 기간 중 일방적으로 업무에 복귀하겠다고 하면서 자신의 퇴거요구에 불응한 채 계속하여 사업장 내로 진입을 시도하는 해고 근로자를 폭행, 협박한 것이 사업장 내의 평온과 노동조합의 업무방해행위를 방지하기 위한 정당방위 내지 정당행위에 해당한다(대판 2005.6.9. 2004도7218).
>
> ④ 검사가 참고인 조사를 받는 줄 알고 검찰청에 자진출석한 변호사사무실 사무장을 합리적 근거 없이 긴급체포하자 그 변호사가 이를 제지하는 과정에서 위 검사에게 상해를 가한 것이 정당방위에 해당한다고 본 사례(대판 2006.9.8. 2006도148).
>
> ⑤ [1] 경찰관이 현행범인 체포 요건을 갖추지 못하였는데도 실력으로 현행범인을 체포하려고 하였다면 적법한 공무집행이라고 할 수 없고, 현행범인 체포행위가 적법한 공무집행을 벗어나 불법인 것으로 볼 수밖에 없다면, 현행범이 체포를 면하려고 반항하는 과정에서 경찰관에게 상해를 가한 것은 불법체포로 인한 신체에 대한 현재의 부당한 침해에서 벗어나기 위한 행위로서 정

당방위에 해당하여 위법성이 조각된다. [2] 피고인이 경찰관의 불심검문을 받아 운전면허증을 교부한 후 경찰관에게 큰 소리로 욕설을 하였는데, 경찰관이 모욕죄의 현행범으로 체포하겠다고 고지한 후 피고인의 오른쪽 어깨를 붙잡자 반항하면서 경찰관에게 상해를 가한 사안에서, 피고인은 경찰관의 불심검문에 응하여 이미 운전면허증을 교부한 상태이고, 경찰관뿐 아니라 인근 주민도 욕설을 직접 들었으므로, 피고인이 도망하거나 증거를 인멸할 염려가 있다고 보기는 어렵고, (중략) 경찰관이 피고인을 체포한 행위는 적법한 공무집행이라고 볼 수 없고, 피고인이 체포를 면하려고 반항하는 과정에서 상해를 가한 것은 불법체포로 인한 신체에 대한 현재의 부당한 침해에서 벗어나기 위한 행위로서 **정당방위에 해당한다**(대판 2017.9.21. 2017도10866 등).

⑥ 절도범으로 오인받은 자가 야간에 군중들로부터 무차별 구타를 당하자 이를 방위하기 위하여 소지하고 있던 손톱깎기 칼을 휘둘러 상해를 입힌 행위는 **정당방위에 해당한다**(대판 1970.9.17. 70도1473).

판례) 침해의 부당성을 인정하지 아니한 경우

① [1] 정당방위가 성립하기 위하여는 현재의 부당한 침해를 방위하기 위한 행위이어야 할 것인데, 앞서 본 바와 같이 윤성민 차장의 부대출동명령이나 그 출동준비명령과 장태완 수경사 령관의 피고인들에 대한 공격준비행위는 피고인들의 불법공격에 대비하거나 반란을 진압하기 위한 정당한 직무집행으로서, 이를 가리켜 현재의 부당한 침해행위라고 볼 수는 없으므로, 이에 대항한 피고인들의 병력동원행위가 정당방위에 해당한다고 할 수 없다. 같은 취지의 원심 판단은 정당하고, 거기에 상고이유로 지적하는 바와 같이 채증법칙 위반이나 심리미진으로 인한 사실오인 또는 정당방위에 관한 법리오해의 위법이 있다고 할 수 없다. [2] 그리고 긴급피난이 성립하기 위하여는 행위자에게 피난의 의사가 있어야 할 것인데, 기록에 의하면, 피고인들이 병력을 동원한 것은 위난을 피할 의사에 의한 것은 아니고 반란목적을 달성할 의도에 의한 것이라고 보이므로, 피고인들에게 피난의 의사가 있었다고도 할 수 없다(대판 1997.4.17. 96도3376 전원합의체).

② 합동연설회장에서 후보자 甲이 적시한 연설 내용이 다른 후보자 乙에 대한 명예훼손 또는 후보자비방의 요건에 해당되나 그 위법성이 조각되는 경우, 甲의 연설 도중에 을이 마이크를 빼앗고 욕설을 하는 등 물리적으로 甲의 연설을 방해한 행위가 甲의 '위법하지 않은 정당한 침해'에 대하여 이루어진 것일 뿐만 아니라 '상당성'을 결여하여 정당방위의 요건을 갖추지 못하였다(대판 2003.11.13. 2003도3606).

나) 싸움과 정당방위

통상 싸움의 경우 가해행위는 방어행위인 동시에 공격행위의 성격을 가지므로 그 중 어느 한 쪽만을 위법한 침해행위라고 볼 수 없어 원칙적으로 정당방위가 인정되지 않는다. 다만 판례는 부당한 침해상황과 방위의사를 인정할 수 있는 예외적 경우, 즉 ① 싸움에서 상대방이 당연히 예상할 수 있는 범위를 과도하게 넘어서는 공격으로 나온 경우(68도370) 또는 ② 전혀 싸울 의사 없이 피해자의 부당한 공격에서 벗어나기 위하여 소극적 방어에 그친 경우(89도623), ③ 싸움이 중지된 후 다시 피해자들이 새로이 도발한 별개의 가해행위를 방어하기 위하여 공격한 경우(4290형상18)에 대해서는 정당방위가 가능하다고 판시하였다.

[판례] **싸움의 경우**

① 서로 격투를 하는 자 상호간에는 공격행위와 방어행위가 연속적으로 교차되고 방어행위는 동시에 공격행위가 되는 양면적 성격을 띠는 것이므로 어느 한쪽 당사자의 행위만을 가려내어 방어를 위한 정당행위라거나 또는 정당방위에 해당한다고 보기 어려운 것이 보통이나, 외관상 서로 격투를 하는 것처럼 보이는 경우라고 할지라도 실지로는 한쪽 당사자가 일방적으로 불법한 공격을 가하고 상대방은 이러한 불법한 공격으로부터 자신을 보호하고 이를 벗어나기 위한 저항수단으로 유형력을 행사한 경우라면, 그 행위가 적극적인 반격이 아니라 소극적인 방어의 한도를 벗어나지 않는 한 그 행위에 이르게 된 경위와 그 목적수단 및 행위자의 의사 등 제반 사정에 비추어 볼 때 사회통념상 허용될 만한 상당성이 있는 행위로서 위법성이 조각된다고 보아야 할 것이다(대판 1999.10.12. 99도3377).

② 싸움을 함에 있어서 격투를 하는 자 중의 한 사람의 공격이 그 격투에서 당연히 예상할 수 있는 정도를 초과하여 살인의 흉기 등을 사용하여 온 경우에는 이를 '부당한 침해'라고 아니할 수 없으므로 이에 대하여는 정당방위를 허용하여야 한다고 해석하여야 할 것이다(대판 1968.5.7. 68도370).

③ 외관상 서로 격투를 하는 것처럼 보이는 경우라고 할지라도 한쪽 당사자가 일방적으로 불법한 공격을 가하고 상대방은 이러한 불법한 공격으로부터 자신을 보호하고 이로부터 벗어나기 위한 저항수단으로 유형력을 행사한 경우라면 그 행위가 적극적인 반격이 아니라 소극적인 방어의 한도를 벗어나지 않는 한 그 행위에 이르게 된 경위와 그 목적. 수단 및 행위자의 의사등 제반사정에 비추어 사회통념상 허용될 만한 상당성이 있는 행위로서 위법성이 조각된다(대판 1985.10.22. 85도1455).

④ 갑과 자신의 남편과의 관계를 의심하게 된 상대방이 자신의 아들 등과 함께 갑의 아파트에 찾아가 현관문을 발로 차는 등 소란을 피우다가, 출입문을 열어주자 곧바로 갑을 밀치고 신발을 신은 채로 거실로 들어가 상대방 일행이 서로 합세하여 갑을 구타하기 시작하였고, 갑은 이를 벗어나기 위하여 손을 휘저으며 발버둥치는 과정에서 상대방 등에게 상해를 가하게 된 사안에서, (중략) 갑은 그러한 위법한 공격으로부터 자신을 보호하고 이를 벗어나기 위한 사회관념상 상당성 있는 방어행위로서 유형력의 행사에 이르렀다고 할 것이어서 위 행위의 위법성이 조각된다(대판 2010.2.11. 2009도12958).

⑤ 가해자의 행위가 피해자의 부당한 공격을 방위하기 위한 것이라기보다는 서로 공격할 의사로 싸우다가 먼저 공격을 받고 이에 대항하여 가해하게 된 것이라고 봄이 상당한 경우, 그 가해행위는 방어행위인 동시에 공격행위의 성격을 가지므로 정당방위 또는 과잉방위행위라고 볼 수 없다(대판 2011.5.13. 2010도16970 등).

⑥ 싸움이 중지된 후 다시 피해자들이 새로이 도발한 별개의 가해행위를 방어하기 위하여 단도로써 상대방의 복부에 칼로 상해를 입힌 행위는 정당방위에 해당한다(대판 1957.3.8. 4290형상18).

⑦ 피해자가 술에 만취하여 누나인 공소외인과 말다툼을 하다가 공소외인의 머리채를 잡고 때렸으며, 당시 공소외인의 남편이었던 피고인이 이를 목격하고 화가 나서 피해자와 싸우게 되었는데, 그 과정에서 몸무게가 85kg 이상이나 되는 피해자가 62kg의 피고인을 침대 위에 넘어뜨리고 피고인의 가슴 위에 올라타 목부분을 누르자 호흡이 곤란하게 된 피고인이 안간힘을 쓰면서 허둥대다가 그 곳 침대 위에 놓여있던 과도로 피해자에게 상해를 가한 경우, 피고인의

행위는 피해자의 부당한 공격을 방위하기 위한 것이라기 보다는 서로 공격할 의사로 싸우다가 먼저 공격을 받고 이에 대항하여 가해하게 된 것이라고 봄이 상당하고, 이와 같은 싸움의 경우 가해행위는 방어행위인 동시에 공격행위의 성격을 가지므로 **정당방위 또는 과잉방위행위라고 볼 수 없다**(대판 2000.3.28. 2000도228).

2. 방위행위

가. 방위의사

방위행위에는 **정당방위상황에 대한 인식과 방어행위를 실현한다는 의사**가 있어야 한다. 이는 정당방위의 **주관적 정당화요소**에 해당한다. 타인의 법익에 대한 침해를 방위하기 위한 긴급구조의 경우 피침해자인 타인에게는 방위의사가 필요하지 아니하다(불요설).

나. 방위행위의 태양과 상대방

방위행위에는 침해에 대한 순수한 수세적인 방위인 **보호방위**뿐만 아니라 적극적 반격의 형태로 행해지는 **공격방위**도 포함된다. 방위행위는 **침해자 및 그 도구에 대해서만 할 수 있고, 제3자에 대한 반격은 긴급피난만이 가능**하다.

> **판례** 계속적 위험과 정당방위
>
> • 정당방위의 성립요건으로서의 방어행위에는 순수한 수비적 방어뿐 아니라 적극적 반격을 포함하는 반격방어의 형태도 포함되나, 그 방어행위는 자기 또는 타인의 법익침해를 방위하기 위한 행위로서 상당한 이유가 있어야 한다(대판 1992.12.22. 92도2540).

3. 상당한 이유

상당한 이유라 함은 **침해에 대한 방위가 사회상규에 비추어 상당한 정도를 넘지 아니하고 당연시되는 것**을 말한다. 정당방위는 개인의 법익에 대한 보호뿐만 아니라 법질서의 유지를 위하여도 인정되는 것이므로 **보충성의 원리나 균형성의 원리를 요하는 것은 아니다**. 따라서 정당방위에 있어서 상당한 이유라 함은 방위의 필요성을 의미한다고 할 수 있다. 상당한 이유가 있느냐에 대한 판단은 객관적으로 하여야 한다.

> **판례** 정당방위의 상당한 이유
>
> ① 정당방위가 성립하려면 침해행위에 의하여 침해되는 법익의 종류 정도 침해의 방법 침해행위의 완급과 방위행위에 의하여 침해될 법익의 종류 정도 등 일체의 구체적 사정을 참작하여 방위행위가 사회적으로 상당한 것이었다고 인정할 수 있는 것이어야 한다(대판 1966.3.5. 66도63).
>
> ② 피고인 경영의 주점에서 갑등 3인이 통금시간이 지나도록 외상술을 마시면서 접대부와 동침시켜 줄 것을 요구하고 이를 거절한데 불만을 품고 내실까지 들어와 피고인의 처가 있는데서 소변까지 하므로 피고인이 항의하자 갑이 그 일행과 함께 피고인을 집단구타하므로 피고인이 갑을 업어치기식으로 넘어뜨려 그에게 전치 12일의 상해를 입힌 경우에는 피고인의 갑에 대한 위 폭행행위는 정당방위로 죄가 되지 아니한다(대판 1981.8.25. 80도800).
>
> ③ [1] 정당방위에 있어서는 반드시 방위행위에 보충의 원칙은 적용되지 않으나 방위에 필요한 한도내의 행위로서 사회윤리에 위배되지 않는 상당성있는 행위임을 요한다. [2] 야간에 술이 취한 상태

에서 병원에 있던 과도로 대형 유리창문을 쳐 깨뜨리고 자신의 복부에 칼을 대고 할복 자살하겠다고 난동을 부린 피해자가 출동한 2명의 경찰관들에게 칼을 들고 항거하였다고 하여도 위 경찰관 등이 공포를 발사하거나 소지한 가스총과 경찰봉을 사용하여 위 망인의 항거를 억제할 시간적 여유와 보충적 수단이 있었다고 보여지고, 또 부득이 총을 발사할 수 밖에 없었다고 하더라도 하체부위를 향하여 발사함으로써 그 위해를 최소한도로 줄일 여지가 있었다고 보여지므로, 칼빈소총을 1회 발사하여 피해자의 왼쪽 가슴 아래 부위를 관통하여 사망케 한 경찰관의 총기사용행위는 경찰관직무집행법 제11조 소정의 총기사용 한계를 벗어난 것이라고 한 사례(대판 1991.9.10. 91다19913).

④ 甲과 乙이 공동으로 인적이 드문 심야에 혼자 귀가 중인 丙녀에게 뒤에서 느닷없이 달려들어 양팔을 붙잡고 어두운 골목길로 끌고 들어가 담벽에 쓰러뜨린 후 甲이 음부를 만지며 반항하는 丙녀의 옆구리를 무릎으로 차고 억지로 키스를 함으로 丙녀가 정조와 신체를 지키려는 일념에서 엉겁결에 甲의 혀를 깨물어 설절단상을 입혔다면 丙녀의 범행은 자기의 신체에 대한 현재의 부당한 침해에서 벗어나려고 한 행위로서 그 행위에 이르게 된 경위와 그 목적 및 수단, 행위자의 의사 등 제반사정에 비추어 위법성이 결여된 행위이다(대판 1989.8.8. 89도358).

⑤ 전투경찰대원이 상관의 다소 심한 기합에 격분하여 상관을 사살한 행위는 자신의 신체에 대한 침해를 방위하기 위한 상당한 방법이었다고 볼 수 없다(대판 1984.6.12. 84도683).

⑥ 피고인이 피해자로부터 뺨을 맞고 손톱깎이 칼에 찔려 약 1cm의 상처를 입었다 하여 약 20cm의 과도로 피고의 복부를 찔렀다면, 현재의 부당한 침해에서 벗어나기 위한 행위로서의 정당방위에 해당한다고 볼 수 없다(대판 1968.12.24. 68도 1229).

III. 정당방위에 대한 사회윤리적 제한

1. 정당방위의 제한의 의의

정당방위는 법질서 전체의 입장에서 요구·허용되는 행위여야 한다. 따라서 요구되지 않은 방위행위는 사회윤리적 관점에서 제한을 받는다. 자기 또는 법질서를 보호할 이익이 없을 때 정당방위가 제한되는 것은 당연하므로, 정당방위의 기본원리인 자기보호 및 법질서수호의 원리에 의하여 정당방위의 한계가 설정된다.

2. 정당방위의 제한의 유형

가. 책임 없는 자의 침해에 대한 방위

정당방위는 책임 있는 자에 의한 침해를 요건으로 하지 않지만, 유아·정신병자·명정자 또는 금지의 착오상태에 있는 자 등 책임 없는 자의 침해에 있어서는 법수호의 이익이 현저히 약화되어 법익의 침해를 피할 수 없는 때가 아니면 정당방위가 허용되지 않는다고 해석해야 한다.

나. 보증관계에 있는 자의 침해에 대한 방위

부부나 부자관계와 같은 긴밀한 인적 관계에 있는 사람 사이에서도 특수한 보호의무로 인하여 법질서 수호의 이익이 약화된다는 점에서 정당방위의 성립이 제한된다. 다만 정당방위를 제한하는 인적 관계는 부진정부작위범의 보증인지위와 같은 긴밀한 가족관계에서만 인정된다고 해야 한다. 특히, 생명을 침해하는 방위행위는 자신의 생명에 위협을 느낄 경우 최후의 수단으로서만 허용된다.

> **판례** 남편의 공격에 대해 처가 반격한 경우
> - 이혼소송 중인 남편이 찾아와 가위로 폭행하고 변태적 성행위를 강요하는 데에 격분하여 처가 칼로 남편의 복부를 찔러 사망에 이르게 한 경우, 그 행위는 방위행위로서의 한도를 넘어선 것이므로 사회통념상 용인될 수 없다는 이유로 정당방위나 과잉방위에 해당하지 않는다(대판 2001.5.15. 2001도1089).

다. 극히 경미한 침해에 대한 방위

정당방위에 있어서는 법익 사이의 균형이나 비례는 문제되지 않으나, 침해가 극히 경미하여 법익 사이에 현저한 불균형이 있는 경우에는 법수호의 이익이 감소되어 정당방위가 제한된다.

> **판례** 극히 경미한 침해에 대한 행위
> - 피고인이 그 소유의 밤나무 단지에서 피해자 甲이 밤 18개를 푸대에 주워 담는것을 보고 푸대를 빼앗으려다 반항하는 피해자의 뺨과 팔목을 때려 상처를 입혔다면 위 행위가 비록 피해자의 절취행위를 방지하기 위한 것이었다 하여도 긴박성과 상당성을 결여하여 정당방위라고 볼 수 없다(대판 1984.9.25. 84도1611).

라. 도발된 침해에 대한 방위

1) 목적에 의한 도발

목적에 의한 도발이란 정당방위 상황을 이용하여 공격자를 침해할 목적으로 공격을 유발한 경우를 말한다. 이러한 경우 도발자의 정당방위는 사회윤리적으로 용인될 수 없다.

2) 책임 있는 도발

책임 있는 도발이란 의도적 도발은 아니지만 침해에 대해서 방위자에게 책임이 있는 경우를 말한다. 침해에 대하여 방위자에게 책임이 있는 경우에도 정당방위는 원칙적으로 인정되나, 책임 있는 도발에 의한 침해에 있어서는 법질서 수호의 이익이 현저히 감소되므로 정당방위는 공격을 회피할 수 없거나 다른 방법에 의하여는 방어할 수 없는 경우에 제한된다.

> **판례** 도발된 침해에 대한 정당방위
> ① 피고인이 피해자를 살해하려고 먼저 가격한 이상 피해자의 반격이 있었더라도 피해자를 살해한 소위가 정당방위에 해당한다고 볼 수 없다(대판 1983.9.13. 83도1467).
> ② 당일 피고인의 형인 "갑"과 "무"사이에 싸움이 벌어졌다가 그것이 일단 제지된 후 피고인은 피해자들의 비행을 따지기 이하여 그들이 술을 마시고 있는 술집으로 "갑"과 함께 찾아가서 그집 문전에서 먼저 "갑"과 "무"사이에 싸움이 시작되자 피해자들이 뛰어나오

는 것을 보고 피고인도 "갑"에게 가세하여 그들과 싸우게 되었던 것이고 그 싸움 중에 피해자 "을"이 쥐고 있던 칼을 빼앗아 동인을 찌르고 다른 피해자들이 달려들므로 그들에 대하여도 그 칼을 휘두르며 공격하여 피해자들에게 그 판시와 같은 살상을 입히게 된 것이라면 그 행위와 흉기의 성질상 피고인의 위와 같은 행위에는 적어도 살인에 관한 미필적인 고의가 있었던 것이라고 하지 않을 수 없고 또 그것이 정당방위나 과잉방위에 해당한다고 할 수도 없다 할 것이다(대판 1968.11.12. 68도912).

③ 언쟁중 흥분끝에 싸우다가 상해를 입힌 행위는 서로 상대방의 상해행위를 유발한 것이어서 정당방위는 성립하지 아니한다(대판 1984.6.26. 83도3090).

Ⅳ. 정당방위의 효과

정당방위로 인정되는 행위에 대하여는 구성요건에 해당하는 행위라 하더라도 위법성이 조각되어 처벌되지 아니한다. 정당방위는 위법하지 않은 정당한 행위이므로 정당방위에 대한 정당방위는 허용되지 않는다.

> **판례** 기타 정당방위가 성립하는 경우
>
> ① 피해자가 피고인 운전의 차량 앞에 뛰어 들어 함부로 타려고 하고 이에 항의하는 피고인의 바지춤을 잡아 당겨 찢고 피고인을 끌고 가려다가 넘어지자, 피고인이 피해자의 양 손목을 경찰관이 도착할 때까지 약 3분간 잡아 누른 경우, 정당방위에 해당한다고 본 사례(대판 1999.6.11. 99도943)
>
> ② 갑회사가 을이 점유하던 공사현장에 실력을 행사하여 들어와 현수막 및 간판을 설치하고 담장에 글씨를 쓴 행위는 을의 시공 및 공사현장의 점유를 방해하는 것으로서 을의 법익에 대한 현재의 부당한 침해라고 할 수 있으므로 을이 그 현수막을 찢고 간판 및 담장에 씌어진 글씨를 지운 것은 그 침해를 방어하기 위한 행위로서 상당한 이유가 있다(대판 1989.3.14. 87도3674).
>
> ③ 피해자가 피고인에게 다가와 폭언을 하면서 피고인의 오른손 둘째 손가락을 물어 뜯으므로 피고인이 이를 피하려고 손을 뿌리치면서 두 손으로 피해자의 양어깨를 누르게 되었다면, 피고인의 소위는 피해자의 부당한 공격에서 벗어나려고 한 행위로서 그 행위에 이르게 된 경위, 목적, 수단, 의사 등 제반사정에 비추어 사회통념상 허용될 만한 정도의 상당성 있는 것으로 위법성이 결여되어 폭행죄를 구성하지 아니한다(대판 1984.4.24. 84도242).
>
> ④ 국유토지가 공개입찰에 의하여 매매되고 그 인도집행이 완료되었다 하더라도 그 토지의 종전 경작자인 피고인이 파종한 보리가 30센치 이상 성장하였다면 그 보리는 피고인의 소유로서 그가 수확할 권한이 있으므로 토지매수자가 토지를 경작하기 위하여 소를 이용하여 쟁기질을 하고 성장한 보리를 갈아뭉개는 행위는 피고인의 재산에 대한 현재의 부당한 침해라 할 것이므로 이를 막기위하여 그 경작을 못 하도록 소 앞을 가로막고 쟁기를 잡아당기는 등의 피고인의 행위는 정당방위에 해당된다(대판 1977.5.24. 76도3460).

> **판례** 기타 정당방위가 성립하지 아니하는 경우
>
> ① 타인의 집대문 앞에 은신하고 있다가 경찰관의 명령에 따라 순순히 손을 들고 나오면서 그대로 도주하는 범인을 경찰관이 뒤따라 추격하면서 등부위에 권총을 발사하여 사망케한 경우, 위와 같은 총기사용은 현재의 부당한 침해를 방지하거나 현재의 위난을 피하기 위한 상당성있는 행위라고 볼 수 없는 것으로서 범인의 체포를 위하여 필요한 한도를 넘어 무기를 사용한 것이라고 하

여 국가의 손해배상책임을 인정한 사례(대판 1991.5.28. 91다10084)

② 회사의 관리사원으로 근무하는 자들이 해고에 항의하는 농성을 제지하기 위하여 그 주동자라고 생각되는 해고근로자들을 다른 근로자와 분산시켜 귀가시키거나 불응시에는 경찰에 고발, 인계할 목적으로 간부사원회의 지시에 따라 위 근로자들을 봉고차에 강제로 태운 다음 그곳에서 내리지 못하게 하여 감금행위를 한 것이라고 하더라도 이를 정당한 업무행위라거나 사회상규에 위배되지 않는 정당한 행위라고 보기는 어렵고 또 현재의 부당한 침해를 방위하기 위하여 상당성이 인정되는 정당방위 행위라고 볼 수도 없다(대판 1989.12.12. 89도875).

V. 과잉방위와 오상방위

1. 과잉방위

> **제21조(정당방위)** ② 방위행위가 그 정도를 초과한 경우에는 정황에 따라 그 형을 감경하거나 면제할 수 있다.
> ③ 제2항의 경우에 야간이나 그 밖의 불안한 상태에서 공포를 느끼거나 경악하거나 흥분하거나 당황하였기 때문에 그 행위를 하였을 때에는 벌하지 아니한다.

현재의 부당한 침해에 대한 방위행위는 있었으나, 그 방위행위가 상당성의 정도를 넘은 때에 이를 과잉방위라고 한다. 즉, 방위행위가 필요한 정도를 초과하거나 정당방위의 사회윤리적 한계를 일탈하여야 한다. 과잉방위는 위법성이 조각되지 않고 책임이 감소·소멸(제21조 제2항, 제3항)할 뿐이다(다수설).

판례 형법 제21조 제2항의 과잉방위

① (전략) 피고인은 공격행위를 계속하여 올 경우 이에 대항하기 위하여 자신이 전화케이블선공사 도구로 사용하던 곡괭이 자루를 집어들고 약 50미터 떨어진 일신타이어 수리점 앞까지 도망가는데 공소외 1은 각목을 들고, 1심 공동피고인 1 빈 전화케이블선을 들고 계속 쫓아와 마구 휘두르며 피고인의 어깨, 머리, 왼손, 옆구리 등을 마구 때리므로 이에 대항하여 피고인도 곡괭이자루를 마구 휘두른 결과 공소외 1의 머리뒷부분을 1회 힘껏 맞게하여 동인도 사망하고 1심 공동피고인 1은 상해를 입었으며 피고인 자신도 왼쪽 셋째손가락이 부러지는 상해를 입은 사실을 인정한 후 이와 같이 집단구타를 당하게 된 피고인이 더 이상 도피하기 어려운 상황에서 이를 방어하기 위하여 반격적인 행위를 하려던 것이 그 정도가 지나친 행위를 한 것이 뚜렷하므로 이는 과잉방위에 해당한다(대판 1985.9.10. 85도1370).

② 피고인이 피해자로부터 갑작스럽게 뺨을 맞는 등 폭행을 당하여 서로 멱살을 잡고 다투자 주위 사람들이 싸움을 제지하였으나 피해자에게 대항하기 위하여 깨어진 병으로 피해자를 찌를 듯이 겨누어 협박한 경우, 피고인의 행위는 자기의 법익에 대한 현재의 부당한 침해를 방어하기 위한 것이라고 볼 수 있으나, 맨손으로 공격하는 상대방에 대하여 위험한 물건인 깨어진 병을 가지고 대항한다는 것은 사회통념상 그 정도를 초과한 방어행위로서 상당성이 결여된 것이고, 또 주위사람들이 싸움을 제지하였다는 상황에 비추어 야간의 공포나 당황으로 인한 것이었다고 보기도 어렵다(대판 1991.5.28. 91도80).

> [판례] 형법 제21조 제3항의 과잉방위

① [1] 평소 흉포한 성격인데다가 술까지 몹시 취한 피해자가 심하게 행패를 부리던 끝에 피고인들을 모두 죽여버리겠다면서 식칼을 들고 공소외 1에게 달려들어 찌를듯이 면전에 칼을 들이대다가 공소외 2로부터 제지를 받자, 다시 공소외 2의 목을 손으로 졸라 숨쉬기를 어렵게 한 위급한 상황에서 피고인이 순간적으로 공소외 2를 구하기 위하여 피해자에게 달려들어 그의 목을 조르면서 뒤로 넘어뜨린 행위는 공소외 1, 2의 생명, 신체에 대한 현재의 부당한 침해를 방위하기 위한 상당한 행위라 할 것이고, 나아가 위 사건 당시 피해자가 피고인의 위와 같은 방위행위로 말미암아 뒤로 넘어져 피고인의 몸 아래 깔려 더 이상 침해행위를 계속하는 것이 불가능하거나 또는 적어도 현저히 곤란한 상태에 빠졌음에도 피고인이 피해자의 몸 위에 타고 앉아 그의 목을 계속하여 졸라 누름으로써 결국 피해자로 하여금 질식하여 사망에 이르게 한 행위는 정당방위의 요건인 상당성을 결여한 행위라고 보아야 할 것이나, (중략) 방위의사에서 비롯된 피고인의 위와 같이 연속된 전후행위는 하나로서 형법 제21조 제2항 소정의 과잉방위에 해당한다 할 것이고, 당시 야간에 흉포한 성격에 술까지 취한 피해자가 식칼을 들고 피고인을 포함한 가족들의 생명, 신체를 위협하는 불의의 행패와 폭행을 하여 온 불안스러운 상태하에서 공포, 경악, 흥분 또는 당황 등으로 말미암아 저질러진 것이라고 보아야 할 것이다(대판 1986.11.11. 86도1862).

② 피고인이 피해자 일행들로부터 폭행을 당하던 중에 피해자 일행에게 반격을 하겠다기보다는 그들의 공격으로부터 벗어나기 위하여 맥주병을 들고 나와서 위협을 하던 중 피고인을 뒤에서 끌어안은 피해자와 함께 넘어져 뒹굴며 옥신각신 하는 과정에서 맥주병이 깨지게 되고 그 깨진 맥주병에 피해자가 이개절상 등의 상해를 입게 된 것으로서 (중략) 피고인의 행위는 형법 제21조 제3항에 의하여 벌할 수 없는 경우에 해당한다(대판 2005.7.8. 2005도2807).

③ 피고인이 1969.8.30. 22:40경 그의 처 공소외 1(31세)과 함께 극장구경을 마치고 귀가하는 도중 피해자(19세)가 피고인의 질녀 공소외 2(14세) 등의 소녀들에게(음경을 내놓고 소변을 보면서) 키스를 하자고 달려드는 것을 피고인이 술에 취했으니 집에 돌아가라고 타이르자 도리어 피고인의 뺨을 때리고 돌을 들어 구타하려고 따라오는 것을 피고인이 피하자, 위 피해자는 피고인의 처 공소외 1을 땅에 넘어뜨려 깔고 앉아서 구타하는 것을 피고인이 다시 제지하였지만 듣지 아니하고 돌로서 위 공소외 1을 때리려는 순간 피고인이 그 침해를 방위하기 위하여 농구화 신은 발로서 위 피해자의 복부를 한차례 차서 그 사람으로 하여금 외상성 12지장 천공상을 입게하여 동년 10.13. 06:25경 사망에 이르게 한 경우, (중략) 피고인의 행위는 형법 제21조 제2항 소정의 이른바 과잉방위에 해당한다 할 것이고, 다시 원심판결에 적시된 여러가지 증거를 기록에 의하여 대조 검토하면, 피고인의 이 행위는 당시 야간에 술이 취한 위 피해자의 불의의 행패와 폭행으로 인한 불안스러운 상태에서의 공포, 경악, 흥분 또는 당황에 기인되었던 것임을 알 수 있다(대판 1974.2.26. 73도2380).

> [판례] 과잉방위가 성립하지 않는 경우

① 피고인이 피해자와 말다툼을 하다가 건초더미에 있던 낫을 들고 반항하는 피해자로부터 낫을 빼앗아 그 낫으로 피해자의 가슴, 배, 등, 뒤통수, 목, 왼쪽 허벅지 부위 등을 10여 차례 찔러 피해자로 하여금 다발성 자상에 의한 기흉 등으로 사망하게 한 경우, (중략) 피고인의 이 사건 범행행위가 피해자의 피고인에 대한 현재의 부당한 침해를 방위하거나 그러한 침해를 예방하기 위한 행위로 상당한 이유가 있는 경우에 해당한다고 볼 수 없고, 또 피고인의 이 사건 범행행위는 방위행위가 그 정도를 초과한 때에 해당하거나 정도를 초과한 방위행위가 야간 기타 불안스러운 상

태하에서 공포, 경악, 흥분 또는 당황으로 인한 때에 해당한다고 볼 수도 없다(대판 2007.4.26. 2007도1794).

② 피고인이 길이 26센티미터의 과도로 복부와 같은 인체의 중요한 부분을 3, 4회나 찔러 피해자에게 상해를 입힌 행위는 비록 그와 같은 행위가 피해자의 구타행위에 기인한 것이라 하여도 정당방위나 과잉방위에 해당한다고 볼 수 없다(대판 1989.12.12. 89도2049).

③ 피고인이 피해자를 7군데나 식칼로 찔러 사망케 한 행위가 피해자의 구타행위로 말미암아 유발된 범행이었다 하더라도 그와 같은 사정만으로는 위 소위가 **정당방위 또는 과잉방위에 해당된다고 볼 수 없다**(대판 1983.9.27. 83도1906).

2. 오상방위

객관적으로 정당방위의 요건이 구비되지 않았음에도 불구하고 이것이 있는 것으로 오신하고 방위에 나아간 경우를 오상방위라고 한다. 오상방위도 정당방위가 아니므로 위법성은 조각되지 않는다. 다만 이는 위법성조각사유의 전제사실의 착오가 있는 경우이므로 고의를 조각하는 것은 아니지만 법적 효과에 있어서는 사실의 착오와 같이 취급해야 한다(법효과 제한적 책임설).

3. 오상과잉방위

오상과잉방위란 현재의 부당한 침해가 없음에도 불구하고 존재한다고 오인하고 상당성을 넘는 방위행위를 한 경우, 즉 오상방위와 과잉방위가 결합된 경우를 말한다. 오상과잉방위도 정당방위 상황이 존재하지 않는 경우이므로 오상방위의 예에 의하여 처리하여야 한다.

제3절 긴급피난

> **제22조(긴급피난)** ① 자기 또는 타인의 법익에 대한 현재의 위난을 피하기 위한 행위는 상당한 이유가 있는 때에는 벌하지 아니한다.

Ⅰ. 긴급피난의 의의와 본질

자기 또는 타인의 법익에 대한 현재의 위난을 피하기 위한 상당한 이유 있는 행위를 긴급피난이라고 한다(제22조 제1항). 이는 정당방위와는 달리 위법하지 않은 침해에 대하여 일정한 한도에서 피난하는 것을 법이 허용하는 정 대 정의 관계이고, 피난행위로 인하여 보호받는 이익과 침해된 이익을 교량하여 보호받을 이익의 우월성이 인정되는 때에는 위법성을 조각한다(통설).

Ⅱ. 긴급피난의 성립요건

1. 긴급피난상황 - 자기 또는 타인의 법익에 대한 현재의 위난

가. 자기 또는 타인의 법익

긴급피난에 의하여 보호될 수 있는 것은 자기 또는 타인의 모든 법익이다. 정당방위와는 달리 개인적 법익에 한하지 않고 국가적 법익에 대한 긴급피난도 가능하다. 또한 반드시 형법에 의하여 보호되는 법익임을 요하지 않는다. 다만 긴급피난에 의하여 보호되는 법익은 보호의 필요성과 보호의 가치가 인정되어야 한다.

나. 현재의 위난

긴급피난이 성립하기 위하여는 현재의 위난이 있어야 한다. 현재의 위난이란 객관적·개별적으로 판단하여 그 침해가 즉시 또는 곧 발생할 것으로 예견되는 경우를 말한다. 현재의 위난만 있으면 족하고 부당한 침해가 있을 것을 요하지 않으며, 위난의 원인도 묻지 않는다.

위난이 피난자의 책임 있는 사유로 발생한 때에도 상당성이 인정되는 한 긴급피난이 가능하다(자초위난). 긴급피난에서의 위난의 현재성은 정당방위에서 침해의 현재성보다 범위가 넓으므로, 예방적 긴급피난이나 계속적 위난의 경우에도 긴급피난은 인정될 수 있다.

> **판례** 자초위난
> - 피고인이 스스로 야기한 강간범행의 와중에서 피해자가 피고인의 손가락을 깨물며 반항하자 물린 손가락을 비틀며 잡아 뽑다가 피해자에게 치아결손의 상해를 입힌 소위를 가리켜 법에 의하여 용인되는 피난행위라 할 수 없다(대판 1995.1.12. 94도2781).

2. 피난행위

가. 피난의사

긴급피난이 인정되기 위해서는 긴급피난상황에 대한 인식과 우월적 이익을 보호한다는 의사가 있어야 한다(주관적 정당화요소). 피난의사가 피난행위의 유일한 동기일 것은 요하지 않는다.

나. 피난행위의 태양과 상대방

피난행위에는 방어적 긴급피난과 공격적 긴급피난이 모두 포함된다.

3. 상당한 이유

상당한 이유라 함은 위난을 피하기 위한 행위로서 사회상규상 당연하다고 인정되는 것을 말한다. 정 대 정의 관계인 긴급피난에 있어서의 상당한 이유는 정당방위에 비하여 매우 엄격한 요건이 요구된다.

> **판례** 긴급피난의 상당한 이유
> - [1] 형법 제22조 제1항의 긴급피난이란 자기 또는 타인의 법익에 대한 현재의 위난을 피하기 위한 상당한 이유 있는 행위를 말하고, 여기서 '상당한 이유 있는 행위'에 해당하려면, 첫째 피난행위는 위난에 처한 법익을 보호하기 위한 유일한 수단이어야 하고, 둘째 피해자에

게 가장 경미한 손해를 주는 방법을 택하여야 하며, 셋째 피난행위에 의하여 보전되는 이익은 이로 인하여 침해되는 이익보다 우월해야 하고, 넷째 피난행위는 그 자체가 사회윤리나 법질서 전체의 정신에 비추어 적합한 수단일 것을 요하는 등의 요건을 갖추어야 한다. [2] 아파트 입주자대표회의 회장이 다수 입주민들의 민원에 따라 위성방송 수신을 방해하는 케이블TV방송의 시험방송 송출을 중단시키기 위하여 위 케이블TV방송의 방송안테나를 절단하도록 지시한 행위를 긴급피난 내지는 정당행위에 해당한다고 볼 수 없다고 한 원심의 판단을 수긍한 사례(대판 2006.4.13. 2005도9396)

가. 보충성의 원리

긴급피난은 피난행위에 의하지 않고는 달리 위난을 피할 수 없을 것을 요한다. 따라서 달리 회피할 여유가 있을 때에는 긴급피난이 허용되지 않는다. 또한 피난방법도 피해자에게 상대적으로 가장 경미한 방법을 선택할 것을 요구한다(상대적 최소 피난의 원칙).

> **판례** 보충성의 원리
>
> ① 당시 피고인이 피해견으로부터 직접적인 공격은 받지 아니하여 피고인으로서는 진돗개의 목줄을 풀어 다른 곳으로 피하거나 주위에 있는 몽둥이나 기계톱 등을 휘둘러 피해견을 쫓아버릴 수도 있었음에도 불구하고 그 자체로 매우 위험한 물건인 기계톱의 엑셀을 잡아당겨 작동시킨 후 이를 이용하여 피해견의 척추를 포함한 등 부분에서부터 배 부분까지 절단함으로써 내장이 밖으로 다 튀어나올 정도로 죽인 사실을 알 수 있는바, (중략) 피고인의 행위는 동물보호법 제8조 제1항 제1호에 의하여 금지되는 '목을 매다는 등의 잔인한 방법으로 죽이는 행위'에 해당한다고 봄이 상당할 뿐 아니라, 나아가 피고인의 행위에 위법성조각사유 또는 책임조각사유가 있다고 보기도 어렵다(대판 2016.1.28. 2014도2477).
>
> ② 집회장소 사용 승낙을 하지 않은 甲대학교측의 집회 저지 협조요청에 따라 경찰관들이 甲대학교 출입문에서 신고된 甲대학교에서의 집회에 참가하려는 자의 출입을 저지한 것은 경찰관직무집행법 제6조의 주거침입행위에 대한 사전 제지조치로 볼 수 있고, 비록 그 때문에 소정의 신고 없이 乙대학교로 장소를 옮겨서 집회를 하였다 하여 그 신고없이 한 집회가 긴급피난에 해당한다고도 할 수 없다(대판 1990.8.14. 90도870).

나. 균형성의 원리

긴급피난에 의하여 보호되는 이익이 침해되는 이익보다 본질적으로 우월하여야 하는바, 이를 균형성의 원리라고 한다. 균형성 판단에 있어서는 관계법익뿐만 아니라 위험의 정도와 보호의 가치를 종합하여 판단하여야 한다. 그러나 생명은 교량할 수 있는 법익이 아니므로 긴급피난에 의하여 사람을 살해하는 것은 위법성을 조각할 수 없다고 해야 한다.

> **판례** 균형성의 원리
>
> ① 임신의 지속이 모체의 건강을 해칠 우려가 현저할 뿐더러 기형아 내지 불구아를 출산할 가능성마저도 없지 않다는 판단하에 부득이 취하게 된 산부인과 의사의 낙태 수술행위는 정당행위 내지 긴급피난에 해당되어 위법성이 없는 경우에 해당된다(대판 1976.7.13. 75도1205).
>
> ② [1] 피고인들이 피조개양식장에 피해를 주지 아니하도록 할 의도에서 선박의 닻줄을 7샤클(175미터)에서 5샤클(125미터)로 감아놓았고 그 경우에 피조개양식장까지의 거리는 약 30미터까지 근

접한다는 것이므로 닻줄을 50미터 더 늘여서 7샤클로 묘박하였다면 선박이 태풍에 밀려 피조개 양식장을 침범하여 물적 손해를 입히리라는 것은 당연히 예상되는 것이고, (중략) 재물손괴의 점에 대한 미필적 고의를 인정할 수 있다. [2] (중략) 위급한 상황에서 선박과 선원들의 안전을 위하여 사회통념상 가장 적절하고 필요불가결하다고 인정되는 조치를 취하였다면 형법상 긴급피난으로서 위법성이 없어서 범죄가 성립되지 아니한다(대판 1987.1.20. 85도221).

다. 적합성의 원리

피난행위는 위난을 피하기 위한 적합한 수단이어야 하는바, 이를 적합성의 원리 또는 실질적 상당성의 원리라고 한다. 따라서 피난행위는 사회윤리적으로 적합한 행위이어야 하고, 법익에 대한 위난을 방지하기 위한 법적 절차가 마련되어 있는 경우에는 이에 따라야 한다.

> **판례** 적합성의 원리
>
> ① 아파트 입주자대표회의 회장이 다수 입주민들의 민원에 따라 위성방송 수신을 방해하는 케이블TV방송의 시험방송 송출을 중단시키기 위하여 위 케이블TV방송의 방송안테나를 절단하도록 지시한 행위는 긴급피난 내지는 정당행위에 해당한다고 볼 수 없다(대판 2006.4.13. 2005도9396).
>
> ② 갑 정당 당직자인 피고인들 등이 국회 외교통상 상임위원회 회의장 앞 복도에서 출입이 봉쇄된 회의장 출입구를 뚫을 목적으로 회의장 출입문 및 그 안쪽에 쌓여있던 책상, 탁자 등 집기를 손상하거나, 국회의 심의를 방해할 목적으로 소방호스를 이용하여 회의장 내에 물을 분사한 사안에서, 피고인들의 위와 같은 행위는 공용물건손상죄 및 국회회의장소동죄의 구성요건에 해당하고, 국민의 대의기관인 국회에서 서로의 의견을 경청하고 진지한 토론과 양보를 통하여 더욱 바람직한 결론을 도출하는 합법적 절차를 외면한 채 곧바로 폭력적 행동으로 나아가 방법이나 수단에 있어서도 상당성의 요건을 갖추지 못하여 이를 위법성이 조각되는 정당행위나 긴급피난의 요건을 갖춘 행위로 평가하기 어렵다고 한 사례(대판 2013.6.13. 2010도13609).
>
> ③ (전략) 피고인들이 확성장치 사용, 연설회 개최, 불법행렬, 서명날인운동, 선거운동기간 전 집회 개최 등의 방법으로 특정 후보자에 대한 낙선운동을 함으로써 공직선거및선거부정방지법에 의한 선거운동제한 규정을 위반한 피고인들의 같은 법 위반의 각 행위는 위법한 행위로서 허용될 수 없는 것이고, 피고인들의 위 각 행위가 시민불복종운동으로서 헌법상의 기본권 행사 범위 내에 속하는 정당행위이거나 형법상 사회상규에 위반되지 아니하는 정당행위 또는 긴급피난의 요건을 갖춘 행위로 볼 수는 없다(대판 2004.4.27. 2002도315).
>
> ④ 타인의 집대문 앞에 은신하고 있다가 경찰관의 명령에 따라 순순히 손을 들고 나오면서 그대로 도주하는 범인을 경찰관이 뒤따라 추격하면서 등부위에 권총을 발사하여 사망케한 경우, 위와 같은 총기사용은 현재의 부당한 침해를 방지하거나 현재의 위난을 피하기 위한 상당성있는 행위라고 볼 수 없는 것으로서 범인의 체포를 위하여 필요한 한도를 넘어 무기를 사용한 것이라고 하여 국가의 손해배상책임을 인정한 사례(대판 1991.5.28. 91다10084).
>
> ⑤ 피고인이 채무 없이 단순히 잠시 빌려준 피고인 발행약속어음을 배서양도하여 피해자가 소지 중 피고인이 약속어음을 찢어버린 것은 문서손괴죄에 해당하고 이를 자구행위 또는 긴급피난이라고 볼 수 없다(대판 1975.5.27. 74도3559).
>
> ⑥ 피고인의 모가 갑자기 기절하여 이를 치료하기 위하여 군무를 이탈하였더라도 이는 범행의 동기에 불과하므로 이를 긴급피난에 해당한다고도 할 수 없다(대판 1969.6.10. 69도690).

Ⅲ. 긴급피난의 효과

성립요건을 갖춘 피난행위는 구성요건에 해당하는 경우라도 위법성이 조각되어 처벌되지 아니한다(제22조 제1항). 긴급피난이 인정되는 경우 위법하지 않은 행위이므로 이에 대한 정당방위는 불허된다.

Ⅳ. 긴급피난의 특칙

> **제22조(긴급피난)** ② 위난을 피하지 못할 책임이 있는 자에 대하여는 전항의 규정을 적용하지 아니한다.

위난을 피하지 못할 책임이 있는 자에게는 긴급피난이 허용되지 않는다(제22조 제2항). 여기에 위난을 피하지 못할 책임이 있는 자란 군인·경찰관·소방관·의사 등과 같이 그 직무를 수행함에 있어서 마땅히 일정한 위난을 감수해야 할 의무가 있는 자를 말한다.

Ⅴ. 과잉피난과 오상피난

> **제22조(긴급피난)** ③ 전조 제2항과 제3항의 규정은 본조에 준용한다.

1. 과잉피난

피난행위가 상당성을 결한 경우를 과잉피난이라고 하며, 이는 위법성을 조각하지 않는다. 정황에 따라 형을 감경 또는 면제할 수 있을 뿐이다(제22조 제3항).

2. 오상피난

객관적으로 긴급피난의 요건이 존재하지 않음에도 불구하고 그것이 존재한다고 오신하고 피난행위를 한 경우를 오상피난이라고 하며, 이는 긴급피난이 아니므로 위법성을 조각하지 않는다. 이는 위법성조각사유의 전제사실에 착오가 있는 경우로서 오상방위와 동일하게 취급된다.

Ⅵ. 의무의 충돌

1. 의무의 충돌의 의의와 범위

가. 의무의 충돌의 의의

둘 이상의 의무가 서로 충돌하여 행위자가 하나의 의무만을 이행할 수 있는 긴급상태에서 어느 한 의무를 이행하고 다른 의무를 방치한 결과 구성요건을 실현하는 경우를 말한다.

나. 의무의 충돌의 범위

1) 부작위의무와 부작위의무가 충돌하는 경우

행위자는 둘 이상의 부작위의무를 동시에 이행할 수 있으므로 이 경우는 의무의 충돌이 아니다.

2) 작위의무와 작위의무가 충돌하는 경우

일방에 대한 의무이행은 다른 일방에 대한 의무불이행을 전제로 해서만 가능하므로 이 경우는 의무의 충돌에 해당한다.

3) 작위의무와 부작위의무가 충돌하는 경우

이 경우는 결국 이익충돌의 경우로 해소되기 때문에 긴급피난의 경우와 다를 바 없다. 따라서 이 경우는 의무의 충돌로 보지 아니한다(다수설).

2. 의무의 충돌의 법적 성질

의무의 충돌은 긴급상황에서의 문제이면서 이익의 충돌과 구조적으로 유사하기 때문에 긴급피난의 특수한 경우로서 위법성이 조각된다(다수설).

3. 의무의 충돌의 요건

가. 의무의 충돌

둘 이상의 의무가 충돌하여야 한다. 즉 하나의 의무를 이행함으로써 다른 의무의 이행이 필연적으로 불가능할 것을 요한다. 충돌하는 의무는 모두 정당한 근거를 가지고 이루어진 법적 의무일 것을 요한다.

나. 상당한 이유

의무의 충돌은 긴급피난이론에 의하여 위법성이 조각되므로 행위자가 충돌하는 의무의 하나를 이행하였어야 하고, 그 의무의 이행에 상당한 이유가 있을 것을 요한다. 따라서 보충성과 균형성이 인정되어야 한다. ① 높은 가치와 낮은 가치의 의무가 충돌하는 경우에 행위자가 높은 가치의 의무를 이행한 때에는 위법성이 조각된다. ② 같은 가치의 의무가 충돌하는 경우에는 책임이 조각될 수 있을 뿐이라는 견해도 있지만, 법이 불가능한 것을 강요할 수 없고 실제로 가능한 행위가 모두 위법하다고 하는 것은 법이 그 기능을 다하지 못한 결과이므로 위법성이 조각된다고 보는 것이 타당하다.

다. 주관적 정당화요소

의무의 충돌에 있어서도 주관적 정당화요소로서 행위자는 의무의 충돌을 인식해야 할 뿐만 아니라, 높은 가치 또는 적어도 같은 가치의 의무의 하나를 이행한다는 것을 인식해야 한다.

제4절 자구행위

> **제23조(자구행위)** ① 법률에서 정한 절차에 따라서는 청구권을 보전할 수 없는 경우에 그 청구권의 실행이 불가능해지거나 현저히 곤란해지는 상황을 피하기 위하여 한 행위는 상당한 이유가 있는 때에는 벌하지 아니한다.

Ⅰ. 자구행위의 의의

1. 자구행위의 의의

자구행위란 권리자가 그 권리를 침해당한 때에 공권력의 발동에 의하지 않고 자력에 의하여 그 권리를 구제·실현하는 행위를 말한다. 형법 제23조는 '법률에서 정한 절차에 따라서는 청구권을 보전할 수 없는 경우에 그 청구권의 실행이 불가능해지거나 현저히 곤란해지는 상황을 피하기 위하여 한 행위는 상당한 이유가 있는 때에는 벌하지 아니한다.'고 규정하여 긴급행위의 하나로 자구행위를 인정하고 있다.

2. 자구행위의 법적 성질

자구행위는 정당방위나 긴급피난과 함께 위법성을 조각하는 긴급행위의 하나이다. 다만 자구행위는 불법한 침해에 대한 부정 대 정의 관계라는 점에서 긴급피난과는 구별되고, 이미 침해된 청구권을 구조하기 위한 사후적 긴급행위인 점에서 사전적 긴급행위인 정당방위나 긴급피난과 구별된다.

Ⅱ. 자구행위의 성립요건

1. 자구행위상황 - 법률에서 정한 절차에 따라서는 청구권을 보전할 수 없는 경우

자구행위가 성립하기 위해서는 청구권에 대한 불법한 침해가 있고, 법정절차에 의해서는 청구권 보전이 불가능하다는 상황이 존재하여야 한다. 이는 자구행위의 객관적 정당화상황이다.

가. 청구권

청구권이란 특정인에게 작위 또는 부작위를 요구할 수 있는 사법상의 권리를 말한다. 청구권은 그 권원이 채권인가 물권인가를 묻지 않으며, 무체재산권 등의 절대권에서 발생한 경우도 포함된다. 다만 자구행위에 의하여 보호되는 청구권은 보전할 수 있는 권리임을 요하므로 원상회복이 어려운 생명·신체·자유·정조·명예 등의 권리는 여기의 청구권에 포함될 수 없다.

> **판례** 명예를 위한 자구행위
> - 피해자가 다른 친구들 앞에서 피고인의 전과 사실을 폭로함으로써 명예를 훼손하기 때문에 동인을 구타하였다고 하더라도 그 소행은 자구행위에 해당한다 할 수 없다(대판 1969.12.3. 69도2138).

또한 청구권은 원칙적으로 자기의 것이어야 하므로, 타인의 청구권을 위한 자구행위는 인정되지 않는다. 예외적으로 청구권자로부터 자구행위의 실행을 위임받은 경우에는 타인의 청구권을 위한 자구행위도 가능하다.

나. 청구권에 대한 침해

청구권에 대한 불법한 침해가 있어야 한다. 그러나 불법한 침해라 할지라도 자구행위는 과거의 침해에 대하여만 가능하고, 현재의 침해에 대하여는 정당방위가 가능하다(따라서 절도범인을 현장에서 추적하여 재물을 탈환하는 행위 또는 퇴거불응자에 대한 강제퇴거행위는 자구행위가 아니라 정당방위가 된다).

> **판례** 침해가 적법한 경우
> - 채권자가 가옥명도 강제집행에 의하여 적법하게 점유를 이전받아 점유하고 있는 방실에 채무자가 무단히 침입한 경우, 주거침입죄가 성립하고 적법한 강제집행에 대한 정당방위나 자구행위는 인정될 수 없다(대판 1962.8.23. 62도93).

다. 법률에서 정한 절차에 의한 청구권 보전의 불가능

자구행위는 장소 또는 시간관계로 공적 구제를 강구할 여유가 없고, 후일 공적 수단에 의하더라도 그 실효를 거두지 못할 긴급상황에서만 허용된다(자구행위의 보충성). 따라서 가옥명도청구·토지반환청구 또는 점유사용권을 회복하기 위한 자구행위는 허용되지 않는다. 청구권을 보전하는 법정절차란 통상 민사소송법상의 가압류·가처분 등의 보전절차를 의미하며, 경찰 기타 기관에 의한 구제절차도 여기에 포함될 수 있다.

> **판례** 자구행위의 보충성
> ① 자신들의 피해자에 대한 물품대금 채권을 다른 채권자들보다 우선적으로 확보할 목적으로 피해자가 부도를 낸 다음날 새벽에 피해자의 승낙을 받지 아니한 채 피해자의 가구점의 시정장치를 쇠톱으로 절단하고 그곳에 침입하여 시가 16,000,000원 상당의 피해자의 가구들을 화물차에 싣고 가 다른 장소에 옮겨 놓은 행위에 대하여 피고인들에게는 불법영득의사가 있었다고 볼 수밖에 없어 특수절도죄가 성립한다. 형법상 자구행위라 함은 법정절차에 의하여 청구권을 보전하기 불능한 경우에 그 청구권의 실행불능 또는 현저한 실행곤란을 피하기 위한 상당한 행위를 말하는 것인바, 이 사건에서 피고인들에 대한 채무자인 피해자가 부도를 낸 후 도피하였고 다른 채권자들이 채권확보를 위하여 피해자의 물건들을 취거해 갈 수도 있다는 사정만으로는 피고인들이 법정절차에 의하여 자신들의 피해자에 대한 청구권을 보전하는 것이 불가능한 경우에 해당한다고 볼 수 없을 뿐만 아니라, 또한 피해자 소유의 가구점에 관리종업원이 있음에도 불구하고 위 가구점의 시정장치를 쇠톱으로 절단하고 들어가 가구들을 무단으로 취거한 행위가 피고인들의 피해자에 대한 청구권의 실행불능이나 현저한 실행곤란을 피하기 위한 상당한 이유가 있는 행위라고도 할 수 없다. 추정적 승낙이란 피해자의 현실적인 승낙이 없었다고 하더라도 행위 당시의 모든 객관적 사정에 비추어 볼 때 만일 피해자가 행위의 내용을 알았더라면 당연히 승낙하였을 것으로 예견되는 경우를 말한다. 피고인들이 피해자의 가구들을 취거할 당시 피해자의 추정적 승낙이 있다고 볼 수 없다(대판 2006.3.24. 2005도8081).
> ② 피고인이 채무 없이 단순히 잠시 빌려준 피고인 발행약속어음을 배서양도하여 피해자가 소지 중

> 피고인이 약속어음을 찢어버린 것은 문서손괴죄에 해당하고 이를 자구행위 또는 긴급피난이라고 볼 수 없다(대판 1975.5.27. 74도3559).

채무자가 도주하려는 경우에도 청구권보전이 불가능한 시간적으로 급박한 사정이 있는 때에만 자구행위가 허용된다. 권리행사를 위하여 폭행·협박·갈취·편취·강취하는 경우는 법정절차에 의한 청구권보전이 부가능하지 않는 한 권리행사라는 이유만으로 자구행위가 성립할 여지는 없다.

> **판례** 법정절차에 의한 청구권 보전의 불가능
> ① 소유권의 귀속에 관한 분쟁이 있어 민사소송이 계속중인 건조물에 관하여 현실적으로 관리인이 있음에도 위 건조물의 자물쇠를 쇠톱으로 절단하고 침입한 소위는 법정절차에 의하여 그 권리를 보전하기가 곤란하고 그 권리의 실행불능이나 현저한 실행곤란을 피하기 위해 상당한 이유가 있는 행위라고 할 수 없다(대판 1985.7.9. 85도707).
> ② [1] 묘의 봉분이 없어지고 평토화 가까이 되어 있고 묘비 등 표식이 없어 그 묘 있음을 확인할 수 없는 분묘라 하더라도 현재 이를 제사 숭경하고 종교적 의례의 대상으로 하는 자가 있는 경우에는 그가 바로 무연고분으로서 제사와 신앙의 대상이 되는 분묘라 할 수 없다거나 분묘발굴죄의 객체인 분묘에 해당되지 않는다고는 할 수 없다. [2] 암장된 분묘라 하더라도 당국의 허가 없이 자구행위로 이를 발굴하여 개장할 수는 없는 것이다(대판 1976.10.29. 76도2828).
> ③ 절의 출입구와 마당으로 약 10년 전부터 사용하고 또 그곳을 통하여서만 출입할 수 있는 대지를 전 주지의 가족으로부터 매수하여 등기를 마쳤다는 구실로 불법침입하여 담장을 쌓기 위한 호를 파 놓았기 때문에 그 절의 주지가 신도들과 더불어 그 호를 메워버린 소위는 자구행위로서의 요건을 갖추었다고 볼 수 없고 그와같은 사정하에서의 주지의 소위는 이를 인용하는 것이 사회상규에 해당된다거나 또한 그러한 사회상규가 있다고 인정되지 아니하므로 사회상규에 위배되지 아니한 행위라고 단정할 수도 없다(대판 1970.7.21. 70도996).

2. 자구행위 – 청구권 실행의 불가능 또는 현저곤란 상황을 피하기 위한 행위

가. 청구권의 실행이 불가능해지거나 현저히 곤란

법률에서 정한 절차에 의하여 청구권을 보전하는 것이 불가능할 뿐만 아니라, 그것으로 인하여 청구권의 실행이 불가능하거나 현저히 곤란한 사정이 있어야 자구행위가 가능하다. 따라서 채무자에 대한 청구권의 보전은 불가능하여도 청구권에 대하여 인적 또는 물적 담보가 있으면 자구행위가 허용되지 않는다.

나. 피하기 위한 행위

자구행위는 청구권 이행을 직접 추구하는 수단이 아니라, 채권자로서의 지위를 확보하는 청구권의 보전수단이다. 따라서 ① 대체물의 경우에 청구권 보전의 범위를 벗어나 재산을 임의로 처분하거나 이행을 받아 스스로 변제충당하는 행위는 자구행위가 될 수 없다. 반면, ② 특정물의 경우에는 행위자가 자기의 소유물을 탈환하더라도 자구행위에 의하여 허용된다.

> **판례** 강제적 채권추심행위
>
> ① 피고인이 피해자에게 석고를 납품한 대금을 받지 못하고 있던 중 피해자가 화랑을 폐쇄하고 도주하자, 피고인이 야간에 폐쇄된 화랑의 베니어판 문을 미리 준비한 드라이버로 뜯어 내고 피해자의 물건을 몰래 가지고 나왔다면, 위와 같은 피고인의 강제적 채권추심 내지 이를 목적으로 하는 물품의 취거행위를 형법 제23조 소정의 자구행위라고 볼 수 없다(대판 1984.12.26. 84도2582).
> ② 채무자가 유일한 재산인 가옥을 방매하고 부산방면으로 도주하려는 급박한 순간에 있어서 각 채권자가 자기들의 채권을 그 때에 추심하지 아니하면 앞으로 영구히 추심할 기회를 얻기 어려우므로 부득이 채무자가 가옥대금을 받은 현장에서 피고인 등이 각자의 채권을 추심한 경우, (중략) 자구행위를 인정할 수 없다(대판 1966.7.26. 66도469).

다. 자구의사

행위자는 청구권의 실행불능 또는 현저한 실행곤란을 피하기 위한 의사로 행동할 것을 요한다. 이러한 의미에서 자구의사는 자구행위의 주관적 정당화요소가 된다.

3. 상당한 이유

자구행위는 청구권의 보전을 위한 상당한 이유가 있는 한도 내에서 할 수 있다. 자구행위는 ① 법정절차에 의하여 청구권을 보전하는 것이 불가능한 때에만 허용되고(보충성), ② 부정 대 정의 관계이므로 법익 사이의 엄격한 균형을 요하지는 아니하나, 청구권 보전이익보다 훨씬 큰 손해를 입히는 자구행위는 허용되지 아니하며(균형성), ③ 사회윤리적 견지에서 용인될 수 있고, 권리남용에 해당하지 않아야 한다(적합성).

III. 자구행위의 효과

자구행위의 요건을 구비한 경우에는 위법성이 조각되어 범죄가 성립하지 않는다. 자구행위는 적법한 행위이므로 이에 대한 정당방위는 허용되지 아니한다.

> **판례** 자구행위가 인정되지 아니하는 경우
>
> ① 인근 상가의 통행로로 이용되고 있는 토지의 사실상 지배권자가 위 토지에 철주와 철망을 설치하고 포장된 아스팔트를 걷어냄으로써 통행로로 이용하지 못하게 한 경우, 이는 일반교통방해죄를 구성하고 자구행위에 해당하지 않는다(대판 2007.12.28. 2007도7717).
> ② [1] 피고인이 이 사건 토지의 소유권자로서 공소외 주식회사에 대하여 사용대차계약을 해지하고 이 사건 토지의 인도 등을 구할 권리가 있다는 이유만으로 공소외 주식회사로 들어가는 진입로를 폐쇄한 것은, 그 권리를 확보하기 위하여 다른 적법한 절차를 취하는 것이 곤란하였던 것으로 보이지 않아 그 동기와 목적이 정당하다거나 수단이나 방법이 상당하다고 할 수 없고, 또한 그에 관한 피고인의 이익과 피해자가 침해받은 이익 사이에 균형이 있는 것으로도 보이지 않으므로 정당한 행위라고 할 수 없다. [2] 형법상 자구행위라 함은 법정절차에 의하여 청구권을 보전하기 불가능한 경우에 그 청구권의 실행불능 또는 현저한 실행곤란을 피하기 위한 상당한 행위를 말하는 것인바, 이 사건에 있어서 피고인이 법정절차에 의하여 자신의 공소외 주식회사 및 피해자에 대한 토지인도 등 청구권을 보전하는 것이 불가능하였거나 현저하

게 곤란하였다고 볼 수 없을 뿐만 아니라, 피고인의 행위가 그 청구권의 보전불능 등을 피하기 위한 상당한 행위라고 할 수도 없다(대판 2007.5.11. 2006도4328).

③ 주민들이 농기계 등으로 그 주변의 농경지나 임야에 통행하기 위해 이용하는 자신 소유의 도로에 깊이 1m 정도의 구덩이를 판 행위가 일반교통방해죄에 해당하고 자구행위나 정당행위에 해당하지 않는다고 한 사례(대판 2007.3.15. 2006도9418)

Ⅳ. 과잉자구행위와 오상자구행위

1. 과잉자구행위

> **제23조(자구행위)** ② 제1항의 행위가 그 정도를 초과한 경우에는 정황에 따라 그 형을 감경하거나 면제할 수 있다.

자구행위가 그 정도를 초과한 경우를 말하며, 이는 위법성을 조각하지 않고 다만 책임이 감면되어 그 형을 감경하거나 면제할 수 있을 뿐이다(제23조 제2항).

2. 오상자구행위

자구행위의 객관적 전제조건이 존재하지 아니함에도 불구하고 그것이 존재한다고 오인하고 자구행위를 한 경우를 오상자구행위라고 하며, 이는 위법성조각사유의 전제사실에 착오에 해당한다.

<정당방위·긴급피난·자구행위의 비교>

	정당방위	긴급피난	자구행위
구조	부정 대 정	정 대 정	부정 대 정
시기	사전적	사전적	사후적
보전법익	개인적 법익	국가적·사회적 법익도 포함	자기의 청구권에 한정
침해의 위법성	필요(부당한 침해)	불요(위법·적법 불문)	필요(불법한 침해)
침해의 행위성	필요(인간의 침해)	불요	필요(인간의 침해)
상대방	침해자	위난의 원인 및 제3자	침해자
상당성	보충성·균형성 불요	보충성·균형성 필요	보충성 필요, 균형성 불요
과잉행위	제21조 제2항, 제3항	과잉방위와 같다.	제21조 제3항은 부준용
주체의 제한	없다.	제22조 제2항의 특칙	청구권자, 그로부터 위임을 받은 자

제5절 피해자의 승낙

> **제24조(피해자의 승낙)** 처분할 수 있는 자의 승낙에 의하여 그 법익을 훼손한 행위는 법률에 특별한 규정이 없는 한 벌하지 아니한다.

Ⅰ. 서론

피해자가 가해자에 대하여 자기의 법익을 침해하는 것을 허락하는 것은 ① 범죄의 **구성요건해당성을 조각하는 양해**와 ② 위법성을 조각하는 **피해자의 승낙**으로 구별된다.

<형법상 피해자의 동의의 취급>

구성요건해당성배제(양해)	법익주체의 의사에 반하여 성립하는 모든 범죄. 즉 형법상 자유를 보호하는 죄, 비밀침해죄, 주거침입죄, 절도죄 등
위법성조각(피해자의 승낙)	제24조의 피해자의 승낙이 적용되는 경우
감경적 구성요건	보통살인죄에 대한 촉탁·승낙살인죄, 부동의낙태죄에 대한 동의낙태죄 등
범죄성립	미성년자의제강간·강제추행죄, 피구금자간음죄

Ⅱ. 양해

1. 양해의 의의

구성요건이 피해자의 의사에 반하는 때에만 실현될 수 있도록 규정되어 있는 범죄에 있어서 피해자가 그 법익의 침해에 동의한 때에는 구성요건해당성 자체가 조각되는 경우를 말한다. 각칙상의 개인의 자유를 보호하기 위한 죄는 대부분 여기에 해당하고, 개인적 법익을 침해하는 범죄가 아닌 경우에도 인정되는 경우가 있다.

2. 양해의 유효요건

가. 양해자의 능력

법익을 임의로 처분할 수 있는 자의 양해가 있어야 하고, 적어도 자연적 의사능력이 있는 자의 의사표시여야 한다. 따라서 단순한 방치, 수동적 인내는 양해가 아니다.

나. 양해의 시기

양해는 적어도 행위시에 있어야 한다. 사후양해는 인정되지 아니한다.

다. 양해의 표시와 행위자의 인식

양해는 명백한 의사가 적극적으로 표시될 것을 요하지 않고, 묵시적 동의로도 가능하다. 또한 행위자는 행위시에 양해가 있다는 사실을 인식하고 행위하여야 한다.

양해는 언제나 현실적으로 존재하여야 하므로 추정적 양해는 구성요건해당성을 배제할 수 없다. 반면, 추정적 승낙에 의한 위법성조각은 가능하다.

3. 양해의 효과

가. 구성요건해당성 배제

양해의 요건을 구비한 행위는 구성요건해당성이 배제되어 범죄가 성립하지 아니한다.

> **판례** 피해자 동의와 절도죄 성부
>
> ① 피고인이 동거중인 피해자의 지갑에서 현금을 꺼내가는 것을 피해자가 현장에서 목격하고도 만류하지 아니하였다면 피해자가 이를 허용하는 묵시적 의사가 있었다고 봄이 상당하여 이는 절도죄를 구성하지 않는다(대판 1985.11.26. 85도1487).
>
> ② 군 농업협동조합에서 비료구입권 용지를 비치하고 필요한 조합원으로 하여금 임의로 사용하도록 사전 묵시의 승인을 한 경우에는 설혹 부정사용의 목적으로 그 용지 5매를 가져 갔다 하더라도 절도죄가 성립한다 할 수 없다(대판 1964.11.17. 64도515).

나. 착오의 문제

1) 행위자가 양해가 있음을 알지 못하고 행위한 경우

이 경우에 행위자는 불능한 객체의 실현에 지향하고 있으므로 불능미수(제27조)의 문제가 된다.

2) 행위자가 양해가 있는 것으로 오신한 경우

이 경우는 구성요건적 착오(제13조)로서 고의가 조각되고, 과실범 성부가 문제 된다.

3) 하자 있는 양해의 효과

양해의 의사표시에 행위자의 기망·강박 등이 개입한 경우에도 양해로서의 효력을 인정할 수 있는지 문제 된다.

이에 대해 판례는 긍정설의 입장에서 '일반인의 출입이 허용된 음식점에 영업주의 승낙을 받아 통상적인 출입방법으로 들어갔다면, 설령 행위자가 범죄 등을 목적으로 음식점에 출입하였거나 영업주가 행위자의 실제 출입 목적을 알았더라면 출입을 승낙하지 않았을 것이라는 사정이 인정되더라도 그러한 사정만으로는 사실상의 평온상태를 해치는 방법으로 음식점에 들어갔다고 평가할 수 없으므로 침입행위에 해당하지 않는다'고 판시하였고(2017도18272), '피해자의 묵시적인 동의가 있었다면 피고인의 주장이 후에 허위임이 밝혀졌더라도 피고인의 행위는 절도죄의 절취행위에는 해당하지 않는다'고 판시하였다(90도1211).

> **판례** 하자 있는 양해의 효과
>
> ① 일반인의 출입이 허용된 음식점에 영업주의 승낙을 받아 통상적인 출입방법으로 들어갔다면 특별한 사정이 없는 한 주거침입죄에서 규정하는 침입행위에 해당하지 않는다. 설령 행위자가 범죄 등을 목적으로 음식점에 출입하였거나 영업주가 행위자의 실제 출입 목적을 알았더라면 출입을 승낙하지 않았을 것이라는 사정이 인정되더라도 그러한 사정만으로는 출입 당시 객관적·외형적으로 드러난 행위 태양에 비추어 사실상의 평온상태를 해치는 방법으로 음식점에

들어갔다고 평가할 수 없으므로 침입행위에 해당하지 않는다(대판 2022.3.24. 2017도18272 전원합의체).

② 피고인이 피해자에게 이 사건 밍크 45마리에 관하여. 자기에게 그 권리가 있다고 주장하면서 이를 가져간 데 대하여 피해자의 묵시적인 동의가 있었다면 피고인의 주장이 후에 허위임이 밝혀졌더라도 피고인의 행위는 절도죄의 절취행위에는 해당하지 않는다(대판 1990.8.10. 90도1211).

판례 양해 관련 판례

① 형법 제305조에 규정된 13세 미만 부녀에 대한 의제강간, 추행죄는 그 성립에 있어 위계 또는 위력이나 폭행 또는 협박의 방법에 의함을 요하지 아니하며 피해자의 동의가 있었다고 하여도 성립하는 것이다(대판 1982.10.12. 82도2183).

② 「가정폭력범죄의 처벌 등에 관한 특례법」 제55조의4에 따른 임시보호명령은 피해자의 양해 여부와 관계없이 행위자에게 접근금지, 문언송신금지 등을 명하는 점, (중략) 설령 피고인의 주장과 같이 이 사건 임시보호명령을 위반한 주거지 접근이나 문자메시지 송신을 피해자가 양해 내지 승낙했다고 할지라도 가정폭력처벌법 위반죄의 구성요건에 해당할뿐더러, (중략) 피고인이 이 사건 임시보호명령을 위반하여 피해자의 주거지에 접근하거나 문자메시지를 보낸 것을 형법 제20조의 정당행위로 볼 수도 없다는 이유로 이 사건 공소사실(무죄 부분 제외)을 유죄로 판단한 사례(대판 2022.1.4. 2021도14015)

III. 피해자의 승낙

1. 승낙의 의의

구성요건적 행위의 불법내용이 피해자의 의사와 관계없이 행위의 객체에 대한 침해가 독자적으로 사회생활에서 중요성을 가지는 범죄에 있어서 피해자가 법익침해에 동의함으로써 위법성이 조각되는 경우를 피해자의 승낙이라고 한다.

형법 제24조는 피해자의 승낙에 관하여 "처분할 수 있는 자의 승낙에 의하여 그 법익을 훼손한 행위는 법률에 특별한 규정이 없는 한 벌하지 아니한다."고 규정하고 있다.

2. 피해자의 승낙의 요건

가. 법익을 처분할 수 있는 자의 유효한 승낙

1) 승낙의 주체

승낙을 하는 사람은 법익의 주체인 피해자임이 원칙이다. 그러나 예외적으로 법익에 대한 처분권이 인정된 자도 승낙자가 될 수 있다(예컨대 어린이의 명예훼손에 대한 법정대리인의 승낙). 피해자에게는 법익의 의미와 그에 대한 침해의 결과를 인식하고 이성적으로 판단할 수 있는 자연적 의사능력과 판단능력이 있어야 한다. 이러한 승낙능력은 민법상의 행위능력과 구별되며, 형법의 독자적 기준에 의하여 구체적·개별적으로 결정된다.

2) 처분할 수 있는 법익에 대한 승낙

국가적·사회적 법익은 개인이 처분할 수 없으므로 승낙의 대상이 아니고, 승낙으로 처분할 수 있는 법익은 개인적 법익에 한한다. 다만, 생명은 개인적 법익이지만 처분할 수 있는 법익이 될 수 없다. 형법은 승낙에 의한 살인을 처벌하고 있기 때문이다(제252조). 또한 신체는 생명 다음으로 중요한 법익이므로 승낙에 의한 상해가 사회상규에 반할 때에는 위법하다(예컨대 병역회피를 위한 상해).

3) 유효한 승낙의 사전표시

가) 승낙의 유효성

승낙은 자유로운 의사결정에 의한 진지한 승낙이어야 한다. 따라서 양해와 달리 기망·착오·강제 등 하자 있는 의사표시로 행해진 승낙은 효력이 없다. 승낙은 단순한 방임·수인만으로는 부족하고 침해에 대한 의식적 동의가 있어야 한다.

피해자가 자연적 판단능력에 의하여 구체적 상황을 판단하기 어려운 경우에는 설명의무가 요구된다. 따라서 설명의무를 다하지 않고 받은 피해자의 동의는 유효한 승낙이 될 수 없다.

> **판례** 수술과 승낙의 유효성
>
> - [1] 산부인과 전문의 수련과정 2년차인 의사가 자신의 시진, 촉진결과 등을 과신한 나머지 초음파검사 등 피해자의 병증이 자궁외 임신인지, 자궁근종인지를 판별하기 위한 정밀한 진단방법을 실시하지 아니한 채 피해자의 병명을 자궁근종으로 오진하고 이에 근거하여 의학에 대한 전문지식이 없는 피해자에게 자궁적출술의 불가피성만을 강조하였을 뿐 위와 같은 진단상의 과오가 없었으면 당연히 설명받았을 자궁외 임신에 관한 내용을 설명받지 못한 피해자로부터 수술승낙을 받았다면 위 승낙은 부정확 또는 불충분한 설명을 근거로 이루어진 것으로서 수술의 위법성을 조각할 유효한 승낙이라고 볼 수 없다. [2] 난소의 제거로 이미 임신불능 상태에 있는 피해자의 자궁을 적출했다 하더라도 그 경우 자궁을 제거한 것이 신체의 완전성을 해한 것이 아니라거나 생활기능에 아무런 장애를 주는 것이 아니라거나 건강상태를 불량하게 변경한 것이 아니라고 할 수 없고 이는 업무상 과실치상죄에 있어서의 상해에 해당한다(대판 1993.7.27. 92도2345).

나) 승낙의 표시방법

승낙은 민법상의 법률행위와 같은 형식을 가질 필요는 없지만, 어떤 방법으로든 외부에서 인식할 수 있도록 표시되어야 한다. 이에 의하면 행위자는 승낙의 존재를 인식하고 행위하여야 한다.

> **판례** 묵시적 승낙
>
> - 피고인이 계원들로 하여금 공소외 갑 대신 피고인을 계주로 믿게 하여 계금을 지급하고 불입금을 지급받아 위계를 사용하여 공소외 갑의 계운영업무를 방해하였다고 하여도 피고인에 대하여 다액의 채무를 부담하고 있던 공소외 갑으로서는 채권확보를 위한 피고인의 요구를 거절할 수 없었기 때문에 피고인이 계주의 업무를 대행하는데 대하여 이를 승인 내지 묵인한 사실이 인정된다면 피고인의 소위는 이른바 위 공소외 갑의 승낙이 있었던 것으로서 위법성이 조각되어 업무방해죄가 성립되지 않는다(대판 1983.2.8. 82도2486).

다) 승낙의 상대방

승낙의 상대방은 특정되어 있을 필요는 없다. 다만, 특정되어 있는 경우에는 제3자에게는 그 효력이 미치지 아니한다.

라) 승낙의 시기

승낙은 행위 전이나 행위 초에 있을 것을 요하며, 사후승낙은 위법성을 조각할 수 없다.

> **판례** 승낙의 시기
> - (전략) 폭력행위등처벌에관한법률위반(주거침입), 업무방해 범행을 충분히 인정할 수 있고 그 행위의 위법성을 조각할 만한 피해자의 승낙이 있었다고 인정되지 아니하므로 거기에 소론이 주장하는 채증법칙위반이나 형법에 정한 주거침입죄, 업무방해죄 및 피해자의 승락에 관한 법리오해의 위법이 있다할 수 없으며 소론과 같은 피해자의 사후승낙이 있는 경우에 판시 행위가 범죄를 구성하지 않게 되거나 벌할 수 없게 된다는 것은 독자적인 견해에 불과하다(대판 1991.3.27. 91도139).

또한 승낙은 원칙적으로 자유롭게 철회할 수 있으나, 철회 전의 행위에 대하여는 영향이 없다.

> **판례** 승낙의 철회
> - [1] 위법성조각사유로서의 피해자의 승낙은 언제든지 자유롭게 철회할 수 있다고 할 것이고, 그 철회의 방법에는 아무런 제한이 없다. [2] 피고인이 피해자 甲의 상가건물에 대한 임대차계약 당시 甲의 모 乙에게서 인테리어 공사 승낙을 받았는데, 이후 乙이 임대차보증금 잔금 미지급을 이유로 즉시 공사를 중단하고 퇴거할 것을 요구하자 도끼를 집어 던져 상가 유리창을 손괴한 사안에서, 乙이 위 의사표시로써 시설물 철거에 대한 동의를 철회하였다고 보아야 하는데도 피고인의 행위를 무죄로 판단한 원심판결에는 피해자 승낙의 철회에 관한 법리오해의 잘못이 있다고 한 사례(대판 2011.5.13. 2010도9962).

나. 승낙에 의한 법익침해행위

1) 법익침해행위

승낙을 받은 행위자의 법익침해행위는 구성요건에 해당하는 행위여야 한다. 승낙과 법익침해행위 사이에는 인과관계가 있어야 한다.

2) 주관적 정당화요소

피해자의 승낙에 의한 행위가 위법성이 조각되기 위해서는 행위자에게 피해자의 승낙에 대한 인식과 이에 기초하여 법익침해행위로 나아간다는 의사가 있어야 한다.

① 객관적으로 존재하는 승낙사실을 알지 못하고 행위한 경우에는 주관적 정당화요소를 결여한 경우의 문제로서 불능미수가 성립한다. 반면, ② 존재하지 않는 승낙사실을 존재한다고 오신한 경우는 위법성조각사유의 전제사실에 대한 착오의 문제가 된다.

다. 상당성

피해자의 승낙에 의한 행위는 사회상규에 위배되지 않아야 한다. 구체적으로 사회상규 위배 여부는 승낙 자체 또는 승낙의 목적을 가지고 판단하는 것이 아니고 승낙에 의한 행위를 가지고 판단하게 된다. 따라서 승낙을 받은 행위가 반윤리적 목적에 의한 것이거나 법익침해수단이 사회상규에 위배되면 위법성을 조각할 수 없게 된다.

> **판례** 사회상규에 반하는 승낙
>
> ① 피고인이 피해자와 공모하여 교통사고를 가장하여 보험금을 편취할 목적으로 피해자에게 상해를 가하였다면 피해자의 승낙이 있었다고 하더라도 이는 위법한 목적에 이용하기 위한 것이므로 피고인의 행위가 피해자의 승낙에 의하여 위법성이 조각된다고 할 수 없다(대판 2008.12.11. 2008도9606).
>
> ② 피할만한 여유도 없는 좁은 장소와 상급자인 피고인이 하급자인 피해자로부터 아프게 반격을 받을 정도의 상황에서 신체가 보다 더 건강한 피고인이 피해자에게 약 1분 이상 가슴과 배를 때렸다면 사망의 결과에 대한 예견가능성을 부정할 수도 없을 것이며 위와 같은 상황에서 이루어진 폭행이 장난권투로서 피해자의 승낙에 의한 사회상규에 어긋나지 않는 것이라고도 볼 수 없다(대판 1989.11.28. 89도201).
>
> ③ [1] 형법 제24조의 규정에 의하여 위법성이 조각되는 피해자의 승낙은 개인적 법익을 훼손하는 경우에 법률상 이를 처분할 수 있는 사람의 승낙을 말할 뿐만 아니라 그 승낙이 윤리적, 도덕적으로 사회상규에 반하는 것이 아니어야 한다. [2] 피해자의 몸에서 잡귀를 물리친다면서 뺨 등을 때리고 팔과 다리를 붙잡고 배와 가슴을 손과 무릎으로 힘껏 누르고 밟는 등 하여 그로 하여금 우측간 저면파열, 복강내출혈로 사망에 이르게 하였다면 피해자의 승낙은 범죄성립에 아무런 장애가 될 수 없는 윤리적, 도덕적으로 허용될 수 없는 즉 사회상규에 반하는 것이라고 할 것이므로 피고인 등의 행위가 피해자의 승낙에 의하여 위법성이 조각된다는 상고논지는 받아들일 수가 없다(대판 1985.12.10. 85도1892).

라. 법률에 특별한 규정이 존재하지 않을 것

피해자 승낙의 요건을 갖추었더라도 승낙이 범죄의 구성요건요소로 되어 있거나 형의 감경사유가 되는 경우에는 위법성이 조각되지 아니한다(예컨대 제252조 제1항의 촉탁·승낙살인죄).

3. 피해자 승낙의 효과

피해자의 승낙의 요건을 갖춘 경우에는 구성요건에 해당하더라도 위법성이 조각되어 처벌되지 아니한다. 또한 고의범뿐만 아니라 과실범에도 인정되고 이 경우 피해자의 승낙은 행위자의 주의의무위반 행위를 피해자가 인식하고도 그 위험행위를 승낙한 경우에 성립하게 된다.

Ⅳ. 추정적 승낙

1. 추정적 승낙의 의의 및 성질

추정적 승낙이란 피해자의 현실적인 승낙은 없으나, 행위 당시의 모든 사정을 객관적으로 판단할 때에 피해자의 승낙이 있었을 것이라고 기대되는 경우를 말한다. 이는 피해자의 승낙가능성과 연관된 또는 긴급피난과 피해자의 승낙의 중간에 위치하는 독자적인 구조를 가진 위법성조각사유에 해당한다.

2. 추정적 승낙의 유형

가. 피해자의 이익을 위하여 법익을 침해한 경우

이웃집에 고장난 수도를 고치기 위하여 침입하는 경우처럼, 행위자가 피해자의 이익을 위하여 법익을 침해함으로써 보다 높은 가치의 이익을 구조하는 경우이다. 이 경우 이익교량이 문제되나 어디까지나 추정적 의사에 의해 위법성이 조각된다 할 것이므로 긴급피난과 차이가 있다.

나. 피해자의 승낙이 추정되는 경우

예컨대 기차를 놓치지 않기 위하여 친한 친구의 자전거를 타고 가는 경우처럼, 행위자가 자신의 이익을 위하여 행위하였지만 피해자의 승낙이 추정되는 경우이다. 이 경우 이익교량은 전혀 고려되지 않고, 추정적 의사만을 전제로 위법성이 조각된다.

3. 추정적 승낙의 요건

가. 법익주체의 처분할 수 있는 법익

추정적 승낙도 처분할 수 있는 법익에 대하여만 가능하고, 법익의 주체가 법익침해와 그 결과에 대한 통찰과 판단능력을 가질 것을 필요로 한다. 행위자가 추정적 승낙을 인식할 것을 요하는 것도 피해자의 승낙의 경우와 같다.

나. 승낙의 불가능

피해자의 승낙을 바로 얻을 수 없을 것을 요한다(보충성).

다. 승낙의 기대

피해자의 승낙이 확실히 기대될 수 있어야 한다. 피해자가 승낙을 할 것인가는 모든 사정을 종합하여 객관적으로 판단하여야 한다. 피해자의 명시적인 반대의사가 있는 경우에는 추정이 불가능하다.

라. 양심에 따른 심사(성실한 검토의무)

추정적 승낙은 행위자의 모든 사정에 대한 양심에 따른 심사를 전제로 한다. 즉 양심에 따른 심사는 추정적 승낙에 있어서 주관적 정당화요소가 된다.

> **판례** 추정적 승낙이 인정되는 경우
>
> - 피고인이 종친회의 결의서를 작성할 당시 피고인의 동생들이 그 결의서의 작성을 승낙하였고, 나머지 종친회원들이 그 작성을 명시적·구체적으로 위임하거나 승낙한 사실이 없더라도 그들이 피고인의 아들들이나 그 형제들의 아들일 뿐만 아니라 그들이 피고인의 행위를 나중에 추인한 것으로 볼 수 있다면 추정적 승낙을 인정할 여지가 있다(대판 1993.3.9. 92도3101).

> **판례** 추정적 승낙이 인정되지 아니하는 경우
>
> ① [1] 이 사건 가옥을 피해자가 점유관리하고 있었다면 그 건물이 가사 피고인의 소유였다할지라도 주거침입죄의 성립에 아무런 장애가 되지 않는다. [2] 건물의 소유자라고 주장하는 피고인과 그것을 점유관리하고 있는 피해자 사이에 건물의 소유권에 대한 분쟁이 계속되고

있는 상황이라면 피고인이 그 건물에 침입하는 것에 대한 피해자의 추정적 승락이 있었다거나 피고인의 이 사건 범행이 사회상규에 위배되지 않는다고 볼 수 없다(대판 1989.9.12. 89도889).

② [1] (전략) 위 사무실은 당시 노조간부들이 무단으로 점거하여 노조 임시사무실로 사용하고 있던 중이었을 뿐 아니라, (중략) 피고인의 위와 같은 출입행위는 관리자인 회사측의 의사 내지 추정적 의사에 반하는 것이라 아니할 수 없고, 또 피고인이 그와 같은 승낙이 있다고 믿었음에 정당한 이유가 있다고도 보기 어려운 것이다. [2] 노조원들에 의한 회사 점거 중 해고근로자가 노조 임시사무실에 들어간 행위가 건조물침입죄를 구성한다고 한 사례(대판 1994.2.8. 93도120)

4. 추정적 승낙의 효과

추정적 승낙에 의한 행위가 성립요건을 갖춘 경우에 구성요건에 해당하더라도 위법성이 조각된다.

> **판례** 자구행위 및 추정적 승낙
>
> - 형법상 자구행위라 함은 법정절차에 의하여 청구권을 보전하기 불능한 경우에 그 청구권의 실행불능 또는 현저한 실행곤란을 피하기 위한 상당한 행위를 말하는 것인바, 이 사건에서 피고인들에 대한 채무자인 피해자가 부도를 낸 후 도피하였고 다른 채권자들이 채권확보를 위하여 피해자의 물건들을 취거해 갈 수도 있다는 사정만으로는 피고인들이 법정절차에 의하여 자신들의 피해자에 대한 청구권을 보전하는 것이 불가능한 경우에 해당한다고 볼 수 없을 뿐만 아니라, 또한 피해자 소유의 가구점에 관리종업원이 있음에도 불구하고 위 가구점의 시정장치를 쇠톱으로 절단하고 들어가 가구들을 무단으로 취거한 행위가 피고인들의 피해자에 대한 청구권의 실행불능이나 현저한 실행곤란을 피하기 위한 상당한 이유가 있는 행위라고도 할 수 없다. 추정적 승낙이란 피해자의 현실적인 승낙이 없었다고 하더라도 행위 당시의 모든 객관적 사정에 비추어 볼 때 만일 피해자가 행위의 내용을 알았더라면 당연히 승낙하였을 것으로 예견되는 경우를 말한다. 피고인들이 피해자의 가구들을 취거할 당시 피해자의 추정적 승낙이 있다고 볼 수 없다(대판 2006.3.24. 2005도8081).

제6절 정당행위

> **제20조(정당행위)** 법령에 의한 행위 또는 업무로 인한 행위 기타 사회상규에 위배되지 아니하는 행위는 벌하지 아니한다.

I. 정당행위의 의의

정당행위란 사회상규에 위배되지 아니하여 국가적·사회적으로 정당화되는 행위를 말한다. 형법 제20조는 '법령에 의한 행위 또는 업무로 인한 행위 기타 사회상규에 위배되지 아니하는 행위는 벌하지 아니한다.'고 규정하여, 모든 위법성조각사유에 우선하는 가장 기본적인 일반적 위법성조각사유 또는 위법성조각사유의 근본원리로서 사회상규에 위배되지 않는 행위를 제시하고 있다.

> **판례** 형법 제20조 '사회상규에 위배되지 아니하는 행위'의 의미

- 형법 제20조 소정의 '사회상규에 위배되지 아니하는 행위'라 함은 법질서 전체의 정신이나 그 배후에 놓여 있는 사회윤리 내지 사회통념에 비추어 용인될 수 있는 행위를 말한다. 정당행위를 인정하려면 첫째 그 행위의 동기나 목적의 정당성, 둘째 행위의 수단이나 방법의 상당성, 셋째 보호이익과 침해이익과의 법익균형성, 넷째 긴급성, 다섯째 그 행위 외에 다른 수단이나 방법이 없다는 보충성 등의 요건을 갖추어야 한다. 이때 어떠한 행위가 위 요건들을 충족하는 정당한 행위로서 위법성이 조각되는 것인지는 구체적인 사정 아래서 합목적적, 합리적으로 고찰하여 개별적으로 판단되어야 하므로, 구체적인 사안에서 정당행위로 인정되기 위한 긴급성이나 보충성의 정도는 개별 사안에 따라 다를 수 있다(대판 2021.3.11. 2020도 16527).

형법 제20조의 법령에 의한 행위 또는 업무로 인한 행위는 사회상규에 위배되지 아니하는 행위의 예시적 규정에 지나지 않는다.

Ⅱ. 법령에 의한 행위

법령에 의한 행위란 법령에 근거를 두고 행해지는 일체의 행위를 지칭하며, 법령에 의하여 권리 또는 의무로서 행해지는 행위를 말한다. 여기서 법령이란 실체법·절차법은 물론 명령·규칙을 포함한다. 법령에 의한 행위는 이로 인하여 타인의 법익을 침해하여 구성요건에 해당하는 때에도 그것이 사회상규에 비추어 권리의 남용이라고 볼 수 없는 한 위법성이 조각된다.

1. 공무원의 직무집행행위

가. 법령에 의한 직무집행행위

공무원이 자기의 직무범위 안에서 법령상의 요건과 절차에 따라 직무를 수행하는 경우 그 행위는 정당행위로 위법성이 조각된다. 검사 또는 사법경찰관의 긴급체포(형사소송법 제200조의3)·압수·수색·검증(제125조), 세법상의 강제처분 등이 여기에 해당한다. 위법성이 조각되기 위해서는 ① 직무집행이 직무관할범위 안에 속해야 하고, ② 근거법령의 형식적 요건 및 적정절차를 따라야 하며, ③ 필요성·비례성의 원칙을 충족해야 한다.

> **판례** 법령에 의한 직무집행

① 감정평가업자가 아닌 공인회계사가 타인의 의뢰에 의하여 일정한 보수를 받고 부동산공시법이 정한 토지에 대한 감정평가를 업으로 행하는 것은 부동산공시법 제43조 제2호에 의하여 처벌되는 행위에 해당하고, 특별한 사정이 없는 한 형법 제20조가 정한 '법령에 의한 행위'로서 정당행위에 해당한다고 볼 수는 없다(대판 2015.11.27. 2014도191).

② 감정인이나 감정촉탁을 받은 사람의 자격을 감정평가사로 제한하지 않더라도 이러한 절차를 통하여 감정의 전문성, 공정성 및 신뢰성을 확보하고 국민의 재산권을 보호할 수 있기 때문이다. 그렇다면 민사소송법 제335조에 따른 법원의 감정인 지정결정 또는 같은 법 제341조 제1항에 따른 법원의 감정촉탁을 받은 경우에는 감정평가업자가 아닌 사람이더라도 그 감정사항에 포함된 토지

등의 감정평가를 할 수 있고, 이러한 행위는 법령에 근거한 법원의 적법한 결정이나 촉탁에 따른 것으로 형법 제20조의 정당행위에 해당하여 위법성이 조각된다(대판 2021.10.14. 2017도10634).

나. 상관의 명령에 의한 행위

상관의 직무상의 명령에 의한 행위도 명령 자체가 적법한 한 위법성을 조각한다. 그러나 상관의 위법한 명령에 의한 부하의 행위는 위법성을 조각하지 아니하고, 다만 절대적 구속력을 가진 명령의 경우는 책임이 조각될 수 있을 뿐이라는 것이 통설·판례이다.

1) 적법한 명령에 복종한 경우

법령상의 근거에 의하여 적법하게 내려진 상관의 명령에 복종한 행위는 정당행위로서 위법성이 조각된다. 이를 위해서는 ① 상관에게 부하의 신분·직무에 대한 감독권한이 있어야 하고, ② 그 명령의 내용이 부하의 직무에 관한 것이어야 하며, ③ 명령은 적법한 것이어야 한다.

2) 위법한 명령에 복종한 경우

① 구속력 있는 위법명령에 복종한 경우 기대가능성이 없으므로 책임이 조각된다(책임조각설, 통설). ② 구속력 없는 위법명령에 복종한 경우는 명령이 위법함이 명백하여 적법행위의 기대가능성이 인정되므로 위법성은 물론 책임도 조각될 수 없다.

> **판례** 상관의 위법한 명령에 복종한 경우
>
> ① 설령 대공수사단 직원은 상관의 명령에 절대 복종하여야 한다는 것이 불문율로 되어 있다 할지라도 국민의 기본권인 신체의 자유를 침해하는 고문행위 등이 금지되어 있는 우리의 국법질서에 비추어 볼 때 그와 같은 불문율이 있다는 것만으로는 고문치사와 같이 중대하고도 명백한 위법명령에 따른 행위가 정당한 행위에 해당하거나 강요된 행위로서 적법행위에 대한 기대가능성이 없는 경우에 해당하게 되는 것이라고는 볼 수 없다(대판 1988.2.23. 87도2358).
>
> ② 공무원이 그 직무를 수행함에 즈음하여 상관은 하관에 대하여 범죄행위 등 위법한 행위를 하도록 명령할 직권이 없는 것이며, 또한 하관은 소속상관의 적법한 명령에 복종할 의무는 있으나 그 명령이 대통령 선거를 앞두고 특정후보에 대하여 반대하는 여론을 조성할 목적으로 확인되지도 않은 허위의 사실을 담은 책자를 발간·배포하거나 기사를 게재하도록 하라는 것과 같이 명백히 위법 내지 불법한 명령인 때에는 이는 벌써 직무상의 지시명령이라 할 수 없으므로 이에 따라야 할 의무가 없다(대판 1999.4.23. 99도636).

2. 징계행위

법령상 허용된 징계권의 적정한 행사로 간주되는 행위는 정당행위로서 위법성이 조각될 수 있다.

3. 체벌

가. 친권자의 체벌

친권자의 미성년 자녀에 대한 징계권을 규정한 구 민법 제915조가 삭제됨에 따라, 친권자의 체벌은 법령에 의한 정당행위가 될 수 없다. 다만, 사회통념상 용인되는 범위 내에서는 사회상규에 위배되지 않는 행위로서 위법성조각이 가능하다.

> **판례** 친권자의 체벌(구 민법 제915조 삭제 전 판례)
> ① 스스로의 감정을 이기지 못하고 야구방망이로 때릴 듯이 피해자에게 "죽여 버린다."고 말하여 협박하는 것은 그 자체로 피해자의 인격 성장에 장해를 가져올 우려가 커서 이를 교양권의 행사라고 보기도 어렵다(대판 2002.2.28. 2001도6468).
> ② 4세인 아들이 대소변을 가리지 못한다고 닭장에 가두고 전신을 구타한 것은 친권자의 징계권행사에 해당한다고 볼 수 없다(대판 1969.2.4. 68도1793).
> ③ 비록 수십회에 걸쳐서 계속되는 일련의 폭행행위가 있었다 하더라도 그 중 친권자로서의 징계권의 범위에 속하여 위 위법성이 조각되는 부분이 있다면 그 부분을 따로 떼어 무죄의 판결을 할 수 있다(대판 1986.7.8. 84도2922).

나. 학교장 또는 교사의 체벌

초·중등교육법 시행령 규정상 학교장의 체벌은 법령에 의한 행위가 될 수 없다. 다만, 사회통념상 용인되는 범위 내에서는 사회상규에 위배되지 않는 행위로서 위법성조각이 가능하다.

> **판례** 학교장의 체벌(구 초·중등교육법상 판례)
> - 중학교 교장직무대리자가 훈계의 목적으로 교칙위반학생에게 뺨을 몇차례 때린 정도는 감호교육상의 견지에서 볼 때 징계의 방법으로서 사회 관념상 비난의 대상이 될만큼 사회상규를 벗어난 것으로는 볼 수 없어 처벌의 대상이 되지 아니한다(대판 1976.4.27. 75도115).

> **판례** 교사의 체벌
> ① 여자중학교 교사의 학생에 대한 지도행위(많은 낯모르는 학생들이 있는 교실 밖에서 피해자 학생들의 행동을 본 즉시 피고인 자신의 손이나 주먹으로 피해자 공소외 1의 머리 부분을 때렸고 피고인이 신고 있던 슬리퍼로 피해자 공소외 의 양손을 때렸으며 감수성이 예민한 여학생인 피해자들에게 모욕감을 느낄 지나친 욕설을 하였던 것)가 당시의 상황, 동기, 그 수단, 방법 등에 비추어 사회통념상 객관적 타당성을 갖추지 못하여 정당행위로 볼 수 없다고 한 사례(대판 2004.6.10. 2001도5380)
> ② 교사가 학생을 엎드리게 한 후 몽둥이와 당구큐대로 그의 둔부를 때려 3주간의 치료를 요하는 우둔부심부혈종좌이부좌상을 입혔다면 비록 학생주임을 맡고 있는 교사로서 제자를 훈계하기 위한 것이었다 하더라도 이는 징계의 범위를 넘는 것으로서 형법 제20조의 정당행위에는 해당하지 아니한다(대판 1991.5.14. 91도513).
> ③ 교사가 국민학교 5학년생을 징계하기 위하여 양손으로 교탁을 잡게하고 길이 50cm, 직경 3cm 가량 되는 나무 지휘봉으로 엉덩이를 두번 때리고, 학생이 아파서 무릎을 굽히며 허리를 옆으로 틀자 다시 허리부분을 때려 6주간의 치료를 받아야 할 상해를 입힌 경우 위 징계행위는 그 방법 및 정도가 교사의 징계권행사의 허용한도를 넘어선 것으로서 정당한 행위로 볼 수 없다(대판 1990.10.30. 90도1456).

다. 군 상관의 처벌

군인복무규율상 상관의 체벌은 법령에 의한 행위로서 위법성이 조각될 수 없다. 다만, 사회통념상 용인되는 범위 내에서는 사회상규에 위배되지 않는 행위로서 위법성조각이 가능하다.

> **판례** 군 상관의 처벌
>
> ① 군대내의 질서를 지키려는 목적에서 지휘관이 부하에게 가한 경미한 폭행은 지키려는 법익이 피해법익에 비하여 월등이 크다고 할 것이므로 그 위법성을 결여한다(대판 1978.4.11. 77도3149).
> ② [1] 상사 계급의 피고인이 그의 잦은 폭력으로 신체에 위해를 느끼고 겁을 먹은 상태에 있던 부대원들에게 청소 불량 등을 이유로 40분 내지 50분간 머리박아(속칭 '원산폭격')를 시키거나 양손을 깍지 낀 상태에서 약 2시간 동안 팔굽혀펴기를 50-60회 정도 하게 한 행위가 형법 제324조에서 정한 강요죄에 해당한다고 한 사례. [2] (중략) 상사 계급의 피고인이 부대원들에게 얼차려를 지시할 당시 얼차려의 결정권자도 아니었고 소속 부대의 얼차려 지침상 허용되는 얼차려도 아니라는 등의 이유로, 피고인의 얼차려 지시 행위를 형법 제20조의 정당행위로 볼 수 없다고 한 사례(대판 2006.4.27. 2003도4151).
> ③ 상관인 피고인이 군내부에서 부하인 방위병들의 훈련중에 그들에게 군인정신을 환기시키기 위하여 한 일이라 하더라도 감금과 구타행위는 징계권 내지 훈계권의 범위를 넘어선 것으로 위법하다(대판 1984.6.12. 84도799).

4. 사인의 현행범 체포

현행범인은 누구든지 영장 없이 체포할 수 있으므로(형소법 제212조) 사인이 현행범인을 체포하는 행위는 법령에 의한 행위로서 위법성이 조각된다. 그러나 현행범인의 체포로 인하여 위법성이 조각되는 것은 직접 체포에 필요한 행위에 제한된다. 따라서 사인이 현행범을 체포하기 위하여 타인의 주거에 침입하는 것은 위법성이 조각되지 아니한다.

> **판례** 사인의 현행범체포
>
> ① [1] 현행범인은 누구든지 영장 없이 체포할 수 있으므로 사인의 현행범인 체포는 법령에 의한 행위로서 위법성이 조각된다고 할 것인데, 현행범인 체포의 요건으로서는 행위의 가벌성, 범죄의 현행성·시간적 접착성, 범인·범죄의 명백성 외에 체포의 필요성 즉, 도망 또는 증거인멸의 염려가 있을 것을 요한다. [2] 적정한 한계를 벗어나는 현행범인 체포행위는 그 부분에 관한 한 법령에 의한 행위로 될 수 없다고 할 것이나, 적정한 한계를 벗어나는 행위인가 여부는 결국 정당행위의 일반적 요건을 갖추었는지 여부에 따라 결정되어야 할 것이지 그 행위가 소극적인 방어행위인가 적극적인 공격행위인가에 따라 결정되어야 하는 것은 아니다. [3] 피고인의 차를 손괴하고 도망하려는 피해자를 도망하지 못하게 멱살을 잡고 흔들어 피해자에게 전치 14일의 흉부찰과상을 가한 경우, 정당행위에 해당한다고 본 사례(대판 1999.1.26. 98도3029).
> ② 현행범을 추적하여 그 범인의 부의 집에 들어가서 동인과 시비 끝에 상해를 입힌 경우에 주거침입죄가 성립한다(대판 1965.12.21. 65도899).

5. 노동쟁의행위

헌법(제33조)과 노동조합 및 노동관계조정법(제4조, 제37조)에 의하여 허용된 쟁의행위는 위법성이 조각된다.

판례 쟁의행위의 정당성

① [1] 쟁의행위가 형법상 정당행위로 되기 위하여는 그 목적이 근로조건의 유지·개선을 위한 노사 간의 자치적 교섭을 조성하는 데에 있어야 하고 그 절차에 있어 특별한 사정이 없는 한 노동위원회의 조정절차를 거쳐야 하는바, 쟁의행위에서 추구되는 목적이 여러 가지이고 그 중 일부가 정당하지 못한 경우에는 주된 목적 내지 진정한 목적의 당부에 의하여 그 쟁의행위 목적의 당부를 판단하여야 하므로 부당한 요구사항을 뺐더라면 쟁의행위를 하지 않았을 것이라고 인정되는 경우에만 그 쟁의행위 전체가 정당성을 가지지 못한다. [2] 노동조합이 노동위원회에 노동쟁의 조정신청을 하여 조정절차가 마쳐지거나 조정이 종료되지 아니한 채 조정기간이 끝나면 노동조합은 쟁의행위를 할 수 있는 것으로 노동위원회가 반드시 조정결정을 한 뒤에 쟁의행위를 하여야지 그 절차가 정당한 것은 아니다. [3] 이 사건에서 그 쟁의행위의 목적은 "임금협약안의 체결, 고용안정협약안의 체결, 공동단체협약안의 체결 등에 있고, 그 중 정리해고에 관한 사항은 여러 목적 가운데 주된 목적이 아니므로, 같은 취지에서 이 사건 쟁의행위는 그 목적에 있어 정당성이 인정되고, 또한 이 사건 쟁의행위는 노동위원회의 조정절차를 거친 뒤에 이루어진 것으로서 그 절차에 있어 정당성이 인정된다(대판 2001.6.26. 2000도2871).

② 근로자의 쟁의행위가 형법상 정당행위가 되기 위하여는 첫째 그 주체가 단체교섭의 주체로 될 수 있는 자이어야 하고, 둘째 그 목적이 근로조건의 향상을 위한 노사 간의 자치적 교섭을 조성하는 데에 있어야 하며, 셋째 사용자가 근로자의 근로조건 개선에 관한 구체적인 요구에 대하여 단체교섭을 거부하였을 때 개시하되 특별한 사정이 없는 한 조합원의 찬성결정 등 법령이 규정한 절차를 거쳐야 하고, 넷째 그 수단과 방법이 사용자의 재산권과 조화를 이루어야 함은 물론 폭력의 행사에 해당되지 아니하여야 한다는 여러 조건을 모두 구비하여야 하는바, 특히 그 절차에 관하여 쟁의행위를 함에 있어 조합원의 직접·비밀·무기명투표에 의한 찬성결정이라는 절차를 거쳐야 한다는 노동조합및노동관계조정법 제41조 제1항의 규정(중략) 위의 절차를 위반한 쟁의행위는 그 절차를 따를 수 없는 객관적인 사정이 인정되지 아니하는 한 정당성이 상실된다(대판 2001.10.25. 99도4837 전원합의체).

③ [1] 노동조합 및 노동관계조정법 시행령 제17조에서 규정하고 있는 쟁의행위의 일시·장소·참가인원 및 그 방법에 관한 서면신고의무는 쟁의행위를 함에 있어 그 세부적·형식적 절차를 규정한 것으로서 쟁의행위에 적법성을 부여하기 위하여 필요한 본질적인 요소는 아니므로, 신고절차의 미준수만을 이유로 쟁의행위의 정당성을 부정할 수는 없다. [2] (중략) 사용자의 직장폐쇄가 정당한 쟁의행위로 인정되지 아니하는 때에는 적법한 쟁의행위로서 사업장을 점거 중인 근로자들이 직장폐쇄를 단행한 사용자로부터 퇴거 요구를 받고 이에 불응한 채 직장점거를 계속하더라도 퇴거불응죄가 성립하지 아니한다(대판 2007.12.28. 2007도5204 등).

④ 정리해고나 사업조직의 통폐합 등 기업의 구조조정 실시 여부는 경영주체의 고도의 경영상 결단에 속하는 사항으로서 원칙적으로 단체교섭의 대상이 될 수 없어, 그것이 긴박한 경영상의 필요나 합리적 이유 없이 불순한 의도로 추진된다는 등의 특별한 사정이 없음에도 노동조합이 실질적으로 그 실시 자체를 반대하기 위하여 쟁의행위로 나아간다면, 비록 그러한 구조조정의 실시가 근로자들의 지위나 근로조건의 변경을 필연적으로 수반한다 하더라도, 그 쟁의행위는 목적의 정당성을 인정할 수 없다(대판 2014.11.13. 2011도393 등).

⑤ [1] 쟁의행위가 정당행위로 위법성이 조각되는 것은 사용자에 대한 관계에서 인정되는 것이므

로, 제3자의 법익을 침해한 경우에는 원칙적으로 정당성이 인정되지 않는다. 그런데 도급인은 원칙적으로 수급인 소속 근로자의 사용자가 아니므로, 수급인 소속 근로자의 쟁의행위가 도급인의 사업장에서 일어나 도급인의 형법상 보호되는 법익을 침해한 경우에는 사용자인 수급인에 대한 관계에서 쟁의행위의 정당성을 갖추었다는 사정만으로 사용자가 아닌 도급인에 대한 관계에서까지 법령에 의한 정당한 행위로서 법익 침해의 위법성이 조각된다고 볼 수는 없다. 그러나 (중략) 사용자인 수급인에 대한 정당성을 갖춘 쟁의행위가 도급인의 사업장에서 이루어져 형법상 보호되는 도급인의 법익을 침해한 경우, 그것이 항상 위법하다고 볼 것은 아니고, 법질서 전체의 정신이나 그 배후에 놓여있는 사회윤리 내지 사회통념에 비추어 용인될 수 있는 행위에 해당하는 경우에는 형법 제20조의 '사회상규에 위배되지 아니하는 행위'로서 위법성이 조각된다. (중략) [2] 사용자는 쟁의행위 기간 중 그 쟁의행위로 중단된 업무의 수행을 위하여 당해 사업과 관계없는 자를 채용 또는 대체할 수 없다(노동조합 및 노동관계조정법 제43조 제1항). 사용자가 당해 사업과 관계없는 자를 쟁의행위로 중단된 업무의 수행을 위하여 채용 또는 대체하는 경우, 쟁의행위에 참가한 근로자들이 위법한 대체근로를 저지하기 위하여 상당한 정도의 실력을 행사하는 것은 쟁의행위가 실효를 거둘 수 있도록 하기 위하여 마련된 위 규정의 취지에 비추어 정당행위로서 위법성이 조각된다(대판 2020.9.3. 2015도1927).

⑥ 쟁의행위에 대한 찬반투표 실시를 위하여 전체 조합원이 참석할 수 있도록 근무시간 중에 노동조합 임시총회를 개최하고 3시간에 걸친 투표 후 1시간의 여흥시간을 가졌더라도 그 임시총회 개최 행위가 전체적으로 노동조합의 정당한 행위에 해당한다고 본 사례(대판 1994.2.22. 93도613)

⑦ [1] 노동조합 및 노동관계조정법 제46조가 규정한 사용자의 직장폐쇄는 사용자와 근로자의 교섭태도 및 교섭과정, 근로자의 쟁의행위의 목적과 방법 및 그로 인하여 사용자가 받는 타격의 정도 등 구체적인 사정에 비추어 근로자의 쟁의행위에 대한 방어수단으로서 상당성이 있어야만 사용자의 정당한 쟁의행위로 인정할 수 있다. 한편 근로자의 쟁의행위 등 구체적인 사정에 비추어 직장폐쇄의 개시 자체는 정당하다고 할 수 있지만, 어느 시점 이후에 근로자가 쟁의행위를 중단하고 진정으로 업무에 복귀할 의사를 표시하였음에도 사용자가 직장폐쇄를 계속 유지하면서 근로자의 쟁의행위에 대한 방어적인 목적에서 벗어나 적극적으로 노동조합의 조직력을 약화시키기 위한 목적 등을 갖는 공격적 직장폐쇄의 성격으로 변질되었다고 볼 수 있는 경우에는, 그 이후의 직장폐쇄는 정당성을 상실한 것으로 보아야 한다. [2] 노동조합이 주도한 쟁의행위 자체의 정당성과 이를 구성하거나 여기에 부수되는 개개 행위의 정당성은 구별하여야 하므로, 일부 소수의 근로자가 폭력행위 등의 위법행위를 하였더라도, 전체로서의 쟁의행위마저 당연히 위법하게 되는 것은 아니다(대판 2017.7.11. 2013도7896).

6. 기타

한국마사회법상의 승마투표권(한국마사회법 제6조, 제36조), 정신병자의 감호 등도 법령에 의한 행위로 위법성이 조각된다.

> **판례** 법령에 의한 행위로서 위법성이 조각되는 도박행위
>
> ① 국가 정책적 견지에서 도박죄의 보호법익보다 좀 더 높은 국가이익을 위하여 예외적으로 내국인의 출입을 허용하는 폐광지역개발지원에관한특별법 등에 따라 카지노에 출입하는 것은 법령에 의한 행위로 위법성이 조각된다고 할 것이나, 도박죄를 처벌하지 않는 외국 카지노에서의 도박이라는 사정만으로 그 위법성이 조각된다고 할 수 없으므로, (후략) (대판 2004.4.23. 2002도2518)

② 집행관이 집행채권자 갑 조합 소유 아파트에서 유치권을 주장하는 피고인을 상대로 부동산인도집행을 실시하자, 피고인이 이에 불만을 갖고 아파트 출입문과 잠금 장치를 훼손하며 강제로 개방하고 아파트에 들어갔다고 하여 재물손괴 및 건조물침입으로 기소된 사안에서, 피고인이 아파트에 들어갈 당시에는 이미 갑 조합이 집행관으로부터 아파트를 인도받은 후 출입문의 잠금 장치를 교체하는 등으로 그 점유가 확립된 상태여서 점유권 침해의 현장성 내지 추적가능성이 있다고 보기 어려워 점유를 실력에 의하여 탈환한 피고인의 행위가 민법상 자력구제에 해당하지 않는다고 보아 유죄를 인정한 원심판단을 수긍한 사례(대판 2017.9.7. 2017도9999)

Ⅲ. 업무로 인한 행위

1. 의의

업무로 인한 행위란 직업의무의 정당한 수행을 위해 합목적적으로 요구되는 행위를 말한다. 여기서 업무란 사회생활상의 지위에 의하여 계속·반복의 의사로 해하는 사무를 말한다. 사회상규상 보호할 가치가 있는 것이면 되고, 반드시 그 업무의 기초가 된 계약·행정행위 등이 적법하여야 하는 것은 아니다.

> **판례** 업무로 인한 행위에 해당하는 경우
>
> ① 신문기자인 피고인이 고소인에게 2회에 걸쳐 증여세 포탈에 대한 취재를 요구하면서 이에 응하지 않으면 자신이 취재한 내용대로 보도하겠다고 말하여 협박하였다는 취지로 기소된 사안에서, 피고인이 취재와 보도를 빙자하여 고소인에게 부당한 요구를 하기 위한 취지는 아니었던 점, (중략) 위 행위가 설령 협박죄에서 말하는 해악의 고지에 해당하더라도 특별한 사정이 없는 한 기사 작성을 위한 자료를 수집하고 보도하기 위한 것으로서 신문기자의 일상적 업무 범위에 속하여 사회상규에 반하지 아니하는 행위라고 보는 것이 타당하다(대판 2011.7.14. 2011도639).
>
> ② 재건축조합의 조합장이 조합탈퇴의 의사표시를 한 자를 상대로 '사업시행구역 안에 있는 그 소유의 건물을 명도하고 이를 재건축사업에 제공하여 행하는 업무를 방해하여서는 아니 된다'는 가처분의 판결을 받아 위 건물을 철거한 것이 형법 제20조에 정한 업무로 인한 정당행위에 해당한다고 본 사례(대판 1998.2.13. 97도2877)
>
> ③ 조합의 긴급이사회에서 불신임을 받아 조합장직을 사임한 피해자가 그후 개최된 대의원총회에서 피고인 등의 음모로 조합장직을 박탈당한 것이라고 대의원들을 선동하여 회의 진행이 어렵게 되자 새조합장이 되어 사회를 보던 피고인이 그 회의진행의 질서유지를 위한 필요조처로서 이사회의 불신임결의 과정에 대한 진상보고를 하면서 피해자는 긴급 이사회에서 불신임을 받고 쫓겨나간 사람이라고 발언한 것이라면, 피고인에게 명예훼손의 범의가 있다고 볼 수 없을 뿐만 아니라 그러한 발언은 업무로 인한 행위이고 사회상규에 위배되지 아니한 행위라고 한 원심의 판단은 수긍된다(대판 1990.4.27. 89도1467).

2. 의사의 수술 및 치료행위

의사의 환자에 대한 수술 및 치료행위의 정당화 근거에 대하여 견해가 대립한다.

이에 대하여 종래 판례는 의사의 치료행위를 업무로 인한 정당행위로 보는 입장이었으나(78도

2288), 피해자의 승낙으로 보는 입장에서 판시한 경우도 있으며(92도2345). 최근에는 정신과 의사가 환자를 진단목적으로 정신병원에 감금한 경우에는 감금죄의 고의나 감금행위가 부정된다고 판시하였다(2015도8429).

> **판례** 의사의 치료행위 - 업무로 인한 행위
>
> ① 의사가 인공분만기인 "샥숀"을 사용하면 통상 약간의 상해정도가 있을 수 있으므로 그 싱해가 있다하여 "샥숀"을 거칠고 험하게 사용한 결과라고는 보기 어려워 의사의 정당업무의 범위를 넘은 위법행위라고 할 수 없다(대판 1978.11.14. 78도2388).
> ② 피고인이 태반의 일부를 떼어낸 행위는 그 의도, 수단, 절단부위 및 그 정도등에 비추어 볼 때 의사로서의 정상적인 진찰행위의 일환이라고 볼 수 있으므로 형법 제20조 소정의 정당행위에 해당한다(대판 1976.6.8. 76도144).

> **판례** 의사의 수술행위 - 피해자의 승낙
>
> - [1] 산부인과 전문의 수련과정 2년차인 의사가 자신의 시진, 촉진결과 등을 과신한 나머지 초음파검사 등 피해자의 병증이 자궁외 임신인지, 자궁근종인지를 판별하기 위한 정밀한 진단방법을 실시하지 아니한 채 피해자의 병명을 자궁근종으로 오진하고 이에 근거하여 의학에 대한 전문지식이 없는 피해자에게 자궁적출술의 불가피성만을 강조하였을 뿐 위와 같은 진단상의 과오가 없었으면 당연히 설명받았을 자궁외 임신에 관한 내용을 설명받지 못한 피해자로부터 수술승낙을 받았다면 위 승낙은 부정확 또는 불충분한 설명을 근거로 이루어진 것으로서 수술의 위법성을 조각할 유효한 승낙이라고 볼 수 없다. [2] 난소의 제거로 이미 임신불능 상태에 있는 피해자의 자궁을 적출했다 하더라도 그 경우 자궁을 제거한 것이 신체의 완전성을 해한 것이 아니라거나 생활기능에 아무런 장애를 주는 것이 아니라거나 건강상태를 불량하게 변경한 것이 아니라고 할 수 없고 이는 업무상 과실치상죄에 있어서의 상해에 해당한다(대판 1993.7.27. 92도2345).

> **판례** 무면허 의료행위 - 정당행위가 되는 경우
>
> - 수지침은 시술부위나 시술방법 등에 있어서 예로부터 동양의학으로 전래되어 내려오는 체침의 경우와 현저한 차이가 있고, 일반인들의 인식도 이에 대한 관용의 입장에 기울어져 있으므로, 이러한 사정과 함께 시술자의 시술의 동기, 목적, 방법, 횟수, 시술에 대한 지식수준, 시술경력, 피시술자의 나이, 체질, 건강상태, 시술행위로 인한 부작용 내지 위험발생 가능성 등을 종합적으로 고려하여 구체적인 경우에 있어서 개별적으로 보아 법질서 전체의 정신이나 그 배후에 놓여 있는 사회윤리 내지 사회통념에 비추어 용인될 수 있는 행위에 해당한다고 인정되는 경우에는 형법 제20조 소정의 사회상규에 위배되지 아니하는 행위로서 위법성이 조각된다고 할 것이다(대판 2000.4.25. 98도2389).

> **판례** 무면허 의료행위 - 정당행위가 되지 아니하는 경우
>
> ① [1] (전략) 사망의 진단은 의사 등이 환자의 사망 당시 또는 사후에라도 현장에 입회해서 직접 환자를 대면하여 수행해야 하는 의료행위이고, 간호사는 의사 등의 개별적 지도·감독이 있더라도 사망의 진단을 할 수 없다. (중략) [2] 의료행위에 해당하는 어떠한 시술행위가 무면허로 행하여졌을

때에는 그 시술행위의 위험성 정도, 일반인들의 시각, 시술자의 시술 동기, 목적, 방법, 횟수, 시술에 대한 지식수준, 시술경력, 피시술자의 나이, 체질, 건강상태, 시술행위로 인한 부작용 내지 위험발생 가능성 등을 종합적으로 고려하여, 법질서 전체의 정신이나 그 배후에 놓여 있는 사회윤리 내지 사회통념에 비추어 용인될 수 있는 행위에 해당한다고 인정되는 경우에만 사회상규에 위배되지 아니하는 행위로서 위법성이 조각된다. [3] 의사가 간호사 등으로부터 전화를 받았다고 하더라도, 간호사 등이 의사가 입회하지 아니한 채 '환자의 사망의 징후를 확인하고, 이를 바탕으로 환자의 유족들에게 사망진단서 등을 작성·발급한 행위'가 무면허 의료행위에 해당한다고 한 사례(대판 2022.12.29. 2017도10007)

② 의사가 모발이식시술을 하면서 이에 관하여 어느 정도 지식을 가지고 있는 간호조무사로 하여금 모발이식시술행위 중 일정 부분을 직접 하도록 맡겨둔 채 별반 관여하지 않은 것이 정당행위에 해당하지 않는다고 한 사례(대판 2007.6.28. 2005도8317)

③ 조산사가 산모의 분만과정 중 별다른 응급상황이 없음에도 독자적 판단으로 포도당 또는 옥시토신을 투여한 행위에 대하여, 조산원에서 산모의 분만을 돕거나 분만 후의 처치를 위하여 옥시토신과 포도당이 일반적으로 사용되고 있고, 위 약물들을 산모의 건강을 위해 투여하였다고 하더라도, 지도의사로부터 지시를 받지 못할 정도의 긴급상황을 인정할 수 없는 이상 정당한 응급의료행위라거나 사회상규에 반하지 않는 행위라고 볼 수 없다는 이유로 의료법 위반죄를 인정한 사례(대판 2007.9.6. 2005도9670)

④ 피고인이 행한 부항 시술행위가 보건위생상 위해가 발행할 우려가 전혀 없다고 볼 수 없는 데다가, 피고인이 한의사 자격이나 이에 관한 어떠한 면허도 없이 영리를 목적으로 위와 같은 치료행위를 한 것이고, 단순히 수지침 정도의 수준에 그치지 아니하고 부항침과 부항을 이용하여 체내의 혈액을 밖으로 배출되도록 한 것이므로, 이러한 피고인의 시술행위는 의료법을 포함한 법질서 전체의 정신이나 사회통념에 비추어 용인될 수 있는 행위에 해당한다고 볼 수는 없고, 따라서 사회상규에 위배되지 아니하는 행위로서 위법성이 조각되는 경우에 해당한다고 할 수 없다(대판 2004.10.28. 2004도3405).

⑤ 외국에서 침구사자격을 취득하였으나 국내에서 침술행위를 할 수 있는 면허나 자격을 취득하지 못한 자가 단순한 수지침 정도의 수준을 넘어 체침을 시술한 경우, 사회상규에 위배되지 아니하는 무면허의료행위로 인정될 수 없다고 한 사례(대판 2002.12.26. 2002도5077)

3. 변호사 또는 성직자의 업무행위

변호사의 법정에서의 변론은 정당한 업무행위에 속한다. 또한 성직자가 고해성사로 범인 또는 비밀을 알고 이를 고발하지 않거나 묵비하는 것은 정당행위로서 위법성을 조각한다.

> **판례** 변호인 변론행위의 한계
>
> • 변호사는 공공성을 지닌 법률 전문직으로서 독립하여 자유롭게 직무를 수행하여야 하고(변호사법 제2조), 직무를 수행하면서 진실을 은폐하거나 거짓 진술을 하여서는 아니 된다(같은 법 제24조 제2항). 따라서 형사변호인의 기본적인 임무가 피고인 또는 피의자를 보호하고 그의 이익을 대변하는 것이라고 하더라도, 그러한 이익은 법적으로 보호받을 가치가 있는 정당한 이익으로 제한되고, 변호인이 의뢰인의 요청에 따른 변론행위라는 명목으로 수사기관이나 법원에 대하여 적극적으로 허위의 진술을 하거나 피고인 또는 피의자로 하여금 허위진술을 하도록 하는 것은 허용되지 않는다(대판 2012.8.30. 2012도6027).

> **판례** 성직자의 행위

- 성직자라 하여 초법규적인 존재일 수는 없으며 성직자의 직무상 행위가 사회상규에 반하지 아니한다 하여 그에 적법성이 부여되는 것은 그것이 성직자의 행위이기 때문이 아니라 그 직무로 인한 행위에 정당, 적법성을 인정하기 때문인 바, 사제가 죄지은 자를 능동적으로 고발하지 않는 것에 그치지 아니하고 은신처마련, 도피자금 제공등 범인을 적극적으로 인닉·도피케 하는 행위는 사제의 정당한 직무에 속하는 것이라고 할 수 없다(대판 1983.3.8. 82도3248).

Ⅳ. 사회상규에 위배되지 않는 행위

1. 사회상규의 의미

형법 제20조는 사회상규가 바로 위법성조각사유의 일반적 기준이 된다는 것을 명문화하고 있다. 여기서 사회상규란 국가질서의 존엄성을 기초로 한 국민일반의 건전한 도의감 또는 공정하게 사유하는 일반인의 건전한 윤리감정을 의미한다.

> **판례** 사회상규에 반하지 아니하는 행위

① [1] 사회상규에 반하지 않는 행위라 함은 국가질서의 존중이라는 인식을 바탕으로 한 국민일반의 건전한 도의적 감정에 반하지 아니한 행위로서 초 법규적인 기준에 의하여 이를 평가할 것이다. [2] 이 사건 경화카제인은 관세율표상 세번 3907번 세율 60퍼센트에 해당되어 부산세관에서 그렇게 취급하고 있고 피고인이 그와 같은 사실을 알고 있었다고 하더라도, 서울세관에서 수입신고함에 있어서 동 세관에서 수년간 관행적으로 취급하여 온 바에 따라 이 사건 경화카제인을 세번을 3904 세율을 40으로 신고하였다면 피고인의 행위는 비록 그 행위 외관에 있어 설사 어떤 위법이 있다고 할지라도 국민일반의 도의적 감정에 있어 결코 비난할 수 없는 사회상규에 반하지 않은 행위에 해당한다고 할 것이다(대판 1983.11.22. 83도2224).

② 형법 제20조에서 정한 사회상규에 위배되지 않는 행위란 법질서 전체의 정신이나 그 배후의 사회윤리 또는 사회통념에 비추어 용인될 수 있는 행위를 말하므로, 어떤 행위가 그 동기나 목적이 정당하고 수단이나 방법이 상당하며 보호법익과 침해법익이 균형을 이루는 등으로 당시의 상황에서 사회윤리나 사회통념상 취할 수 있는 본능적이고 소극적인 방어행위라고 평가할 수 있다면 이는 사회상규에 위배되지 않는 행위라고 보아야 할 것이다. 이러한 사실관계에서 알 수 있는 피고인의 이 사건 행위의 동기와 수단 및 그로 인한 피해의 정도 등의 사정을 앞서 본 법리에 비추어 살펴보면, 피고인의 이러한 행위는 피해자의 갑작스런 행동에 놀라서 자신의 어린 딸이 다시 얼굴에 상처를 입지 않도록 보호하기 위한 것으로 딸에 대한 피해자의 돌발적인 공격을 막기 위한 본능적이고 소극적인 방어행위라고 평가할 수 있고, 따라서 이를 사회상규에 위배되는 행위라고 보기는 어렵다고 할 것이다(대판 2014.3.27. 2012도11204).[12]

---

12) 당시 피고인은 실내 어린이 놀이터 벽에 기대어 앉아 자신의 딸(4세)이 노는 모습을 보고 있었는데, 피해자가 다가와 딸이 가지고 놀고 있는 블록을 발로 차고 손으로 집어 들면서 쌓아놓은 블록을 무너뜨리고, 이에 딸이 울자 피고인이 피해자에게 '하지 마, 그러면 안 되는 거야'라고 말하면서 몇 차례 피해자를 제지한 사실, 그러자 피해자는 피고인의 딸을 한참 쳐다보고 있다가 갑자기 딸의 눈 쪽을 향해 오른손을 뻗었고 이를 본 피고인이 왼손을 내밀어 피해자의 행동을 제지하였는데, 이로 인해 피해자가 바닥에 넘어져 엉덩방아를 찧은 사실, 그 어린이 놀이터는 실내에 설치되어 있는 것으로서, 바닥에는 충격방지용 고무매트가 깔려 있었던 사실, 한편 피고인의 딸은 그 전에도 또래 아이들과 놀다가 다쳐서 당시에는 얼굴에 손톱 자국의 흉터가 몇 군데 남아 있는 상태였던 사실 등을 알 수 있다.

③ 후보자 등이 한 기부행위가 같은 법 제112조 제2항 등에 의하여 규정된 의례적 행위나 직무상 행위에 해당하지는 아니하더라도 그것이 지극히 정상적인 생활형태의 하나로서 역사적으로 생성된 사회질서의 범위 안에 있는 것이라고 볼 수 있는 경우에는 일종의 의례적 행위나 직무상의 행위로서 사회상규에 위배되지 아니하여 위법성이 조각되는 경우가 있을 수 있다(대판 2022.2.24. 2020도17430 등).

2. 사회상규에 의한 정당행위 판단기준

판례는 사회상규에 반하지 않는 정당행위라고 하기 위하여는 ① **행위의 동기와 목적의 정당성**, ② **행위의 수단이나 방법의 상당성**, ③ **보호이익과 침해이익의 법익균형성**, ④ **긴급성**, ⑤ **보충성**을 갖추었는가를 합목적으로 판단하여 결정해야 한다고 판시하고 있다.

판례는 ① 민족정기를 세우기 위하여 김구 선생 암살범을 살해한 경우(대판 1997.11.14. 97도2118), ② 불법선거운동을 적발할 목적으로 타인의 식당에 침입하여 도청기를 설치한 경우(대판 1997.3.28. 95도2674), ③ 채권을 변제받을 목적으로 채무자에게 사회통념상 용인되기 어려울 정도의 협박을 수단으로 재물을 교부받은 경우(대판 2000.2.25. 99도4305), ④ 잘못된 기재를 정정하려는 의도로 사서증서 인증서를 변조한 경우(대판 1992.10.13. 92도1064) 및 ⑤ 피해자를 정신의료기관에 강제입원 시킨 경우(대판 2001.2.23. 2000도4415)에는 정당행위가 될 수 없다고 판시하였다.

이에 반하여 ① **수지침 시술행위는 수단의 상당성이 인정되고**(대판 2000.4.25. 98도2389), ② **시장관리규정에 따라 시장기능을 확립하기 위하여 단전조치를 한 때에도**(대판 1994.4.15. 93도2899) 목적의 정당성과 수단의 상당성이 인정되어 정당행위에 해당한다고 판시하였다.

> **판례** 사회상규에 의한 정당행위 인정요건
>
> ① [1] 형법 제20조는 '사회상규에 위배되지 아니하는 행위'를 정당행위로서 위법성이 조각되는 사유로 규정하고 있다. 위 규정에 따라 사회상규에 의한 정당행위를 인정하려면, 첫째 그 행위의 동기나 목적의 정당성, 둘째 행위의 수단이나 방법의 상당성, 셋째 보호이익과 침해이익과의 법익균형성, 넷째 긴급성, 다섯째로 그 행위 외에 다른 수단이나 방법이 없다는 보충성 등의 요건을 갖추어야 하는데, 위 '목적·동기', '수단', '법익균형', '긴급성', '보충성'은 불가분적으로 연관되어 하나의 행위를 이루는 요소들로 종합적으로 평가되어야 한다. '목적의 정당성'과 '수단의 상당성' 요건은 행위의 측면에서 사회상규의 판단 기준이 된다. 사회상규에 위배되지 아니하는 행위로 평가되려면 행위의 동기와 목적을 고려하여 그것이 법질서의 정신이나 사회윤리에 비추어 용인될 수 있어야 한다. 수단의 상당성·적합성도 고려되어야 한다. 또한 보호이익과 침해이익 사이의 법익균형은 결과의 측면에서 사회상규에 위배되는지를 판단하기 위한 기준이다. 이에 비하여 행위의 긴급성과 보충성은 수단의 상당성을 판단할 때 고려요소의 하나로 참작하여야 하고 이를 넘어 독립적인 요건으로 요구할 것은 아니다. 또한 그 내용 역시 다른 실효성 있는 적법한 수단이 없는 경우를 의미하고 '일체의 법률적인 적법한 수단이 존재하지 않을 것'을 의미하는 것은 아니라고 보아야 한다. [2] 갑 대학교는 학교법인의 전 이사장 을이 부정입학과 관련된 금품수수 등의 혐의로 구속되었다가 갑 대학교 총장으로 선임됨에 따라 학내 갈등을 빚던 중, 총학생회 간부인 피고인들이 총장 을과의 면담을 요구하면서 총장실 입구에서 진입을 시도하거나, 교무위원회 회의실에 들어가 총장의 사퇴

를 요구하면서 이를 막는 학교 교직원들과 실랑이를 벌임으로써 위력으로 업무를 방해하였다는 내용으로 기소된 사안에서, (중략) 피고인들이 분쟁의 중심에 있는 을을 직접 찾아가 면담하는 이외에는 다른 방도가 없다는 판단 아래 을과 면담을 추진하는 과정에서 피고인들을 막아서는 사람들과 길지 않은 시간 동안 실랑이를 벌인 것은 동기와 목적의 정당성, 행위의 수단이나 방법의 상당성이 인정되고, 피고인들의 학습권이 헌법에 의하여 보장되는 권리라는 측면에 비추어 법익균형성도 충분히 인정되며, 나아가 학습권 침해가 예정된 이상 긴급성이 인정되고, 피고인들이 선택할 수 있는 법률적 수단이 더 이상 존재하지 않는다거나 다른 구제절차를 모두 취해본 후에야 면담 추진 등이 가능하다고 할 것은 아니어서 보충성도 인정되며, 만약 긴급성·보충성이 별도로 갖추어지지 않았다고 보아 정당행위 성립을 부정한다면 일반적·보충적 위법성조각사유로서의 정당행위를 규정한 입법취지 및 사회상규의 의미에 배치될 수 있다는 이유로, 피고인들의 행위가 정당행위로 인정된다고 본 원심의 결론이 정당하다고 한 사례(대판 2023.5.18. 2017도2760)

② [1] 형법 제20조의 '사회상규에 위배되지 아니하는 행위'는 우리 형법의 독특한 규정으로, 구성요건에 해당하는 행위가 형식적으로 위법하더라도 사회가 내리는 공적 평가에 의하여 용인될 수 있다면 그 행위를 실질적으로 위법한 것으로는 평가할 수 없다는 취지에서 도입된 일반적 위법성조각사유이다. [2] 어떠한 행위가 정당행위에 해당하는지는 구체적인 사정 아래서 합목적적, 합리적으로 고찰하여 개별적으로 판단되어야 한다. '목적의 정당성'과 '수단의 상당성' 요건은 행위의 측면에서 사회상규의 판단 기준이 된다. 사회상규에 위배되지 아니하는 행위로 평가되려면 행위의 동기와 목적을 고려하여 그것이 법질서의 정신이나 사회윤리에 비추어 용인될 수 있어야 한다. 수단의 상당성·적합성도 고려되어야 한다. 또한 보호이익과 침해이익 사이의 법익균형은 결과의 측면에서 사회상규에 위배되는지를 판단하기 위한 기준이다. 이에 비하여 행위의 긴급성과 보충성은 수단의 상당성을 판단할 때 고려요소의 하나로 참작하여야 하고 이를 넘어 독립적인 요건으로 요구할 것은 아니다. 또한 그 내용 역시 다른 실효성 있는 적법한 수단이 없는 경우를 의미하고 '일체의 법률적인 적법한 수단이 존재하지 않을 것'을 의미하는 것은 아니라고 보아야 할 것이나, 정당행위로 인정되기 위하여 요구되는 긴급성이나 보충성의 정도는 개별 사안에 따라 다를 수 있다. [3] 이른바 '동물권'을 주장해 온 피고인들이 동물권보호단체 회원들과 공모하여, 甲 주식회사의 공장 정문 앞 도로에서 甲 회사가 농장으로부터 생닭을 공급받아 도계하는 영업을 계속한다는 이유로 피고인들은 자신들의 손을 콘크리트가 들어있는 가방으로 결박한 채 드러누워 몸으로 생닭을 실은 트럭들을 가로막는 등 차량 진행을 방해하고, 위 단체 회원들은 '닭을 죽이면 안 된다.'는 플래카드를 걸고 같은 내용의 구호를 외치며 노래를 부르는 등 위력으로써 甲 회사의 생닭 운송 및 도계 업무를 방해하였다는 내용으로 기소된 사안에서, 피고인들의 행위는 업무방해죄의 구성요건에 해당하고, 그 동기나 목적의 정당성이 인정될 여지가 있지만, 수단과 방법의 상당성, 법익 균형성 등이 인정되지 아니하여 정당행위에 해당하지 않는다고 본 원심판단이 정당하다고 한 사례(대판 2024.8.1. 2021도2084)

③ 학교의 교사가 훈육 또는 지도의 목적으로 한 행위이더라도 정신적 폭력이나 가혹행위로서 아동인 학생의 정신건강 또는 복지를 해치거나 정신건강의 정상적 발달을 저해할 정도 혹은 그러한 결과를 초래할 위험을 발생시킬 정도에 이른다면, 초·중등교육법령과 학칙이 허용하는 범위 내에서 그 요건과 절차를 준수하는 등으로 법령과 학칙의 취지를 따른 것이 아닌 이상, 구 아동복지법 제17조 제5호에서 금지하는 '정서적 학대행위'에 해당한다고 보아야 한다. 한편 교사의 위와 같은 행위도 사회상규에 위배되지 아니하는 경우에는 위법성이 조각될 수 있으나, 이

에 해당하는지를 판단함에 있어서는 교사의 학생에 대한 악의적·부정적 태도에서 비롯된 것이 아니라 교육상의 필요, 교육활동 보장, 학교 내 질서유지 등을 위한 행위였는지, 학생의 기본적 인권과 정신적·신체적 감수성을 존중·보호하는 범위 내에서 이루어졌는지, 동일 또는 유사한 행위의 반복성이나 지속시간 등에 비추어 교육의 필요성이 인정되는 합리적인 범위 내에서 이루어졌다고 평가되는지, 법령과 학칙의 취지를 준수하지 못할 긴급한 사정이 있었는지, 그 밖에 학생의 연령, 성향, 건강상태, 정신적 발달상태 등이 종합적으로 고려되어야 한다(대판 2024.9.12. 2020도12920).

3. 사회상규에 위배되지 않는 행위에 대한 판례 태도

판례는 ① 상대방의 도발이나 폭행 또는 강제연행을 피하기 위한 소극적인 저항행위와, ② 객관적으로 징계의 범위를 벗어나지 아니하고 주관적으로 교육의 목적으로 행한 징계권 없는 자의 징계행위, ③ 사회상규에 벗어나지 않는 정도의 자기 또는 타인의 권리를 실행하기 위한 행위 등은 사회상규에 위배되지 않는 행위에 해당하여 위법성이 조각된다고 판시하였다.

> **판례** 소극적 저항행위
>
> ① 입주자대표회의 회장인 피고인이 정당한 소집권자인 회장의 동의나 승인 없이 위법하게 게시된 이 사건 공고문을 발견하고 이를 제거하는 방법으로 손괴한 조치는, 그에 선행하는 위법한 공고문 작성 및 게시에 따른 위법상태의 구체적 실현이 임박한 상황 하에 그 행위의 효과가 귀속되는 주체의 적법한 대표자 자격에서 그 위법성을 바로잡기 위한 조치의 일환으로 사회통념상 허용되는 범위를 크게 넘어서지 않는 행위라고 볼 수 있다. 나아가 이는 공동주택의 관리 또는 사용에 관하여 입주자 및 사용자의 보호와 그 주거생활의 질서유지를 위하여 구성된 입주자대표회의의 대표자로서 공동주택의 질서유지 및 입주자 등에 대한 피해방지를 위하여 필요한 합리적인 범위 내에서 사회통념상 용인될 수 있는 피해를 발생시킨 경우에 지나지 아니한다고도 볼 수 있다(대판 2021.12.30. 2021도9680).
>
> ② 행방불명된 남편에 대하여 불리한 민사판결이 선고되었다 하더라도 그러한 사정만으로써는 적법한 다른 방법을 강구하지 아니하고 남편 명의의 항소장을 임의로 작성하여 법원에 제출한 행위가 사회통념상 용인되는 극히 정상적인 생활형태의 하나로서 위법성이 없다 할 수 없다고 한 사례(대판 1994.11.8. 94도1657).
>
> ③ 피고인이 피해자로부터 며칠 간에 걸쳐 집요한 괴롭힘을 당해 온 데다가 피해자가 피고인이 교수로 재직하고 있는 대학교의 강의실 출입구에서 피고인의 진로를 막아서면서 피고인을 물리적으로 저지하려 하자 극도로 흥분된 상태에서 그 행패에서 벗어나기 위하여 피해자의 팔을 뿌리쳐서 피해자가 상해를 입게 된 경우, 피고인의 행위는 피해자의 부당한 행패를 저지하기 위한 본능적인 소극적 방어 행위에 지나지 아니하여 사회통념상 허용될 만한 정도의 상당성이 있어 위법성이 없는 정당행위라고 봄이 상당하다고 한 사례(대판 1995.8.22. 95도936).
>
> ④ 분쟁이 있던 옆집 사람이 야간에 술에 만취된 채 시비를 하며 거실로 들어오려 하므로 이를 제지하며 밀어내는 과정에서 2주 상해를 입힌 피고인의 행위를 정당행위로 보아 무죄를 선고한 원심판결을 수긍한 사례(대판 1995.2.28. 94도2746).
>
> ⑤ 피해자(남, 57세)가 술에 만취하여 아무런 연고도 없는 가정주부인 피고인의 집에 들어

가 유리창을 깨고 아무데나 소변을 보는 등 행패를 부리고 나가자, 피고인이 유리창 값을 받으러 피해자를 뒤따라 가며 그 어깨를 붙잡았으나, 상스러운 욕설을 계속하므로 더 이상 참지 못하고 잡고 있던 손으로 피해자의 어깨부분을 밀치자 술에 취하여 비틀거리던 피해자가 몸을 제대로 가누지 못하고 앞으로 넘어져 시멘트 바닥에 이마를 부딪쳐 1차성 쇼크로 사망한 경우, 피고인의 위와 같은 행위는 피해자의 부당한 행패를 저지하기 위한 본능적인 소극적 방어행위에 지나지 아니하여 사회통념상 용인될 수 있는 정도의 상당성이 있어 형법 제20조에 정한 정당행위에 해당한다고 본 사례(대판 1992.3.10. 92도37)

⑥ 남자인 피해자가 비좁은 여자 화장실 내에 주저앉아 있는 피고인으로부터 무리하게 쇼핑백을 빼앗으려고 다가오는 것을 저지하기 위하여 피해자의 어깨를 순간적으로 밀친 것은 피해자의 불법적인 공격으로부터 벗어나기 위한 본능적인 소극적 방어행위에 지나지 아니하므로 이는 사회통념상 허용될 수 있는 행위로서 그 위법성을 인정할 수 없다고 본 사례(대판 1992.3.27. 91도2831)

⑦ 택시운전사가 승객의 요구로 택시를 출발시키려 할 때 피해자가 부부싸움끝에 도망나온 위 승객을 택시로부터 강제로 끌어내리려고 운전사에게 폭언과 함께 택시 안으로 몸을 들이밀면서 양손으로 운전사의 멱살을 세게 잡아 상의단추가 떨어질 정도로 심하게 흔들어 대었고, 이에 운전사가 위 피해자의 손을 뿌리치면서 택시를 출발시켜 운행하였을 뿐이라면 운전사의 이러한 행위는 사회상규에 위배되지 아니하는 행위라고 할 것이다(대판 1989.11.14. 89도1426).

⑧ 피해자가 갑자기 달려나와 정당한 이유없이 피고인의 멱살을 잡고 파출소로 가자면서 계속하여 끌어당기므로 피고인이 그와 같은 피해자의 행위를 제지하기 위하여 그의 양팔부분의 옷자락을 잡고 밀친 것이라면 이러한 피고인의 행위는 멱살을 잡힌데서 벗어나기 위한 소극적인 저항행위에 불과하고 그 행위에 이른 경위 등에 비추어 볼 때 사회통념상 허용될만한 정도의 상당성이 있는 행위로서 형법 제20조 소정의 정당행위에 해당한다(대판 1990.1.23. 89도1328).

⑨ 강제연행을 모면하기 의하여 팔꿈치로 뿌리치면서 가슴을 잡고 벽에 밀어 부친 행위는 소극적인 저항으로 사회상규에 위반되지 아니한다(대판 1982.2.23. 81도2958).

⑩ 피해자가 양손으로 피고인의 넥타이를 잡고 늘어져 후경부피하출혈상을 입을 정도로 목이 졸리게 된 피고인이 피해자를 떼어놓기 위하여 왼손으로 자신의 목 부근 넥타이를 잡은 상태에서 오른손으로 피해자의 손을 잡아 비틀면서 서로 밀고 당기고 하였다면, 피고인의 그와 같은 행위는 목이 졸린 상태에서 벗어나기 위한 소극적인 저항행위에 불과하여 형법 제20조 소정의 정당행위에 해당하여 죄가 되지 아니한다고 본 원심판결을 수긍한 사례(대판 1996.5.28. 96도979)

> **판례** **타인의 자녀에 대한 징계행위**

- [1] 피해자의 행위에 의해 침해당한 피고인 등의 법익과 피고인 등의 폭력행위로 인해 피해자가 입은 피해자의 신체상 침해된 법익을 교량하여 피고인 등의 행위가 그 목적이나 수단이 상당하다고 인정될 때에는 이는 사회상규에 위배되지 않는 정당행위에 해당한다. [2] (중략) 동네어른들이 모여 있는 추석주연의 좌석에 뛰어들어 함부로 음식물을 취하고 자리를 어지럽게 할 뿐 아니라 또 60세가 넘은 어른에게 담배를 청하는 등 불손한 행동을 하므로 피고인은 수차 말려도 듣지 않고 동인은 급기야 피고인의 동생 공소외인에게 유도를 하자고 마당으로 끌고가서 동

공소외인을 넘어뜨리고 그 배위에 올라타고 목을 조르고 있기에 피고인은 이를 제지하기 위하여 방빗자루로 동 전만우의 엉덩이를 2회 때렸다는 사실을 각 인정한 다음 위 피고인들의 소위는 연소한 전만우의 불손한 행위에 대하여 그 신원을 파악하고 훈계하는 한편 전만우의 행패행위를 제지하기 위한 것으로 전만우의 행위에 의하여 침해 당한 피고인 1, 2의 법익에 비하여 전만우가 피고인 등의 폭행행위로 입은 신체상 침해된 법익을 교량할 때 **피고인 등의 행위는 그 목적이나 수단이 상당하며 이는 사회상규에 위배되지 아니하여 위법성이 없다고 단정**하여 피고인들에게 무죄를 선고한 사례(대판 1978.12.13. 78도2617)

> **판례** 권리실현행위로서 위법성이 조각되는 경우

① 피고인이 그 소유건물에 인접한 대지 위에 건축허가조건에 위반되게 건물을 신축, 사용하는 소유자로부터 일조권 침해 등으로 인한 손해배상에 관한 합의금을 받은 것이 사회통념상 용인되는 범위를 넘지 않는 것이어서 **공갈죄가 성립되지 않는다**고 본 사례(대판 1990.8.14. 90도114)

② 피해자로부터 범인으로 오인되어 경찰에 끌려가 구타당하여 입원한 경우에 피해자에게 그 치료비를 요구하고 응하지 않으면 무고죄로 고소하겠다고 언명하였다 하여 이것이 곧 **범법행위가 된다고 볼 수 없다**(대판 1971.11.9. 71도1629).

> **판례** 권리실현행위로서 위법성이 조각되지 아니하는 경우

① 정당한 권리가 있다 하더라도 그 권리행사에 빙자하여 사회통념상 허용되는 범위를 넘어 협박을 수단으로 상대방을 외포시켜 재물의 교부 또는 재산상의 이익을 받는 경우와 같이 그 행위가 정당한 권리행사라고 인정되지 아니하는 경우에는 공갈죄가 성립된다고 할 것인바, (중략) 수급인이 권리행사에 빙자하여 도급인 측에 대하여 비리를 관계기관에 고발하겠다는 내용의 협박 내지 사무실의 장시간 무단점거 및 직원들에 대한 폭행 등의 위법수단을 써서 기성고 공사대금 명목으로 금 80,000,000원을 교부받은 소위는 사회통념상 허용되는 범위를 넘는 것으로서 이는 **공갈죄에 해당한다**(대판 1991.12.13. 91도2127).

② [1] 주주가 주주총회에 참석하면서 소유 주식 중 일부에 관한 의결권의 대리행사를 타인들에게 나누어 위임하여 주주총회에 참석한 그 의결권 대리인들이 대표이사의 주주총회장에서의 퇴장 요구를 거절하면서 고성과 욕설 등을 사용하여 대표이사의 주주총회의 개최, 진행을 포기하게 만든 경우, 그와 같은 의결권 대리행사의 위임은 위세를 과시하여 정상적인 주주총회의 진행을 저해할 의도이고 주주총회에서 그 의결권 대리인들이 요구한 사항은 의결권 대리행사를 위한 권한 범위에 속하지 않으므로, 대표이사는 그 대리인들이 주주총회에 참석하는 것을 적법하게 거절할 수 있었다는 이유로, **업무방해죄가 성립한다**고 한 사례. [2] (중략) 주주총회 장소라고 하여 회사측의 의사에 반하여 회사의 회계장부를 강제로 찾아 열람할 수는 없다고 할 것이며, 설사 회사측이 회사 운영을 부실하게 하여 소수주주들에게 손해를 입게 하였다고 하더라도 위와 같은 사정만으로 주주총회에 참석한 주주가 강제로 사무실을 뒤져 회계장부를 찾아내는 것이 사회통념상 용인되는 정당행위로 되는 것은 아니다(대판 2001.9.7. 2001도2917).

③ (전략) 관행을 이유로 대출 조건과 용도가 임야매수자금으로 한정된 정책자금을 실제보다 부풀려 대출받아 편취한 행위가 사회상규에 위배되지 않는 정당한 행위라거나 비난가능성이 없다고 할 수

는 없다(대판 2007.4.27. 2006도7634).

④ 사채업자인 피고인이 채무자 갑에게, 채무를 변제하지 않으면 갑이 숨기고 싶어하는 과거 행적과 사채를 쓴 사실 등을 남편과 시댁에 알리겠다는 등의 문자메시지를 발송한 사안에서, 피고인에게 협박죄를 인정하는 한편 위와 같은 행위가 정당행위에 해당한다는 주장을 배척한 원심판단을 수긍한 사례(대판 2011.5.26. 2011도2412).

⑤ 상법상 주주의 권리행사에 관한 이익공여의 죄는 주주의 권리행사와 관련 없이 재산상 이익을 공여하거나 그러한 관련성에 대한 범의가 없는 경우에는 성립할 수 없다. (중략) 한편 주주의 권리행사와 관련된 재산상 이익의 공여라 하더라도 그것이 의례적인 것이라거나 불가피한 것이라는 등의 특별한 사정이 있는 경우에는, 법질서 전체의 정신이나 그 배후에 놓여 있는 사회윤리 내지 사회통념에 비추어 용인될 수 있는 행위로서 형법 제20조에 정하여진 '사회상규에 위배되지 아니하는 행위'에 해당한다. (중략) 피고인이 갑 회사의 계산으로 사전투표와 직접투표를 한 주주들에게 무상으로 20만 원 상당의 상품교환권 등을 각 제공한 것은 주주총회 의결권 행사와 관련된 이익의 공여로서 사회통념상 허용되는 범위를 넘어서는 것이어서 상법상 주주의 권리행사에 관한 이익공여의 죄에 해당한다(대판 2018.2.8. 2015도7397).

⑥ 아파트 입주자대표회의의 임원 또는 아파트관리회사의 직원들인 피고인들이 기존 관리회사의 직원들로부터 계속 업무집행을 제지받던 중 저수조 청소를 위하여 출입문에 설치된 자물쇠를 손괴하고 중앙공급실에 침입한 행위는 정당행위에 해당하나, 관리비 고지서를 빼앗거나 사무실의 집기 등을 들어낸 행위는 정당행위에 해당하지 않는다고 한 원심의 판단을 수긍한 사례(대판 2006.4.13. 2003도3902)

판례 불법감청과 녹음자료의 공개행위에 대한 판례

① 방송사 기자인 피고인이, 구 국가안전기획부 정보수집팀이 타인 간의 사적 대화를 불법 녹음하여 생성한 도청자료인 녹음테이프와 녹취보고서를 입수한 후 이를 자사의 방송프로그램을 통하여 공개한 사안에서, 피고인이 국가기관의 불법 녹음을 고발하기 위하여 불가피하게 위 도청자료에 담겨있던 대화 내용을 공개하였다고 보기 어렵고, (중략) 위 보도와 관련된 모든 사정을 종합하여 볼 때 위 보도에 의하여 얻어지는 이익 및 가치가 통신비밀이 유지됨으로써 얻어지는 이익 및 가치보다 우월하다고 볼 수 없다는 이유로, 위 행위가 형법 제20조의 정당행위에 해당하지 않는다고 본 원심판단을 수긍한 사례(대판 2011.3.17. 2006도8839 전원합의체)

② 국회의원인 피고인이, 구 국가안전기획부 내 정보수집팀이 대기업 고위관계자와 중앙일간지 사주 간의 사적 대화를 불법 녹음한 자료를 입수한 후 그 대화내용과, 위 대기업으로부터 이른바 떡값 명목의 금품을 수수하였다는 검사들의 실명이 게재된 보도자료를 작성하여 자신의 인터넷 홈페이지에 게재하였다고 하여 통신비밀보호법 위반으로 기소된 사안에서, (중략) 위 게재행위와 관련된 사정을 종합하여 볼 때 위 게재에 의하여 얻어지는 이익 및 가치가 통신비밀이 유지됨으로써 얻어지는 이익 및 가치를 초월한다고 볼 수 없으므로, 피고인이 위 녹음 자료를 취득하는 과정에 위법이 없었더라도 위 행위는 형법 제20조의 정당행위에 해당한다고 볼 수 없다(대판 2011.5.13. 2009도14442).

V. 정당행위의 효과

정당행위로 인정되는 경우에는 위법성이 조각되어 범죄가 성립되지 아니한다.

> **판례** 기타 정당행위를 인정한 판례
>
> ① 수용시설에 수용 중인 부랑인들의 야간도주를 방지하기 위하여 그 취침시간 중 출입문을 안에서 시정조치한 행위가 형법 제20조의 정당행위에 해당되어 위법성이 조각된다고 한 사례(대판 1988.11.8. 88도1580)
>
> ② 시장번영회 회장이 이사회의 결의와 시장번영회의 관리규정에 따라서 관리비 체납자의 점포에 대하여 실시한 단전조치는 정당행위로서 업무방해죄를 구성하지 아니한다고 한 사례(대판 2004.8.20. 2003도4732)
>
> ③ 부사관 교육생이던 피고인이 동기들과 함께 사용하는 단체채팅방에서 지도관이던 피해자가 목욕탕 청소 담당 교육생들에게 과실 지적을 많이 한다는 이유로 "도라이 ㅋㅋㅋ 습기가 그렇게 많은데"라는 글을 게시하여 공연히 상관인 피해자를 모욕하였다는 내용으로 기소된 사안에서, (중략) 피고인의 위 표현은 동기 교육생들끼리 고충을 토로하고 의견을 교환하는 사이버공간에서 상관인 피해자에 대하여 일부 부적절한 표현을 사용하게 된 것에 불과하고 이로 인하여 군의 조직질서와 정당한 지휘체계가 문란하게 되었다고 보이지 않으므로, 이러한 행위는 사회상규에 위배되지 않는다(대판 2021.8.19. 2020도14576).
>
> ④ 골프클럽 경기보조원들의 구직편의를 위해 제작된 인터넷 사이트 내 회원 게시판에 특정 골프클럽의 운영상 불합리성을 비난하는 글을 게시하면서 위 클럽담당자에 대하여 한심하고 불쌍한 인간이라는 등 경멸적 표현을 한 사안에서, 게시의 동기와 경위, 모욕적 표현의 정도와 비중 등에 비추어 사회상규에 위배되지 않는다고 보아 모욕죄의 성립을 부정한 사례(대판 2008.7.10. 2008도1433)
>
> ⑤ '회사의 직원이 회사의 이익을 빼돌린다.'는 소문을 확인할 목적으로, 비밀번호를 설정함으로써 비밀장치를 한 전자기록인 피해자가 사용하던 '개인용 컴퓨터의 하드디스크'를 떼어내어 다른 컴퓨터에 연결한 다음 의심이 드는 단어로 파일을 검색하여 메신저 대화 내용, 이메일 등을 출력한 사안에서, (중략) 피고인의 그러한 행위는 사회통념상 허용될 수 있는 상당성이 있는 행위로서 형법 제20조의 '정당행위'에 해당한다(대판 2009.12.24. 2007도6243).
>
> ⑥ 방송통신심의위원회 심의위원인 피고인이 자신의 인터넷 블로그에 위원회에서 음란정보로 의결한 '남성의 발기된 성기 사진'을 게시함으로써 정보통신망을 통하여 음란한 화상 또는 영상인 사진을 공공연하게 전시하였다고 하여 정보통신망 이용촉진 및 정보보호 등에 관한 법률 위반(음란물유포)으로 기소된 사안에서, (중략) 사진들은 오로지 남성의 발기된 성기와 음모만을 뚜렷하게 강조하여 여러 맥락 속에서 직접적으로 보여줌으로써 성적인 각성과 흥분이 존재한다는 암시나 공개장소에서 발기된 성기의 노출이라는 성적 일탈의 의미를 나타내고, 나아가 여성의 시각을 배제한 남성중심적인 성관념의 발로에 따른 편향된 관점을 전달하고 있어 음란물에 해당하나, 사진들의 음란성으로 인한 해악은 이에 결합된 학술적, 사상적 표현들과 비판 및 논증에 의해 해소되었고, 결합 표현물인 게시물을 통한 사진들의 게시는 목적의 정당성, 수단이나 방법의 상당성, 보호법익과 침해법익 간의 법익균형성이 인정되어 법질서 전체의 정신이나 그 배후에 놓여 있는 사회윤리 내지 사회통념에 비추어 용인될 수

있는 행위에 해당하므로, (중략) 공소사실을 무죄로 판단한 것은 결론적으로 정당하다고 한 사례(대판 2017.10.26. 2012도13352)

⑦ 자동차 정보 관련 인터넷 신문사 소속 기자 갑이 작성한 기사가 인터넷 포털 사이트의 자동차 뉴스 '핫이슈' 난에 게재되자, 피고인이 "이런걸 기레기라고 하죠?"라는 댓글을 게시함으로써 공연히 갑을 모욕하였다는 내용으로 기소된 사안에서, '기레기'는 기자인 갑의 사회적 평가를 저하시킬 만한 추상적 판단이나 경멸적 감정을 표현한, 모욕적 표현에 해당하나, (중략) 댓글의 표현이 지나치게 악의적이라고 하기도 어려운 점을 종합하면, 위 댓글을 작성한 행위는 사회상규에 위배되지 않는 행위로서 형법 제20조에 의하여 위법성이 조각된다(대판 2021.3.25. 2017도17643).

> **판례** 기타 정당행위를 인정하지 아니한 판례

① 주점의 임대인이 임차인의 차임 연체를 이유로 계약서상 규정에 따라 위 주점에 대하여 단전·단수조치를 취한 경우, 약정 기간이 만료되었고 임대차보증금도 차임연체 등으로 공제되어 이미 남아있지 않은 상태에서 미리 예고한 후 단전·단수조치를 하였다면 형법 제20조의 정당행위에 해당하지만, 약정 기간이 만료되지 않았고 임대차보증금도 상당한 액수가 남아있는 상태에서 계약해지의 의사표시와 경고만을 한 후 단전·단수조치를 하였다면 정당행위로 볼 수 없다(대판 2007.9.20. 2006도9157).

② 간통 현장을 직접 목격하고 그 사진을 촬영하기 위하여 상간자의 주거에 침입한 행위는 정당행위에 해당하지 않는다(대판 2003.9.26. 2003도3000).

③ 피해자가 불특정·다수인의 통행로로 이용되어 오던 기존통로의 일부 소유자인 피고인으로부터 사용승낙을 받지 아니한 채 통로를 활용하여 공사차량을 통행하게 함으로써 피고인의 영업에 다소 피해가 발생하자 피고인이 공사차량을 통행하지 못하도록 자신 소유의 승용차를 통로에 주차시켜 놓은 행위가 사회상규에 위배되지 않는 정당행위에 해당한다고 할 수 없다고 한 원심의 판단을 수긍한 사례(대판 2005.9.30. 2005도4688)

④ 한의사 면허나 자격 없이 소위 '통합의학'에 기초하여 환자를 진찰 및 처방하는 행위가 정당행위에 해당하지 않는다(대판 2009.10.15. 2006도6870).

⑤ 2인 이상이 하나의 공간에서 공동생활을 하고 있는 경우에는 각자 주거의 평온을 누릴 권리가 있으므로, 사용자가 제3자와 공동으로 관리·사용하는 공간을 사용자에 대한 쟁의행위를 이유로 관리자의 의사에 반하여 침입·점거한 경우, 비록 그 공간의 점거가 사용자에 대한 관계에서 정당한 쟁의행위로 평가될 여지가 있다 하여도 이를 공동으로 관리·사용하는 제3자의 명시적 또는 추정적인 승낙이 없는 이상 위 제3자에 대하여서까지 이를 정당행위라고 하여 주거침입의 위법성이 조각된다고 볼 수는 없다(대판 2010.3.11. 2009도5008).

⑥ 甲 주식회사 임원인 피고인들이 회사 직원들 및 그 가족들에게 수여할 목적으로 전문의약품인 타미플루 39,600정 등을 제약회사로부터 매수하여 취득하였다고 하여 구 약사법 위반죄로 기소된 사안에서, 불특정 또는 다수인에게 무상으로 의약품을 양도하는 수여행위도 '판매'에 포함되므로 위와 같은 행위가 같은 법 제44조 제1항 위반행위에 해당한다는 전제에서, 사회상규에 위배되지 아니하는 정당행위로서 위법성이 조각된다는 취지의 피고인들 주장을 배척한 원심의 조치를 정당하다고 한 사례(대판 2011.10.13. 2011도6287)

<정당행위에 관한 판례 정리>

인정 판례	① 후보자의 회계책임자가 자원봉사자인 후보자의 배우자, 직계혈족 기타 친족에게 식사를 제공한 경우(99도1971) ② 자신의 차를 열쇠 꾸러미로 긁어 손괴 하는 피해자를 쫓아가 멱살을 잡아 흔들어 14일 간의 치료를 요하는 찰과상을 입힌 경우(98도3029) ③ 집달관이 압류집행을 위하여 채무자의 집에 들어가는 과정에서 상해를 가한 경우(93도875) ④ 시장번영회의 회장이 관리규정을 위반하여 칸막이를 천장에까지 설치한 일부 점포주들에 대하여 단전조치를 한 경우(93도3899) ⑤ 피해자가 양 손으로 넥타이를 잡고 늘어져 목이 졸리게 되자 피해자의 손을 잡아 비틀면서 서로 밀고 당긴 경우(96도979) ⑥ 수박밭에 들어와 두리번거리는 자를 발견하자 훈계목적으로 "앞으로 수박이 없어지면 네 책임으로 한다."고 말한 경우(94도2187) ⑦ 분쟁이 있던 이웃집 사람이 야간에 만취된 채 시비를 걸며 거실로 들어오려 하자 이를 제지하며 밀어내는 과정에서 2주 상해를 입힌 경우(94도2746) ⑧ 피해자가 강의실 출입구에서 교수의 진로를 막아서면서 저지하자 흥분된 상태에서 피해자의 팔을 뿌리쳐서 상해를 입힌 경우(95도936) ⑨ 부랑인 수용시설의 책임자가 부랑인들의 야간도주를 막기 위하여 취침 시간에 출입문을 잠근 경우(88도1580) ⑩ 수지침 시술행위(98도2389 의료법 위반에 해당하나 정당행위로 위법성 조각)
부정 판례	① 4세인 아들이 대소변을 가리지 못한다고 닭장에 가두고 전신을 구타한 경우(68도1793) ② 구속근로자의 형량감축을 목적으로 한 노동쟁의행위(92도1855) ③ 안기부 비서실장이 대선을 앞두고 특정후보 반대여론 조성목적으로 비위 사실을 담은 책자를 발간·배포하라는 안기부장의 지시를 이행한 경우(99도636) ④ 새마을금고 이사장이 비회원인 회사에게 대출해 주었는데, 그 회사는 위 대출금으로 회원인 근로자들의 상여금을 지급한 경우(98도1869) ⑤ 교사가 초등학교 5년생을 징계하기 위하여 나무 지휘봉을 허리를 때려 전치 6주의 상해를 입힌 경우(90도1456) ⑥ 상관이 부하 방위병들의 군인정신을 환기시키기 위하여 감금과 구타를 한 경우(84도799) ⑦ 지휘관이 사병들의 기합 중 상해를 입힌 경우(67도418) ⑧ 사제가 미문화원 방화범에게 식사와 도피자금을 제공하고 연행하러 온 수사관들에게 숨겨준 사실을 부인하면서 신병인도를 거부한 경우(82도3248) ⑨ 후보자의 모친상 때 받은 부의금에 대한 답례로 선거구 내 거주자에게 선관위가 정한 액을 초과하여 같은 금액의 결혼 축의금을 낸 경우(99도983) ⑩ 제3자가 정당추천 후보자 선출을 위한 당내 경선에서 특정인을 지지하도록 부탁할 목적 하에 타인의 술값 40,000원을 지불한 경우(96도405) ⑪ 방송국 노동조합이 적법한 절차를 따라 파업결의를 한 후 텔렉스기기에 들어가는 용지를 찢거나 작동을 중단시킨 경우(91도3051) ⑫ 노조원 80여명이 병원 복도를 점거하고 노래와 구호를 외치면서 병원 직원들의 업무수행을 방해하고 출입을 통제한 경우(91도3044) ⑬ 사단법인 진주민속예술보존회의 이사장이 임시총회의 의장으로서 의안에 관하여 발언하다가 타인의 명예를 훼손하는 내용의 말을 한 경우(90도2473) ⑭ 국고수입을 늘린다는 일념에서 법령에 위반하여 지정 매도인 이외의 자에게 홍삼을 판매하고

허위공문서를 작성한 경우(82도357)
⑮ 초원복집 도청 사건(95도2674)
⑯ 조직폭력배 특별단속 전담업무를 맡은 형사가 무기를 휴대할 필요를 느껴 허가 없이 분사기를 구입한 경우(95도2408)
⑰ 근로자들을 선동하여 통상적인 연장근로를 적법절차 없이 집단적으로 거부한 경우(95도2970)
⑱ 적법절차 없이 직원들을 집단으로 오전 9시 정각에 출근하도록 시킨 경우(96도419)
⑲ 쟁의행위시에 폭력을 행사하거나 파괴행위를 한 경우(90도357)
⑳ 직장이나 사업장을 전면적·배타적으로 점거하여 관리직 사원을 출입하지 못하게 한 경우(91도383), 정당한 쟁의행위의 목적이 아닌 집단적 연월차휴가의 사용(90도2852)
㉑ 대금청구소송 계속 중 상대방에게 탈세사실을 진정하겠다고 겁을 주어 상대방으로부터 대금지급 약속을 받은 경우(90도1864)
㉒ 백범 김구 암살범 살해 사건(97도2118)
㉓ 행방불명된 남편에게 불리한 민사판결이 선고되자 처가 남편 명의의 항소장을 임의로 작성하여 법원에 제출한 경우(94도1657)
㉔ 피해어민들이 피해보상을 주장하면서 집단적인 시위를 하고 선박의 입·출항 업무를 방해하며 이를 진압하려는 경찰관들을 대나무 삿대로 구타 상해한 경우(91도346)
㉕ 피고인인 택시기사가 손님인 가정주부에게 욕설을 한 것이 발단이 되어 가정주부인 피해자 등으로부터 하이힐 등으로 얻어맞아 상처를 입자 이를 고발하기 위해 파출소로 끌고 가려고 손목을 잡아 비틀어 상해를 입힌 경우(91도1169)

CHAPTER 04 책임론

제1절 책임이론

Ⅰ. 책임의 의의 및 책임주의

1. 책임의 의의

책임이란 규범이 요구하는 합법을 결의하고 이에 따라 행동할 수 있었음에도 불구하고 불법을 결의하고 위법하게 행위하였다는 데 대하여 행위자에게 가해지는 비난가능성을 말한다.

위법성	책임
전체 법질서의 입장에서 내리는 객관적 판단 (행위자의 특수성을 고려하지 않는다)	행위자에게 책임을 지울 수 있는가에 대한 주관적 판단 (행위자의 특수성을 고려한다)

2. 책임주의

책임주의란 책임 없으면 범죄는 성립하지 않고, 형량도 책임의 대소에 따라 결정하여야 한다는 원칙을 말한다("책임 없으면 형벌 없다").

처벌의 전제	양형의 기초	불법과 책임의 합치	행위와 책임의 동시존재
책임 없이는 형벌을 과할 수 없다. 따라서 결과책임, 우연책임, 연대책임, 연좌책임은 인정되지 않는다.	책임의 정도를 초과하는 형벌을 과할 수가 없다.	불법의 정도의 차이(질과 양)는 책임의 경중에 영향을 미친다.	행위시에 책임능력이 존재해야 한다. 이에 의하면 책임판단의 요소는 행위시에 존재하여야 한다.

Ⅱ. 책임의 근거

"책임 없으면 형벌 없다"는 책임주의 원칙은 인간의 결정의 자유를 전제로 하는바, 책임과 자유의사와의 관계가 문제 된다.

이에 대하여 ① 책임의 근거를 자유의사에 두고, 책임은 자유의사를 가진 자가 적법한 행위를 할 수 있었음에도 불구하고 위법한 행위를 하였으므로 가하여진 행위자에 대한 윤리적 비난이라고 하는 도의적 책임론(통설, 판례)과 ② 인과적 결정론의 입장에서 인간의 자유의사를 부정한 사회적 책임론에 의하면 책임의 근거는 행위자의 반사회적 성격에 있다고 하는 사회적책임론이 존재한다.

생각건대, 인간의 행위는 그에게 영향을 미치는 충동을 조절하고 의미내용과 가치와 규범에 따라 의사를 결정할 수 있는 인간의 능력에 기초하고 있다. 따라서 책임은 바로 인간이 소질과 환경에 의하여 제약된 충동을 통제하고, 사회윤리적 규범과 가치관념에 따라 결단할 수 있는 능력이 있다는 것을 근거로 한다(도의적 책임론).

> **판례** 책임의 근거
> - 형법 제10조 제3항에서 말하는 사물을 판별할 능력 또는 의사를 결정할 능력은 자유의사를 전제로 한 의사결정의 능력에 관한 것으로서, 그 능력의 유무와 정도는 감정사항에 속하는 사실문제라 할지라도 그 능력에 관한 확정된 사실이 심신상실 또는 심신미약에 해당하는 여부는 법률문제에 속하는 것이다(대판 1968.4.30. 68도400).

Ⅲ. 책임의 본질

규범적 책임론 가운데 신복합적 책임개념이 합일태적 범죄체계에 부합하는 이론으로서 가장 타당하다. 이에 의하면 책임표지는 ① 심정반가치라는 책임형식으로서의 고의·과실, ② 책임능력, ③ 위법성의 인식, ④ 기대가능성을 그 내용으로 한다.

구분		책임의 본질	책임의 구성요소	비판	범죄체계
심리적 책임론		행위자의 심리적 관계로서의 고의·과실	고의·과실 : 책임능력은 심리적 관계가 아니므로 책임의 구성요소가 아니라 책임조건에 불과하다.	인식 없는 과실에 있어서는 결과에 대한 행위자의 심리관계가 있을 수 없다.	고전적 범죄체계
규범적 책임론	복합적 책임 개념론	비난가능성	① 고의·과실 ② 책임능력 ③ 위법성인식(고의의 요소) ④ 기대가능성	고의·과실을 책임요소로 봄으로써 대상의 평가와 평가의 대상을 혼동하고 있다.	신고전적 범죄체계
	순수한 규범적 책임 개념론	비난가능성	① 책임능력 ② 위법성인식(책임의 요소) ③ 기대가능성	책임평가에서 고의·과실을 제거함으로써 책임개념의 공동화가 초래되었다.	목적적 범죄체계
	신복합적 책임론	비난가능성	① 책임능력 ② 책임형식으로서의 고의·과실 ③ 위법성인식 ④ 기대가능성	평가의 대상인 고의·과실은 책임요소가 될 수 없다.	합일태적 범죄체계
기능적 책임론 (예방적 책임론)		형벌의 예방적 목적	Roxin(답책성, 책벌성) : 책임은 예방의 필요성을 한계로 하고 예방의 필요성도 책임형벌을 제한 → 책임과 예방의 상호제한적 기능 인정	① 기능적 책임론은 책임개념을 예방으로 대체함으로써 일반예방에 대한 관계에서 책임주의가 가지고 있는 제한적 기능을 무력하게 하였다. ② 기능적 책임론에 의하는 경우에	

	Jakobs(형사정책적 목적) : 형사정책적 목적만이 책임의 내용이 되며, 이러한 목적은 법신뢰의 실현이라는 적극적 일반예방이므로 책임을 결정하는 목적은 범죄에 의하여 파괴된 질서신뢰의 안정이며 책임과 형벌은 규범의 정당성에 대한 신뢰의 확인이다.	도 무엇이 질서에 대한 신뢰를 안정시키는가에 대한 명확한 기준이 제시되지 못한다. ③ 이는 결국 책임개념을 입법자나 법관의 재량에 맡기는 것이 되어 범죄의 성립여부를 불명확하게 만드는 것이다.

Ⅳ. 책임의 판단

1. 행위책임의 원칙

가. 개별적 행위책임

<u>구성요건에 해당하고 위법한 행위 자체를 책임판단의 대상으로 삼는다</u>(개별적 행위책임). 따라서 행위자의 평소 생활태도나 범죄적 인격은 책임판단의 대상이 아니다.

나. 심정반가치

심정반가치란 <u>법적으로 비난받을 행위자의 심정</u>을 말한다. 책임의 판단대상은 행위이지만, 책임비난은 행위에서 드러난 행위자의 심정반가치를 문제삼는다. <u>고의범의 경우에는 행위자의 법적대적 태도가, 과실범의 경우에는 법무관심적 태도가</u> 발현된다.

2. 행위책임과 인격책임

행위책임의 보충으로 행위자책임이 형법에 영향을 미칠 수 있다. 금지착오의 정당한 이유, 양형, 인식 없는 과실, 상습범 가중 등이 이에 해당한다.

제2절 책임능력

Ⅰ. 책임능력의 의의

1. 책임능력의 개념

책임능력이란 <u>행위자가 법규범의 의미내용을 이해하여 명령과 금지를 인식할 수 있는 통찰능력과 이 통찰에 따라 행위할 수 있는 조종능력</u>을 말한다. 책임은 적법하게 행위할 수 있는 능력인 책임능력을 그 요소로 하므로, <u>책임능력이 없으면 비난가능성으로서의 책임도 없다</u>.

2. 책임능력의 본질

도의적 책임론에 의하면 <u>책임능력은 범죄능력</u>이 되고, 책임능력이 요구되는 시점은 <u>범죄행위 시</u>이다(통설·판례, 행위와 책임의 동시존재의 원칙).

3. 책임능력의 규정방법

형법이 책임무능력을 규정하는 방법에는 ① 형법이 행위자의 비정상적인 상태를 기술하고 그러한 상태가 있으면 바로 책임능력이 없다고 하는 <u>생물학적 방법</u>과, ② 행위자에게 사물을 변별하거나 의사를 결정할 능력이 없으면 책임능력이 없다고 규정하는 <u>심리적 또는 규범적 방법</u>, ③ 행위자의 비정상적인 상태를 책임무능력의 생물학적 기초로 규정하고 이러한 생물학적 요소가 행위자의 변별과 판단능력에 영향을 미쳤느냐라는 심리적 문제를 검토하는 <u>혼합적 또는 결합적 방법</u>이 있다.

우리 형법 제10조는 혼합적 방법에 의하고 있으나, <u>제9조는 생물학적 방법에 의하고 있다</u>.

II. 책임무능력자

1. 형사미성년자

> **제9조(형사미성년자)** 14세되지 아니한 자의 행위는 벌하지 아니한다.

형법은 <u>14세가 되지 아니한 자를 절대적 책임무능력자로 규정하고 있다</u>(제9조). 따라서 형사미성년자에게는 <u>책임이 조각되어 범죄가 성립하지 않고, 형벌을 과할 수 없다</u>.

2. 심신상실자

> **제10조(심신장애인)** ① 심신장애로 인하여 사물을 변별할 능력이 없거나 의사를 결정할 능력이 없는 자의 행위는 벌하지 아니한다.

<u>심신장애로 인하여 사물을 변별할 능력이 없거나 의사를 결정할 능력이 없는 자의 행위는 벌하지 아니한다</u>(제10조 제1항).

가. 심신상실의 요건

1) 생물학적 요소

심신장애가 있어야 한다. 형법상의 심신장애는 정신장애 또는 정신기능의 장애를 의미하는 것이며, 그것은 정신병, 정신박약, 중대한 정신장애와 정신병질을 그 내용으로 한다. 심신장애가 있느냐의 여부는 전문가의 도움으로 판단할 수 있지만, 전문가의 감정을 거치지 않았다고 할지라도 반드시 위법하다고 할 수는 없다.

> **판례** 심신장애 유무
> ① 피고인이 평소 간질병 증세가 있었더라도 범행 당시에는 간질병이 발작하지 아니하였다면 (중략) 심신장애 내지는 심신미약의 경우에 해당하지 아니한다(대판 1983.10.11. 83도1897).
> ② 피고인이 심한 만성형 정신분열증에 따른 망상의 지배로 말미암아 아무런 관계도 없는 생면부지의 행인들의 머리를 이유 없이 도끼로 내리쳐 상해를 가한 것이어서 범행 당시 심신상실상태에 있었다고 본 사례(대판 1991.5.28. 91도636)

2) 심리적 요소

심신상실이라고 하기 위하여는 심신장애로 인하여 '사물을 변별할 능력' 또는 '의사를 결정할 능력'이 없어야 한다. ① 사물을 변별할 능력이라 함은 불법을 인식할 능력을 의미하며, ② 의사를 결정할 능력이라 함은 사물을 변별하고 이에 따라 행위할 수 있는 능력, 즉 조종능력을 의미한다. ③ 사물을 변별할 능력이나 의사를 결정할 능력은 행위시를 기준으로 판단하여야 하며, 또한 구체적인 위법한 구성요건의 실현과의 관계에서 법관이 결정해야 할 법적·규범적 문제에 속한다. 그리고 이러한 능력의 판단에 있어서는 평균인의 일반적 능력이 기준이 된다.

> **판례** 사물변별능력 또는 의사결정능력의 흠결
>
> ① 형법 제10조에 규정된 심신장애는 생물학적 요소로서 정신병, 정신박약 또는 비정상적 정신상태와 같은 정신적 장애가 있는 외에 심리학적 요소로서 이와 같은 정신적 장애로 말미암아 사물에 대한 판별능력과 그에 따른 행위통제능력이 결여되거나 감소되었음을 요하므로, 정신적 장애가 있는 자라고 하여도 범행 당시 정상적인 사물판별능력이나 행위통제능력이 있었다면 심신장애로 볼 수 없음은 물론이나, 정신적 장애가 정신분열증과 같은 고정적 정신질환의 경우에는 범행의 충동을 느끼고 범행에 이르게 된 과정에 있어서의 범인의 의식상태가 정상인과 같아 보이는 경우에도 범행의 충동을 억제하지 못한 것이 흔히 정신질환과 연관이 있을 수 있고, 이러한 경우에는 정신질환으로 말미암아 행위통제능력이 저하된 것이어서 심신미약이라고 볼 여지가 있다(대판 1992.8.18. 92도1425).
>
> ② [1] 장애가 있는 외에 심리학적 요소로서 이와 같은 정신적 장애로 말미암아 사물에 대한 변별능력과 그에 따른 행위통제능력이 결여되거나 감소되었음을 요하므로, 정신적 장애가 있는 자라고 하여도 범행 당시 정상적인 사물변별능력이나 행위통제능력이 있었다면 심신장애로 볼 수 없다. [2] (중략) 소아기호증과 같은 질환이 있다는 사정은 그 자체만으로는 형의 감면사유인 심신장애에 해당하지 아니한다고 봄이 상당하고, 다만 그 증상이 매우 심각하여 원래의 의미의 정신병이 있는 사람과 동등하다고 평가할 수 있거나, 다른 심신장애사유와 경합된 경우 등에는 심신장애를 인정할 여지가 있으며, 이 경우 심신장애의 인정 여부는 (중략) 법원이 독자적으로 판단할 수 있다[대판 2007.6.14. 2007도2360 등, 같은 취지의 판결로는 2012도12689(성주물성애증), 2002도1541(충동조절장애)이 있다].
>
> ③ 원칙적으로 충동조절장애와 같은 성격적 결함은 형의 감면사유인 심신장애에 해당하지 아니한다고 봄이 상당하지만, 그 이상으로 사물을 변별할 수 있는 능력에 장애를 가져오는 원래의 의미의 정신병이 도벽의 원인이라거나 혹은 도벽의 원인이 충동조절장애와 같은 성격적 결함이라 할지라도 그것이 매우 심각하여 원래의 의미의 정신병을 가진 사람과 동등하다고 평가할 수 있는 경우에는 그로 인한 절도 범행은 심신장애로 인한 범행으로 보아야 한다(대판 1999.4.27. 99도693).
>
> ④ 형법상 심신상실자라고 하려면 그 범행당시에 심신장애로 인하여 사물의 시비선악을 변식할 능력이나 또 그 변식하는 바에 따라 행동할 능력이 없어 그 행위의 위법성을 의식하지 못하고 또는 이에 따라 행위를 할 수 없는 상태에 있어야 하며 범행을 기억하고 있지 않다는 사실만으로 바로 범행당시 심신상실 상태에 있었다고 단정할 수는 없다(대판 1985.5.25. 85도361).

⑤ 범행당시 정신분열증으로 심신장애의 상태에 있었던 피고인이 피해자를 살해한다는 명확한 의식이 있었고 범행의 경위를 소상하게 기억하고 있다고 하여 범행당시 사물의 변별능력이나 의사결정능력이 결여된 정도가 아니라 미약한 상태에 있었다고 단정할 수는 없는 것인바, 피고인이 피해자를 살해할 만한 다른 동기가 전혀 없고, 오직 피해자를 "사탄"이라고 생각하고 피해자를 죽여야만 피고인. 자신이 천당에 갈 수 있다고 믿어 살해하기에 이른 것이라면, 피고인은 범행당시 정신분열증에 의한 망상에 지배되어 사물의 선악과 시비를 구별할 만한 판단능력이 결여된 상태에 있었던 것으로 볼 여지가 없지 않다(대판 1990.8.14. 90도1328).

판례 심신장애의 유무 및 정도 판단

① 형법 제10조에 규정된 심신장애의 유무 및 정도의 판단은 법률적 판단으로서 반드시 전문감정인의 의견에 기속되어야 하는 것은 아니고, 정신질환의 종류와 정도, 범행의 동기, 경위, 수단과 태양, 범행 전후의 피고인의 행동, 반성의 정도 등 여러 사정을 종합하여 법원이 독자적으로 판단할 수 있다(대판 2007.7.12. 2007도3391 등).

② 피고인이 생리 기간 중에 정신병을 가진 사람과 동등하다고 평가할 수 있는 정도의 심각한 충동조절장애에 빠져 남의 물건을 훔치고 싶은 억제할 수 없는 충동이 발동하여 사물을 변별하거나 의사를 결정할 능력을 상실하거나 미약한 상태에서 저지르게 된 것이 아닌가 하는 의심이 되므로, 원심으로서는 전문가에게 피고인의 정신상태를 감정시키는 등의 방법으로 과연 이 사건 범행 당시 피고인의 정신상태가 생리의 영향 등으로 인하여 그 자신이 하는 행위의 옳고 그름을 변별하고, 그 변별에 따라 행동을 제어하는 능력을 상실하였거나 그와 같은 능력이 미약해진 상태이었는지 여부를 확실히 가려보아야 하였다(대판 2006.10.13. 2006도5360 등).

③ [1] 심신장애자의 행위인 여부는 반드시 전문가의 감정에 의하여만 결정할 수 있는 것이 아니고 그 행위의 전후 사정이나 기록에 나타난 제반자료와 공판정에서의 피고인의 태도 등을 종합하여 심신상실 또는 미약자의 행위가 아니라고 인정하여도 이를 위법이라 할 수 없다. [2] (중략) 형법 제10조 제1항, 제2항에 규정된 심신장애의 유무 및 정도의 판단은 법률적 판단으로서 반드시 전문감정인의 의견에 기속되어야 하는 것은 아니고, 정신분열증의 종류와 정도, 범행의 동기, 경위, 수단과 태양, 범행 전후의 피고인의 행동, 반성의 정도 등 여러 사정을 종합하여 법원이 독자적으로 판단할 수 있다. [3] 피고인이 편집형 정신분열증환자로서 심신상실의 상태에 있었다는 감정인의 의견을 배척하고 제반 사정을 종합하여 심신미약으로만 인정한 사례(대판 1994.5.13. 94도581 등).

나. 심신상실의 효과

심신상실자는 책임능력이 없기 때문에 책임이 조각된다(필요적 책임조각). 다만 위험의 발생을 예견하고 자의로 심신장애의 상태를 야기한 자의 행위는 책임이 조각되지 않는다(제10조 제3항).

Ⅲ. 한정책임능력자

1. 심신미약자

> **제10조(심신장애인)** ② 심신장애로 인하여 전항의 능력이 미약한 자의 행위는 형을 감경할 수 있다.

심신장애로 인하여 사물을 변별할 능력이나 의사를 결정할 능력이 미약한 자의 행위는 형을 감경할 수 있다(제10조 제2항). 한정책임능력자의 대표적인 경우가 심신미약자이다.

가. 심신미약의 요건

심신미약의 요건에 관하여도 형법은 혼합적 방법을 사용하고 있는바, ① 심신미약의 생물학적 기초는 심신장애이고, ② 심리적 요소는 사물을 변별할 능력 또는 의사를 결정할 능력이 미약할 것을 요한다. 이러한 능력이 미약한가의 여부도 법적·규범적 관점에서 법관이 판단해야 한다.

나. 심신미약의 효과

심신미약자의 행위는 형을 감경할 수 있다(임의적 감경). 원인에 있어서 자유로운 행위(제10조 제3항)는 한정책임능력자에 관하여도 적용된다.

> **판례** 심신미약자
>
> ① 형법 제10조의 심신장애로 인하여 사물을 변별할 능력이 없거나 의사를 결정할 능력이 없는 자 및 이와 같은 능력이 미약한 자라 함은 어느 것이나 심신장애의 상태에 있는 사람을 말하고, 이 양자는 단순히 그 장애정도의 강약의 차이가 있을 뿐 정신장애로 인하여 사물의 시비 또는 선악을 변별할 능력이 없거나 그 변별한 바에 따라 행동할 능력이 없는 경우와, 정신장애가 위와 같은 능력을 결여하는 정도에는 이르지 않았으나 그 능력이 현저하게 감퇴된 상태를 말한다(대판 1984.2.28. 83도3007).
>
> ② 정신적 장애가 있는 자라고 하여도 범행 당시 정상적인 사물변별능력이나 행위통제능력이 있었다면 심신장애로 볼 수 없다. (중략) 소아기호증과 같은 질환이 있다는 사정은 그 자체만으로는 형의 감면사유인 심신장애에 해당하지 아니한다고 봄이 상당하고, 다만 그 증상이 매우 심각하여 원래의 의미의 정신병이 있는 사람과 동등하다고 평가할 수 있거나, 다른 심신장애사유와 경합된 경우 등에는 심신장애를 인정할 여지가 있으며, 이 경우 심신장애의 인정 여부는 소아기호증의 정도, 범행의 동기 및 원인, 범행의 경위 및 수단과 태양, 범행 전후의 피고인의 행동, 증거인멸 공작의 유무, 범행 및 그 전후의 상황에 관한 기억의 유무 및 정도, 반성의 빛의 유무, 수사 및 공판정에서의 방어 및 변소의 방법과 태도, 소아기호증 발병 전의 피고인의 성격과 그 범죄와의 관련성 유무 및 정도 등을 종합하여 법원이 독자적으로 판단할 수 있다(대판 2007.2.8. 2006도7900).
>
> ③ 무생물인 옷 등을 성적 각성과 희열의 자극제로 믿고 이를 성적 흥분을 고취시키는 데 쓰는 성주물성애증이라는 정신질환이 있다고 하더라도 그러한 사정만으로는 절도 범행에 대한 형의 감면사유인 심신장애에 해당한다고 볼 수 없고, 다만 그 증상이 매우 심각하여 원래의 의미의 정신병이 있는 사람과 동등하다고 평가할 수 있거나, 다른 심신장애사유와 경합된 경우 등에는 심신장애를

인정할 여지가 있으며, (후략) (대판 2013.1.24. 2012도12689)

④ [1] (전략) 피고인은 이 사건 살인 범행의 장소, 도구, 방법을 미리 정하는 등 사전에 범행을 치밀하게 계획하였고, 가상의 인물을 내세워 피해자를 기만하고 범행 장소로 유인하였으며, 범행 후에는 범행도구를 버리고 거짓말을 하는 등으로 범행을 은폐하려는 모습을 보였는바, 이는 '피고인이 일상생활에서의 현실 판단력이 대체로 건재하다'는 정신감정결과와도 부합하는 점 등을 비추어 보면, 피고인에게 이 사건 범행 당시 '경도 지적장애'가 있었다고 하더라도 그로 말미암아 사물에 대한 변별능력과 그에 따른 행위통제능력이 결여되거나 감소되었다고 볼 수 없으므로, 피고인이 심신장애의 상태였다고 볼 수 없다. [2] 과거 지적장애 3급의 진단을 받은 피고인이 피해자를 살해하였다고 기소된 사안에서, 피고인에 대한 원심의 정신감정결과, 범행의 경위, 수단, 범행 전후의 피고인의 행동 등 판시와 같은 이유를 들어 피고인이 심신미약 상태가 아니라고 판단한 사례(대판 2021.9.9. 2021도8657)

2. 청각 및 언어 장애인

> **제11조(청각 및 언어 장애인)** 듣거나 말하는 데 모두 장애가 있는 사람의 행위에 대해서는 형을 감경한다.

듣거나 말하는 데 모두 장애가 있는 사람의 행위에 대해서는 **형을 감경한다**(제11조, 필요적 감경). 청각 및 언어 장애인이라 함은 청각과 발음기능에 장애가 있는 자를 말한다.

IV. 원인에 있어서 자유로운 행위

> **제10조(심신장애인)** ③ 위험의 발생을 예견하고 자의로 심신장애를 야기한 자의 행위에는 전2항의 규정을 적용하지 아니한다.

1. 의의 및 책임주의와의 관계

가. 의의

원인에 있어서 자유로운 행위란 행위자가 고의 또는 과실에 의하여 자기를 심신장애의 상태에 빠지게 한 후 이러한 상태에서 범죄를 실행하는 것을 말한다. 이는 구성요건에 해당하는 불법의 실행은 책임무능력의 상태에서 이루어지지만 그 결정적인 원인이 책임능력상태에서 행위자에 의하여 자유롭게 설정되었다는 점에서 처벌의 필요성이 존재하고, 형법 제10조 제3항은 "위험의 발생을 예견하고 자의로 심신장애를 야기한 자의 행위에는 전2항의 규정을 적용하지 아니한다."고 규정하고 있다.

나. 원인에 있어서 자유로운 행위와 책임주의

1) 행위와 책임의 동시존재 원칙

행위책임을 기초로 하는 책임주의는 행위와 책임이 동시에 존재할 것을 요구한다. 따라서 심신장애상태하의 행위시에는 책임능력이 없거나 미약한 자를 처벌하는 이론적 근거가 무엇인지 문제 된다.

2) 실행행위의 정형성

죄형법정주의 명확성원칙에 기초하여, 현실적 범죄행위는 당해 구성요건이 예상하고 있는 정도의 위험성이 있는 정형적 행위에 합치될 경우에 구성요건해당성을 인정할 수 있다. 따라서 원인행위와 심신장애상태하의 행위 중 어느 것을 실행행위로 볼 것인가가 문제 된다.

2. 가벌성의 근거 및 실행의 착수시기

가. 문제의 제기

행위자가 원인설정행위시에 인식했던 사실과 실제로 발생한 사실이 일치하지 않는 경우의 법적 취급이 문제 된다. 이는 형법 제10조 제3항의 원인에 있어 자유로운 행위에 대한 가벌성의 근거와 실행의 착수시기와 관련된 것이다.

나. 가벌성의 근거

① 일치설(구성요건모델)은 원인에 있어서 자유로운 행위는 간접정범과 이론구성을 같이 하므로 원인설정행위 자체를 실행행위로 보면서 여기에서 가벌성의 근거를 찾는 견해이다. 행위와 책임의 동시존재원칙을 유지하는 견해이다. ② 결합설(예외모델)은 행위와 책임의 동시존재원칙의 예외를 인정하여, 원인행위와 실행행위의 불가분적 연관에서 책임의 근거를 찾는 견해이다.

다. 실행의 착수시기

① 일치설에 의할 경우 원인설정행위시에 실행의 착수가 있게 되나, ② 결합설에 의할 경우 책임능력결함상태에서의 행위시에 실행의 착수가 있게 된다.

라. 검토

일치설에 의할 경우 가벌성이 지나치게 확장될 우려가 있고, 구성요건적 정형성을 중시하는 죄형법정주의의 보장적 기능을 고려할 때 결합설이 타당하다. 따라서 책임능력결함상태에서의 행위시에 실행의 착수를 인정할 수 있고, 이에 의하면 행위자가 원인설정행위시에 인식했던 사실과 실제로 발생한 사실이 일치하지 않는 경우는 객체의 착오에 해당한다.

3. 원인에 있어서 자유로운 행위의 유형

가. 고의에 의한 원인에 있어서 자유로운 행위

행위자가 책임능력결함상태를 고의로 야기하고 이때 이미 책임능력결함상태에서 행할 구성요건에 해당하는 행위의 실행에 대한 고의를 가진 경우를 말한다. 이 경우에는 실현된 결과에 대하여 고의범의 책임을 진다.

> **판례** 원인에 있어서 자유로운 행위
>
> • 대마초 흡연시에 이미 범행을 예견하고도 자의로 심신장애를 야기한 경우 형법 제10조 제3항에 의하여 심신장애로 인한 감경 등을 할 수 없다고 한 사례(대판 1996.6.11. 96도857)

나. 과실에 의한 원인에 있어서 자유로운 행위

행위자가 고의 또는 과실로 책임능력결함상태를 야기하고 이러한 상태에서 특정한 과실범의 구성요건을 실현할 것을 예견할 수 있었던 경우를 의미한다. 이 경우에는 실현된 결과에 대하여 과실범의 책임을 진다.

> **판례** 원인에 있어서 자유로운 행위
> - 형법 제10조 제3항은 "위험의 발생을 예견하고 자의로 심신장애를 야기한 자의 행위에는 전2항의 규정을 적용하지 아니한다."고 규정하고 있는 바, 이 규정은 고의에 의한 원인에 있어서의 자유로운 행위만이 아니라 과실에 의한 원인에 있어서의 자유로운 행위까지도 포함하는 것으로서 위험의 발생을 예견할 수 있었는데도 자의로 심신장애를 야기한 경우도 그 적용 대상이 된다고 할 것이어서, 피고인이 음주운전을 할 의사를 가지고 음주만취한 후 운전을 결행하여 교통사고를 일으켰다면 피고인은 음주시에 교통사고를 일으킬 위험성을 예견하였는데도 자의로 심신장애를 야기한 경우에 해당하므로 위 법조항에 의하여 심신장애로 인한 감경 등을 할 수 없다 (대판 2007.7.27. 2007도4484 등).

심신장애상태의 야기	심신장애상태 하의 범행	유형
고의	고의	고의에 의한 원인에 있어서 자유로운 행위
고의	과실	과실에 의한 원인에 있어서 자유로운 행위
과실	고의	
과실	과실	

4. 적용범위 및 효과

가. 제10조 제3항의 적용범위

형법 제10조 제3항은 '위험의 발생을 예견하고 자의로 심신장애를 야기한 자의 행위에는 전2항의 규정을 적용하지 아니한다.'고 규정하고 있다. 따라서 이에 해당하기 위하여는 ① 행위자가 위험의 발생을 예견할 것을 요하며, ② 심신장애상태를 자의로 야기하여야 한다. 또한 판례는 제10조 제3항은 고의에 의한 원인에 있어서 자유로운 행위뿐만 아니라 과실에 의한 원인에 있어서 자유로운 행위의 경우에도 적용된다고 한다.

나. 원인에 있어서 자유로운 행위의 효과

원인에 있어서 자유로운 행위는 심신상실의 경우뿐만 아니라 심신미약의 경우에도 적용된다. 따라서 원인에 있어서 자유로운 행위에 대하여는 책임무능력상태에서의 행위일지라도 처벌되고, 한정책임능력상태에서의 행위라도 형이 감경되지 않는다.

제3절 위법성의 인식과 금지착오

I. 위법성의 인식

1. 위법성 인식의 의의

가. 위법성의 인식의 개념

위법성의 인식이란 행위자의 행위가 공동사회의 질서에 반하고 법적으로 금지되어 있다는 것을 인식하는 것을 말하며, 이는 책임비난의 핵심이다.

나. 대상과 내용

위법성의 인식은 행위가 법적으로 금지되고 있다는 인식을 의미하나, 가벌성의 인식이나 금지하고 있는 구체적인 법규정의 인식까지 요구하는 것은 아니다. 그러나 위법성의 인식은 문제된 범죄종류의 특수한 불법내용을 인식할 것을 필요로 하며, 따라서 구성요건과 관련을 가질 것을 요한다.

> **판례** 위법성의 인식
>
> • 피고인이 판시 봉양면사무소 호병계장으로 재직하고 있음을 기화로 피고인과 피고인의 동거여인인 공소외 1과의 사이에 출생한 공소외 2를 피고인과 피고인의 법률상 처인 공소외 3 사이에서 출생한 것처럼 호적부에 허위의 기재를 한 후 그 정을 모르는 면장으로 하여금 이에 날인케 하여 허위내용의 호적부를 작성한 원심판시 소위는 형법 제260조 제1항의 허위공문서작성죄의 구성요건을 충족함이 뚜렷하고 나아가 범죄의 성립에 있어서 위법의 인식은 그 범죄사실이 사회정의와 조리에 어긋난다는 것을 인식하는 것으로서 족하고 구체적인 해당 법조문까지 인식할 것을 요하는 것은 아니므로 설사 형법상의 허위공문서작성죄에 해당되는 줄 몰랐다고 가정하더라도 그와 같은 사유만으로는 위법성의 인식이 없었다고 할 수 없으므로 원심이 피고인의 판시 소위를 허위공문서작성죄로 다스린 조치는 정당하다(대판 1987.3.24. 86도2673).

2. 위법성의 인식의 체계적 지위

위법성의 인식은 책임요소가 된다는 점에 대해서는 이견이 없다. 다만, 위법성의 인식이 고의의 내용인가에 대해서는 견해가 대립한다.

가. 고의설

고의를 책임요소로 이해하고 고의의 내용으로서 구성요건에 해당하는 객관적 사실에 대한 인식 이외에 위법성의 인식 또는 위법성인식의 가능성이 필요하다는 견해이다.

1) 엄격고의설

고의는 범죄사실의 인식 이외에 현실적인 위법성의 인식을 필요로 한다는 견해이다. 이 견해에 의하면 ① 위법성의 인식이 없으면 고의가 조각되고, 다만 ② 이를 회피할 수 있었을 때(위법성의 인식가능성만이 존재하는 경우)에는 과실범에 대한 처벌규정이 있는 경우에 한하여 과실범으로 처벌될 수 있을 뿐이라고 한다.

2) 제한적 고의설

엄격고의설의 형사정책적 결함을 시정하기 위하여 고의의 구성요소가 되는 위법성의 인식은 반드시 현실적·심리적 인식을 요하는 것이 아니라 인식의 가능성으로 족하다는 견해이다.

		엄격고의설	제한적 고의설
위법성을 현실적으로 인식한 경우		고의책임	고의책임
위법성을 현실적으로 인식하지 못한 경우	인식가능성 ○	과실책임	고의책임
	인식가능성 ×	불가벌	불가벌

나. 책임설

책임설은 위법성의 인식을 고의의 구성요소가 아니라 고의와 분리된 독립한 책임요소로 이해한다. 따라서 위법성의 인식이 없는 금지의 착오는 고의에 영향을 미치지 못하고, 착오가 회피불가능할 때에는 책임을 조각하지만 회피가능할 때에는 책임을 감경할 수 있을 뿐이라고 한다.

책임설은 위법성조각사유의 객관적 전제사실에 대한 착오를 어떻게 이해할 것인가와 관련하여 다시 엄격책임설과 제한적 책임설로 나누어진다.

1) 엄격책임설

위법성조각사유의 객관적 전제사실에 대한 착오를 포함한 모든 위법성조각사유에 대한 착오를 법률의 착오로 보는 견해이다.

2) 제한적 책임설

제한책임설은 위법성조각사유의 객관적 전제사실에 대한 착오를 일반적인 법률의 착오와 구별하는 견해이다. 이는 다시 위법성조각사유의 객관적 전제사실에 대한 착오에 대한 법적 취급에 있어서 ㉠ 구성요건적착오유추적용설과 ㉡ 법효과제한책임설로 나누어진다.

	엄격책임설	제한적 책임설
위법성조각사유의 존재에 대한 착오	금지착오	금지착오
위법성조각사유의 한계에 대한 착오	금지착오	금지착오
위법성조각사유의 객관적 전제사실에 대한 착오	금지착오	구성요건적 착오의 결과

다. 검토 및 판례의 태도

고의의 이중적 지위를 인정하는 합일태적 범죄체계를 고려할 때 책임설이 타당하다. 다만, 판례는 위법성의 인식이 있을 경우에 고의를 인정하고 있고(88도184), 이는 고의설의 입장을 취한 것으로 평가할 수 있다.

> **판례** 위법성의 인식
>
> ① 민사소송법 기타 공법의 해석을 잘못하여 압류물의 효력이 없어진 것으로 착오하였거나 또는 봉인 등을 손상 또는 효력을 해할 권리가 있다고 오신한 경우에는 형벌법규의 부지와 구별되어 범의를 조각한다고 해석할 것이다(대판 1970.9.22. 70도1206).
> ② 비록 채권자가 민사법상 이의의 유보 없는 공탁금수령의 법률상의 효과에 대한 정확한 지식이 없었다 하더라도 금전소비대차거래에 있어서 이자제한법의 존재가 공지의 사실로 되어 있는 거래계의 실정에 비추어 막연하게나마 자기의 행위에 대한 위법의 인식이 있었다고 보지 못할 바 아니므로 위 채권자의 미필적 고의는 인정할 수 있다(대판 1988.12.13. 88도184).

II. 금지착오

> **제16조(법률의 착오)** 자기의 행위가 법령에 의하여 죄가 되지 아니하는 것으로 오인한 행위는 그 오인에 정당한 이유가 있는 때에 한하여 벌하지 아니한다.

1. 금지착오의 의의 및 및 구별개념

가. 금지착오의 의의

금지착오란 책임비난에 필요한 위법성의 인식이 없는 경우, 즉 사실의 인식은 있으나 위법성을 인식하지 못한 때를 말한다. 위법성에 대한 착오 또는 법률의 착오라고도 한다. 형법 제16조는 금지착오에 관하여 "자기의 행위가 법령에 의하여 죄가 되지 아니하는 것으로 오인한 행위는 그 오인에 정당한 이유가 있는 때에 한하여 벌하지 아니한다."고 규정한다.

나. 구별개념

1) 구성요건적 착오

구성요건적 착오(사실의 착오)는 구성요건사실의 인식을 결하는 것으로 고의가 조각되는 것이다.

2) 환각범

환각범은 위법하지 않은 행위를 위법하다고 오인한 경우로 반전된 금지착오에 해당한다(적극적 착오). 이 경우는 처음부터 구성요건해당성이 없으므로 형법상 문제가 되지 않는다.

2. 법률의 착오의 유형

가. 직접적 착오

행위자가 그의 행위에 대하여 직접 적용되는 금지규범을 인식하지 못하여 그 행위가 허용된다고 오인하는 경우이다. 이러한 착오에는 ① 행위자가 금지규범을 인식하지 못한 법률의 부지와, ② 금지규범은 인식하였으나 그 규범의 효력이 없다고 오인한 효력의 착오, ③ 규범을 잘못 해석하여 그 행위에 대하여는 적용되지 않는다고 오인한 포섭의 착오가 있다.

1) 법률의 부지

법률의 부지를 금지착오로 볼 수 있는지에 대하여 견해가 대립한다. 이에 대하여 통설은 법률의 부지도 금지착오로 보고 있지만, 판례는 법률의 부지를 금지착오에 해당하지 아니한다는 입장이다(2005도4592).

> **판례** **법률의 부지**
>
> ① 형법 제16조에 자기가 행한 행위가 법령에 의하여 죄가 되지 아니한 것으로 오인한 행위는 그 오인에 정당한 이유가 있는 때에 한하여 벌하지 아니한다고 규정하고 있는 것은 단순한 법률의 부지의 경우를 말하는 것이 아니고 일반적으로 범죄가 되는 경우이지만 자기의 특수한 경우에는 법령에 의하여 허용된 행위로서 죄가 되지 아니한다고 그릇 인식하고 그와 같이 그릇 인식함에 정당한 이유가 있는 경우에는 벌하지 아니한다는 취지이다. 피고인은 이 사건 건물의 임차인으로서 건축법의 관계 규정을 알지 못하여 이 사건 건물을 자동차정비공장으로 사용하는 것이 건축법상의 무단용도변경 행위에 해당한다는 것을 모르고 사용을 계속하였다는 것이므로, 이는 단순한 법률의 부지에 해당한다고 할 것이고 피고인의 소위가 특히 법령에 의하여 허용된 행위로서 죄가 되지 않는다고 그릇 인식한 경우는 아니므로 범죄의 성립에 아무런 지장이 없다고 할 것이다(대판 1995.8.25. 95도1351).
>
> ② 동해시청 앞 잔디광장은 '천장이 없거나 사방이 폐쇄되지 않은 장소'로서 옥외장소에 해당하고, 피고인이 동해시청 앞 잔디광장이 옥외장소에 해당함을 몰랐다는 것은 단순한 법률의 부지를 주장하는 것에 불과하여 범죄의 성립에 방해가 되지 않는다(대판 2006.2.10. 2005도3490).
>
> ③ 피고인이 구 건축법상 허가대상인 주택을 무허가로 건축하였다는 내용으로 기소된 사안에서, '국토의 계획 및 이용에 관한 법률'에서 정한 제2종 지구단위계획구역 안에서의 건축에 해당한다는 사실을 알았다면 그 건축이 허가대상인 줄 몰랐다 하더라도 이는 단순한 법률의 부지에 불과하여 구 건축법 위반죄의 성립에 영향이 없다(대판 2011.10.13. 2010도15260).
>
> ④ 피고인이 1999. 10. 13. 영상물등급위원회로부터 외국인공연추천세칙에 관한 통지를 받고서야 외국연예인의 관광업소 공연허가 신청시 근로자파견사업허가증을 첨부하여야 한다는 사실을 알았다든가, 1999. 12. 1. 이전까지는 근로자파견사업 허가와 관계없이 러시아 무용수들에 대한 입국이 허용되었다는 등 상고이유가 내세우는 사유만으로는 피고인이 자신의 행위가 특히 법령에 의하여 허용된 행위로서 죄가 되지 않는다고 그릇 인식한 경우라고 할 수 없고, 단순한 법률의 부지에 해당하는 경우라고 할 것이므로, 범죄의 성립에 아무런 지장이 없다고 할 것이다(대판 2000.9.29. 2000도3051).
>
> ⑤ 허가를 얻어 벌채하고 남아 있던 잔존목을 벌채하는 것이 위법인 줄 몰랐다는 사정은 단순한 법률의 부지에 불과하며 형법 제16조에 해당하는 법률의 착오라 볼 수 없다(대판 1986.6.24. 86도810).

2) 효력의 착오

행위자가 금지규범이 있음은 알았으나 일반적 구속력이 있는 법규정을 잘못 판단하여 그 규정이 무효라고 오인한 경우이다(순수한 의미의 법률의 착오). 금지규범이 위헌이기 때문에 효력이 없다고 오인한 경우가 그 예이다.

3) 포섭의 착오

행위자가 구성요건적 사실은 인식하고 있었으나 금지규범을 너무 좁게 해석하여 자기의 행위가 허용된다고 믿은 경우이다(개념해석의 착오). 예컨대, 재물에는 동물이 포함되지 않는다고 생각하여 남의 개를 죽이는 것은 재물손괴가 아니라고 생각하고 죽인 경우가 이에 해당한다.

> **판례** 규범의 적용범위에 대한 착오
>
> ① (전략) 위 음반등법과 그 시행령 규정의 반대해석을 통하여 18세 이상 청소년에 대하여는 출입금지 의무가 없는 것으로 오인될 가능성이 충분하고, (중략) 비디오물감상실의 관할부서 (대구 중구청 문화관광과)는 업주들을 상대로 실시한 교육과정을 통하여 종전과 마찬가지로 음반등법 및 그 시행령에서 규정한 '만 18세 미만의 연소자' 출입금지표시를 업소출입구에 부착하라고 행정지도를 하였을 뿐 법에서 금지하고 있는 '만 18세 이상 19세 미만'의 청소년 출입문제에 관하여는 특별한 언급을 하지 않았고, 이로 인하여 피고인을 비롯한 비디오물감상실 업주들은 여전히 출입금지대상이 음반등법 및 그 시행령에서 규정하고 있는 '18세 미만의 연소자'에 한정되는 것으로 인식하였던 것으로 보여지는바, 사정이 위와 같다면, 피고인이 자신의 비디오물감상실에 18세 이상 19세 미만의 청소년을 출입시킨 행위가 관련 법률에 의하여 허용된다고 믿었고, 그렇게 믿었던 것에 대하여 정당한 이유가 있는 경우에 해당한다고 할 것이다(대판 2002.5.17. 2001도4077).
>
> ② 민사소송법 기타 공법의 해석을 잘못하여 압류물의 효력이 없어진 것으로 착오하였거나 또는 봉인 등을 손상 또는 효력을 해할 권리가 있다고 오신한 경우에는 형벌법규의 부지와 구별되어 범의를 저각한다고 해석할 것이다(대판 1970.9.22. 70도1206).
>
> ③ [비교판례] 유흥접객업소의 업주가 경찰당국의 단속대상에서 제외되어 있는 만 18세 이상의 고등학생이 아닌 미성년자는 출입이 허용되는 것으로 알고 있었더라도 이는 미성년자보호법 규정을 알지 못한 단순한 법률의 부지에 해당하고 특히 법령에 의하여 허용된 행위로서 죄가 되지 않는다고 적극적으로 그릇 인정한 경우는 아니므로 비록 경찰당국이 단속대상에서 제외하였다 하여 이를 법률의 착오에 기인한 행위라고 할 수는 없다(대판 1985.4.9. 85도25).

나. 간접적 착오

행위자가 금지된 것은 인식하였으나 구체적인 경우에 위법성조각사유의 법적 한계를 오해하였거나 위법성조각사유가 존재하는 것으로 오인하여 위법성을 조각하는 반대규범이 존재하는 것으로 착오한 경우이다. 간접적 착오는 위법성조각사유의 범위(예컨대 남편이 처를 폭행하면서 징계권이 있다고 믿은 경우)와 한계(예컨대 사인이 현행범인을 체포하면서 주거침입도 허용된다고 믿은 경우)에 대한 착오와 위법성조각사유의 전제사실에 대한 착오로 나누어진다. 전자의 착오는 금지착오의 일반원리에 따라 해결된다는 점에 이론이 없지만, 후자의 착오에 관하여는 견해가 대립하고 있다.

3. 금지착오의 효과

가. 학설

1) 고의설

고의설에 의하면 위법성인식은 고의의 내용이므로 금지착오의 경우에는 고의가 조각되고, 과실이 있으면 과실범으로 처벌된다. 고의가 조각된다는 점에서 사실의 착오(제13조)와 법적 효과가 같다.

2) 책임설

책임설에 의하면 위법성의 인식은 고의와 분리된 독자적 책임요소이므로 금지착오의 경우에 회피가능성이 없었다면 책임이 조각되고, 회피가능성이 있었던 경우에는 고의범으로서 책임비난이 인정되지만, 비난의 정도에 따라 형의 감경이 가능하다.

나. 판례

판례는 '법률착오가 범의를 조각'한다고 판시함으로써(74도2676) 고의설과 동일한 결론을 인정하고 있다.

> **판례** 금지착오의 효과
>
> - 주민등록지를 이전한 이상 향토예비군설치법 제3조 제4항 동법시행령 제22조 제1항 제4호에 의하여 대원신고를 하여야하나 이미 주거를 이동하고 같은 주소에 대원신고를 하였던 터이므로 피고인이 재차 동일 주소에 대원신고(주소이동)를 아니하였음이 향토예비군설치법 제15조 제6항에 말한 정당한 사유가 있다고 오인한데서 나온 행위였다면 이는 법률착오가 범의를 조각하는 경우이다(대판 1974.11.12. 74도2676).

4. 회피가능성

가. 회피가능성의 본질

책임설에 의할 경우 금지착오는 회피가능성 여하에 따라 책임이 좌우되므로 회피가능성은 궁극적으로 행위자에 대한 비난가능성 문제가 된다. 회피가능성의 본질은 행위자가 자기 행위의 위법성을 인식할 수 있었다는 범. 즉 위법성의 인식가능성에 있다. 따라서 위법성의 인식가능성이 없다면 회피가능성이 없으므로 책임이 조각되고. 위법성의 인식가능성이 있다면 회피가능성이 있으므로 책임은 조각되지 않는다.

판례는 회피가능성의 판단기준에 대하여 지적 인식능력설의 입장에서 "자신의 지적 능력을 다하여 이를 회피하기 위한 진지한 노력을 다하였다고 볼 수 없고, 그 결과 자신의 행위의 위법성을 인식하지 못한 것이라고 할 것이므로 그에 대해 정당한 이유가 있다고 하기 어렵다."고 판시하였다(2005도3717).

> **판례** 회피가능성의 판단기준
>
> ① 일반적으로 위법의 인식 여부는 범죄의 성립에 영향을 미칠 수 없다고 할 것이나 자기의 행위가 법령에 의하여 죄가 되지 아니하는 것으로 오인함에 있어서 정당한 이유가 있는 특수한 경우에는 그 행위자는 벌하지 아니한다(대판 1969.5.27. 69도24).
>
> ② 형법 제16조에서 (중략) 단순한 법률의 부지를 말하는 것이 아니고, 일반적으로 범죄가 되는 경우이지만 자기의 특수한 경우에는 법령에 의하여 허용된 행위로서 죄가 되지 아니한다고 그릇 인식하고 그와 같이 그릇 인식함에 정당한 이유가 있는 경우에는 벌하지 않는다는 취지이다. 그리고 여기서 정당한 이유가 있는지 여부는 행위자에게 자기 행위의 위법의 가능성에 대해 심사숙고하거나 조회할 수 있는 계기가 있어 자신의 지적능력을 다하여 이를 회피하기 위한 진지한 노력을 다하였더라면 스스로의 행위에 대하여 위법성을 인식할 수 있는 가능성이 있었음에도 이를 다하지

못한 결과 자기 행위의 위법성을 인식하지 못한 것인지 여부에 따라 판단하여야 할 것이고, 이러한 위법성의 인식에 필요한 노력의 정도는 구체적인 행위정황과 행위자 개인의 인식능력 그리고 행위자가 속한 사회집단에 따라 달리 평가되어야 한다(대판 2015.2.12. 2014도11501).

③ [1] 형법 제16조에서 (중략) 일반적으로 범죄가 되는 경우이지만 자기의 특수한 경우에는 법령에 의하여 허용된 행위로서 죄가 되지 아니한다고 그릇 인식하고 그와 같이 그릇 인식함에 정당한 이유가 있는 경우에는 벌하지 아니한다는 취지이고, 이러한 정당한 이유가 있는지 여부는 행위자에게 자기 행위의 위법의 가능성에 대해 심사숙고하거나 조회할 수 있는 계기가 있어 자신의 지적 능력을 다하여 이를 회피하기 위한 진지한 노력을 다하였더라면 스스로의 행위에 대하여 위법성을 인식할 수 있는 가능성이 있었음에도 이를 다하지 못한 결과 자기 행위의 위법성을 인식하지 못한 것인지 여부에 따라 판단하여야 할 것이고, 이러한 위법성의 인식에 필요한 노력의 정도는 구체적인 행위정황과 행위자 개인의 인식능력 그리고 행위자가 속한 사회집단에 따라 달리 평가되어야 한다. [2] 피고인은 변호사 자격을 가진 국회의원으로서 법률전문가라고 할 수 있는바, (중략) 낙천대상자로 선정된 이유가 의정활동에 관계있는 것이 아닌 한 낙천대상자로 선정된 사유에 대한 해명을 의정보고서에 게재하여 배부할 수 없고 더 나아가 낙천대상자 선정이 부당하다는 취지의 제3자의 반론 내용을 싣거나 이를 보도한 내용을 전재하는 것은 의정보고서의 범위를 넘는 것으로서 허용되지 않는다는 것을 충분히 인식할 수 있었다고 할 것이다. 따라서 피고인이 그 보좌관을 통하여 관할 선거관리위원회 직원에게 문의하여 이 사건 의정보고서에 앞서 본 바와 같은 내용을 게재하는 것이 허용된다는 답변을 들은 것만으로는, 자신의 지적 능력을 다하여 이를 회피하기 위한 진지한 노력을 다 하였다고 볼 수 없고, 그 결과 자신의 행위의 위법성을 인식하지 못한 것이라고 할 것이므로 그에 대해 정당한 이유가 있다고 하기 어렵다(대판 2006.3.24. 2005도3717).

④ [1] 공무집행방해죄는 공무원의 적법한 공무집행이 전제되어야 하고, 공무집행이 적법하기 위해서는 그 행위가 공무원의 추상적 직무 권한에 속할 뿐만 아니라 구체적으로 그 권한 내에 있어야 하며, 직무행위로서 중요한 방식을 갖추어야 한다. 추상적인 권한에 속하는 공무원의 어떠한 공무집행이 적법한지는 행위 당시의 구체적 상황에 기초를 두고 객관적·합리적으로 판단해야 하고, 사후적으로 순수한 객관적 기준에서 판단할 것은 아니다. [2] 형법 제16조에서 자기가 행한 행위가 법령에 의하여 죄가 되지 아니한 것으로 오인한 행위는 그 오인에 정당한 이유가 있는 때에 한하여 벌하지 아니한다고 규정하고 있으므로, 공무집행방해죄에서 공무집행의 적법성에 관한 피고인의 잘못된 법적 평가로 인하여 자신의 행위가 금지되지 않는다고 오인한 경우에는 그 오인에 정당한 이유가 있는지를 살펴보아야 한다. 이때 피고인의 오인에 정당한 이유가 있는지는 구체적인 행위 정황, 오인에 이르게 된 계기나 원인, 행위자 개인의 인식 능력, 행위자가 속한 사회집단에서 일반적으로 기대되는 오인 회피 노력의 정도와 회피 가능성 등을 고려할 때 피고인이 이러한 오인을 회피할 가능성이 있는지에 따라 판단하여야 한다(대결 2024.7.25. 2023도16951).

> **판례** 행위의 반윤리성이 심한 경우 – 정당한 이유 부정

① 금원공여행위가 관례에 좋은 것이라고 하더라도 그러한 사유만으로 그 행위가 죄가 되지 않는 것으로 오인한 데에 정당한 이유가 있다고 할 수 없다(대판 1995.6.30. 94도1017).

② 사람이 죽으면 으레 당국에 신고한 연후에 그 시체를 매장하여야 함은 일반상식으로 되어 있으

므로, 그것을 몰랐다고 변소한다 하여 이를 위법행위를 합법행위로 오인하였음에 정당한 이유가 있는 때에 해당한다고 할 수 없다(대판 1979.8.28. 79도1671).

> **판례** 전문가의 의견을 신뢰한 경우 – 정당한 이유 인정

① 피고인은 소아용 의류 및 양말등을 제조 판매하는 공소외 주식회사의 대표이사로서 1974. 말경 외국상사들로부터 발가락 삽입부가 5개로 형성된 양말을 주문받아 1975.1부터 이를 생산하던 중 이 사건 피해자인 김종국으로부터 1975.2.24경 발가락 삽입부가 5개로 형성된 양말은 동인의 의장권(의장등록 제13319호)을 침해한다 하여 그 제조의 중지요청을 받고 그 즉시 변리사 김경진에게 문의하였던바, 양자의 의장이 색채와 모양에 있어 큰 차이가 있으므로 동일 유사하다고 할 수 없다는 회답을 받고, 또 같은 해 3.11에는 위 김경진에게 감정을 의뢰하여 위 양자의 의장은 발가락 삽입부 5개가 형성되어 있는 외에는 형상, 색채 혹은 그 조합이 각기 다르고 위 발가락 5개의 양말은 위 의장등록이 된 후에도 공소외 조학순 명의로 의장등록(제17597호)된 바 있으니 발가락 삽입부가 위 김종국의 등록의장의 지배적 요소라고 할 수 없으므로 양자는 결국 동일 또는 유사하다고 할 수 없다는 전문적인 감정을 받았고, 이에 따라 같은 해 3.12 피고인 스스로 자신이 제조하는 양말에 대하여 의장등록출원을 한 결과 같은 해 12.22 특허국으로부터 등록사정까지 받게 되었으며, 한편 위 조학순이 위 김종국을 상대로 본건 등록의장의 권리범위 확인심판청구(특허국 74년 심판 제333호)를 한 결과, 그 1심과 항소심에서 (중략) 서로 오인, 혼동될 염려가 없다는 이유로 청구인 승소의 심결이 있었다가 상고심(대법원 77후9)에서 비로소 이 사건 등록의장의 지배적 요소는 발가락 삽입부가 5개로 형성된 점이라는 이유로 1977.5.10 원심결을 파기환송하는 판결이 있었다는 것이다. 사실이 이와 같다면 특허나 의장권 관계의 법률에 관하여는 전혀 문외한인 피고인으로서는 위 대법원판결이 있을 때까지는 자신이 제조하는 양말이 위 김종국의 의장권을 침해하는 것이 아니라고 믿을 수밖에 없었다고 할 것이니, 위 양말을 제조 판매하는 행위가 법령에 의하여 죄가 되지 않는다고 오인함에 있어서 정당한 이유가 있는 경우에 해당하여 처벌할 수 없는 것이다(대판 1982.1.19. 81도646).

② 경제의 안정과 성장에 관한 긴급명령 공포 당시 기업사채의 정의에 대한 해석이 용이하지 않았던 사정하에서 겨우 국문정도 해득할 수 있는 60세의 부녀자가 채무자로부터 사채신고권유를 받았지만 지상에 보도된 내용을 참작하고 관할 공무원과 자기가 소송을 위임하였던 변호사에게 문의 확인한 바 본건 채권이 이미 소멸되었다고 믿고 또는 그렇지 않다고 하더라도 신고하여야 할 기업사채에 해당하지 않는다고 믿고 신고를 하지 아니한 경우에는 이를 벌할 수 없다고 할 것이다(대판 1976.1.13. 74도3680).

> **판례** 전문가의 의견을 신뢰한 경우 – 정당한 이유 부정

① 피고인이 변리사로부터 타인의 등록상표가 상품의 품질이나 원재료를 보통으로 표시하는 방법으로 사용하는 상표로서 효력이 없다는 자문과 감정을 받아 자신이 제작한 물통의 의장등록을 하고 그 등록상표와 유사한 상표를 사용한 경우, 설사 피고인이 위와 같은 경위로 자기의 행위가 죄가 되지 아니한다고 믿었다 하더라도 이러한 경우에는 누구에게도 그 위법의 인식을 기대할 수 없다고 단정할 수 없으므로 피고인은 상표법 위반의 죄책을 면할 수 없다고 한 사례(대판 1995.7.28. 95도702)

② 중국 국적 선박을 구입한 피고인이 매도인인 중국 해운회사에 선박을 임대하여 받기로 한 용선료를 재정경제부장관에게 미리 신고하지 아니하고 선박 매매대금과 상계한 사안에서, 위 행위가 구

외국환거래법 제16조 제1호를 위반하여 구 외국환거래법 제28조 제1항 제2호에 해당한다(대판 2011.7.14. 2011도2136).

③ 이 사건 스크린 스크래핑 프로그램을 제작한 공소외인이 변호사를 통해 법률적인 검토를 한 부분은, '스크린 스크래핑 프로그램'을 통해 정보제공자에게 접근하여 고객의 정보를 수집하는 것의 적법 여부에 대한 것이고, 변호사 역시 고객의 동의를 얻는 경우 법률적으로 문제될 것이 없다는 내용에 불과한 것이며, 더 나아가 피고인들이 대출신청인의 금융거래정보를 금융기관에 요청하기 위하여 금융거래정보의 제공에 대한 서면동의가 필요한지 여부에 관한 점까지 검토가 된 것으로 보이지 않는 점 등을 종합하여 피고인들에게 법률의 착오가 있었다고 볼 수 없다(대판 2009.5.28. 2008도3598).

④ 압류물을 집달관의 승인 없이 임의로 그 관할구역 밖으로 옮긴 경우에는 압류집행의 효용을 해하게 된다고 할 것이므로 공무상비밀표시무효죄가 성립한다. 위의 행위를 하면서 변호사 등에게 문의하여 자문을 받았다는 사정만으로는 자신의 행위가 죄가 되지 않는다고 믿는 데에 정당한 이유가 있다고 할 수 없다(대판 1992.5.26. 91도894).

⑤ 가처분결정으로 직무집행정지 중에 있던 종단대표자가 종단소유의 보관금을 소송비용으로 사용함에 있어 변호사의 조언이 있었다는 것만으로 보관금인출사용행위가 법률의 착오에 의한 것이라 할 수 없다(대판 1990.10.16. 90도1604).

⑥ 정비사업조합의 '조합원'이자 '감사'인 사람이 정비사업 관련 자료의 열람·복사를 요청한 경우에도 특별한 사정이 없는 한 조합임원은 이 사건 의무조항에 따라 열람·복사를 허용할 의무를 부담하고, 이를 위반하여 열람·복사를 허용하지 않는 경우에는 이 사건 처벌조항에 따라 형사처벌의 대상이 된다고 보아야 한다. (중략) 피고인이 조합의 자문변호사로부터 조합원의 전화번호와 신축건물 동호수 배정 결과를 공개하지 않는 것이 좋겠다는 취지의 답변을 받았더라도, 이는 자문변호사 개인의 독자적 견해에 불과하고 도시정비법의 전체적 규율 내용에 관한 면밀한 검토와 체계적 해석에 터 잡은 법률해석으로는 보이지 않으며, 피고인의 직업, 경력, 사회적 지위 등을 고려할 때 피고인이 변호사의 자문을 받았다는 사정만으로 자신의 행위가 죄가 되지 않는다고 오인한 것에 정당한 이유가 있다고 보기는 어렵다(대판 2021.2.10. 2019도18700).

판례 관청의 의견을 신뢰한 경우 – 정당한 이유 인정

① 피고인이 비록 제17대 국회의원선거에 영향을 미칠 목적으로 이 사건 의정보고서를 작성하여 선거구민들에게 배부하였다 하더라도, (중략) 피고인으로서는 위와 같은 의정보고서 배부가 사하구선거관리위원회의 공식적인 지도에 맞추어 행한 것으로 공직선거및선거부정방지법에 위반되지 않는다고 믿을 수밖에 없었고, 또 그렇게 오인함에 있어서 정당한 이유가 있는 경우에 해당한다(대판 2005.6.10. 2005도835).

② 가감삼십전대보초와 한약 가지수에만 차이가 있는 십전대보초를 제조하고 그 효능에 관하여 광고를 한 사실에 대하여 이전에 검찰의 혐의없음 결정을 받은 적이 있다면, 피고인이 비록 한의사 약사 한약업사 면허나 의약품판매업 허가가 없이 의약품인 가감삼십전대보초를 판매하였다고 하더라도 자기의 행위가 법령에 의하여 죄가 되지 않는 것으로 믿을 수밖에 없었고, 또 그렇게 오인함에 있어서 정당한 이유가 있는 경우에 해당한다(대판 1995.8.25. 95도717).

③ 피고인은 (중략) 자수정 채광 작업을 하기에 앞서 울산군 산림과에 가서 산림훼손허가를 받으려고 하였으나 관광지 조성승인이 난 지역이므로 별도로 산림훼손허가를 받을 필요가 없으니 도시과

에 문의하라고 하여 다시 도시과에 가서 확인해 본 바 역시 같은 이유로 산림훼손허가가 필요 없다고 하면서 피고인의 요구에 따라 그러한 취지가 기재된 울주군수 명의의 산림법배제확인서를 작성해 주므로 이를 믿고 산림훼손허가를 받지 않은 채로 자수정 채광 작업을 하여오고 있다. 피고인은 위 산림훼손지역에 대하여 비록산림법 제90조 소정의 허가를 받은 바 없다 하더라도 이 사건 범행 당시 자기의 행위가 법령에 의하여 죄가 되지 않는 것으로 믿을 수밖에 없었고 또 그렇게 오인함에 있어서 정당한 이유가 있는 경우에 해당한다고 보아야 할 것이므로 피고인을 산림법위반으로 처벌할 수는 없다고 하겠다(대판 1993.9.14. 92도1560).

④ (전략) 행정청의 허가가 있어야 함에도 불구하고 허가를 받지 아니하여 처벌대상의 행위를 한 경우라도 허가를 담당하는 공무원이 허가를 요하지 않는 것으로 잘못 알려 주어 이를 믿었기 때문에 허가를 받지 아니한 것이라면 허가를 받지 않더라도 죄가 되지 않는 것으로 착오를 일으킨데 대하여 정당한 이유가 있는 경우에 해당하여 처벌할 수 없다고 할 것이므로, 만일 피고인들이 관할관청에 위 훈령에 규정된 입국절차를 대행하여 주는 허가절차에 관하여 문의하였으나, 담당공무원이 아직 허가 관련 법규가 제정되지 아니하여 허가를 받지 않아도 되는 것으로 잘못 알려 주어 그 허가를 받지 않았다면 죄가 되지 않는 것으로 착오를 일으킨 데 대하여 정당한 이유가 있는 경우라고 할 것이다(대판 1995.7.11. 94도1814).

⑤ 관할관청이 장의사영업허가를 받은 상인에게 장의소요기구, 물품을 판매하는 도매업에 대하여는 가정의례에관한법 제5조 제1항의 영업허가가 필요없는 것으로 해석하여 영업허가를 해 주지 않고 있어 피고인 역시 영업허가 없이 이른바 도매를 해 왔다면 동인에게는 같은 법률위반에 대한 인식이 있었다고 보기 어렵다(대판 1989.2.28. 88도1141).

⑥ 교통부장관의 허가를 얻어 설립된 사단법인 한국교통사고상담센타의 하부직원이 목적사업인 교통사고 피해자의 위임을 받아 사고 회사와의 사이에 화해의 중재나 알선을 하고 피해자로부터 교통부장관이 승인한 조정수수료를 받은 것은 직무수행상의 행위로서 위법의 인식을 기대하기 어렵고 적어도 형법 제16조에 이른바 법률의 착오에 해당한다(대판 1975.3.25. 74도2882).

⑦ 초등학교 교장이 도교육위원회의 지시에 따라 교과내용으로 되어 있는 꽃 양귀비를 교과식물로 비치하기 위하여 양귀비 종자를 사서 교무실 앞 화단에 심은 행위는 법률의 착오에 해당된다(대판 1972.3.31. 72도64).

⑧ 부대장의 허가를 받아 부대 내에 유류를 저장하는 것이 죄로 되지 않는 것으로 믿은 경우, 이와 같은 오인에는 정당한 사유가 있다(대판 1971.10.12. 71도1356).

판례 관청의 의견을 신뢰한 경우 - 정당한 이유 부정

① (전략) 이른바 '사업자쪼개기' 방식의 대출이 관행적으로 이루어져 왔으며, 금융감독원도 2008년 이전에는 이를 적발하지 못하였다는 사정만으로는 피고인들이 이 사건 대출행위가 죄가 되지 않는다고 오인하였다거나 그 오인에 정당한 이유가 있다고 볼 수 없다(대판 2010.4.29. 2009도13868).

② (전략) 환경부의 질의회신 내용은, 법 제27조 제1항에 따라, 건설폐기물의 배출자가 건설공사현장에 건설폐기물처리시설을 직접 설치·운영하여 건설폐기물을 재활용하고자 하는 경우, 관할관청이 그 설치승인을 함에 있어서 그 대상이 되는 건설폐기물처리시설의 범위에 관한 것일 뿐, 법 제16조 제1항의 자가처리의 범위를 판단할 수 있는 직접적인 자료가 되는 것은 아니라고 보이므로, 위 피고인이 위 질의회신에 따라 자기의 행위가 죄가 되지 아니한다고 오인하였

다고 하더라도, 이는 위 질의회신을 자기에게 유리하게 잘못 해석한 것에 불과하여 **정당한 이유가 있는 법률의 착오에 해당한다고 볼 수 없다**(대판 2009.1.30. 2008도8607).

③ 구 풍속영업의 규제에 관한 법률 제3조 제2호 위반행위를 한 피고인이 그 이전에 그와 유사한 행위로 '혐의없음' 처분을 받은 전력이 있다거나 일정한 시청차단장치를 설치하였다는 등의 사정만으로는, 형법 제16조의 **정당한 이유가 있다고 볼 수 없다**(대판 2010.7.15. 2008도11679).

④ 한국간행물윤리위원회나 정보통신윤리위원회가 이 사건 만화들 중 '에로 2000'을 제외한 나머지 만화에 대하여 심의하여 음란성 등을 이유로 청소년유해매체물로 판정하였을 뿐 더 나아가 전기통신사업법 시행령 제16조의4 제1항에 따라 시정요구를 하거나 청소년보호법 제8조 제4항에 따라 관계기관에 형사처벌 또는 행정처분을 요청하지 않았다 하더라도, 위 위원회들이 시정요구나 형사처벌 등을 요청하지 아니하고 청소년유해매체물로만 판정하였다는 점이 곧 그러한 판정을 받은 만화가 음란하지 아니하다는 의미는 결코 아니라고 할 것이므로, 피고인들의 나이, 학력, 경력, 직업, 지능 정도 등 제반 사정에 비추어 보면 피고인들의 행위가 죄가 되지 아니하는 것으로 오인한 데 **정당한 이유가 있다고 볼 수 없다**(대판 2006.4.28. 2003도4128).

⑤ 건축업면허없이 시공할 수 없는 건축공사를 피고인이 타인의 건설업면허를 대여받아 그 명의로 시공하였다면 비록 위 면허의 대여가 감독관청의 주선에 의하여 이루어졌다 하더라도 그와 같은 사정만으로서는 피고인의 소위를 사회상규에 위배되지 않는 적법행위로 볼 수는 없을 뿐만 아니라, 설사 피고인으로서는 이를 적법행위로 오인하였다 하더라도 위와 같은 사정만으로서는 그 오인에 **정당한 이유가 있다고 볼 수도 없다**(대판 1987.12.22. 86도1175).

⑥ 부동산중개업자가 부동산중개업협회의 자문을 통하여 인원수의 제한 없이 중개보조원을 채용하는 것이 허용되는 것으로 믿고서 제한인원을 초과하여 중개보조원을 채용함으로써 부동산중개업법 위반행위에 이르게 되었다고 하더라도 그러한 사정만으로 자신의 행위가 법령에 저촉되지 않는 것으로 오인함에 정당한 이유가 있는 경우에 해당한다거나 범의가 없었다고 볼 수는 없다(대판 2000.8.18. 2000도2943).

⑦ 관할 환경청이 비록 폐기물 배출업자가 차량을 임차하여 폐기물을 수집·운반하는 경우에도 '스스로 폐기물을 수집·운반하는 경우'에 해당하는 것으로 해석하고, 관련 규정에 따라 그 임차차량에 대하여 특정폐기물 수집·운반차량증을 발급해 주고 있었다 하더라도, 그러한 사정만으로는 관할 환경청이 폐기물 배출업자가 폐기물의 수집·운반만을 위하여 무허가 업자로부터 폐기물 운반차량을 그 운전사와 함께 임차하는 형식을 취하면서 실질적으로는 무허가 업자에게 위탁하여 폐기물을 수집·운반하게 하는 행위까지 적법한 것으로 해석하였다고 볼 수 없으므로, 피고인이 피고인 회사의 폐기물 수집·운반 방법이 죄가 되지 아니하는 것으로 믿었다 하더라도 그와 같이 믿는데 **정당한 이유가 있었다고 보기 어렵다**(대판 1998.6.23. 97도1189).

⑧ 피고인은 1971. 4. 10. 순경으로 임용된 이래 이 사건 범행 당시까지 약 **23년간 경찰공무원으로 근무하여 왔고**, 이 사건 범행당시에는 관악경찰서 형사과 형사계 강력 1반장으로 근무하고 있는 사람으로서 일반인들 보다도 형벌법규를 잘 알고 있으리라 추단이 되고 이러한 피고인이 검사의 수사지휘만 받으면 허위로 공문서를 작성하여도 죄가 되지 아니하는 것으로 그릇 인식하였다는 것은 납득이 가지 아니하고, 가사 피고인이 그러한 그릇된 인식이 있었다 하여도 피고인의 직업 등에 비추어 그러한 그릇된 인식을 함에 있어 **정당한 이유가 있다고 볼 수도 없다**(대판 1995.11.10. 95도2088).

⑨ 장애인복지법 제50조 제1항 소정의 보장구제조업허가를 받아 제조되는 보장구는 어디까지나 장애인의 장애를 보완하기 위하여 필요한 기구(장애인복지법 제9조 제1항 참조)에 불과하므로 위 허가를 받았다고 하여 다리교정기와 같은 정형외과용 교정장치를 제조할 수 있도록 허용되는 것이 아님은 분명하므로, 설령 장애인복지법 제50조 제1항에 의해 보장구제조허가를 받았고 또 한국보장구협회에서 다리교정기와 비슷한 기구를 제작·판매하고 있던 자라 하더라도, 다리교정기가 의료용구에 해당되지 않는다고 믿은 데에 정당한 사유가 있다고 볼 수는 없다(대판 1995.12.26. 95도2188).

⑩ (전략) 활법이 정부 공인의 체육종목이고 피고인이 활법 종목의 사회체육지도자 자격증을 취득한 후 당국의 인가를 받아 활법원을 설립·운영하고 있다 하더라도, 활법을 체육종목으로서 공인하거나 그 지도자 자격을 부여하는 것 등은 신체활동을 통하여 건전한 신체와 정신을 기르고 여가를 선용하고자 하는 체육활동으로서의 일반적인 활법의 지도를 위한 것이지 그 외에 법률에서 금지하는 무면허 의료행위까지도 할 수 있도록 허용하는 취지는 아님이 분명하므로, 설사 피고인이 '가'항의 시술을 한 자신의 행위가 무면허 의료행위에 해당되지 아니하여 죄가 되지 않는다고 믿었다 하더라도 그와 같이 믿은 데에 정당한 사유가 있었다고 할 수 없다(대판 1996.4.7. 94도1325).

⑪ 검사가 피고인들의 행위에 대하여 범죄혐의 없다고 무혐의 처리하였다가 고소인의 항고를 받아들여 재기수사명령에 의한 재수사 결과 기소에 이른 경우, 피고인들의 행위가 불기소처분 이전부터 저질러졌다면 그 무혐의 처분결정을 믿고 이에 근거하여 이루어진 것이 아님이 명백하고, 무혐의 처분일 이후에 이루어진 행위에 대하여도 그 무혐의 처분에 대하여 곧바로 고소인의 항고가 받아들여져 재기수사명령에 따라 재수사되어 기소에 이르게 된 이상, 피고인들이 자신들의 행위가 죄가 되지 않는다고 그릇 인식하는 데 정당한 이유가 있었다고 할 수 없다(대판 1995.6.16. 94도1793).

⑫ 피고인이 한국무도교육협회의 정관에 따라 무도교습소를 운영하였고, 위 협회가 소속회원을 교육함에 있어서는 학원설립인가를 받을 필요가 없다고 한 검찰의 무혐의결정내용을 통지받은 사실만으로 피고인이 인가를 받지 않고 교습소를 운영한 것이 법률의 착오에 해당한다고 볼 수 없다(대판 1992.8.18. 92도1140).

⑬ 유선비디오 방송업자들의 질의에 대하여 체신부장관이 유선비디오 방송은 자가통신설비로 볼 수 없어 같은 법 제15조 제1항 소정의 허가대상이 되지 않는다는 견해를 밝힌 바 있다 하더라도 그 견해가 법령의 해석에 관한 법원의 판단을 기속하는 것은 아니므로 그것만으로 피고인에게 범의가 없었다고 할 수 없다(대판 1989.2.14. 87도1860).

> **판례** 법원의 판결을 신뢰한 경우 - 정당한 이유 부정

① 설사 피고인이 대법원의 판례에 비추어 자신의 행위가 무허가 의약품의 제조·판매행위에 해당하지 아니하는 것으로 오인하였다고 하더라도, 이는 사안을 달리하는 사건에 관한 대법원의 판례의 취지를 오해하였던 것에 불과하여 그와 같은 사정만으로는 그 오인에 정당한 사유가 있다고 볼 수 없다(대판 1995.7.28. 95도1081).

② 법률 위반 행위 중간에 일시적으로 판례에 따라 그 행위가 처벌대상이 되지 않는 것으로 해석되었던 적이 있었다고 하더라도 그것만으로 자신의 행위가 처벌되지 않는 것으로 믿은 데에 정당한 이유가 있다고 할 수 없다(대판 2021.11.25. 2021도10903).

판례 행위자가 스스로의 판단에 따른 경우 - 정당한 이유 인정

① 건설폐기물 처리업 허가를 받은 피고인이 예정사업지에 건설폐기물 처리시설을 설치한 후 변경허가를 받음으로써 변경허가 없이 그 시설의 소재지를 변경하였다고 하여 구 건설폐기물의 재활용촉진에 관한 법률 위반으로 기소된 사안에서, 피고인이 예정사업지에 시설 등을 미리 갖춘 후 실제 영업행위를 하기 전에 변경허가를 받으면 된다고 그릇 인식한 것은 정당한 이유 있는 법률의 착오에 해당한다고 한 사례(대판 2015.1.15. 2013도15027).

② 이복동생의 이름으로 군복무를 하다가 휴가를 나온 후 다른 사람의 이름으로 군복무를 할 필요가 없다고 생각하여 귀대하지 않다가 징병검사를 받고 예비역으로 복무 중이라면, 그 후 군무이탈자의 자진복귀명령에 위반하였다 하더라도 이는 죄가 되지 아니하는 것으로 오인한 행위로서 그 오인에 정당한 이유가 있는 경우에 해당한다(대판 1974.7.23. 74도1399).

판례 행위자가 스스로의 판단에 따른 경우 - 정당한 이유 부정

① 사립학교인 갑 외국인학교 경영자인 피고인이 갑 학교의 교비회계에 속하는 수입을 수회에 걸쳐 을 외국인학교에 대여하였다고 하여 사립학교법 위반으로 기소된 사안에서, (중략) 피고인은 위와 같은 대여행위가 적법한지에 관하여 관할 도교육청의 담당공무원에게 정확한 정보를 제공하고 회신을 받거나 법률전문가에게 자문을 구하는 등의 조치를 취하지 않았고, (중략) 피고인이 자신의 지적 능력을 다하여 행위의 위법 가능성을 회피하기 위한 진지한 노력을 다하였다고 볼 수 없으므로, 피고인이 위와 같은 대여행위가 법률상 허용되는 것으로서 죄가 되지 않는다고 그릇 인식하고 있었더라도 그와 같이 그릇된 인식에 정당한 이유가 없다(대판 2017.3.15. 2014도12773).

② 이미 무선설비의 형식승인을 받은 다른 수입업자가 있음을 이용하여 동일한 제품을 형식승인 없이 수입·판매한 행위는 무선설비에 대한 관계 법령의 취지 및 내용에 비추어 볼 때 전파법 위반죄에 해당하고, 무선설비의 납품처 직원으로부터 형식등록이 필요 없다는 취지의 답변을 들었다는 사정만으로는 형법 제16조의 법률의 착오에 해당하지 않는다(대판 2009.6.11. 2008도10373).

③ 피고인 또는 충청남도가 장례식장의 식당(접객실) 부분을 증축함에 있어 홍성군과 그 증축에 관한 협의 과정을 거쳤고 건설교통부에 관련 질의도 했던 것으로 보이나, 홍성군과의 협의는 증축부분이 장례식장이 아닌 '병원'의 부속건물임을 전제로 한 것이고 (중략) 위와 같은 협의나 질의를 거쳤다는 사정만으로 이 사건 장례식장의 설치·운영에 관하여 피고인이 자신의 행위가 죄가 되지 아니하는 것으로 오인하였거나 그와 같은 오인에 정당한 이유가 있었다고 할 수 없다(대판 2009.12.24. 2007도1915).

④ 수사처리의 관례상 일부 상치된 내용을 일치시키기 위하여 적법하게 작성된 참고인 진술조서를 찢어버리고 진술인의 진술도 듣지 아니하고 그 내용을 일치시킨 새로운 진술조서를 작성한 행위는 그 행위를 적법한 것으로 잘못 믿었다고 할지라도 그렇게 잘못 믿은데 대하여 정당한 이유가 있다고 볼 수 없다(대판 1978.6.27. 76도2196).

⑤ 일본 영주권을 가진 재일교포가 영리를 목적으로 관세물품을 구입한 것이 아니라거나 국내 입국 시 관세신고를 하지 않아도 되는 것으로 착오하였다는 등의 사정만으로는 형법 제16조의 법률의 착오에 해당하지 않는다고 한 사례(대판 2007.5.11. 2006도1993).

⑥ 피고인 2가 ○○병원 신축 당시 의료시설(병원)로 건축허가를 받고, 지하 1층 부분에 대하여 의료시설(병원) 및 제2종 근린생활시설(음식점)로 사용승인을 받았으며, 피고인 1이 피고인 2로부터 ○○병원 지하 1층 장례식장 시설을 임차하여 상호를 '○○병원영안실', 사업의 종목을 '장례예식장, 식잡, 일반한식' 등으로 영업신고 및 사업자등록을 마쳤다는 사정만으로는, 법률상 제한된 용도인 장례식장을 운영한 피고인들의 행위가 죄가 되지 아니하는 것으로 오인하는 데 정당한 이유가 있다고 볼 수 없다(대판 2005.9.29. 2005도4592).

⑦ 자격기본법에 의한 민간자격관리자로부터 대체의학자격증을 수여받은 자가 사업자등록을 한 후 침술원을 개설하였다고 하더라도 국가의 공인을 받지 못한 민간자격을 취득하였다는 사실만으로는 자신의 행위가 무면허 의료행위에 해당되지 아니하여 죄가 되지 않는다고 믿는 데에 정당한 사유가 있었다고 할 수 없다(대판 2003.5.13. 2003도939).

⑧ 피고인은 주로 음식류를 조리·판매하는 레스토랑으로 허가받았으면 청소년을 고용해도 괜찮을 줄로 알고 있었다거나, 구미 시내 다른 레스토랑이나 한식당에서도 청소년을 고용하는 업소가 많고 구미시청 위생과 등에 문의해도 레스토랑은 청소년을 고용해도 괜찮다는 대답이 있어 자신의 행위가 법률에 의하여 죄가 되지 아니하는 것으로 인식하였고 그와 같이 인식하는 데 정당한 이유가 있다고 주장하나, 이는 일반음식점을 영위하는 자가 주로 음식류를 조리·판매하는 영업을 하면서 19세 미만의 청소년을 고용하는 경우에는 특별한 사정이 없는 한 청소년보호법의 규정에 저촉되지 않는다는 것을 피고인이 자기나름대로 확대해석하거나 달리 해석했을 뿐이라고 보여지므로, 피고인이 자신의 행위가 법률에 의하여 죄가 되지 아니하는 것으로 인식하는 데에 정당한 이유가 있다고 할 수도 없다(대판 2004.2.12. 2003도6282).

⑨ 서울특별시 사격연맹 사무국장인 피고인은 (중략) 선수로서의 활동능력이나 의사의 점에 대한 확인이나 심사를 거치지 아니한 채 총포판매상을 통하여 접수되는 등록신청을 아무런 제한 없이 받아들이고 선수등록확인증을 발급하여, 서울을 비롯한 전국 각 지역에 거주하는 공소외인들로 하여금 그 선수등록확인증에 기하여 관할 경찰서장으로부터 공기권총 소지허가를 받게 하였음을 알 수 있는바, 이는 피고인이 공기권총을 판매하고 선수등록 및 소지허가신청절차를 대행한 총포판매상 및 그 구입자들과 공모하여 총포·도검·화약류등단속법 제72조 제7호 소정의 '거짓이나 그 밖의 옳지 못한 방법으로' 총포소지허가를 받은 경우에 해당한다 할 것이다. 비록 피고인이 그 주장과 같이 종전부터 이어져 내려온 관행에 따라 선수등록업무를 처리하였다고 하더라도, 위 인정과 같은 사정에 비추어 보면, 피고인으로서는 자신의 행위가 법령에 의하여 죄가 되지 아니하는 것으로 오인한 데에 정당한 이유가 있다고 볼 수 없다(대판 2003.7.25. 2002도6006).

⑩ 기공원을 운영하면서 환자들을 대상으로 척추교정시술행위를 한 자가 정부 공인의 체육종목인 '활법'의 사회체육지도자 자격증을 취득한 자라 하여도 자신의 행위가 무면허 의료행위에 해당되지 아니하여 죄가 되지 않는다고 믿은 데에 정당한 사유가 있었다고 할 수 없다(대판 2002.5.10. 2000도2807).

⑪ (전략) 봉인 등의 표시가 법률상 효력이 없다고 믿은 것은 법규의 해석을 잘못하여 행위의 위법성을 인식하지 못한 것이라고 할 것이므로 그와 같이 믿은 데에 정당한 이유가 없는 이상, 그와 같이 믿었다는 사정만으로는 공무상표시무효죄의 죄책을 면할 수 없다고 할 것이다(대판 2000.4.21. 99도5563).

⑫ 공직선거및선거부정방지법에 관하여 비전문가인 스스로의 사고에 의하여 피고인의 행위들이 의례적인 행위로서 합법적이라고 잘못 판단하였다는 사정만으로는 피고인의 행위가 죄가 되지 아니하는 것으로 오인한 데 정당한 이유가 있다고 볼 수 없다(대판 1996.5.10. 96도620).

⑬ 긴급명령 위반행위 당시 긴급명령이 시행된 지 그리 오래되지 않아 금융거래의 실명전환 및 확인에만 관심이 집중되어 있었기 때문에 비밀보장의무의 내용에 관하여 확립된 규정이나 판례, 학설은 물론 관계 기관의 유권해석이나 금융관행이 확립되어 있지 아니하였다는 사정은 단순한 법률의 부지에 불과하며, 그 위반행위가 형사재판 변호인들의 자료 요청에서 기인하였다고 하더라도 변호인들에게 구체적으로 긴급명령위반 여부에 관하여 자문을 받은 것은 아닌 데다가, 해당 은행에서는 긴급명령상의 비밀보장에 관하여 상당한 교육을 시행하였음을 알 수 있어 피고인들의 행위가 죄가 되지 않는다고 믿은 데에 정당한 이유가 있는 경우에 해당하지 않는다(대판 1997.6.27. 95도1964).

⑭ (전략) 정기간행물을 등록하지 않고 발행한 피고인들이 정기간행물의 등록을 강제하는 법률규정이 있다는 것을 몰랐고 또 그 간행물이 발행될 당시뿐만 아니라 그 발행이 중단되고 오랜 기간이 지난 다음에도 이에 대하여 문제가 제기된 바 없었다는 사정만으로는 피고인들이 그 행위가 죄가 되지 아니한다고 믿은 데 정당한 이유가 있다고 할 수 없다(대판 1994.12.9. 93도3223).

⑮ 피고인이 제약회사에 근무한다는 자로부터 마약이 없어 약을 제조하지 못하니 구해 달라는 거짓 부탁을 받고 제약회사에서 쓰는 마약은 구해 주어도 죄가 되지 아니하는 것으로 믿고 생아편을 구해 주었다 하더라도 피고인들이 마약취급의 면허가 없는 이상 위와 같이 믿었다 하여 이러한 행위가 법령에 의하여 죄가 되지 아니하는 것으로 오인하였거나, 그 오인에 정당한 이유가 있는 경우라고 볼 수 없다(대판 1983.9.13. 83도1927).

5. 형법 제16조의 해석

형법 제16조는 '자기의 행위가 법령에 의하여 죄가 되지 아니하는 것으로 오인한 행위는 그 오인에 정당한 이유가 있는 때에 한하여 벌하지 아니한다.'고 규정하고 있다.

① "자기의 행위가 법령에 의하여 죄가 되지 아니하는 것으로 오인한 행위"는 위법성의 인식이 결여된 금지착오로 인하여 행위한 경우를 의미한다. ② 형법은 "그 오인에 정당한 이유가 있는 때에 한하여 벌하지 아니한다"고 규정하고 있는데, 여기서 정당한 이유가 있는 때란 행위자에게 금지착오의 회피가능성이 없는 경우, 즉 착오가 불가피한 경우를 의미한다.

> **판례** 기타 정당한 이유가 있는 경우
>
> ① 사단법인 한국교통사고상담센터는 자동차사고에 관한 손해배상문제의 적정하고 신속한 처리를 위하여 피해자의 상담에 응함과 동시에 가해자와 사이에 합의가 이루어지지 아니하는 경우 피해자의 요청에 의하여 위 손해배상을 조정하는 것을 목적사업으로 하여 교통부장관의 허가를 얻어 설립된 법인으로서 교통부장관으로부터 조정수수료의 승인을 받아 그에 따른 위 손해배상의 조정업무를 행하게 되어있음을 알수 있는 바 이렇다면 그 하부직원인 피고인이 피해자의 요청으로 이 사건 화해의 중재나 알선을 하고 피해자로부터 조정수수료를 받은 것은 상사의 지시에 따라 한 그 맡은 바 직무수행상의 행위로 보여지고 (중략) 형법 제16조에 이른바 자기의 행위가 법령에 의하여 범죄가 되지 아니하는 것으로 오인한

행위로서 그 오인에 정당한 이유가 있는 경우라고 봄이 상당하다(대판 1975.3.25. 74도2882).

② 서울시 공문과 구청의 질의회신 등이, 곡물을 단순히 볶아서 판매하거나 가공위탁자로부터 제공받은 재료들을 가공할 경우 양곡관리법 및 식품위생법 상의 허가대상이 아니라는 취지여서, 사람들이 가지고 온 쌀 등을 빻아서 미숫가루를 제조하는 행위에는 별도의 허가가 필요 없다고 믿고서 제조행위를 하였다면, 자기의 행위가 죄가 되지 않는 것으로 오인하였고 그 오인에 어떠한 과실이 있음을 가려낼 수 없어 정당한 이유가 있는 경우에 해당한다(대판 1983.2.22. 81도2763).

③ 행정청의 허가가 있어야 함에도 불구하고 허가를 받지 아니하여 처벌대상 행위를 한 경우, 허가를 담당하는 공무원이 허가를 요하지 않는 것으로 잘못 알려 주어 이를 믿었기 때문에 허가를 받지 아니하였다면, 허가를 받지 않더라도 죄가 되지 않는 것으로 착오를 일으킨 데 대하여 정당한 이유가 있는 경우에 해당하여 처벌할 수 없다(대판 1992.5.22. 91도2525).

④ 국유재산을 대부받아 주유소를 경영하는 자가 기사식당과 휴게소가 필요하게 되어 건축허가사무 담당 공무원에게 위 국유지상에 건축물을 건축할 수 있는지의 여부를 문의하여, 비록 국유재산이지만 위 국유재산을 불하받을 것이 확실하고 또 만일 건축을 한 뒤에 위 국유재산을 불하받지 못하게 되면 건물을 즉시 철거하겠다는 각서를 제출하면 건축허가가 될 수 있다는 답변을 듣고, 건축사에게 건축물의 설계를 의뢰하여 위와 같은 내용의 각서와 함께 건축허가신청서를 제출하여 건축허가를 받고, 건물을 신축하여 준공검사를 받은 지 1년여 후에 위 국유재산을 매수하였다면, 국유재산법 제24조 제3항에 따라 기부를 전제로 한 시설물의 축조 이외에는 국유지상에 건물을 신축할 수 없는 사실을 알고 있었다 하더라도, 국유지상에 건물을 신축하여 그 국유재산을 사용·수익하는 것이 법령에 의하여 허용되는 것으로 믿었고 또 그렇게 믿을 만한 정당한 이유가 있었다고 볼 수 있다(대판 1993.10.12. 93도1888).

⑤ 피고인은 자신의 소유인 경기 양평군 임야 및 대지상에 양어장 및 여관 신축공사를 하는 과정에서 생긴 토석을 사실상 나대지 상태인 위 임야에 적치할 계획을 가지고, 이에 관하여 양평군 산림과 담당공무원인 공소외인에게 문의하였던바 산림법상 문제가 되지 않는다는 답변을 듣고 위 임야 상에 토석을 쌓아둔 것이라고 변명하고 있고, 위 공소외인도 피고인의 질의에 대하여 "공사에서 발생한 토석을 나무가 없는 사실상 대지(나대지)에 쌓아도 산림법상으로는 문제가 되지 않는다."고 답변하였음을 확인하고 있으며(공판기록 308면), (중략) 피고인으로서는 위 토지상에 공사 중 발생하는 토석을 쌓아두는 행위가 죄가 되지 않거나, 적어도 당국의 허가를 받을 필요까지는 없는 것으로 착오를 일으켜 그와 같은 행위에 나아갔고, 또 거기에 정당한 사유가 있다(대판 2005.8.19. 2005도1697).

> **판례** 기타 정당한 이유가 없는 경우

① 피고인이 경제기획원 발행의 서비스업통계조사지침서와 통계청 발행의 총사업체통계 조사보고서에 탐지, 감시 등을 업으로 하는 탐정업이 적시되어 있는 것을 보고 민원사무 담당 공무원에게 문의하여 탐정업이 인·허가 또는 등록사항이 아니라는 대답을 얻었으며 세무서에 탐정업 및 심부름 대행업에 관한 사업자등록을 하였다 하더라도, 신용조사업법에서 금지하고 있는 특정인의 소재를 탐지하거나 사생활을 조사하는 행위 등을 제외하더라도 탐정업이 하나의 사업으로 존재할 수 있는 것이므로 탐정업이 정부기관에 의하여 하나의 업종으로 취급되고 있다거나 세무서에서 사업자등록을 받아 주었다고 하여 그것이 위 법률에서 금지하는 행위까

지를 할 수 있다는 취지는 아님이 분명하고 그렇다면 피고인이 특정인 소재탐지, 사생활조사 등의 행위가 죄가 되지 않는다고 믿은 데에 정당한 이유가 있었다고는 할 수 없다(대판 1994.8.26. 94도780).

② 삼원농산은 남원시로부터 식품위생법 제22조 제1항, 동법 시행규칙 제22조의 규정에 의하여 즉석판매제조가공 영업을 허가받고 이 사건 '녹동달오리골드'를 제조하였다는 것인바, 그와 같은 사유만으로 피고인의 이 사건 무면허 의약품 제조행위로 인한 보건범죄단속에관한특별조치법위반죄의 범행이 형법 제16조에서 말하는 '그 오인에 정당한 이유가 있는 때'에 해당한다고 할 수 없다(대판 2004.1.15. 2001도1429).

③ 부동산중개업자가 아파트 분양권의 매매를 중개하면서 중개수수료 산정에 관한 지방자치단체의 조례를 잘못 해석하여 법에서 허용하는 금액을 초과한 중개수수료를 수수한 경우가 법률의 착오에 해당하지 않는다고 한 사례(대판 2005.5.27. 2004도62).

④ 피고인이 과거 지방선거에서 이 사건 홍보물과 같은 내용의 선거홍보물을 사용하였지만 처벌받지 않았다거나 이 사건 홍보물의 내용이 구 공직선거법에 위반됨을 알지 못하였다는 사유만으로는 피고인의 행위에 범의가 없다거나 형법 제16조 소정의 법률의 착오에 해당하는 '정당한 이유'가 있다고 볼 수 없다(대판 2006.3.10. 2005도6316).

⑤ 지방자치단체장이 관행적으로 간담회를 열어 업무추진비 지출 형식으로 참석자들에게 음식물을 제공해 오면서 법령에 의하여 허용되는 행위라고 오인하였다 하더라도, 그 오인에 정당한 이유가 없어 법률의 착오에 해당하지 않는다(대판 2007.11.16. 2007도7205).

⑥ 구 건설폐기물의 재활용촉진에 관한 법률 제16조 제1항의 위반행위를 하면서 이를 판단하는 데 직접적인 자료가 되지 않는 환경부의 질의회신을 받은 것만으로는 정당한 이유가 있는 법률의 착오에 해당하지 않는다(대판 2009.1.30. 2008도860).

Ⅲ. 위법성조각사유의 전제사실의 착오

1. 위법성조각사유의 전제사실의 착오의 의의

위법성조각사유의 전제사실의 착오란 행위자가 그 요건이 존재하면 위법성이 조각되는 상황이 존재한다고 오인한 경우, 즉 위법성조각사유의 객관적 요건 내지 그 전제사실에 대한 착오를 말한다. 허용구성요건의 착오라고도 한다. 오상방위·오상피난·오상자구행위 등이 여기에 해당한다.

2. 구별개념

가. 구성요건적 착오

구성요건적 착오와 위법성조각사유의 전제사실에 관한 착오는 모두 행위시의 사실에 대한 착오라는 점에서 유사하지만 위법성조각사유의 전제사실에 관한 착오에 있어서 의미 있는 착오는 위법성 판단에 의미 있는 것으로, 구성요건해당성에 영향을 줄 수 없고 행위자에게 구성요건요소에 대한 인식만큼 존재하고 있다는 점에서 구별된다.

나. 위법성의 착오(금지착오)

양자 모두 행위자에게 위법성인식이 없다는 점에서 동일하지만 위법성조각사유의 전제사실에 관한 착오의 경우 정당화 사정이라는 사실적 측면에 착오를 일으켜 위법성 인식이 없게 된다는 점에서 구별된다.

3. 법적 취급에 대한 견해 대립

가. 고의설

고의설은 위법성인식을 고의의 성립요소로 보아 위법성 인식이 결여되면 고의의 성립이 배제된다는 견해이다. 여기에는 ① 위법성 조각사유에 대한 착오로 인하여 위법성의 인식이 없는 경우에는 고의범의 책임을 지지 않게 되고 과실이 있으면 과실범의 성립을 인정하나, 과실조차도 없으면 책임이 조각된다는 엄격고의설과 ② 착오 자체에 과실이 있으면 고의범의 책임을 지고, 과실이 없으면 책임이 조각된다는 제한적 고의설이 있다.

나. 소극적 구성요건표지이론

소극적 구성요건표지이론이란 위법성조각사유의 요건은 소극적 구성요건요소가 되므로 위법성을 조각하는 행위상황에 대한 착오는 구성요건적 착오가 되고 따라서 고의를 조각하게 된다는 견해이다.

다. 엄격책임설

엄격책임설 위법성조각사유의 전제사실에 관한 착오를 포함한 모든 위법성조각사유의 착오를 금지의 착오라고 해석하는 견해이다.

라. 제한적 책임설

위법성조각사유의 전제사실에 대한 착오가 구성요건적 착오는 아니지만 구성요건적 착오와의 구조적 유사성을 근거로 구성요건적 착오의 규정이 적용되어야 한다는 견해이다. 이는 다시 두 가지 견해로 나누어진다.

1) 구성요건적 착오 유추적용설

구성요건적 착오에 관한 규정이 직접 적용될 수는 없지만 고의의 본질이 되는 행위자의 구성요건적 불법을 실현하려는 결단이 없으므로 행위불법을 부정해야 하기 때문에 구성요건적 착오의 규정(제13조)을 유추적용하여 고의를 조각한다고 해석하는 견해이다.

2) 법효과제한적 책임설

위법성조각사유의 전제사실에 대한 착오가 고의를 조각하는 것은 아니지만 고의책임과 고의형벌을 조각하여 법효과에 있어서 구성요건적 착오와 같이 취급해야 한다는 견해이다.

4. 판례의 태도

판례는 위법성조각사유의 전제사실에 대한 착오가 있는 경우 착오의 정당성을 심사하여 위법성조각 여부를 결정하고 있다. 즉 정당한 이유가 있는 경우에는 위법성을 조각하고, 정당한 이유가 없는 경우에는 고의범 또는 결과적 가중범의 성립을 인정한다(68도370).

> **판례** 위법성조각사유의 전제사실에 대한 착오

① 소속 중대장의 당번병이 근무시간 중은 물론 근무시간 후에도 밤늦게까지 수시로 영외에 있는 중대장의 관사에 머물면서 집안일을 도와주고 그 자녀들을 보살피며 중대장 또는 그 처의 심부름을 관사를 떠나서까지 시키는 일을 해오던 중 사건당일 중대장의 지시에 따라 관사를 지키고 있던 중 중대장과 함께 외출나간 그 처로부터 24:00경 비가 오고 밤이 늦어 혼자 귀가할 수 없으니 관사로부터 1.5킬로미터 가량 떨어진 지점까지 우산을 들고 마중을 나오라는 연락을 받고 당번병으로서 당연히 해야 할 일로 생각하고 그 지점까지 나가 동인을 마중하여 그 다음 날 01:00경 귀가하였다면 위와 같은 당번병의 관사이탈 행위는 중대장의 직접적인 허가를 받지 아니하였다 하더라도 당번병으로서의 그 임무범위 내에 속하는 일로 오인하고 한 행위로서 그 오인에 정당한 이유가 있어 위법성이 없다고 볼 것이다(대판 1986.10.28. 86도1406).

② 내용 중에 일부 허위사실이 포함된 신문기사를 보도한 사안에서, 기사 작성의 목적이 공공의 이익에 관한 것이고 그 기사 내용을 작성자가 진실하다고 믿었으며 그와 같이 믿은 데에 객관적인 상당한 이유가 있다는 이유로 명예훼손의 위법성을 부인한 원심판결을 수긍한 사례(대판 1996.8.23. 94도3191).

③ 갑은 관장 을이 운영하는 복싱클럽에 회원등록을 하였던 자로서 등록을 취소하는 문제로 을로부터 질책을 들은 다음 약 1시간이 지난 후 다시 복싱클럽을 찾아와 을에게 항의하는 과정에서 을이 갑의 멱살을 잡아당기거나 바닥에 넘어뜨린 후 목을 조르는 등 을과 갑이 뒤엉켜 몸싸움을 벌였는데, 코치인 피고인이 이를 지켜보던 중 갑이 왼손을 주머니에 넣어 불상의 물건을 꺼내 움켜쥐자 갑의 왼손 주먹을 강제로 펴게 함으로써 갑에게 약 4주간의 치료가 필요한 손가락 골절상을 입혔다는 상해의 공소사실로 기소된 사안에서, (중략) 피고인의 입장에서, 둘 사이의 몸싸움이 격화되는 과정에서 갑이 왼손을 주머니에 넣어 특정한 물건을 움켜쥔 채 꺼내는 것을 목격하자, 이를 갑이 상대방의 생명·신체에 위해를 가하려는 것으로 충분히 오인할 만한 객관적인 정황이 있었던 점, (중략) 갑이 실제로 위험한 물건을 꺼내어 움켜쥐고 있었다면 그 자체로 을의 생명·신체에 관한 급박한 침해나 위험이 초래될 우려가 매우 높은 상황이었던 점, (중략) 등을 종합하면, 피고인이 당시 죄가 되지 않는 것으로 오인한 것에 대해 '정당한 이유'를 부정하여 공소사실을 유죄로 인정한 원심판결에는 위법성조각사유의 전제사실에 관한 착오, 정당한 이유의 존부에 관한 법리오해의 잘못이 있다고 한 사례(대판 2023.11.2. 2023도10768).

5. 검토

위법성조각사유의 전제사실을 오인한 자에 대한 비난은 법이 요구하는 주의를 다하지 아니한 과실에 있을 뿐이고 법배반적 심정에 있는 것은 아니다. 위법성조각사유의 전제사실에 대한 착오는 구성요건을 인식하였다는 점에서 순수한 사실의 착오는 아니지만, 이 경우에 회피할 수 있는 착오에 대한 책임이 질적으로 과실책임과 일치하는 이상 위법성조각사유의 전제사실에 대한 착오는 법적 효과에 있어서 사실의 착오와 같이 취급하는 것이 옳다고 하지 않을 수 없다. 따라서 <u>법효과제한적 책임설</u>이 타당하다.

	착오의 성질	착오의 효과	처벌	배후자의 책임
엄격고의설	구성요건적 착오 또는 금지착오 (불분명)	책임요소인 고의 탈락 과실불법, 과실책임	과실범	간접정범
소극적 구성요건표지이론	구성요건적 착오 (직접적용)	구성요건 고의 탈락 과실불법, 과실책임 (불법고의조각)	과실범	간접정범
엄격책임설	금지착오	고의불법, 고의책임 (정당한 이유 ○ → 책임조각)	고의범	간접정범 또는 공범
제한적 책임설 (유추적용설)	구성요건적 착오 (유추적용)	구성요건 고의 탈락 과실불법, 과실책임 불법고의조각	과실범	간접정범
법효과제한적 책임설	독자적인 형태의 착오	책임요소인 고의 탈락 고의불법, 과실책임	과실범	간접정범 또는 공범

제4절 기대가능성

Ⅰ. 기대가능성의 의의 및 판단기준

1. 의의

행위시의 구체적 사정으로 보아 행위자가 범죄행위를 하지 않고 적법행위를 할 것을 기대할 수 있는 것을 기대가능성이라고 한다. 행위자에게 적법행위를 기대할 수 없을 때에는 책임이 조각된다. 이러한 기대불가능성은 일반적인 초법규적 책임조각사유가 된다.

> **판례** 기대불가능성
> - 입학시험에 응시한 수험생으로서 자기 자신이 부정한 방법으로 탐지한 것이 아니고 우연한 기회에 미리 출제될 시험문제를 알게 되어 그에 대한 답을 암기하였을 경우 그 암기한 답에 해당된 문제가 출제되었다 하여도 위와 같은 경위로서 암기한 답을 그 입학시험 답안지에 기재하여서는 아니 된다는 것을 그 일반수험생에게 기대한다는 것은 보통의 경우 도저히 불가능하다 할 것이다(대판 1966.3.22. 65도1164).

2. 판단기준

기대가능성의 유무를 판단하는 기준에 관하여는 ① 행위 당시에 있어서 행위자의 구체적 사정을 표준으로 하여 판단해야 한다는 행위자표준설과, ② 적법행위를 기대하고 있는 국가가 법질서를 지배하는 국가이념에 따라 판단해야 한다는 국가표준설, ③ 행위자 대신에 사회의 평균인을 표준으로 하여 판단해야 한다는 평균인표준설이 대립하고 있다.

이에 대하여 판례는 평균인 표준설의 입장에서 기대가능성 여부는 '행위 당시의 구체적 상황 하에 행위자 대신에 사회적 평균인을 두고 이 평균인의 관점에서 그 기대가능성 유무를 판단하여야 할 것이다'라고 판시하였다(2004도2965 전원합의체).

> **판례** 평균인표준설
>
> - 피고인에게 적법행위를 기대할 가능성이 있는지 여부를 판단하기 위하여는 행위 당시의 구체적인 상황하에 행위자 대신에 사회적 평균인을 두고 이 평균인의 관점에서 그 기대가능성 유무를 판단하여야 한다(대판 2013.3.28. 2012도16383).

3. 형법상의 책임조각사유

형법총칙이 규정하고 있는 기대불가능성을 이유로 한 책임조각사유로는 **강요된 행위**(제12조)와 **과잉방위**(제21조 제3항) 및 **과잉피난**(제22조 제3항)이 있다. 각칙이 규정하고 있는 **친족 간의 범인은닉과 증거인멸**(제151조 제2항, 제155조 제4항) 등이 있다.

> **판례** 기대가능성을 부정한 경우 – 책임조각(범죄불성립)
>
> ① 동해방면에서 명태잡이를 하다가 기관고장과 풍랑으로 표류 중 북한괴뢰집단에 함정에 납치되어 북괴지역으로 납북된 후 북괴를 찬양, 고무 또는 이에 동조하고 우리나라로 송환됨에 있어 여러가지 지령을 받아 수락한 소위는 살기 위한 부득이한 행위로서 기대가능성이 없다고 할 것이다(대판 1967.10.4. 67도1115).
>
> ② 수학여행을 온 대학교 3학년생 34명이 지도교수의 인솔하에 피고인 경영의 나이트클럽에 찾아와 단체입장을 원하므로 그들 중 일부만의 학생증을 제시받아 확인하여 본즉 그들이 모두 같은 대학교 같은 학과 소속의 3학년 학생들로서 성년자임이 틀림없어 나머지 학생들의 연령을 개별적, 기계적으로 일일이 증명서로 확인하지 아니하고 그들의 단체입장을 허용함으로써 그들 중에 섞여 있던 미성년자(19세 4개월 남짓된 여학생) 1인을 위 업소에 출입시킨 결과가 되었다면 피고인이 단체입장하는 위 학생들이 모두 성년자일 것으로 믿은데에는 정당한 이유가 있었다고 할 것이고, 따라서 위와 같은 상황아래서 피고인에게 위 학생들 중에 미성년자가 섞여 있을지도 모른다는 것을 예상하여 그들의 증명서를 일일이 확인할 것을 요구하는 것은 사회통념상 기대가능성이 없다고 봄이 상당하므로 이를 벌할 수 없다(대판 1987.1.20. 86도874).
>
> ③ 모든 성의와 노력을 다했어도 임금이나 퇴직금의 체불이나 미불을 방지할 수 없었다는 것이 사회통념상 긍정할 정도가 되어 사용자에게 더 이상의 적법행위를 기대할 수 없거나 불가피한 사정이 었음이 인정되는 경우에는 그러한 사유는 근로기준법이나 근로자퇴직급여 보장법에서 정하는 임금 및 퇴직금 등의 기일 내 지급의무 위반죄의 책임조각사유로 된다(대판 2015.2.12. 2014도12753).

> **판례** 기대가능성을 인정한 경우 – 범죄성립
>
> ① 탄약창고의 보초근무를 하던 피고인이 그 창고 내에서 포탄피를 절취하는 현장을 목격 하고도 그것을 제지하지 않았으며 상관에게 보고하지도 않고 묵인한 행위는 그 절취자들이 비록 피고인을 명령·지휘할 수 있는 상급자들이었다 할지라도 기대가능성이 없는 불가피한 행위였다고는 할 수 없다(대판 1966.7.26. 66도914).

② 처자가 생활고로 행방불명이 된 사정이 있다고 하더라도 그 사정만으로써 군에 귀대할 수 있는 기대가능성이 없어 군무이탈의 범의나 책임이 없다고 할 수 없다(대판 1969.12.23. 69도2084).

③ 피고인이 비서라는 특수신분 때문에 주종관계에 있는 공동피고인들의 지시를 거절할 수 없어 뇌물을 공여한 것이었다 하더라도 그와 같은 사정만으로는 피고인에게 뇌물공여 이외의 반대행위를 기대할 수 없는 경우였다고 볼 수 없다(대판 1983.3.8. 82도2873).

④ 피고인 A가 출제교수들로부터 대학원신입생전형시험문제를 제출받아 알게 된 것을 틈타서 피고인 D, E 등에게 그 시험문제를 알려주었고 그렇게 알게된 위 D, E 등이 그 답안쪽지를 작성한 다음 이를 답안지에 그대로 베껴써서 그 정을 모르는 시험감독관에게 제출하였다면 이는 위계로써 입시감독업무를 방해하였다 할 것이므로 이에 대하여 형법 제314조, 제313조를 적용한 것은 정당하고 거기에 지적하는 바와 같은 업무방해죄 내지 기대가능성에 대한 법리를 오해한 위법이 없다(대판 1991.11.12. 91도2211).

⑤ 단지 당국이 피고인이 간부로 있는 전국교직원노동조합이나 기타 단체에 대하여 모든 옥내외 집회를 부당하게 금지하고 있다고 하여 그 집회신고의 기대가능성이 없다 할 수 없으므로, 위와 같은 이유만으로 관할경찰서장에게 신고하지 않고 옥외집회를 주최한 것이 죄가되지 않는다고 할 수 없다(대판 1992.8.14. 92도1246).

⑥ 통일원장관의 접촉 승인 없이 북한 주민과 접촉한 행위가 정당행위 혹은 적법행위에 대한 기대가능성이 없는 경우에 해당하지 아니한다고 한 사례(대판 2003.12.26. 2001도6484)

⑦ 업무상배임죄에 있어서 타인의 사무를 처리하는 자란 고유의 권한으로서 업무를 처리를 하는 자에 한하지 않고 보조기관으로서 직접 또는 간접으로 그 처리에 관한 사무를 담당하는 자도 포함하는 것이고, 한편 직장의 상사가 범법행위를 하는 데 가담한 부하가 직무상 지휘·복종관계에 있다 하여 범법행위에 가담하지 않을 기대가능성이 없다고 할 수는 없는 것이다(대판 2009.4.23. 2008도11921 등).

⑧ 이미 유죄의 확정판결을 받은 피고인은 공범의 형사사건에서 그 범행에 대한 증언을 거부할 수 없을 뿐만 아니라 나아가 사실대로 증언하여야 하고, 설사 피고인이 자신의 형사사건에서 시종일관 그 범행을 부인하였다 하더라도 이러한 사정은 위증죄에 관한 양형참작사유로 볼 수 있음은 별론으로 하고 이를 이유로 피고인에게 사실대로 진술할 것을 기대할 가능성이 없다고 볼 수는 없다(대판 2008.10.23. 2005도10101).

⑨ 영업정지처분에 대한 집행정지 결정은 피고인이 제기한 영업정지처분 취소사건의 본안판결 선고시까지 그 처분의 효력을 정지한 것으로서 행정청의 처분의 위법성을 확정적으로 선언하지도 않았으므로, 위 집행정지 신청이 잠정적으로 받아들여졌다는 사정만으로는, 구 음반·비디오물 및 게임물에 관한 법률 위반으로 기소된 피고인에게 적법행위의 기대가능성이 없다고 볼 수는 있다(대판 2010.11.11. 2007도8645).

Ⅱ. 강요된 행위

> **제12조(강요된 행위)** 저항할 수 없는 폭력이나 자기 또는 친족의 생명, 신체에 대한 위해를 방어할 방법이 없는 협박에 의하여 강요된 행위는 벌하지 아니한다.

1. 의의 및 법적 성질

형법 제12조는 '저항할 수 없는 폭력이나 자기 또는 친족의 생명·신체에 대한 위해를 방어할 방법이 없는 협박에 의하여 강요된 행위는 벌하지 않는다.'고 하여 강요된 행위를 규정하고 있다. 이는 강요된 행위에 있어서는 적법행위에 대한 기대가능성이 없다는 점을 고려한 책임조각사유이다.

2. 요건

가. 강제상태

1) 저항할 수 없는 폭력

폭력이란 상대방의 저항을 억압하기 위하여 행사되는 유형력을 말한다. 폭력의 수단에는 제한이 없으며, 저항할 수 없는 폭력이란 피강요자가 강제에 대항할 수 없는 정도의 폭력을 말한다. 저항할 수 없는 폭력인가의 여부는 구체적인 사정을 기초로 피강요자의 능력을 고려하여 다른 방법을 취하는 것이 기대될 수 있는가를 기준으로 판단하여야 한다.

2) 자기 또는 친족의 생명·신체에 대한 위해를 방어할 방법이 없는 협박

① 협박이란 일반적으로 사람을 외포시킬 만한 해악을 고지하는 것을 말하고, 반드시 명시적·외형적이거나 유형적인 협박일 필요는 없다(68도1309). ② 위해란 위험과 해악을 모두 포함하는 개념이다. 이는 자기 또는 친족의 생명·신체에 대한 것이어야 한다. 친족의 범위는 민법에 의해 결정되고, 그 존재여부는 강요된 행위 당시를 표준으로 하여 판단한다. ③ 강요하는 대로 범죄를 하는 이외에 위해를 피할 다른 수단·방법이 없는 경우, 즉 범죄를 행하는 것이 위해를 피하기 위한 유일한 방법이어야 한다(보충성).

> **판례** 강요된 행위의 폭행·협박의 정도
>
> ① 형법 제12조 소정의 저항할 수 없는 폭력은, 심리적인 의미에 있어서 육체적으로 어떤 행위를 절대적으로 하지 아니할 수 없게 하는 경우와 윤리적 의미에 있어서 강압된 경우를 말하고, 협박이란 자기 또는 친족의 생명, 신체에 대한 위해를 달리 막을 방법이 없는 협박을 말하며, 강요라 함은 피강요자의 자유스런 의사결정을 하지 못하게 하면서 특정한 행위를 하게 하는 것을 말한다 (대판 1983.12.13. 83도2276).
>
> ② 강요된 행위가 되려면 반드시 유형적인 협박을 받을 것을 요건으로 하는 것은 아니다. (중략) 피고인들을 인솔한 사람이 무장하지 아니하고, 위협적인 언사를 쓰지 아니하였다 하더라도 피고인들의 행위가 강요된 행위가 아니라고 보기는 어렵다. (중략) 어로작업 중 북괴에 납치되어 북괴의 활동을 찬양하고 그 구성원의 물음에 대하여 아는 사실을 답하고 물품을 받는 등의 행위는 강요된 행위라고 봄이 상당하다(대판 1968.11.5. 68도1334).

> **판례** 강요된 행위
>
> ① 북괴에 납북된 피고인들이 앞으로 대한민국으로 돌아갈 수 있을 것인지조차 명백히 알 수 없는 상태에서 그들 요구대로 강연을 하는 등 북괴의 활동을 찬양·고무하고 정보를 제공한 것은 피고인들의 생명·신체에 대한 위해를 방어할 방법이 없는 협박에 의하여 강요된 행위이며 이를 거부할 기대가능성이 없다고 봄이 상당하다(대판 1971.12.14. 71도1657).
> ② 18세 소년이 취직할 수 있다는 감언에 속아 도일하여 조총련 간부들의 감시 내지 감금하에 강요에 못이겨 공산주의자가 되어 북한에 갈것을 서약한 행위를 한 것이 강요된 행위라고 인정한 사례(대판 1972.5.9. 71도1178)
> ③ 형법 제12조에서 말하는 강요된 행위는 (중략) 어떤 사람의 성장교육과정을 통하여 형성된 내재적인 관념 내지 확신으로 인하여 행위자 스스로의 의사결정이 사실상 강제되는 결과를 낳게 하는 경우까지 의미한다고 볼 수는 없는 것이므로 원심의 판단에 형법 제12조에 정한 강요된 행위나 기대가능성에 관한 법리오해의 위법이 있다 할 수 없다(대판 1990.3.27. 89도1670).

3) 자초한 강제상태

기대불가능한 상황을 자초한 책임은 행위자 자신이 져야 하므로 적법행위에 대한 기대가능성이 없다고 할 수 없다. 따라서 자초한 강제상태는 제12조의 강제상태에 해당하지 않는다.

> **판례** 자초한 강제상태
>
> ① 어로저지선을 넘어 어로의 작업을 하면 북괴구성원에게 납치될 염려가 있으며 만약 납치된다면 대한민국의 각종 정보를 북괴에게 제공하게 된다 함은 일반적으로 예견된다고 하리니 피고인이 그 전에 선원으로 월선조업을 하다가 납북되었다가 돌아온 경험이 있는 자로서 월선하자고 상의하여 월선조업을 하다거 납치되어 북괴의 물음에 답하여 제공한 사실을 강요된 행위라 할 수 없다(대판 1971.2.23. 70도2629).
> ② 반국가단체의 지배 하에 있는 북한지역으로 탈출하는 자는 특별한 사정이 없는 한 북한 집단구성원과의 회합이 있을 것이라는 사실을 예측할 수 있고 자의로 북한에 탈출한 이상 그 구성원과의 회합은 예측하였던 행위이므로 강요된 행위라고는 인정할 수 없다(대판 1973.1.13. 72도2585).

3. 효과

가. 피강요자의 책임

강요된 행위는 적법행위에 대한 기대가능성이 없기 때문에 책임이 조각되어 처벌되지 아니한다. 강요의 수단인 폭력 또는 협박과 강요된 행위 사이에는 인과관계가 있어야 하므로, 인과관계가 없는 때에는 피강요자의 책임이 조각되지 않고 강요자와 공범이 될 수 있다.

나. 강요자의 책임

강요자는 피강요자를 자유 없는 도구로 이용하기 때문에 간접정범으로 처벌받게 된다. 강요 행위 자체는 강요죄(제324조)의 직접정범이 성립하고, 강요한 범죄의 간접정범과의 상상적 경합(제40조)이 성립한다.

Ⅲ. 초법규적 책임조각사유

1. 위법한 상관의 명령에 따른 행위

가. 부하의 책임

부하의 행위가 강요된 행위에 해당하거나, 제반정황에 비추어 위법명령에 항거할 것을 기대할 수 없을 경우에는 기대불가능성에 근거하여 책임이 조각될 수 있다.

> **판례** 상관의 위법한 명령에 복종한 경우 - 책임조각 부정
>
> ① 설령 대공수사단 직원은 상관의 명령에 절대 복종하여야 한다는 것이 불문율로 되어 있다 할지라도 국민의 기본권인 신체의 자유를 침해하는 고문행위 등이 금지되어 있는 우리의 국법질서에 비추어 볼 때 그와 같은 불문율이 있다는 것만으로는 고문치사와 같이 중대하고도 명백한 위법명령에 따른 행위가 정당한 행위에 해당하거나 강요된 행위로서 적법행위에 대한 기대가능성이 없는 경우에 해당하게 되는 것이라고는 볼 수 없다(대판 1988.2.23. 87도2358).
>
> ② 상관은 하관에 대하여 범죄행위 등 위법한 행위를 하도록 명령할 직권이 없는 것이며, 또한 하관은 소속상관의 적법한 명령에 복종할 의무는 있으나 그 명령이 대통령 선거를 앞두고 특정후보에 대하여 반대하는 여론을 조성할 목적으로 확인되지도 않은 허위의 사실을 담은 책자를 발간·배포하거나 기사를 게재하도록 하라는 것과 같이 명백히 위법 내지 불법명령인 때에는 이는 벌써 직무상의 지시명령이라 할 수 없으므로 이에 따라야 할 의무가 없다(대판 1999.4.23. 99도636).

나. 상관의 책임

① 부하의 행위가 책임이 조각되는 경우에는, 명령자인 상관은 특수간접정범(제34조 제2항)이 된다. 반면, ② 위법한 명령에 구속력이 없어 부하의 행위가 범죄가 되는 경우라면, 명령자인 상관은 특수교사·방조(제34조 제2항)의 책임을 진다.

2. 기타 초법규적 책임조각사유

가. 의무의 충돌

① 행위자가 충돌하는 의무의 서열을 잘못 알고 높은 가치의 의무를 이행한다는 것이 낮은 가치의 의무를 이행한 때, ② 행위자가 극복할 수 없는 부득이한 사유로 인하여 낮은 가치의 의무를 이행한 때에는 책임이 조각될 수 있다.

나. 생명·신체 이외의 법익에 대한 강요된 행위

자기 또는 친족의 생명·신체 이외의 자유·정조 또는 재산 등에 대한 방어할 방법이 없는 협박에 의하여 강요된 행위는 형법 제12조에 해당하지 않으나, 기대불가능성을 이유로 책임이 조각 또는 감경될 수 있다.

미수론

제1절 미수범의 일반이론

> 제29조(미수범의 처벌) 미수범을 처벌할 죄는 각칙의 해당 죄에서 정한다.
>
> 제28조(음모, 예비) 범죄의 음모 또는 예비행위가 실행의 착수에 이르지 아니한 때에는 법률에 특별한 규정이 없는 한 벌하지 아니한다.

I. 범죄의 실현단계

1. 범죄의사

범죄의사는 그것이 외부에 실현되지 않는 때에는 형법의 대상이 될 수 없다. 그러나 범죄의사의 표시를 구성요건의 내용으로 하는 범죄의 경우에는 범죄의사의 표시가 범죄가 될 수 있고(협박죄), 교사를 받은 자가 범죄실행을 승낙만 한 경우에도 기도된 교사(제31조 제2항)에 의하여 처벌될 수 있다.

2. 예비·음모

① 예비란 범행장소의 탐사, 범행도구의 구입과 같은 범죄의 실현을 위한 일체의 준비행위를 말하며, 법률에 특별한 규정이 없는 한 벌하지 아니한다(제28조). 한편, ② 음모란 2인 이상의 자 사이에 성립한 범죄실행의 합의를 말한다. 예비·음모는 법률에 특별한 규정이 있는 경우에 한하여 예외적으로 처벌된다(제28조).

> **판례** 음모의 정도
>
> - 형법상 음모죄가 성립하는 경우의 음모란 2인 이상의 자 사이에 성립한 범죄실행의 합의를 말하는 것으로, 범죄실행의 합의가 있다고 하기 위하여는 단순히 범죄결심을 외부에 표시·전달하는 것만으로는 부족하고, 객관적으로 보아 특정한 범죄의 실행을 위한 준비행위라는 것이 명백히 인식되고, 그 합의에 실질적인 위험성이 인정될 때에 비로소 음모죄가 성립한다(대판 1999.11.12. 99도3801).

3. 미수

가. 의의

미수한 범죄의 실행에 착수하여 행위를 종료하지 못하였거나 종료하였더라도 결과가 발생하지 아니한 경우를 말한다. 형법 제29조는 "미수범을 처벌할 죄는 각칙의 해당죄에서 정한다."고 규정하고 있다. 따라서 미수는 원칙적으로 처벌되지 않으나, 법률에 특별한 규정이 있는 경우에 한하여 예외적으로 처벌된다.

나. 종류

미수에는 ① 행위자가 결과를 실현하고자 하였으나 의외의 장애로 인하여 범죄를 완성하지 못한 장애미수(제25조), ② 행위자가 실행에 착수한 행위를 자의로 중지하거나 결과발생을 방지한 경우인 중지미수(제26조) 및 ③ 범죄의 수단이나 대상의 착오로 결과발생이 불가능하지만 위험성으로 인하여 미수범으로 처벌되는 경우인 불능미수(제27조)가 있다.

4. 기수

기수란 구성요건을 실현하여 범죄를 완성한 경우를 말한다. 기수는 범죄의 기본형태로서 형법이 원칙적으로 처벌대상으로 하는 범죄형태이다.

5. 종료

종료란 기수 이후에 보호법익에 대한 침해가 실질적으로 끝난 경우를 말한다. 기수 이후 종료 이전까지는 공동정범과 종범의 성립이 가능하다. 그러나 교사범의 성립은 불가능하다. 또한 정당방위에서 침해의 현재성은 범죄의 종료시까지 인정되며, 공소시효의 기산점은 종료시이다.

II. 미수범 처벌의 근거

1. 객관설

가. 의의

객관설은 미수의 처벌근거를 행위자의 의사라는 행위반가치에서가 아니라 '법익침해의 직접적 위험성' 내지 '구성요건적 결과발생의 높은 개연성'이라는 결과반가치에서 찾는다. 예비와 미수 및 기수의 모든 행위단계에 있어서 고의는 동일하기 때문에 처벌의 차이는 객관적인 근거에 두지 않을 수 없다는 객관주의 범죄론의 입장이다.

나. 내용

객관설에 의하면 예비는 법익침해의 간접적 위험성, 미수는 법익침해의 직접적 위험성, 기수는 법익침해의 현실화라는 결과불법상의 차이를 인정할 수 있고 미수는 법익침해가 없으므로 법익이 침해된 기수에 비하여 형을 필요적으로 감경해야 한다. 또한 불능범은 법익침해의 위험성조차 없으므로 처벌을 부정해야 한다.

2. 주관설

가. 의의

주관설은 미수의 처벌근거를 행위에 의하여 외부에 드러난 '범죄적 의사' 내지 '법적대적 의사'에 두는 견해로서, 불법내용에 있어서 행위반가치를 중시하는 주관주의 범죄론 입장에서의 주장이다.

나. 내용

주관설에 의하면 실행의 착수에 의하여 행위자의 범죄적 의사 내지 법적대적 의사가 외부에 표현되고 법적 평온이 깨졌다고 할 것이므로 보호법익에 대하여 직접 위험을 주지 않은 행위이더라도 원칙적으로 처벌되어야 한다는 것이다. 따라서 법적대적 의사가 동일하다는 점에서 미수도 기수와 동일하게 처벌해야 하고, 불능범의 경우에도 법적대적 의사만큼은 표명되었다는 점에서 처벌해야 한다고 보게 된다.

다. 절충설

1) 의의

절충설은 미수의 처벌근거는 범죄적 의사에 있지만, 미수의 가벌성은 객관적 표준에 의하여 제한된다는 견해이다. 이 학설은 기본적으로 주관주의 미수론을 근거로 하나 미수의 처벌범위를 객관적 표준으로 제한하고자 하는 주관주의와 객관주의의 절충적 입장이다.

2) 내용

인상설은 예비에 있어서는 범죄적 의사는 있으나 일반인이 법적 평온의 교란이라는 인상을 받지 않았다는 점에서 미수와 구별되고, 미수범의 처벌은 기수범에 대하여 임의적 감경으로 해야 하며 불능범은 법적 평온의 교란이라는 인상을 주지 않게 되므로 처벌하지 않아야 한다고 주장한다.

라. 결론

미수범의 처벌을 기수범에 대한 임의적 감경으로 하고 있는 형법의 입장과 일치되게 해석될 필요가 있고, 미수범의 처벌범위를 부당하게 제한하는 객관설과 미수범의 처벌범위를 지나치게 확장하는 주관설의 각각의 문제점을 보완해야 한다는 점에서 절충설의 입장이 타당한 견해로 평가된다.

제2절 장애미수

> **제25조(미수범)** ① 범죄의 실행에 착수하여 행위를 종료하지 못하였거나 결과가 발생하지 아니한 때에는 미수범으로 처벌한다.
> ② 미수범의 형은 기수범보다 감경할 수 있다.

I. 장애미수의 의의

장애미수란 행위자가 의외의 장애로 인하여 자신의 의사에 반하여 범죄를 완성하지 못한 경우를 말한다. 형법 제25조 제1항은 "범죄의 실행에 착수하여 행위를 종료하지 못하였거나 결과가 발생하지 아니한 때에는 미수범으로 처벌한다."고 규정하고 있다.

Ⅱ. 장애미수의 성립요건

1. 주관적 구성요건

가. 고의

미수범의 고의는 기수범과 동일하다. 따라서 객관적 구성요건요소에 해당하는 사실에 대한 인식과 인용이 있어야 한다. 미필적 고의로도 충분하다. 행위자의 의사는 기수의 의사여야 하므로, 처음부터 미수에 그치겠다는 미수의 고의는 형법상 고의로 인정되지 아니한다.

나. 확정정 행위의사

미수범이 성립하기 위하여는 무조건적인 구성요건실현의사, 즉 확정적 행위의사가 있어야 한다. 그러나 행위의사가 확정적이면 그 실행이 일정한 조건의 발생에 좌우되는 조건부 범행결의의 경우에도 고의가 인정된다. 미수범은 행위실현의 의사를 전제로 하는바, 과실범의 미수는 생각할 수 없다.

다. 특별한 주관적 구성요건요소

불법영득의사나 목적과 같이 고의 이외에 특별한 주관적 구성요건요소를 요하는 범죄의 경우에는 그러한 요소도 미수범의 주관적 구성요건요소가 된다.

2. 실행의 착수

가. 의의

실행의 착수란 구성요건을 실현하는 행위를 직접적으로 개시하는 것을 말한다. 이는 형식적으로는 예비·음모와 미수를 구별하는 기준이 되고, 실질적으로는 불능범과 불능미수를 구별하는 기준이 된다.

나. 실행의 착수시기

실행의 착수시기를 결정하는 기준에 대하여 견해가 대립한다. 이에 대하여 판례는 일관된 입장을 보이지 아니하고, 개별 범죄에 따라 실행의 착수시기를 달리 보고 있다.

1) 객관설

가) 형식적 객관설

형식적 객관설은 구성요건에 해당하는 정형적인 행위 또는 그 일부를 개시한 때에 실행의 착수가 있다고 본다.

나) 실질적 객관설

형식적으로는 구성요건에 해당하는 행위가 아닐지라도 실질적 관점에서 실행행위로서의 위험성을 가지고 있으면 실행의 착수를 인정하는 견해이다.

> **판례** 절도죄의 착수시기 - 실질적 객관설(밀접행위시설)
> ① 절도죄의 실행의 착수시기는 재물에 대한 타인의 사실상의 지배를 침해하는 데에 밀접한 행위를 개시한 때라고 보아야 하므로, 야간이 아닌 주간에 절도의 목적으로 타인의 주거에 침입하였다

고 하여도 아직 절취할 물건의 물색행위를 시작하기 전이라면 주거침입죄만 성립할뿐 절도죄의 실행에 착수한 것으로 볼 수 없는 것이어서 절도미수죄는 성립하지 않는다(대판 1992.9.8. 92도1650).

② 노상에 세워 놓은 자동차 안에 있는 물건을 훔칠 생각으로 자동차의 유리창을 통하여 그 내부를 손전등으로 비추어 본 것에 불과하다면 비록 유리창을 따기 위해 면장갑을 끼고 있었고 칼을 소지하고 있었다 하더라도 절도의 예비행위로 볼 수는 있겠으나 타인의 재물에 대한 지배를 침해하는데 밀접한 행위를 한 것이라고는 볼 수 없어 절취행위의 착수에 이른 것이었다고 볼 수 없다(대판 1985.4.23. 85도464).

③ 소를 흥정하고 있는 피해자의 뒤에 접근하여 그가 들고 있던 가방으로 돈이 들어 있는 피해자의 하의 왼쪽 주머니를 스치면서 지나간 행위는 단지 피해자의 주의력을 흐트려 주머니속에 들은 금원을 절취하기 위한 예비단계의 행위에 불과한 것이고 이로써 실행의 착수에 이른 것이라고는 볼 수 없다(대판 1986.11.11. 86도1109).

④ 평소 잘 아는 피해자에게 전화채권을 사주겠다고 하면서 골목길로 유인하여 돈을 절취하려고 기회를 엿본 행위만으로는 절도의 예비행위는 될지언정 행위의 방법, 태양 및 주변상황 등에 비추어 볼때 타인의 재물에 대한 사실상 지배를 침해하는데 밀접한 행위가 개시되었다고 단정할 수 없다(대판 1983.3.8. 82도2944).

⑤ 절도죄의 실행의 착수시기는 재물에 대한 타인의 사실상의 지배를 침해하는데 밀접한 행위가 개시된 때라 할 것인바 피해자 소유 자동차 안에 들어 있는 밍크코트를 발견하고 이를 절취할 생각으로 공범이 위 차 옆에서 망을 보는 사이 위 차 오른쪽 앞문을 열려고 앞문 손잡이를 잡아당기다가 피해자에게 발각되었다면 절도의 실행에 착수하였다고 봄이 상당하다 (대판 1986.12.23. 86도2256).

⑥ 금품을 훔칠 목적으로 피해자의 집에 담을 넘어 침입하여 그집 부엌에서 금품을 물색하던 중에 발각되어 도주한 것이라면 이는 절취행위에 착수한 것이라고 보아야 한다(대판 1987.1.20. 86도2199).

⑦ 범인들이 함께 담을 넘어 마당에 들어가 그 중 1명이 그곳에 있는 구리를 찾기 위하여 담에 붙어 걸어가다가 잡혔다면 절취대상품에 대한 물색행위가 없었다고 할 수 없다(대판 1989.9.12. 89도1153).

⑧ 소매치기의 경우 피해자의 양복 상의 주머니로부터 금품을 절취하려고 그 호주머니에 손을 뻗쳐 그 겉을 더듬은 때에는 절도의 범행은 예비단계를 지나 실행에 착수하였다(대판 1984.12.11. 84도2524).

⑨ 야간에 손전등과 박스 포장용 노끈을 이용하여 도로에 주차된 차량의 문을 열고 현금 등을 훔치기로 마음먹고, 차량의 문이 잠겨 있는지 확인하기 위해 양손으로 운전석 문의 손잡이를 잡고 열려고 하던 중 경찰관에게 발각된 사안에서, 절도죄의 실행에 착수한 것으로 보아야 한다고 한 사례(대판 2009.9.24. 2009도5595)

2) 주관설

주관설은 범죄의사를 명백하게 인정할 수 있는 외부적 행위가 있을 때 또는 범의의 비약적 표동이 있을 때 실행의 착수가 있다는 견해이다.

> 판례 간첩죄의 착수시기 - 주관설
- [1] 간첩의 목적으로 외국 또는 북한에서 국내에 침투 또는 월남하는 경우에는 기밀탐지가 가능한 국내에 침투 상륙함으로써 간첩죄의 실행의 착수가 있다고 할 것이다. [2] 피고인이 기밀탐지임무를 부여받고 대한민국에 입국 기밀을 탐지 수집 중 경찰관이 피고인의 행적을 탐문하고 갔다는 말을 전해 듣고 지령사항수행을 보류하고 있던 중 체포되었다면 피고인은 기밀탐지의 기회를 노리다가 검거된 것이므로 이를 중지범으로 볼 수는 없다(대판 1984.9.11. 84도1381).

3) 절충설

절충설은 행위자의 주관적인 범죄계획에 비추어 범죄의사의 분명한 표현이라고 볼 수 있는 행위가 보호법익에 대한 직접적인 위험을 발생시켰을 때 실행의 착수가 있다는 견해이다.

4) 검토

생각건대, 주관설과 객관설의 일면성을 극복할 수 있는 절충설이 타당하다.

다. 실행의 착수시기

1) 착수시기판단의 기준

가) 구성요건적 행위의 개시

구성요건의 일부가 실현되어 이미 구성요건적 행위가 개시된 때에는 실행의 착수를 인정할 수 있다. 결합범의 일부를 이루는 행위가 개시된 때 실행의 착수가 인정된다.

> 판례 구성요건적 행위를 개시한 경우
① 야간에 타인의 재물을 절취할 목적으로 사람의 주거에 침입한 경우에는 주거에 침입한 행위의 단계에서 이미 형법 제330조에서 규정한 야간주거침입절도죄라는 범죄행위의 실행에 착수한 것이라고 볼 것이다(대판 1984.12.26. 84도2433).
② 강간죄의 실행의 착수가 있었다고 하려면 강간의 수단으로서 폭행이나 협박을 한 사실이 있어야 할 터인데 피고인이 강간할 목적으로 피해자의 집에 침입하였다 하더라도 안방에 들어가 누워 자고 있는 피해자의 가슴과 엉덩이를 만지면서 간음을 기도하였다는 사실만으로는 강간의 수단으로 피해자에게 폭행이나 협박을 개시하였다고 하기는 어렵다(대판 1990.5.25. 90도607).

나) 구성요건실현을 위한 직접적 행위

구성요건적 행위가 개시되지 아니한 때에도 직접 구성요건의 실현을 위한 행위가 있으면 실행의 착수가 있다고 할 수 있다. 이러한 직접성은 구성요건적 행위와 시간적·장소적으로 접근한 경우에 인정할 수 있다.

> 판례 구성요건 실현을 위한 직접적 행위
① 피고인이 격분하여 피해자를 살해할 것을 마음먹고 밖으로 나가 낫을 들고 피해자에게 다가서려고 하였으나 제3자가 이를 제지하여 그틈을 타서 피해자가 도망함으로써 살인의 목적을 이루지 못한 경우, 피고인이 낫을 들고 피해자에게 접근함으로써 살인의 실행행위에 착수하였다고 할 것이므로 이는 살인미수에 해당한다(대판 1986.2.25. 85도2773).

② 가압류는 강제집행의 보전방법에 불과한 것이어서 허위의 채권을 피보전권리로 삼아 가압류를 하였다고 하더라도 그 채권에 관하여 현실적으로 청구의 의사표시를 한 것이라고는 볼 수 없으므로, **본안소송을 제기하지 아니한 채 가압류를 한 것만으로는 사기죄의 실행에 착수하였다고 할 수 없다**(대판 1988.9.13. 88도55).

다) 범행계획의 고려

구성요건실현의 직접적 개시는 객관적 관점에서 판단되는 것이 아니라 **범인의 전체적인 범죄계획에 의하여 판단하여야 한다.**

> **판례** 특별법 관련 실행의 착수 인정 판례

① 부정경쟁방지 및 영업비밀보호에 관한 법률 제18조 제2항에서 정하고 있는 **영업비밀부정사용죄**에 있어서는, 행위자가 당해 영업비밀과 관계된 영업활동에 이용 혹은 활용할 의사 아래 그 영업활동에 근접한 시기에 **영업비밀을 열람하는 행위**(영업비밀이 전자파일의 형태인 경우에는 저장의 단계를 넘어서 해당 전자파일을 실행하는 행위)를 하였다면 그 실행의 착수가 있다(대판 2009.10.15. 2008도9433).

② **관세를 포탈할 범의를 가지고 선박을 이용하여 물품을 영해내에 반입한 때**에는 관세포탈죄의 실행의 착수가 있었다고 할 것이고, 선박에 적재한 화물을 양육하는 행위 또는 그에 밀접한 행위가 있음을 요하지 아니한다고 할 것이다(대판 1984.7.24. 84도832).

③ 우리나라 내륙에서 반국가단체의 지배하에 있는 지역으로 탈출하려는 **탈출죄의 착수**가 있었다고 보려면 **탈출할 목적아래 일반인의 출입이 통제된 지역까지 들어가 휴전선을 향하여 북상하는 정도에 이르러야 실행의 착수가 있다고 볼 것이다**(대판 1974.12.24. 74도3064).

> **판례** 특별법 관련 실행의 착수 부정 판례

① 단순히 필로폰을 구해 달라는 부탁과 함께 대금 명목으로 돈을 지급받은 것에 불과한 경우에는 **필로폰 매매행위의 실행의 착수에 이른 것이라고 볼 수 없다**(대판 2015.3.20. 2014도16920).

② [1] 범죄수익은닉의 규제 및 처벌 등에 관한 법률 제3조 제1항 제3호에서 정한 범죄수익 등의 은닉에 관한 죄의 미수범으로 처벌하려면 그 실행에 착수한 것으로 인정되어야 하고, 위와 같은 은닉행위의 실행에 착수하는 것은 범죄수익 등이 생겼을 때 비로소 가능하므로, 아직 범죄수익 등이 생기지 않은 상태에서는 범죄수익 등의 은닉에 관한 죄의 실행에 착수하였다고 인정하기 어렵다. [2] 은행강도 범행으로 강취할 돈을 송금받을 계좌를 개설한 것만으로는 범죄수익 등의 은닉에 관한 죄의 실행에 착수한 것으로 볼 수 없다고 한 사례(대판 2007.1.11. 2006도5288)

③ 입영대상자가 병역면제처분을 받을 목적으로 병원으로부터 허위의 병사용진단서를 발급받았다고 하더라도 이러한 행위만으로는 **사위행위의 실행에 착수하였다고 볼 수 없다**(대판 2005.9.28. 2005도3065).

④ (전략) 500만 ￥에 대하여는 기탁화물로 부칠 때 이미 국외로 반출하기 위한 행위에 근접·밀착한 행위가 이루어졌다고 보아 실행의 착수가 있었다고 할 것이지만, 휴대용 가방에 넣어 비행기에 탑승하려고 한 나머지 400만 ￥에 대하여는 그 휴대용 가방을 보안검색대에 올려 놓거나 이를 휴대하고 통과하는 때에 비로소 실행의 착수가 있다고 볼 것이고, 피고인이 휴대용 가방을 가지고

보안검색대에 나아가지 않은 채 공항 내에서 탑승을 기다리고 있던 중에 체포되었다면 일화 400만 ¥에 대하여는 실행의 착수가 있다고 볼 수 없다(대판 2001.7.27. 2000도4298).

⑤ 피고인들이 실제 북한과의 범민족단합대회추진을 위한 예비회담을 하기 위하여 판문점을 향하여 출발하려 하였다면 (중략) 회합장소인 판문점 평화의 집으로 가던 중 그에 훨씬 못미치는 검문소에서 경찰의 저지로 그 뜻을 이루지 못한 것이라면 아직 반국가단체의구성원과의 회합죄의 실행에 착수하였다고 볼 수 없다(대판 1990.8.28. 90도1217).

⑥ 피고인이 히로뽕 제조원료 구입비로 금 3,000,000원을 제1심 공동피고인에게 제공하였는데 공동피고인이 그로써 구입할 원료를 물색 중 적발되었다면 피고인의 소위는 히로뽕제조에 착수하였다고 볼 수 없다(대판 1983.11.22. 83도2590).

2) 개별적인 경우의 실행의 착수시기

가) 간접정범

간접정범의 경우 이용자의 이용행위가 끝나 피이용자의 행위가 이용자의 행위권을 막 벗어나 진행되기 시작한 때 실행의 착수가 인정된다(개별설).

나) 공동정범

공동정범자 전체의 행위를 기초로 하여, 전체 공동정범 중 어느 한 사람만이라도 실행행위를 직접적으로 개시하면 모든 공범에 대하여 실행의 착수가 인정된다.

다) 교사범·종범

공범의 종속성으로 인하여 정범의 실행행위가 있을 때 비로소 공범에게도 실행의 착수가 인정된다.

라) 결합범

수개의 독립된 범죄가 하나의 구성요건으로 결합된 결합범의 경우에 결합범 전체의 고의로서 제1행위에 착수한 때 실행의 착수를 인정한다(절충설).

> **판례** 성폭법상 주거침입강간죄 등의 실행의 착수시기
>
> - [1] 주거침입강제추행죄 및 주거침입강간죄 등은 사람의 주거 등을 침입한 자가 피해자를 간음, 강제추행 등 성폭력을 행사한 경우에 성립하는 것으로서, 주거침입죄를 범한 후에 사람을 강간하는 등의 행위를 하여야 하는 일종의 신분범이고, 선후가 바뀌어 강간죄 등을 범한 자가 그 피해자의 주거에 침입한 경우에는 이에 해당하지 않고 강간죄 등과 주거침입죄 등의 실체적 경합범이 된다. 그 실행의 착수시기는 주거침입 행위 후 강간죄 등의 실행행위에 나아간 때이다.
> [2] 강간죄는 사람을 강간하기 위하여 피해자의 항거를 불능하게 하거나 현저히 곤란하게 할 정도의 폭행 또는 협박을 개시한 때에 그 실행의 착수가 있다고 보아야 할 것이지, 실제 간음행위가 시작되어야만 그 실행의 착수가 있다고 볼 것은 아니다. 유사강간죄의 경우도 이와 같다(대판 2021.8.12. 2020도17796).

마) 부진정부작위범

작위의무이행의 지연으로 인하여 보호법익에 대한 직접적인 위험을 초래하거나 위험발생을 증대시키는 시점에 실행의 착수가 인정된다(위험설).

3. 범죄의 미완성

가. 의의

장애미수가 성립하기 위해서는 구성요건적 결과가 발생하지 않아야 한다. 결과가 발생한 때에도 인과관계와 객관적 귀속이 부정되면 미수가 된다.

나. 유형

미수에는 ① 실행에 착수하였으나 실행행위 그 자체를 종료하지 못한 착수미수와 ② 실행행위는 종료하였으나 결과가 발생하지 아니한 실행미수가 있다. 양자는 형법상 처벌에 있어서는 차이가 없고, 중지미수의 성립요건을 달리한다는 점에서 구별실익이 있다.

Ⅲ. 장애미수의 처벌

미수범의 형은 기수범의 형보다 감경할 수 있다(제25조 제2항, 임의적 감경). 감경할 수 있는 형은 주형에 한하며 부가형 또는 보안처분에 대하여는 이를 감경할 수 없다(77도2028). 다만, 징역형과 벌금형이 병과된 때에는 징역형뿐만 아니라 벌금형도 감경할 수 있다.

> **판례** 기타 미수 및 기수 관련 판례
>
> ① 현실적으로 절취목적물에 접근하지 못하였다 하더라도 야간에 타인의 주거에 침입하여 건조물의 일부인 방문고리를 손괴하였다면 형법 제331조의 특수절도죄의 실행에 착수한 것이다(대판 1977.7.26. 77도1802).
>
> ② 장해보상지급청구권자에게 보상금을 찾아주겠다고 거짓말을 하여 동인을 보상금 지급기관까지 유인한 것만으로는 사기죄에 있어서의 기망행위의 착수에 이르렀다고 보기 어렵다(대판 1980.5.13. 78도2259).
>
> ③ 준강도의 주체는 절도 즉 절도범인으로, 절도의 실행에 착수한 이상 미수이거나 기수이거나 불문하고, 야간에 타인의 재물을 절취할 목적으로 사람의 주거에 침입한 경우에는 주거에 침입한 단계에서 이미 형법 제330조에서 규정한 야간주거침입절도라는 범죄행위의 실행에 착수한 것이라고 보아야 하며, 주거침입죄의 경우 주거침입의 범의로써 예컨대, 주거로 들어가는 문의 시정장치를 부수거나 문을 여는 등 침입을 위한 구체적 행위를 시작하였다면 주거침입죄의 실행의 착수는 있었다고 보아야 한다(대판 2003.10.24. 2003도4417).
>
> ④ 주거침입죄는 사실상의 주거의 평온을 보호법익으로 하는 것이므로, 반드시 행위자의 신체의 전부가 범행의 목적인 타인의 주거 안으로 들어가야만 성립하는 것이 아니라 신체의 일부만 타인의 주거 안으로 들어갔다고 하더라도 거주자가 누리는 사실상의 주거의 평온을 해할 수 있는 정도에 이르렀다면 범죄구성요건을 충족하는 것이라고 보아야 할 것이고, 따라서 주거침입죄의 범의는 반드시 신체의 전부가 타인의 주거 안으로 들어간다는 인식이 있어야만 하는 것이 아니라 신체의 일부라도 타인의 주거 안으로 들어간다는 인식이 있으면 족하다고 할 것이고, 이러한 범의로써 예컨대 주거로 들어가는 문의 시정장치를 부수거나 문을 여는 등 침입을 위한 구체적 행위를 시작하였다면 주거침입죄의 실행의 착수는 있었다고 보아야 하고, 신체의 극히 일부분이 주거 안으로 들어갔지만 사실상 주거의 평온을 해하는 정도에 이르지 아니하였다면 주거침입죄의 미수에 그친다고 할 것이다. 그러므로 공소사실 기재와 같이 야간에 타인의 집의

창문을 열고 집 안으로 얼굴을 들이미는 등의 행위를 하였다면 피고인이 자신의 신체의 일부가 집 안으로 들어간다는 인식 하에 하였더라도 주거침입죄의 범의는 인정되고, 또한 비록 신체의 일부만이 집 안으로 들어갔다고 하더라도 사실상 주거의 평온을 해하였다면 주거침입죄는 기수에 이르렀다고 할 것이다(대판 1995.9.15. 94도2561).

⑤ 태풍 피해복구보조금 지원절차가 행정당국에 의한 실사를 거쳐 피해자로 확인된 경우에 한하여 보조금 지원신청을 할 수 있도록 되어 있는 경우, 피해신고는 국가가 보조금의 지원 여부 및 정도를 결정함에 있어 그 직권조사를 개시하기 위한 참고자료에 불과하다는 이유로 허위의 피해신고만으로는 위 보조금 편취범행의 실행에 착수한 것이라고 볼 수 없다(대판 1999.3.12. 98도3443).

⑥ 장애인단체의 지회장이 지방자치단체로부터 보조금을 더 많이 지원받기 위하여 허위의 보조금 정산보고서를 제출한 경우, 보조금 정산보고서는 보조금의 지원 여부 및 금액을 결정하기 위한 참고자료에 불과하고 직접적인 서류라고 할 수 없다는 이유로 보조금 편취범행(기망)의 실행에 착수한 것으로 보기 어렵다고 한 사례(대판 2003.6.13. 2003도1279)

⑦ 피고인이 방화의 의사로 뿌린 휘발유가 인화성이 강한 상태로 주택주변과 피해자의 몸에 적지 않게 살포되어 있는 사정을 알면서도 라이터를 켜 불꽃을 일으킴으로써 피해자의 몸에 불이 붙은 경우, 비록 외부적 사정에 의하여 불이 방화 목적물인 주택 자체에 옮겨 붙지는 아니하였다 하더라도 현존건조물방화죄의 실행의 착수가 있었다고 봄이 상당하다(대판 2002.3.26. 2001도6641).

⑧ 공무원이 뇌물로 투기적 사업에 참여할 기회를 제공받은 경우, 뇌물수수죄의 기수 시기는 투기적 사업에 참여하는 행위가 종료된 때로 보아야 하며, 그 행위가 종료된 후 경제사정의 변동 등으로 인하여 당초의 예상과는 달리 그 사업 참여로 아무런 이득을 얻지 못한 경우라도 뇌물수수죄의 성립에는 영향이 없다(대판 2002.11.26. 2002도3539).

⑨ 강간죄는 부녀를 간음하기 위하여 피해자의 항거를 불능하게 하거나 현저히 곤란하게 할 정도의 폭행 또는 협박을 개시한 때에 그 실행의 착수가 있다고 보아야 할 것이고, 실제로 그와 같은 폭행 또는 협박에 의하여 피해자의 항거가 불능하게 되거나 현저히 곤란하게 되어야만 실행의 착수가 있다고 볼 것은 아니다(대판 2000.6.9. 2000도1253).

⑩ 매도인이 부동산을 제1차 매수인에게 매도하고 계약금과 중도금까지 수령한 이상 (중략) 위 매매계약이 적법하게 해제되지 않은 이상 매도인이 다시 제3자와 사이에 매매계약을 체결하고 계약금과 중도금까지 수령한 것은 제1차 매수인에 대한 소유권이전등기 협력임무의 위배와 밀접한 행위로서 배임죄의 실행착수라고 보아야 할 것이다(대판 1983.10.11. 83도2057).

⑪ 양수인에게 무허가건물을 인도할 의무를 부담하는 양도인이 중도금 또는 잔금까지 수령한 상태에서 양수인의 의사에 반하여 제3자에게 그 무허가건물을 이중으로 양도하고 중도금까지 수령하였다면 이는 양수인에 대한 관계에서 임무위배행위로서 배임죄의 실행의 착수가 있었다고 할 것이고, 더 나아가 제3자로부터 잔금을 수령하고 무허가건물을 인도하였다면 이는 배임죄의 기수에 해당한다(대판 2005.10.28. 2005도5713).

⑫ 부동산 이중양도에 있어서 매도인이 제2차 매수인으로부터 계약금만을 지급받고 중도금을 수령한 바 없다면 배임죄의 실행의 착수가 있었다고 볼 수 없다(대판 2010.4.29. 2009도14427, 대판 2003.3.25. 2002도7134, 대판 1980.5.27. 80도290).

⑬ 소송사기는 법원을 기망하여 자기에게 유리한 판결을 얻고 이에 터잡아 상대방으로부터 재물의 교부를 받거나 재산상 이익을 취득하는 것을 말하는 것으로서 소송에서 주장하는 권리가 존재하지 않는 사실을 알고 있으면서도 법원을 기망한다는 인식을 가지고 소를 제기하면 이로써 실행의 착수가 있고 소장의 유효한 송달을 요하지 아니한다고 할 것인바, 이러한 법리는 제소자가 상대방의 주소를 허위로 기재함으로써 그 허위주소로 소송서류가 송달되어 그로 인하여 상대방 아닌 다른 사람이 그 서류를 받아 소송이 진행된 경우에도 마찬가지로 적용된다(대판 2006.11.10. 2006도5811).

⑭ 금융기관 직원이 전산단말기를 이용하여 다른 공범들이 지정한 특정계좌에 돈이 입금된 것처럼 허위의 정보를 입력하는 방법으로 위 계좌로 입금되도록 한 경우, 이러한 입금절차를 완료함으로써 장차 그 계좌에서 이를 인출하여 갈 수 있는 재산상 이익을 취득하였으므로 형법 제347조의2에서 정하는 컴퓨터 등 사용사기죄는 기수에 이르렀고, 그 후 그러한 입금이 취소되어 현실적으로 인출되지 못하였다고 하더라도 이미 성립한 컴퓨터 등 사용사기죄에 어떤 영향이 있다고 할 수는 없다(대판 2006.9.14. 2006도4127).

⑮ 야간에 다세대주택에 침입하여 물건을 절취하기 위하여 가스배관을 타고 오르다가 순찰 중이던 경찰관에게 발각되어 그냥 뛰어내렸다면, 야간주거침입절도죄의 실행의 착수에 이르지 못했다고 한 사례(대판 2008.3.27. 2008도917)

⑯ 침입 대상인 아파트에 사람이 있는지를 확인하기 위해 그 집의 초인종을 누른 행위만으로는 침입의 현실적 위험성을 포함하는 행위를 시작하였다거나, 주거의 사실상의 평온을 침해할 객관적인 위험성을 포함하는 행위를 한 것으로 볼 수 없다 할 것이다(대판 2008.4.10. 2008도1464).

⑰ 다가구용 단독주택인 빌라의 잠기지 않은 대문을 열고 들어가 공용 계단으로 빌라 3층까지 올라갔다가 1층으로 내려온 사안에서, 주거인 공용 계단에 들어간 행위가 거주자의 의사에 반한 것이라면 주거에 침입한 것이라고 보아야 한다(대판 2009.8.20. 2009도3452).

⑱ 형법은 야간에 이루어지는 주거침입행위의 위험성에 주목하여 그러한 행위를 수반한 절도를 야간주거침입절도죄로 중하게 처벌하고 있는 것으로 보아야 한다. 따라서 주거침입이 주간에 이루어진 경우에는 야간주거침입절도죄가 성립하지 않는다고 해석함이 상당하다(대판 2011.4.14. 2011도300, 2011감도5).

⑲ '주간에' 아파트 출입문 시정장치를 손괴하다가 발각되어 도주한 피고인들이 특수절도미수죄로 기소된 사안에서, '실행의 착수'가 없었다는 이유로 형법 제331조 제2항의 특수절도죄의 점에 대해 무죄를 선고한 사례(대판 2009.12.24. 2009도9667)

⑳ 부동산 경매절차에서 피고인들이 허위의 공사대금채권을 근거로 유치권 신고를 한 경우, 소송사기의 실행의 착수가 있다고 볼 수 없다(대판 2009.9.24. 2009도5900).

㉑ 종량제 쓰레기봉투에 인쇄할 시장 명의의 문안이 새겨진 필름을 제조하는 행위에 그친 경우에는 아직 위 시장 명의의 공문서인 종량제 쓰레기봉투를 위조하는 범행의 실행의 착수에 이르지 아니한 것으로서 그 준비단계에 불과한 것으로 보아 무죄를 선고한 원심판결을 수긍한 사례(대판 2007.2.23. 2005도7430)

㉒ 위장결혼의 당사자 및 브로커와 공모한 피고인이 허위로 결혼사진을 찍고 혼인신고에 필요한 서류를 준비하여 위장결혼의 당사자에게 건네준 것만으로는 공전자기록등부실기재죄의 실행에 착수

한 것으로 볼 수 없다(대판 2009.9.24. 2009도4998).

㉓ [1] 강제추행죄는 상대방에 대하여 폭행 또는 협박을 가하여 항거를 곤란하게 한 뒤에 추행행위를 하는 경우뿐만 아니라 폭행행위 자체가 추행행위라고 인정되는 경우도 포함되며, 이 경우의 폭행은 반드시 상대방의 의사를 억압할 정도의 것일 필요는 없다. (중략) 추행의 고의로 상대방의 의사에 반하는 유형력의 행사, 즉 폭행행위를 하여 실행행위에 착수하였으나 추행의 결과에 이르지 못한 때에는 강제추행미수죄가 성립하며, 이러한 법리는 폭행행위 자체가 추행행위라고 인정되는 이른바 '기습추행'의 경우에도 마찬가지로 적용된다. [2] 피고인이 밤에 술을 마시고 배회하던 중 버스에서 내려 혼자 걸어가는 피해자 갑(여, 17세)을 발견하고 마스크를 착용한 채 뒤따라가다가 인적이 없고 외진 곳에서 가까이 접근하여 껴안으려 하였으나, 갑이 뒤돌아보면서 소리치자 그 상태로 몇 초 동안 쳐다보다가 다시 오던 길로 되돌아갔다고 하여 아동·청소년의 성보호에 관한 법률 위반으로 기소된 사안에서, (중략) 피고인의 팔이 갑의 몸에 닿지 않았더라도 양팔을 높이 들어 갑자기 뒤에서 껴안으려는 행위는 갑의 의사에 반하는 유형력의 행사로서 폭행행위에 해당하며, 그때 '기습추행'에 관한 실행의 착수가 있는데, 마침 갑이 뒤돌아보면서 소리치는 바람에 몸을 껴안는 추행의 결과에 이르지 못하고 미수에 그쳤으므로, 피고인의 행위는 아동·청소년에 대한 강제추행미수죄에 해당한다고 한 사례(대판 2015.9.10. 2015도6980 등)

㉔ 신용카드업법 제25조 제1항 소정의 신용카드부정사용죄의 구성요건적 행위인 신용카드의 사용이라 함은 신용카드의 소지인이 신용카드의 본래 용도인 대금결제를 위하여 가맹점에 신용카드를 제시하고 매출표에 서명하여 이를 교부하는 일련의 행위를 가리키므로, 단순히 신용카드를 제시하는 행위만으로는 신용카드부정사용죄의 실행에 착수한 것에 불과하고 그 사용행위를 완성한 것으로 볼 수 없다(대판 1993.11.23. 93도604).

㉕ [1] 단순히 신용카드를 제시하는 행위만으로는 신용카드부정사용죄의 실행에 착수한 것이라고 할 수는 있을지언정 그 사용행위를 완성한 것으로 볼 수 없고, 신용카드를 제시한 거래에 대하여 카드회사의 승인을 받았다고 하더라도 마찬가지라 할 것이다. [2] 신용카드를 절취한 사람이 대금을 결제하기 위하여 신용카드를 제시하고 카드회사의 승인까지 받았다고 하더라도 매출전표에 서명한 사실이 없고 도난카드임이 밝혀져 최종적으로 매출취소로 거래가 종결되었다면, 신용카드 부정사용의 미수행위에 불과하다고 한 사례(대판 2008.2.14. 2007도8767)

㉖ 피고인이 휴대폰을 이용하여 동영상 촬영을 시작하여 일정한 시간이 경과하였다면 설령 촬영 중 경찰관에게 발각되어 저장버튼을 누르지 않고 촬영을 종료하였더라도 카메라 등 이용 촬영 범행은 이미 '기수'에 이르렀다(대판 2011.6.9. 2010도10677).

제3절　중지미수

> **제26조(중지범)** 범인이 실행에 착수한 행위를 자의로 중지하거나 그 행위로 인한 결과의 발생을 자의로 방지한 경우에는 형을 감경하거나 면제한다.

Ⅰ. 중지미수의 의의

중지미수란 범죄의 실행에 착수한 자가 그 범죄가 기수에 이르기 전에 자의로 범행을 중지하거나 범행으로 인한 결과 발생을 자의로 방지한 경우를 말한다. 형법 제26조는 중지미수를 필요적 감면사유로 규정하고 있다.

Ⅱ. 중지미수의 성립요건

중지미수가 성립하기 위하여는 장애미수와 마찬가지로 고의, 확정적 행위의사 및 특수한 주관적 구성요건요소가 필요하다.

1. 주관적 요건 - 자의성

중지미수는 범인이 자의로 범행을 중지했다는 점에서 장애미수와 구별된다.

가. 중지미수 '자의성'의 의미

1) 쟁점의 정리

자의성은 중지미수와 장애미수를 구별하는 기준이 되는바, 자의성의 개념 및 판단기준에 대하여 견해가 대립한다.

2) 견해의 대립

① **객관설**은 외부적 사정에 의하여 범죄가 미완성된 경우에는 장애미수이고, 내부적 동기에 의해 중지한 경우에는 중지미수라는 견해이고, ② **주관설**은 후회·동정·기타 윤리적 동기에 의하여 중지한 경우에만 중지미수라는 견해이고. ③ **Frank의 공식**은 행위자가 할 수 있었음에도 하기를 원치 않아 중지한 때에는 중지미수이고, 하려고 하였으나 할 수 없어서 중지한 경우는 장애미수라는 견해이며, ④ **절충설**은 사회의 일반적인 통념상 보통 외부적 장애라고 할 수 있는 사유로 인한 때에는 장애미수이고, 외부적 장애라고 할 수 있는 사유가 없음에도 불구하고 자율적 동기로 중지한 경우는 중지미수로 보는 견해이다.

3) 판례의 태도

판례는 주로 절충설의 입장에서 '중지미수와 장애미수를 구분하는 데 있어 범죄의 미수가 자의에 의한 중지이냐에 따라 가려야 하고 자의에 의한 중지 중에서도 일반사회통념상 장애에 의한 미수라고 보여지는 경우를 제외한 것을 중지미수라고 풀이함이 일반적이다'라고 판시하였다(99도640).

> **판례** 자의성의 판단기준
- 범죄의 실행행위에 착수하고 그 범죄가 완수되기 전에 자기의 자유로운 의사에 따라 범죄의 실행행위를 중지한 경우에 그 자의에 의한 중지가 일반사회통념상 장애에 의한 미수라고 보여지는 경우가 아니면 이는 중지미수에 해당한다고 할 것이다(대판 1993.10.12. 93도1851).

나. 자의성의 구체적 판단

사정의 변경이 없음에도 불구하고 스스로 내적 동기에 의하여 자율적으로 중지한 때에는 자의성이 인정된다. 반면, ① 범죄의 실행 또는 완성이 불가능해서 중지한 경우, ② 범죄실행은 가능하지만 중지하는 것이 합리적이라고 판단하여 중지한 경우 및 ③ 상황이 현저히 불리하게 변화되어 중지한 경우는 자의성이 부정된다.

공포 또는 두려움에 의한 중지를 자의에 의한 중지라고 볼 수 있는가가 문제되는데, 판례는 자의에 의한 중지가 될 수 없다는 태도를 취하고 있다. 따라서 ① 방화하려고 매개물에 점화하였으나 불길이 솟는 것을 보고 두려워서 불을 끈 경우(97도957), ② 살해하려고 칼로 찔렀으나 많은 피가 흘러나오는 것을 보고 겁을 먹고 그만둔 경우(99도640)에 모두 자의에 의한 중지미수가 될 수 없다고 판시하였다.

> **판례** 공포 또는 두려움에 의한 중지 – 자의성 부정
> ① 피고인이 장롱 안에 있는 옷가지에 불을 놓아 건물을 소훼하려 하였으나 불길이 치솟는 것을 보고 겁이 나서 물을 부어 불을 끈 것이라면, 위와 같은 경우 치솟는 불길에 놀라거나 자신의 신체안전에 대한 위해 또는 범행발각 시의 처벌 등에 두려움을 느끼는 것은 일반 사회통념상 범죄를 완수함에 장애가 되는 사정에 해당한다고 보아야 할 것이므로, 이를 자의에 의한 중지미수라고는 볼 수 없다(대판 1997.6.13. 97도957).
> ② 피고인이 피해자를 살해하려고 그의 목 부위와 왼쪽 가슴 부위를 칼로 수 회 찔렀으나 피해자의 가슴 부위에서 많은 피가 흘러나오는 것을 발견하고 겁을 먹고 그만두는 바람에 미수에 그친 것이라면, 위와 같은 경우 많은 피가 흘러나오는 것에 놀라거나 두려움을 느끼는 것은 일반 사회통념상 범죄를 완수함에 장애가 되는 사정에 해당한다고 보아야 할 것이므로, 이를 자의에 의한 중지미수라고 볼 수 없다(대판 1999.4.13. 99도640).

다. 자의성 판단의 기초

중지미수는 인적 감면사유이므로 객관적·외부적 사실이 아닌 행위자가 주관적으로 인식한 사실을 기초로 판단한다. 따라서 ① 객관적으로는 장애가 있었으나 이를 모르고 중지한 경우에도 자의성이 인정되나, ② 객관적으로는 장애가 없었으나 행위자는 있다고 오인하고 중지한 경우에는 자의성이 인정되지 않는다.

> **판례** 자의성을 인정한 판례
> - 피고인이 피해자를 강간하려다가 피해자의 다음 번에 만나 친해지면 응해 주겠다는 취지의 간곡한 부탁으로 인하여 그 목적을 이루지 못한 후 피해자를 자신의 차에 태워 집에까지 데려다 주었다면 피고인은 자의로 피해자에 대한 강간행위를 중지한 것이고 피해자의 다음에 만나 친해지면

응해 주겠다는 취지의 간곡한 부탁은 사회통념상 범죄실행에 대한 장애라고 여겨지지는 아니하므로 피고인의 행위는 중지미수에 해당한다(대판 1993.10.12. 93도1851).

> **판례** 자의성을 부정한 판례
>
> ① 범행 당일 미리 제보를 받은 세관직원들이 범행장소 주변에 잠복근무를 하고 있어 그들이 왔다 갔다 하는 것을 본 피고인이 범행의 발각을 두려워한 나머지 자신이 분담하기로 한 실행행위에 이르지 못한 경우, 이는 피고인의 자의에 의한 범행의 중지가 아니어서 형법 제26조 소정의 중지범에 해당한다고 볼 수 없다(대판 1986.1.21. 85도2339).
>
> ② 피고인 갑, 을, 병이 강도행위를 하던 중 피고인 갑, 을은 피해자를 강간하려고 작은 방으로 끌고가 팬티를 강제로 벗기고 음부를 만지던 중 피해자가 수술한 지 얼마 안되어 배가 아프다면서 애원하는 바람에 그 뜻을 이루지 못하였다면, (중략) 이는 일반의 경험상 강간행위를 수행함에 장애가 되는 외부적 사정에 의하여 범행을 중지한 것에 지나지 않는 것으로서 중지범의 요건인 **자의성을 결여하였다**(대판 1992.7.28. 92도917).
>
> ③ 강도가 강간하려고 하였으나 잠자던 피해자의 어린 딸이 잠에서 깨어 우는 바람에 도주하였고, 또 피해자가 시장에 간 남편이 곧 돌아온다고 하면서 임신중이라고 말하자 도주한 경우에는 **자의로 강간행위를 중지하였다고 볼 수 없다**(대판 1993.4.13. 93도347).
>
> ④ 피고인이 甲에게 위조한 예금통장 사본 등을 보여주면서 외국회사에서 투자금을 받았다고 거짓말하며 자금 대여를 요청하였으나, 甲과 함께 그 입금 여부를 확인하기 위해 은행에 가던 중 은행 입구에서 차용을 포기하고 돌아가 사기미수로 기소된 사안에서, 피고인이 범행이 발각될 것이 두려워 범행을 중지한 것으로서 일반 사회통념상 범죄를 완수함에 장애가 되는 사정에 해당하여 자의에 의한 중지미수로 볼 수 없다(대판 2011.11.10. 2011도10539).

2. 객관적 요건

가. 실행의 착수

중지미수가 성립하기 위해서는 장애미수와 마찬가지로 실행의 착수가 있어야 한다.

나. 실행의 중지 또는 결과의 방지

1) 착수미수와 실행미수의 구별

중지미수가 성립하기 위해서는 객관적으로 실행행위를 중지하거나(착수중지), 그 행위로 인한 결과의 발생을 방지하여야 한다(실행중지).

이와 관련하여 착수미수와 실행미수의 구별기준이 문제되는바, ① 중지시에 행위자가 추가적 행위나 대체방법을 통한 범죄완성이 가능한데도 이를 포기한 경우에는 착수미수가 되고, ② 행위자가 결과발생의 가능성을 믿고 범죄완성을 위한 추가적 행위가 필요 없다고 판단하여 중지한 경우에는 실행미수가 된다(개별행위설).

2) 착수미수의 중지

착수미수의 중지란 실행에 착수한 행위를 실행행위의 종료 전에 자의로 중지하는 경우를 말한다. 범의의 종국적 포기여부가 문제되나, 행위자가 잠정적으로 범행을 중지한 경우에도 중지미수는 성립할 수 있고, 다만 중지행위로 인하여 결과가 발생하지 않아야 한다.

3) 실행미수의 중지

실행미수의 중지란 실행에 착수한 행위 그 자체는 종료하였으나 그 행위로 인한 결과의 발생을 자의로 방지하는 경우를 말한다.

실행의 중지가 인정되기 위해서는 ① 행위자의 방지행위, ② 결과의 불발생, ③ 방지행위와 결과의 불발생 사이의 인과관계가 있어야 하고, 위 방지행위는 ㉠ 적극적인 작위행위여야 하고, ㉡ 결과의 발생을 방지하는 데 적합한 행위여야 하며, ㉢ 행위자 자신이 직접 또는 행위자의 행위와 동일시 될 수 있는 제3자에 의한 행위여야 한다.

> **판례** 결과가 발생한 경우 - 미수 부정
>
> ① 타인의 재물을 공유하는 자가 공유자의 승낙을 받지 않고 공유대지를 담보에 제공하고 가등기를 경료한 경우 횡령행위는 기수에 이르고 그 후 가등기를 말소했다고 하여 중지미수에 해당하는 것이 아니며 가등기말소 후에 다시 새로운 영득의사의 실현행위가 있을 때에는 그 두개의 횡령행위는 경합범 관계에 있다(대판 1978.11.28. 78도2175).
>
> ② 설사 피고인이 대마 2상자를 사가지고 돌아오다 이 장사를 다시 하게 되면 내 인생을 망치게 된다는 생각이 들어 이를 불태웠다고 하더라도 이는 양형에 참작되는 사유는 될 수 있을지언정 이미 성립한 죄(대마관리법위반죄)에는 아무 소장이 없어 이를 중지미수에 해당된다 할 수 없다(대판 1983.12.27. 83도2629 등).

Ⅲ. 중지미수의 처벌

중지미수의 형은 감경 또는 면제한다(필요적 감면). 착수미수와 실행미수의 중지범의 형에는 차이가 없다. 감면여부는 법관이 재량으로 결정한다.

Ⅳ. 관련문제

1. 예비의 중지

예비의 중지란 이미 예비행위를 한 자가 예비행위를 자의로 중지하거나 실행의 착수를 포기하는 것을 말한다. 이러한 경우 처벌의 불균형을 시정하기 위하여 예비행위의 중지자에게도 중지미수의 특례규정을 유추적용할 수 있는지 문제 된다.

이에 대하여 판례는 부정설의 입장에서 '예비·음모의 행위를 처벌하는 경우에 있어서 중지범의 관념은 이를 인정할 수 없다'고 판시하였다(99도424).

> **판례** 예비의 중지
>
> • 중지범은 범죄의 실행에 착수한 후 자의로 그 행위를 중지한 때를 말하는 것이고 실행의 착수가 있기 전인 예비음모의 행위를 처벌하는 경우에 있어서 중지범의 관념은 이를 인정할 수 없다(대판 1999.4.9. 99도424 등).

2. 공범과 중지미수

공범의 경우에 중지미수가 되기 위하여는 실행미수의 경우뿐만 아니라 착수미수에 있어서도 결과발생을 방지하기 위한 진지한 노력이 있을 것을 요한다. 따라서 공범이 자신의 행위를 중지한 것만으로는 중지미수가 성립하지 아니하고 다른 공범 또는 정범의 행위까지 중지케 하여 결과의 발생을 방지한 때에 한하여 중지미수가 될 수 있다.

중지미수는 인적 감면사유이므로, 자의로 중지한 자만이 형벌감면의 혜택을 받을 수 있다. 따라서 자의로 중지한 자는 중지미수가 되지만 다른 공범은 장애미수가 된다.

> **판례** 공범과 중지미수
>
> ① 피고인은 원심 상피고인 과 함께 대전역 부근에 있는 공소외 정영석이 경영하는 천광상회 사무실의 금품을 절취하기로 공모하여 피고인은 그 부근 포장마차에 있고 원심 상피고인은 위 천광상회의 열려진 출입문을 통하여 안으로 들어가 물건을 물색하고 있는 동안 피고인은 자신의 범행전력등을 생각하여 가책을 느낀 나머지 스스로 결의를 바꾸어 위 정영석에게 원심 상피고인의 침입사실을 알려 그와 함께 원심 상피고인을 체포하여서 그 범행을 중지하여 결과발생을 방지하였다는 것이므로 피고인의 소위는 중지미수의 요건을 갖추었다고 할 것이다(대판 1986.3.11. 85도2831).
>
> ② 다른 공범의 범행을 중지하게 하지 아니한 이상 자기만의 범의를 철회, 포기하여도 중지미수로는 인정될 수 없는 것인바, (중략) 공동피고인은 피해자의 옷을 모두 벗기고 피해자의 반항을 억압한 후 피해자를 1회 간음하여 강간하고, 이어 피고인이 위 텐트 안으로 들어가 피해자를 강간하려 하였으나 피해자가 반항을 하며 강간을 하지 말아 달라고 사정을 하여 강간을 하지 않았다는 것이므로, (중략) 위 구본선이 피고인과의 공모하에 강간행위에 나아간 이상 비록 피고인이 강간행위에 나아가지 않았다 하더라도 중지미수에 해당하지는 않는다고 할 것이다(대판 2005.2.25. 2004도8259).
>
> ③ 행위자 상호간에 범죄의 실행을 공모하였다면 다른 공모자가 이미 실행에 착수한 이후에는 그 공모관계에서 이탈하였다고 하더라도 공동정범의 책임을 면할 수 없는 것이므로 피고인 등이 금품을 강취할 것을 공모하고 피고인은 집 밖에서 망을 보기로 하였으나, 다른 공모자들이 피해자의 집에 침입한 후 담배를 사기 위해서 망을 보지 않았다고 하더라도, 피고인은 판시 강도상해죄의 공동정범의 죄책을 면할 수가 없다(대판 1984.1.31. 83도2941).
>
> ④ 피고인이 공범들과 다단계금융판매조직에 의한 사기범행을 공모하고 피해자들을 기망하여 그들로부터 투자금 명목으로 피해금원의 대부분을 편취한 단계에서 위 조직의 관리이사직을 사임한 경우, 피고인의 사임 이후 피해자들이 납입한 나머지 투자금명목의 편취금원도 같은 기망상태가 계속된 가운데 같은 공범들에 의하여 같은 방법으로 수수됨으로써 피해자별로 포괄일죄의 관계에 있으므로 이에 대하여도 피고인은 공범으로서의 책임을 부담한다(대판 2002.8.27. 2001도513).
>
> ⑤ 위조약속어음인 정을 알고 그것을 행사할 의사가 있는 자임을 알면서 그 위조약속어음을 교부하였다면 후에 이를 다시 회수하려고 노력하였다 하더라도 위 자가 이를 행사하였다면 피고인은 위 자와 위조약속어음의 행사죄와 사기죄의 공동정범에 해당한다(대판 1970.2.10. 69도2070).
>
> ⑥ [1] 다른 공범자의 범행을 중지케 한 바 없으면 범의를 철회하여도 중지미수가 될수 없다. [2] 피

고인이 공소외 1 중위와 범행을 공모하여 동 중위는 엔진오일을 매각 처분하고, 피고인은 송증정리를 하기로 한 것은 사후에 범행이 용이하게 탄로나지 아니 하도록 하는 안전방법의 하나이지, 위 중위가 보관한 위 군용물을 횡령하는데 있어 송증정리가 없으면, 절대 불가능한 것은 아니며, 피고인은 후에 범의를 철회하고 송증정리를 거절하였다 하여도 공범자인 위 중위의 범죄 실행을 중지케 하였다는 것이 아님이 원판결 및 1심 판결에 의하여 확정된 사실이므로 피고인에게 중지 미지수를 인정할 수 없다(대판 1969.2.25. 68도1676).

제4절 불능미수

> 제27조(불능범) 실행의 수단 또는 대상의 착오로 인하여 결과의 발생이 불가능하더라도 위험성이 있는 때에는 처벌한다. 단, 형을 감경 또는 면제할 수 있다.

I. 불능미수의 의의 및 구별개념

1. 의의

불능미수란 행위자가 범죄의사로 실행하였으나 처음부터 결과발생이 불가능하였으나, 그러한 행위에 위험성이 있기 때문에 미수범으로 처벌되는 경우를 말한다. 형법 제27조는 "실행의 수단 또는 대상의 착오로 인하여 결과의 발생이 불가능하더라도 위험성이 있는 때에는 처벌한다. 단, 형을 감경 또는 면제할 수 있다."고 규정하고 있다.

불능미수는 존재하는 구성요건적 사실을 인식하지 못한 구성요건적 착오와 반대로 존재하지 않는 사실을 존재한다고 오인한 <u>반전된 구성요건적 착오</u>에 해당한다.

2. 구별개념

가. 장애미수 및 중지미수와의 구별

불능미수는 실행의 착수시기를 기준으로 하여 처음부터 결과발생의 가능성이 없다는 점에서 그 가능성이 존재하는 장애미수 및 중지미수와 구별된다.

> **판례** 장애미수와 불능미수의 구별
> ① 피고인이 피해자를 독살하려 하였으나 동인이 토함으로써 그 목적을 이루지 못한 경우에는 피고인이 사용한 독의 양이 치사량 미달이어서 결과발생이 불가능한 경우도 있을 것이고, 한편 형법은 장애미수와 불능미수를 구별하여 처벌하고 있으므로 <u>원심으로서는 이 사건 독약의 치사량을 좀더 심리하여 피고인의 소위가 위 미수중 어느 경우에 해당하는지 가렸어야 할 것이다</u>(대판 1984.2.14. 83도2967).
> ② [비교판례] 피고인이 원심 상피고인에게 피해자를 살해하라고 하면서 준 원비-디 병에 성인 남자를 죽게 하기에 족한 용량의 농약이 들어 있었고, 또 피고인이 피해자 소유 승용차의 브레이크호스를 잘라 브레이크액을 유출시켜 주된 제동기능을 완전히 상실시킴으로써 그 때문에 피

해자가 그 자동차를 몰고 가다가 반대차선의 자동차와의 충돌을 피하기 위하여 브레이크 페달을 밟았으나 전혀 제동이 되지 아니하여 사이드브레이크를 잡아 당김과 동시에 인도에 부딪치게 함으로써 겨우 위기를 모면하였다면 <u>피고인의 위 행위는 어느 것이나 사망의 결과발생에 대한 위험성을 배제할 수 없다 할 것이므로 각 살인미수죄를 구성한다</u>(대판 1990.7.24. 90도1149, 판례는 불능미수를 인정).

나. 불능범과의 구별

결과발생이 불가능하다는 점에서 불능범과 불능미수는 같지만, <u>불능범은 위험성이 없어서 불가벌이나 불능미수는 위험성이 존재하여 미수범으로 처벌된다.</u>

Ⅱ. 불능미수의 성립요건

1. 주관적 요건

불능미수가 성립하기 위해서는 장애미수와 마찬가지로 고의, 확정적 행위의사 및 특수한 주관적 구성요건요소가 필요하다. 따라서 <u>행위자가 결과발생이 불가능하다는 것을 인식한 경우에는 고의가 조각되어 불능미수가 성립할 수 없다</u>(미수의 고의).

2. 객관적 요건

가. 실행의 착수

불능미수도 미수범이므로 행위자가 실행에 착수하였을 것을 요한다. 실행의 착수는 <u>불가벌적 불능범과 가벌적 불능미수를 구별하는 기준</u>이 된다.

나. 결과발생의 불가능

불능미수는 <u>실행의 수단 또는 대상의 착오로 인하여 결과의 발생이 불가능할 것</u>을 요한다. 결과의 발생이 불가능하다는 점에서 장애미수(제25조)와 구별된다.

1) 수단의 착오

수단의 착오란 행위자는 주관적으로 결과발생이 가능하다고 믿고 선택한 수단이 객관적으로는 결과를 발생시킬 수 없는 경우를 말한다.

2) 대상의 착오

대상의 착오란, 행위자는 주관적으로 행위의 객체라고 인식하였으나 객관적으로는 행위의 객체로 될 수 없는 경우를 의미한다.

3) 주체의 착오

주체의 착오란 신분 없는 자가 신분 있는 것으로 오인하고 진정신분범을 범한 경우, 즉 주체의 불가능성을 말한다. 형법은 결과발생 불가능의 원인으로 수단·대상의 착오만을 규정하고 있는바, 주체를 착오한 경우에도 불능미수가 될 수 있는가가 문제 된다. 그러나 <u>제27조를 주체의 착오에 확대 적용하는 것은 죄형법정주의에 반하고, 신분범에 있어 비신분자의 행위는 미수범의 행위반가치를 결여하였다 할 것이므로 부정설이 타당하다.</u>

다. 위험성

1) 의의

형법 제27조에 있어서는 가벌적인 불능미수와 불가벌인 불능범의 구별표지가 되는 위험성을 어떻게 판단할 것인가가 가장 중요한 문제가 된다. 불능미수의 위험성은 구성요건의 실현을 지향하는 현실적 위험성이 아니라, 행위의 사회적 의미에 따른 규범적·가설적 위험성을 의미한다.

> **판례** 위험성과 결과발생의 가능성
>
> - 임대인과 임대차계약을 체결한 임차인이 임차건물에 거주하기는 하였으나 그의 처만이 전입신고를 마친 후에 경매절차에서 배당을 받기 위하여 임대차계약서상의 임차인 명의를 처로 변경하여 경매법원에 배당요구를 한 경우, 실제의 임차인이 전세계약서상의 임차인 명의를 처의 명의로 변경하지 아니하였다 하더라도 소액임대차보증금에 대한 우선변제권 행사로서 배당금을 수령할 권리가 있다 할 것이어서, 경매법원이 실제의 임차인을 처로 오인하여 배당결정을 하였더라도 이로써 재물의 편취라는 결과의 발생은 불가능하다 할 것이고, 이러한 임차인의 행위를 객관적으로 결과발생의 가능성이 있는 행위라고 볼 수도 없으므로 형사소송법 제325조에 의하여 무죄를 선고하여야 한다(대판 2002.2.8. 2001도6669).

2) 위험성의 판단기준

이러한 불능미수의 위험성 판단기준에 대해 견해가 대립한다.

① **구객관설**은 수단 또는 대상의 착오로 인하여 결과의 발생이 개념적으로 불가능한 절대적 불능과 그 밖의 상대적 불능을 구별하여 후자의 경우에만 위험성을 인정하는 견해이고, ② **구체적 위험설**은 행위 당시 행위자가 인식한 사실과 일반인이 인식할 수 있었던 사정을 기초로 일반인의 입장에서 경험법칙에 따라 사후판단을 하여 구체적 위험성이 있으면 불능미수를 인정하는 견해이고,[13] ③ **주관설**은 행위자의 실행개시에 의해 범죄의사가 확실하게 표명된 이상 결과발생이 객관적으로 불가능할지라도 불능미수의 성립을 인정하는 견해이며, ④ **추상적 위험설**은 행위 당시 행위자가 인식한 사정을 기초로 일반인의 입장에서 객관적으로 판단하여 위험이 있으면 불능미수를 인정하는 견해이다.

이에 대하여 판례는 구객관설의 입장에서 '불능범은 범죄행위의 성질상 결과발생의 위험이 절대로 불능한 경우를 말하는 것'이라고 판시하거나(85도206), 추상적 위험설의 입장에서 '피고인이 행위 당시에 인식한 사정을 놓고 이것이 객관적으로 법률적 지식을 가진 일반인의 판단으로 보아 결과발생의 가능성이 있느냐를 따져야 한다'고 판시한 바 있다(2005도8105).

> **판례** 위험성의 판단기준 - 구객관설
>
> ① 불능범은 범죄행위의 성질상 결과발생의 위험이 절대로 불능한 경우를 말하는 것인바 향정신성의약품인 메스암페타민 속칭 "히로뽕" 제조를 위해 그 원료인 염산에 페트린 및 수종의 약품을 교반하여 "히로뽕" 제조를 시도하였으나 그 약품배합 미숙으로 그 완제품을 제조하지 못하였다면

---

13) 구체적 위험설은 행위 당시 행위자가 인식한 사실과 일반인이 인식할 수 있었던 사정이 불일치하는 경우, 일반인의 인식을 우선하고 행위자가 특히 알고 있었던 사정을 고려한다.

위 소위는 그 성질상 결과발생의 위험성이 있다고 할 것이므로 이를 습관성의약품제조미수범으로 처단한 것은 정당하다(대판 1985.3.26. 85도206).

② [비교판례] 히로뽕제조를 공모하고 그 제조원료인 염산에페트린과 파라디움, 에테르등 수종의 화공약품을 사용하여 히로뽕제조를 시도하였으나 그 제조기술의 부족으로 히로뽕완제품을 제조하지 못하였다면 비록 미완성품에서 히로뽕성분이 검출되지 아니하였다고 하여도 향정신성의약품제조미수죄의 성립에 소장이 있다고 할 수 없다(대판 1984.10.10. 84도1793, 장애미수를 인정).

③ 일정량 이상을 먹으면 사람이 죽을 수도 있는 '초우뿌리'나 '부자' 달인 물을 마시게 하여 피해자를 살해하려다 미수에 그친 행위가 불능범이 아닌 살인미수죄에 해당한다(대판 2007.7.26. 2007도3687).

④ 피고인이 다른 공범자들과 공모하여 향정신성 의약품인 메스암페타민을 매수하려 하였으나 매도인이 소금을 대신 교부함으로써 미수에 그친 소위에 대하여 위 매매행위가 성사될 가능성이 있었다고 보아 이를 향정신성의약품의 매매미수범으로 처단한 제1심의 판단을 유지한 원심의 조치는 옳다(대판 1998.10.23. 98도2313).

⑤ [1] (전략) 피고인이 공소외인에게 필로폰을 받을 국내 주소를 알려주었다고 하더라도 공소외인이 필로폰이 들어 있는 우편물을 발신국의 우체국 등에 제출하였다는 사실이 밝혀지지 않은 이상 피고인 등의 이러한 행위는 향정신성의약품 수입의 예비행위라고 볼 수 있을지언정 이를 가지고 향정신성의약품 수입행위의 실행에 착수하였다고 할 수는 없다. [2] 피고인은 베트남에 거주하는 공소외인으로부터 필로폰을 수입하기 위하여 워터볼의 액체에 필로폰을 용해하여 은닉한 다음 이를 국제우편을 통해 받는 방식으로 필로폰을 수입하고자 하였다. 이러한 행위가 범죄의 성질상 그 실행의 수단 또는 대상의 착오로 인하여 결과의 발생이 불가능한 경우가 아님은 너무도 분명하다(대판 2019.5.16. 2019도97).

⑥ 피고인이 우물과 펌프에 혼입한 농약(스미치온)이 악취가 나서 보통의 경우 마시기가 어렵고 또 그 혼입한 농약의 분량으로 보아 사람을 치사에 이르게 할 정도는 아닌 경우 위 농약의 혼입으로 살인의 결과가 발생할 위험성이 절대로 없다고 단정할 수는 없는 이상 피고인에게 살인미수의 죄책을 인정하였음은 정당하다(대판 1973.4.30. 73도354).

> **판례** 위험성의 판단기준 - 추상적 위험설

① 불능범의 판단기준으로서 위험성 판단은 피고인이 행위 당시에 인식한 사정을 놓고 이것이 객관적으로 일반인의 판단으로 보아 결과발생의 가능성이 있느냐를 따져야 하므로 히로뽕제조를 위하여 에페트린에 빙초산을 혼합한 행위가 불능범이 아니라고 인정하려면 위와 같은 사정을 놓고 객관적으로 제약방법을 아는 과학적 일반인의 판단으로 보아 결과발생의 가능성이 있어야 한다(대판 1978.3.28. 77도4049).

② 민사소송법상 소송비용의 청구는 소송비용액 확정절차에 의하도록 규정하고 있으므로, 위 절차에 의하지 아니하고 손해배상금 청구의 소 등으로 소송비용의 지급을 구하는 것은 소의 이익이 없는 부적법한 소로서 허용될 수 없다고 할 것이다. 따라서 소송비용을 편취할 의사로 소송비용의 지급을 구하는 손해배상청구의 소를 제기하였다고 하더라도 이는 객관적으로 소송비용의 청구방법에 관한 법률적 지식을 가진 일반인의 판단으로 보아 결과 발생의 가능성이 없어 위험성이 인정되지 않는다(대판 2005.12.8. 2005도8105).

③ 피고인이 피해자가 심신상실 또는 항거불능의 상태에 있다고 인식하고 그러한 상태를 이용하여 간음할 의사로 피해자를 간음하였으나 피해자가 실제로는 심신상실 또는 항거불능의 상태에 있지 않은 경우에는, 실행의 수단 또는 대상의 착오로 인하여 준강간죄에서 규정하고 있는 구성요건적 결과의 발생이 처음부터 불가능하였고 실제로 그러한 결과가 발생하였다고 할 수 없다. 피고인이 준강간의 실행에 착수하였으나 범죄가 기수에 이르지 못하였으므로 준강간죄의 미수범이 성립한다. 피고인이 행위 당시에 인식한 사정을 놓고 일반인이 객관적으로 판단하여 보았을 때 준강간의 결과가 발생할 위험성이 있었으므로 준강간죄의 불능미수가 성립한다(대판 2019.3.28. 2018도16002 전원합의체).

판례 기타 불능미수 관련 판례

① 피고인이 요구르트 한병마다 섞은 농약 1.6씨씨가 그 치사량에 약간 미달한다 하더라도 이를 마시는 경우 사망의 결과발생 가능성을 배제할 수는 없다고 할 것이다(대판 1984.2.28. 83도3331).
② 소매치기가 피해자의 주머니에 손을 넣어 금품을 절취하려 한 경우 비록 그 주머니 속에 금품이 들어 있지 않았다 하더라도 위 소위는 절도라는 결과발생의 위험성을 충분히 내포하고 있으므로 이는 절도미수에 해당한다(대판 1986.11.25. 86도2090, 86감도231).
③ 권총에 탄자를 충전하여 발사하였으나 탄자가 불량하여 불발된 경우에도 이러한 총탄을 충전하여 발사하는 행위는 결과발생을 초래할 위험이 내포되어 있었다 할 것이므로 이를 불능범이라 할 수 없다(대판 1954.1.30. 4286형상103).
④ 소송사기에 있어서 피기망자인 법원의 재판은 피해자의 처분행위에 갈음하는 내용과 효력이 있는 것이어야 하고, 그렇지 아니하는 경우에는 착오에 의한 재물의 교부행위가 있다고 할 수 없어서 사기죄는 성립되지 아니한다고 할 것이므로, 피고인의 제소가 사망한 자를 상대로 한 것이라면 이와 같은 사망한 자에 대한 판결은 그 내용에 따른 효력이 생기지 아니하여 상속인에게 그 효력이 미치지 아니하고 따라서 사기죄를 구성한다고 할 수 없다(대판 2002.1.11. 2000도1881).

Ⅲ. 불능미수의 처벌

불능미수범의 형은 기수범보다 감면할 수 있다(제27조, 임의적 감면). 반면, 실행의 수단 또는 대상의 착오로 인하여 결과의 발생이 불가능하고 위험성도 없는 때에는 불능범으로서 처벌되지 아니한다(범죄불성립).

Ⅳ. 불능미수와 환각범

환각범은 사실상 허용되고 있는 행위를 금지되거나 처벌된다고 오인한 경우로서 반전된 금지의 착오라고 할 수 있다. 불능미수는 실행의 착수가 인정되는 경우이나 환각범은 실행의 착수조차 인정할 수 없는 경우이므로, 환각범은 불가벌이다.

> **판례** 반전된 포섭의 착오
> - 무역거래법 제33조 제1호 소정의 "사위 기타 부정한 행위로써 수입허가를 받은 자"라 함은 정상적인 절차에 의하여는 수입허가를 받을 수 없는 물품임에도 불구하고 위계 기타 사회통념상 부정이라고 인정되는 행위로써 수입허가를 받은 자를 의미하므로, 수입자동승인품목을 가사 수입제한품목이나 수입금지품목으로 잘못 알고 반제품인양 가장하여 수입허가신청을 하였더라도 그 수입물품이 수입자동승인품목인 이상 이를 사위 기타 부정한 행위로써 수입허가를 받은 경우에 해당한다고 볼 수 없다(대판 1983.7.12. 82도2114).

제5절 예비죄

> 제28조(음모, 예비) 범죄의 음모 또는 예비행위가 실행의 착수에 이르지 아니한 때에는 법률에 특별한 규정이 없는 한 벌하지 아니한다.

I. 예비의 의의

예비란 범죄실현을 위한 준비행위로서 아직 실행의 착수에 이르지 않은 일체의 행위를 말하며, 이러한 예비행위를 내용으로 하는 범죄를 예비죄라고 한다. 또한 음모는 심리적 준비행위이고 예비는 그 이외의 외부적 준비행위에 해당한다. 형법은 예비와 음모를 항상 병렬적으로 규정하고 있으므로 양자의 구별실익은 없다.

형법 제28조는 "범죄의 음모 또는 예비행위가 실행의 착수에 이르지 아니한 때에는 법률에 특별한 규정이 없는 한 벌하지 아니한다."고 규정하여 예비를 원칙적으로 처벌하지 않고 예외적으로 특별규정이 있는 경우에만 처벌하고 있다.

> **판례** 예비와 음모
> ① 살해의 용도에 쓰기 위하여 흉기를 준비하였으나 아직 살해대상자가 확정되지 않은 경우에는 살인예비죄로도 다스릴 수 없다(대판 1959.7.31. 4292형상308).
> ② 범죄의 음모 또는 예비는 원칙으로 벌하지 아니하되 예외적으로 법률에 특별한 규정이 있을때 다시 말하면 음모 또는 예비를 처벌한다는 취지와 그 형을 함께 규정하고 있을때에 한하여 이를 처벌할 수 있다고 할 것이므로 위 부정선거 관련자 처벌법 제5조 제4항에 예비, 음모는 이를 처벌한다라고 규정하였다 하더라도 예비, 음모는 미수범의 경우와 달라서 그 형을 따로 정하여 놓지 아니한 이상 처벌할 형을 함께 규정한 것이라고는 볼 수 없고 (중략) 예비, 음모의 형에 관하여 특별한 규정이 없는 이상 이를 본범이나 미수범에 준하여 처벌한다고 해석함은 피고인의 불이익으로 돌아가는 것이므로 이는 죄형법정주의의 원칙상 허용할 수 없다 할 것이다(대판 1977.6.28. 77도251).
> ③ 일본으로 밀항하고자 공소외인에게 도항비로 일화 100만 엔을 주기로 약속한 바 있었으나 그 후 이 밀항을 포기하였다면 이는 밀항의 음모에 지나지 않는 것으로 밀항의 예비 정도에는 이르지 아니한 것이다(대판 1986.6.24. 86도437).

<형법상 예비·음모·선동·선전 처벌규정>

구분	법익	형법규정
예비·음모	개인적 법익에 대한 죄	① 살인죄(제250조 제1항) ② 존속살해죄(제250조 제2항) ③ 위계·위력에 의한 살인죄(제253조) ④ 약취와 유인 및 인신매매의 죄(제287조 등) ⑤ 강간죄(제305조의3) ⑥ 강도죄(제333조)
	사회적 법익에 대한 죄	① 현주건조물방화죄(제164조) ② 공용건조물방화죄(제165조) ③ 일반건조물방화죄(제166조 제1항) ④ 폭발성물건파열죄(제172조) ⑤ 가스·전기등 방류죄(제172조의2 제1항) ⑥ 가스·전기등 공급방해죄(제173조) ⑦ 현주건조물일수죄(제177조) ⑧ 공용건조물일수죄(제178조) ⑨ 일반건조물일수죄(제179조 제1항) ⑩ 기차·선박등 교통방해죄(제186조) ⑪ 기차등 전복죄(제187조) ⑫ 먹는 물의 사용방해죄(제192조 제2항) ⑬ 수돗물의 사용방해죄(제193조 제2항) ⑭ 수도불통죄(제195조) ⑮ 통화위조죄(제207조 제1항·제2항·제3항) ⑯ 유가증권위조죄(제214조) ⑰ 자격모용에 의한 유가증권작성죄(제251조) ⑱ 인지·우표위조죄(제218조 제1항)
	국가적 법익에 대한 죄	① 외국에 대한 사전죄(제111조) ② 도주원조죄(제147조) ③ 간수자도주원조죄(제148조)
예비·음모·선동	사회적 법익에 대한 죄	① 폭발물사용죄(제119조)
예비·음모· 선동·선전	국가적 법익에 대한 죄	① 내란죄(제87조) ② 내란목적살인죄(제88조) ③ 외환유치죄(제92조) ④ 여적죄(제93조) ⑤ 모병이적죄(제94조) ⑥ 시설제공이적죄(제95조) ⑦ 시설파괴이적죄(제96조) ⑧ 물건제공이적죄(제97조) ⑨ 간첩죄(제98조) ⑩ 일반이적죄(제99조)

Ⅱ. 예비죄의 법적 성격

1. 기본범죄에 대한 관계

예비죄의 기본범죄에 대한 관계에 대하여는 ① 예비죄는 독립된 범죄유형이 아니라 기본범죄의 수정적 구성요건에 불과하다는 **발현형태설**과, ② 예비죄는 기본범죄에 독립하여 그 자체가 불법의 실질을 갖추고 있는 독립된 범죄라고 하는 **독립범죄설**, ③ 예비죄를 기본범죄의 발현형태인 경우와 독립범죄인 경우로 구분하여 파악하는 **이분설**이 대립하고 있다.

판례는 발현형태설의 입장에서 "형법각칙의 예비죄를 처단하는 규정을 바로 독립된 구성요건개념에 포함시킬 수는 없다."고 판시하였다(75도1549).

2. 예비죄의 실행행위성

예비죄를 독립범죄로 이해할 때에는 실행행위성도 당연히 인정되고, 예비죄를 기본범죄의 발현형태로 보는 경우에도 예비죄 역시 구성요건의 수정형태에 의하여 처벌이 확대된 것이므로 그 자체의 실행행위성을 긍정할 수 있다(긍정설).

Ⅲ. 예비죄의 성립요건

1. 주관적 요건

가. 예비의 고의

예비죄는 고의범이므로 예비죄가 성립하기 위해서는 **고의가 있어야 한다**. 따라서 과실에 의한 예비죄 및 과실범의 예비죄는 성립할 수 없다. 예비죄 고의의 내용에 대하여 판례는 예비죄의 고의는 '살인의 준비에 관한 고의'라고 함으로써 **예비의 고의설**을 취하고 있다(2009도7150).

> **판례** 예비죄의 고의
>
> • [1] 형법 제255조, 제250조의 살인예비죄가 성립하기 위하여는 형법 제255조에서 명문으로 요구하는 살인죄를 범할 목적 외에도 살인의 준비에 관한 고의가 있어야 하며, 나아가 실행의 착수까지에는 이르지 아니하는 살인죄의 실현을 위한 준비행위가 있어야 한다. 여기서의 준비행위는 물건적인 것에 한정되지 아니하며 특별한 정형이 있는 것도 아니지만, 단순히 범행의 의사 또는 계획만으로는 그것이 있다고 할 수 없고 객관적으로 보아서 살인죄의 실현에 실질적으로 기여할 수 있는 외적 행위를 필요로 한다. [2] 甲이 乙을 살해하기 위하여 병, 정 등을 고용하면서 그들에게 대가의 지급을 약속한 경우, 甲에게는 살인죄를 범할 목적 및 살인의 준비에 관한 고의뿐만 아니라 살인죄의 실현을 위한 준비행위를 하였음을 인정할 수 있다는 이유로 살인예비죄의 성립을 인정한 사례(대판 2009.10.29. 2009도7150)

나. 기본범죄를 범할 목적

예비죄는 단순한 고의뿐만 아니라 **기본범죄를 범할 목적**이 있을 것을 요하는 목적범이다. 이러한 목적은 미필적 인식으로도 충분하다(2004도5432).

> **판례** 예비죄 목적의 정도

- 강도예비·음모죄가 성립하기 위해서는 예비·음모 행위자에게 미필적으로라도 '강도'를 할 목적이 있음이 인정되어야 하고 그에 이르지 않고 단순히 '준강도'할 목적이 있음에 그치는 경우에는 강도예비·음모죄로 처벌할 수 없다고 봄이 상당하다(대판 2006.9.14. 2004도6432).

2. 객관적 요건

가. 외부적 준비행위

예비행위는 범죄의 실행을 목적으로 하는 준비행위로서 실행의 착수에 이르지 않은 외부적 준비행위일 것을 요하며, 그 수단·방법에는 제한이 없다. 그러나 예비행위는 특정한 기본범죄의 실현에 객관적으로 적합한 행위일 것을 요하며, 또한 결과발생이 객관적으로 가능할 것을 요한다. 즉 불능예비는 예비가 될 수 없다.

> **판례** 외부적 준비행위

- 피고인이 행사할 목적으로 미리 준비한 물건들과 옵세트인쇄기를 사용하여 한국은행권 100원권을 사진찍어 그 필름 원판 7매와 이를 확대하여 현상한 인화지 7매를 만들었음에 그쳤다면 아직 통화위조의 착수에는 이르지 아니하였고 그 준비단계에 불과하다(대판 1966.12.6. 66도1317).

나. 물적 예비와 인적 예비

범죄실현을 위한 준비행위임이 객관적으로 명백한 이상 물적 준비행위뿐만 아니라 인적 준비행위도 포함된다(2009도7150).

다. 자기예비와 타인예비

자기예비란 자기가 스스로 또는 타인과 공동하여 실행행위를 할 목적으로 준비행위를 하는 경우를 말하고, 타인예비란 타인의 실행행위를 위하여 예비행위를 하는 경우를 말한다.

다만, 타인에게 가공할 목적을 예비죄의 범할 목적에 포함시키는 것은 문언의 의미를 벗어난 불리한 유추에 해당하므로 타인예비는 예비에 포함되지 아니한다(부정설).

라. 실행의 착수 이전

① 예비행위는 실행의 착수 이전의 준비행위이므로 실행의 착수로 나아가면 예비는 미수 또는 기수에 흡수된다(법조경합 중 보충관계). ② 예비행위로부터 직접 결과가 발생한 경우에는 실행행위가 존재하지 아니하므로 예비죄가 성립하고 별도로 과실범 성부가 문제 된다.

> **판례** 예비죄의 성립요건

① 강도에 공할 흉기를 휴대하고 통행인의 출현을 대기하는 행위는 강도예비에 해당한다(대판 1948.8.17. 4281형상80).

② 국가보안법의 규정은 남북교류협력에관한법률 제3조 소정의 남북교류와 협력을 목적으로 하는 행위에 관하여는 정당하다고 인정되는 범위 안에서는 적용이 배제되나, 피고인이 북한공작원들과의 사전 연락하에 주도한 민중당의 방북신청은 그러한 정을 모르는 다른 민중당 인사들에게는 남북교류협력의 목적이 있었다 할 수 있음은 별론으로 하고, 피고인

자신에 대한 관계에서는 위 법률 소정의 남북교류협력을 목적으로 한 것이라고 볼 수 없으므로, 피고인의 위 법률에 의한 방북신청은 국가보안법상의 탈출예비에 해당한다(대판 1993.10.8. 93도1951).

③ 살해의 용도에 공하기 위한 흉기를 준비하였다고 하더라도 그 흉기로서 살해할 대상자가 확정되지 아니한 경우에는 살인예비죄로 다스릴 수 없다(대판 1959.9.1. 4292형상387).

④ 피고인은 「간첩에 당하여 불특정 다수인인 경찰관으로부터 체포 기타 방해를 받을 경우에는 이를 배제하기 위하여 무기를 휴대할」것임이 명백한 바 이 경우에 있어서의 무기소지는 법령 제5호 위반으로 문책함은 별론이라고 할 것이나 살인 대상이 특정되지 아니한 살인예비죄의 성립은 이를 인정할 수 없다(대판 1959.7.31. 4292형상308).

⑤ 본범자와 공동하여 장물을 운반한 경우에 본범자는 장물죄에 해당하지 않으나 그 외의 자의 행위는 장물운반죄를 구성하므로, 피고인이 본범이 절취한 차량이라는 정을 알면서도 본범 등으로부터 그들이 위 차량을 이용하여 강도를 하려 함에 있어 차량을 운전해 달라는 부탁을 받고 위 차량을 운전해 준 경우, 피고인은 강도예비와 아울러 장물운반의 고의를 가지고 위와 같은 행위를 하였다고 봄이 상당하다(대판 1999.3.26. 98도3030).

Ⅳ. 관련문제

1. 예비죄의 공범

가. 예비죄의 공동정범

예비죄의 실행행위성을 인정할 것인가와 관련하여 예비죄의 공동정범 성립을 인정할 수 있는지가 문제 된다.

이에 대하여 판례는 긍정설의 입장에서 '정범이 실행의 착수의 단계에 이르지 아니한 예비의 단계에 그친 경우에는 이에 가공하는 행위가 예비의 공동정범이 되는 경우를 제외하고는 이를 종범으로 처벌할 수 없다'고 판시하였다(75도1549).

> **판례** 예비죄의 공동정범 및 방조범
> - 형법 제32조 제1항의 타인의 범죄를 방조한 자는 종범으로 처벌한다는 규정의 타인의 범죄란 정범이 범죄의 실현에 착수한 경우를 말하는 것이므로 종범이 처벌되기 위하여는 정범의 실행의 착수가 있는 경우에만 가능하고 정범이 실행의 착수에 이르지 아니한 예비의 단계에 그친 경우에는 이에 가공하는 행위가 예비의 공동정범이 되는 경우를 제외하고는 이를 종범으로 처벌할 수 없다고 할 것이다(대판 1976.5.25. 75도1549).

나. 예비죄의 교사범

> 제31조(교사범) ② 교사를 받은 자가 범죄의 실행을 승낙하고 실행의 착수에 이르지 아니한 때에는 교사자와 피교사자를 음모 또는 예비에 준하여 처벌한다.

기수의 고의로 정범을 교사하였으나 정범이 예비에 그친 경우에 예비죄의 교사범(교사의 미수)에 대하여는 형법이 예비·음모에 준하여 처벌한다는 특별규정을 두고 있다(제31조 제2항).

다. 예비죄의 방조범

교사범과 달리 예비죄의 방조범(종범)에 대하여는 형법이 특별히 규정하고 있지 아니하다. 따라서 기본범죄를 방조하였으나 정범이 예비에 그친 경우 예비죄의 방조범 성립여부가 문제 된다.

이에 대하여 판례는 부정설의 입장에서 '예비의 단계에 그친 경우는 이에 가공하여 예비의 공동정범이 되는 경우를 제외하고는 이를 종범으로 처벌할 수는 없다'고 판시하였다(75도1549).

2. 예비죄의 미수와 예비죄의 죄수

가. 예비죄의 미수

예비는 미수의 전단계이기 때문에 예비죄의 미수는 있을 수 없다.

나. 예비죄의 죄수

하나의 범죄실행을 위하여 수개의 예비행위가 있었던 때에는 하나의 예비죄가 성립하고, 예비행위가 실행에 착수하여 미수 또는 기수로 발전한 때에는 기본범죄의 미수 또는 기수만 성립한다(법조경합 중 보충관계).

CHAPTER 06
정범 및 공범론

제1절 정범 및 공범의 일반이론

I. 서설

1. 범죄의 참가형태

범죄의 참가형태란 행위자가 범죄에 가담하는 형태나 방식을 의미하는 것으로서, 단독참가형태(단독범)과 다수참가형태가 있다. 다수참가형태에서 **공동정범·간접정범·교사범·종범**을 총칭하여 광의의 공범이라 하고, 그 중 **교사범과 종범을 협의의 공범**이라고 한다.

가. 정범

1) 직접정범

행위자 자신이 직접 범죄를 실행하는 경우이다. 이는 다시 ① 일인이 단독으로 범죄를 실행하는 **단독정범**, ② 수인이 공동하여 범죄를 실행하는 **공동정범** 및 ③ 수인의 단독범이 병존하여 범죄가 실행되는 **동시범**으로 나눌 수 있다.

2) 간접정범

행위자 자신이 범죄를 직접 실행하지 아니하고 타인을 이용하여 간접적으로 실행하는 경우이다. 이 경우 피이용자는 도구로 사용될 뿐이라는 점에서 간접정범은 단독정범과 유사하다.

나. 공범

공범은 ① 타인을 교사하여 범죄를 실행하게 하는 **교사범**과 ② 타인의 범죄를 방조하는 **종범**이 있다.

	유형	법적 효과
정범	간접정범	교사·방조의 예로 처벌(형법 제34조 제1항)
	공동정범	전부책임 → 정범으로 처벌(형법 제30조)
	동시범	개별책임 → 정범으로 처벌(형법 제19조, 제263조)
	합동범	전부책임 → 정범으로 가중처벌(특수절도죄 등)
공범	교사범	정범과 동일한 형으로 처벌(형법 제31조 제1항)
	종범(방조범)	정범의 형을 필요적으로 감경하여 처벌(형법 제32조 제2항)

2. 임의적 공범과 필요적 공범

가. 임의적 공범

임의적 공범이란 1인이 단독으로도 실행할 수 있는 범죄를 2인 이상이 협력하여 실행하는 경우의 공범형태를 말한다. 이에는 공동정범, 교사범, 종범이 포함된다.

나. 필요적 공범

1) 의의

필요적 공범이란 구성요건 자체가 이미 2인 이상의 참가나 단체의 행동을 전제로 하여 성립하고 1인이 단독으로는 실행할 수 없는 범죄를 말한다.

2) 종류

가) 집합범

집합범이란 다수인이 동일한 방향에서 같은 목표를 향하여 공동으로 작용하는 범죄, 즉 다수인의 집합에 의한 군집범죄를 말한다. 소요죄(제115조)와 내란죄(제87조)가 이에 해당한다.

나) 대향범

대향범이란 2인 이상의 대향적 협력에 의하여 성립하는 범죄를 말한다. 이는 다시 ① 대향자 쌍방의 법정형이 같은 경우(인신매매죄, 아동혹사죄)와 ② 대향자 사이의 법정형이 다른 경우(뇌물죄에 있어서 수뢰죄와 증뢰죄), ③ 대향자의 일방만을 처벌하는 경우(음화 등 반포·판매·임대죄, 범인은닉죄)로 나눌 수 있다.

> **판례** 필요적 공범
>
> ① 뇌물공여죄가 성립되기 위하여서는 뇌물을 공여하는 행위와 상대방 측에서 금전적으로 가치가 있는 그 물품 등을 받아들이는 행위(부작위 포함)가 필요할 뿐이지 반드시 상대방 측에서 뇌물수수죄가 성립되어야만 한다는 것을 뜻하는 것은 아니다(대판 1987.12.22. 87도1699).
>
> ② 뇌물공여죄와 뇌물수수죄는 필요적 공범관계에 있다고 할 것이나, 필요적 공범이라는 것은 법률상 범죄의 실행이 다수인의 협력을 필요로 하는 것을 가리키는 것으로서 이러한 범죄의 성립에는 행위의 공동을 필요로 하는 것에 불과하고 반드시 협력자 전부가 책임이 있음을 필요로 하는 것은 아니므로, 오로지 공무원을 함정에 빠뜨릴 의사로 직무와 관련되었다는 형식을 빌려 그 공무원에게 금품을 공여한 경우에도 공무원이 그 금품을 직무와 관련하여 수수한다는 의사를 가지고 받아들이면 뇌물수수죄가 성립한다(대판 2008.3.13. 2007도10804).
>
> ③ [1] 형법 제357조 제1항의 배임수재죄와 같은 조 제2항의 배임증재죄는 통상 필요적 공범의 관계에 있기는 하나, 이것은 반드시 수재자와 증재자가 같이 처벌받아야 하는 것을 의미하는 것은 아니고, 증재자에게는 정당한 업무에 속하는 청탁이라도 수재자에게는 부정한 청탁이 될 수도 있다. [2] 거래상대방의 대향적 행위의 존재를 필요로 하는 유형의 배임죄에서 거래상대방은 기본적으로 배임행위의 실행행위자와 별개의 이해관계를 가지고 반대편에서 독자적으로 거래에 임한다는 점을 감안할 때, 거래상대방이 배임행위를 교사하거나 배임행위의 전 과정에 관여하는 등 배임행위에 적극 가담함으로써 실행행위자와의 계약이 반사회적 법률행위에 해당하여 무효로 되는 경우 배임죄의 교사범 또는 공동정범이 될 수 있음은 별론으로 하고, 관여 정

도가 거기에까지 이르지 아니하여 법질서 전체적인 관점에서 살펴볼 때 사회적 상당성을 갖춘 경우에는 비록 정범의 행위가 배임행위에 해당한다는 점을 알고 거래에 임하였다는 사정이 있어 외견상 방조행위로 평가될 수 있는 행위가 있었다 할지라도 범죄를 구성할 정도의 위법성은 없다고 보는 것이 타당하다(대판 2011.10.27. 2010도7624 등).

④ 특정범죄 가중처벌 등에 관한 법률 제8조의2 제1항은 영리를 목적으로 조세범 처벌법 제10조 제3항 및 제4항 전단의 죄를 범한 사람을 그 각 호의 구분에 따라 가중처벌하도록 규정하고 있고, 조세범 처벌법 제10조 제3항 제3호는 재화 또는 용역을 공급하지 아니하거나 공급받지 아니하고 부가가치세법에 따른 매출·매입처별 세금계산서합계표를 거짓으로 기재하여 정부에 제출한 행위를 한 자를 처벌하도록 규정하고 있다. 위와 같이 '재화 또는 용역을 공급하는 자가 허위의 매출처별 세금계산서합계표를 정부에 제출하는 행위'와 '재화 또는 용역을 공급받는 자가 허위의 매입처별 세금계산서합계표를 정부에 제출하는 행위'가 서로 대향된 행위의 존재를 필요로 하는 대향범의 관계에 있다고 할 수는 없고, (중략) 재화 또는 용역을 공급받는 자가 이를 공급하는 자의 허위 매출처별 세금계산서합계표 제출행위에 가담하는 경우에 공범에 관한 형법총칙의 규정이 적용될 수 없는 것은 아니므로, 재화 또는 용역을 공급받는 자가 이를 공급하는 자의 허위 매출처별 세금계산서합계표 제출행위에 가담하였다면 그 가담 정도에 따라 그 범행의 공동정범이나 교사범 또는 종범이 될 수 있다(대판 2014.12.11. 2014도11515).

⑤ [1] 구성요건상으로는 단독으로 실행할 수 있는 형식으로 되어 있는데 단지 구성요건이 대향범의 형태로 실행되는 경우에도 대향범에 관한 법리가 적용된다고 볼 수는 없다. [2] (중략) 마약거래방지법 제7조 제1항에서 정한 '불법수익 등의 출처 또는 귀속관계를 숨기거나 가장하는 행위'는 처벌규정의 구성요건 자체에서 2인 이상의 서로 대향된 행위의 존재를 필요로 하지 않으므로 정범의 이러한 행위에 가담하는 행위에는 형법 총칙의 공범 규정이 적용된다. [3] (중략) 방조란 정범의 구체적인 범행준비나 범행사실을 알고 그 실행행위를 가능·촉진·용이하게 하는 지원행위 또는 정범의 범죄행위가 종료하기 전에 정범에 의한 법익 침해를 강화·증대시키는 행위로서, 정범의 범죄실현과 밀접한 관련이 있는 행위를 말한다. 또한 방조범은 정범의 실행을 방조한다는 이른바 '방조의 고의'와 정범의 행위가 구성요건에 해당하는 행위인 점에 대한 '정범의 고의'가 있어야 한다. (중략) 물론 방조범에서 요구되는 정범 등의 고의는 정범에 의하여 실현되는 범죄의 구체적 내용을 인식해야 하는 것은 아니고 미필적 인식이나 예견으로 충분하지만, 이는 정범의 범행 등의 불법성에 대한 인식이 필요하다는 점과 모순되지 않는다(대판 2022.6.30. 2020도7866).

다) 총칙상 공범규정의 적용여부

(1) 내부참가자 상호간

필요적 공범에서 내부참가자는 모두 정범으로서 각자에게 적용될 형벌이 각칙에 별도로 규정되어 있기 때문에 내부참가자 상호간에는 임의적 공범을 전제로 하는 총칙상의 공범규정이 적용되지 않는다.

> **판례** 필요적 공범에 있어 총칙상 공범규정 적용여부
>
> ① [1] 매도, 매수와 같이 2인 이상의 서로 대향된 행위의 존재를 필요로 하는 관계에 있어서는 공범이나 방조범에 관한 형법총칙 규정의 적용이 있을 수 없고, 따라서 매도인에게 따로 처벌규정이 없는 이상 매도인의 매도행위는 그와 대향적 행위의 존재를 필요로 하는 상대방의 매수범행에 대하여 공범이나 방조범관계가 성립되지 아니한다. [2] 약사법위반죄의 방조범에 대한 공소사

실 중 정범의 범죄사실이 전혀 특정되지 않아 방조범에 대한 공소사실 역시 특정되었다고 할 수 없고, 정범의 판매목적의 의약품 취득범행과 대향범관계에 있는 정범에 대한 의약품 판매행위에 대하여는 형법총칙상 공범이나 방조범 규정의 적용이 있을 수 없어 정범의 범행에 대한 방조범으로 처벌할 수 없다고 한 사례(대판 2001.12.28. 2001도5158).

② 변호사 아닌 자에게 고용되어 법률사무소의 개설·운영에 관여한 변호사의 행위가 일반적인 형법총칙상의 공모, 교사 또는 방조에 해당된다고 하더라도 변호사를 변호사 아닌 자의 공범으로서 처벌할 수는 없다(대판 2004.10.28. 2004도3994).

③ 세무사와 세무사였던 자 또는 그 사무직원과 사무직원이었던 자가 그 직무상 지득한 비밀을 누설하는 행위를 처벌하고 있을 뿐 비밀을 누설받는 상대방을 처벌하는 규정이 없고, 세무사의 사무직원이 직무상 지득한 비밀을 누설한 행위와 그로부터 그 비밀을 누설받은 행위는 대향범 관계에 있으므로 이에 공범에 관한 형법총칙 규정을 적용할 수 없다. 따라서, 세무사의 사무직원으로부터 그가 직무상 보관하고 있던 임대사업자 등의 인적사항, 사업자소재지가 기재된 서면을 교부받은 행위가 세무사법상 직무상 비밀누설죄의 공동정범에 해당하지 않는다(대판 2007.10.25. 2007도6712).

④ 변호사 사무실 직원인 피고인 甲이 법원공무원인 피고인 을에게 부탁하여, 수사 중인 사건의 체포영장 발부자 53명의 명단을 누설받은 사안에서, 피고인 을이 직무상 비밀을 누설한 행위와 피고인 甲이 이를 누설받은 행위는 대향범 관계에 있으므로 공범에 관한 형법총칙 규정이 적용될 수 없는데도, 피고인 甲의 행위가 공무상비밀누설교사죄에 해당한다고 본 원심판단에 법리오해의 위법이 있다(대판 2011.4.28. 2009도3642).

⑤ 구 의료법 제17조 제1항 본문은 의료업에 종사하고 직접 진찰한 의사가 아니면 처방전을 작성하여 환자 등에게 교부하지 못한다고 규정하면서 제89조에서는 위 조항 본문을 위반한 자를 처벌하고 있을 뿐, 위와 같이 작성된 처방전을 교부받은 상대방을 처벌하는 규정이 따로 없는 점에 비추어, 위와 같이 작성된 처방전을 교부받은 자에 대하여는 공범에 관한 형법총칙 규정이 적용될 수 없다(대판 2011.10.13. 2011도6287).

⑥ 형법 제127조는 공무원 또는 공무원이었던 자가 법령에 의한 직무상 비밀을 누설하는 행위만을 처벌하고 있을 뿐 직무상 비밀을 누설받은 상대방을 처벌하는 규정이 없는 점에 비추어, 직무상 비밀을 누설받은 자에 대하여는 공범에 관한 형법총칙 규정이 적용될 수 없다. 위와 같은 법리는 구 정보통신망 이용촉진 및 정보보호 등에 관한 법률 제49조(정보통신망에 의하여 처리·보관 또는 전송되는 타인의 비밀 누설)의 경우에도 마찬가지로 적용된다(대판 2017.6.19. 2017도4240).

⑦ [1] 사용자는 쟁의행위 기간 중 그 쟁의행위로 중단된 업무의 수행을 위하여 당해 사업과 관계없는 자를 채용 또는 대체할 수 없고, 이를 위반한 자는 1년 이하의 징역 또는 1천만 원 이하의 벌금으로 처벌된다(노동조합법 제91조, 제43조 제1항). (중략) 채용 또는 대체하는 행위와 채용 또는 대체되는 행위는 2인 이상의 서로 대향된 행위의 존재를 필요로 하는 관계에 있음에도 채용 또는 대체되는 자를 따로 처벌하지 않는 노동조합법 문언의 내용과 체계, 법 제정과 개정 경위 등을 통해 알 수 있는 입법 취지에 비추어 보면, 쟁의행위 기간 중 그 쟁의행위로 중단된 업무의 수행을 위하여 당해 사업과 관계없는 자를 채용 또는 대체하는 사용자에게 채용 또는 대체되는 자의 행위에 대하여는 일반적인 형법 총칙상의 공범 규정을 적용하여 공동정

범, 교사범 또는 방조범으로 처벌할 수 없다고 판단된다(대판 2020.6.11. 2016도3048).[14]

(2) 외부참가자

(가) 집합범의 경우

집단 외에서 자금이나 정보를 제공하는 자에 대하여는 교사와 방조에 관한 공범규정만이 적용된다. 집단범죄에 대하여 집단의 구성원이 아닌 자에 대하여 공동정범을 인정할 수 없기 때문이다(다수설).

(나) 대향범의 경우

① 대향자 쌍방을 처벌하는 경우에 각 대향자에게 관여한 외부자의 행위에 대해서는 총칙상의 공범규정이 적용되고, 이 경우 공동정범의 성립도 가능하다. ② 외부자가 대향자 중 일방만을 처벌하는 경우에 있어서 ㉠ 처벌되는 대향자에게 관여한 경우에는 총칙상의 공범규정이 적용된다. 그러나 ㉡ 외부자가 처벌되지 않는 대향자에게 관여한 경우에는 총칙상의 공범규정이 적용되지 아니한다.

> **판례** 처벌되지 않는 대향범에 대한 교사·방조
>
> ① 금품 등을 공여한 자에게 따로 처벌규정이 없는 이상, 그 공여행위는 그와 대향적 행위의 존재를 필요로 하는 상대방의 범행에 대하여 공범관계가 성립되지 아니하고, 오로지 금품 등을 공여한 자의 행위에 대하여만 관여하여 그 공여행위를 교사하거나 방조한 행위도 상대방의 범행에 대하여 공범관계가 성립되지 아니한다(대판 2014.1.16. 2013도6969).
>
> ② 피고인이 상피고인과 공모하여 이 사건 승용차를 양수하였다고 볼 증거는 나타나 있지 아니하고, 다만 피고인은 네덜란드대사관 직원인 위 오시우로부터 이 사건 승용차를 금 1,300만 원에 매각하여 달라는 위탁을 받고 상피고인에게 이를 매수하라고 권유하여 상피고인으로 하여금 이를 매수하도록 한 다음 그 매매대금 중 일부를 지급받고 위 오 시우로부터 이사건 승용차를 받아다가 상피고인에게 인계하여 준 사실만이 인정될 뿐인바, 이 사건 양도, 양수와 같이 2인 이상의 서로 대향된 행위의 존재를 필요로 하는 관계에 있어서는 공범에 관한 형법총칙 규정의 적용이 있을 수 없고 따라서 상대방의 범행에 대하여 공범관계도 성립되지 아니하는 것이므로 위 오 시우의 매각위탁에 의하여 양도인인위 대사관을 대리하는 입장에서 상피고인에게 이 사건 승용차를 매수하도록 권유하여 이를 매수토록 한 것에 지나지 아니하는 피고인에 대하여는 상피고인의 양수행위에 수반된 위의 용도의 사용죄에 관한 공범으로서의 죄책을 지울 수는 없다고 하여야 할 것이다(대향적 행위의 존재를 필요로 하는 이 사건과 같은 경우 양도인에게는 처벌규정을 두지 아니하고 있다)(대판 1988.4.25. 87도2451).

---

14) 여수 산단 소재 중장비 임대업체 소속 근로자들로 조직된 노동조합의 조합원들이 파업기간 중에 위 업체에 채용되어 기중기 운전 작업을 대체 수행하고 있는 피해자를 발견하고 피해자를 붙잡으려고 하다가 피해자가 바닥에 넘어져 어금니 탈구 등 상해를 입은 사안에서, 피해자는 쟁의행위로 중단된 업무를 수행하기 위하여 채용된 근로자에 불과하므로, 대향범 관계에 있는 행위 중 '사용자'만 처벌하는 노동조합법 제91조, 제43조 제1항 위반죄의 단독정범이 될 수 없고, 형법 총칙상 공범 규정을 적용하여 공동정범 또는 방조범으로 처벌할 수도 없으므로 피해자는 노동조합법 제91조, 제43조 제1항 위반에 따른 현행범인이 아니고, 피고인들이 피해자를 체포하려던 당시 상황을 기초로 보더라도 현행범인 체포의 요건을 갖추고 있었다고 할 수 없다고 보아, 이와 달리 판단한 원심을 파기한 사례

Ⅱ. 정범과 공범의 구별

1. 서설

가. 구별의 필요성

현행 형법은 정범과 공범을 분리하여 규정하고 있으므로 구성요건해당성 및 양형 판단 등을 위하여 정범과 공범을 구별하여야 한다. 실무상으로는 간접정범과 교사범, 공동정범과 종범의 구별이 특히 문제 된다.

나. 정범개념의 우위성

타인의 범죄에 가담하는 공범은 정범을 전제로 한 개념이므로 공범의 개념은 정범의 개념 표지가 확정됨에 따라 상대적으로 결정된다(공범개념의 종속성). 따라서 정범과 공범이 결합하여 하나의 범죄를 실현한 경우에는 항상 정범의 성립여부가 먼저 결정되어야 한다.

2. 정범과 공범의 구별 – 행위지배설

행위지배란 구성요건에 해당하는 사건의 진행을 조종·장악하는 것 또는 사태의 핵심형상을 지배하는 것을 말한다.

행위지배설은 주관적·객관적 요소로 형성된 행위지배의 개념을 정범과 공범의 구별에 관한 지도원리로 삼는 이론으로서 사태의 핵심형상을 계획적으로 조종하거나 공동형성하는 행위지배를 통하여 그의 의사에 따라서 구성요건의 실현을 저지하거나 진행하게 할 수 있는 자가 정범이고, 자신의 행위지배에 의하지 않고 행위를 야기하거나 촉진한 자는 공범이라고 한다.

이러한 행위지배는 ① 직접정범에 있어서는 실행지배로, ② 간접정범에 있어서는 의사지배로, ③ 공동정범에 있어서는 기능적 행위지배로 각각 나타난다.

> **판례** 정범과 공범의 구별 – 행위지배설
> - 공동정범의 본질은 분업적 역할분담에 의한 기능적 행위지배에 있으므로 공동정범은 공동의사에 의한 기능적 행위지배가 있음에 반하여 종범은 그 행위지배가 없는 점에서 양자가 구별된다(대판 1989.4.11. 88도1247).

Ⅲ. 공범의 종속성과 처벌의 근거

1. 공범의 종속성

가. 문제의 소재

공범은 정범에 종속하여 성립하는가 아니면 독립하여 성립하는가 하는 점이 문제되고(종속성의 유무), 정범이 범죄의 구성요건해당성·위법성·책임 중에서 어느 단계까지의 요건을 구비한 경우에 공범이 성립할 수 있는지가 문제 된다(종속성의 정도). 여기서의 공범은 협의의 공범으로서 교사범·종범을 의미한다.

나. 종속성의 유무

1) 공범종속성설

공범은 정범의 행위에 종속되어 정범이 성립하는 때에 한하여 성립한다는 견해이다. 즉 공범의 불법은 독립하여 존재하는 것이 아니라 정범의 불법에서 나오는 것이므로 공범의 불법은 정범의 불법에 종속되지 않을 수 없다고 한다. 이에 의하면 공범이 성립하기 위하여는 적어도 정범이 위법하게 실행에 착수하였을 것을 요한다. 따라서 미수범의 공범은 있을 수 있어도 공범의 미수는 있을 수 없고, 공범과 간접정범은 엄격히 구별해야 한다.

2) 공범독립성설

공범은 독립한 범죄이지 정범에 종속하여 성립하는 것은 아니라고 하는 견해이다. 즉 교사범과 종범도 교사 또는 방조행위에 의하여 반사회성이 징표되면 정범의 성립과 관계없이 성립한다고 한다. 따라서 미수의 공범은 물론 공범의 미수도 미수범으로 처벌받아야 하며, 교사범과 간접정범을 구별할 필요도 없다.

3) 검토 및 판례의 태도

정범의 불법에 대한 공범의 가담은 동시에 공범 자신의 불법이 된다고 할 수 있고, 따라서 공범은 스스로의 책임에 따라 처벌된다고 볼 수 있다. 따라서 공범종속성설에 의한다고 할지라도 개인책임의 원칙과 자기책임의 원칙에 반하는 것이 아니다. 또한 형법은 교사범·종범에 관하여 '타인을 교사하여 죄를 범하게 한 자'·'타인의 범죄를 방조한 자'라고 규정하여 정범의 존재를 전제로 하고 있으며, 더욱이 교사의 미수에 관한 규정(제31조 제2항 및 제3항)은 공범독립성설의 입장을 취한 것으로 볼 수 없다.

이러한 의미에서 형법의 해석상으로는 공범종속성설이 타당하고, 판례 역시 공범종속성설의 입장에서 "교사범·방조범이 성립함에는 먼저 정범의 범죄행위가 인정되는 것이 그 전제요건이 된다"고 판시하였다(81도2422).

> **판례** **공범의 종속성**
>
> ① 정범의 성립은 교사범, 방조범의 구성요건의 일부를 형성하고 교사범, 방조범이 성립함에는 먼저 정범의 범죄행위가 인정되는 것이 그 전제요건이 되는 것은 공범의 종속성에 연유하는 당연한 귀결이며, 따라서 교사범, 방조범의 사실 적시에 있어서도 정범의 범죄 구성요건이 되는 사실 전부를 적시하여야 하고, 이 기재가 없는 교사범, 방조범의 사실 적시는 죄가 되는 사실의 적시라고 할 수 없다(대판 1981.11.24. 81도2422).
>
> ② 정범의 성립은 교사범의 구성요건의 일부를 형성하고 교사범이 성립함에는 정범의 범죄행위가 인정되는 것이 그 전제요건이 된다(대판 1998.2.24. 97도183).

	공범종속성설	공범독립성설
공범의 미수	정범이 적어도 실행에 착수하여야 공범이 성립하므로 미수의 공범은 인정되나, 공범의 미수는 불성립	공범은 정범과 독립된 범죄이므로 정범의 실행과는 무관하게 처벌, 미수의 공범이나 공범의 미수 모두 미수로 처벌
간접정범	피이용자의 행위를 정범의 행위로 볼 수 없으므로 이용자는 간접정범	교사·방조 행위가 있는 이상 공범은 성립할 수 있으므로 이용자는 공범
공범과 신분	형법 제33조 본문을 원칙 규정	형법 제33조 단서를 원칙 규정
자살관여죄의 성격	특별규정(자살은 범죄가 아닌데도 불구하고 교사·방조자를 처벌)	공범독립성설의 유력 근거 규정

다. 종속성의 정도

1) 견해의 대립

공범종속성설은 다시 그 종속의 정도에 따라 ① 정범이 구성요건에 해당하기만 하면 공범이 성립한다는 최소한의 종속형식, ② 정범의 행위가 구성요건에 해당하고 위법하면 공범은 성립하며 반드시 유책할 것을 요하지 않는다는 제한적 종속형식, ③ 정범의 행위가 구성요건에 해당하고 위법·유책한 때에만 공범이 성립한다는 극단적 종속형식, ④ 정범의 행위가 구성요건에 해당하고 위법·유책할 뿐 아니라 가벌성의 조건까지 모두 갖추어야 공범이 성립한다는 확장적 종속형식으로 나눌 수 있다.

2) 검토 및 판례의 태도

극단적 종속형식을 취하는 학자는 형법 제31조와 제32조가 정범의 행위의 완전한 범죄성을 요구하고 있으며, 정범에게 책임능력 또는 책임조건이 결여된 경우에 간접정범이 성립한다는 제34조 제1항을 근거로 한다. 그러나 ① 범죄라는 개념도 상대적인 이상 정범이 구성요건에 해당하고 위법한 행위를 하면 그 책임 여부와 관계없이 공범이 성립할 수 있다고 해석하는 것이 타당하고, ② 책임능력 없는 자를 교사·방조한 경우에 간접정범이 된다고 하여 공범의 성립이 당연히 부정될 수는 없다. 책임무능력자를 교사자로서 사주한 때에는 역시 공범이 성립하기 때문이다.

따라서 형법의 해석상 종속성의 정도로는 제한적 종속형식을 취하고 있다고 보는 것이 타당하고, 판례 역시 제한적 종속형식의 입장에서 친족간 특례규정(제151조 제2항)에 의하여 처벌되지 않는 친족에게 범인도피를 교사한 자에 대하여 범인도피죄의 교사범을 인정하고 있다(2005도3707).

> **판례** 제한적 종속형식
> - [1] 범인이 자신을 위하여 타인으로 하여금 허위의 자백을 하게 하여 범인도피죄를 범하게 하는 행위는 방어권의 남용으로 범인도피교사죄에 해당하는바, 이 경우 그 타인이 형법 제151조 제2항에 의하여 처벌을 받지 아니하는 친족, 호주 또는 동거 가족에 해당한다 하여 달리 볼 것은 아니다. [2] 무면허 운전으로 사고를 낸 사람이 동생을 경찰서에 대신 출두시켜 피의자로 조사받도록 한 행위는 범인도피교사죄를 구성한다(대판 2014.3.27. 2013도152, 대판 2006.12.7. 2005도3707).

2. 공범의 처벌근거

가. 견해의 대립

공범의 처벌근거에 관하여는 ① 공범이 정범을 유책하게 범죄에 휘말려들게 하여 정범을 타락시켰다는 점에 있다는 **책임가담설**, ② 정범에게 위법한 행위를 야기 또는 촉진한 점에 있으며, 공범의 불법은 공범이 정범의 사회적 일체성을 해체함에 의하여 법적 평온을 파괴하는 데 있다고 하는 **불법가담설**, ③ 공범의 불법을 정범에서 찾지 않고 공범불법의 독자성을 인정하는 **순수야기설**, ④ 공범이 정범의 범행을 야기하거나 촉진한 점에 공범의 처벌근거가 있다고 하여 공범불법의 근거와 정도는 정범의 불법에 의존한다고 하는 **종속적 야기설**, ⑤ 공범의 불법의 일부는 정범의 행위에서, 일부는 자신의 법익침해에서 유래한다고 해석하여 공범은 종속적이지만 동시에 자신의 법익침해를 포함하고 있다고 하는 **혼합적 야기설** 등이 대립하고 있다.

나. 검토

공범의 처벌근거에 관하여 우리나라에서는 혼합적 야기설과 종속적 야기설만이 주장되고 있는바, 기도된 교사를 미수로 처벌하지 않고 예비·음모에 준하여 처벌하고 있는 형법의 태도에 비추어 볼 때에 **종속적 야기설이 타당**하다.

제2절 간접정범

> **제34조(간접정범, 특수한 교사, 방조에 대한 형의 가중)** ① 어느 행위로 인하여 처벌되지 아니하는 자 또는 과실범으로 처벌되는 자를 교사 또는 방조하여 범죄행위의 결과를 발생하게 한 자는 교사 또는 방조의 예에 의하여 처벌한다.

I. 간접정범의 의의

1. 간접정범의 개념

간접정범이란 타인을 도구로 이용하여 간접적으로 범죄를 실행하는 정범형태이다. 형법 제34조 제1항은 '어떤 행위로 인하여 처벌되지 아니한 자 또는 과실범으로 처벌되는 자를 교사 또는 방조하여 범죄행위의 결과를 발생하게 한 자는 교사 또는 방조의 예에 의하여 처벌한다.'고 하여 이를 규정하고 있다.

2. 구별개념

간접정범은 타인을 이용하여 간접적으로 범죄를 실현한다는 점에서 스스로 구성요건을 실현하는 직접정범과 구별되고, 정범성의 표지가 의사지배라는 점에서 기능적 행위지배를 하는 공동정범과 구별되며, 정범이라는 점에서 공범인 교사범과 구별된다.

3. 간접정범의 본질

행위지배설에 의하면 피이용자의 행위는 이용자의 의사실현에 지나지 아니하며, 이용자는 우월한 사실인식을 토대로 피이용자의 행위를 지배·조종하고 이것을 통해 범죄를 실현하는 의사지배로 인하여 정범이 된다.

II. 간접정범의 성립요건

1. 피이용자의 범위

간접정범의 피이용자는 어느 행위로 인하여 처벌되지 아니한 자 또는 과실범으로 처벌되는 자이어야 한다.

가. 어느행위로 인하여 처벌되지 아니하는 자

1) 구성요건에 해당하지 않는 행위를 이용하는 경우

  가) 구성요건의 객관적 표지가 결여된 경우

  (1) 이용자의 강요·기망에 의하여 피이용자가 자살·자상한 경우

이용자의 강요·기망에 의하여 피이용자가 자살한 경우에는 ① 이용자에게 의사지배가 인정되고 자살자가 자살의 의미를 이해할 경우에는 위계·위력에 의한 살인죄(제253조), ② 의사지배가 인정되지만 자살자가 자살의 의미를 모를 경우에는 살인죄의 간접정범, ③ 의사지배가 부정될 경우에는 자살관여죄(제252조 제2항)가 성립한다. 판례 역시 7세·3세 남짓 된 어린 자식에 대하여 함께 죽을 것을 권유하여 익사하게 한 경우 살인죄의 간접정범을 인정한 바 있다(86도2395).

> **판례** 자살을 이용한 경우
>
> • 피고인이 7세, 3세 남짓된 어린 자식들에 대하여 함께 죽자고 권유하여 물속에 따라 들어오게 하여 결국 익사하게 하였다면 비록 피해자들을 물속에 직접 밀어서 빠뜨리지는 않았다고 하더라도 자살의 의미를 이해할 능력이 없고 피고인의 말이라면 무엇이나 복종하는 어린 자식들을 권유하여 익사하게 한 이상 살인죄의 범의는 있었음이 분명하다(대판 1987.1.20. 86도2395).

이용자의 강요·기망에 의하여 피이용자가 자상한 경우에는 상해죄의 간접정범이 성립한다.

> **판례** 자상을 이용한 경우
>
> • 피고인이 피해자를 협박하여 그로 하여금 자상케 한 경우에 피고인에게 상해의 결과에 대한 인식이 있고 또 그 협박의 정도가 피해자의 의사결정의 자유를 상실케 함에 족한 것인 이상 피고인에 대하여 상해죄를 구성한다(대판 1970.9.22. 70도1638).

> **판례** 피해자의 행위를 이용한 경우
>
> ① 강제추행죄는 사람의 성적 자유 내지 성적 자기결정의 자유를 보호하기 위한 죄로서 정범 자신이 직접 범죄를 실행하여야 성립하는 자수범이라고 볼 수 없으므로, 처벌되지 아니하는 타인을 도구로 삼아 피해자를 강제로 추행하는 간접정범의 형태로도 범할 수 있다. 여기서 강제추행에 관한 간접정범의 의사를 실현하는 도구로서의 타인에는 피해자도 포함될 수 있으므로, 피

해자를 도구로 삼아 피해자의 신체를 이용하여 추행행위를 한 경우에도 강제추행죄의 간접정범에 해당할 수 있다(대판 2018.2.8. 2016도17733).

② 피고인이 아동·청소년인 피해자를 협박하여 스스로 아동·청소년의 성보호에 관한 법률 제2조 제4호의 어느 하나에 해당하는 행위 또는 그 밖의 성적 행위에 해당하는 아동·청소년 자신의 행위를 내용으로 하는 화상·영상 등을 생성하게 하고 이를 인터넷 사이트 운영자의 서버에 저장시켜 피고인의 휴대전화기에서 재생할 수 있도록 하였다면, 간접정범의 형태로 청소년성보호법 제11조 제1항에서 정한 아동·청소년이용음란물을 제작하는 행위라고 보아야 한다(대판 2018.1.25. 2017도18443).

(2) 진정신분범에서 신분자가 '신분 없는 고의 있는 도구'를 이용하는 경우

공무원이 자신의 처를 이용하여 수뢰한 경우와 같이 신분은 없지만 고의 있는 도구를 이용한 경우에 그 이용자에게 간접정범이 성립하는지 여부가 문제 된다.

이에 대하여 판례는 간접정범설의 입장에서 목적범이나 신분범의 경우 그 목적 또는 신분이 없는 자를 이용하여 간접으로 죄의 구성요소를 실행한 자를 간접정범으로 처벌한다고 판시하였다(83도515).

> **판례** 진정신분범에서 신분 없는 고의 있는 도구 이용
>
> - 형법 제34조 제1항이 정하는 소위 간접정범은 어느 행위로 인하여 처벌되지 아니하는 자 또는 과실범으로 처벌되는 자를 교사 또는 방조하여 범죄행위의 결과를 발생케 하는 것으로 이 어느 행위로 인하여 처벌되지 아니하는 자는 시비를 판별할 능력이 없거나 강제에 의하여 의사의 자유를 억압당하고 있는 자, 구성요건적 범의가 없는 자와 목적범이거나 신분범일 때 그 목적이나 신분이 없는 자, 형법상 정당방위, 정당행위, 긴급피난 또는 자구행위로 인정되어 위법성이 없는 자 등을 말하는 것으로 이와 같은 책임무능력자, 범죄사실의 인식이 없는 자, 의사의 자유를 억압당하고 있는 자, 목적범, 신분범인 경우 그 목적 또는 신분이 없는 자 위법성이 조각되는 자 등을 마치 도구나 손발과 같이 이용하여 간접으로 죄의 구성요소를 실행한 자를 간접정범으로 처벌하는 것이므로 형법 제104조의2 제2항의 외국인이나 외국단체 등은 도시 이 죄의 주체도 아니어서 범죄의 대상이나 수단 또는 도구나 손발 자체는 될 수 있을지언정 이를 간접정범에서의 도구나 손발처럼 이용하는 것은 원천적으로 불가능하다 하겠으므로 이 외국인이나 외국단체는 위 전단의 그 어떤 경우에도 해당하지 아니함이 명백하여 이 규정을 들어 간접정범을 정한 취지라고 해석할 학리적 이유가 없다(대판 1983.6.14. 83도515 전원합의체).

나) 구성요건의 주관적 표지가 결여된 경우

(1) 고의없는 도구를 이용한 경우

고의 없는 도구를 이용한 경우 의사지배가 인정되어 간접정범이 성립한다. 피이용자의 구성요건적 착오를 이용한 경우에도 마찬가지이다.

> **판례** 고의 없는 도구를 이용한 경우
>
> ① 유가증권변조죄에 있어서 변조라 함은 진정으로 성립된 유가증권의 내용에 권한 없는 자가 그 유가증권의 동일성을 해하지 않는 한도에서 변경을 가하는 것을 말하고, 설사, 진실에 합치하도록 변경한 것이라 하더라도 권한 없이 변경한 경우에는 변조로 되는 것이

고 정을 모르는 제3자를 통하여 간접정범의 형태로도 범할 수 있는 것인 바, 신용카드를 제시받은 상점점원이 그 카드의 금액란을 정정기재하였다 하더라도 그것이 카드소지인이 위 점원에게 자신이 위 금액을 정정기재 할 수 있는 권리가 있는 양 기망하여 이루어졌다면 이는 간접정범에 의한 유가증권변조로 봄이 상당하다(대판 1984.11.27. 84도1862).

② [1] 처벌되지 아니하는 타인의 행위를 적극적으로 유발하고 이를 이용하여 자신의 범죄를 실현한 자는 형법 제34조 제1항이 정하는 간접정범의 죄책을 지게 되고, 그 과정에서 타인의 의사를 부당하게 억압하여야만 간접정범에 해당하는 것은 아니다. [2] 정유회사 경영자의 청탁으로 국회의원이 위 경영자와 지역구 지방자치단체장 사이에 정유공장의 지역구 유치와 관련한 간담회를 주선하고 위 경영자는 정유회사 소속 직원들로 하여금 위 국회의원이 사실상 지배·장악하고 있던 후원회에 후원금을 기부하게 한 사안에서, 국회의원에게는 정치자금법 제32조 제3호 위반죄가, 경영자에게는 정치자금법 위반죄의 간접정범이 성립한다고 한 사례(대판 2008.9.11. 2007도7204)

③ 보증인이 아닌 자가 허위 보증서 작성의 고의 없는 보증인들을 이용하여 허위의 보증서를 작성하게 한 경우, 부동산소유권 이전등기 등에 관한 특별조치법 제13조 제1항 제3호에 정한 '허위보증서작성죄'의 간접정범이 성립한다(대판 2009.12.24. 2009도7815).

④ [1] 허위공문서작성의 주체는 직무상 그 문서를 작성할 권한이 있는 공무원에 한하고 작성권자를 보조하는 직무에 종사하는 공무원은 허위공문서작성죄의 주체가 되지 못한다. 다만 공문서의 작성권한이 있는 공무원의 직무를 보좌하는 사람이 그 직위를 이용하여 행사할 목적으로 허위의 내용이 기재된 문서 초안을 그 정을 모르는 상사에게 제출하여 결재하도록 하는 등의 방법으로 작성권한이 있는 공무원으로 하여금 허위의 공문서를 작성하게 한 경우에는 허위공문서작성죄의 간접정범이 성립한다. [2] 경찰서 보안과장인 피고인이 甲의 음주운전을 눈감아주기 위하여 그에 대한 음주운전자 적발보고서를 찢어버리고, 부하로 하여금 일련번호가 동일한 가짜 음주운전 적발보고서에 을에 대한 음주운전 사실을 기재케 하여 그 정을 모르는 담당 경찰관으로 하여금 주취운전자 음주측정처리부에 을에 대한 음주운전 사실을 기재하도록 한 이상, 을이 음주운전으로 인하여 처벌을 받았는지 여부와는 관계없이 허위공문서작성 및 동 행사죄의 간접정범으로서의 죄책을 면할 수 없다(대판 2011.5.13. 2011도1415, 대판 1996.10.11. 95도1706).

⑤ 튀김용 기름의 제조허가도 없이 튀김용기름을 제조할 범의하에 식용유제조의 범의없는 자를 이용하여 튀김용 기름을 제조케 한 자는 그 직접제조행위자가 식용유제조의 범의가 없어 그 제조에 대한 책임을 물을 수 없다고 하여도 처벌되지 아니하는 그 행위를 이용하여 무허가 제조행위를 실행한 자로서 보건범죄단속에관한특별조치법 제2조 제1항, 식품위생법 제23조 제1항 위반죄의 간접정범에 해당한다(대판 1983.5.24. 83도200).

(2) 목적범에서 '목적 없는 고의 있는 도구'를 이용한 경우

배후의 이용자에게 목적이 있는 경우에는 이용자에게 법적·규범적인 우위성이 인정되어 간접정범이 성립한다.

> **판례** 목적 없는 고의 있는 도구를 이용한 경우

① [1] 범죄는 '어느 행위로 인하여 처벌되지 아니하는 자'를 이용하여서도 이를 실행할 수 있으므로, 내란죄의 경우에도 '국헌문란의 목적'을 가진 자가 그러한 목적이 없는 자를 이용하여

이를 실행할 수 있다고 할 것이다. [2] (중략) 비상계엄 전국확대가 국무회의의 의결을 거쳐 대통령이 선포함으로써 외형상 적법하였다고 하더라도, 이는 피고인들에 의하여 국헌문란의 목적을 달성하기 위한 수단으로 이루어진 것이므로 내란죄의 폭동에 해당하고, 또한 이는 피고인들에 의하여 국헌문란의 목적을 달성하기 위하여 그러한 목적이 없는 대통령을 이용하여 이루어진 것이므로 피고인들이 간접정범의 방법으로 내란죄를 실행한 것으로 보아야 할 것이다(대판 1997.4.17. 96도3376 전원합의체).

② 출판물에 의한 명예훼손죄는 간접정범에 의하여 범하여질 수도 있으므로 타인을 비방할 목적으로 허위의 기사 재료를 그 정을 모르는 기자에게 제공하여 신문 등에 보도되게 한 경우에도 성립할 수 있다(대판 2002.6.28. 2000도3045).

③ 피고인이 축산업협동 공소외 1 조합이 점유하는 타인 소유의 창고의 패널을 점유자인 공소외 1 조합으로부터 명시적인 허락을 받지 않은 채 소유자인 위 타인으로 하여금 취거하게 한 경우 소유자를 도구로 이용한 절도죄의 간접정범이 성립될 수 있다(대판 2006.9.28. 2006도2963).

2) 위법성이 없는 행위를 이용하는 경우

타인의 정당행위 또는 정당방위를 이용하는 경우에도 간접정범이 성립할 수 있다.

> **판례** 타인의 정당행위를 이용하는 경우
>
> • 감금죄는 간접정범의 형태로도 행하여질 수 있는 것이므로, 인신구속에 관한 직무를 행하는 자 또는 이를 보조하는 자가 피해자를 구속하기 위하여 진술조서 등을 허위로 작성한 후 이를 기록에 첨부하여 구속영장을 신청하고, 진술조서 등이 허위로 작성된 정을 모르는 검사와 영장전담판사를 기망하여 구속영장을 발부받은 후 그 영장에 의하여 피해자를 구금하였다면 형법 제124조 제1항의 직권남용감금죄가 성립한다(대판 2006.5.25. 2003도3945).

3) 책임이 없는 행위를 이용하는 경우

제한적 종속형식에 의하면 '책임 없는 도구'를 이용한 경우에는 간접정범뿐만 아니라 교사범도 성립할 수 있다. 이 경우 정범개념의 우위성에 따라 간접정범 성부를 먼저 검토하여야 한다.

4) 구성요건해당성·위법성·책임 있는 행위를 이용하는 경우 - 정범배후의 정범이론 인정여부

이 경우 피이용자는 고의범으로 처벌되는 자이므로 이용자에게는 교사범이 성립하고 간접정범은 될 수 없다(정범배후의 정범이론 부정).

정범배후 정범이론이란 범죄를 실행한 피이용자의 행위가 구성요건에 해당하며 위법하고 유책하여 실행정범이 되는 경우에도 이용자의 의사지배가 실행정범의 실행지배에 우월한 때에는 간접정범이 성립한다는 이론이다. 그러나 ① 형법 제34조가 '어느 행위로 인하여 처벌되지 아니하는 자 또는 과실범으로 처벌되는 자를 이용한 자'를 간접정범이라고 규정하고 있으므로 고의범으로 처벌되는 실행정범을 이용한 자를 간접정범이라고 해석할 수는 없고, ② 정범배후 정범이론은 공범으로 처벌받을 자를 정범으로 처벌해야 한다는 형사정책적 필요성을 배경으로 하나, 형법은 간접정범을 교사·방조의 예에 의하여 처벌할 뿐이므로 공범이 성립할 경우에 간접정범을 인정해야 할 실익도 없다. 결국, 정범배후 정범이론은 우리나라에서 인정될 수 없다.

따라서 구성요건해당성·위법성·책임 있는 행위를 이용하는 경우, 피이용자는 고의범으로 처벌되는 자이므로 이용자에게는 교사범이 성립하고 간접정범은 성립할 수 없다.

나. 과실범으로 처벌되는 자

과실범 처벌규정이 있어 가벌적인 과실범은 물론, 과실범 처벌규정이 없어 불가벌적인 과실범을 이용하는 경우에도 이용자는 간접정범이 된다.

2. 이용행위

가. 교사 또는 방조

간접정범도 정범이므로 피이용자를 이용하여 구성요건을 실현하는 행위가 있어야 하는 바, 형법은 '교사 또는 방조하여 범죄행위의 결과를 발생하게 할 것'을 요한다고 규정하고 있다. 여기서 교사·방조란 교사범이나 종범에 있어서와 같은 의미가 아니라 사주 또는 이용의 의미이다. 그러나 이용행위에 교사 또는 방조의 방법이 포함됨은 물론이다.

나. 결과의 발생

범죄행위의 결과를 발생케 한 때라 함은 구성요건에 해당하는 사실을 실현하는 것을 말한다. 결과가 발생하지 아니한 때에는 간접정범의 미수로 처벌된다. 간접정범의 실행의 착수시기는 이용자가 피이용자를 이용하기 시작한 때에 개시된다.

III. 간접정범의 처벌

1. 간접정범과 처벌

간접정범은 교사 또는 방조의 예에 의하여 처벌한다(제34조 제1항). 따라서 간접정범의 이용행위가 외형상 교사에 해당할 때에는 정범과 동일한 형으로, 종범에 해당할 때에는 정범의 형보다 감경한다.

2. 간접정범의 미수

간접정범은 정범이므로 간접정범의 미수는 일반적인 미수범의 처벌규정에 의하여 처벌된다.

IV. 관련문제

1. 간접정범과 착오

가. 피이용자의 성질에 대한 착오

1) 이용자에게 의사지배의 고의가 있었던 경우

이용자가 피이용자에게 고의·책임능력이 없는 것으로 알고 이용했으나 사실은 고의·책임능력이 있었던 경우이다. 이 경우 피이용자에 대한 의사지배를 인정할 수 없으므로 간접정범은 성립할 수 없고 공범만이 성립할 수 있다.

2) 이용자에게 의사지배의 고의가 없었던 경우

이용자가 피이용자에게 고의·책임능력이 있는 것으로 알고 교사·방조하였으나 사실은 고의·책임능력이 없었던 경우이다. 이 경우 피이용자에 대한 의사지배의 고의가 없고 단지 교사·방조의 고의로 행위한 것이므로 공범이 성립할 수 있을 뿐이다.

나. 실행행위의 착오

1) 구체적 사실의 착오

가) 피이용자의 객체의 착오

피이용자의 객체의 착오가 이용자에게 객체의 착오가 될것인지 방법의 착오가 될 것인지 문제되나, 간접정범의 정범성에 비추어 이용자를 기준으로 착오문제를 판단하여야 하므로 피이용자의 객체의 착오는 이용자에게는 방법의 착오가 된다(다수설).

나) 피이용자의 방법의 착오

피이용자의 방법의 착오는 이용자에게도 방법의 착오가 된다.

2) 추상적 사실의 착오

가) 양적 초과

사주내용을 초과하여 실행한 경우에 초과부분에 대하여는 의사지배가 없으므로 원칙적으로 사주한 부분에 대해서만 간접정범이 성립한다. 그러나 초과부분에 대하여 미필적 고의가 있거나 중한 결과에 대한 예견가능성이 있는 경우에는 전체범행에 대한 간접정범이나 결과적 가중범이 성립할 수 있다.

나) 질적 초과

사주한 내용과 실행한 내용이 질적으로 다를 경우에는 사주한 범죄의 미수범과 발생한 사실의 과실범의 상상적 경합이 성립한다.

2. 간접정범의 한계

가. 진정신분범과 간접정범

진정신분범에 있어서 신분자는 비신분자를 이용하여 간접정범이 될 수 있으나, 비신분자는 신분자를 이용하여 간접정범이 될 수 없다.

> **판례** 진정신분범에서 비신분자가 신분자를 이용한 경우
> - 건설업자 아닌 피고인들이 간접정범의 형태로 '건설업자'라는 일정한 신분을 요하는 신분범인 같은 법 위반죄를 범할 수도 없다(대판 2011.7.28. 2010도4183).

나. 자수범과 간접정범

자수범이란 정범 자신이 구성요건적 행위를 직접 실행한 경우에만 범죄가 성립하고, 타인을 이용하여 범할 수 없는 범죄를 말한다(예컨대 위증죄). 따라서 직접정범·단독정범만이 가능하고 간접정범이나 자수적 실행이 없는 공동정범의 성립은 불가능하다. 반면, 공범 성립은 가능하다.

> **판례** 자수범과 간접정범
>
> ① 형법 제155조 제1항에서 타인의 형사사건에 관하여 증거를 위조한다 함은 증거 자체를 위조함을 말하는 것으로서, 선서무능력자로서 범죄 현장을 목격하지도 못한 사람으로 하여금 형사법정에서 범죄 현장을 목격한 양 허위의 증언을 하도록 하는 것은 위 조항이 규정하는 증거위조죄를 구성하지 아니한다(대판 1998.2.10. 97도2961).
> ② 농업협동조합법 제50조 제2항 소정의 호별방문죄는 '임원이 되고자 하는 자'라는 신분자가 스스로 호별방문을 한 경우만을 처벌하는 것으로 보아야 하고, 비록 신분자가 비신분자와 통모하였거나 신분자가 비신분자를 시켜 방문케 하였다고 하더라도 비신분자만이 호별방문을 한 경우에는 신분자는 물론 비신분자도 같은 죄로 의율하여 처벌할 수는 없다(대판 2003.6.13. 2003도889).
> ③ 발행인이 아닌 자는 「부정수표 단속법」 제4조 위반죄의 주체가 될 수 없고 거짓 신고의 고의 없는 발행인을 이용하여 간접정범의 형태로 그 죄를 범할 수도 없다. 타인으로부터 명의를 차용하여 수표를 발행하는 경우에도 수표가 지급제시됨으로써 당좌예금계좌에서 수표금액이 지출되거나 거래정지처분을 당하게 되는 자는 결국 수표의 지급인인 은행과 당좌예금계약을 체결한 자인 수표의 발행명의인이 되고, 수표가 지급제시되더라도 수표금액이 지출되거나 거래정지처분을 당하게 되는 자에 해당된다고 볼 수 없는 명의차용인은 부정수표 단속법 제4조 위반죄의 주체가 될 수 없다(대판 2014.1.23. 2013도13804).

다. 과실에 의한 간접정범

우월적 의사지배에 기초한 행위지배가 없기 때문에 과실에 의한 간접정범은 인정할 수 없다.

V. 특수교사·방조

> **제34조(간접정범, 특수한 교사, 방조에 대한 형의 가중)** ② 자기의 지휘, 감독을 받는 자를 교사 또는 방조하여 전항의 결과를 발생하게 한 자는 교사인때에는 정범에 정한 형의 장기 또는 다액에 그 2분의 1까지 가중하고 방조인 때에는 정범의 형으로 처벌한다.

특수교사·방조란 타인을 지휘·감독할 지위에 있는 자가 그 지위를 이용하여 피지휘·감독자를 교사·방조하여 제34조 제1항의 결과를 발생하게 한 경우에 형이 가중되는 공범형태이다. 이는 특수한 교사범·종범과 특수한 간접정범 양자 모두를 규정한 것이다.

제3절 공동정범

> **제30조(공동정범)** 2인 이상이 공동하여 죄를 범한 때에는 각자를 그 죄의 정범으로 처벌한다.

Ⅰ. 공동정범의 의의

공동정범이란 2인 이상의 자가 공동의 범행계획에 따라 각자 실행의 단계에서 본질적인 기능을 분담하여 이행함으로써 성립하는 정범형태이다. 형법 제30조는 "2인 이상이 공동하여 죄를 범한 때에는 각자를 그 죄의 정범으로 처벌한다."고 규정하고 있다.

공동정범은 공동의 범행계획에 의한 분업적 행위실행에 의하여 전체계획을 지배하였다는 기능적 행위지배에 정범성의 본질이 있다. 따라서 공동자는 전체계획의 일부만을 실행했을지라도 그 결과 전부에 대해서 정범으로서의 책임을 진다(일부실행·전부책임의 원리).

Ⅱ. 공동정범의 성립요건

1. 주관적 요건

가. 공동가공의 의사

공동정범이 성립하기 위해서는 주관적 요건으로서 2인 이상의 자가 공동으로 수립한 범행계획에 따라 공동으로 범죄를 실행하려는 공동실행의 의사(공동가공의 의사, 공모, 공동의사)가 있어야 한다. 이러한 공동실행의 의사가 없으면 단독정범의 병존에 불과한 동시범이 성립한다.

공동실행의 의사가 인정되기 위해서는 가담자 상호간에 의사의 연락이 있어야 하고, 이는 명시적·묵시적을 불문하며(99도636), 순차적·간접적 의사연락도 가능하다. 그러나 공동실행의 의사가 어느 일방에게만 있는 편면적 공동정범의 경우에는 의사의 상호이해가 없으므로 공동정범이 될 수 없고 동시범 또는 종범의 성립이 문제될 뿐이다.

> **판례** 공동가공의 의사
>
> ① 형법 제30조의 공동정범은 2인 이상이 공동하여 죄를 범하는 것으로서, 공동정범이 성립하기 위하여는 주관적 요건인 공동가공의 의사와 객관적 요건인 공동의사에 의한 기능적 행위지배를 통한 범죄의 실행사실이 필요하고, 공동가공의 의사는 공동의 의사로 특정한 범죄행위를 하기 위하여 일체가 되어 서로 다른 사람의 행위를 이용하여 자기의 의사를 실행에 옮기는 것을 내용으로 하는 것이어야 한다(대판 2001.11.9. 2001도4792).
>
> ② 피해자 일행을 한 사람씩 나누어 강간하자는 피고인 일행의 제의에 아무런 대답도 하지 않고 따라다니다가 자신의 강간 상대방으로 남겨진 공소외인에게 일체의 신체적 접촉도 시도하지 않은 채 다른 일행이 인근 숲 속에서 강간을 마칠 때까지 공소외인과 함께 이야기만 나눈 경우, 피고인에게 다른 일행의 강간 범행에 공동으로 가공할 의사가 있었다고 볼 수 없다(대판 2003.3.28. 2002도7477).

③ 전자제품 등을 밀수입해 올테니 이를 팔아달라는 제의를 받고 승낙한 경우, 그 승낙은 물품을 밀수입해 오면 이를 취득하거나 그 매각알선을 하겠다는 의사표시로 볼 수 있을 뿐 밀수입 범행을 공동으로 하겠다는 공모의 의사를 표시한 것으로는 볼 수 없다(대판 2000.4.7. 2000도576).

판례 암묵적·순차적 의사연락

① 2인 이상이 범죄에 공동 가공하는 공범 관계에서, 공모는 법률상 어떤 정형을 요구하는 것이 아니고, 2인 이상이 공모하여 어느 범죄에 공동 가공하여 그 범죄를 실현하려는 의사의 결합만 있으면 된다. 비록 전체의 모의과정이 없었다고 하더라도, 수인 사이에 순차적 또는 암묵적으로 상통하여 그 의사의 결합이 이루어지면 공모관계가 성립한다. 그리고 이러한 공모가 이루어진 이상 실행행위에 직접 관여하지 않은 자라도 다른 공모자의 행위에 대하여 공동정범으로서 형사책임을 진다(대판 2017.12.22. 2017도12649 등).

② [1] 신문의 부실공사 관련 기사에 대한 해당 건설업체의 반박광고가 있었음에도 재차 부실공사 관련 기사가 나가는 등 그 신문사 기자들과 그 건설업체 대표이사의 감정이 악화되어 있는 상태에서, 그 신문사 사주 및 광고국장이 보도자제를 요청하는 그 건설업체 대표이사에게 자사 신문에 사과광고를 싣지 않으면 그 건설업체의 신용을 해치는 기사가 계속 게재될 것 같다는 기자들의 분위기를 전달하는 방식으로 사과광고를 게재토록 하면서 과다한 광고료를 받은 행위가 공갈죄의 구성요건에 해당한다. (중략) [2] 신문사 사주 및 광고국장 사이에 광고료 갈취에 대한 사전모의는 없었으나 암묵적인 의사연락에 의한 공범관계가 존재하고, 동일 장소에서 동일 기회에 상호 다른 자의 범행을 인식하고 이를 이용한 경우에 해당한다고 보아, 신문사 사주 및 광고국장의 행위가 폭력행위등처벌에관한법률 제2조 제2항의 "2인 이상이 공동하여 공갈죄를 범한 때"에 해당한다고 본 사례(대판 1997.2.14. 96도1959).

③ 학부모들이 대학교 교무처장 등에게 자녀들의 부정입학을 청탁하면서 그 대가로 대학교측에 기부금명목의 금품을 제공하고 이에 따라 교무처장 등이 그들의 실제 입학시험성적을 임의로 고쳐 그 석차가 모집정원의 범위 내에 들도록 사정부를 허위로 작성한 다음 이를 그정을 모르는 입학사정위원들에게 제출하여 그들로 하여금 그 사정부에 따라 입학사정을 하게 함으로써 자녀들을 합격자로 사정처리 하게 한 것은 위계로써 입학사정위원들의 사정업무를 방해한 것이다. (중략) 원심이 이러한 취지에서 <u>위 피고인들과 그들로부터 부정입학을 알선의뢰받은 교수나 실제로 부정입학을 주도한 위 교무처장등과의 사이에 서로 암묵적인 의사의 연락에 의한 순차공모관계가 있다고 보아 위 피고인들에게 업무방해죄의 공동정범으로서의 죄책을 인정한 조치도 수긍이 된다</u>(대판 1994.3.11. 93도2305).

판례 공동자 간의 상호이해

① 공동가공의 의사는 타인의 범행을 인식하면서도 이를 제지하지 아니하고 용인하는 것만으로는 부족하나, 반드시 사전에 치밀한 범행계획의 공모까지 이를 필요는 없으며 공범자 각자가 공범자들 사이에 구성요건을 이루거나 구성요건에 본질적으로 관련된 행위를 분담한다는 상호이해가 있으면 충분하다. 그리고 이러한 공동가공의 의사를 인정하기 위하여는 엄격한 증명이 요구되지만, 피고인이 주관적 요소인 공동가공의 의사를 부인하는 경우에는, 사물의 성질상 범의와 상당한 관련성이 있는 간접사실 또는 정황사실을 증명하는 방법에 의하여 이를 입증할 수밖에 없

고, 무엇이 상당한 관련성이 있는 간접사실에 해당할 것인가는 정상적인 경험칙에 바탕을 두고 치밀한 관찰력이나 분석력에 의하여 사실의 연결상태를 합리적으로 판단하는 방법에 의하여야 할 것이다(대판 2021.3.25. 2020도18285).

② 공동가공의 의사는 공동행위자 상호간에 있어야 하며 행위자 일방의 가공의사만으로는 공동정범 관계가 성립할 수 없다(대판 1985.5.14. 84도2118).

판례 우연적 공동정범

- 공동정범이 성립하기 위하여는 반드시 공범자 간에 사전에 모의가 있어야 하는 것은 아니며, 우연히 만난 자리에서 서로 협력하여 공동의 범의를 실현하려는 의사가 암묵적으로 상통하여 범행에 공동가공하더라도 공동정범은 성립된다(대판 1984.12.26. 82도1373).

판례 기타 공모관계가 인정되는 경우

① 피고인이 甲 등과 공모하여 실제 영업활동을 하지 않는 회사들을 인수하여 회사 명의로 은행 당좌계좌를 개설하고 다량의 어음 용지를 확보한 다음 지급기일에 부도가 예정되어 있어 결제될 가능성이 없는 이른바 딱지어음을 대량 발행한 후 일정한 가격으로 시중에 유통시켰는데, 乙 등이 그 중 일부를 취득하여 이러한 사실을 숨긴 채 피해자들에게 어음할인을 의뢰하거나 채무이행을 유예하는 대가로 교부하여 어음할인금을 편취하거나 채무이행의 유예를 받은 사안에서, 딱지어음 발행 후 피해자들에 이르기까지의 유통경로 중 어음할인금 편취 또는 재산상 이익 취득과 관련된 주요 부분, 즉 乙 등이 딱지어음임을 알면서도 취득하여 마치 정상적으로 발행된 어음인 것처럼 피해자들에게 교부하게 된 경위나 과정이 밝혀져 있고, 해당 어음의 유통과정에서 최후소지인인 피해자들 외에는 해당 어음이 딱지어음이라는 점을 알지 못하여 피해를 입은 사람이 달리 나타나지 아니한 사정 등에 비추어, 피고인 등은 乙 등이 사기 범행을 실현하리라는 점을 인식하면서도 이를 용인하며 부도가 예정된 딱지어음을 조직적으로 대량 발행하고 시중에 유통시킴으로써 乙 등 딱지어음 취득자들과 사이에 그들의 사기 범행에 관하여 직접 또는 중간 판매상 등을 통하여 적어도 순차적·암묵적으로 의사가 상통하여 공모관계가 성립되었다는 이유로, 같은 취지에서 피고인에게 사기죄의 공동정범을 인정한 원심판단을 수긍한 사례(대판 2011.12.22. 2011도9721)

② 이른바 딱지어음을 발행하여 매매한 이상 사기의 실행행위에 직접 관여하지 아니하였다고 하더라도 공동정범으로서의 책임을 면하지 못하고, 딱지어음의 전전유통경로나 중간 소지인들 및 그 기망방법을 구체적으로 몰랐다고 하더라도 공모관계를 부정할 수는 없다(대판 1997.9.12. 97도1706).

③ 안수기도에 참여하여 목사가 안수기도의 방법으로 폭행을 함에 있어서 시종일관 폭행행위를 보조하였을 뿐 아니라 더 나아가 스스로 피해자를 폭행하기도 한 점에 비추어 목사의 폭행행위를 인식하고서도 이를 안수기도의 한 방법으로 알고 묵인함으로써 폭행행위에 관하여 묵시적으로 의사가 상통하였고 나아가 그 행위에 공동가공함으로써 공동정범의 책임을 면할 수 없다는 이유로, 그 안수기도행위에 참여, 보조한 신도에 대하여 무죄를 선고한 원심판결을 파기한 사례(대판 1994.8.23. 94도1484)

④ 특수강도의 범행을 모의한 이상 범행의 실행에 가담하지 아니하고, 공모자들이 강취해 온 장물의 처분을 알선만하였다 하더라도, 특수강도의 공동정범이 된다 할 것이므로 장물알선죄로 의율할 것이 아니다(대판 1983.2.22. 82도3103 등).

> 판례 **기타 공모관계가 부정되는 경우**

① 어음, 수표의 발행인이 그 지급기일에 결제되지 않으리라는 정을 예견하면서도 이를 발행하고 거래상대방을 속여 그 할인을 받거나 물품을 매수하였다면 위 발행인의 사기행위는 이로써 완성되는 것이고, 위 거래상대방이 그 어음, 수표를 타에 양도함으로써 전전 유통되고 최후소지인이 지급기일에 지급제시하였으나 부도되었다고 하더라도 발행인이 최후소지인의 전자들과 사이에 공범관계에 있다는 등의 특별한 사정이 없는 한 그 최후소지인에 대한 관계에서 발행인의 행위를 사기죄로 의율할 수 없다(대판 2005.10.13. 2005도4589).

② 피고인 2가 1997. 8. 초경 여의도 의원회관 사무실로 피고인 1을 찾아가 이미 공소외 주식회사의 대표이사를 사임하고 회사의 고문으로 있던 그에게, 공소외 1의 문제를 해결하기 위해서는 공소외 1에게 금 3억 원을 주어 무마하는 수밖에 없다고 보고하자 피고인 1이 아무런 말도 없이 창 밖만 쳐다보았으므로 이에 동의한 것으로 알았고, 그 후 피고인 1에게 돈을 준 것을 보고하지 아니한 사실을 인정한 다음, 그 인정사실만으로는 피고인 1이 피고인 2와 공모하여 판시 범행을 저질렀다고 인정하기에 부족하다는 이유로 그 부분에 대하여 무죄를 선고한 사례(대판 1999.9.17. 99도2889).

③ 오토바이를 절취하여 오면 그 물건을 사 주겠다고 한 것이 절도죄에 있어 공동정범의 성립을 인정하기 위하여 필요한 공동가공의 의사가 있었다고 보기 어렵다(대판 1997.9.30. 97도1940).

나. 승계적 공동정범

승계적 공동정범이란 선행자의 범행 도중 그와의 사후적 연락 하에 후행자가 선행자와 공동 또는 단독으로 나머지 범행을 수행한 경우를 말한다.

1) 승계적 공동정범의 인정여부 및 가담시점

판례는 승계적 공동정범을 인정하는 입장에서 상태범의 경우는 기수시까지(2003도4382), 계속범의 경우는 종료시까지(95도577) 가담하면 공동정범이 성립한다고 판시하였다.

> 판례 **승계적 공동정범의 가담시점**

① [1] 업무상배임죄는 업무상 타인의 사무를 처리하는 자가 그 임무에 위배하는 행위로써 재산상의 이익을 취득하거나 제3자로 하여금 이를 취득하게 하여 본인에게 손해를 가한 때에 성립하는 것이고, 여기에서 본인에게 "재산상의 손해를 가한 때"라 함은 현실적인 손해를 가한 경우뿐만 아니라 재산상 실해 발생의 위험을 초래한 경우도 포함된다. [2] 업무상배임죄의 실행으로 인하여 이익을 얻게 되는 수익자 또는 그와 밀접한 관련이 있는 제3자를 배임의 실행행위자와 공동정범으로 인정하기 위하여는 실행행위자의 행위가 피해자 본인에 대한 배임행위에 해당한다는 것을 알면서도 소극적으로 그 배임행위에 편승하여 이익을 취득한 것만으로는 부족하고, 실행행위자의 배임행위를 교사하거나 또는 배임행위의 전 과정에 관여하는 등으로 배임행위에 적극 가담할 것을 필요로 한다. [3] 회사직원이 영업비밀을 경쟁업체에 유출하거나 스스로의 이익을 위하여 이용할 목적으로 무단으로 반출한 때 업무상배임죄의 기수에 이르렀다고 할 것이고, 그 이후에 위 직원과 접촉하여 영업비밀을 취득하려고 한 자는 업무상배임죄의 공동정범이 될 수 없다고 한 사례(대판 2003.10.30. 2003도4382)

② 횡령죄가 기수가 된 후에 그 내용을 지득하고 그 이익을 공동취득할 것을 승낙한 사실이 있더라도

횡령죄의 공동정범관계는 성립될 수 없다(대판 1953.8.4. 4286형상20).

③ 범인도피죄는 범인을 도피하게 함으로써 기수에 이르지만 범인도피행위가 계속되는 동안에는 범죄행위도 계속되고 행위가 끝날 때 비로소 범죄행위가 종료되고, 공범자의 범인도피행위의 도중에 그 범행을 인식하면서 그와 공동의 범의를 가지고 기왕의 범인도피상태를 이용하여 스스로 범인도피행위를 계속한 자에 대하여는 범인도피죄의 공동정범이 성립한다(대판 1995.9.5. 95도577).

2) 후행자의 귀책범위

승계적 공동정범을 인정하는 경우 그 후행자의 귀책범위에 대해 판례는 소극설의 입장에서 연속된 히로뽕 제조행위(82도884), 업무상 배임행위(97도163)의 경우에 있어서 후행자는 가담 이후의 행위에 대해서만 공동정범의 책임을 진다고 판시하였다.

> **판례** 승계적 공동정범
>
> ① 연속된 제조행위 도중에 공동정범으로 범행에 가담한 자는 비록 그가 그 범행에 가담할때에 이미 이루어진 종전의 범행을 알았다 하더라도 그 가담 이후의 범행에 대하여만 공동정범으로 책임을 지는 것이라고 할 것이니, 비록 이 사건에서 공소외 1의 위 제조행위 전체가 포괄하여 하나의 죄가 된다 할지라도 피고인에게 그 가담 이전의 제조행위에 대하여까지 유죄를 인정할 수는 없다고 할 것이다(대판 1982.6.8. 82도884).
>
> ② 포괄일죄의 범행 도중에 공동정범으로 범행에 가담한 자는 비록 그가 그 범행에 가담할 때에 이미 이루어진 종전의 범행을 알았다 하더라도 그 가담 이후의 범행에 대하여만 공동정범으로 책임을 진다(대판 1997.6.27. 97도163).
>
> ③ [비교판례] [1] 피고인이 미성년자를 유인하여 포박 감금한 후 단지 그 상태를 유지하였을 뿐인데도 피감금자가 사망에 이르게 된 것이라면 피고인의 죄책은 감금치사죄에 해당한다 하겠으나, 나아가서 그 감금상태가 계속된 어느 시점에서 피고인에게 살해의 범의가 생겨 피감금자에 대한 위험발생을 방지함이 없이 포박감금상태에 있던 피감금자를 그대로 방치함으로써 사망케 하였다면 피고인의 부작위는 살인죄의 구성요건적 행위를 충족하는 것이라고 평가하기에 충분하므로 부작위에 의한 살인죄를 구성한다. [2] 피해자를 아파트에 유인하여 양 손목과 발목을 노끈으로 묶고 입에 반창고를 두 겹으로 붙인 다음 양 손목을 묶은 노끈은 창틀에 박힌 시멘트 못에, 양 발목을 묶은 노끈은 방문손잡이에 각각 잡아매고 얼굴에 모포를 씌워 감금한 후 수차 아파트를 출입하다가 마지막 들어갔을 때 피해자가 이미 탈진 상태에 이르러 박카스를 마시지 못하고 그냥 흘려버릴 정도였고 피고인이 피해자의 얼굴에 모포를 덮어 씌워 놓고 그냥 나오면서 피해자를 그대로 두면 죽을 것 같다는 생각이 들었다면, 피고인이 위와 같은 결과발생의 가능성을 인정하고 있으면서도 피해자를 병원에 옮기지 않고 사경에 이른 피해자를 그대로 방치한 소위는 피해자가 사망하는 결과에 이르더라도 용인할 수밖에 없다는 내심의 의사 즉 살인의 미필적 고의가 있다고 할 것이다. [3] 특정범죄가중처벌 등에 관한 법률 제5조의2 제2항 제1호 소정의 죄는 형법 제287조의 미성년자 약취, 유인행위와 약취 또는 유인한 미성년자의 부모 기타 그 미성년자의 안전을 염려하는 자의 우려를 이용하여 재물이나 재산상의 이익을 취득하거나 이를 요구하는 행위가 결합된 단순일죄의 범죄라고 봄이 상당하므로 비록 타인이 미성년자를 약취. 유인한 행위에는 가담한 바 없다 하더라도 사후에 그 사실을 알면서 약취.유인한 미성년자를 부모 기타 그 미성년자의 안전을 염려하는 자의 우려

를 이용하여 재물이나 재산상의 이익을 취득하거나 요구하는 타인의 행위에 가담하여 이를 방조한 때에는 단순히 재물 등 요구행위의 종범이 되는데 그치는 것이 아니라 종합범인 위 특정범죄가중처벌등에 관한 법률 제5조의2 제2항 제1호 위반죄의 종범에 해당한다(대판 1982.11.23. 82도2024).

다. 과실범의 공동정범

2인 이상이 공동의 과실로 과실범의 구성요건적 결과를 발생시킨 경우, 과실범의 공동정범 성립을 인정하여 각자에게 발생한 결과 전부에 대한 책임을 지울 것인지 문제 된다.

이에 대하여 판례는 행위공동설을 기초로 과실범의 공동정범을 긍정하는 입장에서 '두 사람 이상이 어떠한 과실행위를 서로의 의사연락 하에 이룩하여 범죄가 되는 결과를 발생케 한 것이라면 과실범의 공동정범이 성립된다'고 판시하였다(79도1249).

> **판례** 과실범의 공동정범을 인정한 판례
>
> ① [1] 형법 제30조에 "공동하여 죄를 범한 때"의 "죄"라 함은 고의범이고 과실범이고를 불문하므로 두 사람 이상이 어떠한 과실행위를 서로의 의사연락하에 이룩하여 범죄가 되는 결과를 발생케 한 것이라면 과실범의 공동정범이 성립된다. [2] 운전병이 운전하던 짚차의 선임 탑승자는 이 운전병의 안전운행을 감독하여야 할 책임이 있는데 오히려 운전병을 데리고 주점에 들어가서 같이 음주한 다음 운전케 한 결과 위 운전병이 음주로 인하여 취한 탓으로 사고가 발생한 경우에는 위 선임 탑승자에게도 과실범의 공동정범이 성립한다(대판 1979.8.21. 79도1249).
>
> ② [1] 형법 제30조에 「공동하여 죄를 범한 때」의 「죄」는 고의범이고 과실범이고를 불문한다고 해석하여야 할 것이고 따라서 공동정범의 주관적 요건인 공동의 의사도 고의를 공동으로 가질 의사임을 필요로 하지 않고 고의행위이고 과실행위이고 간에 그 행위를 공동으로 할 의사이면 족하다 할 것이므로, 2인 이상이 어떠한 과실행위를 서로의 의사연락 아래 범죄되는 결과를 발생케 한 것이라면 과실범의 공동정범이 성립된다. [2] 기록에 의하면 본건 사고는 경관의 검문에 응하지 않고 트럭을 질주함으로써 야기된 것인 바 제1심판결에서 본 각 증거를 종합하면 피고인은 원심 공동 피고인과 서로 의사를 연락하여 경관의 검문에 응하지 않고 트럭을 질주케 하였던 것임을 충분히 인정할 수 있음이 명백하므로 피고인은 본건 과실치사죄의 공동정범이 된다고 할 것이므로 논지는 이유 있다(대판 1962.3.29. 4294형상598).
>
> ③ 공동정범은 고의범이나 과실범을 불문하고 의사의 연락이 있는 경우이면 그 성립을 인정할 수 있다. 따라서 피고인이 정기관사의 지휘감독을 받는 부기관사이기는 하나 사고열차의 퇴행에 관하여 서로 상론, 동의한 이상 퇴행에 과실이 있다면 과실책임을 면할 수 없다(대판 1982.6.8. 82도781).
>
> ④ 터널굴착공사를 도급받은 건설회사의 현장소장과 위 공사를 발주한 한국전력공사의 지소장에게 과실범의 공동정범을 인정한다. 공동정범은 고의범이나 과실범을 불문하고 의사의 연락이 있는 경우면 성립하는 것으로서 2인 이상이 서로의 의사연락 아래 과실행위를 하여 범죄되는 결과를 발생하게 하면 과실범의 공동정범이 성립하는 것이다(대판 1994.5.24. 94도660).
>
> ⑤ 성수대교와 같은 교량이 그 수명을 유지하기 위하여는 건설업자의 완벽한 시공, 감독공무원들의 철저한 제작시공상의 감독 및 유지·관리를 담당하고 있는 공무원들의 철저한

유지·관리라는 조건이 합치되어야 하는 것이므로, 위 각 단계에서의 과실 그것만으로 붕괴원인이 되지 못한다고 하더라도, 그것이 합쳐지면 교량이 붕괴될 수 있다는 점은 쉽게 예상할 수 있고, 따라서 위 각 단계에 관여한 자는 전혀 과실이 없다거나 과실이 있다고 하여도 교량붕괴의 원인이 되지 않았다는 등의 특별한 사정이 있는 경우를 제외하고는 붕괴에 대한 공동책임을 면할 수 없다(대판 1997.11.28. 97도1740).

⑥ 건물(삼풍백화점) 붕괴의 원인이 건축계획의 수립, 건축설계, 건축공사공정, 건물 완공 후의 유지관리 등에 있어서의 과실이 복합적으로 작용한 데에 있다고 보아 각 단계별 관련자들을 업무상 과실치사상죄의 공동정범으로 처단한다(대판 1996.8.23. 96도1231).

판례 과실범의 공동정범을 부정한 판례

① 피고인이 운전자의 부탁으로 차량의 조수석에 동승한 후, 운전자의 차량운전행위를 살펴보고 잘못된 점이 있으면 이를 지적하여 교정해 주려 했던 것에 그치고 전문적인 운전교습자가 피교습자에 대하여 차량운행에 관해 모든 지시를 하는 경우와 같이 주도적 지위에서 동 차량을 운행할 의도가 있었다거나 실제로 그같은 운행을 하였다고 보기 어렵다면 그 같은 운행 중에 야기된 사고에 대하여 과실범의 공동정범의 책임을 물을 수 없다(대판 1984.3.13. 82도3136).

② [1] 형법 제30조에서 정한 '2인 이상이 공동하여 죄를 범한 때'의 '죄'에는 고의범뿐만 아니라 과실범도 포함되는 것이므로 과실범의 경우에도 공동정범이 성립할 수 있으나, 의사의 연락이나 주의의무 위반에 대한 공동의 인식이 없었다면 '공동하여' 죄를 범하였다고 볼 수 없으므로, 과실범의 공동정범이 성립한다고 볼 수 없다. [2] 피고인 甲 등은 CMIT/MIT를 주원료로 하는 乙, 丙 가습기살균제의 제조·판매에, 피고인 丁 등은 그중 丙 살균제의 제조·판매에 관여하면서 주원료에 관한 안전성 검사를 실시하지 아니하였고, 한편 관련사건 피고인들은 PHMG 등을 주원료로 하는 戊 살균제 등의 제조·판매에 관여하면서 주원료에 관한 안전성 검사 등 미실시로 업무상과실치사상죄 등의 유죄판결이 확정되었는데, 피고인 甲 등이 피고인 丁 등과 상호 공모하거나 그에 더하여 관련사건 피고인들과 공모하여 乙 살균제만을 사용한 피해자들 및 乙, 丙 살균제와 戊 살균제 등을 함께 사용한 피해자들(복합사용 피해자들)을 사망 또는 상해에 이르게 하고, 피고인 丁 등이 피고인 甲 등 및 관련사건 피고인들과 공모하여 복합사용 피해자들 중 丙 살균제를 사용한 피해자들을 사망 또는 상해에 이르게 하였다는 업무상과실치사상의 공소사실로 기소되어 복합사용 피해자들에 관한 공동정범 성립 여부가 문제 된 사안에서, 피고인들과 관련사건 피고인들이 공동정범의 관계에 있다고 본 원심판단에 과실범의 공동정범 성립에 관한 법리오해 등의 잘못이 있다고 한 사례(대판 2024.12.12. 2024도1856).

판례 기타 공모 관련 판례

① 보건복지부장관이 정한 기준을 위반하여 진료비가 과다 징수되고 있는 사실에 관하여 종합병원 병원장인 피고인에게 대략의 인식이 있었다고 할 수 있으나, 수가 산정 과정 및 여러 해 동안 계속된 병원의 운영 방식과 치료비의 청구방식에 비추어, 피고인이 직원들과 공모하여 환자들로부터 진료비를 과다 징수하여 이를 편취하였다고는 볼 수 없다(대판 2005.3.11. 2002도5112).

② 물건의 소유자가 아닌 사람은 형법 제33조 본문에 따라 소유자의 권리행사방해 범행에

가담한 경우에 한하여 그의 공범이 될 수 있을 뿐이다. 그러나 권리행사방해죄의 공범으로 기소된 물건의 소유자에게 고의가 없는 등으로 범죄가 성립하지 않는다면 공동정범이 성립할 여지가 없다(대판 2017.5.30. 2017도4578).

③ (전략) 피고인들이 자신들이 속한 정 포럼의 활동과 운영에 필요한 비용으로 사용하기 위해서 특별회비 명목의 금품을 받은 행위는 위 단체의 정치활동을 위하여 제공된 금품이나 그 정치활동에 드는 비용, 즉 정치자금을 기부받은 것으로서, 특별회비를 제공한 사람들이 특별회비가 정치자금에 해당함을 인식하지 못하였더라도 달리 볼 것이 아니라는 등의 이유로, 공소사실을 유죄로 판단한 원심판결이 정당하다고 한 사례(대판 2017.11.14. 2017도3449)

2. 객관적 요건

가. 공동가공의 사실

공동정범이 성립하기 위하여는 공동가공의 의사 이외에 객관적 요건으로 공동가공의 사실 내지 실행행위의 분담이 있어야 한다. 실행행위의 분담이 있느냐는 구성요건에 해당하는 행위에 제한되는 것이 아니라 전체 계획에 의하여 결과를 실현하는 데 불가결한 요건이 되는 기능을 분담하였느냐에 따라 결정되며, 실행행위의 분담은 작위·부작위를 불문하고, 시간적 선후관계가 있을 수 있고, 신체적 행위분담에 제한되지 않고 정신적 역할분담도 가능하며, 반드시 현장에서 행하여짐을 요하지 않는다.

다만, 공동의 실행행위는 범죄의 실행의 착수 이후 종료 이전에 있어야 한다. 다만, 예비·음모단계에서의 행위기여가 그 이후의 행위에 대해서 결정적·본질적 영향을 미쳤다고 판단될 경우에는 실행행위의 분담이 있다고 볼 수 있다.

판례 공동정범 성립의 객관적 요건

① 공모에 의한 범죄의 공동실행은 모든 공범자가 스스로 범죄의 구성요건을 실현하는 것을 전제로 하지 아니하고, 그 실현행위를 하는 공범자에게 그 행위결정을 강화하도록 협력하는 것으로도 가능하며, 이에 해당하는지 여부는 행위 결과에 대한 각자의 이해 정도, 행위 가담의 크기, 범행지배에 대한 의지 등을 종합적으로 고려하여 판단하여야 한다(대판 2012.4.26. 2010도2905).

② 피고인과 공소외 (갑)이 공모하여 (갑)이 피해자를 강간하고 있는 동안 동 피해자가 반항하지 못하도록 그의 입을 손으로 틀어 막고 주먹으로 얼굴을 2회 때렸다면 피고인은 강간죄의 공동정범의 죄책을 면할 수 없다(대판 1984.6.12. 84도780).

③ 공범들과 함께 강도범행 후 신고를 막기 위하여 피해자를 옆방으로 끌고 가 강간할 때에 피고인은 자녀들을 감시하고 있었다면 강도강간의 공동죄책을 면할 수 없다(대판 1986.1.21. 85도2411).

④ 공동정범이 성립하기 위하여는 반드시 공범자 간에 사전 모의가 있어야 하는 것은 아니며, 암묵리에 서로 협력하여 공동의 범의를 실현하려는 의사가 상통하면 공모가 있다 할 것이고 공모가 있는 이상 반드시 각 범행의 실행을 분담할 것을 요하지 아니하고, 단순히 망을 보았어도 공범의 책임을 면할 수 없다 할 것인바, 피고인 2가 피고인 1과 강간을 모의한 후 피해자 1을 강간하고 있는 동안에 피고인 1이 위 강간으로 항거불능 상태에 있는 피해자 1

을 넥타이로 팔을 묶고 동녀의 딸 피해자 2를 살해하고 피고인 2가 강간행위를 끝내고 마루로 나가 망을 보고 있는 사이에 피고인 1은 후환이 두려워 증거를 남기지 않기 위하여 커피포트의 전선을 끊어 피해자 1의 팔, 다리를 묶고 기저귀로 목을 묶어 움직이지 못하게 한 후 이불 등을 씌우고 석유곤로의 석유를 쏟아 뿌린 뒤 불을 놓아 현주건조물을 방화하고 이로 인하여 동녀를 일산화탄소 중독으로 사망하게 하여 살해하였음을 알 수 있고 피고인 2는 위 강간 이후의 범행에 대하여도 피고인 1과 암묵적인 의사의 연락이 있었다고 보여지며, 피고인 2는 망을 보는 등의 일련의 협력관계에서 저질러진 이 사건 살인죄 및 현주건조물 방화죄에 대하여도 그 죄책을 면할 수 없다(대판 1982.10.26. 82도1818).

⑤ 공동피고인이 위조된 부동산임대차계약서를 담보로 제공하고 피해자로부터 돈을 빌려 편취할 것을 계획하면서 피고인에게 미리 전화를 하여 임대인 행세를 하여달라고 부탁하였고, 피고인은 임대인인 것처럼 행세하여 전세금액 등을 확인한 사안에서, 피고인의 행위는 위조사문서행사에 있어서 기능적 행위지배의 공동정범 요건을 갖추었다(대판 2010.1.28. 2009도10139).

⑥ 입시부정행위를 지시한 자가 부정행위의 방법으로서 사정위원들의 업무를 방해할 것을 특정하거나 명시하여 지시하지 않았더라도 업무방해죄의 공동정범에 해당한다고 한 사례(대판 1994.3.8. 93도3154).

⑦ 화염병과 돌맹이들을 진압 경찰관을 향하여 무차별 던지는 시위 현장에 피고인도 이에 적극 참여하여 판시와 같이 돌맹이를 던지는 등의 행위로 다른사람의 화염병 투척을 용이하게 하고 이로 인하여 타인의 생명 신체에 대한 위험을 발생케 하였다면 비록 피고인 자신이 직접 화염병 투척의 행위는 하지 아니하였다 하더라도 그 화염병 투척(사용)의 공동정범으로서의 죄책을 면할 수는 없는 것이다(대판 1992.3.31. 91도3279).

⑧ 부하들이 흉기를 들고 싸움을 하고 있는 도중에 폭력단체의 두목급 수괴의 지위에 있는 을이 그 현장에 모습을 나타내고 더우기나 부하들이 흉기들을 소지하고 있어 살상의 결과를 초래할 것을 예견하면서도 **전부 죽이라는 고함을 친 행위**는 부하들의 행위에 큰 영향을 미치는 것으로서 을은 이로써 위 싸움에 가세한 것이라고 보지 아니할 수 없고, 나아가 부하들이 칼, 야구방망이 등으로 피해자들을 난타, 난자하여 사망케 한 것이라면 **을은 살인죄의 공동정범으로서의 죄책을 면할 수 없다**(대판 1987.10.13. 87도1240).

나. 공모공동정범

공모공동정범이란 수인의 공모자 중 일부만 실행행위를 하였을 때 실행행위에 참여하지 않은 공모자를 의미하는 것으로서 공동가공의 의사는 있지만 공동가공의 사실이 없는 경우이다. 이러한 실행행위에 직접 가담하지 않은 자에게도 공동정범의 성립을 인정할 수 있는지, 즉 공모공동정범 인정여부가 문제 된다.

이에 대하여 판례는 공동의사주체설의 입장(82도3248)이나 간접정범유사설의 입장(94도1832)에서 공모공동정범의 성립을 인정하였고, 최근에는 기능적 행위지배설의 입장에 따라 '범죄에 대한 본질적 기여를 통한 기능적 행위지배가 존재'하는 경우 공모공동정범 성립을 인정하고 있다(2013도6570).

> 판례 **공모공동정범**

① 공모공동정범은 공동범행의 인식으로 범죄를 실행하는 것으로 공동의사주체로서의 집단 전체의 하나의 범죄행위의 실행이 있음으로써 성립하고 공모자 모두가 그 실행행위를 분담하여 이를 실행할 필요가 없고 실행행위를 분담하지 않아도 공모에 의하여 수인 간에 공동의사주체가 형성되어 범죄의 실행행위가 있으면 실행행위를 분담하지 않았다고 하더라도 공동의사주체로서 정범의 죄책을 면할 수 없다(대판 1983.3.8. 82도3248, 공동의사주체설).

② 공모공동정범이 성립되려면 두 사람 이상이 공동의 의사로 특정한 범죄행위를 하기 위하여 일체가 되어 서로가 다른 사람의 행위를 이용하여 각자 자기의 의사를 실행에 옮기는 것을 내용으로 하는 모의를 하여 그에 따라 범죄를 실행한 사실이 인정되어야 하고, 이와 같이 공모에 참여한 사실이 인정되는 이상 직접 실행행위에 관여하지 안했더라도 다른 사람의 행위를 자기의사의 수단으로 하여 범죄를 하였다는 점에서 자기가 직접 실행행위를 분담한 경우와 형사책임의 성립에 차이를 둘 이유가 없다(대판 1988.4.12. 87도2368, 간접정범유사설).

③ [1] 형법 제30조의 공동정범은 공동가공의 의사와 그 공동의사에 기한 기능적 행위지배를 통한 범죄 실행이라는 주관적·객관적 요건을 충족함으로써 성립하는바, 공모자 중 일부가 구성요건 행위 중 일부를 직접 분담하여 실행하지 않은 경우라 할지라도 전체 범죄에 있어서 그가 차지하는 지위, 역할이나 범죄 경과에 대한 지배 내지 장악력 등을 종합해 볼 때, 단순한 공모자에 그치는 것이 아니라 범죄에 대한 본질적 기여를 통한 기능적 행위지배가 존재하는 것으로 인정된다면, 이른바 공모공동정범으로서의 죄책을 면할 수 없는 것이다. [2] 그리고 이 경우, 범죄의 수단과 태양, 가담하는 인원과 그 성향, 범행 시간과 장소의 특성, 범행과정에서 타인과의 접촉 가능성과 예상되는 반응 등 제반 상황에 비추어, 공모자들이 그 공모한 범행을 수행하거나 목적 달성을 위해 나아가는 도중에 부수적인 다른 범죄가 파생되리라고 예상하거나 충분히 예상할 수 있는데도 그러한 가능성을 외면한 채 이를 방지하기에 족한 합리적인 조치를 취하지 아니하고 공모한 범행에 나아갔다가 결국 그와 같이 예상되던 범행들이 발생하였다면, 비록 그 파생적인 범행 하나하나에 대하여 개별적인 의사의 연락이 없었다 하더라도 당초의 공모자들 사이에 그 범행 전부에 대하여 암묵적인 공모는 물론 그에 대한 기능적 행위지배가 존재한다고 보아야 할 것이다(대판 2007.4.26. 2007도428, 기능적 행위지배설).

④ [1] 2인 이상이 범죄에 공동가공하는 공범관계에서 공모는 법률상 어떤 정형을 요구하는 것이 아니고 2인 이상이 공모하여 범죄에 공동가공하여 범죄를 실현하려는 의사의 결합만 있으면 되는 것으로서, 비록 전체의 모의과정이 없다고 하더라도 수인 사이에 순차적으로 또는 암묵적으로 상통하여 그 의사의 결합이 이루어지면 공모관계가 성립하고, 이러한 공모가 이루어진 이상 실행행위에 직접 관여하지 아니한 자라도 다른 공범자의 행위에 대하여 공동정범으로서 형사책임을 진다. 사기의 공모공동정범이 그 기망방법을 구체적으로 몰랐다고 하더라도 공모관계를 부정할 수 없다. 한편 하나의 범죄행위에 관여한 여러 사람 중 한 명인 피고인이 자신의 행위가 범죄에 이용된다는 사실을 모르고 그 행위에 나아간 경우에는 그 피고인에게 고의가 없어서 죄책을 물을 수 없다. 하지만, 외형적으로 볼 때 피고인이 범죄를 구성하는 일부의 행위를 실행하였음에도 자신의 행위가 범죄에 이용된다는 사실을 모르고 그 행위를 하였을 뿐이라면서 공모사실이나 범행의 고의를 부인하는 경우, 그 범행 관련자들의 진술을 통하여 공모사실이나 범행의 고의를 증명할 방법이 없다는 이유만으로 무조건 피고인이 그 범죄사실을 인식하거나 혹은 공모한 사

실이 인정되지 않는다고 할 것이 아니라, 사물의 성질상 피고인의 범의 내지 공모사실과 상당한 관련성이 있는 간접사실 또는 정황사실을 종합하여 그 범의나 공모사실을 인정할 수 있는지를 살펴보아야 한다. 무엇이 상당한 관련성이 있는 간접사실에 해당할 것인가는 정상적인 경험칙에 바탕을 두고 치밀한 관찰력이나 분석력에 의하여 사실의 연결 상태를 합리적으로 판단하는 방법에 의하여야 한다. [2] 전화 등 전기통신수단을 이용한 금융사기 조직범죄에서 현금수거책의 공모사실이나 범의는 다른 공범과 순차적으로 또는 암묵적으로 상통함으로써 범죄에 공동가공하여 범죄를 실현하려는 의사가 결합되어 피해자의 현금을 수거한다는 사실을 인식하는 것으로 족하다. 이러한 인식은 미필적인 것으로도 충분하고 전체 보이스피싱 범행방법이나 내용까지 구체적으로 인식할 것을 요하지는 않는다(대판 2024.12.12. 2024도10141).

> **판례** 공모공동정범을 인정한 판례

① 건설 관련 회사의 유일한 지배자가 회사 대표의 지위에서 장기간에 걸쳐 건설공사 현장소장들의 뇌물공여행위를 보고받고 이를 확인·결재하는 등의 방법으로 위 행위에 관여한 사안에서, 비록 사전에 구체적인 대상 및 액수를 정하여 뇌물공여를 지시하지 아니하였다고 하더라도 그 핵심적 경과를 계획적으로 조종하거나 촉진하는 등으로 기능적 행위지배를 하였다고 보아 공모공동정범의 죄책을 인정하여야 한다(대판 2010.7.15. 2010도3544).

② 배임증재의 공모공동정범이 다른 공모공동정범에 의하여 수재자에게 재물 또는 재산상 이익이 제공되는 방법을 구체적으로 몰랐다고 하더라도 공모관계를 부정할 수 없다(대판 2015.7.23. 2015도3080 등).

③ 전국금속노동조합 쌍용자동차 지부의 자동차공장 점거파업 과정에서의 피고인들의 지위, 역할, 점거파업 과정에서 벌어진 집단 폭력행위의 성격과 경위, 그 규모와 형태, 구체적인 방법과 진행 과정, 위 노동조합의 지휘체계 등 여러 사정을 종합할 때, 위 노동조합 지부장 등 피고인들이 위 점거파업 과정에서 벌어진 노조원들의 폭행, 체포, 상해 등의 범죄행위들 중 일부에 대하여 구체적으로 모의하거나 이를 직접 분담하여 실행한 바가 없었더라도, 각 범행에 대한 암묵적인 공모는 물론 그 범행들에 대한 본질적 기여를 통한 기능적 행위지배를 한 자에 해당한다고 보아, 이들에 대한 폭력행위 등 처벌에 관한 법률 위반 등의 공소사실을 유죄로 인정한 원심판단을 수긍한 사례(대판 2011.1.27. 2010도11030)

④ 국가정보원의 원장 피고인 갑, 3차장 피고인 을, 심리전단장 피고인 병이 심리전단 산하 사이버팀 직원들과 공모하여 인터넷 게시글과 댓글 작성, 찬반클릭, 트윗과 리트윗 행위 등의 사이버 활동을 함으로써 국가정보원 직원의 직위를 이용하여 정치활동에 관여함과 동시에 제18대 대통령선거와 관련하여 공무원의 지위를 이용한 선거운동을 하였다고 하여 구 국가정보원법 위반 및 구 공직선거법 위반으로 기소된 사안에서, 국가정보원의 정보기관으로서의 조직, 역량과 상명하복에 의한 업무수행 체계, 사이버팀 직원들이 범행을 수행한 구체적인 방법과 모습, 피고인들이 각각 국가정보원의 원장과 3차장, 심리전단장으로서 사이버팀을 지휘·감독하던 지위와 역할, 사이버 활동이 이루어질 당시 피고인들이 회의석상에서 직원들에게 한 발언 및 지시 내용 등 제반 사정을 종합하면, (중략) 피고인들이 실행행위자인 사이버팀 직원들과 순차 공모하여 범행에 대한 기능적 행위지배를 함으로써 범행에 가담하였다는 등의 이유로, 피고인들에게 구 국가정보원법 위반죄와 구 공직선거법 위반죄를 인정한 원심판단이 정당하다고 한 사례(대판 2018.4.19. 2017도14322 전원합의체)

⑤ 종합관 지휘부에 속하는 피고인 1, 피고인 2, 피고인 3, 피고인 4는 종합관 농성학생들을 지휘하면서 옥상 사수대의 편성 및 배치 등에 관여하고, 피고인 5는 옥상 사수대의 총지휘자로서 사수대원들로 하여금 종합관으로 진입하는 경찰관들을 향하여 돌 등을 던지도록 지시하고, 피고인 6은 사수대원으로서 직접 돌 등을 던진 사실이 인정되는 이상, (중략) 피고인들은 모두 다른 공범자의 한 사람인 성명불상의 사수대원이 보도블록을 던짐으로써 의경 김종희가 그에 맞아 사망에 이른 이 사건 특수공무방해치사의 죄책을 면할 수 없다고 판단하였다(대판 1997.10.10. 97도1720).

⑥ 공동정범의 경우에 공모자 전원이 일정한 일시, 장소에 집합하여 모의하지 아니하고 공범중 수인을 통하여 범의의 연락이 있고 그 범의내용에 대하여 포괄적 또는 개별적인 의사연락이나 그 인식이 있었다면 그들 전원이 공모관계에 있다 할 것이고, 이와 같이 공모한 후 공범자중의 1인이 실사 범죄실행에 직접 가담하지 아니하였다 하더라도 다른 공모자가 분담실행한 공모자가 실행한 행위에 대하여 공동정범의 책임이 있다 할 것이며, 공범자중 수인이 강간의 기회에 상해의 결과를 야기하였다면 다른 공범자가 그 결과의 인식이 없었더라도 강간치상죄의 책임이 없다고 할 수 없다(대판 1984.2.14. 83도3120).

⑦ 미신고 옥외집회 또는 시위의 주최에 관하여 공동가공의 의사와 공동의사에 기한 기능적 행위지배를 통하여 그 실행을 공모한 자는 비록 구체적 실행행위에 직접 관여하지 아니하였더라도 다른 공범자의 미신고 옥외집회 또는 시위의 주최행위에 대하여 공모공동정범으로서의 죄책을 면할 수 없다(대판 2011.9.29. 2009도2821).

⑧ 피고인이 여러 공범들과 피해자를 상해하기로 공모하고, 피고인 등은 상피고인의 사무실에서 대기하고, 실행행위를 분담한 공모자 일부가 사건현장에 가서 위 피해자를 상해하여 사망케 하였다면 피고인은 상해치사범죄의 공동정범에 해당한다(대판 1991.10.11. 91도1755).

⑨ 공동정범에 있어서 범죄행위를 공모한 후 그 실행행위에 직접 가담하지 아니하더라도 다른 공모자가 분담, 실행한 행위에 대하여 공동정범의 죄책을 면할 수 없고, 공모공동정범에 있어서 공모는 2인 이상의 자가 협력해서 공동의 범의를 실현시키는 의사에 대한 연락을 말하는 것으로서 실행행위를 담당하지 아니하는 공모자에게 그 실행자를 통하여 자기의 범죄를 실현시킨다는 주관적 의사가 있어야 함은 물론이나, 반드시 배후에서 범죄를 기획하고 그 실행행위를 부하 또는 자기가 지배할 수 있는 사람에게 실행하게 하는 실질상의 괴수의 위치에 있어야 할 필요는 없다고 할 것이다(대판 1980.5.20. 80도306).[15]

> **판례** 공모공동정범을 부정한 판례
> - 전국노점상총연합회가 주관한 도로행진시위에 참가한 피고인이 다른 시위 참가자들과 함께 경찰관 등에 대한 특수공무집행방해 행위를 하던 중 체포된 사안에서, 단순 가담자인 피고인에게 체포된 이후에 이루어진 다른 시위참가자들의 범행에 대하여는 본질적 기여를 통한 기능적 행위지배가 존재한다고 보기 어려워 공모공동정범의 죄책을 인정할 수 없다고 한 사례(대판 2009.6.23. 2009도2994)

---

15) 대통령 경호실장 丙과 반목관계에 있던 중앙정보부장 甲은 1979. 10. 26. 대통령과 함께 하는 만찬이 열리게 되어 있는 안가에 도착하여 대통령 비서실장 乙에게 丙을 지칭하면서 "그 친구 오늘 해치워버릴까."하자 乙은 묵묵히 고개만 끄덕였고, 이어서 열린 만찬석상에서 甲은 丙을 권총으로 사살한 사안에서 내란목적살인죄의 공동정범을 인정한 사례

> **판례** 공모공동정범에 있어서 모의의 증명

- 공모공동정범에 있어서의 공모나 모의는 범죄사실을 구성하는 것으로서 이를 인정하기 위하여는 엄격한 증명이 요구되지만, 피고인이 그 실행행위에 직접 관여한 사실을 인정하면서도 공모의 점과 함께 범의를 부인하는 경우에는, 이러한 주관적 요소로 되는 사실은 사물의 성질상 범의와 상당한 관련성이 있는 간접사실 또는 정황사실을 증명하는 방법에 의하여 이를 입증할 수밖에 없고, 무엇이 상당한 관련성이 있는 간접사실에 해당할 것인가는 정상적인 경험칙에 바탕을 두고 치밀한 관찰력이나 분석력에 의하여 사실의 연결상태를 합리적으로 판단하는 방법에 의하여야 한다(대판 2003.1.24. 2002도6103).

다. 공모관계에서의 이탈

1) 공모 후 실행의 착수 전 이탈

공동정범 중 일부가 다른 공범의 실행의 착수 전에 공동가담의 의사를 철회하고 실행행위에 나아가지 아니한 경우, 공모관계에서의 이탈을 인정할 수 있는지 문제 된다.

이에 대하여 판례는 ① 이탈자가 평균적 일원에 불과한 경우에는 그 자가 공동가담의 의사를 철회하고 실행행위에 나아가지 아니한 것만으로도 공모관계에서의 이탈을 인정할 수 있고, 이 경우 그 이탈의 표시는 반드시 명시적임을 요하지 아니하나(85도2371), ② 이탈자에게 공모관계에 대한 주도적 지위를 인정할 수 있는 경우에는 단순한 이탈만으로는 부족하고 이탈자가 다른 공범의 범행을 저지하기 위하여 적극적으로 노력하는 등 그 실행에 미친 영향력을 제거하여야만 이탈을 인정할 수 있다(2008도1274)는 입장에서 판시하고 있다.

> **판례** 실행의 착수 전 이탈

- [1] 공모공동정범에 있어서 공모자 중의 1인이 다른 공모자가 실행행위에 이르기 전에 그 공모관계에서 이탈한 때에는 그 이후의 다른 공모자의 행위에 관하여는 공동정범으로서의 책임은 지지 않는다 할 것이나, 공모관계에서의 이탈은 공모자가 공모에 의하여 담당한 기능적 행위지배를 해소하는 것이 필요하므로 공모자가 공모에 주도적으로 참여하여 다른 공모자의 실행에 영향을 미친 때에는 범행을 저지하기 위하여 적극적으로 노력하는 등 실행에 미친 영향력을 제거하지 아니하는 한 공모관계에서 이탈하였다고 할 수 없다. [2] 다른 3명의 공모자들과 강도 모의를 하면서 삽을 들고 사람을 때리는 시늉을 하는 등 그 모의를 주도한 피고인이 함께 범행 대상을 물색하다가 다른 공모자들이 강도의 대상을 지목하고 뒤쫓아 가자 단지 "어?"라고만 하고 비대한 체격 때문에 뒤따라가지 못한 채 범행현장에서 200m 정도 떨어진 곳에 앉아 있었으나 위 공모자들이 피해자를 쫓아가 강도상해의 범행을 한 사안에서, 피고인에게 공동가공의 의사와 공동의사에 기한 기능적 행위지배를 통한 범죄의 실행사실이 인정되므로 강도상해죄의 공모관계에 있고, 다른 공모자가 강도상해죄의 실행에 착수하기까지 범행을 만류하는 등으로 그 공모관계에서 이탈하였다고 볼 수 없으므로 강도상해죄의 공동정범으로서의 죄책을 진다고 한 사례(대판 2015.2.16. 2014도14843 등)

판례 공모관계 이탈을 인정한 경우

① [1] 공모공동정범에 있어서 공모자 중의 1인이 다른 공모자가 실행행위에 이르기 전에 그 공모관계에서 이탈한 때에는 그 이후의 다른 공모자의 행위에 관하여는 공동정범으로서의 책임을 지지 않는다. (중략) 그 이탈의 표시는 반드시 명시적임을 요하지 않는다. [2] 구체적인 살해방법이 확정되어 피고인을 제외한 나머지 공범들이 피해자의 팔, 다리를 묶어 저수지 안으로 던지는 순간에 피해자에 대한 살인행위의 실행의 착수가 있다 할 것이고 따라서 피고인은 살해모의에는 가담하였으나 다른 공모자들이 실행행위에 이르기전에 그 공모관계에서 이탈하였다 할 것이고 그렇다면 피고인이 위 공모관계에서 이탈한 이후의 다른 공모자의 행위에 관하여는 공동정범으로서의 책임을 지지 않는다(대판 1986.1.21. 85도2371).

② 피고인은 1993. 4. 청주시 북문로 2가 소재 수아사 부근에서 청주 시내 유흥업소를 활동무대로 하여 폭행, 공갈 등을 목적으로 하는 '시라소니'파 범죄단체조직에 2기 조직원으로 가입하여 활동하던 자로서 공소외 1, 원심 공동피고인 1, 2 등 같은 '시라소니'파 조직원들과 공모 공동하여, 1993. 5. 28. 20:30경 반대파 조직 '파라다이스'파로부터 피고인 소속 조직원인 공소외 2, 3가 칼에 찔려 피해를 입자 이에 대한 보복을 하기 위하여 같은 날 21:00경부터 22:30경까지 청주시 사직동 무심천 고수부지 로울러스케이트장에 집결한 후 '파라다이스'파 조직원들을 공격하여 상해를 가하거나 살해할 것을 결의하고, 위 조직원들과 공동하여 생선회칼, 손도끼, 낫 등 흉기를 들고 8대 차량에 분승하여 청주 덕산 나이트클럽에 이르러 반대파 김영석을 찾았으나 없자 종업원 피해자 1을 폭행하고, 위와 같이 위 김영석과 '파라다이스'파 조직원들을 찾았으나 보이지 않자, '파라다이스'파 두목 피해자 2, 공소외 4를 살해하기로 결의, 같은 날 23:20경 청주관광호텔 실버스타 나이트클럽에 이르러 피고인, 원심 공동피고인 2, 3 등은 밖에서 망을 보고 다른 공범자들은 흉기를 소지하고 잠자는 피해자 2을 깨워 무차별 찔러 흉부자창으로 같은 날 23:50경 실혈사로 사망케 하였다는 요지의 공소사실에 대하여 피고인은 공소외 1 등과 같이 술을 마시고 있다가 같은 조직원으로부터 연락을 받고 무심천 로울러스케이트장에 가서 '파라다이스'파에게 보복을 하러 간다는 말을 듣고 다른 조직원들이 여러 대의 차에 분승하여 출발하려고 할 때 사태의 심각성을 실감하고 범행에 휘말리기 싫어서 그곳에서 택시를 타고 집에 왔으므로 피해자 1에 대한 폭력행위등처벌에관한법률위반 및 피해자 2에 대한 살인의 점에 대하여 다른 조직원들과의 사이에 '파라다이스'파 조직원들을 공격하여 상해를 가하거나 살해하기로 하는 모의가 있었다고 보기 어렵고, 가사 피고인에게도 그 범행에 가담하려는 의사가 있어 공모관계가 인정된다 하더라도 다른 조직원들이 각 이 사건 범행에 이르기 전에 그 공모 관계에서 이탈한 것이라 할 것이므로 피고인은 위 공모 관계에서 이탈한 이후의 행위에 대하여는 공동정범으로의 책임을 지지 않는다(대판 1996.1.26. 94도2654).

③ 피고인은 원심공동피고인 1, 2와 함께 서울 동작구 상도동 616 소재 나윤찬 경영의 명진상사 창고에 몰래 들어가 피혁을 훔치기로 약속하였으나 피고인은 절취할 마음이 내키지 아니하고 처벌이 두려워 만나기로 한 시간에 약속장소로 가지 아니하고 성남시 중동 소재 포장마차에서 술을 마신후 인근 여관에서 잠을 잤으며 원심공동피고인 1 등은 약속장소에서 피고인을 기다리다가 그들끼리 모의된 범행을 결행하기로 하여 원심공동피고인 1은 그 창고앞에서 망을 보고 원심공동피고인 2는 창고에 침입하여 가죽 약 1만평을 절취한 것이라는 바 그렇다면 피고인은 특수절도의 공

동정범이 성립될 수 없음은 물론 다른 공모자들이 실행행위에 이르기 이전에 그 공모관계로부터 이탈한 것이 분명하므로 그 이후의 다른 공모자의 절도행위에 관하여도 **공동정범으로서 책임을 지지 아니한다**(대판 1989.3.14. 88도837).

④ 피고인이 다른 피고인들과 택시강도를 하기로 모의한 일이 있다고 하여도 다른 피고인들이 피해자에 대한 폭행에 착수하기 전에 겁을 먹고 미리 현장에서 도주해 버렸다면 다른 피고인들과의 사이에 강도의 실행행위를 분담한 협동관계가 있었다고 보기는 어려우므로 **피고인을 특수강도의 합동범으로 다스릴 수는 없다**(대판 1985.3.26. 84도2956).

⑤ 甲이 乙과 공모하여 가출 청소년 丙(여, 16세)에게 낙태수술비를 벌도록 해 주겠다고 유인하였고, 乙로 하여금 丙의 성매매 홍보용 나체사진을 찍도록 하였으며, 丙이 중도에 약속을 어길 경우 민형사상 책임을 진다는 각서를 작성하도록 한 후, 자신이 별건으로 체포되어 구치소에 수감 중인 동안 丙이 乙의 관리 아래 12회에 걸쳐 불특정 다수 남성의 성매수 행위의 상대방이 된 대가로 받은 돈을 丙, 乙 및 甲의 처 등이 나누어 사용한 사안에서, **丙의 성매매 기간 동안 甲이 수감되어 있었다 하더라도 위 甲은 乙과 함께 미성년자유인죄, 구 청소년의 성보호에 관한 법률 위반죄의 책임을 진다**고 한 원심판단을 수긍한 사례(대판 2010.9.9. 2010도6924).

2) 실행의 착수 후 이탈

다른 공모자가 실행에 착수한 이후에 공모관계에서 이탈한 경우는 **공동정범과 중지미수의 문제**가 된다. 이 경우 다른 공동자 전원의 실행행위를 중지시키거나 모든 결과의 발생을 방지한 경우에 자의로 중지한 자는 중지미수로 자의성이 없는 다른 자는 장애미수의 책임을 진다. 따라서 1인이 자의로 중지하였을지라도 다른 공동정범이 결과를 발생시킨 경우에는 중지한 자에게도 기수범의 공동정범이 성립한다(통설).

> **판례** 실행의 착수 후 이탈

① 피고인이 포괄일죄의 관계에 있는 범행의 일부를 실행한 후 공범관계에서 이탈하였으나 다른 공범자에 의하여 나머지 범행이 이루어진 경우, 피고인이 관여하지 않은 부분에 대하여도 죄책을 부담한다. 피고인이 甲 투자금융회사에 입사하여 다른 공범들과 특정 회사 주식의 시세조정 주문을 내기로 공모한 다음 시세조정행위의 일부를 실행한 후 甲 회사로부터 해고를 당하여 공범관계로부터 이탈하였고, 다른 공범들이 그 이후의 나머지 시세조정행위를 계속한 사안에서, 피고인이 다른 공범들의 범죄실행을 저지하지 않은 이상 그 이후 나머지 공범들이 행한 시세조정행위에 대하여도 죄책을 부담함에도, 피고인이 해고되어 甲 회사를 퇴사함으로써 기존의 공모관계에서 이탈하였다는 사정만으로 피고인이 이미 실행한 시세조정행위에 대한 기능적 행위지배가 해소되었다고 보아 그 이후의 각 구 증권거래법 위반의 공소사실에 대하여 무죄를 선고한 원심판결에 공모공동정범에 관한 법리오해의 위법이 있다(대판 2011.1.13. 2010도9927, 실행착수 후 이탈).

② 행위자 상호간에 범죄의 실행을 공모하였다면 다른 공모자가 이미 실행에 착수한 이후에는 그 공모관계에서 이탈하였다고 하더라도 공동정범의 책임을 면할 수 없는 것이므로 피고인 등이 금품을 강취할 것을 공모하고 피고인은 집 밖에서 망을 보기로 하였으나, 다른 공모자들이 피해자의 집에 침입한 후 담배를 사기 위해서 망을 보지 않았다고 하더라도, 피고인은 판시 강도상해죄의 공

동정범의 죄책을 면할 수가 없다(대판 1984.1.31. 83도2941).

③ 처가 구속된 남편을 대행하여 그의 지시를 받아 회사를 운영하면서 조세포탈행위를 하다가 협의이혼하고 스스로 회사를 경영한 사안에서, 남편은 처와 조세포탈의 공범관계에 있으며 협의이혼 후 조세포탈에 관하여도 마찬가지이다(대판 2008.7.24. 2007도4310).

④ 피고인이 공범들과 다단계금융판매조직에 의한 사기범행을 공모하고 피해자들을 기망하여 그들로부터 투자금 명목으로 피해금원의 대부분을 편취한 단계에서 위 조직의 관리이사직을 사임한 경우, 피고인의 사임 이후 피해자들이 납입한 나머지 투자금명목의 편취금원도 같은 기망상태가 계속된 가운데 같은 공범들에 의하여 같은 방법으로 수수됨으로써 피해자별로 포괄일죄의 관계에 있으므로 이에 대하여도 피고인은 공범으로서의 책임을 부담한다(대판 2002.8.27. 2001도513).

3) 실행종료 후의 이탈

공모자 중 1인이 공동의 실행행위가 종료된 후 범죄계획에서 이탈하여 독자적인 의사로 범행을 한 경우에, 종료 이후의 행위는 이탈자의 단독행위가 되고 공동정범이 성립하지 않는다.

> **판례** 종료 후의 이탈
>
> - 소말리아 해적인 피고인들 등이 공모하여 아라비아해 인근 공해상에서 대한민국 해운회사가 운항 중인 선박 '삼호주얼리호'를 납치하여 대한민국 국민인 선원 등에게 해상강도 등 범행을 저질렀다는 내용으로 국내법원에 기소된 사안에서, 피고인 갑이 선장 을을 살해할 의도로 을에게 총격을 가하여 미수에 그친 사실을 충분히 인정할 수 있다고 본 다음, 이 사건 해적들의 공모내용은 선박 납치, 소말리아로의 운항 강제, 석방대가 요구 등 본래 목적의 달성에 차질이 생기는 상황이 발생한 때에는 인질 등을 살상하여서라도 본래 목적을 달성하려는 것에 있을 뿐, 본래 목적 달성이 무산되고 자신들의 생존 여부도 장담할 수 없는 상황에서 보복하기 위하여 그 원인을 제공한 이를 살해하는 것까지 공모한 것으로는 볼 수 없고, 당시 피고인 갑을 제외한 나머지 해적들은 두목의 지시에 따라 무기를 조타실 밖으로 버리고 조타실 내에서 몸을 숙여 총알을 피하거나 선실로 내려가 피신함으로써 저항을 포기하였고, 이로써 해적행위에 관한 공모관계는 실질적으로 종료하였으므로, 그 이후 자신의 생존을 위하여 피신하여 있던 나머지 피고인들로서는 피고인 갑이 을에게 총격을 가하여 살해하려고 할 것이라는 점까지 예상할 수는 없었다고 본 원심판단을 수긍한 사례(대판 2011.12.22. 2011도12927).

Ⅲ. 공동정범의 처벌

1. 일부실행·전부책임

공동정범은 각자를 그 죄의 정범으로 처벌한다(제30조). 즉, 비록 일부만을 실행한 자라도 공동의 범행결의 안에서 발생한 결과 전체에 대해서 단독으로 야기한 경우와 동일하게 책임을 진다. 그러나 동일한 법정형의 범위 내에서 양형은 각자에게 달라질 수 있다. 따라서 공동정범 중에 책임조각사유나 형의 가중·감경사유, 인적 처벌조각사유가 있는 자가 있을 경우에는 그러한 사유는 그 자에게만 적용된다.

> **판례** 일부실행·전부책임

① [1] 공모공동정범의 성립요건인 공모는 법률상 어떤 정형을 요구하는 것이 아니고 2인 이상이 공모하여 범죄에 공동가공하여 범죄를 실현하려는 의사의 결합만 있으면 되는 것으로서, 비록 전체적인 모의과정이 없었다고 하더라도 수인 사이에 순차적으로 또는 암묵적으로 상통하여 그 의사의 결합이 이루어지면 공모관계가 성립하고, 이러한 공모가 이루어진 이상 실행행위에 직접 관여하지 아니한 자라도 다른 공모자의 행위에 대하여 공동정범으로서 형사적 책임을 진다 할 것이다. [2] 피고인들이 공소외인과 함께 피해자를 밀감과수원 관리사로 끌고 가 관리사 내부가 피해자의 피로 물들 정도로 피해자를 폭행하였고 피해자가 실신하면 다시 깨워서 재차 폭행하여 결국 피해자로 하여금 완전히 의식을 상실하도록 하였으며, 피해자가 목숨을 잃은 것으로 오인하고 땅속에 매장하려다가 피해자가 깨어나 살려달라고 애원하자 피고인 1이 위 공소외인에게 삽을 건네주어 위 공소외인이 삽날 부분으로 피해자를 여러 차례 내려쳐 피해자를 살해한 사실을 인정한 다음, 비록 피고인들이 처음부터 위 공소외인과 피해자를 살해하기로 공모하지는 아니하였다 하더라도 위 공소외인과 함께 피해자를 폭행할 당시에는 이로 인하여 피해자가 사망할지도 모른다는 점을 인식하고 있었다고 보이므로, 위 공소외인과 암묵적으로 상통하여 피해자를 살해하기로 공모하였다고 인정되고, 피고인들이 직접 삽으로 피해자를 내려쳐 살해하지 아니하였다는 것만으로는 위 공소외인의 행위에 대하여 공동정범으로서의 책임을 면하지 못한다(대판 2004.3.12. 2004도126).

② 수인이 재물강취의 의사로 피해자를 상해하고, 그 중 1인이 몰래 피해자가 도망가면서 남겨 둔 옷에서 돈을 꺼내어 사용한 경우, 위 1인의 강도행위를 나머지 행위자들이 예측할 수 있었다고 보아 강도상해의 공동정범의 성립을 긍정한 사례(대판 2004.10.28. 2004도4437)

③ 피고인과 공소외(갑)이 공모하여 (갑)이 피해자를 강간하고 있는 동 피해자가 반항하지 못하도록 그의 입을 손으로 틀어 막고 주먹으로 얼굴을 2회 때렸다면 피고인은 강간죄의 공동정범의 죄책을 면할 수 없다(대판 1984.6.12. 84도780).

2. 공동정범의 인과관계

공동정범에 있어서 인과관계는 공동자 각자의 행위와 결과 사이에서 개별적으로 확정되는 것이 아니라 공동자 전원의 행위와 발생한 결과를 종합적·전체적으로 고려하여 확정된다. 예컨대, 살인을 공모한 甲과 乙이 각각 총을 쏘았으나 한 발의 총알만 명중하여 피해자가 사망한 경우 甲과 乙은 살인기수의 공동정범이 된다.

Ⅳ. 관련문제

1. 공동정범과 신분

비신분자는 단독으로는 진정신분범의 정범이 될 수 없으나, 신분자와 공동하여서는 진정신분범의 공동정범이 될 수 있다(제33조, 신분의 연대작용).

2. 공동정범과 착오

가. 구체적 사실의 착오

공모사실과 발생사실이 불일치하지만 동일한 구성요건에 속하는 경우, **공동정범 중 1인의 착오형태는 다른 공동정범에게도 동일하게 나타나고**, 이 경우 **구성요건적 착오에 관한 일반이론으로 해결**하게 된다.

나. 추상적 사실의 착오

1) 질적 착오

공모사실과 발생사실이 전혀 별개의 구성요건에 속하는 경우, 즉 죄질이 상이한 구성요건에 해당하는 경우에는 그 초과부분에 대하여는 공동정범이 성립하지 아니하고 실행자는 단독정범이 된다.

> **판례** 질적 초과
>
> - 피고인과 원심공동피고인 1, 2는 1987.8.1. 04:30경 서울 관악구 사당4동 303의43호 대흥연립주택 4동 101호 피해자의 집 안방에 들어가 피고인과 원심공동피고인 2가 피해자에게 과도를 들이대고 다시 피고인이 전화선으로 피해자의 손발을 묶고 원심공동피고인 2가 주먹과 발로 피해자를 수회 때려 반항을 억압한 다음 피고인이 장농 등을 뒤져 여자 손목시계 1개 등 3점 및 현금 150,000원 시가 합계 510,000원 상당을 가지고 나와 이를 강취하고 피고인을 포함한 위에서 본 세 사람은 공모하여 피고인은 위와 같이 피해자의 손발을 전화선으로 묶어 반항을 억압하고 원심공동피고인 2는 그녀의 유방을 만지고 원심공동피고인 1은 그 설시와 같은 방법으로 강제로 1회 간음하여 강간한 것이라는 것이다. (중략) 피고인은 원심공동피고인의 강간사실을 알게 된것은 이미 실행의 착수가 이루어지고 난 다음이었음이 명백하고 강간사실을 알고나서도 암묵리에 그것을 용인하여 그로 하여금 강간하도록 할 의사로 강간의 실행범인 원심공동피고인 1과 강간 피해자의 머리 등을 잡아준 원심공동피고인 2와 함께 일체가 되어 **원심공동피고인들의 행위를 통하여 자기의 의사를 실행하였다고는 볼 수 없다** 할 것이고 따라서 결국 **강도강간의 공모사실을 인정할 증거가 없다**고 하지 않을 수 없다(대판 1988.9.13. 88도1114).

2) 양적 착오

공모사실과 발생사실이 별개의 구성요건에 속하지만 죄질을 같이 하는 경우, 죄질이 부합하는 범위 내에서 공동정범이 성립하지만, 책임은 각자의 고의·과실의 범위 내에서 부담한다.

구체적으로 ① 공모내용에 미달한 경우에는 발생사실에 대한 공동정범이 성립하고, ② **공모내용을 초과한 경우에는 공모사실에 대한 공동정범이 성립**하며, ③ 결과적 가중범을 실현한 경우에는 공동자 전원이 중한 결과에 대하여 **과실이 있는 경우에 한하여** 결과적 가중범의 공동정범이 성립한다 (96도215).

> **판례** 양적 착오

① 수인이 가벼운 상해 또는 폭행 등의 범의로 범행 중 1인이 살인의 결과를 발생케 한 경우, 상해치사 또는 폭행치사 등의 죄책은 면할 수 없다고 하더라도 살인행위는 전연 예상치 못하였다 할 것이므로 살인죄의 책임을 물을 수는 없다(대판 1984.10.5. 84도1544).

② 피고인들이 등산용 칼을 이용하여 노상강도를 하기로 공모한 사건에서 범행 당시 차안에서 망을 보고 있던 피고인 甲이나 등산용 칼을 휴대하고 있던 피고인 을과 함께 차에서 내려 피해자로부터 금품을 강취하려 했던 피고인 丙으로서는 그때 우연히 현장을 목격하게 된 다른 피해자를 피고인 을이 소지중인 등산용 칼로 살해하여 강도살인행위에 이를 것을 전혀 예상하지 못하였다고 할 수 없으므로 피고인들 모두는 강도치사죄로 의율처단함이 옳다(대판 1990.11.27. 90도2262).

③ 피고인을 비롯한 30여 명의 공범들이 화염병 등 소지 공격조와 쇠파이프 소지 방어조로 나누어 회사 건물을 집단방화하기로 공모하고 이에 따라 공격조가 건물로 침입하여 화염병 수십 개를 1층 민원실 내부로 던져 불을 붙여 건물 내부를 소훼케 하는 도중에 공격조의 1인이 위 건조물 내의 피해자를 향하여 불이 붙은 화염병을 던진 사실을 알 수 있는 바, 이는 공격조에게 부여된 임무 수행을 위하여 이루어진 일련의 방화행위 중의 일부라고 보아야 할 것이고, 따라서 피해자의 화상은 이 사건 방화행위로 인하여 입은 것이라 할 것이므로 피고인을 비롯하여 당초 공모에 참여한 집단원 모두는 위 상해 결과에 대하여 현존건조물방화치상의 죄책을 면할 수 없다(대판 1996.4.12. 96도215).

④ 결과적 가중범인 상해치사죄의 공동정범은 폭행 기타의 신체침해행위를 공동으로 할 의사가 있으면 성립되고 결과를 공동으로 할 의사는 필요 없다 할 것이므로 패싸움 중 한사람이 칼로 찔러 상대방을 죽게 한 경우에 다른 공범자가 그 결과 인식이 없다 하여 상해치사죄의 책임이 없다고 할 수 없다(대판 1978.1.17. 77도2193).

⑤ 강도의 공범자 중 1인이 강도의 기회에 피해자에게 폭행 또는 상해를 가하여 살해한 경우, 다른 공모자가 살인의 공모를 하지 아니하였다고 하여도 그 살인행위나 치사의 결과를 예견할 수 없었던 경우가 아니면 강도치사죄의 죄책을 면할 수 없다(대판 1991.11.12. 91도2156).

3. 동시범

가. 의의

동시범이란 2인 이상이 상호 의사연락 없이 동시 또는 이시에 동일한 객체에 대하여 각자 범죄를 실행하여 구성요건적 결과를 실현한 경우를 의미한다. 이는 우연히 단독정범이 경합된 경우이므로 공동정범과 달리 개별책임의 원리가 적용된다.

나. 종류

동시범에는 ① 결과발생의 원인행위가 판명되어 각 행위자가 각자의 원인행위에 따라 각각 정범으로 처벌되는 경우와 ② 결과발생의 원인행위가 판명되지 아니하여 제19조에 따라 각각 미수범으로 처벌되는 경우가 있다. 다만, 후자의 경우에는 제263조의 예외규정이 존재한다.

다. 제19조의 독립행위의 경합

> **제19조(독립행위의 경합)** 동시 또는 이시의 독립행위가 경합한 경우에 그 결과발생의 원인된 행위가 판명되지 아니한 때에는 각 행위를 미수범으로 처벌한다.

1) 의의

형법 제19조는 '독립행위의 경합'이라는 표제하에 "동시 또는 이시의 독립행위가 경합한 경우에 그 결과발생의 원인된 행위가 판명되지 아니한 때에는 각 행위를 미수범으로 처벌한다."고 규정하고 있다.

2) 성립요건

① 2인 이상 다수인의 실행의 착수 이후의 실행행위가 있어야 한다. 따라서 독립행위의 존재 자체가 불분명한 경우에는 제19조가 적용될 여지가 없다. ② 행위자 상호간에는 범죄를 공동으로 실현하려는 의사의 연락이 없어야 한다. ③ 독립행위는 동일한 객체에 대한 것이어야 한다. 객체가 동일한 이상 각자의 행위가 구성요건적으로 동일할 필요는 없다(예컨대, 상해와 살인의 경합). ④ 다수인의 행위는 반드시 동시에 행해질 필요는 없고 이시라도 상관없으며, 반드시 동일한 장소에서 행해짐을 요하지 않는다. ⑤ 구성요건적 결과가 발생하여야 한다. ⑥ 결과발생의 원인된 행위가 판명되지 아니하여야 한다. 인과관계는 각자의 행위가 결과에 대해 원인이 되었는지를 개별적으로 검토한다.

> **판례** 동시범이 성립하지 않는 경우
>
> ① 2인 이상이 상호의사의 연락 없이 동시에 범죄구성요건에 해당하는 행위를 하였을 때에는 원칙적으로 각인에 대하여 그 죄를 논하여야 하나 그 결과 발생의 원인이 된 행위가 분명하지 아니한 때에는 각 행위자를 미수범으로 처벌하고(독립행위의 경합), 이 독립행위가 경합하여 특히 상해의 결과를 발생하게 하고 그 결과발생의 원인이 된 행위가 밝혀지지 아니한 경우에는 공동정범의 예에 따라 처단(동시범)하는 것이므로 공범관계에 있어 공동가공의 의사가 있었다면 이에는 동시범 등의 문제는 제기될 여지가 없다(대판 1985.12.10. 85도1892).
>
> ② 상해죄에 있어서의 동시범은 두 사람 이상이 가해행위를 하여 상해의 결과를 가져온 경우에 그 상해가 어느 사람의 가해행위로 말미암은 것인지 분명치 않다면 가해자 모두를 공동정범으로 보자는 것이므로 가해행위를 한 것 자체가 분명하지 않은 사람에 대하여 동시범으로 다스릴 수 없음은 더 말할 것도 없다. 피고인들이 주먹이나 이마로 피해자를 구타한 것이 피해자 주장과 같이 인정된다면 이 점에 대한 죄책을 면할 수 없겠지만, 만일 흉기로 피해자의 얼굴을 찍은 것이 피고인들 중 어느 한 사람의 소행일 가능성이 없는 상황이라면 피고인들 및 제3자 상호간에 의사의 연락이 있었다고 볼 수 없는 이 사건에 있어서 피고인들에 대하여 흉기에 의한 상해행위 부분까지 그 죄책을 물을 수는 없을 것이다(대판 1984.5.15. 84도488).

> **판례** 과실 동시범의 인과관계
>
> • 선행 교통사고와 후행 교통사고 중 어느 쪽이 원인이 되어 피해자가 사망에 이르게 되었는지 밝혀지지 않은 경우 후행 교통사고를 일으킨 사람의 과실과 피해자의 사망 사이에 인과관계가 인정되

기 위해서는 후행 교통사고를 일으킨 사람이 주의의무를 게을리하지 않았다면 피해자가 사망에 이르지 않았을 것이라는 사실이 증명되어야 하고, 그 증명책임은 검사에게 있다(대판 2007.10.26. 2005도8822).

3) 효과

가) 고의행위와 고의행위가 경합한 경우

미수범 처벌규정이 있는 경우에 한해 각자 그 고의행위의 미수범으로 처벌된다.

나) 고의행위와 과실행위가 경합한 경우

고의행위는 미수범으로 처벌되나, 과실행위는 미수의 처벌규정이 없으므로 불가벌이다.

다) 과실행위와 과실행위가 경합한 경우

과실행위는 미수의 처벌규정이 없으므로 모두 불가벌이다.

라. 제263조의 동시범 특례

> **제263조(동시범)** 독립행위가 경합하여 상해의 결과를 발생하게 한 경우에 있어서 원인된 행위가 판명되지 아니한 때에는 공동정범의 예에 의한다.

1) 의의

형법 제263조는 "독립행위가 경합하여 상해의 결과를 발생하게 한 경우에 있어서 원인된 행위가 판명되지 아니한 때에는 공동정범의 예에 의한다."고 규정하고 있다. 이는 상해의 동시범에 있어서는 원인행위가 판명되지 아니한 때에도 의사연락이 있었던 것과 같이 공동정범으로 처벌한다는 특례규정이다.

2) 성립요건

① 2인 이상의 상해행위 또는 폭행행위가 서로 의사연락 없이 동시 또는 이시에 동일객체에 대하여 행해져야 하고, ② 상해결과가 발생하여야 하며, ③ 누구의 행위가 원인이 되어 상해의 결과가 발생하였는지 인과관계의 증명이 불가능하여야 한다.

3) 효과

원인된 행위가 판명되지 아니한 때에는 공동정범의 예에 의한다(제263조). 이는 전체행위와 결과 간에 인과관계를 판단한다는 의미이므로, 개개의 행위와 상해의 결과 간에 개별적으로는 인과관계가 불명확할지라도 전체행위가 상해의 결과에 대해서 원인이 되었다면 각 가담자는 발생한 결과에 대하여 기수로 처벌된다.

4) 적용범위

가) 상해죄·폭행치상죄

제263조는 폭행과 상해의 죄에 관한 특례규정이므로 당연히 적용된다.

나) 상해치사죄·폭행치사죄

상해의 결과 발생과 관련하여 상해치사죄와 폭행치사죄와 같이 사망의 결과가 발생한 경우에도 위 제263조가 적용될 수 있는지 문제 된다. 이에 대하여 판례는 긍정설의 입장에서 '동시범의 특례를 규정한 제263조는 상해치사죄에도 적용된다'고 판시하였다(80도3321).

> **판례** 상해치사죄에 대한 제263조 적용
>
> ① 이시의 독립된 상해행위가 경합하여 사망의 결과가 일어난 경우에 그 원인된 행위가 판명되지 아니한 때에는 공동정범의 예에 의하여야 한다(대판 1981.3.10. 80도3321).
>
> ② 피고인은 피고인 2, 원심상피고인 , 공소외 인 등과 뱃놀이를 하면서 술을 마셔 만취된 상태에서 술을 더 마시자고 의논이 되어 사건현장 술집에 가게 되었는데 피고인과 피고인 2가 앞서 가다가 피고인이 마루에 걸터 앉아 있던 피해자 박양래 앞을 지나면서 그의 발을 걸은 것이 발단이 되어 시비가 일어나자, ① 화가 난 피고인이 손으로 피해자의 멱살을 잡아 흔들다 뒤로 밀어버려 피해자로 하여금 그곳 토방 시멘트바닥에 넘어져 나무기둥에 뒷머리를 부딪치게 하였고, ② 이때 뒤따라 들어오던 원심상피고인이 그 장면을 보고 들고 있던 쪽대(고기망태기)를 마당에 집어던지고 욕설을 하면서 피해자에게 달려들어 양손으로 멱살을 잡고 수회 흔들다가 밀어서 피해자를 뒤로 넘어뜨려 피해자로 하여금 뒷머리를 토방 시멘트바닥에 또다시 부딪치게 하였으며, ③ 원심상피고인은 이에 이어서 그곳 부엌근처에 있던 삽을 손에 들고 피해자의 얼굴 우측부위를 1회 때려 동인으로 하여금 넘어지면서 뒷머리를 장독대 모서리에 부딪치게 하여, 그 결과 피해자로 하여금 뇌저부경화동맥파열상을 입게 하여 사망에 이르게 하였다는 사실을 인정하고, (중략) 동시범의 특례를 규정한 형법 제263조가 상해치사죄에도 적용되는 관계상 위 피해자의 사망이 피고인의 범행에 인한 것인지, 원심상피고인의 범행에 인한 것인지가 판명되지 아니하는 때에 예외적으로 공동정범의 예에 의할 수 있을 것임에도 불구하고, 원심은 피고인과 원심상피고인을 공동정범으로 봄으로써 이러한 점에 대하여는 살펴보지도 아니한 채 피고인에 대하여 치사의 결과에 대한 책임을 물었으니, 앞서 본바와 같은 법리의 오해는 판결에 영향을 미쳤다할 것이고 따라서 이 점을 지적하고 있는 상고논지는 이유있다(대판 1985.5.14. 84도2118).
>
> ③ 시간적 차이가 있는 독립된 상해행위나 폭행행위가 경합하여 사망의 결과가 일어나고 그 사망의 원인된 행위가 판명되지 않은 경우에는 공동정범의 예에 의하여 처벌할 것이므로, 2시간 남짓한 시간적 간격을 두고 피고인이 두번째의 가해행위인 이 사건 범행을 한 후, 피해자가 사망하였고 그 사망의 원인을 알 수 없다고 보아 피고인을 폭행치사죄의 동시범으로 처벌한 원심판단은 옳다(대판 2000.7.28. 2000도2466).

다) 강간치상죄·강도치상죄

제263조는 폭행과 상해의 죄에 관한 특례규정이므로 그 보호법익을 달리하는 이 경우에는 적용되지 아니한다.

> **판례** 강간치상죄의 동시범
>
> • 형법 제263조의 동시범은 상해와 폭행죄에 관한 특별규정으로서 동 규정은 그 보호법익을 달리하는 강간치상죄에는 적용할 수 없다(대판 1984.4.24. 84도372).

라) 과실치사상죄

이 경우에도 제263조가 적용될 것인가에 대하여 견해가 대립하나, 제263조의 적용범위를 제한하여야 한다는 점을 고려할 때 부정설이 타당하다.

4. 합동범

가. 의의

합동범이란 2인 이상이 합동하여 일정한 죄를 범한 경우에 단독정범이나 공동정범보다 형벌이 가중되는 범죄를 말한다. 형법상 **특수절도죄**(제331조 제2항), **특수강도죄**(제334조 제2항), **특수도주죄**(제146조)가 존재하고, 특별법상 **특수강간죄**(성폭력범죄의 처벌 등에 관한 특례법 제4조 제1항) 등이 존재한다.

나. 합동범의 본질

합동범의 성립 요건 및 공동정범과의 관계 등과 관련하여 합동범의 본질이 문제 된다.

이에 대하여 ① 공모공동정범설 및 ② 가중적 공동정범설, ③ 현장설, ④ 현장적 공동정범설이 대립하고, 판례는 현장설의 입장에서 '합동절도가 성립하려면 주관적 요건으로서의 공모 외에 실행행위의 분담이 있어야 하고, 그 실행행위에 있어서는 시간적으로나 장소적으로 합동관계가 있다고 볼 수 있어야 한다'고 판시하였다(75도2720).

> **판례** 합동범의 본질 – 현장설
>
> ① 합동범은 주관적 요건으로서 공모 외에 객관적 요건으로서 현장에서의 실행행위의 분담을 요하나 이 실행행위의 분담은 반드시 동시에 동일장소에서 실행행위를 특정하여 분담하는 것만을 뜻하는 것이 아니라 시간적으로나 장소적으로 서로 협동관계에 있다고 볼 수 있으면 충분하다. (중략) 피고인들 중 피고인 강기복이 피해자의 집 담을 넘어 들어가 대문을 열어 피고인 김상호, 배산환으로 하여금 들어오게 한 다음 피고인 배산환, 강기복은 드라이버로 현관문을 열고 들어가 그 곳에 있던 식칼 두 개를 각자 들고 피고인들 모두가 안방에 들어가서 피해자들을 칼로 협박하고 손을 묶은 뒤 장농설함을 뒤져 귀금속과 현금 등을 강취하였다는 것이므로, 피고인 김상호가 소론과 같이 직접 문을 열거나 식칼을 든 일이 없다고 하여도 위 원심판시와 같이 다른 피고인들과 함께 행동하면서 범행에 협동한 이상 현장에서 실행행위를 분담한 것이라고 볼 것이다(대판 1992.7.28. 92도917).
>
> ② 피고인은 공소외 1, 2와 실행행위의 분담을 공모하고 위 공소외인들의 절취행위 장소부근에서 피고인이 운전하는 차량내에 대기하여 실행행위를 분담한 사실이 인정되고 다만 위 공소외인들이 범행대상을 물색하는 과정에서 절취행위 장소가 피고인이 대기중인 차량으로부터 다소 떨어지게 된 때가 있었으나 그렇다고 하여 시간적, 장소적 협동관계에서 일탈하였다고는 보여지지 아니하므로 피고인에 대하여 합동절도의 상습성을 인정하고 특정범죄가중처벌등에관한법률 제5조의4 제1항, 형법 제331조를 적용하여 유죄로 인정한 원심판결은 정당하다(대판 1988.9.13. 88도1197).
>
> ③ 피고인이 피해자의 형과 범행을 모의하고 피해자의 형이 피해자의 집에서 절취행위를 하는 동안 피고인은 그 집 안의 가까운 곳에 대기하고 있다가 절취품을 가지고 같이 나온 경우 시간적, 장소적으로 협동관계가 있었다고 보아 **합동범이 된다**(대판 1996.3.22. 96도313).
>
> ④ 피고인 등이 비록 특정한 1명씩의 피해자만 강간하거나 강간하려고 하였다 하더라도, 사전의 모의에 따라 강간할 목적으로 심야에 인가에서 멀리 떨어져 있어 쉽게 도망할 수 없는 야산으로 피해자들을 유인한 다음 곧바로 암묵적인 합의에 따라 각자 마음에 드는 피해자들을 데리고

불과 100m 이내의 거리에 있는 곳으로 흩어져 동시 또는 순차적으로 피해자들을 각각 강간하였다면, 그 각 강간의 실행행위도 시간적으로나 장소적으로 협동관계에 있었다고 보아야 할 것이므로, 피해자 3명 모두에 대한 특수강간죄 등이 성립된다고 한 사례(대판 2004.8.20. 2004도2870).

⑤ (전략) 늦어도 피고인 1이 피해자를 간음하기 위해 화장실로 갈 무렵에는 피고인들이 술에 취해 반항할 수 없는 피해자를 간음하기로 공모하였고, 피고인 2가 피고인 1에게 간음하기에 편한 자세를 가르쳐 주고 피고인 1이 간음 행위를 하는 방식으로 실행행위를 분담하였으므로 피고인들은 시간적·장소적 협동관계에 있었다(대판 2016.6.9. 2016도4618).

⑥ [1] 성폭력범죄의처벌및피해자보호등에관한법률 제6조 제1항의 2인 이상이 합동하여 형법 제297조의 죄를 범함으로써 특수강간죄가 성립하기 위하여는 주관적 요건으로서의 공모와 객관적 요건으로서의 실행행위의 분담이 있어야 하는바, 그 공모는 법률상 어떠한 정형을 요구하는 것이 아니어서 공범자 상호간에 직접 또는 간접으로 범죄의 공동가공의사가 암묵리에 상통하여도 되고 반드시 사전에 모의과정이 있어야 하는 것이 아니며, 그 실행행위는 시간적으로나 장소적으로 협동관계에 있다고 볼 정도에 이르면 된다. [2] (중략) 피고인들 및 위 제1심 공동피고인간에는 강간범행에 대한 공동가공의 의사가 암묵리에 상통하였다고 할 것이고, 한편 피고인 2가 피고인 1에게 강간당하지 않으려고 도망가는 피해자를 붙잡아 위 피고인과 성교를 할 것을 강요하면서 폭행을 하여 피해자로 하여금 도망가는 것을 단념하게 한 후 그녀를 피고인 1이 있는 방으로 데려왔고, 위 제1심 공동피고인 역시 피해자에게 피고인 1과 성교를 할 것을 강요하면서 피해자를 폭행하였고, 피고인 1이 피해자를 간음하는 동안 피고인 2와 위 제1심 공동피고인이 바로 그 옆방에 있었던 이상 피고인 2 및 위 제1심 공동피고인은 강간죄의 실행행위를 분담하였다 할 것이고 그 실행행위의 분담은 시간적으로나 공간적으로 피고인 1과 협동관계에 있다고 보아야 할 것이다(대판 1998.2.27. 97도1757).

다. 합동범의 공동정범

합동범의 본질에 대해 현장설에 따를 경우 합동범의 공동정범이 가능한지 문제 된다.

이에 대하여 판례는 긍정설의 입장에서 '3인 이상의 범인이 합동절도 후 범행을 공모한 후 적어도 2인 이상이 범행현장에서 시간적·장소적으로 협동관계를 이루어 절도범행을 한 경우 공동정범의 일반이론에 비추어 공모에는 참여하였으나 현장에서 실행행위를 직접 분담하지 아니한 다른 범인에 대하여도 그가 현장에서 절도범행을 실행한 2인 이상의 범인의 행위를 자기의사의 수단으로 하여 범행을 하였다고 보여지는 한 합동절도의 공동정범의 성립을 부정할 이유가 없다'고 판시하였다(2011도2021).

> **판례** 합동범의 공동정범
>
> ① 3인 이상의 범인이 합동절도의 범행을 공모한 후 적어도 2인 이상의 범인이 범행 현장에서 시간적, 장소적으로 협동관계를 이루어 절도의 실행행위를 분담하여 절도 범행을 한 경우에는 공동정범의 일반 이론에 비추어 그 공모에는 참여하였으나 현장에서 절도의 실행행위를 직접 분담하지 아니한 다른 범인에 대하여도 그가 현장에서 절도 범행을 실행한 위 2인 이상의 범인의 행위를 자기 의사의 수단으로 하여 합동절도의 범행을 하였다고 평가할 수 있는 정범성의 표지를 갖추고 있다고 보여지는 한 그 다른 범인에 대하여 합동절도의 공동정범의 성립을 부정할 이유가 없다

고 할 것이다. (중략) 합동절도에서도 공동정범과 교사범·종범의 구별기준은 일반원칙에 따라야 하고, 그 결과 **범행현장에 존재하지 아니한 범인도 공동정범이 될 수 있으며**, 반대로 상황에 따라서는 **장소적으로 협동한 범인도 방조만 한 경우에는 종범으로 처벌될 수도 있다**(대판 1998.5.21. 98도321).

② 피고인이 甲, 乙과 공모한 후 甲, 乙은 피해자 회사의 사무실 금고에서 현금을 절취하고, 피고인은 위 사무실로부터 약 100m 떨어진 곳에서 망을 보는 방법으로 합동하여 재물을 절취하였다고 하여 주위적으로 기소된 사안에서, 제반 사정에 비추어 甲, 乙의 합동절도 범행에 대한 공동정범으로서 죄책을 면할 수 없다고 한 사례(대판 2011.5.13. 2011도2021)

라. 합동범의 교사범·종범

현장성을 결여한 자일지라도 **합동범에 대한 교사·방조는 당연히 가능하다**.

제4절 교사범

> **제31조(교사범)** ① 타인을 교사하여 죄를 범하게 한 자는 죄를 실행한 자와 동일한 형으로 처벌한다.
> ② 교사를 받은 자가 범죄의 실행을 승낙하고 실행의 착수에 이르지 아니한 때에는 교사자와 피교사자를 음모 또는 예비에 준하여 처벌한다.
> ③ 교사를 받은 자가 범죄의 실행을 승낙하지 아니한 때에도 교사자에 대하여는 전항과 같다.

Ⅰ. 교사범의 의의

교사범이란 타인을 교사하여 범죄실행의 결의를 생기게 하고 그 결의에 의하여 범죄를 실행하게 한 자를 말한다. 형법 제31조 제1항은 '타인을 교사하여 죄를 범하게 한 자는 죄를 실행한 자와 동일한 형으로 처벌한다.'고 규정하고 있다.

교사범은 스스로 행위지배에 관여하지 않는 점에서 행위지배를 행하는 공동정범·간접정범과 구별되며, 타인에게 범죄의 결의를 생기게 하였다는 점에서, 타인의 결의를 전제로 하여 그 실행을 돕는 종범과 구별된다.

Ⅱ. 교사범의 성립요건

1. 교사자에 관한 요건

가. 교사자의 교사행위

1) 교사행위

가) 의의

교사행위란 타인(정범)에게 범죄의 결의를 가지게 하는 것을 말한다. 따라서 **피교사자가 이미 범죄를 결의하고 있을 때에는 교사행위라고 할 수 없다**.

나) 이미 범죄를 결의하고 있는 자에게 교사를 한 경우의 취급

(1) 동일범죄를 교사한 경우

피교사자는 교사자에 의하여 비로소 범죄를 실행하여야 하므로 교사행위는 성립하지 않고, 무형적 방법에 의한 종범 또는 교사의 미수(제31조 제3항, 실패한 교사)는 가능하다.

(2) 가중적 구성요건을 교사한 경우

이 경우 전체 범행에 대한 교사범이 성립한다.

(3) 감경적 구성요건을 교사한 경우

구체적 타당성을 고려할 때 위험감소의 경우로서 객관적 귀속이 부정되어 교사범은 성립할 수 없다. 다만 이 경우지만 방조범 성립은 가능하다.

(4) 질적 차이가 있는 범죄를 교사한 경우

강간을 결의한 자에게 절도를 교사한 경우에 있어서 이미 결심한 범죄와 질적으로 다른 새로운 범죄를 결의케 하였으므로 실행한 범죄에 대한 교사범이 성립한다고 할 것이다.

다) 교사행위의 수단·방법

교사행위의 수단에는 제한이 없고, 범죄결의에 영향을 미칠 수 있는 것이면 족하다. ① 교사는 반드시 명시적·직접적 방법에 의함을 요하지 아니하며, 묵시적인 경우도 포함한다. ② 수인이 공동하거나 연쇄적인 방법에 의한 교사도 가능하다. ③ 교사는 특정 범죄에 대한 결의를 가지게 하는 것임을 요하므로 범죄일반을 교사하는 것은 교사라고 할 수 없다. ④ 또한 교사행위는 교사자가 심리적 영향에 의하여 정범에게 범죄의 결의를 일으키게 하는 것이므로 부작위와 과실에 의한 교사는 불가능하다.

> **판례** **교사행위 관련 판례**
>
> ① [1] 교사범이란 타인(정범)으로 하여금 범죄를 결의하게 하여 그 죄를 범하게 한 때에 성립하는 것이고 피교사자는 교사범의 교사에 의하여 범죄실행을 결의하여야 하는 것이므로, 피교사자가 이미 범죄의 결의를 가지고 있을 때에는 교사범이 성립할 여지가 없다. [2] 막연히 "범죄를 하라"거나 "절도를 하라"고 하는 등의 행위만으로는 교사행위가 되기에 부족하다 하겠으나, 타인으로 하여금 일정한 범죄를 실행할 결의를 생기게 하는 행위를 하면 되는 것으로서 교사의 수단방법에 제한이 없다 할 것이므로, 교사범이 성립하기 위하여는 범행의 일시, 장소, 방법 등의 세부적인 사항까지를 특정하여 교사할 필요는 없는 것이고, 정범으로 하여금 일정한 범죄의 실행을 결의할 정도에 이르게 하면 교사범이 성립된다. [3] 피고인이 갑, 을, 병이 절취하여 온 장물을 상습으로 19회에 걸쳐 시가의 3분의1 내지 4분의 1의 가격으로 매수하여 취득하여 오다가, 갑, 을에게 일제 도라이바 1개를 사주면서 "병이 구속되어 도망다니려면 돈도 필요할텐데 열심히 일을 하라(도둑질을 하라)"고 말하였다면, 그 취지는 종전에 병과 같이 하던 범위의 절도를 다시 계속하면 그 장물은 매수하여 주겠다는 것으로서 절도의 교사가 있었다고 보아야 한다. [4] 교사범의 교사가 정범이 죄를 범한 유일한 조건일 필요는 없으므로, 교사행위에 의하여 정범이 실행을 결의하게 된 이상 비록 정범에게 범죄의 습벽이 있어 그 습벽과 함께 교사행위가 원인이 되어 정범이 범죄를 실행한 경우에도 교사범의 성립에 영향이 없다(대판 1991.5.14. 91도542).

② [1] 교사자의 교사행위는 정범에게 범죄의 결의를 가지게 하는 것을 말하는 것으로서, 그 범죄를 결의하게 할 수 있는 것이면 그 수단에는 아무런 제한이 없고, 반드시 명시적·직접적 방법에 의할 것을 요하지도 않으며, 이와 같은 교사범에 있어서의 교사사실은 범죄사실을 구성하는 것으로서 이를 인정하기 위하여는 엄격한 증명이 요구되지만, 피고인이 교사사실을 부인하고 있는 경우에는 사물의 성질상 그와 상당한 관련성이 있는 간접사실을 증명하는 방법에 의하여 이를 입증할 수도 있고, 이러한 경우 무엇이 상당한 관련성이 있는 간접사실에 해당할 것인가는 정상적인 경험칙에 바탕을 두고 치밀한 관찰력이나 분석력에 의하여 사실의 연결상태를 합리적으로 판단하는 방법에 의하여야 한다. [2] 교사범이 성립하기 위해서는 교사자의 교사행위와 정범의 실행행위가 있어야 하는 것이므로, 정범의 성립은 교사범의 구성요건의 일부를 형성하고 교사범이 성립함에는 정범의 범죄행위가 인정되는 것이 그 전제요건이 된다(대판 2000.2.25. 99도1252).

③ 교사자가 피교사자에게 피해자를 "정신차릴 정도로 때려주라"고 교사하였다면 이는 상해에 대한 교사로 봄이 상당하다(대판 1997.6.24. 97도1075).

④ 피고인이 연소한 제1심 상피고인에게 밥값을 구하여 오라고 말한 것이 절도범행을 교사한 것이라고 볼 수 없다(대판 1984.5.15. 84도418).

판례 교사범이 성립하는 경우

① 자기의 형사 사건에 관한 증거를 인멸하기 위하여 타인을 교사하여 죄를 범하게 한 자에 대하여는 증거인멸교사죄가 성립한다(대판 2000.3.24. 99도5275).

② 증거은닉죄는 타인의 형사사건이나 징계사건에 관한 증거를 은닉할 때 성립하고 자신의 형사사건에 관한 증거은닉 행위는 형사소송에 있어서 피고인의 방어권을 인정하는 취지와 상충하여 처벌의 대상이 되지 아니하므로 자신의 형사사건에 관한 증거은닉을 위하여 타인에게 도움을 요청하는 행위 역시 원칙적으로 처벌되지 아니하나, 다만 그것이 방어권의 남용이라고 볼 수 있을 때는 증거은닉교사죄로 처벌할 수 있다(대판 2016.7.29. 2016도5596).

③ 형법 제151조 제1항에서 정한 '죄를 범한 자'는 범죄의 혐의를 받아 수사대상이 되어 있는 사람이면 그가 진범인지 여부를 묻지 않고 이에 해당한다. 그리고 형법 제151조 제1항에서 정한 '죄를 범한 자'가 자신을 위하여 타인으로 하여금 범인도피죄를 범하게 하는 행위는 방어권의 남용으로 범인도피교사죄에 해당한다(대판 2014.3.27. 2013도152, 대판 2006.12.7. 2005도3707).

④ 무면허 운전으로 사고를 낸 사람이 동생을 경찰서에 대신 출두시켜 피의자로 조사받도록 한 행위는 범인도피교사죄를 구성한다(대판 2014.3.27. 2013도152 등).

⑤ 피고인이 갑을 모해할 목적으로 을에게 위증을 교사한 이상, 가사 정범인 을에게 모해의 목적이 없었다고 하더라도, 형법 제33조 단서의 규정에 의하여 피고인을 모해위증교사죄로 처단할 수 있다(대판 1994.12.23. 93도1002).

⑥ 치과의사가 환자의 대량유치를 위해 치과기공사들에게 내원환자들에게 진료행위를 하도록 지시하여 동인들이 각 단독으로 전항과 같은 진료행위를 하였다면 무면허의료행위의 교사범에 해당한다(대판 1986.7.8. 86도749).

⑦ 백송을 도벌하여 상자를 만들어 달라고 말하면서 도벌자금을 교부한 이상 피고인의 위 청탁으

로 공소외인들이 도벌의 범의를 일으켰다고 볼 수 있어 <u>교사죄가 성립한다</u>(대판 1969.4.22. 69도255).

⑧ 피고인이 건축물조사 및 가옥대장 정리업무를 담당하는 지방행정서기를 교사하여 무허가 건물을 허가받은 건축물인 것처럼 가옥대장 등에 등재케하여 허위공문서 등을 작성케 한 사실이 인정된다면, <u>허위공문서작성죄의 교사범</u>으로 처단한 것은 정당하다(대판 1983.12.13. 83도1458).

⑨ 대리응시자들의 시험장의 입장은 시험관리자의 승낙 또는 그 추정된 의사에 반한 불법침입이라 아니할 수 없고 이와 같은 침입을 교사한 이상 <u>주거침입교사죄가 성립</u>된다(대판 1967.12.19. 67도1281).

나. 교사자의 고의

1) 고의의 내용

정범에게 범죄의 결의를 가지게 하고 정범에 의하여 범죄를 실행할 고의를 의미한다. 따라서 교사범은 <u>교사의 고의뿐만 아니라 정범의 고의도 구비해야 하는 의미에서 이중의 고의를 요한다</u>. 다만 결과발생에 대한 인식은 미필적 인식으로 충분하다.

교사자의 고의는 특정한 범죄와 특정한 정범에 대한 인식이 있는 구체적인 것이어야 하며, 교사자에게는 정범에 의하여 행하여질 특정한 범죄에 대한 고의가 있어야 한다. 그러나 <u>정범이 범할 범죄의 일시·장소와 구체적인 실행방법 및 정범의 가벌성에 대한 인식은 교사자의 고의의 내용이 되지 않는다</u>.

2) 미수의 교사

교사자의 고의는 범죄의 완성, 즉 구성요건적 결과를 실현할 의사가 아니면 안 된다. 따라서 <u>교사자가 단순히 미수에 그치게 할 의사를 가진 미수의 교사는 처벌할 수 없다</u>.

2. 피교사자에 대한 요건

가. 피교사자의 범행결의

피교사자는 교사에 의하여 범죄실행의 결의를 가져야 한다. 따라서 <u>교사를 하였으나 정범이 범죄실행을 승낙하지 아니한 때에는 교사범이 성립하지 않고, 예비 또는 음모에 준하여 처벌</u>된다(제31조 제3항, 실패한 교사). 이미 범죄를 결의하고 있는 자에 대한 교사도 같다.

<u>과실범에 대하여 교사한 경우에는 교사에 의한 범행결의라는 심리적 과정이 없으므로 교사범이 성립하지 않고 간접정범이 성립</u>한다(제34조 제1항).

교사행위와 범행결의 사이에는 인과관계가 있어야 하나, 교사가 유일한 조건일 필요는 없다. 피교사자가 교사 받고 있다는 사실을 알지 못하는 <u>편면적 교사의 경우에는 범행결의를 위한 적극적 작용을 하는 교사의 관념상 교사가 될 수 없다</u>.

> **판례** 교사범의 인과관계
>
> ① 교사범이 성립하기 위해 교사범의 교사가 정범의 범행에 대한 유일한 조건일 필요는 없으므로, 교사행위에 의하여 피교사자가 범죄 실행을 결의하게 된 이상 피교사자에게 다른 원인이 있어 범죄를 실행한 경우에도 교사범의 성립에는 영향이 없다(대판 2012.11.15. 2012도7407 등).

② [1] 교사자의 교사행위에도 불구하고 피교사자가 범행을 승낙하지 아니하거나 피교사자의 범행결의가 교사자의 교사행위에 의하여 생긴 것으로 보기 어려운 경우에는 이른바 실패한 교사로서 형법 제31조 제3항에 의하여 교사자를 음모 또는 예비에 준하여 처벌할 수 있을 뿐이다. [2] (중략) 피교사자가 교사자의 교사행위 당시에는 일응 범행을 승낙하지 아니한 것으로 보여진다 하더라도 이후 그 교사행위에 의하여 범행을 결의한 것으로 인정되는 이상 교사범의 성립에는 영향이 없다. [3] 피고인이 결혼을 전제로 교제하던 여성 갑의 임신 사실을 알고 수회에 걸쳐 낙태를 권유하였다가 거부당하자, 갑에게 출산 여부는 알아서 하되 더 이상 결혼을 진행하지 않겠다고 통보하고, 이후에도 아이에 대한 친권을 행사할 의사가 없다고 하면서 낙태할 병원을 물색해 주기도 하였는데, 그 후 갑이 피고인에게 알리지 아니한 채 자신이 알아본 병원에서 낙태시술을 받은 사안에서, 피고인은 갑에게 직접 낙태를 권유할 당시뿐만 아니라 출산 여부는 알아서 하라고 통보한 이후에도 계속 낙태를 교사하였고, 갑은 이로 인하여 낙태를 결의·실행하게 되었다고 보는 것이 타당하며, 갑이 당초 아이를 낳을 것처럼 말한 사실이 있다는 사정만으로 피고인의 낙태교사행위와 갑의 낙태결의 사이에 인과관계가 단절되는 것은 아니라는 이유로, 피고인에게 낙태교사죄를 인정한 원심판단을 정당하다고 한 사례 (대판 2013.9.12. 2012도2744)

나. 피교사자의 실행행위

피교사자가 적어도 **범죄의 실행행위에 나아갈 것**을 요한다. 따라서 교사행위와 정범의 결의가 있어도 **정범의 실행행위가 없는 때에는 교사범이 되지 아니하고 예비·음모에 준하여 처벌받을 수 있을 뿐이다**(제31조 제2항). 교사행위와 실행행위 사이에 인과관계가 없는 때에도 같다.

피교사자의 실행행위는 고의범의 구성요건에 해당하고 위법하여야 하나, 유책할 필요는 없다(제한종속형식).

> **판례** 피교사자의 행위가 구성요건 해당이 없는 경우
>
> • 형법 제155조 제1항에서 타인의 형사사건에 관하여 증거를 위조한다 함은 증거 자체를 위조함을 말하는 것으로서, 선서무능력자로서 범죄 현장을 목격하지도 못한 사람으로 하여금 형사법정에서 범죄 현장을 목격한 양 허위의 증언을 하도록 하는 것은 위 조항이 규정하는 (위증죄의 교사범이 성립하지 않을 뿐만 아니라) 증거위조죄를 구성하지 아니한다(대판 1998.2.10. 97도2961).

Ⅲ. 교사범의 처벌

교사범은 **정범과 동일한 형으로 처벌한다**(제31조 제1항). 여기서 동일한 형이란 법정형을 말한다. 자기의 지휘·감독을 받는 자를 교사한 때에는 정범에 정한 형의 장기 또는 다액의 2분의 1까지 가중한다(특수교사, 제34조 제2항).

> **판례** 몰수·추징의 대상인 '범인'의 범위
>
> • 관세법 제198조 제3항은 몰수할 물품의 전부 또는 일부를 몰수할 수 없을 때에는 그 몰수할 수 없는 물품의 범칙당시의 국내 도매가격에 상당한 금액을 범인으로부터 추징한다라고 규정하고 있는바 여기서 말하는 **범인의 범위는 공동정범자 뿐만 아니라 종범 또는 교사범도 포함**된다(대판 1985.6.25. 85도652).

Ⅳ. 교사의 착오

1. 실행행위의 착오

가. 구체적 사실의 착오

① 피교사자의 객체의 착오가 교사자에게 객체의 착오인지 방법의 착오인지에 대하여 견해가 대립하고, ② 피교사자의 방법의 착오는 교사자에게 방법의 착오에 해당한다. 이에 대하여는 <u>구성요건적 착오의 해결론(부합이론)이 그대로 적용</u>된다.

나. 추상적 사실의 착오

1) 교사내용보다 적게 실행한 경우

교사자는 원칙적으로 <u>피교사자가 실행한 범위에서 책임</u>을 져야 한다.

2) 교사내용 이상으로 실행한 때

가) 질적 초과

피교사자가 교사받은 범죄와 전혀 다른 범죄를 실행한 경우, 즉 질적 초과의 경우에는 <u>교사자는 교사범으로서의 책임을 지지 않는다</u>(강도를 교사하였으나 강간을 실행한 경우). 다만 교사한 범죄의 예비·음모를 벌하는 규정이 있는 때에는 교사자는 <u>예비·음모에 준하여 처벌</u>받게 된다(제31조 제2항).

나) 양적 초과

교사의 내용과 실행행위가 구성요건을 달리하나 공통적 요소를 포함하고 있는 양적 초과의 경우에는 교사자는 <u>초과부분에 대하여만 책임을 지지 않는다</u>. 또한 피교사자가 결과적 가중범의 결과를 실현한 때에는 <u>교사자에게 결과에 대한 과실이 있는 때에 한하여 결과적 가중범의 교사가 성립</u>한다.

> **판례** 양적 초과에서 예견가능성을 인정한 경우
>
> ① 교사자가 피교사자에 대하여 상해를 교사하였는데 피교사자가 이를 넘어 살인을 실행한 경우, 일반적으로 교사자는 상해죄에 대한 교사범이 되는 것이고, 다만 이 경우 교사자에게 피해자의 사망이라는 결과에 대하여 과실 내지 예견가능성이 있는 때에는 상해치사죄의 교사범으로서의 죄책을 지울 수 있다(대판 2002.10.25. 2002도4089 등).
>
> ② 교사자가 피교사자에 대하여 상해 또는 중상해를 교사하였는데 피교사자가 이를 넘어 살인을 실행한 경우 일반적으로 교사자는 상해죄 또는 중상해죄의 교사범이 되지만 이 경우 교사자에게 피해자의 사망이라는 결과에 대하여 과실 내지 예견가능성이 있는 때에는 상해치사죄의 교사범으로서의 죄책을 지울 수 있다(대판 1993.10.8. 93도1873).

> **판례** 양적 초과에서 예견가능성을 부정한 경우
>
> - [1] 교사자가 피교사자에게 피해자를 "정신차릴 정도로 때려주라"고 교사하였다면 이는 상해에 대한 교사로 봄이 상당하다. [2] 교사자가 피교사자에 대하여 상해를 교사하였는데 피교사자가 이를 넘어 살인을 실행한 경우, 일반적으로 교사자는 상해죄에 대한 교사범이 되는 것이고, 다

만 이 경우 교사자에게 피해자의 사망이라는 결과에 대하여 과실 내지 예견가능성이 있는 때에는 상해치사죄의 교사범으로서의 죄책을 지울 수 있다(대판 1997.6.24. 97도1075).

2. 피교사자에 대한 착오

피교사자의 책임능력에 대한 인식은 교사자의 고의의 내용에 포함되지 않는바, 이에 대한 착오는 교사범의 고의를 조각하지 않는다. 즉, 교사자가 피교사자를 책임능력자로 생각하고 교사하였으나 실제로는 피교사자가 책임무능력자인 경우에 교사자의 고의가 그대로 인정되어 교사범의 성립에 영향이 없다(이 경우 교사자에게 간접정범의 고의가 있을 수 있으나 의사지배가 인정되지 아니하므로 간접정범은 성립하지 않는다).

실행행위에 대한 착오	구체적 사실의 착오	법정적 부합설	갑이 을에게 병을 살해할 것을 교사 → 을이 착오로 정을 살해	정에 대한 살인죄의 교사(피교사자의 객체의 착오와 방법의 착오를 불문하고 발생사실에 대한 교사범)
		구체적 부합설		병에 대한 살인미수교사와 정에 대한 과실치사의 상상적 경합(피교사자의 객체의 착오와 방법의 착오는 교사자에게는 방법의 착오)
	추상적 사실의 착오	교사내용보다 적게 실행한 경우	원칙	교사자는 피교사자가 실행한 범위 내에서만 처벌
			예외: 강도교사 → 절도실행	절도교사범과 강도의 예비·음모의 상상적 경합에 의하여 강도예비·음모로 처벌한다.
			예외: 살인교사 → 상해실행	상해의 교사범과 살인의 예비·음모의 상상적 경합에 의해 살인의 예비·음모로 처벌한다.
		교사내용을 초과한 경우	질적 초과: 본질적인 경우(강도교사 → 강간실행)	① 교사자는 교사범으로 책임이 없다. ② 다만, 교사한 범죄의 예비·음모의 처벌규정이 있는 경우 제31조 제2항에 의해 예비음모로 처벌한다.
			질적 초과: 비본질적인 경우(사기교사 → 공갈실행)	양적 초과의 경우와 같이 교사한 범죄에 대한 교사범이 성립한다(사기죄 교사범 성립).
			양적 초과	초과부분에 대해서는 책임이 없다(절도교사 → 강도실행).
			양적 초과: 결과적 가중범을 실현한 경우	중한 결과에 대하여 과실이 있는 경우 결과적 가중범의 교사범이 성립한다.
피교사자에 대한 착오	피교사자의 책임능력에 대한 인식은 교사자의 고의의 내용에 포함되지 않는다. 이용자가 피이용자에게 고의, 책임능력이 없는 것으로 알고 이용했으나 사실은 고의, 책임능력이 있는 경우나 그 반대의 경우, 언제나 교사범이 성립한다. 의사지배를 인정할 수 없어 간접정범이 되지 않고 공범이 성립한다(다수설).			

V. 관련문제

1. 교사의 교사

가. 간접교사

타인에게 제3자를 교사하여 범죄를 실행케 하거나 타인을 교사하였는데 피교사자가 직접 실행하지 않고 제3자를 교사하여 실행케 한 경우를 간접교사라고 하는바, 교사의 방법에는 제한이 없으므로 간접교사도 교사범과 같이 처벌하여야 한다.

> **판례** 간접교사
> - 甲이 乙에게 범죄를 저지르도록 요청한다 함을 알면서 甲의 부탁을 받고 甲의 요청을 乙에게 전달하여 乙로 하여금 범의를 야기케 하는 것은 교사에 해당한다(대판 1974.1.29. 73도3104).

나. 연쇄교사

교사가 수인을 거쳐 순차적으로 계속되는 경우를 연쇄교사라고 하는바, 교사행위로 인한 실행행위가 있었다고 인정되는 이상 연쇄교사도 교사범으로 처벌되어야 한다.

2. 교사의 미수

가. 협의의 교사의 미수

피교사자가 실행에 착수하였으나 미수에 그친 경우를 말한다. 이 경우 교사자와 피교사자 모두 미수범으로 처벌된다.

나. 기도된 교사

기도된 교사란 ① 피교사자가 범죄의 실행은 승낙하였으나 아무런 행위를 하지 아니한 효과 없는 교사와 ② 교사를 하였으나 피교사자가 범죄의 실행을 승낙하지 아니하거나 이미 범죄실행을 결의하고 있는 경우인 실패한 교사를 의미한다.

우리 형법은 ① 효과 없는 교사의 경우는 교사자와 피교사자를, ② 실패된 교사의 경우는 교사자를 각각 예비 또는 음모에 준하여 처벌하도록 하고 있다(제31조 제2항·제3항).

> **판례** 기도된 교사
> - 권총 등을 교부하면서 사람을 살해하라고 한 자는 피교사자의 범죄실행의 결의의 유무와 관계없이 그 행위 자체가 독립하여 살인예비죄를 구성한다(대판 1950.4.18. 4283형상10).

		교사	결의	착수	결과		효과
교사의 미수	협의의 교사의 미수	○	○	○	×	미수의 공범	미수로 처벌
	기도된 교사 / 효과 없는 교사	○	○	×	×	공범의 미수	예비·음모로 처벌
	기도된 교사 / 실패한 교사	○	×	×	×		교사자만 예비·음모로 처벌

3. 교사범의 공범관계로부터의 이탈

판례 교사범의 공범관계로부터의 이탈

- 교사범이란 정범인 피교사자로 하여금 범죄를 결의하게 하여 그 죄를 범하게 한 때에 성립하는 것이고, 교사범을 처벌하는 이유는 이와 같이 교사범이 피교사자로 하여금 범죄 실행을 결의하게 하였다는 데에 있다. 따라서 교사범이 그 공범관계로부터 이탈하기 위해서는 피교사자가 범죄의 실행행위에 나아가기 전에 교사범에 의하여 형성된 피교사자의 범죄 실행의 결의를 해소하는 것이 필요하고, 이때 교사범이 피교사자에게 교사행위를 철회한다는 의사를 표시하고 이에 피교사자도 그 의사에 따르기로 하거나 또는 교사범이 명시적으로 교사행위를 철회함과 아울러 피교사자의 범죄 실행을 방지하기 위한 진지한 노력을 다하여 당초 피교사자가 범죄를 결의하게 된 사정을 제거하는 등 제반 사정에 비추어 객관적·실질적으로 보아 교사범에게 교사의 고의가 계속 존재한다고 보기 어렵고 당초의 교사행위에 의하여 형성된 피교사자의 범죄 실행의 결의가 더 이상 유지되지 않는 것으로 평가할 수 있다면, 설사 그 후 피교사자가 범죄를 저지르더라도 이는 당초의 교사행위에 의한 것이 아니라 새로운 범죄 실행의 결의에 따른 것이므로 교사자는 형법 제31조 제2항에 의한 죄책을 부담함은 별론으로 하고 형법 제31조 제1항에 의한 교사범으로서의 죄책을 부담하지는 않는다고 할 수 있다(대판 2012.11.15. 2012도7407 등).

제5절 종범

> 제32조(종범) ① 타인의 범죄를 방조한 자는 종범으로 처벌한다.
> ② 종범의 형은 정범의 형보다 감경한다.

I. 종범의 의의

종범이란 타인의 범죄를 방조하는 자를 말하고, 방조범이라고도 한다. 형법은 제32조 제1항에서 "타인의 범죄를 방조한 자는 종범으로 처벌한다.", 제2항에서 "종범의 형은 정범의 형보다 감경한다."고 규정한다. 여기서 방조란 정범에 의한 구성요건의 실행을 가능하게 하거나 쉽게 하거나 또는 정범에 의한 법익침해를 강화하는 것을 말한다.

종범은 이미 범죄를 결의하고 있는 자에게 그 결의를 강화하거나 실행을 용이하게 한다는 점에서 타인에게 새로이 범죄의 결의를 생기게 하는 교사범과 구별되며, 행위지배가 없다는 점에서 분업적 역할분담에 의한 기능적 행위지배가 있는 공동정범과 구별된다.

판례 공동정범과 종범의 구별

① [1] 게임산업진흥에 관한 법률 제26조 제2항에서 '청소년게임제공업 등을 영위하고자 하는 자'란 청소년게임제공업 등을 영위함으로 인한 권리의무의 귀속주체가 되는 자를 의미하므로, 영업활동에 지배적으로 관여하지 아니한 채 단순히 영업자의 직원으로 일하거나 영업을 위하여 보조한 경우, 또는 영업자에게 영업장소 등을 임대하고 사용대가를 받은 경우 등에는 같은 법 제45조 위반에 대한 본질적인 기여를 통한 기능적 행위지배를 인정하기 어려워, 이들을 방조범으로 처벌할

수 있는지는 별론으로 하고 공동정범으로 처벌할 수는 없다. [2] 피고인이 甲, 乙의 부탁으로 자신이 운영하는 가게 옆에 크레인 게임기들을 설치할 장소와 이용할 전력을 제공하고 대가를 받음으로써 이들과 공모하여 무등록 청소년게임제공업을 영위하였다는 내용으로 기소된 사안에서, 원심이게임산업진흥에 관한 법률 제45조 제2호 위반죄를 진정부작위범으로 본 데에는 법리오해의 잘못이 있지만, 게임기들을 설치할 장소와 전력을 제공하고 대가를 받은 피고인은 영업상 권리의무의 귀속주체가 될 수 없고, 위와 같은 행위만으로 피고인을같은 법 제45조 위반죄의 공모공동정범으로 보기 어렵다고 판단하여 무죄를 인정한 결론은 정당하다고 한 사례(대판 2011.11.10. 2010도11631)

② 피고인 2가 상피고인 1의 요청을 받아들여 상피고인 1 및 원심 공동피고인를 특정 고사실의 감독관으로 배치하여 주었을 때 상피고인 1이 특정 응시자가 다른 응시자의 답안을 보는 정도의 부정행위를 눈감아 주는 정도의 행위를 할 것으로 인식하였음은 인정할 수 있으나, (중략) 피고인 2에게는 상피고인 1과 위계공무집행방해의 범죄를 공동으로 한다는 공동가공의 의사가 있었다고 볼 수 없고, 따라서 피고인 2는 위계공무집행방해의 공동정범에 해당한다고 볼 수는 없다고 할 것이다. (중략) 위계공무집행방해죄의 정범을 방조한 것에 불과하고 공동가공의 의사가 없었다고 본 사례(대판 1996.1.26. 95도2461)

<교사범과 종범의 비교>

	교사범	종범
정범의 범행결의	교사에 의하여 결의	방조 이전에 이미 결의
부작위	부작위에 의한 교사 부정	부작위에 의한 방조 인정
시간적 범위	정범의 예비·음모 이전 가능	정범의 예비~종료시까지 가능
인과관계	교사와 정범의 결의 사이에 인과관계 필요	방조와 정범 사이에 인과관계 필요(다수설)
편면적	편면적 교사 부정	편면적 방조 인정
기도된	기도된 교사는 예비·음모로 처벌	기도된 방조는 불가벌
질적 초과	효과 없는 교사는 예비·음모로 처벌	효과 없는 방조는 불가벌
처벌	정범과 동일한 형으로 처벌	정범의 형을 필요적으로 감경
특수 교사·방조	정범에 정한 형의 장기·다액의 1/2 가중	정범의 형으로 처벌

II. 종범의 성립요건

1. 방조자에 관한 요건

가. 방조행위

1) 의의

방조행위란 정범의 범죄실행의 결의를 강화시키거나 그 실행행위를 가능 또는 용이하게 해주는 실행행위 이외의 원조행위를 말한다.

2) 수단·방법

정범의 범죄실행을 용이하게 하는 것이면 **방조행위의 수단·방법에는 제한이 없다.** 유형적 방법에 의한 **물질적 방조**뿐만 아니라 정범의 범행결의를 강화시키는 **정신적 방조** 역시 방조행위에 포함된다. 결과발생을 방지해야 할 보증인지위에 있는 경우 **부작위에 의한 종범**이 성립할 수 있고, 수인의 방조자 상호간에 공동의사에 의한 기능적 행위지배가 인정되면 **공동방조** 역시 성립할 수 있다.

> **판례** 방조행위의 수단·방법
>
> ① 방조란 정범의 구체적인 범행준비나 범행사실을 알고 그 실행행위를 가능·촉진·용이하게 하는 지원행위 또는 정범의 범죄행위가 종료하기 전에 정범에 의한 법익 침해를 강화·증대시키는 행위로서, 정범의 범죄 실현과 밀접한 관련이 있는 행위를 말한다. 또한 방조범은 정범의 실행을 방조한다는 이른바 '방조의 고의'와 정범의 행위가 구성요건에 해당하는 행위인 점에 대한 '정범의 고의'가 있어야 한다. (중략) 물론 방조범에서 요구되는 정범 등의 고의는 정범에 의하여 실현되는 범죄의 구체적 내용을 인식해야 하는 것은 아니고 미필적 인식이나 예견으로 충분하지만, 이는 정범의 범행 등의 불법성에 대한 인식이 필요하다는 점과 모순되지 않는다(대판 2022.6.30. 2020도7866).
>
> ② [1] 정범이 침해 게시물을 인터넷 웹사이트 서버 등에 업로드하여 공중의 구성원이 개별적으로 선택한 시간과 장소에서 접근할 수 있도록 이용에 제공하면, 공중에게 침해 게시물을 실제로 송신하지 않더라도 공중송신권 침해는 기수에 이른다. 그런데 정범이 침해 게시물을 서버에서 삭제하는 등으로 게시를 철회하지 않으면 이를 공중의 구성원이 개별적으로 선택한 시간과 장소에서 접근할 수 있도록 이용에 제공하는 가벌적인 위법행위가 계속 반복되고 있어 공중송신권 침해의 범죄행위가 종료되지 않았으므로, 그러한 정범의 범죄행위는 방조의 대상이 될 수 있다. [2] (중략) 방조범은 정범의 실행을 방조한다는 이른바 방조의 고의와 정범의 행위가 구성요건에 해당하는 행위인 점에 대한 정범의 고의가 있어야 한다. 방조범은 정범에 종속하여 성립하는 범죄이므로 **방조행위와 정범의 범죄 실현 사이에는 인과관계가 필요하다.** 방조범이 성립하려면 방조행위가 정범의 범죄 실현과 밀접한 관련이 있고 정범으로 하여금 구체적 위험을 실현시키거나 범죄 결과를 발생시킬 기회를 높이는 등으로 **정범의 범죄 실현에 현실적인 기여를 하였다**고 평가할 수 있어야 한다. 정범의 범죄 실현과 밀접한 관련이 없는 행위를 도와준 데 지나지 않는 경우에는 방조범이 성립하지 않는다. [3] (중략) 저작권 침해물 링크 사이트에서 침해 게시물에 연결되는 링크를 제공하는 경우 등과 같이, 링크 행위자가 정범이 공중송신권을 침해한다는 사실을 충분히 인식하면서 그러한 침해 게시물 등에 연결되는 링크를 인터넷 사이트에 영리적·계속적으로 게시하는 등으로 공중의 구성원이 개별적으로 선택한 시간과 장소에서 침해 게시물에 쉽게 접근할 수 있도록 하는 정도의 링크 행위를 한 경우에는 침해 게시물을 공중의 이용에 제공하는 정범의 범죄를 용이하게 하므로 공중송신권 침해의 방조범이 성립한다. [4] (중략) 검사는 링크를 한 행위자가 링크 대상인 게시물이 공중송신권을 침해하는 게시물 등으로서 불법성이 있다는 것을 명확하게 인식할 수 있는 정도에 이르렀다는 점을 엄격하게 증명하여야 한다. 침해 게시물 등에 연결되는 링크를 하였을 때 정범의 공중송신권 침해에 대한 방조행위가 성립하려면, 링크 행위가 정범의 범죄 실현과 밀접한 관련이 있고 공중송신권 침해의 기회를 현실적으로 증대시켜 정범의 범죄 실현에 현실적인 기여를 하였다고 평가할 수 있어야 한다. 위에서 보았듯이 저작권 침해물 링크 사이트에서 정범의 침해 게시물 등에 연결되는 링크를 영리적·

계속적으로 게시하는 경우 등과 같이 공중의 구성원이 개별적으로 선택한 시간과 장소에서 그 공중송신권 침해 게시물에 쉽게 접근할 수 있도록 링크를 제공하는 행위가 이에 해당한다. 반면 위와 같은 정도에 이르지 않은 링크 행위는 정범의 공중송신권 침해와 밀접한 관련이 있고 그 법익침해를 강화·증대하는 등의 현실적인 기여를 하였다고 보기 어려운 이상 공중송신권 침해의 방조행위라고 쉽사리 단정해서는 안 된다(대판 2021.9.9. 2017도19025 전원합의체).

③ 형법상 방조행위는 정범이 범행을 한다는 정을 알면서 그 실행행위를 용이하게 하는 행위로서 그것은 정범의 실행에 대하여 물질적 방법이건, 정신적 방법이건, 직접적이건, 간접적이건 가리지 아니한다 할 것인바, 피고인들이 정범의 변호사법 위반행위(금 2억 원을 제공받고 건축사업허가를 받아 주려한 행위)를 하려한다는 정을 알면서 자금 능력있는 자를 소개하고 교섭한 행위는 그 방조행위에 해당한다(대판 1982.9.14. 80도2566).

④ [1] 정범의 범죄종료 후의 이른바 사후방조를 종범으로 볼 수는 없지만, 형법상 방조행위는 정범이 범행을 한다는 정을 알면서 그 실행행위를 용이하게 하는 직간접의 모든 행위를 가리키는 것으로서 유형적·물질적인 방조뿐만 아니라 정범에게 범행의 결의를 강화하도록 하는 것과 같은 무형적·정신적 방조행위도 포함되고, 정범의 실행행위 중은 물론 실행 착수 전에 장래의 실행행위를 예상하고 이를 용이하게 하는 행위도 이에 해당한다. [2] 방조범은 정범의 실행을 방조한다는 이른바 방조의 고의와 정범의 행위가 구성요건에 해당하는 행위인 점에 대한 정범의 고의가 있어야 하나, 이러한 고의는 내심적 사실이므로 피고인이 이를 부정하는 경우에는 사물의 성질상 고의와 상당한 관련성이 있는 간접사실을 증명하는 방법에 의하여 입증할 수밖에 없고, 이때 무엇이 상당한 관련성이 있는 간접사실에 해당할 것인가는 정상적인 경험칙에 바탕을 두고 치밀한 관찰력이나 분석력에 의하여 사실의 연결상태를 합리적으로 판단하는 외에 다른 방법이 없다고 할 것이며, 또한 방조범에 있어서 정범의 고의는 정범에 의하여 실현되는 범죄의 구체적 내용을 인식할 것까지 요하는 것은 아니어서 미필적 인식 또는 예견으로 족하다. [3] 피고인은, ① 2020. 12. 21.경부터 보이스피싱 사기 범행에 사용된다는 사정을 알면서도 유령법인 설립, 그 법인 명의 계좌 개설 후 그 접근매체를 텔레그램 대화명 '(대화명 생략)'에게 전달·유통하는 등의 행위를 계속하였고, ② 2021. 1. 중순경 보이스피싱 조직원의 제안에 따라 이른바 '전달책' 역할을 승낙하였으며, ③ 이에 따라 피고인의 지시를 받은 공소외인은 2021. 1. 20.경부터, 피고인은 2021. 1. 28.부터 모두 '전달책'에 해당하는 실행행위를 한 사실이 인정된다. 위와 같은 인정 사실에 앞서 본 법리를 종합하여 보면, 피고인의 이러한 접근매체 전달·유통행위는 보이스피싱 사기 범행에 사용된다는 정을 알면서도 정범이 실행에 착수하기 이전부터 장래의 실행행위를 예상하고서 이를 용이하게 하는 유형적·물질적 방조행위이고, 이러한 상태에서 '전달책' 역할까지 승낙한 행위 역시 정범의 범행 결의를 강화시키는 무형적·정신적 방조행위이므로, 피고인은 '전달책'으로서 실행행위를 한 시기에 관계없이 피해자들에 대한 사기죄의 종범에 해당한다(대판 2022.4.14. 2022도649).

> 판례 정신적 방조

① [1] 형법상 방조행위는 정범이 범행을 한다는 정을 알면서 그 실행행위를 용이하게 하는 직접, 간접의 모든 행위를 가리키는 것으로서 그 방조는 유형적, 물질적인 방조뿐만 아니라 정범에게 범행의 결의를 강화하도록 하는 것과 같은 무형적, 정신적 방조행위까지도 이에 해당한다. [2] 덕적도 핵폐기장 설치 반대 시위의 일환으로 행하여진 대학생들의 인천시청 기습점거 시위

에 대하여 전혀 모르고 있다가 시위 직전에 주동자로부터 지시를 받고 시위현장 사진촬영행위를 한 자에 대하여, 시위행위에 대한 공동정범으로서의 범의는 부정하고 방조범으로서의 죄책만 인정한 사례(대판 1997.1.24. 96도2427).

② 이미 스스로 입영기피를 결심하고 집을 나서는 위 공소외인에 대하여 이별을 안타까와 하는 뜻에서 잘되겠지 몸조심하라 하고 악수를 나눈 동 피고인의 행위를 입영기피의 범죄의사를 강화시킨 방조행위에 해당한다고 볼 수도 없다(대판 1983.4.12. 82도43).

판례 부작위에 의한 방조

① 종범의 방조행위는 작위에 의한 경우뿐만 아니라 부작위에 의한 경우도 포함하는 것으로서 법률상 정범의 범행을 방지할 의무있는 자가 그 범행을 알면서도 방지하지 아니하여 범행을 용이하게 한 때에는 부작위에 의한 종범이 성립한다(대판 1985.11.26. 85도1906).

② 은행지점장이 정범인 부하직원들의 범행을 인식하면서도 그들의 은행에 대한 배임행위를 방치하였다면 배임죄의 방조범이 성립된다(대판 1984.11.27. 84도1906).

③ 법원의 입찰사건에 관한 제반 업무를 주된 업무로 하는 공무원이 자신이 맡고 있는 입찰사건의 입찰보증금이 계속적으로 횡령되고 있는 사실을 알았다면, 담당 공무원으로서는 이를 제지하고 즉시 상관에게 보고하는 등의 방법으로 그러한 사무원의 횡령행위를 방지해야 할 법적인 작위의무를 지는 것이 당연하고, 비록 그의 묵인 행위가 배당불능이라는 최악의 사태를 막기 위한 동기에서 비롯된 것이라고 하더라도 자신의 작위의무를 이행함으로써 결과 발생을 쉽게 방지할 수 있는 공무원이 그 사무원의 새로운 횡령범행을 방조 용인한 것을 (중략) 업무상 횡령의 종범으로 처벌한 사례(대판 1996.9.6. 95도2551).

④ 인터넷 포털 사이트 내 오락채널 총괄팀장과 위 오락채널 내 만화사업의 운영 직원인 피고인들에게, 콘텐츠제공업체들이 게재하는 음란만화의 삭제를 요구할 조리상의 의무가 있다고 하여, 구 전기통신기본법 제48조의2 위반 방조죄의 성립을 긍정한 사례(대판 2006.4.28. 2003도4128)

⑤ 백화점에서 바이어를 보조하여 특정매장에 관한 상품관리 및 고객들의 불만사항 확인 등의 업무를 담당하는 직원은 자신이 관리하는 특정매장의 점포에 가짜 상표가 새겨진 상품이 진열·판매되고 있는 사실을 발견하였다면 고객들이 이를 구매하도록 방치하여서는 아니되고 점주나 그 종업원에게 즉시 그 시정을 요구하고 바이어 등 상급자에게 보고하여 이를 시정하도록 할 근로계약상·조리상의 의무가 있다고 할 것임에도 불구하고 이러한 사실을 알고서도 점주 등에게 시정조치를 요구하거나 상급자에게 이를 보고하지 아니함으로써 점주로 하여금 가짜 상표가 새겨진 상품들을 고객들에게 계속 판매하도록 방치한 것은 (중략) 백화점 직원인 피고인은 부작위에 의하여 공동피고인인 점주의 상표법위반 및 부정경쟁방지법위반 행위를 방조하였다고 인정할 수 있다(대판 1997.3.14. 96도1639).

판례 방조를 인정한 경우

① 전송의 방법으로 공중송신권을 침해하는 게시물이나 그 게시물이 위치한 웹페이지 등에 연결되는 링크를 한 행위자가, 정범이 공중송신권을 침해한다는 사실을 충분히 인식하면서 그러한 링크를 인터넷 사이트에 영리적·계속적으로 게시하는 등으로 공중의 구성원이 개별적으로 선택한 시간과 장소에서 침해 게시물에 쉽게 접근할 수 있도록 하는 정도의 링크 행위를 한 경우에는, 침해 게시

물을 공중의 이용에 제공하는 정범의 범죄를 용이하게 하므로 **공중송신권 침해의 방조범**이 성립한다(대판 2021.11.25. 2021도10903).

② 게임제공업자가 게임장에 사행성유기기구를 비치하고 고객들이 이를 통해 얻은 경품용 상품권을 환전해 줌으로써 고객들로 하여금 게임물을 이용하여 사행행위를 하게 한 경우, 경품용 상품권 발행업자에게 위 사행행위 영업 등에 관한 방조범의 책임을 인정한 사례(대판 2007.10.26. 2007도4702)

③ 공소외 주식회사의 전무이사 겸 개발사업본부장인 피고인 2가 공소외 주식회사가 시공 중인 서울 강남구 논현동 소재 브라운스톤 로얄스위트 아파트의 시행사 대표인 피고인 1로부터 위 아파트에 관한 공소외 주식회사 대표이사 명의의 분양계약서, 분양대금 입금표 등을 위조하여 이를 담보로 중앙상호저축은행 등으로부터 대출금 명목으로 금원을 편취하겠다는 제의를 받은 다음 상호저축은행이 보내는 우편물에 대하여 아무런 답변을 하지 않는 방법으로 묵인하여 줄 것을 승낙하고 나아가 공소외 주식회사의 법인 인감증명서를 피고인 1에게 교부하여 준 행위는 정범인 피고인 1에게 범행의 결의를 강화하도록 하고 그의 대출금편취 범행을 용이하게 하여 이를 방조한 행위에 해당한다고 판단한 것은 정당하다(대판 2007.4.27. 2007도1303).

④ [1] 별정통신사업자등록을 하지 않은 개별사업자들이 기간통신사업자들로부터 임대한 060 전화정보서비스 회선설비를 이용하여 실시간 유료전화정보서비스 사업을 영위한 것은 전기통신사업법 제70조 제3호의 무등록 별정통신사업 경영행위에 해당하고, 위 기간통신사업자와 그 담당직원 등의 행위는 그 방조행위에 해당한다. [2] 기간통신사업자의 담당직원이 무등록업자에게 060 회선을 임대하여 실시간 1:1 증권상담서비스 사업을 영위하게 한 것은 구 증권거래법상 무등록 투자자문업 행위의 방조행위에 해당한다(대판 2007.11.29. 2006도119).

⑤ 아파트 입주자대표회의 회장이 아파트 입주민들에게 무허가 중계방송업자를 적법한 방송사업자인 것처럼 알려서 그와의 계약체결에 찬성하도록 의견을 수렴하고, 무허가 중계방송업자라는 사실을 알고 나서도 그러한 사실을 알려주지 않은 채 아파트 입주민들을 대표하여 무허가 중계방송업자와 방송수신시설 설치 등의 계약을 체결한 것은 무허가 중계유선방송사업을 방조한 행위에 해당한다(대판 2005.6.9. 2005도1085).

⑥ 의사인 피고인이 입원치료를 받을 필요가 없는 환자들이 보험금 수령을 위하여 입원치료를 받으려고 하는 사실을 알면서도 입원을 허가하여 형식상으로 입원치료를 받도록 한 후 입원확인서를 발급하여 준 사안에서, 사기방조죄가 성립한다(대판 2006.1.12. 2004도6557).

⑦ 자동차운전면허가 없는 자에게 승용차를 제공하여 그로 하여금 무면허운전을 하게 하였다면 이는 도로교통법위반(무면허운전) 범행의 방조행위에 해당한다(대판 2000.8.18. 2000도1914).

⑧ 부동산소개업자로서 부동산의 등기명의수탁자가 그 명의신탁자의 승낙없이 이를 제3자에게 매각하여 불법영득하려고 하는 점을 알면서도 그 범행을 도와주기 위하여 수탁자에게 매수할 자를 소개하여 주는 등의 방법으로 그 횡령행위를 용이하게 하였다면 이러한 부동산소개업자의 행위는 횡령죄의 방조범에 해당한다(대판 1988.3.22. 87도2585).

⑨ 주식의 입·출고 절차 등 주식의 관리에 관한 일체의 절차를 정확하게 알고 있는 증권회사의 중견직원들이 정범에게 피해자의 주식을 인출하여 오면 관리하여 주겠다고 하고, 나아가서 부정한 방법으로 인출해 온 주식을 자신들이 관리하는 증권계좌에 입고하여 관리 운용하여 주었다면, 이러한 행위는 정범의 일련의 부정한 주식 인출절차에 관련된 출고전표인 사문서의

위조, 동행사, 사기 등 상호 연관된 일련의 범행 전부에 대하여 방조행위가 된다(대판 1995.9.29. 95도456).

⑩ 도박하는 자리에서 도금으로 사용하리라는 정을 알면서 채무변제조로 금원을 교부하였다면 도박을 방조한 행위에 해당한다(대판 1970.7.28. 80도1218).

> 판례 방조를 부정한 경우

① 웨이타인 피고인들은 손님들을 단순히 출입구로 안내를 하였을 뿐 미성년자인 여부의 판단과 출입허용여부는 2층 출입구에서 주인이 결정하게 되어 있었다면 피고인들의 위 안내행위가 곧 미성년자를 클럽에 출입시킨 행위 또는 그 방조행위로 볼 수 없다(대판 1984.8.21. 84도781).

② 세관원에게 "잘 부탁한다."는 말을 하였다는 사실만으로서는 사위 기타 부정한 방법으로 관세를 포탈하는 범행의 방조행위에 해당된다든가 또는 그 범행의 실행에 착수하였다고 볼 수 없다(대판 1971.8.31. 71도1204).

③ 사회적 상당성을 갖춘 경우에 있어서는 비록 정범의 행위가 배임행위에 해당한다는 점을 알고 거래에 임하였다는 사정이 있어 외견상 방조행위로 평가될 수 있는 행위가 있었다 할지라도 범죄를 구성할 정도의 위법성은 없다고 봄이 상당하다. (중략) 1인 회사의 주주가 개인적 거래에 수반하여 법인 소유의 부동산을 담보로 제공한다는 사정을 거래상대방이 알면서 가등기의 설정을 요구하고 그 가등기를 경료받은 사안에서, 거래상대방이 배임행위의 방조범에 해당한다고 한 원심판결을 파기한 사례(대판 2005.10.28. 2005도4915)

④ 박사방 운영진이 음란물 배포 목적의 텔레그램 그룹을 만들고 특정 시간대에 미션방 참여자들이 인터넷 포털사이트에 일제히 특정 검색어를 입력함으로써 실시간 급상승 검색어로 노출되도록 하는 이른바 '실검챌린지'를 지시하여 불특정 다수의 텔레그램 사용자들로 하여금 정해진 시간에 미션방에 참여하게 한 다음 특정 시점에 미션방에 피해자 甲(女, 18세)에 대한 음란물을 게시한 것과 관련하여, 피고인이 박사방 운영진의 지시에 따라 4회에 걸쳐 검색어를 입력하고 미션방과 박사방 관련 채널에 검색사실을 올려 인증함으로써 박사방 운영진에 의한 아동·청소년 이용 음란물 배포행위를 방조하였다는 내용으로 기소된 사안에서, 피고인이 미션방에 참여하여 박사방 운영진의 지시 및 공지 내용을 인식하였다거나 검색어 자체만으로 '아동·청소년 이용 음란물 배포'의 범죄행위를 위한 것임을 알았다고 보기 어려운 이상 방조의 고의는 물론 정범의 고의가 있었다고 단정하기 어렵고, (중략) 박사방 운영진의 미션방에 적극 참여하여 그 지시에 따라 검색어 입력 및 인증을 한 경우가 아니라 당시 다양한 경로로 접하게 된 검색어를 입력하는 등의 행위는, 박사방의 운영진이 특정 검색어가 당시 화제가 되고 있음에 편승하여 이에 관심을 가진 사람을 미션방으로 유도하여 음란물 판매를 촉진하려는 의도로 시작한 실검챌린지 등에 단순히 이용된 것으로 볼 여지가 있고, 달리 피고인의 각 행위와 정범의 범죄 실현 사이에 밀접한 관련성 등 인과관계를 인정하거나 피고인의 각 행위가 정범의 범죄 실현에 현실적인 기여를 하였다고 단정하기 어렵다(대판 2023.10.18. 2022도15537).

3) 방조행위의 시기

방조행위는 정범이 실행행위에 착수한 이후에는 물론 실행행위 이전 또는 실행행위가 완료되어도 결과가 발생하기 전에는 가능하고, 정범의 행위가 기수가 된 후라도 그 종료 이전에는 종범의 성립이 가능하다. 그러나 정범의 실행행위가 이미 종료한 후에는 방조범이 성립할 수 없다.

판례 실행의 착수 전 방조

- [1] 타인의 사망을 보험사고로 하는 생명보험계약을 체결함에 있어 제3자가 피보험자인 것처럼 가장하여 체결하는 등으로 그 유효요건이 갖추어지지 못한 경우에도, 보험계약 체결 당시에 이미 보험사고가 발생하였음에도 이를 숨겼다거나 보험사고의 구체적 발생 가능성을 예견할 만한 사정을 인식하고 있었던 경우 또는 고의로 보험사고를 일으키려는 의도를 가지고 보험계약을 체결한 경우와 같이 보험사고의 우연성과 같은 보험의 본질을 해칠 정도라고 볼 수 있는 특별한 사정이 없는 한, 그와 같이 하자 있는 보험계약을 체결한 행위만으로는 미필적으로라도 보험금을 편취하려는 의사에 의한 기망행위의 실행에 착수한 것으로 볼 것은 아니다. 그러므로 그와 같이 기망행위의 실행의 착수로 인정할 수 없는 경우에 피보험자 본인임을 가장하는 등으로 보험계약을 체결한 행위는 단지 장차의 보험금 편취를 위한 예비행위에 지나지 않는다. [2] 종범은 정범이 실행행위에 착수하여 범행을 하는 과정에서 이를 방조한 경우뿐 아니라, 정범의 실행의 착수 이전에 장래의 실행행위를 미필적으로나마 예상하고 이를 용이하게 하기 위하여 방조한 경우에도 그 후 정범이 실행행위에 나아갔다면 성립할 수 있다(대판 2013.11.14. 2013도7494).

판례 기수 이후 종료 이전 방조

① [1] 범인도피죄는 범인을 도피하게 함으로써 기수에 이르지만, 범인도피행위가 계속되는 동안에는 범죄행위도 계속되고 행위가 끝날 때 비로소 범죄행위가 종료된다. 따라서 공범자의 범인도피행위 도중에 그 범행을 인식하면서 그와 공동의 범의를 가지고 기왕의 범인도피상태를 이용하여 스스로 범인도피행위를 계속한 경우에는 범인도피죄의 공동정범이 성립하고, 이는 공범자의 범행을 방조한 종범의 경우도 마찬가지이다. [2] (중략) 甲이 수사기관 및 법원에 출석하여 乙 등의 사기 범행을 자신이 저질렀다는 취지로 허위자백하였는데, 그 후 甲의 사기 피고사건 변호인으로 선임된 피고인이 甲과 공모하여 진범 乙 등을 은폐하는 허위자백을 유지하게 함으로써 범인을 도피하게 하였다는 내용으로 기소된 사안에서, 피고인이 변호인으로서 단순히 甲의 이익을 위한 적절한 변론과 그에 필요한 활동을 하는 데 그치지 아니하고, 甲과 乙 사이에 부정한 거래가 진행 중이며 甲 피고사건의 수임과 변론이 거래의 향배와 불가결한 관련이 있을 것임을 분명히 인식하고도 乙에게서 甲 피고사건을 수임하고, 그들의 합의가 성사되도록 도왔으며, 스스로 합의금의 일부를 예치하는 방안까지 용인하고 합의서를 작성하는 등으로 甲과 乙의 거래관계에 깊숙이 관여한 행위를 정당한 변론권의 범위 내에 속한다고 평가할 수 없고, 나아가 변호인의 비밀유지의무는 변호인이 업무상 알게 된 비밀을 다른 곳에 누설하지 않을 소극적 의무를 말하는 것일 뿐 진범을 은폐하는 허위자백을 적극적으로 유지하게 한 행위가 변호인의 비밀유지의무에 의하여 정당화될 수 없다고 하면서, 한편으로 피고인의 행위는 정범인 甲에게 결의를 강화하게 한 방조행위로 평가될 수 있다는 이유로 범인도피방조죄를 인정한 원심판단을 정당하다고 한 사례(대판 2012.8.30. 2012도6027)

② 진료부는 환자의 계속적인 진료에 참고로 공하여지는 진료상황부이므로 간호보조원의 무면허 진료행위가 있은 후에 이를 의사가 진료부에다 기재하는 행위는 정범의 실행행위종료 후의 단순한 사후행위에 불과하다고 볼 수 없고 무면허 의료행위의 방조에 해당한다(대판 1982.4.27. 82도122).

> **판례** **사후방조**
>
> - 종범은 정범의 실행행위 중에 이를 방조하는 경우뿐만 아니라, 실행 착수 전에 장래의 실행행위를 예상하고 이를 용이하게 하는 행위를 하여 방조한 경우에도 성립한다. 종범은 정범의 실행행위 전이나 실행행위 중에 정범을 방조하여 그 실행행위를 용이하게 하는 것을 말하므로 정범의 범죄종료 후의 이른바 사후방조를 종범이라고 볼 수 없다(대판 2009.6.11. 2009도1518).

4) 인과관계

방조행위와 정범의 범행 사이에는 인과관계가 있어야 한다. 판례 역시 '방조범이 성립하려면 방조행위가 정범의 범죄 실현과 밀접한 관련이 있고 정범으로 하여금 구체적 위험을 실현시키거나 범죄결과를 발생시킬 기회를 높이는 등으로 정범의 범죄 실현에 현실적인 기여를 하였다고 평가할 수 있어야 한다.'고 판시하였다(2015도12632).

> **판례** **방조범의 인과관계**
>
> - [1] '방조'란 정범의 구체적인 범행준비나 범행사실을 알고 그 실행행위를 가능·촉진·용이하게 하는 지원행위 또는 정범의 범죄행위가 종료하기 전에 정범에 의한 법익 침해를 강화·증대시키는 행위로서, 정범의 범죄 실현과 밀접한 관련이 있는 행위를 말한다. 방조범은 정범의 실행을 방조한다는 이른바 방조의 고의와 정범의 행위가 구성요건에 해당하는 행위인 점에 대한 정범의 고의가 있어야 하고, 정범에 종속하여 성립하는 범죄이므로 방조행위와 정범의 범죄 실현 사이에는 인과관계가 필요하다. 방조범이 성립하려면 방조행위가 정범의 범죄 실현과 밀접한 관련이 있고 정범으로 하여금 구체적 위험을 실현시키거나 범죄 결과를 발생시킬 기회를 높이는 등으로 정범의 범죄 실현에 현실적인 기여를 하였다고 평가할 수 있어야 한다. 정범의 범죄 실현과 밀접한 관련이 없는 행위를 도와준 데 지나지 않는 경우에는 방조범이 성립하지 않는다. [2] 박사방 운영진이 음란물 배포 목적의 텔레그램 그룹(미션방)을 만들고 특정 시간대에 미션방 참여자들이 인터넷 포털사이트에 일제히 특정 검색어를 입력함으로써 실시간 급상승 검색어로 노출되도록 하는 이른바 '실검챌린지'를 지시하여 불특정 다수의 텔레그램 사용자들로 하여금 정해진 시간에 미션방에 참여하게 한 다음 특정 시점에 미션방에 피해자 갑(여, 18세)에 대한 음란물을 게시한 것과 관련하여, 피고인이 박사방 운영진의 지시에 따라 4회에 걸쳐 검색어를 입력하고 미션방과 박사방 관련 채널에 검색사실을 올려 인증함으로써 박사방 운영진에 의한 아동·청소년 이용 음란물 배포행위를 방조하였다는 내용으로 기소된 사안에서, 공소사실을 유죄로 인정한 원심판단에 '방조'에 관한 법리오해 등의 잘못이 있다고 한 사례(대판 2023.10.18. 2022도15537)

나. 방조자의 고의

종범은 정범의 실행을 방조한다는 인식, 즉 **방조의 고의**와 정범의 행위가 구성요건에 해당하는 행위라는 인식, 즉 **정범의 고의**가 있어야 한다. 종범의 고의도 교사범의 고의와 같이 이중의 고의를 요한다. 따라서 과실에 의한 방조는 있을 수 없다.

종범의 고의는 범죄의 완성, 즉 구성요건적 결과를 실현할 고의가 아니면 안 된다. 따라서 미수의 방조는 방조행위가 될 수 없다. 또한 종범이 성립하기 위하여는 종범에게 방조의 고의와 정범의 고의가 있으면 족하므로 정범이 방조행위를 인식하지 못한 경우, 즉 **편면적 종범**도 인정할 수 있다.

> **판례** 방조의 고의

① [1] 형법상 방조행위는 정범이 범행을 한다는 정을 알면서 그 실행행위를 용이하게 하는 직접·간접의 행위를 말하므로, 방조범은 정범의 실행을 방조한다는 이른바 방조의 고의와 정범의 행위가 구성요건에 해당하는 행위인 점에 대한 정범의 고의가 있어야 하나, 방조범에서 정범의 고의는 정범에 의하여 실현되는 범죄의 구체적 내용을 인식할 것을 요하는 것은 아니고 미필적 인식 또는 예견으로 족하다. [2] 구 금융실명거래 및 비밀보장에 관한 법률 제6조 제1항 위반죄는 이른바 초과주관적 위법요소로서 '탈법행위의 목적'을 범죄성립요건으로 하는 목적범이므로, 방조범에게도 정범이 위와 같은 탈법행위를 목적으로 타인 실명 금융거래를 한다는 점에 관한 고의가 있어야 하나, 그 목적의 구체적인 내용까지 인식할 것을 요하는 것은 아니다(대판 2022.10.27. 2020도12563).

② [1] 저작권법이 보호하는 복제권의 침해를 방조하는 행위란 정범의 복제권 침해를 용이하게 해주는 직접·간접의 모든 행위로서, 정범의 복제권 침해행위 중에 이를 방조하는 경우는 물론, 복제권 침해행위에 착수하기 전에 장래의 복제권 침해행위를 예상하고 이를 용이하게 해주는 경우도 포함하며, 정범에 의하여 실행되는 복제권 침해행위에 대한 미필적 고의가 있는 것으로 충분하고 정범의 복제권 침해행위가 실행되는 일시, 장소, 객체 등을 구체적으로 인식할 필요가 없으며, 나아가 정범이 누구인지 확정적으로 인식할 필요도 없다. [2] P2P 프로그램을 이용하여 음악파일을 공유하는 행위가 대부분 정당한 허락 없는 음악파일의 복제임을 예견하면서도 MP3 파일 공유를 위한 P2P 프로그램인 소리바다 프로그램을 개발하여 이를 무료로 널리 제공하였으며, 그 서버를 설치·운영하면서 프로그램 이용자들의 접속정보를 서버에 보관하여 다른 이용자에게 제공함으로써 이용자들이 용이하게 음악 MP3 파일을 다운로드 받아 자신의 컴퓨터 공유폴더에 담아 둘 수 있게 하고, 소리바다 서비스가 저작권법에 위배된다는 경고와 서비스 중단 요청을 받고도 이를 계속한 경우, MP3 파일을 다운로드 받은 이용자의 행위는 구 저작권법 제2조 제14호의 복제에 해당하고, 소리바다 서비스 운영자의 행위는 구 저작권법상 복제권 침해행위의 방조에 해당한다고 한 사례(대판 2007.12.14. 2005도872)

> **판례** 편면적 방조

- 편면적 종범에서도 정범의 범죄행위 없이 방조범만이 성립될 수 없다(대판 1974.5.28. 74도509).

2. 정범(피방조자)에 관한 요건

가. 종범의 종속성

종범도 정범의 실행행위가 있어야 성립하므로 제한적 종속형식에 의하는 한 정범의 실행행위는 구성요건에 해당하는 위법한 행위임을 요하고, 유책할 것까지 요하는 것은 아니다.

> **판례** 정범의 실행의 착수가 없는 경우

- [1] 병역법 제86조는 "병역의무를 기피하거나 감면받을 목적으로 도망하거나 행방을 감출 때 또는 신체손상이나 사위행위를 한 사람은 1년 이상 3년 이하의 징역에 처한다."라고 규정하고 있는바, (중략) 다른 행위 태양인 도망, 잠적에 상응할 정도로 병역의무의 이행을 면탈하고 병무행정의 적정성을 침해할 직접적인 위험이 있는 단계에 이르렀을 때 비로소 그 실행에 이르렀다고 보아야 할 것이다. [2] 정범이 사위의 방법으로 병사용 진단서를 발급받아 관할 병

무청에 제출하는 단계에까지 이르지 아니하였으므로 병역법 제86조에서 정하고 있는 사위행위의 실행에 착수한 것으로 볼 수 없어, 그와 같은 정범의 사위행위를 방조하였다는 공소사실을 무죄라고 판단한 원심의 조치를 수긍한 사례(대판 2005.11.10. 2005도1995)

나. 실행행위의 정도

정범의 실행행위는 적어도 실행에 착수하였을 것을 요한다. 형법은 교사범의 경우와는 달리 종범의 미수를 벌하는 규정을 두고 있지 않다. 따라서 정범이 예비의 단계에 그친 경우에 예비의 종범도 있을 수 없다(반대 견해도 있다).

> **판례** 종범의 정범 종속성 등
>
> ① 인터넷 게임사이트의 온라인 게임에서 통용되는 사이버머니를 구입하고자 하는 사람을 유인하여 돈을 받고 위 게임사이트에 접속하여 일부러 패하는 방법으로 사이버머니를 판매한 사람에 대하여, 정범인 위 게임사이트 개설자의 도박개장행위를 인정할 수 없는 이상 종범인 도박개장방조죄도 성립하지 않는다(대판 2007.11.29. 2007도8050).
>
> ② [1] 방조범은 종범으로서 정범의 존재를 전제로 하는 것이므로, 정범의 범죄행위 없이 방조범만이 성립될 수는 없다. [2] 병원 원장인 피고인 갑 등이 을 등에게 허위의 입·퇴원확인서를 작성한 후 교부하여, 을 등이 보험회사로부터 보험금을 편취하는 것을 방조하였다는 내용으로 기소된 사안에서, 정범인 을 등의 범죄가 성립되지 않는 이상 방조범에 불과한 피고인 갑 등의 범죄도 성립될 수 없는데도, 사기방조의 공소사실을 유죄로 인정한 원심판결에 법리오해의 위법이 있다고 한 사례(대판 2017.5.31. 2016도12865).
>
> ③ 사기방조죄는 정범인 본범의 사기 또는 사기미수의 증명이 없으면 사기방조죄도 그 증명이 없음에 돌아간다(대판 1970.3.10. 69도2492).
>
> ④ 방조죄는 정범의 범죄에 종속하여 성립하는 것으로서 방조의 대상이 되는 정범의 실행행위의 착수가 없는 이상 방조죄만이 독립하여 성립될 수 없다(대판 1979.2.27. 78도3113).

III. 종범의 처벌

종범은 정범의 형보다 감경한다(제32조 제2항, 필요적 감경). 여기서 감경할 수 있는 형은 법정형을 의미하며, 그 선고형을 감경하는 것은 아니다. 또한 자기의 지휘·감독을 받는 자를 방조하여 결과를 발생하게 한 자는 정범의 형으로 처벌한다(제34조 제2항, 특수방조).

> **판례** 종범의 처벌
>
> • 형법 제32조 제2항은 "종범의 형은 정범의 형보다 감경한다."라고 규정하고 있다. 여기서 감경한다는 것은 법정형을 정범보다 감경한다는 것이지 선고형을 감경한다는 것이 아니므로, 종범에 대한 선고형이 정범보다 가볍지 않다 하더라도 위법이라 할 수 없다(대판 2015.8.27. 2015도8408).

> **판례** 각칙상 방조죄에 대한 종범감경여부
>
> • 형법 제98조 제1항의 간첩방조죄는 정범인 간첩죄와 대등한 독립죄로서 간첩죄와 동일한 법정형으로 처단하게 되어 있어 형법 총칙 제32조 소정의 감경대상이 되는 종범과는 그 실질이 달라 종범

감경을 할 수 없는 것이므로 그 가중규정인 국가보안법 제4조 제1항 제2호의 반국가단체의 간첩방조죄에 대하여도 그 정범인 반국가단체의 간첩죄와 동일한 법정형으로 처단하여야 하고 종범감경을 할 수 없다(대판 1986.9.23. 86도1429).

IV. 관련문제

1. 종범의 착오

가. 실행행위에 대한 착오

종범의 착오에 관하여는 원칙적으로 교사의 착오에 관한 이론이 그대로 적용된다. 다만 교사의 경우와는 달리 종범에 있어서는 종범의 미수를 처벌하지 아니하므로 정범의 질적 초과에 대하여는 종범은 언제나 처벌받지 아니한다.

> **판례** 종범의 착오
>
> ① 방조자의 인식과 정범의 실행간에 착오가 있고 양자의 구성요건을 달리한 경우에는 원칙적으로 방조자의 고의는 조각되는 것이나 그 구성요건이 중첩되는 부분이 있는 경우에는 그 중복되는 한도내에서는 방조자의 죄책을 인정하여야 할 것이다(대판 1985.2.26. 84도2987).
>
> ② [1] 검사가 특수폭행치사방조죄로 공소를 제기하면서 그에 관한 형법상의 해당 법조의 적용을 청구한 경우에 법원이 심리한 결과 특수폭행의 방조사실만이 인정된다면, 피고인의 방어권 행사를 고려하여 형법상의 특수폭행의 방조로 인정할 수 있을 뿐이고, 그보다 형이 중한 폭력행위등처벌에관한법률 제3조 제2항 위반의 방조로 다스릴 수는 없다. [2] 피고인 2가 처음에 피고인 1이 피해자를 폭행하려는 것을 제지하였고, 피고인 1이 취중에 남의 자동차를 손괴하고도 상급자에게 무례한 행동을 하는 피해자를 교육시킨다는 정도로 가볍게 생각하고, 각목을 피고인 1에게 건네주었던 것이고, 그 후에도 양인 사이에서 폭행을 제지하려고 애쓴 사실을 인정한 다음, 피고인으로서는 피해자가 피고인 1의 폭행으로 사망할 것으로 예견할 수 있었다고 볼 수 없다는 이유로 피고인에 대하여 특수폭행치사방조의 점은 무죄로 판단하고, 특수폭행의 방조로 인정한 사례(대판 1998.9.4. 98도2061)

나. 피방조자에 대한 착오

정범의 책임능력에 대한 인식은 방조자의 고의의 내용에 포함되지 아니하므로 이에 대한 착오는 종범의 고의를 조각하지 않는다.

2. 종범의 종범, 교사의 종범, 종범의 교사

가. 종범의 종범

종범의 종범은 정범에 대한 간접방조 내지 연쇄방조가 되므로 종범의 방조는 물론 그 이상의 방조에 대하여도 종범이 성립한다(정범에 대한 방조).

> **판례** 간접방조
>
> • 형법이 방조행위를 종범으로 처벌하는 까닭은 정범의 실행을 용이하게 하는 점에 있으므로 그 방조행위가 정범의 실행에 대하여 간접적이거나 직접적이거나를 가리지 아니하

고 정범이 범행을 한다는 점을 알면서 그 실행행위를 용이하게 한 이상 종범으로 처벌함이 마땅하며 간접적으로 정범을 방조하는 경우 방조자에 있어 정범이 누구에 의하여 실행되어지는가를 확지할 필요가 없다(대판 1977.9.28. 76도4133).

나. 교사의 종범

교사의 방조도 정범에 대한 방조로 보아 종범이 성립할 수 있다. 다만 종범이 성립하기 위하여는 정범이 실행에 착수하였을 것을 요한다.

다. 종범의 교사

종범을 교사한 자도 실질적으로 정범을 방조한 것이므로 종범으로 보아야 할 것이다.

3. 방조의 미수

가. 협의의 방조의 미수

정범이 실행에 차굿하였으나 미수에 그친 경우이다. 이 경우에는 정범·종범 모두 미수범으로 처벌된다.

나. 기도된 방조

기도된 방조는 방조행위가 정범의 범행결의나 범죄실행에 전혀 영향을 미치지 못한 효과 없는 방조와 방조가 피방조자에 의하여 거부된 실패한 방조로 나눌수 있으나, 교사의 경우와 달리 처벌규정이 없어 모두 불가벌이다.

> **판례** 기타 방조 관련 판례
>
> ① 공무원 또는 중재인이 부정한 청탁을 받고 제3자에게 뇌물을 제공하게 하고 제3자가 그러한 공무원 또는 중재인의 범죄행위를 알면서 방조한 경우에는 그에 대한 별도의 처벌규정이 없더라도 방조범에 관한 형법총칙의 규정이 적용되어 제3자뇌물수수방조죄가 인정될 수 있다(대판 2017.3.15. 2016도19659).
>
> ② [1] 종범은 정범의 실행행위 중에 이를 방조하는 경우는 물론이고 실행의 착수 전에 장래의 실행행위를 예상하고 이를 용이하게 하는 행위를 하여 방조한 경우에도 정범이 그 실행행위에 나아갔다면 성립한다. [2] 피고인이 위 I, H가 기업인들로부터 뇌물을 수수하기 전에 그 면담을 주선한 것으로서, 정범이 실행행위에 나아가기 전에 방조하였을 뿐이므로 피고인을 수뢰죄의 종범으로 처벌할 수 없다는 것이나, 종범은 정범의 실행행위 중에 이를 방조하는 경우는 물론이고 실행의 착수 전에 장래의 실행행위를 예상하고 이를 용이하게 하는 행위를 하여 방조한 경우에도 정범이 그 실행행위에 나아갔다면 성립하는 것이므로, 원심판결에 상고이유로 주장하는 바와 같은 종범에 관한 법리를 오해한 위법이 있다고 할 수 없다(대판 1997.4.17. 96도3377 전원합의체).
>
> ③ 방조범이 성립하려면 방조행위가 정범의 범죄 실현과 밀접한 관련이 있고 정범으로 하여금 구체적 위험을 실현시키거나 범죄결과를 발생시킬 기회를 높이는 등으로 정범의 범죄 실현에 현실적인 기여를 하였다고 평가할 수 있어야 한다. 정범의 범죄 실현과 밀접한 관련이 없는 행위를 도와준 데 지나지 않는 경우에는 방조범이 성립하지 않는다(대판 2021.9.9. 2017도19025 전원합의체).[16]

---

16) ○○노조 △△자동차 비정규직지회 조합원들이 △△자동차 생산라인을 점거하면서 쟁의행위를 한 것과 관련하

제6절 공범과 신분

> **제33조(공범과 신분)** 신분이 있어야 성립되는 범죄에 신분 없는 사람이 가담한 경우에는 그 신분 없는 사람에게도 제30조부터 제32조까지의 규정을 적용한다. 다만, 신분 때문에 형의 경중이 달라지는 경우에 신분이 없는 사람은 무거운 형으로 벌하지 아니한다.

I. 서론

1. 공범의 종속성

공범과 신분이란 신분이 범죄의 성립이나 형의 가감에 영향을 미치는 경우에 신분 있는 자와 신분 없는 자가 공범관계에 있을 때에 어떻게 취급해야 하느냐의 문제를 말한다. 이에 대하여 형법 제33조는 "신분이 있어야 성립되는 범죄에 신분 없는 사람이 가담한 경우에는 그 신분 없는 사람에게도 제30조부터 제32조까지의 규정을 적용한다. 다만, 신분 때문에 형의 경중이 달라지는 경우에 신분이 없는 사람은 무거운 형으로 벌하지 아니한다."고 규정하고 있다.

2. 신분의 의의와 종류

가. 신분 및 신분범의 의의

신분이란 널리 일정한 범죄행위에 대한 범인의 인적 관계인 특수한 지위나 상태를 의미하고, 신분범이란 신분이 범죄의 성립이나 형의 가감에 영향을 미치는 범죄를 의미한다. 이러한 신분요소는 행위자와 관련된 요소임을 요하고, 행위에 관련된 요소는 신분의 개념에 포함되지 않는다.

나. 목적을 신분으로 볼 수 있는지 여부

형법 제33조의 적용여부와 관련하여 목적범에서 '목적'이 신분에 포함되는지 여부가 문제 된다. 이에 대하여 판례는 긍정설의 입장에서 형법 제152조 제1항과 제2항을 제33조 단서에서 정하는 '신분관계로 인하여 형의 경중이 있는 경우'에 해당한다고 판시하였다(93도1002).

> **판례** 목적범에서의 목적이 신분에 해당하는지 여부
> - [1] 형법 제33조 소정의 이른바 신분관계라 함은 남녀의 성별, 내·외국인의 구별, 친족관계, 공무원 자격과 같은 관계뿐만 아니라 널리 일정한 범죄행위에 관련된 범인의 인적관계인 특수한 지위 또는 상태를 지칭하는 것이다. [2] 형법 제152조 제1항과 제2항은 위증을 한 범인이 형사사건의 피고인 등을 '모해할 목적'을 가지고 있었는가 아니면 그러한 목적이 없었는가 하는 범인의 특수한 상태의 차이에 따라 범인에게 과할 형의 경중을 구별하고 있으므로, 이는 바로 형법 제

여, ○○노조 미조직비정규국장인 피고인 2가 ① △△자동차 정문 앞 집회에 참가하여 점거 농성을 지원하고, ② 점거 농성장에 들어가 비정규직지회 조합원들을 독려하고, ③ ○○노조 공문을 비정규직지회에 전달하는 등 역할을 수행한 사안. 피고인 2의 농성현장 독려 행위는 정범의 범행을 더욱 유지·강화시킨 행위에 해당하여 업무방해방조로 인정할 수 있지만, 집회 참가 및 공문 전달 행위는 업무방해 정범의 실행행위에 해당하는 생산라인 점거로 인한 범죄 실현과 밀접한 관련성이 있다고 단정하기 어려워 방조범의 성립을 인정할 정도로 업무방해행위와 인과관계가 있다고 보기 어려움에도, 피고인 2의 위 행위들을 모두 업무방해방조로 인정한 원심판결을 파기한 사례.

33조 단서 소정의 "신분관계로 인하여 형의 경중이 있는 경우"에 해당한다고 봄이 상당하다. [3] 피고인이 갑을 모해할 목적으로 을에게 위증을 교사한 이상, 가사 정범인 을에게 모해의 목적이 없었다고 하더라도, 형법 제33조 단서의 규정에 의하여 피고인을 모해위증교사죄로 처단할 수 있다. [4] (중략) 형법 제31조 제1항은 협의의 공범의 일종인 교사범이 그 성립과 처벌에 있어서 정범에 종속한다는 일반적인 원칙을 선언한 것에 불과하고, 신분관계로 인하여 형의 경중이 있는 경우에 신분이 있는 자가 신분이 없는 자를 교사하여 죄를 범하게 한 때에는 형법 제33조 단서가 형법 제31조 제1항에 우선하여 적용됨으로써 신분이 있는 교사범이 신분이 없는 정범보다 중하게 처벌된다(대판 1994.12.23. 93도1002).

다. 신분의 종류

1) 구성적 신분

일정한 신분이 있어야 범죄가 성립하는 경우에 그 신분을 구성적 신분이라고 하며, 이를 필요로 하는 범죄를 진정신분범이라고 한다. 수뢰죄, 위증죄, 허위진단서작성죄, 횡령죄 및 배임죄 등이 여기에 해당한다.

2) 가감적 신분

신분이 없어도 범죄는 성립하지만 신분에 의하여 형벌이 가중되거나 감경되는 경우에 그 신분을 가감적 신분이라고 하며, 이러한 신분이 있는 범죄가 부진정신분범이다. 존속살해죄나 업무상 횡령·배임죄 등이 여기에 해당한다.

3) 소극적 신분

신분으로 인하여 범죄의 성립 또는 형벌이 조각되는 경우에 그 신분을 소극적 신분이라고 한다. 이는 다시 ① 특정한 신분을 가진 자에게 일반인에게 금지되어 있는 행위를 특별히 허용하는 경우의 신분인 불법조각신분(의료법위반 범죄와 변호사법위반 범죄에서 의사 또는 변호사의 신분, 무면허운전 처벌에서 운전면허자의 신분), ② 행위자에게 일정한 신분이 존재함으로써 책임이 조각되는 경우의 신분인 책임조각신분(범인은닉죄·증거인멸죄에서의 '친족·동거가족', 형법 적용에 있어서 만 14세 미만자), ③ 행위자에게 일정한 신분이 존재함으로써 범죄 자체는 성립하나 형벌이 면제되는 경우의 신분인 형벌조각신분(형법 제328조의 친족상도례에서 친족의 신분)으로 나누어 볼 수 있다.

II. 형법 제33조 본문 및 단서의 해석

1. 제33조의 성격

형법 제33조 본문은 비신분자가 신분자의 범죄에 가공한 경우에는 비신분자도 신분범의 공동정범·교사범·종범이 될 수 있다고 함으로써 신분의 연대성을 규정하고 있다. 이에 비하여 단서는 비신분자도 신분자의 범죄에 가공한 경우에 비신분자는 신분범의 형으로 처벌되지 않는다는 신분의 독립성 내지 책임의 개별화를 규정하고 있다.

2. 제33조의 적용범위

가. 견해의 대립

1) 본문 진정신분범·단서 부진정신분범설

제33조 본문은 진정신분범의 공범성립과 과형의 문제를, 단서는 부진정신분범의 공범성립과 과형의 문제를 규정한 것으로 해석하는 견해이다.

2) 본문 성립·단서 과형설

제33조 본문은 진정신분범과 부진정신분범에 대한 공범의 성립문제를, 단서는 부진정신분범에 한하여 과형의 문제를 각각 규정한 것으로 해석하는 견해이다.

3) 판례의 태도

판례는 본문 성립·단서 과형설의 입장에서 판시하고 있다.

> **판례** 제33조 본문·단서의 해석
> - 업무상배임죄는 업무상 타인의 사무를 처리하는 지위에 있는 사람이 그 임무를 위반하는 행위로써 재산상의 이익을 취득하거나 제3자로 하여금 이를 취득하게 하여 본인에게 손해를 입힌 때에 성립한다. 이는 타인의 사무를 처리하는 지위라는 점에서 보면 단순배임죄에 대한 가중규정으로서 신분관계로 형의 경중이 있는 경우라고 할 것이다. 따라서 그와 같은 업무상의 임무라는 신분관계가 없는 자가 그러한 신분관계 있는 자와 공모하여 업무상배임죄를 저질렀다면, 그러한 신분관계가 없는 공범에 대하여는 형법 제33조 단서에 따라 단순배임죄에서 정한 형으로 처단하여야 한다. 이 경우에는 신분관계 없는 공범에게도 같은 조 본문에 따라 일단 신분범인 업무상배임죄가 성립하고 다만 과형에서만 무거운 형이 아닌 단순배임죄의 법정형이 적용된다(대판 2018.8.30. 2018도10047).

3. 형법 제33조 본문의 해석

가. 비신분자가 신분자에게 가공한 경우

1) '신분이 있어야 성립되는 범죄'

'신분이 있어야 성립되는 범죄'란 진정신분범을 말한다.

2) '신분 없는 사람에게도 제30조부터 제32조까지의 규정을 적용한다'

진정신분범에 가담한 비신분자에게도 본문의 신분연대작용에 의하여 제30조(공동정범), 제31조(교사범), 제32조(종범)가 적용된다. 그러나 제34조(간접정범)에는 제33조는 적용되지 아니한다(이하 동일).

> **판례** 진정신분범에서 비신분자가 신분자를 교사한 경우
> ① 피고인이 건축물조사 및 가옥대장 정리업무를 담당하는 지방행정서기를 교사하여 무허가 건물을 허가받은 건축물인 것처럼 가옥대장 등에 등재케하여 허위공문서 등을 작성케 한 사실이 인정된다면, 허위공문서작성죄의 교사범으로 처단한 것은 정당하다(대판 1983.12.13. 83도1458, 진정신분범에서 비신분자가 신분자를 교사한 경우).
> ② 비록 피고인이 의사가 아니기 때문에 진단서를 작성할 수 있는 지위에 있지 아니하고, 또한 피고인이 의사인 丙을 직접이건 간접이건 면담한 사실이 없다손 치더라도 피고인으

로부터 교사를 받은 위의 乙이 피고인이 교사한대로 의사 丙과 공모하여 허위진단서를 작성하였다면 형법 제33조에 의하여 피고인은 허위진단서작성의 교사죄의 죄책을 면할 길 없다 할 것이다(대판 1967.1.24. 66도1586, 진정신분범에서 비신분자가 신분자를 교사한 경우).

> **판례** 진정신분범에서 비신분자가 신분자와 공모한 경우

① 공무원이 아닌 사람이 공무원과 공동가공의 의사와 이를 기초로 한 기능적 행위지배를 통하여 공무원의 직무에 관하여 뇌물을 수수하는 범죄를 실행하였다면 공무원이 직접 뇌물을 받은 것과 동일하게 평가할 수 있으므로 공무원과 비공무원에게 형법 제129조 제1항에서 정한 뇌물수수죄의 공동정범이 성립한다(대판 2019.8.29. 2018도2738).

② 형법 제33조 본문은 "신분관계로 인하여 성립될 범죄에 가공한 행위는 신분관계가 없는 자에게도 전3조의 규정을 적용한다."고 규정하고 있으므로, 비신분자라 하더라도 신분범의 공범으로 처벌될 수 있다. (중략) 지방공무원의 신분을 가지지 아니하는 사람도 구 지방공무원법 제58조 제1항을 위반하여 같은 법 제82조에 따라 처벌되는 지방공무원의 범행에 가공한다면 형법 제33조 본문에 의해서 공범으로 처벌받을 수 있다. 위 법리에 비추어 보면, 구 지방공무원법 제82조가 적용되지 않는 구 지방공무원법상 특수경력직공무원의 경우에도 위 법조항을 위반한 경력직공무원의 범행에 가공한다면 역시 형법 제33조 본문에 의해서 공범으로 처벌받을 수 있다고 보아야 하고, 특수경력직공무원에 대하여 구 지방공무원법 제82조가 직접 적용되지 않는다는 이유만으로 달리 볼 것은 아니다(대판 2012.6.14. 2010도14409).

③ 특정범죄가중처벌등에관한법률 제4조 제2항, 같은법시행령 제3조 제1호 소정의 정부관리기업체의 간부직원이 아닌 직원도 다른 간부직원인 직원과 함께 뇌물수수죄의 공동정범이 될 수 있다(대판 1999.8.20. 99도1557).

④ 공문서의 작성권한이 있는 공무원의 직무를 보좌하는 자가 그 직위를 이용하여 행사할 목적으로 허위의 내용이 기재된 문서 초안을 그 정을 모르는 상사에게 제출하여 결재하도록 하는 등의 방법으로 작성권한이 있는 공무원으로 하여금 허위의 공문서를 작성하게 한 경우에는 간접정범이 성립되고 이와 공모한 자 역시 그 간접정범의 공범으로서의 죄책을 면할 수 없는 것이고, 여기서 말하는 공범은 반드시 공무원의 신분이 있는 자로 한정되는 것은 아니라고 할 것이다(대판 1992.1.17. 91도2837).

⑤ 피고인에 대한 공소사실은 공소외인과 공모하여 군형법 제41조 위반죄(근무 기피 목적의 사술)를 범하였다는 것이므로, 피고인은 군인이나 군무원 등 군인에 준하는 자에 해당되지 아니한다 할지라도 공소외인이 범행 당시 그와 같은 신분을 가지고 있었다면 형법 제8조, 군형법 제4조의 규정에 따라 형법 제33조가 적용되어 공범으로서의 죄책을 면할 수 없다(대판 1992.12.24. 92도2346).

⑥ 노동조합의 승인 없이 또는 지시에 반하여 일부 조합원의 집단에 의하여 이루어진 쟁의행위가 그 경위와 목적, 태양 등에 비추어 정당행위에 해당하지 아니하고, 그 쟁의행위에 참가한 일부 조합원이 병가 중이어서 직무유기죄의 주체로 될 수는 없다 하더라도 직무유기죄의 주체가 되는 다른 조합원들과의 공범관계가 인정된다는 이유로, 그 쟁의행위에 참가한 조합원들 모두 직무유기죄로 처단되어야 한다(대판 1997.4.22. 95도748).

⑦ 동업으로 인한 배임죄의 신분관계가 있음을 전제로 배임죄의 공범으로 기소된 자에 대하여 심리 결과 동업관계는 인정되지 아니하나 동업관계가 없는 자가 비신분자로서 신분이 있는 자와 공

모하여 배임죄를 저지른 사실이 인정되는 경우, 피고인의 방어권 행사에 실질적인 불이익을 초래할 염려가 없다면 공소장 변경 없이도 비신분자에 대하여 형법 제33조 본문에 의하여 배임죄의 공범으로 처단할 수 있다(대판 2003.10.24. 2003도4027).

⑧ 점포의 임차인이 임대인이 그 점포를 타에 매도한 사실을 알고 있으면서 점포의 임대차계약 당시 "타인에게 점포를 매도할 경우 우선적으로 임차인에게 매도한다."는 특약을 구실로 임차인이 매매대금을 일방적으로 결정하여 공탁하고 임대인과 공모하여 임차인 명의로 소유권이전등기를 경료하였다면 임대인의 배임행위에 적극가담한 것으로서 배임죄의 공동정범에 해당한다(대판 1983.7.12. 82도180).

⑨ 허위공문서작성죄에 신분 없는 자가 가공한 경우에 그 가공이 공동하여 죄를 범한 것인 때에는 그 죄에 대한 공동정범이 성립될 수 있다(대판 1971.6.8. 71도795).

⑩ 구「아동학대범죄의 처벌 등에 관한 특례법」제4조, 제2조 제4호 가목 내지 다목은 '보호자에 의한 아동학대로서 형법 제257조 제1항(상해), 제260조 제1항(폭행), 제271조 제1항(유기), 제276조 제1항(체포, 감금) 등의 죄를 범한 사람이 아동을 사망에 이르게 한 때'에 '무기 또는 5년 이상의 징역'에 처하도록 규정하고 있다. 이는 보호자가 구 아동학대처벌법 제2조 제4호 가목 내지 다목에서 정한 아동학대범죄를 범하여 그 아동을 사망에 이르게 한 경우를 처벌하는 규정으로 형법 제33조 본문의 '신분관계로 인하여 성립될 범죄'에 해당한다. 따라서 피고인들에 대하여 구 아동학대처벌법 제4조, 제2조 제4호 가목, 형법 제257조 제1항, 제30조로 공소가 제기된 이 사건에서 피고인 2에 대해 형법 제33조 본문에 따라 아동학대처벌법 위반(아동학대치사)죄의 공동정범이 성립하고 구 아동학대처벌법 제4조에서 정한 형에 따라 과형이 이루어져야 한다(대판 2021.9.16. 2021도5000).

판례 제33조 본문에 대한 특별규정이 있는 경우

- 공직선거및선거부정방지법 제257조 제1항 제1호 소정의 각 기부행위제한위반의 죄는 같은 법 제113조, 제114조, 제115조에 각기 한정적으로 열거되어 규정하고 있는 신분관계가 있어야만 성립하는 범죄이고 죄형법정주의의 원칙상 유추해석은 할 수 없으므로 위 각 해당 신분관계가 없는 자의 기부행위는 위 각 해당 법조항위반의 범죄로는 되지 아니하며, 또한 위 각 법조항을 구분하여 기부행위의 주체 및 그 주체에 따라 기부행위제한의 요건을 각기 달리 규정한 취지는 각 기부행위의 주체자에 대하여 그 신분에 따라 각 해당 법조로 처벌하려는 것이고, 각 기부행위의 주체로 인정되지 아니하는 자가 기부행위의 주체자 등과 공모하여 기부행위를 하였다고 하더라도 그 신분에 따라 각 해당법조로 처벌하여야 하지 기부행위의 주체자의 해당법조의 공동정범으로 처벌할 수도 없다(대판 1997.12.26. 97도2249).

나. 신분자가 비신분자에게 가공한 경우

형법 제33조는 비신분자가 신분자에게 관여하는 경우에 적용되는 조문이므로 신분자가 비신분자에게 관여하는 경우에는 적용할 수 없고, 이 문제는 해석에 의하여 해결하여야 한다.

1) 교사·방조

진정신분범에서 신분자가 비신분자를 교사·방조하여 범죄를 실행케 한 경우, 진정신분범의 신분은 구성요건요소이므로 비신분자의 행위는 구성요건해당성이 없어 처벌되지 아니하고, 이 경우 신분자에게는 '신분 없는 고의 있는 도구'를 이용한 간접정범이 성립한다.

2) 공동정범

진정신분범에서 신분자가 비신분자에게 공동정범으로 관여한 경우, 신분자와 비신분자는 행위시에 의사연락이 있었으므로 비신분자가 신분자에게 관여한 경우와 동일하게 취급하여야 한다. 따라서 제33조가 그대로 적용되고, 신분자와 비신분자에게는 진정신분범의 공동정범이 성립한다.

4. 형법 제33조 단서의 해석

가. 비신분자가 신분자에게 가공한 경우

1) '신분 때문에 형의 경중이 달라지는 경우'

'신분 때문에 형의 경중이 달라지는 경우'란 부진정신분범을 말한다.

2) '무거운 형으로 벌하지 아니한다'

가) 가중적 신분범에 가공한 경우

비신분자가 신분자의 부진정신분범에 가담한 경우에는 양자 사이에 보통범죄와 부진정신분범의 공범관계가 성립하고, 그 과형에서도 비신분자는 보통범죄의 형으로 처벌하여야 한다(책임의 개별화원칙).

(1) 가중적 신분범에 가공한 경우

가중적 부진정신분범에 있어 비신분자가 신분자에게 가담한 경우의 죄책과 관련하여 형법 제33조 본문의 '신분관계로 인하여 성립될 범죄'가 진정신분범만을 의미하는지 아니면 부진정신분범까지를 포함하는지가 문제 된다.

이에 대하여 ① 형법 제33조 본문은 진정신분범의 공범성립과 과형을, 단서는 부진정신분범의 공범성립과 과형을 규정한 것이라는 견해와 ② 제33조 본문은 진정신분범과 부진정신분범의 성립의 근거를, 단서는 부진정신분범의 과형에 대해서만 규정한 것이라는 견해가 대립한다.

판례는 후자의 입장에서 처와 자가 공동하여 남편을 살해한 경우 처에게도 존속살해죄의 공동정범 성립을 인정하였고(4294형상284), 은행원이 아닌 자가 은행원에 가담하여 업무상배임죄를 저지른 경우 업무상배임죄의 성립을 인정하면서 그 처벌은 배임죄의 정한 형에 의하였다(97도2609).

> **판례** 가중적 신분범에서 비신분자가 신분자와 공모한 경우
>
> ① 부진정신분범에 있어 신분관계가 없는 자가 신분관계가 있는 자의 범죄에 가공하면 신분이 없는 자도 형법 제33조 본문에 의하여 부진정신분범이 성립하지만, 제33조 단서에 의하여 중한 형으로 벌하지 아니한다. 상호신용금고법 제39조 제1항 제2호 위반죄는 상호신용금고의 발기인·임원·관리인·청산인·지배인 기타 상호신용금고의 영업에 관한 어느 종류 또는 특정한 사항의 위임을 받은 사용인이 그 업무에 위배하여 배임행위를 한 때에 성립하는 것으로서, 이는 위와 같은 지위에 있는 자의 배임행위에 대한 형법상의 배임 내지 업무상 배임죄의 가중규정이고, 따라서 형법 제355조 제2항의 배임죄와의 관계에서는 신분관계로 인하여 형의 경중이 있는 경우라고 할 것이다. 그리고 위와 같은 신분관계가 없는 자가 그러한 신분관계에 있는 자와 공모하여 위 상호신용금고법 위반죄를 저질렀다면, 그러한 신분관계가 없는 자에 대하여는 형법 제33조 단서에 의하여 형법 제355조 제2항에 따라 처단하여야 할 것인바, 그러한 경우에는 신분관계가 없는 자에

게도 일단 업무상 배임으로 인한 상호신용금고법 제39조 제1항 제2호 위반죄가 성립한 다음 형법 제33조 단서에 의하여 중한 형이 아닌 형법 제355조 제2항에 정한 형으로 처벌되는 것이다(대판 1997.12.26. 97도2609).

② 은행원이 아닌 자가 은행원들과 공모하여 업무상 배임죄를 저질렀다 하여도, 이는 업무상 타인의 사무를 처리하는 신분관계로 인하여 형의 경중이 있는 경우이므로, 그러한 신분관계가 없는 자에 대하여서는 형법 제33조 단서에 의하여 형법 제355조 제2항에 따라 처단하여야 한다(대판 1986.10.28. 86도1517).

③ 업무상횡령죄는 타인의 재물을 업무상 보관하는 자를 주체로 하는 신분범이므로, 그와 같은 신분관계가 없는 자가 신분관계가 있는 자와 공모하여 업무상횡령죄를 저질렀다면 신분관계가 없는 자에 대하여는 형법 제33조 단서에 의하여 단순횡령죄에 정한 형으로 처단하여야 할 것이다(대판 2015.2.26. 2014도15182).

④ 업무상배임죄는 업무상 타인의 사무를 처리하는 지위에 있는 사람이 그 임무에 위배하는 행위로써 재산상의 이익을 취득하거나 제3자로 하여금 이를 취득하게 하여 본인에게 손해를 가한 때에 성립하는 것으로서, (중략) 그와 같은 신분관계가 없는 자가 그러한 신분관계가 있는 자와 공모하여 업무상배임죄를 저질렀다면 그러한 신분관계가 없는 자에 대하여는 형법 제33조 단서에 의하여 단순배임죄에 정한 형으로 처단하여야 할 것이다(대판 1999.4.27. 99도883).

⑤ 처가 실자와 더불어 그 남편을 살해할 것을 공모하고 자(子)로 하여금 남편을 자빠뜨리고 머리를 강압하게 한 후 질식사에 이르게 한 경우에 그 처와 실자(實子)를 존속살해 범행의 공동정범으로 인정한 것은 적법하다(대판 1961.8.2. 4294형상284).

⑥ 비점유자가 업무상 점유자와 공모하여 횡령한 경우에 비점유자도 형법 제33조 본문에 의하여 공범관계가 성립되며 다만 그 처단에 있어서는 동조 단서의 적용을 받는다(대판 1965.8.24. 65도493).

	제33조 본문(연대적)	제33조 단서(개별적)
통설	진정신분범의 공범의 성립과 그 과형에 관한 규정	부진정신분범의 공범의 성립과 그 과형에 관한 규정
판례	진정신분범과 부진정신분범의 성립에 관한 규정, 진정신분범의 과형에 관한 규정	부진정신분범의 과형에 관한 규정

나) 감경적 신분범에 가공한 경우

제33조 단서는 "무거운 형으로 벌하지 아니한다."고 규정하고 있으므로, 비신분자를 언제나 경한 형으로 처벌해야 하는지 문제 된다. 그러나 형의 감경사유는 언제나 신분자의 일신에 한하고 공범에게는 미치지 아니하므로 비신분자는 감경적 신분범이 아닌 보통범죄로 처벌하여야 한다(책임의 개별화원칙).

나. 신분자가 비신분자에게 가공한 경우

1) 교사·방조

진정신분범에 있어서는 신분범이 비신분범에게 가공한 경우 형법 제33조의 적용이 부정되고, 신분범은 비신분범의 간접정범이 될 뿐이다. 이러한 해석에 따라 부진정신분을 지닌 자가 비신분자의 범행에 가공한 경우에도 제33조 단서의 적용을 배제할 것인지가 문제 된다.

이에 대하여 판례는 긍정설의 입장에서 '신분관계로 인하여 형의 경중이 있는 경우에 신분이 있는 자가 신분이 없는 자를 교사하여 죄를 범하게 한 때에는 형법 제33조 단서가 형법 제31조 제1항에 우선하여 적용됨으로써 신분이 있는 교사범이 신분이 없는 정범보다 중하게 처벌된다'고 판시하였다(93도1002).

> **판례** 가중적 신분범에서 신분자가 비신분자에게 가공한 경우
>
> ① 형법 제31조 제1항은 협의의 공범의 일종인 교사범이 그 성립과 처벌에 있어서 정범에 종속한다는 일반적인 원칙을 선언한 것에 불과하고, 신분관계로 인하여 형의 경중이 있는 경우에 신분이 있는 자가 신분이 없는 자를 교사하여 죄를 범하게 한 때에는 형법 제33조 단서가 형법 제31조 제1항에 우선하여 적용됨으로써 신분이 있는 교사범이 신분이 없는 정범보다 중하게 처벌된다(대판 1994.12.23. 93도1002).
>
> ② 상습도박의 죄나 상습도박방조의 죄에 있어서의 상습성은 행위의 속성이 아니라 행위자의 속성으로서 도박을 반복해서 거듭하는 습벽을 말하는 것인 바, 도박의 습벽이 있는 자가 타인의 도박을 방조하면 상습도박방조의 죄에 해당하는 것이며, 도박의 습벽이 있는 자가 도박을 하고 또 도박방조를 하였을 경우 상습도박방조의 죄는 무거운 상습도박의 죄에 포괄시켜 1죄로서 처단하여야 한다(대판 1984.4.24. 84도195).

2) 공동정범

부진정신분범에서 신분자가 비신분자에게 공동정범으로 관여한 경우도 비신분자가 신분자에게 관여한 경우와 동일하게 취급된다.

<공범과 신분> ※ 공동정범은 '비신분자가 신분자에게 가담한 경우'에 포함

종류	형태	판례	통설
구성적 신분 (진정신분범)	비신분자가 신분자에게 가담	성립 : 본문 적용(연대적)	
		과형 : 본문 적용(연대적)	
	신분자가 비신분자에게 가담	신분자는 간접정범 성립	
가감적 신분 (부진정신분범)	비신분자가 신분자에게 가담	성립 : 본문 적용(연대적)	성립 : 단서 적용(독립적)
		과형 : 단서 적용(독립적)	과형 : 단서 적용(독립적)
	신분자가 비신분자에게 가담	성립 : 단서 적용(독립적)	
		과형 : 단서 적용(독립적)	

Ⅲ. 소극적 신분과 공범

형법 제33조는 구성적 신분과 가감적 신분에 대해서만 규정하고 소극적 신분과 공범의 관계에 대해서는 언급이 없다. 따라서 <u>소극적 신분과 공범의 문제는 공범의 종속성이라는 일반이론에 따라 제한적 종속형식에 기초하여 해결하여야 한다.</u>

1. 불법조각적 신분과 공범

가. 비신분자가 신분자에게 가공한 경우

비신분자는 신분자의 적법행위에 관여한 것이므로 <u>비신분자에게도 범죄가 성립하지 아니한다.</u>

나. 신분자가 비신분자에게 가공한 경우

정범인 비신분자의 불법효과가 신분자에게도 연대적으로 미치므로 <u>신분자에게도 그 범죄의 공범이 성립한다.</u>

> **판례** 불법조각적 신분과 공범
> ① 의료인일지라도 의료인 아닌 자의 의료행위에 공모하여 가공하면 의료법 제25조 제1항이 규정하는 무면허의료 행위의 공동정범으로서의 책임을 진다(대판 1986.2.11. 85도448).
> ② 치과의사가 환자의 대량유치를 위해 치과기공사들에게 내원환자들에게 진료행위를 하도록 지시하여 동인들이 각 단독으로 전항과 같은 진료행위를 하였다면 무면허의료행위의 교사범에 해당한다(대판 1986.7.8. 86도749).
> ③ 의사가 이러한 방식으로 의료행위가 실시되는 데 간호사와 함께 공모하여 그 공동의사에 의한 기능적 행위지배가 있었다면, 의사도 무면허의료행위의 공동정범으로서의 죄책을 진다(대판 2012.5.10. 2010도5964).
> ④ 의료인이 의료인의 자격이 없는 일반인의 의료기관 개설행위에 공모하여 가공하면 구 의료법 제87조 제1항 제2호, 제33조 제2항 위반죄(비의료인의 의료기관 개설행위)의 공동정범에 해당한다(대판 2017.4.7. 2017도378).

2. 책임조각적 신분과 공범

가. 비신분자가 신분자에게 가공한 경우

<u>신분자는 책임이 조각되어 처벌받지 않으나, 비신분자는 신분자의 불법에 종속되어 공범으로 처벌</u>된다.

나. 신분자가 비신분자에게 가공한 경우

<u>비신분자의 범죄성립에는 영향이 없지만, 신분자는 책임이 조각된다.</u>

3. 형벌조각적 신분과 공범

가. 비신분자가 신분자에게 가공한 경우

비신분자는 신분자의 불법에 종속되므로 <u>신분자·비신분자 모두에게 범죄가 성립하나, 신분자는 형벌이 조각</u>된다.

나. 신분자가 비신분자에게 가공한 경우
　신분자·비신분자 모두에게 범죄가 성립하나, 신분자는 형벌이 조각된다.

CHAPTER 07 죄수론

제1절 죄수이론

I. 죄수론의 의의

죄수론이란 범죄의 수가 한 개인가 또는 수개인가의 문제를 다루는 이론을 의미한다. 죄수론에서는 행위자가 한 개 또는 수개의 행위로 같은 구성요건을 수회 실현하거나 수개의 구성요건을 실현한 경우에 그것이 일죄인가 수죄인가뿐만 아니라, 이 경우에 어떻게 처벌할 것인가도 해결해야 한다. 따라서 죄수론은 범죄론과 형벌론 모두와 관련된 문제이다.

II. 죄수결정의 기준

1. 행위표준설

행위표준설은 자연적 의미의 행위를 표준으로 하여 행위가 하나면 범죄도 하나고 행위가 수개면 범죄도 수개라고 하는 견해이다.

> **판례** 행위표준설에 의한 판례
>
> ① 미성년자 의제강간죄 또는 미성년자 의제강제추행죄는 행위시마다 1개의 범죄가 성립한다(대판 1982.12.14. 82도2442, 강간죄의 죄수).
>
> ② 무면허운전으로 인한 도로교통법위반죄에 있어서는 어느 날에 운전을 시작하여 다음 날까지 동일한 기회에 일련의 과정에서 계속 운전을 한 경우 등 특별한 경우를 제외하고는 사회통념상 운전한 날을 기준으로 운전한 날마다 1개의 운전행위가 있다고 보는 것이 상당하므로 운전한 날마다 무면허운전으로 인한 도로교통법위반 1죄가 성립한다고 보아야 할 것이고, 비록 계속적으로 무면허운전을 할 의사를 가지고 여러 날에 걸쳐 무면허운전행위를 반복하였다 하더라도 이를 포괄하여 일죄로 볼 수는 없다(대판 2002.7.23. 2001도6281).
>
> ③ (전략) 같은 날 무면허운전 행위를 여러 차례 반복한 경우라도 그 범의의 단일성 내지 계속성이 인정되지 않거나 범행 방법 등이 동일하지 않은 경우 각 무면허운전 범행은 실체적 경합 관계에 있다고 볼 수 있으나, 그와 같은 특별한 사정이 없다면 각 무면허운전 행위는 동일 죄명에 해당하는 수 개의 동종 행위가 동일한 의사에 의하여 반복되거나 접속·연속하여 행하여진 것으로 봄이 상당하고 그로 인한 피해법익도 동일한 이상, 각 무면허운전 행위를 통틀어 포괄일죄로 처단하여야 한다(대판 2022.10.27. 2022도8806).[17]

---

[17] 피고인이 저녁 시간에 회사에서 퇴근하면서 무면허인 상태로 차량을 운전하여 인근 식당까지 이동하고(제1 무면허운전 혐의), 약 3시간이 경과 후 식당 인근에서 시동이 켜진 위 차량에서 술에 취해 잠이 든 상태로 발견되어 경찰에 의해 음주측정을 받은 다음(제2 무면허운전 및 음주운전 혐의), 검사가 피고인에 대하여 위 발견 직전 제2

④ 상관으로부터 집총을 하고 군사교육을 받으라는 명령을 수회 받고도 그때마다 이를 거부한 경우에는 그 **명령 횟수 만큼의 항명죄가 즉시 성립**하는 것이지, 집총거부의 의사가 단일하고 계속된 것이며 피해법익이 동일하다고 하여 **수회의 명령거부행위에 대하여 하나의 항명죄만 성립한다고 할 수는 없다**(대판 1992.9.14. 92도1534).

⑤ 여신전문금융업법 제70조 제2항 제3호는 '물품의 판매 또는 용역의 제공을 가장하거나 실제 매출금액을 초과하여 신용카드 매출전표를 작성하고 자금을 융통하여 준 자'를 처벌하도록 규정하고 있는바, 그 구성요건 및 보호법익에 비추어 볼 때 위 규정 위반의 죄는 신용카드를 이용한 **자금융통행위 1회마다 하나의 죄가 성립**한다고 할 것이고, 일정기간 다수인을 상대로 동종의 자금융통행위를 계속하였다고 하더라도 그 범의가 단일하다고 할 수 없으므로 **이를 포괄하여 하나의 죄가 성립한다고 할 수 없다**(대판 2001.6.12. 2000도3559).

2. 법익표준설

법익표준설은 범죄의 수를 범죄행위로 인하여 침해되는 **보호법익의 수 또는 결과의 수를 기준**으로 하여 결정하는 견해이다. 보호법익을 전속적 법익과 비전속적 법익으로 구별하고 전자의 경우에는 법익마다 한 개의 범죄가 성립하고 후자의 경우는 관리의 수에 상응하는 범죄가 성립한다고 한다.

> **판례** 법익표준설에 의한 판례

① 위조통화행사죄와 사기죄는 그 보호법익을 달리하고 있으므로 **위조통화를 행사하여 재물을 불법영득한 때에는 위조통화행사죄와 사기죄의 양 죄는 경합범의 관계에 있다**(대판 1979.7.10. 78도840).

② 피해자에 대한 피고인의 소위는 흉기로 찔러 죽인다고 해악을 고지하여 협박한 후 다시 주먹과 발로 수회 구타하여 상해를 입힘으로써 다른 법익을 침해한 것이라 할 것이니 이와 같은 경우에는 위 소위들이 같은 무렵에 같은 장소에서 저질러진 것이라 하더라도 **위 두 행위는 별개 독립의 행위로서 실체적 경합범의 관계에 있다고 해석함이 타당하다**(대판 1982.6.8. 82도486).

③ [비교판례] 피고인의 협박사실행위가 피고인에게 인정된 상해사실과 같은 시간 같은 장소에서 동일한 피해자에게 가해진 경우에는 특별한 사정이 없는 한 **상해의 단일범의 하에서 이루어진 하나의 폭언에 불과하여 위 상해죄에 포함되는 행위라고 봄이 상당하다**(대판 1976.12.14. 76도3375).

④ 피고인이 여관에 들어가 1층 안내실에 있던 여관의 관리인을 칼로 찔러 상해를 가하고, 그로부터 금품을 강취한 다음, 각 객실에 들어가 각 투숙객들로부터 금품을 강취하였다면, 피고인의 위와 같은 각 행위는 비록 시간적으로 접착된 상황에서 동일한 방법으로 이루어지기는 하였으나, 포괄하여 1개의 강도상해죄만을 구성하는 것이 아니라 **실체적 경합범의 관계에 있는**

무면허운전 및 음주운전을 하였다는 혐의로 기소하였다가 원심에 이르러 제2 무면허운전을 제1 무면허운전으로 공소장변경 허가신청을 한 사건에서, 검사가 공소장변경으로 철회하려는 공소사실(제2 무면허운전 혐의)과 추가하려는 공소사실(제1 무면허운전 혐의)은 시간 및 장소에 있어 일부 차이가 있으나, 같은 날 동일 차량을 무면허로 운전하려는 단일하고 계속된 범의 아래 동종 범행을 같은 방법으로 반복한 것으로 포괄하여 일죄에 해당하고 그 기초가 되는 사회적 사실관계도 기본적인 점에서 동일하여 그 공소사실이 동일하다고 보아, 각 무면허운전의 공소사실이 다르다는 이유로 공소장변경을 불허한 원심을 파기한 사례

것이라고 할 것이다(대판 1991.6.25. 91도643).
⑤ 강도가 시간적으로 접착된 상황에서 가족을 이루는 수인에게 폭행·협박을 가하여 집안에 있는 재물을 탈취한 경우 그 재물은 가족의 공동점유 아래 있는 것으로서, 이를 탈취하는 행위는 그 소유자가 누구인지에 불구하고 단일한 강도죄의 죄책을 진다(대판 1996.7.30. 96도1285).
⑥ 단일범의로서 절취한 시간과 장소가 접착되어 있고 같은 관리인의 관리하에 있는 방 안에서 소유자를 달리하는 두 사람의 물건을 절취한 경우에는 1개의 절도죄가 성립한다(대판 1970.7.21. 70도1133).
⑦ 절도범이 갑의 집에 침입하여 그 집의 방안에서 그 소유의 재물을 절취하고 그 무렵 그 집에 세들어 사는 을의 방에 침입하여 재물을 절취하려다 미수에 그쳤다면 위 두 범죄는 그 범행장소와 물품의 관리자를 달리하고 있어서 별개의 범죄를 구성한다(대판 1989.8.8. 89도664).
⑧ 사기죄에 있어서 수인의 피해자에 대하여 각별로 기망행위를 하여 각각 재물을 편취한 경우에 그 범의가 단일하고 범행방법이 동일하다고 하더라도 포괄1죄가 되는 것이 아니라 피해자별로 1개씩의 죄가 성립하는 것으로 보아야 할 것이다(대판 2001.12.28. 2001도6130 등).

3. 구성요건표준설

구성요건표준설은 죄수론을 법률적인 구성요건 충족의 문제로 해석하여 **구성요건을 1회 충족하면 일죄이고 수개의 구성요건에 해당하면 수죄라고 하는 견해이다.**

> **판례** 구성요건표준설에 의한 판례
>
> ① 관세법상 무신고수입죄에 있어서는 수입신고 없이 유세품을 수입할 때마다 적법한 통관절차에 의한 관세의 확보라는 법익의 침해가 있다고 할 것이어서 그 위반사실의 구성요건 충족 회수마다 1죄가 성립하는 것이 원칙이고, 무신고수입행위의 특성상 동일한 물품을 계속하여 밀수입하는 경우에도 범죄행위자는 그 때마다 새로운 시기와 수단, 방법을 택하여 다시 무신고수입행위를 하는 것이어서 그 때마다 범의가 갱신된다고 보아야 할 것이므로, 서로 다른 시기에 수회에 걸쳐 이루어진 무신고수입행위는 그 행위의 태양, 수법, 품목 등이 동일하다 하더라도 원칙적으로 별도로 각각 1개의 무신고수입으로 인한 관세법위반죄를 구성한다(대판 2000.5.26. 2000도1338).
>
> ② 조세포탈의 죄수는 위반사실의 구성요건 충족횟수를 기준으로 하여 정하는 것인데, (중략) 수입물품의 수입신고를 하면서 과세가격 또는 관세율 등을 허위로 신고하여 수입하는 경우에는 그 수입신고시마다 당해 수입물품에 대한 정당한 관세의 확보라는 법익이 침해되어 별도로 구성요건이 충족되는 것이므로 각각의 허위 수입신고시마다 1개의 죄가 성립한다(대판 2000.11.10. 99도782).
>
> ③ 원래 조세포탈범의 죄수는 위반사실의 구성요건 충족횟수를 기준으로 1죄가 성립하는 것이 원칙이지만, 특정범죄가중처벌등에관한법률 제8조 제1항은 연간 포탈세액이 일정액 이상이라는 가중사유를 구성요건화 하여 조세범처벌법 제9조 제1항의 행위와 합쳐서 하나의 범죄유형으로 하고 그에 대한 법정형을 규정한 것이므로, 조세의 종류를 불문하고 1년간 포탈한 세액을 모두 합산한 금액이 특정범죄가중처벌등에관한법률 제8조 제1항 소정의 금액 이상인 때에는 같은 항 위반의 1죄만이 성립하고, 같은 항 위반죄는 1년 단위로 하나의 죄를 구성하며 그 상호간에는 경합범 관계에 있고, 같은 항에 있어서의 '연간 포탈세액 등'은 각 세목의 과세기간과 관계없이 각 연

도별(1월 1일부터 12월 31일까지)로 포탈한 세액을 합산한 금액을 의미한다(대판 2001.3.13. 2000도4880).

④ 타인으로부터 용도가 엄격히 제한된 자금을 위탁받아 집행하면서 그 제한된 용도 이외의 목적으로 자금을 사용하는 것은 그 사용이 개인적인 목적에서 비롯된 경우는 물론 결과적으로 자금을 위탁한 본인을 위하는 면이 있더라도 그 사용행위 자체로서 불법영득의 의사를 실현한 것이 되어 횡령죄가 성립하는바, 사립학교법 제29조 및 같은 법 시행령에 의해 학교법인의 회계는 학교회계와 법인회계로 구분되고 학교회계 중 특히 교비회계에 속하는 수입은 다른 회계에 전출하거나 대여할 수 없는 등 용도가 엄격히 제한되어 있기 때문에 교비회계자금을 다른 용도에 사용하였다면 그 자체로서 횡령죄가 성립하고, 특정경제범죄 가중처벌 등에 관한 법률 위반(횡령)죄와 교비회계수입 전출로 인한 사립학교법위반죄는 보호법익과 구성요건의 내용이 서로 다른 별개의 범죄로서 상상적 경합의 관계에 있다고 할 것이다(대판 2005.9.28. 2005도3929).

4. 의사표준설

의사표준설은 행위자의 범죄의사를 기준으로 하여 범죄의 수를 결정하려는 견해이다.

> **판례** 의사표준설에 의한 판례
>
> ① 피고인이 1977. 4. 15. 경 사무실에서 원심 공동피고인으로부터 아파트보존등기신청사건을 접수처리함에 있어서 신속히 처리해 달라는 부탁조로 금원을 교부받은 것을 비롯하여 같은 해 9. 10. 경까지 전후 7회에 걸쳐 각종 등기사건을 접수처리하면서 같은 공동피고인으로부터 같은 명목으로 도합 금 828,000원을 교부받아 그 직무에 관하여 뇌물을 수수한 것이라면, 이는 피고인이 뇌물수수의 단일한 범의의 계속하에 일정기간 동종행위를 같은 장소에서 반복한 것이 분명하므로 피고인의 수회에 걸친 뇌물수수행위는 포괄일죄를 구성한다고 해석함이 상당하다(대판 1982.10.26. 81도1409).
>
> ② 피해자를 1회 강간하여 상처를 입게 한 후 약 1시간 후에 장소를 옮겨 같은 피해자를 다시 1회 강간한 행위는 그 범행시간과 장소를 달리하고 있을 뿐만 아니라 각 별개의 범의에서 이루어진 행위로서 형법 제37조 전단의 실체적 경합범에 해당한다(대판 1987.5.12. 87도694).

Ⅲ. 수죄의 처벌

1. 병과주의

병과주의는 각 죄에 대하여 독자적인 형을 확정한 후 이를 합산(병과)하여 형을 부과하는 방법이다. 우리 형법상 경합범 중 각 죄에 정한 형이 무기징역이나 무기금고 이외의 다른 종류의 형인 때에는 병과한다(제38조 제1항 제3호).

2. 흡수주의

흡수주의는 수죄 가운데 가장 중한 죄에 정한 형을 적용하고 다른 경한 죄에 정한 형은 여기에 흡수시키는 방법이다. 다만, 흡수주의에 있어서도 경한 죄에 정한 형의 하한이 중한 죄에 정한 형의 하한보다 높은 경우에는 경한 죄의 하한으로 처벌하는 바, 이를 결합주의라 한다.

우리 형법은 1개의 행위가 수개의 죄에 해당하는 상상적 경합의 경우에는 가장 중한 죄에 정한 형으로 처벌하고(제40조), 경합범 중 가장 중한 죄에 정한 형이 사형 또는 무기징역이나 무기금고인 때에는 가장 중한 죄에 정한 형으로 처벌한다(제38조 제1항 제1호).

3. 가중주의

가중주의는 수죄 가운데 가장 중한 죄에 정한 형을 가중한 후 하나의 전체형을 만들어 선고하는 방법이다. 그러나 전체형은 개개의 형의 합계를 초과할 수는 없다.

우리 형법은 경합범 중 각 죄에 정한 형이 사형 또는 무기징역이나 무기금고 이외의 같은 종류의 형인 때에는 가장 중한 죄에 정한 장기 또는 그 다액에 그 2분의 1까지 가중한다(제38조 제1항 제2호).

제2절 일죄

I. 서론

일죄란 범죄의 수가 1개인 것을 말한다(단순일죄). 일죄에는 1개의 자연적 의미의 행위가 1개의 구성요건을 충족하여 당연히 일죄가 되는 본래적 의미의 일죄와 법조경합 및 포괄일죄가 있다.

II. 법조경합

1. 법조경합의 본질

법조경합이란 한 개 또는 수개의 행위가 외관상 수개의 형벌법규(구성요건)에 해당하는 것 같이 보이나 형벌법규의 성질상 하나의 형벌법규만이 적용되고 다른 법규의 적용을 배척하여 일죄만 성립하는 경우를 말한다. 적용되는 형벌법규가 배척되는 법규의 구성요건을 완전히 포섭하므로, 이중 평가를 막기 위한 것으로 법조경합은 외형상의 경합, 부진정경합이라고도 한다.

2. 법조경합의 태양

가. 특별관계

어느 구성요건이 다른 구성요건의 모든 요소를 포함하고 그 이외의 다른 요소를 구비해야 성립하는 경우를 말하며, 그 대표적인 경우가 가중적 구성요건 또는 감경적 구성요건과 기본적 구성요건의 관계, 결합범 또는 결과적 가중범과 그 내용인 범죄와의 관계이다. 특별관계에 있어서는 "특별법은 일반법에 우선한다"는 원칙(특별법우선의 원칙)에 따라 특별법만 적용되고 일반법은 적용되지 않는다.

> 판례 특별관계
> ① 폭행 또는 협박으로 부녀를 강간한 경우에는 강간죄만 성립하고, 그것과 별도로 강간의 수단으로 사용된 폭행·협박이 형법상의 폭행죄나 협박죄 또는 폭력행위등처벌에관한법률위반의 죄를 구성한

다고는 볼 수 없으며, 강간죄와 이들 각 죄는 이른바 법조경합의 관계일 뿐이다(대판 2002.5.16. 2002도51 전원합의체).

② 법조경합의 한 형태인 **특별관계**란 어느 구성요건이 다른 구성요건의 모든 요소를 포함하는 이외에 다른 요소를 구비하여야 성립하는 경우로서 **특별관계**에 있어서는 특별법의 구성요건을 충족하는 행위는 일반법의 구성요건을 충족하지만 반대로 일반법의 구성요건을 충족하는 행위는 특별법의 구성요건을 충족하지 못한다(대판 2005.2.17. 2004도6940 등).

③ 법조경합은 1개의 행위가 외관상 여러 개의 죄의 구성요건에 해당하는 것처럼 보이지만 실질적으로는 1죄만을 구성하는 경우를 말하고, 실질적으로 1죄인가 또는 여러 죄인가는 구성요건적 평가와 보호법익의 측면에서 고찰하여 판단하여야 한다(대판 2014.6.12. 2014도1894).

나. 보충관계

어떤 형벌법규가 다른 형벌법규의 적용이 없을 때에 보충적으로 적용되는 것을 말하며, 경과범죄(불가벌적 사전행위) 또는 가벼운 침해방법과 무거운 침해방법 사이에 인정된다. 따라서 예비는 미수와 기수에 대하여(불가벌적 사전행위), 종범은 교사범과 정범에 대하여, 과실범은 고의범에 대하여 보충관계에 있다(침해방법의 경중이 있는 경우). 보충관계에 있어서는 "기본법은 보충법에 우선한다"는 원칙에 따라 보충법규의 적용이 배제된다.

> **판례** 보충관계
>
> ① 살해의 목적으로 동일인에게 일시 장소를 달리하고 수차에 걸쳐 단순한 예비행위를 하거나 또는 공격을 가하였으나 미수에 그치다가 드디어 그 목적을 달성한 경우에 그 예비행위 내지 공격행위가 동일한 의사발동에서 나왔고 그 사이에 범의의 갱신이 없는 한 각 행위가 같은 일시 장소에서 행하여졌거나 또는 다른 장소에서 행하여졌거나를 막론하고 또 그 방법이 동일하거나 여부를 가릴 것 없이 그 살해의 목적을 달성할 때까지의 행위는 모두 실행행위의 일부로서 이를 포괄적으로 보고 단순한 한 개의 살인기수죄로 처단할 것이지 살인예비 내지 미수죄와 동 기수죄의 경합죄로 처단할 수 없는 것이다(대판 1965.9.28. 65도695).
>
> ② 공무원이 어떠한 위법사실을 발견하고도 직무상 의무에 따른 적절한 조치를 취하지 아니하고 위법사실을 적극적으로 은폐할 목적으로 허위공문서를 작성·행사한 경우에는 직무위배의 위법상태는 허위공문서작성 당시부터 그 속에 포함되는 것으로 작위범인 허위공문서작성, 동행사죄만이 성립하고 부작위범인 직무유기죄는 따로 성립하지 아니하나, 위 복명서 및 심사의견서를 허위작성한 것이 농지일시전용허가를 신청하자 이를 허가하여 주기 위하여 한 것이라면 직접적으로 농지불법전용 사실을 은폐하기 위하여 한 것은 아니므로 위 허위공문서작성, 동행사죄와 직무유기죄는 실체적 경합범의 관계에 있다(대판 1993.12.24. 92도3334).
>
> ③ 피고인이 검사로부터 범인을 검거하라는 지시를 받고서도 그 직무상의 의무에 따른 적절한 조치를 취하지 아니하고 오히려 범인에게 전화로 도피하라고 권유하여 그를 도피케 하였다는 범죄사실만으로는 직무위배의 위법상태가 범인도피행위 속에 포함되어 있는 것으로 보아야 할 것이므로, 이와 같은 경우에는 작위범인 범인도피죄만이 성립하고 부작위범인 직무유기죄는 따로 성립하지 아니한다(대판 2017.3.15. 2015도1456 등).

다. 흡수관계

어떤 구성요건에 해당되는 행위의 불법과 책임내용이 일반적으로 다른 구성요건에 포섭되어 그 유죄판결에 전체 과정의 반가치가 완전히 포함되었지만 특별관계나 보충관계가 인정되지 않는 경우를 말하며, 다음의 두 가지 경우가 있다. "전부법은 부분법을 폐지한다"는 원칙에 의하여 전부법만 적용되고 부분법은 배제된다. 즉, 흡수관계에 있어서는 흡수법규만이 적용된다.

1) 전형적 또는 불가벌적 수반행위

특정한 범죄행위에 일반적·전형적으로 결합되어 있는 제3의 경미한 위법행위를 말한다. 수반된 행위의 불법·책임내용이 주된 범죄보다 경미하므로 별도의 처벌이 필요 없다. 살인에 수반된 재물손괴, 낙태에 전형적으로 수반되는 상해, 사문서위조와 인장위조 등을 그 예로 들 수 있다. 그러나 수반행위가 일반적인 범위를 넘어서 고유한 불법내용을 가질 경우에는 상상적 경합이 성립한다.

> **판례** 불가벌적 수반행위를 인정한 판례
>
> ① 감금을 하기 위한 수단으로서 행사된 단순한 협박행위는 감금죄에 흡수되어 따로 협박죄를 구성하지 아니한다(대판 1982.6.22. 82도705).
>
> ② 특정범죄가중처벌등에관한법률 제5조의4 제1항에 규정된 상습절도등 죄를 범한 범인이 그 범행의 수단으로 주거침입을 한 경우에 주거침입행위는 상습절도등 죄에 흡수되어 위 법조에 규정된 상습절도등죄의 1죄만이 성립하고 별개로 주거침입죄를 구성하지 않으며, 또 위 상습절도등 죄를 범한 범인이 그 범행 외에 상습적인 절도의 목적으로 주거침입을 하였다가 절도에 이르지 아니하고 주거침입에 그친 경우에도 그것이 절도상습성의 발현이라고 보여지는 이상 주거침입행위는 다른 상습절도등 죄에 흡수되어 위 법조에 규정된 상습절도등의 1죄만을 구성하고 이 상습절도등 죄와 별개로 주거침입죄를 구성하지 않는다(대판 1984.12.26. 84도1573 전원합의체).
>
> ③ 향정신성의약품관리법 제42조 제1항 제1호가 규정하는 향정신성의약품수수의 죄가 성립되는 경우에는 그 수수행위의 결과로서 그에 당연히 수반되는 향정신성의약품의 소지행위는 수수죄의 불가벌적 수반행위로서 수수죄에 흡수되고 별도의 범죄를 구성하지 않는다고 볼 것이다(대판 1990.1.25. 89도1211).
>
> ④ 신용카드업법 제25조 제1항은 신용카드를 위조·변조하거나 도난·분실 또는 위조·변조된 신용카드를 사용한 자는 7년 이하의 징역 또는 5천만 원 이하의 벌금에 처한다고 규정하고 있는 바, (중략) 위 매출표의 서명 및 교부가 별도로 사문서위조 및 동행사의 죄의 구성요건을 충족한다고 하여도 이 사문서위조 및 동행사의 죄는 위 신용카드부정사용죄에 흡수되어 신용카드부정사용죄의 1죄만이 성립하고 별도로 사문서위조 및 동행사의 죄는 성립하지 않는다(대판 1992.6.9. 92도77).
>
> ⑤ 반란의 진행과정에서 그에 수반하여 일어난 지휘관계엄지역수소이탈 및 불법진퇴는 반란 자체를 실행하는 전형적인 행위라고 인정되므로, 반란죄에 흡수되어 별죄를 구성하지 아니한다(대판 1997.4.17. 96도3376 전원합의체).
>
> ⑥ 아동·청소년이용음란물을 제작한 자가 그 음란물을 소지하게 되는 경우 청소년성보호법 위반(음란물소지)죄는 청소년성보호법 위반(음란물제작·배포등)죄에 흡수된다고 봄이 타당하다. 다만 아

동·청소년이용음란물을 제작한 자가 제작에 수반된 소지행위를 벗어나 사회통념상 새로운 소지가 있었다고 평가할 수 있는 별도의 소지행위를 개시하였다면 이는 청소년성보호법 위반(음란물제작·배포등)죄와 별개의 청소년성보호법 위반(음란물소지)죄에 해당한다(대판 2021.7.8. 2021도2993).

⑦ 음주로 인한 특정범죄가중처벌 등에 관한 법률 위반(위험운전치사상)죄는 (중략) 따라서 그 죄가 성립하는 때에는 차의 운전자가 형법 제268조의 죄를 범한 것을 내용으로 하는 교통사고처리특례법 위반죄는 그 죄에 흡수되어 별죄를 구성하지 아니한다(대판 2008.12.11. 2008도9182).

판례 불가벌적 수반행위를 부정한 판례

① 매입한 대마를 처분함이 없이 계속 소지하고 있는 경우에 있어서 그 소지행위가 매매행위와 불가분의 관계에 있는 것이라거나, 매매행위에 수반되는 필연적 결과로서 일시적으로 행하여진 것에 지나지 않는다고 평가되지 않는 한 그 소지행위는 매매행위에 포괄 흡수되지 아니하고 대마매매죄와는 달리 대마소지죄가 성립한다고 보아야 할 것인바, 흡연할 목적으로 대마를 매입한 후 흡연할 기회를 포착하기 위하여 이틀 이상 하의주머니에 넣고 다님으로써 소지한 행위는 매매행위의 불가분의 필연적 결과라고 평가될 수 없다(대판 1990.7.27. 90도543).

② 감금행위가 강간죄나 강도죄의 수단이 된 경우에도 감금죄는 강간죄나 강도죄에 흡수되지 아니하고 별죄를 구성한다(대판 1997.1.21. 96도2715).

③ 수인이 공모공동하여 향정신성의약품을 매수한 후 그 공범자 사이에 그 중 일부를 수수하는 경우에 있어서 그 매수의 범행 당시 공범들이 각자 그 구입자금을 갹출하여 그 금액에 상응하는 분량을 분배하기로 약정하고, 그 약정에 따라 이를 수수하는 경우와 같이 그 수수행위와 매매행위가 불가분의 관계에 있는 것이라거나 매매행위에 수반되는 필연적 결과로서 일시적으로 행하여진 것에 지나지 않는다고 평가되지 아니하는 한, 그 수수행위는 매매행위에 포괄 흡수되지 아니하고 향정신성의약품매매죄와는 별도로 향정신성의약품수수죄가 성립하고, 두 죄는 실체적 경합관계에 있다(대판 1998.10.13. 98도2584).

④ 업무방해죄와 폭행죄는 구성요건과 보호법익을 달리하고 있고, 업무방해죄의 성립에 일반적·전형적으로 사람에 대한 폭행행위를 수반하는 것은 아니며, 폭행행위가 업무방해죄에 비하여 별도로 고려되지 않을 만큼 경미한 것이라고 할 수도 없으므로, 설령 피해자에 대한 폭행행위가 동일한 피해자에 대한 업무방해죄의 수단이 되었다고 하더라도 그러한 폭행행위가 이른바 '불가벌적 수반행위'에 해당하여 업무방해죄에 대하여 흡수관계에 있다고 볼 수는 없다(대판 2012.10.11. 2012도1895).

⑤ 피고인이 자신의 집에 메스암페타민 0.8g을 숨겨두어 소지하다가('1차 소지행위'), 그 후 수차에 걸쳐 투약하고 남은 0.38g을 평소 자신의 지배·관리 아래에 있지 않을 뿐 아니라 일반 투숙객들의 사용에 제공되는 모텔 화장실 천장에 숨겨두어 소지한('2차 소지행위') 사안에서, (중략) 피고인은 2차 소지행위를 통하여 1차 소지행위와는 별개의 실력적 지배관계를 객관적으로 드러냈다고 평가하기에 충분하다는 이유로, 2차 소지행위를 1차 소지행위와 별개의 독립한 범죄로 보고 마약류관리에 관한 법률 위반(향정)의 공소사실을 유죄로 인정한 원심판단을 정당하다고 한 사례(대판 2011.2.10. 2010도16742, 대판 1999.8.20. 99도1744)

⑥ 범죄단체 구성원으로서 활동하는 행위와 집단감금 또는 집단상해행위는 각각 별개의 범죄구성요건을 충족하는 독립된 행위라고 보아야 할 것이다(대판 2008.5.29. 2008도1857).

⑦ (전략) 업무상 배임죄가 배임수재죄에 흡수되는 관계에 있다거나 결과적 가중범의 관계에 있다고는 할 수 없으므로 위 양죄를 형법 제37조 전단의 경합범으로 의율처단하였음은 정당하다(대판 1984.11.27. 84도1906).

2) 불가벌적 사후행위

가) 의의

범죄에 의하여 획득한 위법한 이익을 확보하거나 사용·처분하는 구성요건에 해당하는 사후행위가 이미 주된 범죄에 의하여 완전히 평가된 것이기 때문에 별죄를 구성하지 않는 경우를 말한다. 절도범이 절취한 재물을 손괴하여도 절도죄 이외에 손괴죄를 구성하지 않는 것이 그 전형적인 예이다.

나) 요건

① 사후행위는 범죄의 구성요건에 해당하여야 한다. 따라서 어떤 범죄에도 해당하지 않는 행위는 불가벌적 사후행위가 아니다. ② 사후행위는 주된 범죄와 보호법익을 같이하거나 침해의 양을 초과하지 않아야 한다. 따라서 사후행위가 다른 사람의 새로운 법익을 침해하거나 주된 범죄에 의하여 침해된 법익의 범위를 초과한 때에는 불가벌적 사후행위가 되지 않는다. ③ 주된 범죄는 주로 상태범으로서 재산죄인 경우가 보통이지만, 반드시 이에 제한되지 않는다. 따라서 간첩이 탐지·수집한 국가기밀을 적국에 누설한 행위도 불가벌적 사후행위가 된다. ④ 주된 범죄에 의하여 행위자가 처벌받았을 것은 요하지 않는다. 주된 범죄행위가 공소시효의 완성 또는 소송조건의 결여를 이유로 해서 처벌되지 않는 경우에 그 사후행위도 불가벌이다. 다만 주된 범죄가 범죄의 성립요건을 결하였거나 범죄의 증명이 없기 때문에 처벌되지 아니하는 때에는 사후행위만이 별도로 처벌될 수 있다.

> **판례** 본범의 정범의 장물처분행위
>
> - 장물죄는 타인(본범)이 불법하게 영득한 재물의 처분에 관여하는 범죄이므로 자기의 범죄에 의하여 영득한 물건에 대하여는 성립하지 아니하고 이는 불가벌적 사후행위에 해당하나 여기에서 자기의 범죄라 함은 정범자(공동정범과 합동범을 포함한다)에 한정되는 것이므로 평소 본범과 공동하여 수차 상습으로 절도등 범행을 자행함으로써 실질적인 범죄집단을 이루고 있었다 하더라도, 당해 범죄행위의 정범자(공동정범이나 합동범)로 되지 아니한 이상 이를 자기의 범죄라고 할 수 없고 따라서 그 장물의 취득을 불가벌적 사후행위라고 할 수 없다(대판 1986.9.9. 86도1273).

> **판례** 보호법익·행위객체의 동일성
>
> ① 사람을 살해한 다음 그 범죄의 흔적을 은폐하기 위하여 그 시체를 다른 장소로 옮겨 유기하였을 때에는 살인죄와 사체유기죄의 경합범이 성립하고 사체유기를 불가벌적 사후행위라 할 수 없다(대판 1984.11.27. 84도2263).
> ② 절도범인이 절취한 장물을 자기 것인양 제3자에게 담보로 제공하고 금원을 편취한 경우에는 별도의 사기죄가 성립된다(대판 1980.11.25. 80도2310).

> **판례** 침해의 양을 초과하는 경우

- 배임죄는 재산상 이익을 객체로 하는 범죄이므로, 1인 회사의 주주가 자신의 개인채무를 담보하기 위하여 회사 소유의 부동산에 대하여 근저당권설정등기를 마쳐 주어 배임죄가 성립한 이후에 그 부동산에 대하여 새로운 담보권을 설정해 주는 행위는 선순위 근저당권의 담보가치를 공제한 나머지 담보가치 상당의 재산상 이익을 침해하는 행위로서 별도의 배임죄가 성립한다(대판 2005.10.28. 2005도4915).

다) 공범과의 관계

> **판례** 간첩죄의 포괄일죄

- 형법 제98조 제1항의 간첩죄를 범한 자가 그 탐지수집한 기밀을 누설한 경우나 구 국가보안법 제3조 제1호의 국가기밀을 탐지 수집한 자가 그 기밀을 누설한 경우에는 양죄를 포괄하여 1죄를 범한 것으로 보아야 하고, 간첩죄와 군사기밀누설죄 또는 국가기밀탐지수집죄와 국가기밀누설등 두가지 죄를 범한 것으로 인정할 수 없다(대판 1982.4.27. 82도285).

사후행위는 제3자에 대한 관계에서는 불가벌적 사후행위가 되지 않는다. 제3자에게는 처벌받는 주된 범죄가 없기 때문이다. 따라서 사후행위 자체는 구성요건에 해당하는 위법한 행위이기 때문에 사후행위에만 관여한 공범은 처벌될 수 있다(제한종속형식).

> **판례** 불가벌적 사후행위를 인정한 판례

① 열차승차권을 절취한 자가 환불을 받음에 있어 비록 기망행위가 수반한다 하더라도 절도죄 외에 따로 사기죄가 성립하지 아니한다(대판 1975.8.29. 75도1996).

② 피고인이 당초부터 피해자를 기망하여 약속어음을 교부받은 경우에는 그 교부받은 즉시 사기죄가 성립하고 그 후 이를 피해자에 대한 피고인의 채권의 변제에 충당하였다 하더라도 불가벌적 사후행위가 됨에 그칠 뿐, 별도로 횡령죄를 구성하지 않는다(대판 1983.4.26. 82도3079).

③ 형법 제355조 제1항의 횡령죄는 불법영득의 의사없이 목적물의 점유를 시작한 경우라야 하고 타인을 공갈하여 재물을 교부케 한 경우에는 공갈죄를 구성하는 외에 그것을 소비하고 타에 처분하였다 하더라도 횡령죄를 구성하지는 않는다(대판 1986.2.11. 85도2513).

④ 절취한 자기앞수표를 현금 대신으로 교부한 행위는 절도행위에 대한 가벌적 평가에 당연히 포함되는 것으로 봄이 상당하다 할 것이므로 절취한 자기앞수표를 음식대금으로 교부하고 거스름돈을 환불받은 행위는 절도의 불가벌적 사후처분행위로서 사기죄가 되지 아니한다(대판 1987.1.20. 86도1728).

⑤ 미등기건물의 관리를 위임받아 보관하고 있는 자가 임의로 건물에 대하여 자신의 명의로 보존등기를 하거나 동시에 근저당권설정등기를 마치는 것은 객관적으로 불법영득의 의사를 외부에 발현시키는 행위로서 횡령죄에 해당하고, 피해자의 승낙 없이 건물을 자신의 명의로 보존등기를 한 때 이미 횡령죄는 완성되었다 할 것이므로, 횡령행위의 완성 후 근저당권설정등기를 한 행위는 피해자에 대한 새로운 법익의 침해를 수반하지 않는 불가벌적 사후행위로서 별도의 횡령죄를 구성하지 않는다(대판 1993.3.9. 92도2999).

⑥ 절도 범인으로부터 장물보관 의뢰를 받은 자가 그 정을 알면서 이를 인도받아 보관하고 있다가 임의 처분하였다 하여도 장물보관죄가 성립하는 때에는 이미 그 소유자의 소유물 추구권을 침해하

였으므로 그 후의 횡령행위는 불가벌적 사후행위에 불과하여 별도로 횡령죄가 성립하지 않는다(대판 2004.4.9. 2003도8219 등).

⑦ 일단 횡령을 한 이후에 다시 그 재물을 처분하는 것은 불가벌적 사후행위에 해당하여 처벌할 수 없다. 공동상속인 중 1인이 상속재산인 임야를 보관 중 다른 상속인들로부터 매도후 분배 또는 소유권이전등기를 요구받고도 그 반환을 거부한 경우 이때 이미 횡령죄가 성립하고, 그 후 그 임야에 관하여 다시 제3자 앞으로 근저당권설정등기를 경료해 준 행위는 불가벌적 사후행위로서 별도의 횡령죄를 구성하지 않는다(대판 2010.2.25. 2010도93).

⑧ 송금의뢰인과 수취인 사이에 계좌이체 등의 원인이 되는 법률관계가 존재하지 않음에도 불구하고, 계좌이체에 의하여 수취인이 계좌이체금액 상당의 예금채권을 취득한 경우에, 송금의뢰인은 수취인에 대하여 위 금액 상당의 부당이득반환청구권을 가지게 되지만, 은행은 이익을 얻은 것이 없으므로 은행에 대하여는 부당이득반환청구권을 가지지 않는다. 그렇다면 위와 같이 송금의뢰인이 수취인의 예금계좌에 계좌이체 등을 한 이후, 수취인이 은행에 대하여 예금반환을 청구함에 따라 은행이 수취인에게 그 예금을 지급하는 행위는 계좌이체금액 상당의 예금계약의 성립 및 그 예금채권 취득에 따른 것으로서 은행이 착오에 빠져 처분행위를 한 것이라고 볼 수 없으므로, 결국 이러한 행위는 은행을 피해자로 한 형법 제347조의 사기죄에 해당하지 않는다고 봄이 상당하다(대판 2010.5.27. 2010도3498).

⑨ 甲 주식회사 대표이사인 피고인이 자신의 채권자 乙에게 차용금에 대한 담보로 甲 회사 명의 정기예금에 질권을 설정하여 주었는데, 그 후 乙이 차용금과 정기예금의 변제기가 모두 도래한 이후 피고인의 동의하에 정기예금 계좌에 입금되어 있던 甲 회사 자금을 전액 인출하였다고 하여 구 특정경제범죄 가중처벌 등에 관한 법률 위반으로 기소된 사안에서, 민법 제353조에 의하면 질권자는 질권의 목적이 된 채권을 직접 청구할 수 있으므로, 피고인의 예금인출동의 행위는 이미 배임행위로써 이루어진 질권설정행위의 사후조처에 불과하여 새로운 법익의 침해를 수반하지 않는 이른바 불가벌적 사후행위에 해당하고, 별도의 횡령죄를 구성하지 아니한다(대판 2012.11.29. 2012도10980).

⑩ 甲 종친회 회장인 피고인이 위조한 종친회 규약 등을 공탁관에게 제출하는 방법으로 甲 종친회를 피공탁자로 하여 공탁된 수용보상금을 출급받아 편취하고, 이를 종친회를 위하여 업무상 보관하던 중 반환을 거부하여 횡령하였다는 내용으로 기소된 사안에서, 피고인이 공탁관을 기망하여 공탁금을 출급받음으로써 甲 종친회를 피해자로 한 사기죄가 성립하고, 그 후 甲 종친회에 대하여 공탁금 반환을 거부한 행위는 새로운 법익의 침해를 수반하지 않는 불가벌적 사후행위에 해당할 뿐 별도의 횡령죄가 성립하지 않는다고 한 사례(대판 2015.9.10. 2015도8592).

⑪ 전기통신금융사기의 범인이 피해자를 기망하여 피해자의 돈을 사기이용계좌로 송금·이체받았다면 이로써 편취행위는 기수에 이른다. 따라서 범인이 피해자의 돈을 보유하게 되었더라도 이로 인하여 피해자와 사이에 어떠한 위탁 또는 신임관계가 존재한다고 할 수 없는 이상 피해자의 돈을 보관하는 지위에 있다고 볼 수 없으며, 나아가 그 후에 범인이 사기이용계좌에서 현금을 인출하였더라도 이는 이미 성립한 사기범행의 실행행위에 지나지 아니하여 새로운 법익을 침해한다고 보기도 어려우므로, 위와 같은 인출행위는 사기의 피해자에 대하여 따로 횡령죄를 구성하지 아니한다. 그리고 이러한 법리는 사기범행에 이용되리라는 사정을

알고서도 자신 명의 계좌의 접근매체를 양도함으로써 사기범행을 방조한 종범이 사기이용계좌로 송금된 피해자의 돈을 임의로 인출한 경우에도 마찬가지로 적용된다(대판 2017.5.31. 2017도3045).

⑫ 횡령 범행으로 취득한 돈을 공범자끼리 수수한 행위가 공동정범들 사이의 범행에 의하여 취득한 돈을 공모에 따라 내부적으로 분배한 것에 지나지 않는다면 별도로 그 돈의 수수행위에 관하여 뇌물죄가 성립하는 것은 아니다(대판 2019.11.28. 2019도11766).

판례 불가벌적 사후행위를 부정한 판례

① 절취한 전당표를 제3자에게 교부하면서 자기 누님의 것이니 찾아 달라고 거짓말을 하여 이를 믿은 제3자가 전당포에 이르러 그 종업원에게 전당표를 제시하여 기망케 하고 전당물을 교부받게 하여 편취하였다면 이는 사기죄를 구성하는 것이다(대판 1980.10.14. 80도2155).

② 영득죄에 의하여 취득한 장물을 처분하는 것은 재산죄에 수반하는 불가벌적 사후행위에 불과하므로 다른 죄를 구성하지 않는다 하겠으나 강취한 은행예금통장을 이용하여 은행직원을 기망하여 진실한 명의인이 예금의 환급을 청구하는 것으로 오신케 함으로써 예금의 환급 명목으로 금원을 편취하는 것은 다시 새로운 법익을 침해하는 행위이므로 장물의 단순한 사후처분과는 같지 아니하고 별도의 사기죄를 구성한다(대판 1990.7.10. 90도1176).

③ 대마취급자가 아닌 자가 절취한 대마를 흡입할 목적으로 소지하는 행위는 절도죄의 보호법익과는 다른 새로운 법익을 침해하는 행위이므로 절도죄의 불가벌적 사후행위로서 절도죄에 포괄흡수된다고 할 수 없고 절도 죄 외에 별개의 죄를 구성한다고 할 것이며, 절도죄와 무허가대마소지죄는 경합범의 관계에 있다(대판 1999.4.13. 98도3619).

④ 절취한 전당표를 제3자에게 교부하면서 자기 누님의 것이니 찾아 달라고 거짓말을 하여 이를 믿은 제3 편취한 약속어음을 그와 같은 사실을 모르는 제3자에게 편취사실을 숨기고 할인받는 행위는 당초의 어음 편취와는 별개의 새로운 법익을 침해하는 행위로서 기망행위와 할인금의 교부행위 사이에 상당인과관계가 있어 새로운 사기죄를 구성한다 할 것이고, 설령 그 약속어음을 취득한 제3자가 선의이고 약속어음의 발행인이나 배서인이 어음금을 지급할 의사와 능력이 있었다 하더라도 이러한 사정은 사기죄의 성립에 영향이 없다(대판 2005.9.30. 2005도5236).

⑤ 자동차를 절취한 후 자동차등록번호판을 떼어내는 행위는 새로운 법익의 침해로 보아야 하므로 위와 같은 번호판을 떼어내는 행위가 절도범행의 불가벌적 사후행위가 되는 것은 아니다(대판 2007.9.6. 2007도4739).

⑥ 부동산에 피해자 명의의 근저당권을 설정하여 줄 의사가 없음에도 피해자를 속이고 근저당권설정을 약정하여 금원을 편취한 경우라 할지라도, 이러한 약정은 사기 등을 이유로 취소되지 않는 한 여전히 유효하여 피해자 명의의 근저당권설정등기를 하여 줄 임무가 발생하는 것이고, 그럼에도 불구하고 임무에 위배하여 그 부동산에 관하여 제3자 명의로 근저당권설정등기를 마친 경우, 이러한 배임행위는 금원을 편취한 사기죄와는 전혀 다른 새로운 보호법익을 침해하는 행위로서 사기범행의 불가벌적 사후행위가 되는 것이 아니라 별죄를 구성한다(대판 2008.3.27. 2007도9328).[18]

---

18) 다만 2019도14340 전원합의체 판결에 의하여 부동산의 이중저당은 배임죄에 해당하지 아니하게 되었다. 따라서 변경된 판례의 태도에 의하면 이 경우 사기죄만 성립한다.

⑦ 채무자가 자신의 부동산에 甲명의로 허위의 금전채권에 기한 담보가등기를 설정하고 이를 을에게 양도하여 을명의의 본등기를 경료하게 한 사안에서, 甲의 담보가등기 설정행위로 강제집행면탈죄가 성립한다고 하여 그 후 을명의로 이루어진 가등기 양도 및 본등기 경료행위가 불가벌적 사후행위가 되는 것은 아니라고 한 사례(대판 2008.5.8. 2008도198)

⑧ 부정한 이익을 얻을 목적으로 타인의 영업비밀이 담긴 CD를 절취하여 그 영업비밀을 부정사용한 사안에서, 절도죄와 별도로 부정경쟁방지 및 영업비밀보호에 관한 법률상 영업비밀부정사용죄가 성립한다(대판 2008.9.11. 2008도5364).

⑨ 피해자 甲 종중으로부터 종중 소유의 토지를 명의신탁받아 보관 중이던 피고인 乙이 자신의 개인 채무 변제에 사용할 돈을 차용하기 위해 위 토지에 근저당권을 설정하였는데, 그 후 피고인 乙, 丙이 공모하여 위 토지를 丁에게 매도한 경우, 피고인들이 토지를 매도한 행위는 선행 근저당권설정행위 이후에 이루어진 것이어서 불가벌적 사후행위에 해당한다는 취지의 피고인들 주장을 배척하고 위 토지 매도행위가 별도의 횡령죄를 구성한다고 한 사례(대판 2013.2.21. 2010도10500 전원합의체)

⑩ 회사에 대한 관계에서 타인의 사무를 처리하는 자가 임무에 위배하는 행위로써 회사로 하여금 회사가 펀드 운영사에 지급하여야 할 펀드출자금을 정해진 시점보다 선지급하도록 하여 배임죄를 범한 다음, 그와 같이 선지급된 펀드출자금을 보관하는 자와 공모하여 펀드출자금을 임의로 인출한 후 자신의 투자금으로 사용하기 위하여 임의로 송금하도록 한 행위는 펀드출자금 선지급으로 인한 배임죄와는 다른 새로운 보호법익을 침해하는 행위로서 배임 범행의 불가벌적 사후행위가 되는 것이 아니라 별죄로서 횡령죄를 구성한다고 보아야 한다(대판 2014.12.11. 2014도10036).

⑪ 형법 제330조에 규정된 야간주거침입절도죄 및 형법 제331조 제1항에 규정된 특수절도(야간손괴침입절도)죄를 제외하고 일반적으로 주거침입은 절도죄의 구성요건이 아니므로 <u>절도범인이 범행수단으로 주거침입을 한 경우에 주거침입행위는 절도죄에 흡수되지 아니하고 별개로 주거침입죄를 구성하여 절도죄와는 실체적 경합의 관계에 서는 것이 원칙이다.</u> (중략) 상습으로 단순절도를 범한 범인이 상습적인 절도범행의 수단으로 주간(낮)에 주거침입을 한 경우에 주간 주거침입행위의 위법성에 대한 평가가 형법 제332조, 제329조의 구성요건적 평가에 포함되어 있다고 볼 수 없다. 그러므로 형법 제332조에 규정된 상습절도죄를 범한 범인이 범행의 수단으로 주간에 주거침입을 한 경우 주간 주거침입행위는 상습절도죄와 별개로 주거침입죄를 구성한다. 또 형법 제332조에 규정된 상습절도죄를 범한 범인이 그 범행 외에 상습적인 절도의 목적으로 주간에 주거침입을 하였다가 절도에 이르지 아니하고 주거침입에 그친 경우에도 주간 주거침입행위는 상습절도죄와 별개로 주거침입죄를 구성한다(대판 2015.10.15. 2015도8169).

불가벌적 사후행위 인정 판례	불가벌적 사후행위 부정 판례
① 절취한 자기앞수표를 음식값으로 내고 거스름돈을 받은 경우(86도1728)
② 절취한 자기앞수표를 추심의뢰에 의하여 환금한 경우(82도822)
③ 장물인 자기앞수표를 취득한 후 이를 현금 대신 교부하는 경우(93도213)
④ 열차승차권을 절취한 자가 역직원에게 자기의 소유인 양 속여 현금과 교환한 경우(75도1996)
⑤ 미등기건물의 관리를 위임받아 보관 중인 자가 임의로 건물을 자신의 명의로 보존등기를 한 후에 다시 근저당권설정등기를 한 경우(92도2999)
⑥ 원목을 절취한 후 합법적으로 생산된 것인 양 관계당국을 기망하여 산림법 소정의 연고권자로 인정받아 수의계약의 방법으로 이를 매수한 경우(74도2441)
⑦ 장물보관자가 보관 중인 장물을 횡령한 경우(76도3067)
⑧ 약속어음을 편취한 후 이를 피해자에 대한 자신의 채권의 변제에 충당하는 경우(82도3079)
⑨ 간첩이 탐지·수집한 국가기밀을 적국에 누설한 경우(82도285)(다수학설은 불가벌적 사후행위로 보나, 판례는 포괄일죄에 해당한다고 보았음에 주의)	① 사람을 살해한 후 피해자의 집 마당에 사체를 매장한 경우(68도679)
② 절취한 예금통장과 도장으로 예금을 인출한 경우(74도2817)
③ 강취한 은행예금통장을 이용하여 예금의 환급을 받은 경우(90도1176)
④ 절도범이 절취 장물을 자기 것인 양 제3자를 기망하여 금원을 편취한 경우(80도2310)
⑤ 절취한 전당표로 전당포에 가서 기망하여 전당물을 편취한 경우(80도2155)
⑥ 판매목적으로 히로뽕을 제조한 후 이를 다시 판매한 경우(83도2031)
⑦ 회사 대표가 회사자금을 횡령한 후 경비지출을 과다 계상하여 이를 토대로 조세를 납부하여 조세를 포탈한 경우(92도147)
⑧ 대표이사가 은행을 기망하여 대부받은 금원을 보관 중 횡령한 경우(89도1605)
⑨ 대마취급자가 아닌 자가 대마를 절취한 후 흡입할 목적으로 소지한 경우(98도3619, 무허가 대마소지죄 인정)
⑩ 절취한 신용카드를 사용하는 행위(96도1181)

3. 법조경합의 처리

법조경합의 경우에는 배제된 법률이 적용되지 아니하여 **행위자가 그 법률에 의하여 처벌받지 않는다.** 배제된 법률은 판결주문은 물론 이유에서도 기재되지 않는다. 다만 **배제되는 범죄에 대하여 제3자가 공범으로 가담하는 것은 가능**하다.

Ⅲ. 포괄일죄

1. 포괄일죄의 의의

포괄일죄란 수개의 행위가 포괄적으로 한 개의 구성요건에 해당하여 일죄를 구성하는 경우를 말하며, 본래적으로 일죄를 구성하고 별죄가 따로 성립하지 않는 점에서 과형상의 일죄와 구별된다.

> **판례** 포괄일죄의 성립요건
>
> ① 수개의 범죄행위를 포괄하여 하나의 죄로 인정하기 위하여는 범의의 단일성 외에도 각 범죄행위 사이에 시간적·장소적 연관성이 있고 범행의 방법 간에도 동일성이 인정되는 등 수개의 범죄행위를 하나의 범죄로 평가할 수 있는 경우에 해당하여야 한다(대판 2005.9.15. 2005도1952).

② [1] 동일 죄명에 해당하는 여러 개의 행위 혹은 연속된 행위를 단일하고 계속된 범의하에 일정 기간 계속하여 행하고 그 피해법익도 동일한 경우에는 이들 각 행위를 통틀어 포괄일죄로 처단하여야 할 것이나, 범의의 단일성과 계속성이 인정되지 아니하거나 범행방법 및 장소가 동일하지 않은 경우에는 각 범행은 실체적 경합범에 해당한다. [2] (중략) 장소제공 성매매알선으로 기소되었는데, 이전에 같은 장소에서 장소제공 성매매알선으로 유죄의 확정판결을 받았다는 이유로 그와 포괄일죄의 관계에 있다고 보아 면소를 선고한 원심의 판단에 대해, 장소제공의 성매매알선을 형사처벌하는 입법취지, 우리 법이 단순 성매매장소 제공행위와 영업으로 하는 성매매장소제공행위를 별개의 조문으로 구분하여 처벌하고 있는 점, 각 장소제공행위의 상대방과 월 임료 등이 다른 점, 단속으로 인해 임차인이 계속 달라진 것인 점 등 여러 사정에 비추어 볼 때 범의의 단일성과 계속성이 인정되는지가 명확하지 않으므로 이에 대해 더 심리하여 포괄일죄 여부를 판단하여야 한다는 이유로 원심판결을 파기한 사례(대판 2020.5.14. 2020도1355)

2. 포괄일죄의 유형

가. 결합범

개별적으로 독립된 범죄의 구성요건에 해당하는 수개의 행위가 결합하여 한 개의 범죄를 구성하는 경우를 말하며, 강도죄(폭행죄·협박죄와 절도죄)와 강도살인죄(강도죄와 살인죄), 강도강간죄(강도죄와 강간죄)가 여기에 속한다. 결합범과 결합된 범죄는 특별관계에 있지만, 결합범 자체는 1개의 범죄 완성을 위하여 수개의 실행행위가 포함되어 있다는 점에서 포괄일죄가 된다. 따라서, 결합범은 포괄일죄이므로 그 일부분에 대한 실행의 착수는 원칙적으로 전체에 대한 실행의 착수가 되며, 일부분에 대한 방조도 전체에 대한 방조가 된다.

> **판례** 결합범과 포괄일죄
>
> ① 절도범이 체포를 면탈할 목적으로 체포하려는 여러 명의 피해자에게 같은 기회에 폭행을 가하여 그 중 1인에게만 상해를 가하였다면 이러한 행위는 포괄하여 하나의 강도상해죄만 성립한다(대판 2001.8.21. 2001도3447 등).
>
> ② 성폭력범죄의처벌및피해자보호등에관한법률 제5조 제1항은 형법 제319조 제1항의 죄를 범한 자가 강간의 죄를 범한 경우를 규정하고 있고, 성폭력범죄의처벌및피해자보호등에관한법률 제9조 제1항은 같은 법 제5조 제1항의 죄와 같은 법 제6조의 죄에 대한 결과적 가중범을 동일한 구성요건에 규정하고 있으므로, 피해자의 방안에 침입하여 식칼로 위협하여 반항을 억압한 다음 피해자를 강간하여 상해를 입히게 한 피고인의 행위는 그 전체가 포괄하여 같은 법 제9조 제1항의 죄를 구성할 뿐이지, 그 중 주거침입의 행위가 나머지 행위와 별도로 주거침입죄를 구성한다고는 볼 수 없다(대판 1999.4.23. 99도354).

나. 계속범

구성요건적 행위가 기수에 이름으로써 행위자는 위법한 상태를 야기하고 구성요건적 행위에 의하여 그 상태가 유지되는 범죄를 말하며, 주거침입죄와 감금죄, 퇴거불응죄가 여기에 속한다. 계속범은 기수시기와 종료시기가 일치하지 않으므로 기수 이후에도 종료 이전까지는 공동정범·종범의 성립이 가능하고, 공소시효의 기산점은 종료시이다.

> **판례** 계속범과 포괄일죄

① 직무유기죄는 그 직무를 수행하여야 하는 작위의무의 존재와 그에 대한 위반을 전제로 하고 있는바, 그 작위의무를 수행하지 아니함으로써 구성요건에 해당하는 사실이 있었고 그 후에도 계속하여 그 작위의무를 수행하지 아니하는 위법한 부작위상태가 계속되는 한 가별적 위법상태는 계속 존재하고 있다고 할 것이며 형법 제122조 후단은 이를 전체적으로 보아 1죄로 처벌하는 취지로 해석되므로 이를 즉시범이라고 할 수 없다(대판 1997.8.29. 97도675).

② 형법 제276조 제1항의 체포죄에서 말하는 '체포'는 사람의 신체에 대하여 직접적이고 현실적인 구속을 가하여 신체활동의 자유를 박탈하는 행위를 의미하는 것으로서 수단과 방법을 불문한다. 체포죄는 계속범으로서 체포의 행위에 확실히 사람의 신체의 자유를 구속한다고 인정할 수 있을 정도의 시간적 계속이 있어야 하나, 체포의 고의로써 타인의 신체적 활동의 자유를 현실적으로 침해하는 행위를 개시한 때 체포죄의 실행에 착수하였다고 볼 것이다(대판 2018.2.28. 2017도21249).

다. 접속범

단독에 의하여도 구성요건의 충족이 가능한 경우에 수개의 행위가 동일한 기회에 동일한 장소에서 불가분하게 결합되어 구성요건적 결과가 발생한 경우를 말하며, 예컨대 동일한 기회에 같은 부녀를 수회 간음한 경우이다. 접속범이 되기 위하여는 법익의 동일성, 반복된 행위의 밀접한 시간적·장소적 접속성, 범의의 단일성 등의 요건이 구비되어야 한다.

> **판례** 포괄일죄를 인정한 경우

① 단일범의로서 절취한 시간과 장소가 접착되어 있고 같은 관리인의 관리하에 있는 방 안에서 소유자를 달리하는 두 사람의 물건을 절취한 경우에는 1개의 절도죄가 성립한다(대판 1970.7.21. 70도1133).

② 특수강도의 소위가 동일한 장소에서 동일한 방법에 의하여 시간적으로 접착된 상황에서 이루어진 경우에는 피해자가 여러 사람이더라도 단순일죄가 성립한다(대판 1979.10.10. 79도2093).

③ 하나의 사건에 관하여 한 번 선서한 증인이 같은 기일에 여러 가지 사실에 관하여 기억에 반하는 허위의 진술을 한 경우 이는 하나의 범죄의사에 의하여 계속하여 허위의 진술을 한 것으로서 포괄하여 1개의 위증죄를 구성하는 것이고 각 진술마다 수 개의 위증죄를 구성하는 것이 아니다(대판 1998.4.14. 97도3340).

④ 피해자를 위협하여 항거불능케 한 후 1회 간음하고 2백미터쯤 오다가 다시 1회 간음한 경우에 있어 피고인의 의사 및 그 범행시각과 장소로 보아 두 번째의 간음행위는 처음 한 행위의 계속으로 볼 수 있어 이를 단순일죄로 처단한 것은 정당하다(대판 1970.9.29. 70도1516).

> **판례** 포괄일죄를 부정한 경우

① 피고인이 슈퍼마켓 사무실에서 식칼을 들고 피해자를 협박한 행위와 식칼을 들고 매장을 돌아다니며 손님을 내쫓아 그의 영업을 방해한 행위는 별개의 행위이다(대판 1991.1.29. 90도2445).

② 피고인이 단일한 범의로 동일한 장소에서 동일한 방법으로 시간적으로 접착된 상황에서 처와 자식들을 살해하였다고 하더라도 휴대하고 있던 권총에 실탄 6발을 장전하여 처와 자식들의 머리

에 각기 1발씩 순차로 발사하여 살해하였다면, 피해자들의 수에 따라 수개의 살인죄를 구성한다(대판 1991.8.27. 91도1637).

③ 피해자를 1회 강간하여 상처를 입게 한 후 약 1시간 후에 장소를 옮겨 같은 피해자를 다시 1회 강간한 행위는 그 범행시간과 장소를 달리하고 있을 뿐만 아니라 각 별개의 범의에서 이루어진 행위로서 형법 제37조 전단의 실체적 경합범에 해당한다(대판 1987.5.12. 87도694).

④ 강도가 한 개의 강도범행을 하는 기회에 수명의 피해자에게 각 폭행을 가하여 각 상해를 입힌 경우에는 각 피해자별로 수개의 강도상해죄가 성립하며 이들은 실체적 경합범의 관계에 있다(대판 1987.5.26. 87도527).

⑤ 두 사람에 대하여 각기 칼을 휘둘러 한 사람을 사망에 이르게 하고, 또 한 사람에 대하여는 상처를 입게 한 경우에는 상해치사죄와 상해죄의 두 죄가 성립한다(대판 1981.5.26. 81도811).

라. 연속범

연속된 수개의 행위가 동종의 범죄에 해당하는 경우를 말한다. 연속범이 되기 위하여는 개별적인 행위가 범죄의 모든 요소를 갖추어야 한다는 점 이외에 객관적 요건으로 ① 법익의 동일성, ② 침해의 동종성, ③ 시간적·장소적 계속성이 필요하고, 주관적 요건으로 ④ 범의의 단일성(계속적 고의)이 인정되어야 한다.

판례 연속범과 포괄일죄

① 단일하고도 계속된 범의 아래 동종의 범행을 일정기간 반복하여 행하고 그 피해법익도 동일한 경우에는 각 범행을 통틀어 포괄일죄로 볼 것이고, 수뢰죄에 있어서 단일하고도 계속된 범의 아래 동종의 범행을 일정기간 반복하여 행하고 그 피해법익도 동일한 것이라면 돈을 받은 일자가 상당한 기간에 걸쳐 있고, 돈을 받은 일자 사이에 상당한 기간이 끼어 있다 하더라도 각 범행을 통틀어 포괄일죄로 볼 것이다(대판 2000.1.21. 99도4940, 대판 1998.2.10. 97도2836, 대판 1997.12.26. 97도2609).

② 음주상태로 자동차를 운전하다가 제1차 사고를 내고 그대로 진행하여 제2차 사고를 낸 후 음주측정을 받아 도로교통법 위반(음주운전)죄로 약식명령을 받아 확정되었는데, 그 후 제1차 사고 당시의 음주운전으로 기소된 사안에서 위 공소사실이 약식명령이 확정된 도로교통법 위반(음주운전)죄와 포괄일죄 관계에 있다고 본 사례(대판 2007.7.26. 2007도4404)

③ 공직선거법 제106조 제1항 소정의 호별방문죄에 있어서 각 집의 방문이 '연속적'인 것으로 인정되기 위해서는 반드시 집집을 중단 없이 방문하여야 하거나 동일한 일시 및 기회에 각 집을 방문하여야 하는 것은 아니지만, 각 방문행위 사이에는 어느 정도의 시간적 근접성이 있어야 할 것이고, 이러한 시간적 근접성이 없다면 '연속적'인 것으로 인정될 수는 없다(대판 2007.3.15. 2006도9042).

판례 법익의 동일성

① 1974. 9. 5. 03:00부터 1974. 9. 26. 22:00까지 행한 3번의 특수절도사실, 2번의 특수절도미수사실, 1번의 야간주거침입절도사실, 1번의 절도사실들이 상습적으로 반복된 것으로 볼수 있다면 이러한 경우에는 그 중 법정형이 가장 중한 상습특수절도의 죄에 나머지의 행위를 포괄시켜

하나의 죄만이 성립된다고 보는 것이 상당하다(대판 1975.5.27. 75도1184).
② 수뢰후부정처사죄를 정한 형법 제131조 제1항은 공무원 또는 중재인이 형법 제129조(수뢰, 사전수뢰) 및 제130조(제3자뇌물제공)의 죄를 범하여 부정한 행위를 하는 것을 구성요건으로 하고 있다. 여기에서 '형법 제129조 및 제130조의 죄를 범하여'란 반드시 뇌물수수 등의 행위가 완료된 이후에 부정한 행위가 이루어져야 함을 의미하는 것은 아니고, 결합범 또는 결과적 가중범 등에서의 기본행위와 마찬가지로 뇌물수수 등의 행위를 하는 중에 부정한 행위를 한 경우도 포함하는 것으로 보아야 한다. 따라서 단일하고도 계속된 범의 아래 일정 기간 반복하여 일련의 뇌물수수 행위와 부정한 행위가 행하여졌고 그 뇌물수수 행위와 부정한 행위 사이에 인과관계가 인정되며 피해법익도 동일하다면, 최후의 부정한 행위 이후에 저질러진 뇌물수수 행위도 최후의 부정한 행위 이전의 뇌물수수 행위 및 부정한 행위와 함께 수뢰후부정처사죄의 포괄일죄로 처벌함이 타당하다(대판 2021.2.4. 2020도12103).
③ 피해자 명의의 신용카드를 부정사용하여 현금자동인출기에서 현금을 인출하고 그 현금을 취득까지 한 행위는 신용카드업법 제25조 제1항의 부정사용죄에 해당할 뿐 아니라 그 현금을 취득함으로써 현금자동인출기 관리자의 의사에 반하여 그의 지배를 배제하고 그 현금을 자기의 지배하에 옮겨 놓는 것이 되므로 별도로 절도죄를 구성하고, 위 양 죄의 관계는 그 보호법익이나 행위태양이 전혀 달라 실체적 경합관계에 있는 것으로 보아야 한다(대판 1995.7.28. 95도997).

> **판례** 침해의 동종성

① 피고인이 카드사용으로 인한 대금결제의 의사와 능력이 없으면서도 있는 것 같이 가장하여 카드회사를 기망하고, 카드회사는 이에 착오를 일으켜 일정 한도 내에서 카드사용을 허용해 줌으로써 피고인은 기망당한 카드회사의 신용공여라는 하자 있는 의사표시에 편승하여 자동지급기를 통한 현금대출도 받고, 가맹점을 통한 물품구입대금 대출도 받아 카드발급회사로 하여금 같은 액수 상당의 피해를 입게 함으로써, 카드사용으로 인한 일련의 편취행위가 포괄적으로 이루어지는 것이다. 따라서 카드사용으로 인한 카드회사의 손해는 그것이 자동지급기에 의한 인출행위이든 가맹점을 통한 물품구입행위이든 불문하고 모두가 피해자인 카드회사의 기망당한 의사표시에 따른 카드발급에 터잡아 이루어지는 사기의 포괄일죄이다(대판 1996.4.9. 95도2466).
② [1] 신용카드를 절취한 후 이를 사용한 경우 신용카드의 부정사용행위는 새로운 법익의 침해로 보아야 하고 그 법익침해가 절도범행보다 큰 것이 대부분이므로 위와 같은 부정사용행위가 절도범행의 불가벌적 사후행위가 되는 것은 아니다. [2] (중략) 피고인은 절취한 카드로 가맹점들로부터 물품을 구입하겠다는 단일한 범의를 가지고 그 범의가 계속된 가운데 동종의 범행인 신용카드 부정사용행위를 동일한 방법으로 반복하여 행하였고, 또 위 신용카드의 각 부정사용의 피해법익도 모두 위 신용카드를 사용한 거래의 안전 및 이에 대한 공중의 신뢰인 것으로 동일하므로, 피고인이 동일한 신용카드를 위와 같이 부정사용한 행위는 포괄하여 일죄에 해당하고, 신용카드를 부정사용한 결과가 사기죄의 구성요건에 해당하고 그 각 사기죄가 실체적 경합관계에 해당한다고 하여도 신용카드부정사용죄와 사기죄는 그 보호법익이나 행위의 태양이 전혀 달라 실체적 경합관계에 있으므로 신용카드 부정사용행위를 포괄일죄로 취급하는데 아무런 지장이 없다고 한 사례(대판 1996.7.12. 96도1181).

③ 뇌물을 여러 차례에 걸쳐 수수함으로써 그 행위가 여러 개이더라도 그것이 단일하고 계속적 범의에 의하여 이루어지고 동일법익을 침해한 때에는 포괄일죄로 처벌함이 상당하다(대판 1999.1.29. 98도3584).

④ 상습적으로 흉기 또는 위험한 물건을 휴대하여 폭력행위등처벌에관한법률 제2조 제1항에 열거된 죄를 범한 자에 대하여는 같은 법 제3조 제3항에서 무기 또는 7년 이상의 징역에 처하도록 별도로 규정하고 있으므로, 흉기를 휴대하여 저지른 원심 판시 폭력행위의 각 범행이 흉기 등을 휴대하지 않은 범행들로서 원심에서 면소가 선고된 원심 판시 각 공소사실과 사이에 같은 법 제2조 제1항 소정의 상습폭력죄의 포괄일죄의 관계에 있는 것으로 볼 수는 없다(대판 2001.11.30. 2001도5657).

⑤ 수개의 업무상 횡령행위라 하더라도 그 피해법익이 단일하고, 범죄의 태양이 동일하며, 단일 범의의 발현에 기인하는 일련의 행위라고 인정되는 경우에는 포괄하여 1개의 범죄라고 할 것이지만, 피해자가 수인인 경우에는 그 피해법익이 단일하다고 할 수 없으므로 포괄일죄의 성립을 인정하기 어렵다(대판 2011.2.24. 2010도13801).

⑥ '영업으로 성매매를 알선한 행위'와 '영업으로 성매매에 제공되는 건물을 제공하는 행위'는 당해 행위 사이에서 각각 포괄일죄를 구성할 뿐, 서로 독립된 가벌적 행위로서 별개의 죄를 구성한다고 보아야 한다(대판 2011.5.26. 2010도6090).

판례 **시간적·장소적 계속성**

- 단일하고 계속된 범의 하에 동종의 범행을 일정기간 반복하여 행하고 그 피해법익도 동일한 경우에 이를 포괄일죄로 보아야 할 것이나, 이 사건 피고인의 판시 (가)의 히로뽕 제조행위와 (나)의 히로뽕 제조행위를 서로 비교하여 보면 그 사이에 약 9개월의 간격이 있고 범행장소도 상이하여 범의의 단일성과 계속성을 인정하기 어려우므로 이들 두 죄를 포괄일죄라고 보기는 어려우니 경합가중을 한 원심조치는 정당하다(대판 1982.11.9. 82도2055).

판례 **범의의 단일성(계속적 고의설)**

① 일정기간에 걸쳐 단일 및 계속적 의사로서 행하여진 고령토채취행위를 포괄일죄로 본 것은 정당하다(대판 1971.2.23. 70도2612).

② 약 4개월 사이에 10회에 걸쳐 동일인으로부터 뇌물을 받은 경우에는 포괄일죄가 성립한다(대판 1979.8.14. 79도1393).

③ 피고인이 3회에 걸쳐서 동일 증뢰자로 부터 동일한 직무에 관하여 동일한 명목으로 금품을 받은 경우, 비록 그 금품의 수수가 20여일의 기간에 걸쳐 이루어졌더라도 단일범의 하에 이루어진 계속된 행위라고 볼 수 있고 피해법익 또한 동일한 경우이므로 위 소위는 포괄하여 일죄만을 구성한다(대판 1983.11.8. 83도711).

④ 수개의 업무상 배임행위가 포괄하여 1개의 죄에 해당하기 위하여는 피해법익이 단일하고 범죄의 태양이 동일할 뿐만 아니라, 그 수개의 배임행위가 단일한 범의에 기한 일련의 행위라고 볼 수 있어야 하므로, 신용협동조합의 전무가 수개의 거래처로부터 각기 다른 일시에 조합정관상의 1인당 대출한도를 초과하여 대출을 하여 달라는 부탁을 받고 이에 응하여 각기 다른 범의 하에 부당대출을 하여 줌으로써 수개의 업무상 배임행위를 범한 경우, 그것은 포괄일죄에 해당하지 않는다고 본

사례(대판 1997.9.26. 97도1469)

⑤ 여러 개의 뇌물수수행위가 있는 경우에 그것이 단일하고 계속된 범의하에 동종의 범행을 일정 기간 반복하여 행한 것이고, 그 피해법익도 동일한 경우에는 각 범행을 통털어 포괄일죄로 볼 것이지만, 그러한 범의의 단일성과 계속성을 인정할 수 없을 때에는 각 범행마다 별개의 죄가 성립하는 것으로서 경합범으로 처단하는 것이 마땅하다(대판 1998.2.10. 97도2836).

⑥ 직계존속인 피해자를 폭행하고, 상해를 가한 것이 존속에 대한 동일한 폭력습벽의 발현에 의한 것으로 인정되는 경우, 그 중 법정형이 더 중한 상습존속상해죄에 나머지 행위들을 포괄시켜 하나의 죄만이 성립한다(대판 2003.2.28. 2002도7335).

⑦ 단일한 범의의 발동에 의하여 상대방을 기망하고 그 결과 착오에 빠져 있는 동일인으로부터 일정 기간 동안 동일한 방법에 의하여 금원을 편취한 경우에는 이를 포괄적으로 관찰하여 일죄로 처단하는 것이 가능할 것이나, 범의의 단일성과 계속성이 인정되지 아니하거나 범행방법이 동일하지 않은 경우에는 각 범행은 실체적 경합범에 해당한다(대판 2004.6.25. 2004도1751).

⑧ 컴퓨터로 음란 동영상을 제공한 제1범죄행위로 서버컴퓨터가 압수된 이후 다시 장비를 갖추어 동종의 제2범죄행위를 하고 제2범죄행위로 인하여 약식명령을 받아 확정된 사안에서, 피고인에게 범의의 갱신이 있어 제1범죄행위는 약식명령이 확정된 제2범죄행위와 실체적 경합관계에 있다고 보아야 할 것이라는 이유로, 포괄일죄를 구성한다고 판단한 원심판결을 파기한다(대판 2005.9.30. 2005도4051).

⑨ [1] 예금주인 현금카드 소유자를 협박하여 그 카드를 갈취한 다음 피해자의 승낙에 의하여 현금카드를 사용할 권한을 부여받아 이를 이용하여 현금자동지급기에서 현금을 인출한 행위는 모두 피해자의 예금을 갈취하고자 하는 피고인의 단일하고 계속된 범의 아래에서 이루어진 일련의 행위로서 포괄하여 하나의 공갈죄를 구성하므로, 현금자동지급기에서 피해자의 예금을 인출한 행위를 현금카드 갈취행위와 분리하여 따로 절도죄로 처단할 수는 없다. [2] 강도죄는 공갈죄와는 달리 (중략) 강취한 현금카드를 사용하여 현금자동지급기에서 예금을 인출한 행위는 피해자의 승낙에 기한 것이라고 할 수 없으므로, 현금자동지급기 관리자의 의사에 반하여 그의 지배를 배제하고 그 현금을 자기의 지배 하에 옮겨 놓는 것이 되어서 강도죄와는 별도로 절도죄를 구성한다(대판 2007.5.10. 2007도1375 등).

⑩ 타인의 사무를 처리하는 자가 동일인으로부터 그 직무에 관하여 부정한 청탁을 받고 여러 차례에 걸쳐 금품을 수수한 경우, 그것이 단일하고도 계속된 범의 아래 일정기간 반복하여 이루어진 것이고 그 피해법익도 동일한 때에는 이를 포괄일죄로 보아야 한다. 다만, 여러 사람으로부터 각각 부정한 청탁을 받고 그들로부터 각각 금품을 수수한 경우에는 비록 그 청탁이 동종의 것이라고 하더라도 단일하고 계속된 범의 아래 이루어진 범행으로 보기 어려워 그 전체를 포괄일죄로 볼 수 없다(대판 2008.12.11. 2008도6987).

⑪ 수개의 업무상 배임행위가 있더라도 피해법익이 단일하고 범죄의 태양이 동일할 뿐만 아니라, 그 수개의 배임행위가 단일한 범의에 기한 일련의 행위라고 볼 수 있는 경우에는 그 수개의 배임행위는 포괄하여 일죄를 구성한다(대판 2011.8.18. 2009도7813, 대판 2004.7.9. 2004도810).

⑫ 수개의 등록상표에 대하여 상표법 제93조 소정의 상표권침해 행위가 계속하여 행하여진 경우에

는 각 등록상표 1개마다 포괄하여 1개의 범죄가 성립하므로, 특별한 사정이 없는 한 상표권자 및 표장이 동일하다는 이유로 등록상표를 달리하는 수개의 상표권침해 행위를 포괄하여 하나의 죄가 성립하는 것으로 볼 수 없다(대판 2013.7.25. 2011도12482).

⑬ 무면허 의료행위는 그 범죄구성요건의 성질상 동종 범죄의 반복이 예상되는 것이므로, **영리를 목적으로 무면허 의료행위를 업으로 하는 자가 반복적으로 여러 개의 무면허 의료행위를 단일하고 계속된 범의 아래 일정 기간 계속하여 행하고 그 피해법익도 동일한 경우**라면 이들 각 행위를 통틀어 포괄일죄로 처단하여야 할 것이다(대판 2014.1.16. 2013도11649).

⑭ 폭력행위 등 처벌에 관한 법률 제4조 제1항은 그 법에 규정된 범죄행위를 목적으로 하는 단체를 구성하거나 이에 가입하는 행위 또는 구성원으로 활동하는 행위를 처벌하도록 정하고 있는데, (중략) 범죄단체를 구성하거나 이에 가입한 자가 더 나아가 구성원으로 활동하는 경우, 이는 포괄일죄의 관계에 있다(대판 2015.9.10. 2015도7081).

⑮ 사기죄는 편취의 의사로 기망행위를 개시한 때에 실행에 착수한 것으로 보아야 하므로, **사기도박에서도 사기적인 방법으로 도금을 편취하려고 하는 자가 상대방에게 도박에 참가할 것을 권유하는 등 기망행위를 개시한 때에 실행의 착수가 있는 것으로 보아야 하고, 그 후에 사기도박을 숨기기 위하여 정상적인 도박을 하였더라도 이는 사기죄의 실행행위에 포함된다.** 한편 사기죄에서 동일한 피해자에 대하여 수회에 걸쳐 기망행위를 하여 금원을 편취한 경우에 그 범의가 단일하고 범행 방법이 동일하다면 사기죄의 포괄일죄만이 성립한다(대판 2015.10.29. 2015도10948, 대판 2002.7.12. 2002도2029).

⑯ [1] 지방교육자치에 관한 법률 제50조, 정치자금법 제49조 제1항의 회계보고 허위기재로 인한 지방교육자치에 관한 법률 위반죄는 회계책임자가 정당한 사유 없이 선거비용에 대하여 허위기재함으로써 성립되는데, 하나의 회계보고서에 여러 가지 선거비용 항목에 관하여 허위 사실을 기재하였더라도 선거비용의 항목에 따라 별개의 죄가 성립하는 것이 아니라 전체로서 하나의 지방교육자치에 관한 법률 위반죄가 성립한다. [2] 피고인이 수개의 선거비용 항목을 허위기재한 하나의 선거비용 보전청구서를 제출하여 대한민국으로부터 선거비용을 과다 보전받아 이를 편취하였다면 이는 일죄로 평가되어야 하고, 각 선거비용 항목에 따라 별개의 사기죄가 성립하는 것은 아니다. [3] 회계보고 허위기재로 인한 지방교육자치에 관한 법률 위반죄와 증빙서류 허위기재로 인한 지방교육자치에 관한 법률 위반죄는 각 행위 주체, 행위 객체 등 구체적인 구성요건에 있어 차이가 있고, 증빙서류 허위기재 행위가 회계보고 허위기재로 인한 지방교육자치에 관한 법률 위반죄에 비하여 별도로 고려되지 않을 만큼 경미한 것이라고 할 수도 없으므로, 증빙서류 허위기재 행위가 이른바 '불가벌적 수반행위'에 해당하여 회계보고 허위기재로 인한 지방교육자치에 관한 법률 위반죄에 대하여 흡수관계에 있다고 볼 수는 없다(대판 2017.5.30. 2016도21713).

⑰ 수개의 등록상표에 대하여 상표법 제230조의 상표권 침해 행위가 계속하여 이루어진 경우에는 등록상표마다 포괄하여 1개의 범죄가 성립한다. 그러나 하나의 유사상표 사용행위로 수개의 등록상표를 동시에 침해하였다면 각각의 상표법 위반죄는 상상적 경합의 관계에 있다(대판 2020.11.12. 2019도11688).

마. 집합범

다수의 동종의 행위가 동일한 의사에 의하여 반복되지만 일괄하여 일죄를 구성하는 경우를 말하며, **영업범·직업범** 및 **상습범**이 여기에 속한다. 영업적 음란물판매죄(제243조), 상습도박죄(제246조 제2항), 무면허의료행위(의료법 제25조 제1항 및 제66조)가 각각 영업범, 상습범, 직업범의 예가 된다.

> **판례** 집합범과 포괄일죄
>
> ① [1] 무면허의료행위는 그 범죄의 구성요건의 성질상 동종행위의 반복이 예상되는 것이므로 반복된 수개의 행위는 포괄적으로 한 개의 범죄로서 처단되어야 할 것이다. [2] 무면허의료행위는 일단 공소가 제기되면 이에 대한 재판이 있을 때까지의 동종의 위법행위는 포괄하여 일개의 범죄를 구성하는 것이며 판결이 확정되면 가사 공소장에 적시되지 아니한 개개의 위법행위라 하더라도 그 행위는 모두 재판을 받은 것으로 되어 따로이 공소를 제기할 수 없다(대판 1966.9.20. 66도928).
>
> ② 폭력행위등처벌에관한법률 제2조 제1항에서 말하는 상습성이라 함은 동법조항에게 기한 형법 각 조에 해당하는 각개 범죄행위의 상습성만을 의미하는 것이 아니고 각개 범죄행위를 포괄한 폭력행위를 하는 습벽도 포함하는 것이라고 해석되므로 손괴죄의 상습성을 따로 인정할 자료 없이 상해죄의 전과사실 등에 의하여 손괴를 포함한 폭력행위범행의 상습성을 인정하고 상해와 재물손괴 행위를 상습폭력행위 범행의 포괄일죄로 인정 처단할 수 있다(대판 1990.4.24. 90도653).
>
> ③ 형법 제333조, 제334조, 제337조, 제341조, 특정범죄가중처벌등에관한법률 제5조의4 제3항, 제5조의5의 각 규정을 살펴보면 강도죄와 강도상해죄는 따로 규정되어 있고 상습강도죄(형법 제341조)에 강도상해죄가 포괄흡수될 수는 없는 것이므로 위 2죄는 상상적 경합범 관계가 아니다(대판 1990.9.28. 90도1365).
>
> ④ 형법 제341조나 특정범죄가중처벌등에관한법률에서 강도, 특수강도, 약취강도, 해상강도의 각 죄에 관해서는 상습범가중처벌규정을 두고 있으나 강도상해, 강도강간 등 각 죄에 관해서는 상습범가중처벌규정을 두고 있지 아니하므로 특수강도죄와 그 후에 범한 강도강간 및 강도상해 등 죄는 포괄일죄의 관계에 있지 아니하다(대판 1992.4.14. 92도297).
>
> ⑤ 무허가유료직업소개 행위는 범죄구성요건의 성질상 동종행위의 반복이 예상되는데, 반복된 수개의 행위 상호간에 일시·장소의 근접, 방법의 유사성, 기회의 동일, 범의의 계속 등 밀접한 관계가 있어 전체를 1개의 행위로 평가함이 상당한 경우에는 포괄적으로 한 개의 범죄를 구성한다(대판 1993.3.26. 92도3405).
>
> ⑥ 원래 실체법상 상습사기의 일죄로 포괄될 수 있는 관계에 있는 일련의 사기 범행의 중간에 동종의 죄에 관한 확정판결이 있는 경우에는 그 확정판결에 의하여 원래 일죄로 포괄될 수 있었던 일련의 범행은 그 확정판결의 전후로 분리되고, 이와 같이 분리된 각 사건은 서로 동일성이 있다고 할 수 없어 이중으로 기소되더라도 각 사건에 대하여 각각의 주문을 선고하여야 한다(대판 2000.2.11. 99도4797).
>
> ⑦ 포괄일죄로 되는 개개의 범죄행위가 다른 종류의 죄의 확정판결의 전후에 걸쳐서 행하여진 경우에는 그 죄는 2죄로 분리되지 않고 확정판결 후인 최종의 범죄행위시에 완성되는 것이다(대판 2001.8.21. 2001도3312).
>
> ⑧ 무면허운전으로 인한 도로교통법위반죄에 있어서는 어느 날에 운전을 시작하여 다음 날까지 동일한 기회에 일련의 과정에서 계속 운전을 한 경우 등 특별한 경우를 제외하고는 사

회통념상 운전한 날을 기준으로 운전한 날마다 1개의 운전행위가 있다고 보는 것이 상당하므로 운전한 날마다 무면허운전으로 인한 도로교통법위반의 1죄가 성립한다고 보아야 할 것이고, 비록 계속적으로 무면허운전을 할 의사를 가지고 여러 날에 걸쳐 무면허운전행위를 반복하였다 하더라도 이를 포괄하여 일죄로 볼 수는 없다(대판 2002.7.23. 2001도6281).

⑨ [1] 상습범이란 어느 기본적 구성요건에 해당하는 행위를 한 자가 범죄행위를 반복하여 저지르는 습벽, 즉 상습성이라는 행위자적 속성을 갖추었다고 인정되는 경우에 이를 가중처벌 사유로 삼고 있는 범죄유형을 가리키므로, 상습성이 있는 자가 같은 종류의 죄를 반복하여 저질렀다 하더라도 상습범을 별도의 범죄유형으로 처벌하는 규정이 없는 한 각 죄는 원칙적으로 별개의 범죄로서 경합범으로 처단할 것이다. 저작권법은 제140조 본문에서 저작재산권 침해로 인한 제136조 제1항의 죄를 친고죄로 규정하면서, 제140조 단서 제1호에서 영리를 위하여 상습적으로 위와 같은 범행을 한 경우에는 고소가 없어도 공소를 제기할 수 있다고 규정하고 있으나, 상습으로 제136조 제1항의 죄를 저지른 경우를 가중처벌한다는 규정은 따로 두고 있지 않다. 따라서 수회에 걸쳐 저작권법 제136조 제1항의 죄를 범한 것이 상습성의 발현에 따른 것이라고 하더라도, 이는 원칙적으로 경합범으로 보아야 하는 것이지 하나의 죄로 처단되는 상습범으로 볼 것은 아니다. [2] 저작재산권 침해행위는 저작권자가 같더라도 저작물별로 침해되는 법익이 다르므로, 각각의 저작물에 대한 침해행위는 원칙적으로 각 별개의 죄를 구성한다. 다만 단일하고도 계속된 범의 아래 동일한 저작물에 대한 침해행위가 일정기간 반복하여 행하여진 경우에는 포괄하여 하나의 범죄가 성립한다고 볼 수 있다. [3] 2개의 인터넷 파일공유 웹스토리 사이트를 운영하는 피고인들이 이를 통해 저작재산권 대상인 디지털 콘텐츠가 불법 유통되고 있음을 알면서도 다수의 회원들로 하여금 수만 건에 이르는 불법 디지털 콘텐츠를 업로드하게 한 후 이를 수십만 회에 걸쳐 다운로드하게 함으로써 저작재산권 침해를 방조하였다는 내용으로 기소된 사안에서, 피고인들에게 '영리 목적의 상습성'이 인정된다고 하더라도 이는 고소 없이도 처벌할 수 있는 근거가 될 뿐 피고인들의 각 방조행위는 원칙적으로 서로 경합범 관계에 있고, 다만 동일한 저작물에 대한 수회의 침해행위에 대한 각 방조행위가 포괄하여 하나의 범죄가 성립할 여지가 있을 뿐인데도, 이와 달리 위 사이트를 통해 유통된 다수 저작권자의 다수 저작물에 대한 피고인들의 범행 전체가 하나의 포괄일죄를 구성한다고 본 원심판결에 저작권법 위반죄의 죄수에 관한 법리오해의 위법이 있다고 한 사례(대판 2012.5.10. 2011도12131).

⑩ [1] 동일 죄명에 해당하는 수개의 행위를 단일하고 계속된 범의로 일정기간 계속하여 행하고 그 피해법익도 동일한 경우에는 이들 각 행위를 통틀어 포괄일죄로 처단하여야 할 것이나, 수개의 범행에서 범의의 단일성과 계속성이 인정되지 아니하거나 범행방법이 동일하지 않다면 각 범행은 실체적 경합범에 해당한다. [2] 원심은 그 채택 증거에 의하여 인정되는 사정들, 즉 이 사건 약식명령이 확정된 범죄와 이 부분 공소사실의 범죄 사이에는 각 사설 사이트를 운영한 사무실의 위치, 사설 사이트 운영자, 회원들과의 입출금 방식이 서로 다른 점, 약식명령이 확정된 사건에서는 피고인이 단독범으로 기소되었으나 이 부분 공소사실에서는 피고인이 공동정범으로 기소된 점 등 여러 사정에 비추어 보면, 이 사건 약식명령이 확정된 범죄사실과 이 부분 공소사실은 양자 사이에 범의의 단일성과 계속성이 인정되지 아니하고 범행방법도 동일하지 아니하여 포괄일죄에 해당하지 아니하므로 이 사건 약식명령의 기판력이 이 부분 공소사실에 미치지 아니한다고 판단하였다(대판 2013.11.28. 2013도10467).

3. 포괄일죄의 처리

실체법상 일죄이므로 하나의 죄로 처벌된다. 구성요건을 달리하는 행위가 포괄일죄가 되는 때에는 중한 죄의 일죄만 성립한다. 포괄일죄는 소송법상으로도 일죄가 된다. 따라서 포괄일죄에 의하여 유죄판결을 받은 경우에 그 판결의 기판력은 판결이전에 범한 모든 행위에 미치며, 그 사실에 대하여 별개의 공소가 제기된 때에는 면소판결을 하여야 한다.

> **판례** 포괄일죄의 취급
>
> ① 포괄일죄의 공소시효는 최종의 범죄행위가 종료한 때로부터 진행하고, 포괄일죄로 되는 개개의 범죄행위가 다른 종류인 죄의 확정판결 전후에 걸쳐 행하여진 때에는 그 죄는 두 죄로 분리되지 않고 확정판결 후인 최종 범죄행위 시점에 완성되는 것이다(대판 2015.9.10. 2015도7081).
>
> ② 포괄일죄로 되는 개개의 범죄행위가 법 개정의 전후에 걸쳐서 행하여진 경우에는 신구법의 법정형에 대한 경중을 비교하여 볼 필요도 없이 범죄실행 종료시의 법이라고 할 수 있는 신법을 적용하여 포괄일죄로 처단하여야 할 것이다(대판 1994.10.28. 93도1166).
>
> ③ 포괄일죄로 되는 개개의 범죄행위가 다른 종류의 죄의 확정판결의 전후에 걸쳐서 행하여진 경우에는 그 죄는 2죄로 분리되지 않고 확정판결 후인 최종의 범죄행위시에 완성되는 것이다(대판 2003.8.22. 2002도5341).
>
> ④ 포괄일죄의 범행 도중에 공동정범으로 범행에 가담한 자는 비록 그가 그 범행에 가담할 때에 이미 이루어진 종전의 범행을 알았다 하더라도 그 가담 이후의 범행에 대하여만 공동정범으로 책임을 진다(대판 1997.6.27. 97도163).
>
> ⑤ 여러 개의 업무상 횡령행위라 하더라도 피해법익이 단일하고, 범죄의 태양이 동일하며, 단일 범의의 발현에 기인하는 일련의 행위라고 인정될 때에는, 포괄하여 1개의 범죄라고 봄이 타당하고, 포괄일죄의 관계에 있는 범행의 일부에 대하여 약식명령이 확정된 경우에는 그 약식명령의 발령 시를 기준으로 하여 그 이전에 이루어진 범행에 대하여는 면소의 판결을 선고하여야 한다(대판 2013.6.13. 2013도4737, 대판 1994.8.9. 94도1318).
>
> ⑥ [1] (전략) 비의료인이 주도적인 입장에서 한 위와 같은 일련의 행위는 특별한 사정이 없는 한 포괄하여 일죄에 해당하고, 여기서의 개설행위가 개설신고를 마친 때에 종료된다고 볼 수는 없으며 비의료인이 위와 같은 주도적인 처리 관계에서 이탈하였을 때 비로소 종료된다고 보아야 한다.
> [2] 동일 죄명에 해당하는 수 개의 행위를 단일하고 계속된 범의 아래 일정기간 계속하여 행하고 그 피해법익도 동일한 경우에는 이들 각 행위를 통틀어 포괄일죄로 처단하여야 할 것이나, 의료기관의 개설자 명의는 의료기관을 특정하고 동일성을 식별하는 데에 중요한 표지가 되는 것이므로, 비의료인이 의료기관을 개설하여 운영하는 도중 개설자 명의를 다른 의료인 등으로 변경한 경우에는 그 범의가 단일하다거나 범행방법이 종전과 동일하다고 보기 어렵다. 따라서 개설자 명의별로 별개의 범죄가 성립하고 각 죄는 실체적 경합범의 관계에 있다고 보아야 한다(대판 2018.11.29. 2018도10779).

> **판례** 상습범과 기판력이 미치는 범위
>
> • 상습범으로서 포괄적 일죄의 관계에 있는 여러 개의 범죄사실 중 일부에 대하여 유죄판결이 확정된 경우에, 그 확정판결의 사실심판결 선고 전에 저질러진 나머지 범죄에 대하여 새로이 공소가 제

기되었다면 그 새로운 공소는 확정판결이 있었던 사건과 동일한 사건에 대하여 다시 제기된 데 해당하므로 이에 대하여는 판결로써 면소의 선고를 하여야 하는 것인바(형사소송법 제326조 제1호), 다만 이러한 법리가 적용되기 위해서는 전의 확정판결에서 당해 피고인이 상습범으로 기소되어 처단되었을 것을 필요로 하는 것이고, 상습범 아닌 기본 구성요건의 범죄로 처단되는 데 그친 경우에는, 가사 뒤에 기소된 사건에서 비로소 드러났거나 새로 저질러진 범죄사실과 전의 판결에서 이미 유죄로 확정된 범죄사실 등을 종합하여 비로소 그 모두가 상습범으로서의 포괄적 일죄에 해당하는 것으로 판단된다 하더라도 뒤늦게 앞서의 확정판결을 상습범의 일부에 대한 확정판결이라고 보아 그 기판력이 그 사실심판결 선고 전의 나머지 범죄에 미친다고 보아서는 아니 된다(대판 2004.9.16. 2001도3206 전원합의체).

제3절 수죄

I. 상상적 경합

> **제40조(상상적 경합)** 한 개의 행위가 여러 개의 죄에 해당하는 경우에는 가장 무거운 죄에 대하여 정한 형으로 처벌한다.

1. 상상적 경합의 본질

상상적 경합이란 한 개의 행위가 여러 개의 죄에 해당하는 경우를 말한다. 형법 제40조는 "한 개의 행위가 여러 개의 죄에 해당하는 경우에는 가장 무거운 죄에 대하여 정한 형으로 처벌한다."고 규정하고 있다. 상상적 경합은 실질적으로는 수죄이지만 과형상의 일죄라는 것이 지배적인 견해이다.

> **판례** 상상적 경합과 법조경합의 구별
> - [1] 상상적 경합은 1개의 행위가 실질적으로 수개의 구성요건을 충족하는 경우를 말하고 법조경합은 1개의 행위가 외관상 수개의 죄의 구성요건에 해당하는 것처럼 보이나 실질적으로 1죄만을 구성하는 경우를 말하며, 실질적으로 1죄인가 또는 수죄인가는 구성요건적 평가와 보호법익의 측면에서 고찰하여 판단하여야 한다. [2] 업무상배임행위에 사기행위가 수반될 때의 죄수 관계에 관하여 보면, (중략) 양 죄는 그 구성요건을 달리하는 별개의 범죄이고 형법상으로도 각각 별개의 장에 규정되어 있어, 1개의 행위에 관하여 사기죄와 업무상배임죄의 각 구성요건이 모두 구비된 때에는 양 죄를 법조경합 관계로 볼 것이 아니라 상상적 경합관계로 봄이 상당하다 할 것이고, 나아가 업무상배임죄가 아닌 단순배임죄라고 하여 양 죄의 관계를 달리 보아야 할 이유도 없다(대판 2002.7.18. 2002도669 전원합의체).

2. 상상적 경합의 요건

가. 행위의 단일성

1) 의의

상상적 경합이 성립하기 위해서는 한 개의 행위가 있을 것을 요한다. 한 개의 행위의 의미에 대하여 판례는 '형법 제40조에서 말하는 1개의 행위란 법적 평가를 떠나 사회관념상 행위가 사물자연의 상태로서 1개로 평가되는 것을 말한다'고 판시하거나(86도2731), '법률상 1개의 행위로 평가'되면 상상적 경합이 성립할 수 있다고 판시하였다(91도643).

> **판례** 행위단일성의 기준
>
> ① 형법 제40조에서 말하는 1개의 행위란 법적 평가를 떠나 사회관념상 행위가 사물자연의 상태로서 1개로 평가되는 것을 말하는 바, 무면허인데다가 술이 취한 상태에서 오토바이를 운전하였다는 것은 위의 관점에서 분명히 1개의 운전행위라 할 것이고 이 행위에 의하여 도로교통법 제111조 제2호, 제40조와 제109조 제2호, 제41조 제1항의 각 죄에 동시에 해당하는 것이니 두 죄는 형법 제40조의 상상적 경합관계에 있다고 할 것이다(대판 1987.2.24. 86도2731).
>
> ② [1] 피고인이 여관에서 종업원을 칼로 찔러 상해를 가하고 객실로 끌고 들어가는 등 폭행·협박을 하고 있던 중, 마침 다른 방에서 나오던 여관의 주인도 같은 방에 밀어 넣은 후, 주인으로부터 금품을 강취하고, 1층 안내실에서 종업원 소유의 현금을 꺼내 갔다면, 여관 종업원과 주인에 대한 각 강도행위가 각별로 강도죄를 구성하되 피고인이 피해자인 종업원과 주인을 폭행·협박한 행위는 법률상 1개의 행위로 평가되는 것이 상당하므로 위 2죄는 상상적 경합범관계에 있다고 할 것이다. [2] 강도가 서로 다른 시기에 다른 장소에서 수인의 피해자들에게 각기 폭행 또는 협박을 하여 각 그 피해자들의 재물을 강취하고, 그 피해자들 중 1인을 상해한 경우에는, 각기 별도로 강도죄와 강도상해죄가 성립하는 것임은 물론, 법률상 1개의 행위로 평가되는 것도 아닌 바, 피고인이 여관에 들어가 1층 안내실에 있던 여관의 관리인을 칼로 찔러 상해를 가하고, 그로부터 금품을 강취한 다음, 각 객실에 들어가 각 투숙객들로부터 금품을 강취하였다면, 피고인의 위와 같은 각 행위는 비록 시간적으로 접착된 상황에서 동일한 방법으로 이루어지기는 하였으나, 포괄하여 1개의 강도상해죄만을 구성하는 것이 아니라 실체적 경합범의 관계에 있는 것이라고 할 것이다(대판 1991.6.25. 91도643).

2) 행위의 동일성

한 개의 행위라고 하기 위해서는 수죄 사이에 객관적 실행행위의 동일성이 인정되어야 한다. 수개의 구성요건을 실현하는 실행행위가 완전히 동일한 경우에는 언제나 단일성이 인정되고, 수개의 구성요건을 실현하는 실행행위가 부분적으로 동일한 경우에도 행위의 단일성이 인정될 수 있다.

> **판례** 행위의 완전동일성
>
> ① 자동차운전자가 타 차량을 들이받아 그 차량을 손괴하고 동시에 동 차량에 타고 있던 승객에게 상해를 입힌 경우, 이는 동일한 업무상 과실로 발생한 수개의 결과로서 형법 제40조 소정의 상상적 경합관계에 있다(대판 1986.2.11. 85도2658).
>
> ② 단일하고 계속된 범의 아래 같은 장소에서 반복하여 여러 사람으로부터 계불입금을 편취한 소위는 피해자별로 포괄하여 1개의 사기죄가 성립하고 이들 포괄일죄 상호간은 상상적 경합관계에 있다고 볼 것이므로 그 중 일부 피해자들로부터 계불입금을 편취하였다는 공소사실에 대하여 확정판결이 있었다면 나머지 피해자들에 대한 이 사건 공소사실에 대하여도 위 판결의 기판력이 미치게 된다고 할 것이다(대판 1990.1.25. 89도252).

③ 한국소비자보호원을 비방할 목적으로 18회에 걸쳐서 출판물에 의하여 공연히 허위의 사실을 적시 유포함으로써 한국소비자보호원의 명예를 훼손하고 업무를 방해하였다는 각죄는 1개의 행위가 2개의 죄에 해당하는 형법 제40조 소정의 상상적 경합의 관계에 있다(대판 1993.4.13. 92도3035).

④ 당좌수표를 조합 이사장 명의로 발행하여 그 소지인이 지급제시기간 내에 지급제시하였으나 거래정지처분의 사유로 지급되지 아니하게 한 사실(부정수표단속법위반죄)과 동일한 수표를 발행하여 조합에 대하여 재산상 손해를 가한 사실(업무상배임죄)은 사회적 사실관계가 기본적인 점에서 동일하다고 할 것이어서 1개의 행위가 수개의 죄에 해당하는 경우로서 형법 제40조에 정해진 상상적 경합관계에 있다(대판 2004.5.13. 2004도1299).

판례 행위의 부분적 동일성

① 밀수품이 강도행위에 의하여 취득된 경우에는 관세법 위반(관세장물취득)죄와 강도죄가 성립하고, 양죄는 상상적 경합범의 관계에 있다 할 것이다(대판 1982.12.28. 81도1875).

② 강도가 재물강취의 뜻을 재물의 부재로 이루지 못한 채 미수에 그쳤으나 그 자리에서 항거불능의 상태에 빠진 피해자를 간음할 것을 결의하고 실행에 착수했으나 역시 미수에 그쳤더라도 반항을 억압하기 위한 폭행으로 피해자에게 상해를 입힌 경우에는 강도강간미수죄와 강도치상죄가 성립되고 이는 1개의 행위가 2개의 죄명에 해당되어 상상적 경합관계가 성립된다(대판 1988.6.28. 88도820).

③ 절도범인이 체포를 면탈할 목적으로 경찰관에게 폭행 협박을 가한 때에는 준강도죄와 공무집행방해죄를 구성하고 양죄는 상상적 경합관계에 있으나, 강도범인이 체포를 면탈할 목적으로 경찰관에게 폭행을 가한 때에는 강도죄와 공무집행방해죄는 실체적 경합관계에 있고 상상적 경합관계에 있는 것이 아니다(대판 1992.7.28. 92도917).

④ 피고인이 피해자를 협박함으로써 금원을 갈취하고 이로 인하여 법정 중개수수료 상한을 초과한 금품을 받은 것은 1개의 행위가 수개의 죄에 해당하는 상상적 경합의 경우에 해당한다(대판 1996.10.15. 96도1301).

⑤ 피고인들이 피해자들의 재물을 강취한 후 그들을 살해할 목적으로 현주건조물에 방화하여 사망에 이르게 한 경우, 피고인들의 행위는 강도살인죄와 현주건조물방화치사죄에 모두 해당하고 그 두 죄는 상상적 경합범관계에 있다(대판 1998.12.8. 98도3416).

⑥ 피고인이 피해자에게 접근하거나 전화를 건 행위가 스토킹범죄를 구성하는 스토킹행위에 해당하고 구 스토킹범죄의 처벌 등에 관한 법률 제9조 제1항 제2호, 제3호의 잠정조치를 위반한 행위에도 해당하는 경우, '스토킹범죄로 인한 구 스토킹처벌법 위반죄'와 '잠정조치 불이행으로 인한 구 스토킹처벌법 위반죄'는 사회관념상 1개의 행위로 성립하는 수 개의 죄에 해당하므로 형법 제40조의 상상적 경합관계에 있다(대판 2024.9.27. 2024도7832).

판례 목적범의 죄수

- 피고인이 예금통장을 강취하고 예금자 명의의 예금청구서를 위조한 다음 이를 은행원에게 제출행사하여 예금인출금 명목의 금원을 교부받았다면 강도, 사문서위조, 동행사, 사기의 각 범죄가 성립하고 이들은 실체적 경합관계에 있다 할 것이다(대판 1991.9.10. 91도1722).

> **판례** 계속범의 죄수

① 강간죄의 성립에 언제나 직접적으로 또 필요한 수단으로서 감금행위를 수반하는 것은 아니므로 감금행위가 강간미수죄의 수단이 되었다 하여 감금행위는 강간미수죄에 흡수되어 범죄를 구성하지 않는다고 할 수는 없는 것이고, 그때에는 감금죄와 강간미수죄는 일개의 행위에 의하여 실현된 경우로서 형법 제40조의 상상적 경합관계에 있다(대판 1983.4.26. 83도323).

② 감금행위가 단순히 강도상해 범행의 수단이 되는 데 그치지 아니하고 강도상해의 범행이 끝난 뒤에도 계속된 경우에는 1개의 행위가 감금죄와 강도상해죄에 해당하는 경우라고 볼 수 없고, 이 경우 감금죄와 강도상해죄는 형법 제37조의 경합범 관계에 있다고 보아야 한다. 이 사건에서 보면, 피고인은 공소외 1 등과 피해자로부터 돈을 빼앗자고 공모한 다음 그를 강제로 승용차에 태우고 가면서 공소사실과 같이 돈을 빼앗고 상해를 가한 뒤에도 계속하여 상당한 거리를 진행하여 가다가 교통사고를 일으켜 감금행위가 중단되었는데, 이와 같이 감금행위가 단순히 강도상해 범행의 수단이 되는 데 그치지 아니하고 그 범행이 끝난 뒤에도 계속되었으므로, 피고인이 저지른 감금죄와 강도상해죄는 형법 제37조의 경합범 관계에 있다고 보아야 하고, 따라서 위 감금의 범행에 관한 확정판결의 효력은 이 사건 강도상해의 공소사실에까지 미치지 아니한다(대판 2003.1.10. 2002도4380).

3) 연결효과에 의한 상상적 경합

실체적 경합관계에 있는 2개의 독립적 범죄행위를 사실상 연결하고 있는 제3의 범죄행위가 있을 때 제3의 범죄행위의 연결효과에 의하여 독립적인 2개의 범죄행위 사이에도 상상적 경합관계를 인정할 것인지, 즉 연결효과에 의한 상상적 경합 인정여부가 문제 된다.

이에 대하여 판례는 공도화변조죄와 동행사죄가 수뢰후부정처사죄와 각각 상상적 경합범 관계에 있을 때에는 공도화변조죄와 동행사죄 상호간 실체적 경합범 관계에 있다고 할지라도 상상적 경합범 관계에 있는 수뢰후부정처사죄와 대비하여 가장 중한 죄에 정한 형으로 처단하면 족한 것이고 경합범 가중을 할 필요가 없다고 판시하여 결과적으로 제한적 긍정설과 동일한 결론에 이르고 있다(2000도1216).

> **판례** 연결효과에 의한 상상적 경합

① [1] 예비군 중대장이 그 소속예비군으로부터 금원을 교부받고 그 예비군이 예비군훈련에 불참하였음에도 불구하고 참석한 것처럼 허위내용의 중대학급편성명부를 작성, 행사한 경우라면 수뢰후 부정처사죄 외에 별도로 허위공문서작성 및 동행사죄가 성립하고 이들 죄와 수뢰후 부정처사죄는 각각 상상적 경합관계에 있다고 할 것이다. [2] 허위공문서작성죄와 동행사죄가 수뢰후 부정처사죄와 각각 상상적 경합관계에 있을 때에는 허위공문서작성죄와 동행사죄 상호간은 실체적 경합범관계에 있다고 할지라도 상상적 경합범관계에 있는 수뢰후 부정처사죄와 대비하여 가장 중한 죄에 정한 형으로 처단하면 족한 것이고 따로이 경합가중을 할 필요가 없다(대판 1983.7.26. 83도1378).

② 형법 제131조 제1항의 수뢰후부정처사죄에 있어서 공무원이 수뢰후 행한 부정행위가 공도화변조 및 동행사죄와 같이 보호법익을 달리하는 별개 범죄의 구성요건을 충족하는 경우에는 수뢰후부정처사죄 외에 별도로 공도화변조 및 동행사죄가 성립하고 이들 죄와 수뢰후부정처사죄는 각각 상상적 경합관계에 있다고 할 것인바, 이와 같이 공도화변조죄와 동행사죄가 수뢰후부정처사죄와 각각 상상적 경합범 관계에 있을 때에는 공도화변조죄와 동행사죄 상호간은 실체적 경합범

관계에 있다고 할지라도 상상적 경합범 관계에 있는 수뢰후부정처사죄와 대비하여 가장 중한 죄에 정한 형으로 처단하면 족한 것이고 따로이 경합범 가중을 할 필요가 없다(대판 2001.2.9. 2000도1216).

나. 여러 개의 죄

상상적 경합이 성립하기 위해서는 한 개의 행위에 의하여 여러 개의 구성요건에 해당하는 범죄가 성립하여야 한다. 여기에는 여러 개의 죄가 서로 다른 구성요건에 해당하는 이종의 상상적 경합과 같은 구성요건에 수회 해당하는 동종의 상상적 경합이 있다.

> **판례** **이종의 상상적 경합**
> ① 피고인이 피해자를 협박함으로써 금원을 갈취하고 이로 인하여 법정 중개수수료 상한을 초과한 금품을 받은 것은 1개의 행위가 수개의 죄에 해당하는 상상적 경합의 경우에 해당한다(대판 1996.10.15. 96도1301, 이종의 상상적 경합).
> ② 밀수품이 강도행위에 의하여 취득된 경우에는 관세법 위반(관세장물취득)죄와 강도죄가 성립하고, 양죄는 상상적 경합범의 관계에 있다 할 것이다(대판 1982.12.28. 81도1875).

> **판례** **동종의 상상적 경합**
> ① 여러 사람이 함께 공무를 집행하는 경우에 이에 대하여 폭행을 하고 공무집행을 방해하는 경우에는 피해자의 수에 따라 여러 죄가 성립하는 것이 아니고 하나의 행위로서 여러 죄명에 해당하는 소위 상상적 경합관계에 있게 되는 것이다(대판 1961.9.28. 4294형상415).
> ② 문서에 2인 이상의 작성명의인이 있을 때에는 각 명의자 마다 1개의 문서가 성립되므로 2인 이상의 연명으로 된 문서를 위조한 때에는 작성명의인의 수대로 수개의 문서위조죄가 성립하고 또 그 연명문서를 위조하는 행위는 자연적 관찰이나 사회통념상 하나의 행위라 할 것이어서 위 수개의 문서위조죄는 형법 제40조가 규정하는 상상적 경합범에 해당한다(대판 1987.7.21. 87도564).

3. 상상적 경합의 법적 효과

가. 실체법적 효과

1) 가장 무거운 죄에 정한 형으로 처벌

상상적 경합의 경우에는 가장 무거운 죄에 대하여 정한 형으로 처벌한다(제40조).

2) 전체적 대조주의

여기서 가장 무거운 죄에 대하여 정한 형이란 법정형을 말하며, 형의 경중은 형법 제50조가 정한 바에 의한다. 형의 경중의 비교에 있어서는 상상적 경합의 본질을 실질상의 수죄로 이해해야 하는 이상 두 개 이상의 주형 전체에 대하여 비교·대조할 것을 요한다는 전체적 대조주의가 타당하다. 따라서 수죄의 법정형 가운데 상한과 하한이 모두 중한 형에 의하여 처단해야 하고, 경한 죄에 병과형 또는 부가형이 있을 때에도 이를 병과해야 한다.

> **판례** 전체적 대조주의

① [1] 형법 제40조가 규정하는 1개의 행위가 수개의 죄에 해당하는 경우에는 「가장 중한 죄에 정한 형으로 처벌한다」 함은 그 수개의 죄명 중 가장 중한 형을 규정한 법조에 의하여 처단한다는 취지와 함께 다른 법조의 최하한의 형보다 가볍게 처단할 수는 없다는 취지 즉, 각 법조의 상한과 하한을 모두 중한 형의 범위내에서 처단한다는 것을 포함하는 것으로 새겨야 할 것이다. [2] 이 사건에 있어서와 같이 1개의 행위가 강도강간미수의 죄와 강도상해의 죄에 해당하여 무거운 강도강간미수죄에 정한 형으로 처벌하기로 하여 소정형 중 유기징역형을 선택한 다음 형법 제25조 제2항에 의한 미수감경과 형법 제53조에 의한 작량감경을 하여 그 처단형의 범위를 정함에 있어서는 먼저 강도상해죄가 기수이므로 강도상해죄 소정의 유기징역형의 하한의 범위 내에서 강도강간미수죄 소정의 유기징역형을 미수감경한 다음 작량감경을 한 형기범위에 의하여야 할 것이다(대판 1984.2.28. 83도3160).

② 상상적 경합의 관계에 있는 사기죄와 변호사법 위반죄에 대하여 형이 더 무거운 사기죄에 정한 형으로 처벌하기로 하면서도, 필요적 몰수·추징에 관한 구 변호사법 제116조, 제111조에 의하여 청탁 명목으로 받은 금품 상당액을 추징한 원심의 조치를 수긍한 사례(대판 2006.1.27. 2005도8704)

③ 상상적 경합관계에 있는 업무상배임죄와 영업비밀 국외누설로 인한 구 부정경쟁방지 및 영업비밀보호에 관한 법률위반죄에 대하여 형이 더 무거운 업무상배임죄에 정한 형으로 처벌하기로 하면서, 징역형과 벌금형을 병과할 수 있도록 규정한 위 특별법에 의하여 벌금형을 병과할 수 있다고 한 사례(대판 2008.12.24. 2008도9169)

나. 소송법적 효과

1) 과형상의 일죄

상상적 경합은 과형상의 일죄이다. 따라서 상상적 경합관계에 있는 수개의 죄 중에서 어느 죄에 관하여 확정판결이 있는 때에는 그 전부에 대하여 기판력이 발생하고, 그 일부에 대하여 공소의 제기가 있는 때에도 전체에 대하여 효력이 미친다.

2) 실질적인 수죄

상상적 경합은 실질적으로는 수죄이다. 따라서 판결이유에는 상상적 경합관계에 있는 모든 범죄사실과 그 적용법조를 기재하여야 하고, 일부분이 무죄인 경우에는 그 이유를 설시하여야 한다. 또한 친고죄에 있어서 고소와 공소시효도 각 죄별로 따로 논해야 한다.

> **판례** 상상적 경합의 소송법적 효과

① 형법 제40조의 소위 상상적 경합은 1개의 행위가 수개의 죄에 해당하는 경우에는 과형상 1죄로서 처벌한다는 것이고, 또 가장 중한 죄에 정한 형으로 처벌한다는 것은 경한 죄는 중한 죄에 정한 형으로 처단된다는 것이지, 경한 죄는 그 처벌을 면한다는 것은 아니므로, 이 사건에서 중한 강간미수죄가 친고죄로서 고소가 취소되었다 하더라도 경한 감금죄(폭력행위등처벌에 관한 법률 위반)에 대하여는 아무런 영향을 미치지 않는다(대판 1983.4.26. 83도323).

② 형법 제40조 소정의 상상적 경합 관계의 경우에는 그 중 1죄에 대한 확정판결의 기판력은 다른 죄에 대하여도 미치는 것이고, 여기서 1개의 행위라 함은 법적 평가를 떠나 사회 관념상 행위가 사물자연의 상태로서 1개로 평가되는 것을 의미한다(대판 2007.2.23. 2005도10233).

> 판례 **기타 상상적 경합을 인정한 판례**

① [1] 공무상 비밀누설죄의 범죄사실 적시에서 피고인 "갑"이 "병"에게 알려준 내용사실이 시험의 당락에 중요한 영향을 미칠 문제에 속하였던 사실을 적시하면 족하고, 그 내용사항이 구체적으로 출제된 여부의 점까지 밝힐 필요는 없다. [2] 피고인이 시험 정리원으로서 그 직무에 관련하여 "병"으로부터 돈을 받는 것은 뇌물수수죄가 된다. [3] 피고인이 그 직무상 지득한 구술시험 문제 중에서 소론 사항을 "병"에게 알린 것은 공무상 비밀의 누설인 동시에 형법 제131조 제1항의 부정한 행위를 한 때에 해당한다(대판 1970.6.30. 70도562).

② 형법 제307조의 명예훼손죄와 공직선거및선거부정방지법 제251조의 후보자비방죄가 상상적 경합의 관계에 있다(대판 1998.3.24. 97도2956).

③ 판매의 목적으로 휘발유에 솔벤트 벤젠 등을 혼합하여 판매한 행위는 석유사업법 제24조, 제22조 위반죄와 형법상 사기죄의 상상적 경합관계에 있다(대판 1980.12.9. 80도384).

④ 강도가 재물강취의 뜻을 재물의 부재로 이루지 못한 채 미수에 그쳤으나 그 자리에서 항거불능의 상태에 빠진 피해자를 간음할 것을 결의하고 실행에 착수했으나 역시 미수에 그쳤더라도 반항을 억압하기 위한 폭행으로 피해자에게 상해를 입힌 경우에는 강도강간미수죄와 강도치상죄가 성립되고 이는 1개의 행위가 2개의 죄명에 해당되어 **상상적 경합관계가 성립된다**(대판 1988.6.28. 88도820).

⑤ 의료법 제68조, 제16조 제1항의 진료거부로 인한 의료법위반죄와 같은 법 제67조, 제16조 제2항의 응급조치불이행으로 인한 의료법위반죄는 그 규제내용이나 같은 법 시행규칙 제10조 등의 관계규정에 비추어 포괄1죄의 관계에 있는 것이 아니라 **상상적 경합관계에 있다**(대판 1993.9.14. 93도1790).

⑥ 피고인들이 피해자들의 재물을 강취한 후 그들을 살해할 목적으로 현주건조물에 방화하여 사망에 이르게 한 경우, 피고인들의 행위는 강도살인죄와 현주건조물방화치사죄에 모두 해당하고 그 두 죄는 **상상적 경합범관계에 있다**(대판 1998.12.8. 93도3416).

⑦ 공무원이 취급하는 사건에 관하여 청탁 또는 알선을 할 의사와 능력이 없음에도 청탁 또는 알선을 한다고 기망하고 금품을 교부받은 경우, 사기죄와 변호사법 위반죄가 상상적 경합의 관계에 있다(대판 2006.1.27. 2005도8704).

⑧ [1] 동일한 공무를 집행하는 여럿의 공무원에 대하여 폭행·협박 행위를 한 경우에는 공무를 집행하는 공무원의 수에 따라 여럿의 공무집행방해죄가 성립하고, 위와 같은 폭행·협박 행위가 동일한 장소에서 동일한 기회에 이루어진 것으로서 사회관념상 1개의 행위로 평가되는 경우에는 여럿의 공무집행방해죄는 상상적 경합의 관계에 있다. [2] 범죄 피해 신고를 받고 출동한 두 명의 경찰관에게 욕설을 하면서 차례로 폭행을 하여 신고 처리 및 수사 업무에 관한 정당한 직무집행을 방해한 사안에서, 동일한 장소에서 동일한 기회에 이루어진 폭행 행위는 사회관념상 1개의 행위로 평가하는 것이 상당하다는 이유로, 위 공무집행방해죄는 형법 제40조에 정한 상상적 경합의 관계에 있다고 한 사례(대판 2009.6.25. 2009도3505).

⑨ 국회의원 선거에서 정당의 공천을 받게 하여 줄 의사나 능력이 없음에도 이를 해 줄 수 있는 것처럼 기망하여 공천과 관련하여 금품을 받은 경우, 공직선거법상 공천관련금품수수죄와 사기죄가 모두 성립하고 양자는 상상적 경합의 관계에 있다(대판 2009.4.23. 2009도834).

⑩ 음주 또는 약물의 영향으로 정상적인 운전이 곤란한 상태에서 자동차를 운전하여 사람을 상해에 이르게 함과 동시에 다른 사람의 재물을 손괴한 때에는 특정범죄가중처벌 등에 관한 법률 위반(위험운전치사상)죄 외에 업무상과실 재물손괴로 인한 도로교통법 위반죄가 성립하고, 위 두 죄는 1개의 운전행위로 인한 것으로서 상상적 경합관계에 있다(대판 2010.1.14. 2009도10845).

⑪ 채권자들에 의한 복수의 강제집행이 예상되는 경우 재산을 은닉 또는 허위양도함으로써 채권자들을 해하였다면 채권자별로 각각 강제집행면탈죄가 성립하고, 상호 상상적 경합범의 관계에 있다(대판 2011.12.8. 2010도4129).

⑫ 금융회사 등의 임직원의 직무에 속하는 사항에 관하여 알선할 의사와 능력이 없음에도 알선을 한다고 기망하고 금품 등을 수수한 경우, 사기죄와 특정경제범죄 가중처벌 등에 관한 법률 위반(알선수재)죄가 성립하고 양 죄는 상상적 경합관계에 있다(대판 2012.6.28. 2012도3927).

⑬ 피해자에 대한 폭행행위가 동일한 피해자에 대한 업무방해죄의 수단이 되었다고 하더라도 그러한 폭행행위가 이른바 '불가벌적 수반행위'에 해당하여 업무방해죄에 대하여 흡수관계에 있다고 볼 수는 없다(대판 2012.10.11. 2012도1895).

⑭ 공사현장 출입구 앞 도로 한복판을 점거하고 공사차량의 출입을 방해하던 피고인의 팔과 다리를 잡고 도로 밖으로 옮기려고 한 경찰관의 행위를 적법한 공무집행으로 보고 경찰관의 팔을 물어뜯은 피고인에 대한 공무집행방해 및 상해의 공소사실을 모두 유죄(상상적 경합)로 인정한 원심의 판단은 정당하다(대판 2013.9.26. 2013도643).

⑮ 여러 개의 위탁관계에 의하여 보관하던 여러 개의 재물을 1개의 행위에 의하여 횡령한 경우 위탁관계별로 수개의 횡령죄가 성립하고, 그 사이에는 상상적 경합의 관계가 있는 것으로 보아야 한다(대판 2013.10.31. 2013도10020).

⑯ 특정경제범죄 가중처벌 등에 관한 법률 제3조에서 말하는 이득액은 단순일죄의 이득액이나 혹은 포괄일죄가 성립하는 경우의 이득액의 합산액을 의미하는 것이고, 경합범으로 처벌될 수죄의 각 이득액을 합한 금액을 의미하는 것은 아니며, 다수의 피해자에 대하여 각별로 기망행위를 하여 각각 재산상 이익을 편취한 경우에는 범의가 단일하고 범행방법이 동일하더라도 각 피해자의 피해법익은 독립한 것이므로 이를 포괄일죄로 파악할 수 없고 피해자별로 독립한 사기죄가 성립된다. 다만 피해자들이 하나의 동업체를 구성하는 등으로 피해 법익이 동일하다고 볼 수 있는 사정이 있는 경우에는 피해자가 복수이더라도 이들에 대한 사기죄를 포괄하여 일죄로 볼 수도 있을 것이다. 그리고 1개의 기망행위에 의하여 다수의 피해자로부터 각각 재산상 이익을 편취한 경우에는 피해자별로 수 개의 사기죄가 성립하고, 그 사이에는 상상적 경합의 관계에 있는 것으로 보아야 한다(대판 2015.4.23. 2014도16980).

⑰ 뇌물을 수수함에 있어서 공여자를 기망한 점이 있다 하여도 뇌물수수죄, 뇌물공여죄의 성립에는 영향이 없고, 이 경우 뇌물을 수수한 공무원에 대하여는 한 개의 행위가 뇌물죄와 사기죄의 각 구성요건에 해당하므로 형법 제40조에 의하여 상상적 경합으로 처단하여야 할 것이다(대판 2015.10.29. 2015도12838, 대판 1985.2.8. 84도2625).

⑱ (전략) 중대재해 처벌 등에 관한 법률 위반(산업재해치사)죄와 근로자 사망으로 인한 산업안전보건법 위반죄 및 업무상과실치사죄는 상호 간 사회관념상 1개의 행위가 수 개의 죄에 해당하는 경우로서 상상적 경합 관계에 있다(대판 2023.12.28. 2023도12316).

Ⅱ. 경합범(실체적 경합)

> **제37조(경합범)** 판결이 확정되지 아니한 수개의 죄 또는 금고 이상의 형에 처한 판결이 확정된 죄와 그 판결확정전에 범한 죄를 경합범으로 한다.

1. 서설

가. 의의

경합범이란 '판결이 확정되지 아니한 수개의 죄 또는 금고 이상의 형에 처한 판결이 확정된 죄와 그 판결이 확정되기 전에 범한 죄를 말한다'(제37조). 일반적으로 경합범이라 한다.

수개의 행위가 기초로 되어 있는 경합범은 한 개의 행위가 수개의 죄에 해당하는 상상적 경합과 대조된다.

나. 종류

1) 동종의 경합범과 이종의 경합범

동종의 경합범이란 한 행위자가 같은 범죄를 여러 차례 범한 경우이고, 이종의 경합범이란 한 행위자가 수개의 행위를 통하여 상이한 범죄를 범한 경우이다.

> **판례** 동종의 경합범
> - 사기죄에 있어서 수인의 피해자에 대하여 각별로 기망행위를 하여 각각 재물을 편취한 경우, 그 범의가 단일하고 범행 방법이 동일하다고 하더라도 포괄1죄가 되는 것이 아니라 피해자별로 1개씩의 죄가 성립하는 것으로 보아야 하고, 이러한 경우 그 공소사실은 각 피해자와 피해자별 피해액을 특정할 수 있도록 기재하여야 한다(대판 1995.8.22. 95도594).

> **판례** 이종의 경합범
> - 피해자 명의의 신용카드를 부정사용하여 현금자동인출기에서 현금을 인출하고 그 현금을 취득까지 한 행위는 신용카드업법 제25조 제1항의 부정사용죄에 해당할 뿐 아니라 그 현금을 취득함으로써 현금자동인출기 관리자의 의사에 반하여 그의 지배를 배제하고 그 현금을 자기의 지배 하에 옮겨 놓는 것이 되므로 별도로 절도죄를 구성하고, 위 양 죄의 관계는 그 보호법익이나 행위태양이 전혀 달라 실체적 경합관계에 있는 것으로 보아야 한다(대판 1995.7.28. 95도997).

2) 동시적 경합범과 사후적 경합범

동시적 경합범이란 수죄의 전부에 대하여 판결이 확정되지 아니하여 동시에 판결될 것을 요하는 경우이고(제37조 전단 경합범), 사후적 경합범이란 수죄 중 일부의 죄에 대하여 금고 이상의 형에 처한 확정판결이 있는 경우에 그 판결이 확정된 죄와 판결확정시점 이전에 범한 죄 사이의 경합관계를 말한다(제37조 후단 경합범).

2. 실체적 경합범의 요건

가. 실체법적 요건

실체적 경합이 성립하기 위해서는 ① 수개의 동종 또는 이종의 구성요건이 침해되어 수죄가 성립하여야 하고(구성요건침해의 다수성), ② 수개의 행위가 존재하여야 한다(행위의 다수성).

나. 소송법적 요건

1) 동시적 경합범

동시적 경합범이 되기 위해서는 ① 수죄는 모두 판결이 확정되지 않아야 한다. 따라서 경합범 중 일부가 파기환송되고 나머지는 확정된 때에는 동시적 경합범이 될 수 없다(74도1301). 또한 ② 수죄가 하나의 재판에서 같이 판결될 가능성이 있어야 한다. 따라서 수죄는 모두 기소되어 병합심리되어야 한다. 1심에서는 별도로 판결된 수죄일지라도 항소심에서 병합심리된 때에는 동시적 경합범이 된다(72도597).

2) 사후적 경합범

가) 수죄 중 일부의 판결확정

금고 이상의 형에 처한 판결이 확정된 죄와 그 판결확정 전에 범한 죄만이 사후적 경합범이 된다. 따라서 판결확정 전후의 죄는 경합범이 아니다. 예컨대, 甲이 A, B, C죄를 범한 후 A죄에 대해서 금고 이상의 형에 처한 확정판결을 받았는데, 그 후 다시 D, E죄를 범한 경우에 A, B, C의 3죄는 사후적 경합범이고 D, E의 죄는 동시적 경합범이 된다. 그러나 확정판결 전후의 죄(A, B, C죄와 D, E죄)는 서로 경합범이 되지 않는다. 따라서 두 개의 형의 병과되고 형의 합계도 문제되지 않는다.

> **판례** 동시에 판결할 수 없었던 경우
>
> ① [1] 형법 제37조 후단 및 제39조 제1항의 문언, 입법 취지 등에 비추어 보면, 아직 판결을 받지 아니한 죄가 이미 판결이 확정된 죄와 동시에 판결할 수 없었던 경우에는 형법 제37조 후단의 경합범 관계가 성립할 수 없고 형법 제39조 제1항에 따라 동시에 판결할 경우와 형평을 고려하여 형을 선고하거나 그 형을 감경 또는 면제할 수도 없다고 해석함이 타당하다. [2] 아직 판결을 받지 아니한 수개의 죄가 판결 확정을 전후하여 저질러진 경우 판결 확정 전에 범한 죄를 이미 판결이 확정된 죄와 동시에 판결할 수 없었던 경우라고 하여 마치 확정된 판결이 존재하지 않는 것처럼 그 수개의 죄 사이에 형법 제37조 전단의 경합범 관계가 인정되어 형법 제38조가 적용된다고 볼 수도 없으므로, 판결 확정을 전후한 각각의 범죄에 대하여 별도로 형을 정하여 선고할 수밖에 없다(대판 2014.3.27. 2014도469).
>
> ② 원심이 징역 5개월의 형을 선고한 각 사기죄('제2구간 범죄')는 피고인이 부산지방법원에서 2016. 2. 16.경부터 같은 해 7. 10.경까지 저지른 각 사기죄로 징역 3개월에 집행유예 2년을 선고받은 판결('제2확정판결')이 2017. 2. 15. 확정되기 전에 저지른 것이다. 그러나 피고인에게는 제2확정판결과 별도로 앞서 본 제1확정판결 전과가 있고 제2확정판결의 범죄는 모두 제1확정판결이 확정된 2016. 10. 8. 이전에 저지른 것이 분명하므로, 제2확정판결의 범죄는 제2구간 범죄와 처음부터 동시에 판결할 수 없었던 경우에 해당하여 형법 제39조 제1항은 적용될 여지가 없다. 그

렇다고 해서 마치 제2확정판결이 없는 것처럼 위 판결 확정 전에 저지른 제2구간 범죄와 위 판결 확정 후에 저지른 나머지 범죄('제3구간 범죄') 사이에 형법 제38조가 적용된다고 볼 수도 없다. 결국 제2확정판결로 인하여 이를 전후한 제2구간 범죄와 제3구간 범죄 사이에는 형법 제37조 전·후단의 어느 경합범 관계도 성립할 수 없고, 결국 각각의 범죄에 대하여 별도로 형을 정하여 선고할 수밖에 없다(대판 2018.11.29. 2018도14863).

③ 피고인을 금고 이상의 형에 처한 甲죄에 대한 판결이 확정되고, 그 후에 甲죄 판결확정일 이전에 저질러진 乙죄에 대하여 금고 이상의 형에 처하는 판결이 확정되었는데, 피고인의 정보통신망 이용촉진 및 정보보호 등에 관한 법률 위반 범행이 甲죄 판결확정일과 乙죄 판결확정일 사이에 저질러진 사안에서, 정보통신망법 위반죄와 판결이 확정된 乙죄는 처음부터 동시에 판결을 선고할 수 없었으므로 제1심이 정보통신망법 위반죄에 대하여 형법 제39조 제1항에 따라 乙죄와 동시에 판결할 경우와 형평을 고려하여 형을 선고한 것은 위법하다(대판 2012.9.27. 2012도9295).

④ [1] 사후심인 상고심은 원심판결에 형사소송법 제383조 제1호의 상고이유인 '판결에 영향을 미친 헌법·법률·명령 또는 규칙의 위반이 있을 때' 여부를 원심판결 당시를 기준으로 판단하는 것이 원칙이므로, 원심판결 선고 후에 비로소 별개의 범죄에 대하여 금고 이상의 형을 선고한 판결이 확정되었다면 원심판결이 형법 제39조 제1항을 적용하지 않은 것을 위법하다고 볼 수 없는 것이고, 형사소송법 제383조 제2호의 상고이유인 '판결 후 형의 폐지나 변경이 있는 때'는 원심판결 후 법령의 개폐로 인하여 형이 폐지되거나 변경된 경우를 뜻하는 것이고 법령의 개폐 없이 단지 형을 감경하거나 면제할 수 있는 사유가 되는 사실이 발생한 것에 불과한 경우는 이에 포함되지 않는 것이다. [2] 경합범 중 판결을 받지 아니한 죄가 있는 때에는 그 죄와 판결이 확정된 죄를 동시에 판결할 경우와 형평을 고려하여 그 죄에 대하여 형을 선고하되 그 형을 감경 또는 면제할 수 있도록 형법 제39조 제1항이 2005. 7. 29. 법률 제7623호로 개정·시행된 후에 원심판결이 선고되고, 피고인의 별개의 범죄에 대하여 징역형을 선고한 판결이 원심판결 선고 후에 이르러 비로소 확정된 경우에는, 원심판결에 형사소송법 제383조 제1호나 제2호에서 정한 상고이유 중 어느 것도 존재하지 않는다(대판 2007.1.12. 2006도5696).

⑤ [1] (전략) 재심심판절차에서는 특별한 사정이 없는 한 검사가 재심대상사건과 별개의 공소사실을 추가하는 내용으로 공소장을 변경하는 것은 허용되지 않고, 재심대상사건에 일반 절차로 진행 중인 별개의 형사사건을 병합하여 심리하는 것도 허용되지 않는다. [2] 상습범으로 유죄의 확정판결('선행범죄')을 받은 사람이 그 후 동일한 습벽에 의해 범행을 저질렀는데('후행범죄') 유죄의 확정판결에 대하여 재심이 개시된 경우, 동일한 습벽에 의한 후행범죄가 재심대상판결에 대한 재심판결 선고 전에 저질러진 범죄라 하더라도 재심판결의 기판력이 후행범죄에 미치지 않는다. [3] 재심판결이 후행범죄 사건에 대한 판결보다 먼저 확정된 경우에 후행범죄에 대해 재심판결을 근거로 후단 경합범이 성립한다고 하려면 재심심판법원이 후행범죄를 동시에 판결할 수 있었어야 한다. 그러나 아직 판결을 받지 아니한 후행범죄는 재심심판절차에서 재심대상이 된 선행범죄와 함께 심리하여 동시에 판결할 수 없었으므로 후행범죄와 재심판결이 확정된 선행범죄 사이에는 후단 경합범이 성립하지 않고, 동시에 판결할 경우와 형평을 고려하여 그 형을 감경 또는 면제할 수 없다(대판 2019.6.20. 2018도20698 전원합의체).

> [판례] 판결이 확정된 선거범죄와 다른 죄와의 관계

- 공직선거법 제18조 제1항 제3호에서 '선거범'이라 함은 공직선거법 제16장 벌칙에 규정된 죄와 국민투표법 위반의 죄를 범한 자를 말하는데(공직선거법 제18조 제2항), 공직선거법 제18조 제1항 제3호에 규정된 죄와 다른 죄의 경합범에 대하여는 이를 분리 선고하여야 한다(공직선거법 제18조 제3항 전단). 따라서 판결이 확정된 선거범죄와 확정되지 아니한 다른 죄는 동시에 판결할 수 없었던 경우에 해당하므로 형법 제39조 제1항에 따라 동시에 판결할 경우와의 형평을 고려하여 형을 선고하거나 그 형을 감경 또는 면제할 수 없다고 해석함이 타당하다(대판 2021.10.14. 2021도8719).

나) 확정판결의 범위

확정된 판결은 금고 이상의 형에 처한 것이어야 한다. 따라서 벌금형을 선고한 판결이 확정된 때에는 물론, 약식명령이나 즉결심판이 확정된 재판도 여기의 판결이 확정된 죄라고 할 수 없다. 금고 이상의 형에 처하는 판결이 확정된 이상 확정판결이 있는 죄의 형의 집행을 종료한 여부나 형의 집행유예가 실효된 여부는 묻지 않는다.

> [판례] 확정판결의 의미

① 형법 제37조 후단의 경합범에 있어서 '판결이 확정된 죄'라 함은 수개의 독립된 죄 중의 어느 죄에 대하여 확정판결이 있었던 사실 자체를 의미하고 일반사면으로 형의 선고의 효력이 상실된 여부는 묻지 않으므로 1995. 12. 2. 대통령령 제14818호로 일반사면령에 의하여 제1심 판시의 확정된 도로교통법위반의 죄가 사면됨으로써 사면법 제5조 제1항 제1호에 따라 형의 선고의 효력이 상실되었다고 하더라도 확정판결을 받은 죄의 존재가 이에 의하여 소멸되지 않는 이상 형법 제37조 후단의 판결이 확정된 죄에 해당한다(대판 1996.3.8. 95도2114).

② 형법 제37조 후단의 경합범에 있어서 "판결이 확정된 죄"라 함은 수개의 독립한 죄중의 어느 죄에 대하여 확정판결이 있었던 사실자체를 의미 하고 그 확정판결이 있은 죄의 형의 집행을 종료한 여부, 형의 집행유예가 실효된 여부는 묻지 않는다고 해석할 것이므로 형법 제65조에 의하여 집행유예를 선고한 확정판결에 의한 형의 선고가 그 효력을 잃었다 하더라도 확정판결을 받은 죄의 존재가 이에 의하여 소멸되지 않는 이상 위법 제37조 후단의 판결이 확정된 죄에 해당한다고 보아야 할 것이다(대판 1984.8.21. 84도1297).

> [판례] 제37조 후단 개정과 소급효

- 2004. 1. 20. 법률 제7077호로 공포·시행된 형법 중 개정법률에 의해 형법 제37조 후단의 "판결이 확정된 죄"가 "금고 이상의 형에 처한 판결이 확정된 죄"로 개정되었는바, 위 개정법률은 특별한 경과규정을 두고 있지 않으나, 형법 제37조는 경합범의 처벌에 관하여 형을 가중하는 규정으로서 일반적으로는 두 개의 형을 선고하는 것보다는 하나의 형을 선고하는 것이 피고인에게 유리하므로 위 개정법률을 적용하는 것이 오히려 피고인에게 불리하게 되는 등의 특별한 사정이 없는 한 형법 제1조 제2항을 유추 적용하여 위 개정법률 시행 당시 법원에 계속중인 사건 중 위 개정법률 시행 전에 벌금형 및 그보다 가벼운 형에 처한 판결이 확정된 경우에도 적용되는 것으로 보아야 할 것이다(대판 2004.6.25. 2003도7124).

다) 판결확정 전에 범한 죄

확정이란 상소 등 통상의 불복절차에 의하여 다툴 수 없게 된 시점을 의미한다. **죄를 범한 시기는 범죄의 종료시를 기준으로 판단하고, 이러한 범죄의 종료시가 금고 이상의 판결 확정시 이전이어야 한다.** 포괄일죄의 중간에 이종의 범죄에 대한 확정판결이 개재된 경우에는 그 판결 확정 후의 범죄로 본다(2001도3312).

판례 판결확정 전에 범한 죄

① 포괄일죄로 되는 개개의 범죄행위가 다른 종류의 죄의 확정판결의 전후에 걸쳐서 행하여진 경우에는 그 죄는 2죄로 분리되지 않고 확정판결 후인 최종의 범죄행위시에 완성되는 것이다(대판 2001.8.21. 2001도3312).

② 상습범과 같은 이른바 포괄적 일죄는 그 중간에 별종의 범죄에 대한 확정판결이 끼어 있어도 그 때문에 포괄적 범죄가 둘로 나뉘이는 것은 아니라고 할 것이고, 또 이 경우에는 그 확정판결 후의 범죄로서 다루어야 할 것이다(대판 1986.2.25. 85도2767).

판례 실체적 경합범이 아닌 경우

① 확정판결 전에 저지른 범죄와 확정판결 후에 저지른 범죄는 형법 제37조에서 말하는 경합범 관계에 있는 것이 아니다(대판 1970.12.22. 70도2271).

② [1] 피고인에 대한 병역법위반죄와 하천법위반죄의 경합범에 대하여 항소심이 전자에 대해서는 유죄, 후자에 대해서는 무죄를 선고하자 검사만이 후자에 대해서 상고하여 상고심이 후자 부분만을 파기환송하였으면 항소심은 후자에 대해서만 심판해야 한다. [2] (중략) 파기환송된 것은 하천법위반의 죄뿐이므로 환송 후의 원심에는 파기환송된 하천법위반사건만이 계속된 것이므로 환송 후의 원심은 마땅히 하천법위반의 죄에 대해서만 심리할 수 있는 것이며, 이로써 경합범 중의 일부가 재판이 확정되었으므로 재판이 확정되지 않은 부분만에 대해서 심리한 후 유죄가 인정되면 이에 대하여 별개의 형을 선고하여야 할 것이다(대판 1974.10.8. 74도1301).

③ 피고인이 범한 甲죄, 乙죄, 丙죄의 범행일시는 모두 피고인의 丁죄 등에 대한 판결('제1판결') 확정 이후이고, 그 중 甲죄와 乙죄의 범행일시는 피고인의 戊죄에 대한 판결('제2판결') 확정 전인 반면 丙죄의 범행일시는 그 이후인데, 戊죄의 범행일시가 제1판결 확정 전인 사안에서, 戊죄와 甲죄 및 乙죄는 처음부터 동시에 판결할 수 없었던 경우여서, 경합범 중 판결을 받지 아니한 죄에 대하여 형을 선고할 때는 그 죄와 판결이 확정된 죄를 동시에 판결할 경우와 형평을 고려하도록 한 형법 제39조 제1항은 여기에 적용될 여지가 없으나, 그렇다고 마치 확정된 제2판결이 존재하지 않는 것처럼 甲죄 및 乙죄와 丙죄 사이에 형법 제37조 전단의 경합범 관계가 인정되어 형법 제38조가 적용된다고 볼 수도 없으므로, 확정된 제2판결의 존재로 인하여 이를 전후한 甲죄 및 乙죄와 丙죄 사이에는 형법 제37조 전·후단의 어느 경합범 관계도 성립할 수 없고, 결국 각각의 범죄에 대하여 별도로 형을 정하여 선고할 수밖에 없다(대판 2011.6.10. 2011도2351).

판례 실체적 경합범을 인정한 판례

① (전략) 통화위조죄에 관한 규정은 공공의 거래상의 신용 및 안전을 보호하는 공공적인 법익을 보호함을 목적으로 하고 있고 사기죄는 개인의 재산법익에 대한 죄이어서 양죄

는 그 보호법익을 달리하고 있으므로 위조통화를 행사하여 재물을 불법영득한 때에는 위조통화행사죄와 사기죄의 양죄가 성립되는 것으로 보아야 할 것이다(대판 1979.7.10. 79도840).

② 초병이 일단 그 수소를 이탈하면 그 이탈행위와 동시에 수소이탈죄는 완성되고, 그 후 다시 부대에 복귀하기 전이라도 별도로 군무를 기피할 목적을 일으켜 그 직무를 이탈하였다면 초병의 수소이탈죄와 군무이탈죄가 각각 독립하여 성립하고, 그 두 죄는 서로 실체적 경합범의 관계에 있다(대판 1981.10.13. 81도2397).

③ 유가증권위조죄의 죄수는 원칙적으로 위조된 유가증권의 매수를 기준으로 정할 것이므로, 약속어음 2매의 위조행위는 포괄일죄가 아니라 경합범이다(대판 1983.4.12. 82도2938).

④ 법원을 기망하여 승소판결을 받고 그 확정판결에 의하여 소유권이전등기를 경료한 경우에는 사기죄와 별도로 공정증서원본 부실기재죄가 성립하고 양죄는 실체적 경합범 관계에 있다(대판 1983.4.26. 83도188).

⑤ 피해자를 2회 강간하여 2주간 치료를 요하는 질입구파열창을 입힌 자가 피해자에게 용서를 구하였으나 피해자가 이에 불응하면서 위 강간사실을 부모에게 알리겠다고 하자 피해자를 살해하여 위 범행을 은폐시키기로 마음먹고 철사줄과 양 손으로 피해자의 목을 졸라 질식 사망케 하였다면, 동인의 위와 같은 소위는 강간치상죄와 살인죄의 경합범이 된다(대판 1987.1.20. 86도2360).

⑥ 야간에 흉기를 들고 사람의 주거에 침입하여 강간을 한 경우에는 폭력행위등처벌에관한법률위반(주거침입)죄와 강간죄가 성립하고 이 경우 두 죄는 실체적 경합관계에 있다(대판 1988.12.13. 88도1807).

⑦ 절도범이 甲의 집에 침입하여 그 집의 방안에서 그 소유의 재물을 절취하고 그 무렵 그 집에 세들어 사는 을의 방에 침입하여 재물을 절취하려다 미수에 그쳤다면 위 두 범죄는 그 범행장소와 물품의 관리자를 달리하고 있어서 별개의 범죄를 구성한다(대판 1989.8.8. 89도664).

⑧ 피고인이 슈퍼마켓 사무실에서 식칼을 들고 피해자를 협박한 행위와 식칼을 들고 매장을 돌아다니며 손님을 내쫓아 그의 영업을 방해한 행위는 별개의 행위이다(대판 1991.1.29. 90도2445).

⑨ [1] 강도가 동일한 장소에서 동일한 방법으로 시간적으로 접착된 상황에서 수인의 재물을 강취하였다고 하더라도, 수인의 피해자들에게 폭행 또는 협박을 가하여 그들로부터 그들이 각기 점유관리하고 있는 재물을 각각 강취하였다면, 피해자들의 수에 따라 수개의 강도죄를 구성하는 것이고, 다만 강도범인이 피해자들의 반항을 억압하는 수단인 폭행·협박행위가 사실상 공통으로 이루어졌기 때문에, 법률상 1개의 행위로 평가되어 상상적 경합으로 보아야 될 경우가 있는 것은 별문제이다. [2] (중략) 피고인이 여관에 들어가 1층 안내실에 있던 여관의 관리인을 칼로 찔러 상해를 가하고, 그로부터 금품을 강취한 다음, 각 객실에 들어가 각 투숙객들로부터 금품을 강취하였다면, 피고인의 위와 같은 각 행위는 비록 시간적으로 접착된 상황에서 동일한 방법으로 이루어지기는 하였으나, 포괄하여 1개의 강도상해죄만을 구성하는 것이 아니라 실체적 경합범의 관계에 있는 것이라고 할 것이다(대판 1991.6.25. 91도643).

⑩ 차의 운전자가 업무상 주의의무를 게을리하여 사람을 상해에 이르게 함과 아울러 물건을 손괴하고도 피해자를 구호하는 등 도로교통법 제50조 제1항의 규정에 의한 조치를 취하지 아니한 채 도주한 때에는, 같은 법 제113조 제1호 소정의 제44조 위반죄와 같은 법 제106조 소정의 죄 및 특정범죄가중처벌등에관한법률위반죄가 모두 성립하고, 이 경우 특정범죄가중처벌등에관한법률위

반죄와 물건손괴 후 필요한 조치를 취하지 아니함으로 인한 도로교통법 제106조 소정의 죄는 1개의 행위가 수개의 죄에 해당하는 상상적 경합범의 관계에 있고, 위의 2개의 죄와 같은 법 제113조 제1호 소정의 제44조 위반죄는 주체나 행위 등 구성요건이 다른 별개의 범죄이므로 실체적 경합범의 관계에 있다(대판 1993.5.11. 93도49).

⑪ 등기부의 기재가 확정판결에 의하여 되었다 하더라도 피고인이 그 확정판결의 내용이 진실에 반하는 것임을 알면서 이에 기하여 등기공무원에게 등기신청을 하는 것은 형법 제228조의 소위 공무원에 대하여 허위신고를 하는 것에 해당한다. 따라서, 사기죄와 공정증서원본부실기재죄 및 부실기재 공정증서원본행사죄의 실체적 경합에 해당된다.

⑫ 사기죄에 있어 동일한 피해자에 대하여 수회에 걸쳐 기망행위를 하여 금원을 편취한 경우 범의가 단일하고 범행방법이 동일하다면 사기죄의 포괄1죄만이 성립한다고 할 것이나, 범의의 단일성과 계속성이 인정되지 아니하거나 범행방법이 동일하지 않은 경우에는 각 범행은 실체적 경합범에 해당한다(대판 1997.6.27. 97도508).

⑬ 방문판매등에관한법률상 무등록영업행위와 사실상 금전거래만을 하는 영업행위는 각 그 구성요건이, 등록을 하지 않고 다단계판매업을 하거나(제28조 제1항) 다단계조직을 이용하여 금전거래만을 하는 행위(제45조 제2항 제1호)로서 서로 상이하고, (중략) 어느 한쪽의 죄가 다른 한쪽의 죄에 흡수된다고 볼 수는 없는 것이어서 위 두 가지 죄는 실체적 경합범의 관계에 있다(대판 2001.3.27. 2000도5318).

⑭ 형법 제347조 제1항의 사기죄와 무허가 의약품 제조행위를 처벌하는 보건범죄단속에관한특별조치법 제3조 제1항 제2호 위반죄를 실체적 경합관계로 봄이 상당하다(대판 2004.1.15. 2001도1429).

⑮ [1] 단일한 범의의 발동에 의하여 상대방을 기망하고 그 결과 착오에 빠져 있는 동일인으로부터 일정 기간 동안 동일한 방법에 의하여 금원을 편취한 경우에는 이를 포괄적으로 관찰하여 일죄로 처단하는 것이 가능할 것이나, 범의의 단일성과 계속성이 인정되지 아니하거나 범행방법이 동일하지 않은 경우에는 각 범행은 실체적 경합범에 해당한다. [2] 사기의 수단으로 발행한 수표가 지급거절된 경우 부정수표단속법위반죄와 사기죄는 그 행위의 태양과 보호법익을 달리하므로 실체적 경합범의 관계에 있다(대판 2004.6.25. 2004도1751).

⑯ 주취운전과 음주측정거부의 각 도로교통법위반죄는 실체적 경합관계에 있는 것으로 보아야 한다(대판 2004.11.12. 2004도5257).

⑰ 음주로 인한 특정범죄가중처벌 등에 관한 법률 위반(위험운전치사상)죄와 도로교통법 위반(음주운전)죄는 입법 취지와 보호법익 및 적용영역을 달리하는 별개의 범죄이므로, 양 죄가 모두 성립하는 경우 두 죄는 실체적 경합관계에 있다(대판 2008.11.13. 2008도7143).

⑱ [1] 본인에 대한 배임행위가 본인 이외의 제3자에 대한 사기죄를 구성한다 하더라도 그로 인하여 본인에게 손해가 생긴 때에는 사기죄와 함께 배임죄가 성립하고 두 죄는 실체적 경합관계에 있다. [2] 피고인이 이 사건 각 건물에 관하여 전세임대차계약을 체결할 권한이 없음에도 임차인들을 속이고 전세임대차계약을 체결하여 그 임차인들로부터 전세보증금 명목으로 돈을 교부받은 행위는 건물주가 민사적으로 임차인들에게 전세보증금반환채무를 부담하는지 여부와 관계없이 사기죄에 해당하고, 이 사건 각 건물에 관하여 전세임대차계약이 아닌 월세임대차계약을 체결하

여야 할 업무상 임무를 위반하여 전세임대차계약을 체결하여 그 건물주인 피해자로 하여금 전세보증금반환채무를 부담하게 한 행위는 위 사기죄와 별도로 업무상배임죄에 해당한다. 그리고 나아가 위 각 죄는 서로 구성요건 및 그 행위의 태양과 보호법익을 달리하고 있어 상상적 경합범의 관계가 아니라 실체적 경합범의 관계에 있다고 할 것이다(대판 2010.11.11. 2010도10690).

⑲ 방판법 제54조 제1항 제3호 및 제32조 제1항 제2호를 위반한 행위는 그 자체가 사기행위에 해당한다거나 사기행위를 반드시 포함한다고 할 수 없고, 위 방판법 위반죄는 형법 제347조 제1항의 사기죄와 그 구성요건을 달리하는 별개의 범죄로서 서로 보호법익이 다르므로, 두 죄는 법조경합 관계가 아니라 실체적 경합 관계로 봄이 상당하다(대판 2013.6.27. 2013도2510).

3. 실체적 경합의 법적 효과

가. 동시적 경합범의 처리

> **제38조(경합범과 처벌례)** ① 경합범을 동시에 판결할 때에는 다음 각 호의 구분에 따라 처벌한다.
> 1. 가장 무거운 죄에 대하여 정한 형이 사형, 무기징역, 무기금고인 경우에는 가장 무거운 죄에 대하여 정한 형으로 처벌한다.
> 2. 각 죄에 대하여 정한 형이 사형, 무기징역, 무기금고 외의 같은 종류의 형인 경우에는 가장 무거운 죄에 대하여 정한 형의 장기 또는 다액(多額)에 그 2분의 1까지 가중하되 각 죄에 대하여 정한 형의 장기 또는 다액을 합산한 형기 또는 액수를 초과할 수 없다. 다만, 과료와 과료, 몰수와 몰수는 병과(倂科)할 수 있다.
> 3. 각 죄에 대하여 정한 형이 무기징역, 무기금고 외의 다른 종류의 형인 경우에는 병과한다.
> ② 제1항 각 호의 경우에 징역과 금고는 같은 종류의 형으로 보아 징역형으로 처벌한다.

1) 흡수주의

수죄 중 가장 무거운 죄에 대하여 정한 형이 사형, 무기징역, 무기금고인 경우에는 가장 무거운 죄에 대하여 정한 형으로 처벌한다(제38조 제1항 제1호).

> **판례** 무기징역을 선택한 경우
>
> - 형법 제38조 제1항 제1호는 경합범 중 가장 중한 죄에 정한 형이 사형 또는 무기징역이나 무기금고인 때에는 가장 중한 죄에 정한 형으로 처벌하도록 규정하고 있으므로, 경합범 중 가장 중한 죄의 소정형에서 무기징역형을 선택한 이상 무기징역형으로만 처벌하고 따로이 경합범가중을 하거나 가장 중한 죄가 누범이라 하여 누범가중을 할 수 없음은 더 말할 나위도 없고, 위와 같이 무기징역형을 선택한 후 형법 제56조 제6호의 규정에 의하여 작량감경을 하는 경우에는 같은 법 제55조 제1항 제2호의 규정에 의하여 7년 이상의 징역으로 감형되는 한편, 같은 법 제42조의 규정에 의하여 유기징역형의 상한은 15년이므로 15년을 초과한 징역형을 선고할 수 없다 (대판 1992.10.13. 92도1428 전원합의체).

2) 가중주의

각 죄에 대하여 정한 형이 사형 또는 무기징역이나 무기금고 이외의 같은 종류의 형인 경우에는 가장 무거운 죄에 대하여 정한 형의 장기 또는 다액의 2분의 1까지 가중하되, 각 죄에 대하여 정한 형의 장기 또는 다액을 합산한 형기 또는 액수를 초과할 수 없다(제38조 제1항 제2호). 이 경우에 징역과 금고는 같은 종류의 형으로 보아 징역형으로 처벌하고(같은 조 제2항), 징역형 또는 금고형을 가중한 때에는 50년을 넘지 못한다(제42조 단서). 다만 과료와 과료, 몰수와 몰수는 병과할 수 있다(제38조 제1항 제2호 단서).

> **판례** 하한과 상한의 결정방법
>
> ① 경합범의 처벌에 관하여 형법 제38조 제1항 제2호 본문은 각 죄에 정한 형이 사형 또는 무기징역이나 무기금고 이외의 동종의 형인 때에는 가장 중한 죄에 정한 장기 또는 다액에 그 2분의 1까지 가중하도록 규정하고 그 단기에 대하여는 명문을 두고 있지 않고 있으나 가장 중한 죄 아닌 죄에 정한 형의 단기가 가장 중한 죄에 정한 형의 단기보다 중한 때에는 위 본문 규정 취지에 비추어 그 중한 단기를 하한으로 한다고 새겨야 할 것이다(대판 1985.4.23. 84도2890).
>
> ② 제1심이 피고인에 대한 각 공소사실을 모두 유죄로 인정하여 벌금형을 선고하였는데, 각 죄의 법정형 중 부정경쟁방지 및 영업비밀보호에 관한 법률 위반죄의 벌금형은 '그 재산상 이득액의 2배 이상 10배 이하에 상당하는 벌금'이고, 구 국가기술자격법 위반죄의 벌금형 상한은 500만 원, 입찰방해죄의 벌금형 상한은 700만 원인 사안에서, 제1심이 부정경쟁방지 및 영업비밀보호에 관한 법률 위반죄에 관하여 최소한의 이득액으로 인정한 70만 원을 기준으로 벌금형의 상한을 그 10배인 700만 원으로 보는 경우 경합범인 위 각 죄의 벌금형 상한은 1,050만 원인데도, 이를 넘어 벌금 1,500만 원을 선고한 제1심판결 및 이 점을 바로잡지 아니한 원심판결에 법리오해 등 위법이 있다고 한 사례(대판 2012.5.10. 2012도675).

> **판례** 금고와 징역의 동시적 경합범
>
> • 피고인에게 금고 5월의 실형을 선고한 제1심판결에 대해 피고인만이 항소하였는데, 원심이 제1심과 마찬가지로 유죄를 인정하여 甲죄에 대하여는 금고형을, 乙죄와 丙죄에 대하여는 징역형을 선택한 후 각 죄를 형법 제37조 전단 경합범으로 처벌하면서 피고인에게 금고 5월, 집행유예 2년, 보호관찰 및 40시간의 수강명령을 선고한 사안에서, 금고형과 징역형을 선택하여 경합범 가중을 하는 경우에는 형법 제38조 제2항에 따라 금고형과 징역형을 동종의 형으로 간주하여 징역형으로 처벌하여야 하고, 형기의 변경 없이 금고형을 징역형으로 바꾸어 집행유예를 선고하더라도 불이익변경금지 원칙에 위배되지 않는데도, 제1심판결을 파기하면서 제1심의 위법을 시정하지 아니한 원심판결에 경합범 가중에 관한 법리오해의 잘못이 있다고 한 사례(대판 2013.12.12. 2013도6608).

> **판례** 특별규정에 의한 제38조의 적용배제
>
> ① 공직선거법 제18조 제3항은 "형법 제38조에도 불구하고 제1항 제3호에 규정된 죄와 다른 죄의 경합범에 대하여는 이를 분리 선고하여야 한다."라고 규정하고 있는바, 그 취지는 선거범이 아닌 다른 죄가 선거범의 양형에 영향을 미치는 것을 최소화하기 위하여 형법상 경합범 처벌례에 관한 조항의 적용을 배제하고 분리하여 형을 따로 선고하여야 한다는 것이다. 그리고 선거범과 상상적 경합관계에 있는 다른 범죄에 대하여는 여전히 형법 제40조에 의하여 그 중 가장 중한 죄에 정한 형으로 처벌해야 하고, 그 처벌받는 가장 중한 죄가 선거범인지 여부를 묻지 않고 선거범과 상상적 경합관계에 있는 모든 죄는 통틀어 선거범으로 취급하여야 한다(대판 2021.7.21. 2018도16587).

② [1] 공인중개사법 제48조 및 제49조에 규정된 죄와 다른 죄의 경합범에 대하여 벌금형을 선고하는 경우에는 형법 제38조에도 불구하고 형을 분리 선고하여야 한다(제10조의2). (중략) 구 공인중개사법 제10조의2 규정 취지는 공인중개사법 위반죄와 다른 죄의 경합범에 대하여 벌금형을 선고하는 경우 중개사무소 개설등록 결격사유의 기준이 되는 300만 원 이상의 벌금형에 해당하는지 여부를 명확하게 하기 위하여 형법 제38조의 적용을 배제하고 분리 심리하여 형을 따로 선고하여야 한다는 것으로 보아야 한다. 따라서 공인중개사법 위반죄와 다른 죄의 경합범에 대하여 징역형을 선고하는 경우에는 중개사무소 개설등록 결격사유에 해당함이 분명하므로, 구 공인중개사법 제10조의2를 유추적용하여 형법 제38조의 적용을 배제하고 분리 선고하여야 한다고 볼 수 없다. [2] 그리고 위와 같은 구 공인중개사법 제10조의2 규정취지에 비추어 보면, 공인중개사법 위반죄와 상상적 경합관계에 있는 다른 범죄에 대하여는 여전히 형법 제40조에 의하여 그 중 가장 무거운 죄에 정한 형으로 처벌하여야 하므로, 그 처벌받는 가장 무거운 죄가 공인중개사법 위반죄인지 여부를 묻지 않고 이와 상상적 경합관계에 있는 모든 죄를 통틀어 하나의 형을 선고하여야 한다(대판 2022.1.13. 2021도14471).

3) 병과주의

각 죄에 정한 형이 무기징역이나 무기금고 이외의 다른 종류의 형인 때에는 병과한다(제38조 제1항 제3호).

나. 사후적 경합범의 처리

> **제39조(판결을 받지 아니한 경합범, 수개의 판결과 경합범, 형의 집행과 경합범)** ① 경합범중 판결을 받지 아니한 죄가 있는 때에는 그 죄와 판결이 확정된 죄를 동시에 판결할 경우와 형평을 고려하여 그 죄에 대하여 형을 선고한다. 이 경우 그 형을 감경 또는 면제할 수 있다.
> ② 삭제
> ③ 경합범에 의한 판결의 선고를 받은 자가 경합범 중의 어떤 죄에 대하여 사면 또는 형의 집행이 면제된 때에는 다른 죄에 대하여 다시 형을 정한다.
> ④ 전 3항의 형의 집행에 있어서는 이미 집행한 형기를 통산한다.

1) 수개의 형 선고와 형평을 고려

경합범 중 판결을 받지 아니한 죄가 있는 때에는 그 죄에 대하여 형을 선고하고, 이 경우 그 형을 감경 또는 면제할 수 있다(제39조 제1항, 임의적 감면). 경합범 중 이미 확정판결을 받은 죄에 대해서는 일사부재리의 원칙상 다시 판결을 할 수 없으므로 확정판결을 받지 아니한 죄에 대해서만 형을 선고할 수 있도록 한 것이다.

판례 형평의 고려

- 피고인이 별개의 사건에서 징역형의 집행유예 등을 선고받고 상고하였으나 대법원이 형사소송법 제380조 본문에 따라 결정으로 상고를 기각하였는데, 그 결정일을 전후하여 피고인이 유사석유제품을 판매 및 보관하였다고 하여 구 석유 및 석유대체연료 사업법 위반으로 기소된 사안에서, 위 상고기각결정의 등본이 피고인에게 송달되는 등으로 그 결정이 피고인에게 고지된 시기가 피고인의 유사석유제품 판매 및 보관 행위 시 이후이어서 그때 위 판결이 확정되었다면 피고인의 범죄

는 '금고 이상의 형에 처한 판결이 확정된 죄'와 '그 판결 확정 전에 범한 죄'의 관계에 있게 되어 형법 제37조 후단에서 정하는 경합범 관계에 해당하므로, 그에 대한 형을 정할 때 형법 제39조 제1항에 따라 판결이 확정된 죄를 동시에 판결할 경우와 형평을 고려하여야 한다(대판 2012.1.27. 2011도15914).

2) 형 선고의 방법

가) 판결이 확정된 죄에 대하여 사형 또는 무기형이 선고된 경우

이 경우 형면제판결을 선고하여야 한다는 견해도 있으나, 판례는 형을 필요적으로 면제하여야 하는 것은 아니라는 입장이다.

> **판례** 무기징역이 확정된 죄와 사후적 경합범
>
> - [1] 형법 제37조의 후단 경합범에 대하여 심판하는 법원은 판결이 확정된 죄와 후단 경합범의 죄를 동시에 판결할 경우와 형평을 고려하여 후단 경합범의 처단형의 범위 내에서 후단 경합범의 선고형을 정할 수 있는 것이고, 그 죄와 판결이 확정된 죄에 대한 선고형의 총합이 두 죄에 대하여 형법 제38조를 적용하여 산출한 처단형의 범위 내에 속하도록 후단 경합범에 대한 형을 정하여야 하는 제한을 받는 것은 아니며, 후단 경합범에 대한 형을 감경 또는 면제할 것인지는 원칙적으로 그 죄에 대하여 심판하는 법원이 재량에 따라 판단할 수 있다. [2] 무기징역에 처하는 판결이 확정된 죄와 형법 제37조의 후단 경합범의 관계에 있는 죄에 대하여 공소가 제기된 경우, 법원은 두 죄를 동시에 판결할 경우와 형평을 고려하여 후단 경합범에 대한 처단형의 범위 내에서 후단 경합범에 대한 선고형을 정할 수 있고, 형법 제38조 제1항 제1호가 형법 제37조의 전단 경합범 중 가장 중한 죄에 정한 처단형이 무기징역인 때에는 흡수주의를 취하였다고 하여 뒤에 공소제기된 후단 경합범에 대한 형을 필요적으로 면제하여야 하는 것은 아니다(대판 2008.9.11. 2006도8376).

나) 각죄에 정한 형이 동종의 형인 경우

이미 선고된 형을 포함한 형이 중한 죄에 정한 장기 또는 다액의 2분의 1이나, 각죄에 정한 형의 장기 또는 다액을 합산한 형기 또는 액수를 초과할 수 없다는 견해도 있다. 그러나 판례는 사후적 경합범에 대하여 심판하는 경우, 그 죄와 판결이 확정된 죄에 대한 선고형의 총합이 두 죄에 대하여 형법 제38조를 적용하여 산출한 처단형의 범위 내에 속하도록 후단 경합범에 대한 형을 정하여야 하는 제한을 받는 것은 아니라는 입장이다.

> **판례** '형평을 고려'한다는 것의 의미
>
> ① 판결이 확정된 죄와 형법 제37조 후단 경합범을 동시에 판결할 경우와의 형평을 고려하라는 형법 제39조 제1항 취지에 비추어 볼 때 후단 경합범에 대하여 심판하는 법원의 재량이 무제한이라 할 수는 없으므로, 후단 경합범에 해당한다는 이유만으로 특별히 형평을 고려하여야 할 사정이 존재하지 아니함에도 형법 제39조 제1항 후문을 적용하여 형을 감경 또는 면제하는 것은 오히려 판결이 확정된 죄와 후단 경합범을 동시에 판결할 경우와 형평에 맞지 아니할 뿐만 아니라 책임에 상응하는 합리적이고 적절한 선고형이 될 수 없어 허용될 수 없다. 따라서 형법 제39조 제1항 후문의 '감경' 또는 '면제'는 판결이 확정된 죄의 선고형에 비추어 후단 경합범에 대하여 처단형을 낮추거나 형을 추가로 선고하지 않는 것이 형평을 실현하는 것으로 인정되는 경우에만 적용할 수 있다고 보는 것이 타당하다. 이때 형법 제39조 제1항 후문을 적용하여 후단 경합범 자

체에 대한 처단형을 낮추어 선고형을 정하는 경우, 그러한 조치가 판결이 확정된 죄와 후단 경합범을 동시에 판결할 경우와 형평에 맞는 정당한 것인지는 판결이 확정된 죄의 선고형과 후단 경합범에 대하여 선고할 형의 각 본형을 기준으로 판단하되, 후단 경합범에 대한 형의 집행을 유예하는 등 다른 처분을 부과할 경우에는 그 처분을 비롯한 관련 제반 사정을 종합하여 전체적, 실질적으로 판단하여야 한다(대판 2011.9.29. 2008도9109).

② [1] 형법 제37조 후단 경합범에 대하여 형법 제39조 제1항에 의하여 형을 감경할 때에도 법률상 감경에 관한 형법 제55조 제1항이 적용되어 유기징역을 감경할 때에는 그 형기의 2분의 1 미만으로는 감경할 수 없다. (중략) [2] 피고인이 마약류 관리에 관한 법률 위반(향정)죄의 범죄사실로 징역 4년을 선고받아 그 판결이 확정되었는데, 위 판결확정 전에 향정신성의약품을 1회 판매하고 1회 판매하려다 미수에 그쳤다는 내용의 마약류 관리에 관한 법률 위반(향정) 공소사실로 기소된 사안에서, 법정형인 무기 또는 5년 이상의 징역 중에서 유기징역을 선택하고 형법 제37조 후단 경합범에 대한 감경과 작량감경을 한 원심으로서는 형법 제56조가 정한 가중·감경의 순서에 따라 형법 제39조 제1항에 따른 감경(제56조 제4호), 경합범 가중(같은 조 제5호), 작량감경(같은 조 제6호)의 순서로 가중·감경을 하되, 그 감경은 형법 제55조 제1항 제3호에 따라 '그 형기의 2분의 1'로 하여야 하므로 그 처단형인 징역 1년 3개월부터 11년 3개월까지의 범위 내에서 피고인에 대한 형을 정했어야 하는데도, 이와 달리 형법 제37조 후단 경합범에 대하여 형법 제39조 제1항에서 정한 감경을 할 때에는 형법 제55조 제1항이 적용되지 않는다는 전제에서 위와 같은 법률상 처단형의 하한을 벗어난 징역 6개월을 선고한 원심의 판단에 형법 제39조 제1항에서 정한 형의 감경에 관한 법리를 오해한 잘못이 있다고 한 사례(대판 2019.4.18. 2017도14609 전원합의체)

③ '금고 이상의 형에 처한 판결이 확정된 죄와 그 판결 확정 전에 범한 죄'는 형법 제37조 후단에서 정하는 경합범에 해당하고, 이 경우 형법 제39조 제1항에 의하여 경합범 중 판결을 받지 아니한 죄와 판결이 확정된 죄를 동시에 판결할 경우와 형평을 고려하여 그 죄에 대하여 형을 선고하여야 하는바, 아직 판결을 받지 아니한 죄가 이미 판결이 확정된 죄와 동시에 판결할 수 없었던 경우에는 형법 제39조 제1항에 따라 동시에 판결할 경우와 형평을 고려하여 형을 선고하거나 그 형을 감경 또는 면제할 수 없다고 해석함이 상당하다(대판 2014.5.16. 2013도12003).

3) 형의 집행

판결을 받지 아니한 죄에 대하여 새로운 형을 선고하는 단계에서 이미 판결이 확정된 죄에 대하여 선고된 형량을 고려하여 집행되는 형량을 선고하여야 한다. 따라서 수개의 죄에 대하여 선고된 형은 합산하여 집행하게 된다.

> **판례** 흡수주의에 의한 형집행
>
> • 경합범관계에 있는 수개의 형이 선고, 확정된 경우에는 경합범의 처벌례에 따라 집행하도록 되어 있으므로 피고인에 대하여 선고, 확정된 경합범관계에 있는 2개의 형 중 1개의 형이 무기징역형이고, 1개의 형이 징역 5년 형인 경우에는 위 무기징역형이 사후에 징역 20년 형으로 감형되었다 하더라도 그 감형된 형만을 집행할 수 있을 뿐 위 5년형은 집행할 수 없는 것이니 위 20년 형에다가 위 5년 형을 합산하여 집행하라는 검사의 집행지휘처분은 위법하다(대결 1991.8.9. 91모54).

다. 형의 집행과 경합범

경합범에 의하여 판결의 선고를 받은 자가 경합범 중에 어떤 죄에 대하여 사면 또는 형의 집행이 면제된 때에는 다른 죄에 대하여 다시 형을 정한다(제39조 제3항). 여기에서 다시 형을 정한다고 하는 것은 그 죄에 대하여 심판을 다시 한다는 뜻이 아니라 형의 집행 부분만을 다시 정한다는 의미이다. 이 경우에 형의 집행에 있어서는 이미 집행한 형기를 통산한다(제39조 제4항).

> **판례** 이미 집행한 형기의 통산 여부

- [1] 구 형법 제39조 제2항, 제1항, 제38조 제1항 제1호는 경합범관계에 있는 사건에 관하여 수개의 형이 선고·확정된 경우에는 경합범의 처벌례에 의하여 집행하도록 되어 있으므로 그 중 중한 형이 사형 또는 무기징역이나 무기금고인 때에는 그 형만을 집행할 수 있을 뿐 몰수나 벌금, 과료 이외의 다른 형은 집행하지 아니함이 그 규정 취지에 의하여 분명하므로 경합범에 해당하는 무기징역형이 사후에 징역 20년 형으로 감형되었다 하더라도 그 감형된 형만을 집행할 수 있을 뿐 몰수나 벌금, 과료 이외의 다른 형은 집행할 수 없다. 한편 이미 집행한 형기의 통산규정인 같은 법 제39조 제4항은 수개의 형을 합산하여 집행하는 경우에 이미 집행한 형기는 수개의 형 중 일부에 해당하는 것이어서 이를 통산하라는 취지이므로 무기징역형만을 집행할 뿐 다른 형을 더 이상 집행하지 아니하는 경우에는 적용될 여지가 없는 것이니, 위 무기징역형이 사후에 징역 20년 형으로 감형되었다 하더라도 마찬가지로 그 적용이 없다. [2] 경합범관계에 있는 각 죄에 대하여 각 2년 6월의 징역형과 무기징역형이 별도로 선고·확정된 경우에는 위 무기징역형이 사후에 징역 20년으로 감형되었다고 하더라도 징역 2년 6월의 형 집행으로 복역한 형기를 감형된 징역 20년의 형기에 통산할 수 없다고 판단한 원심결정을 수긍한 사례(대결 2006.5.29. 2006모135)

홍형철공무원형법

PART 03

형벌론

제1절 형벌의 종류

Ⅰ. 서론

1. 형벌의 의의

형벌이란 국가가 범죄에 대한 법률상의 효과로서 범죄자에 대하여 책임을 전제로 하여 과하는 법익의 박탈을 말한다. 형벌은 책임을 기초로 과하여지는 제재인 점에서, 범죄인의 위험성을 기초로 하여 장래의 범죄예방을 지향하는 보안처분과 구별된다.

2. 형벌의 종류

> **제41조(형의 종류)** 형의 종류는 다음과 같다.
> 1. 사형 / 2. 징역 / 3. 금고 / 4. 자격상실 / 5. 자격정지 / 6. 벌금 / 7. 구류 / 8. 과료 / 9. 몰수

형법이 규정하고 있는 형벌에는 생명형인 **사형**, 자유형인 **징역·금고·구류**, 명예형인 **자격상실·자격정지**, 재산형인 **벌금·과료·몰수**의 9종이 있다(제41조).

Ⅱ. 사형

> **제66조(사형)** 사형은 교정시설 안에서 교수하여 집행한다.

수형자의 생명을 박탈하는 것을 내용으로 하는 형벌이다. 사형은 교정시설 안에서 교수하여 집행한다(제66조).

> **판례** **사형제도의 합헌성**
> ① 헌법 제12조 제1항에 의하면 형사처벌에 관한 규정이 법률에 위임되어 있을 뿐 그 처벌의 종류를 제한하지 않고 있으며, 현재 우리나라의 실정과 국민의 도덕적감정 등을 고려하여 국가의 형사정책으로 질서유지와 공공복리를 위하여 형법 등에 사형이라는 처벌의 종류를 규정하였다 하여 이것이 헌법에 위반된다고 할 수 없다(헌재 1991.2.26. 90도2906).
> ② 사형은 인간의 생명을 박탈하는 냉엄한 궁극의 형벌로서 사법제도가 상정할 수 있는 극히 예외적인 형벌이라는 점을 감안할 때, 사형의 선고는 범행에 대한 책임의 정도와 형벌의 목적에 비추어 누구라도 그것이 정당하다고 인정할 수 있는 특별한 사정이 있는 경우에만 허용된다(대판 2023.7.13. 2023도2043).

Ⅲ. 자유형

> **제67조(징역)** 징역은 교정시설에 수용하여 집행하며, 정해진 노역에 복무하게 한다.
>
> **제68조(금고와 구류)** 금고와 구류는 교정시설에 수용하여 집행한다.

> **제42조(징역 또는 금고의 기간)** 징역 또는 금고는 무기 또는 유기로 하고 유기는 1개월 이상 30년 이하로 한다. 단, 유기징역 또는 유기금고에 대하여 형을 가중하는 때에는 50년까지로 한다.
>
> **제46조(구류)** 구류는 1일 이상 30일 미만으로 한다.

1. 자유형의 의의

자유형은 수형자의 신체적 자유를 박탈하는 것을 내용으로 하는 형벌이다.

2. 형법상의 자유형

가. 징역

수형자를 교정시설에 수용하여 집행하며, 정해진 노역에 복무하게 하는 형벌이다(제67조). 무기징역와 유기징역이 있고, 유기징역은 1월 이상 30년 이하로 하되, 형을 가중하는 때에는 50년까지로 한다(제42조). 무기징역은 종신형에 해당하는 형벌이라고 할 수 있는데, 20년이 경과한 후에는 가석방이 가능하다(제72조 제1항).

나. 금고

수형자를 교정시설에 수용하여 자유를 박탈하는 것을 내용으로 하는 형벌로서(제68조), 정해진 노역에 복무하지 않는 점에서 징역과 구별된다. 금고에도 무기와 유기가 있으며, 그 형기는 징역의 경우와 같다.

다. 구류

수형자를 교정시설에 수용하지만, 그 기간이 1일 이상 30일 미만인 점에서 징역이나 금고와 구별된다(제46조).

Ⅳ. 재산형

1. 재산형의 의의

범인으로부터 일정한 재산을 박탈하는 것을 내용으로 하는 형벌이다.

2. 벌금과 과료

> **제45조(벌금)** 벌금은 5만원 이상으로 한다. 다만, 감경하는 경우에는 5만원 미만으로 할 수 있다.
>
> **제47조(과료)** 과료는 2천원 이상 5만원 미만으로 한다.
>
> **제69조(벌금과 과료)** ① 벌금과 과료는 판결확정일로부터 30일내에 납입하여야 한다. 단, 벌금을 선고할 때에는 동시에 그 금액을 완납할 때까지 노역장에 유치할 것을 명할 수 있다.
> ② 벌금을 납입하지 아니한 자는 1일 이상 3년 이하, 과료를 납입하지 아니한 자는 1일 이상 30일 미만의 기간 노역장에 유치하여 작업에 복무하게 한다.

> **제70조(노역장 유치)** ① 벌금이나 과료를 선고할 때에는 이를 납입하지 아니하는 경우의 노역장 유치기간을 정하여 동시에 선고하여야 한다.
> ② 선고하는 벌금이 1억원 이상 5억원 미만인 경우에는 300일 이상, 5억원 이상 50억원 미만인 경우에는 500일 이상, 50억원 이상인 경우에는 1천일 이상의 노역장 유치기간을 정하여야 한다.
> **제71조(유치일수의 공제)** 벌금이나 과료의 선고를 받은 사람이 그 금액의 일부를 납입한 경우에는 벌금 또는 과료액과 노역장 유치기간의 일수에 비례하여 납입금액에 해당하는 일수를 뺀다.

가. 벌금

범죄인에 대하여 일정한 금액의 지불의무를 강제적으로 부담하게 하는 것을 내용으로 하는 재산형이다. 벌금은 **5만 원 이상으로 하며**(제45조), **상한에는 제한이 없다.**

판례 벌금형의 병과
- 법정형에 징역형과 벌금형을 병과할 수 있도록 규정되어 있는 경우, 법원은 공소장에 기재된 적용법조나 검사의 구형과 관계없이 심리·확정한 사실에 대하여 **재량으로 벌금형의 병과 여부를 정할 수 있다**(대판 2011.2.24. 2010도7404).

벌금은 확정판결일로부터 30일 이내에 납입하여야 하며, 이를 **납입하지 아니한 자는 1일 이상 3년 이하의 기간** 노역장에 유치하여 작업에 복무하게 한다(제69조).

판례 벌금과 노역장유치
- 벌금형에 대한 노역장유치기간의 산정에는 형법 제69조 제2항에 따른 제한이 있을 뿐 그 밖의 다른 제한이 없으므로, 징역형과 벌금형 가운데서 벌금형을 선택하여 선고하면서 그에 대한 노역장유치기간을 환산한 결과 선택형의 하나로 되어 있는 징역형의 장기보다 유치기간이 더 길 수 있게 되었다 하더라도 이를 위법이라고 할 수는 없다(대판 2000.11.24. 2000도3945).

나. 과료

과료도 벌금형과 동일하나, 과료는 **2천 원 이상 5만 원 미만으로 한다**(제45조). 과료를 납입하지 아니한 자는 **1일 이상 30일 미만의 기간** 노역장에 유치하여 작업에 복무하게 한다(제69조).

3. 몰수와 추징

> **제48조(몰수의 대상과 추징)** ① 범인 외의 자의 소유에 속하지 아니하거나 범죄 후 범인 외의 자가 사정을 알면서 취득한 다음 각 호의 물건은 전부 또는 일부를 몰수할 수 있다.
>   1. 범죄행위에 제공하였거나 제공하려고 한 물건
>   2. 범죄행위로 인하여 생겼거나 취득한 물건
>   3. 제1호 또는 제2호의 대가로 취득한 물건
> ② 제1항 각 호의 물건을 몰수할 수 없을 때에는 그 가액을 추징한다.
> ③ 문서, 도화, 전자기록 등 특수매체기록 또는 유가증권의 일부가 몰수의 대상이 된 경우에는 그 부분을 폐기한다.

> **제49조(몰수의 부가성)** 몰수는 타형에 부가하여 과한다. 단, 행위자에게 유죄의 재판을 아니할 때에도 몰수의 요건이 있는 때에는 몰수만을 선고할 수 있다.

가. 몰수의 의의

범죄반복의 방지나 범죄에 의한 이득의 금지를 목적으로 범죄행위와 관련된 재산을 박탈하는 것을 내용으로 하는 재산형이다. 원칙적으로 다른 형에 부가하여 과하는 부가형이다(제49조).

> **판례** 몰수형의 선고
>
> ① 형법 제134조의 몰수나 추징을 선고하기 위하여는 몰수나 추징의 요건이 공소가 제기된 범죄사실과 관련되어 있어야 하므로, 법원으로서는 범죄사실에서 인정되지 아니한 사실에 관하여는 몰수나 추징을 선고할 수 없다고 보아야 한다. (중략) 실체판단에 들어가 공소사실을 인정하는 경우가 아닌 면소의 경우에는 원칙적으로 몰수도 할 수 없다(대판 2007.7.26. 2007도4556).
>
> ② 공소사실이 인정되지 않는 경우에 이와 별개의 공소가 제기되지 아니한 범죄사실을 법원이 인정하여 그에 관하여 몰수나 추징을 선고하는 것은 불고불리의 원칙에 위반되어 불가능하며, 몰수나 추징이 공소사실과 관련이 있다 하더라도 그 공소사실에 관하여 이미 공소시효가 완성되어 유죄의 선고를 할 수 없는 경우에는 몰수나 추징도 할 수 없다(대판 1992.7.28. 92도700 등).
>
> ③ 마약류 관리에 관한 법률 제67조의 몰수나 추징을 선고하기 위하여는 몰수나 추징의 요건이 공소가 제기된 범죄사실과 관련되어 있어야 하므로, 법원으로서는 범죄사실에서 인정되지 아니한 사실에 관하여는 몰수나 추징을 선고할 수 없다(대판 2016.12.15. 2016도16170).
>
> ④ 몰수는 반드시 압수되어 있는 물건에 대하여만 하는 것이 아니므로 몰수대상물건이 압수되어 있는가 하는 점 및 적법한 절차에 의하여 압수되었는가 하는 점은 몰수의 요건이 아닌바, 원심 판시 이 사건 1차 압수물이 이 사건 범죄행위에 제공된 물건임이 인정되는 이상 원심 판시와 같이 이 사건 1차 압수물에 대한 압수 자체가 위법하게 되었다 하더라도 그것이 그에 대한 몰수의 효력에 영향을 미칠 수는 없으므로 (후략) (대판 2014.9.4. 2014도3263)
>
> ⑤ [1] 형법 제49조 단서는 '행위자에게 유죄의 재판을 하지 아니할 때에도 몰수의 요건이 있는 때에는 몰수만을 선고할 수 있다.'고 규정하고 있으므로, (중략) 위 규정에 근거하여 몰수·추징을 선고하려면 몰수·추징의 요건이 공소가 제기된 공소사실과 관련되어 있어야 하고, 공소가 제기되지 아니한 별개의 범죄사실을 법원이 인정하여 그에 관하여 몰수·추징을 선고하는 것은 불고불리의 원칙에 위배되어 허용되지 않는다. 이러한 법리는 형법 제48조의 몰수·추징 규정에 대한 특별규정인 범죄수익은닉의 규제 및 처벌 등에 관한 법률 제8조 내지 제10조의 규정에 따른 몰수·추징의 경우에도 마찬가지로 적용된다. [2] 피고인이 영리의 목적으로 도박공간을 개설하였다는 공소사실이 제1심 및 원심에서 유죄로 인정되었는데, 그로 인한 범죄수익의 추징과 관련하여 피고인이 직접 도박에 참가하여 얻은 수익 부분에 대한 추징 여부가 문제 된 사안에서, 형법 제247조의 도박개장죄는 영리의 목적으로 스스로 주재자가 되어 그 지배 아래 도박장소를 개설함으로써 성립하는 범죄로서 도박죄와 별개의 독립된 범죄이고, 도박공간을 개설한 자가 도박에 참가하여 얻은 수익은 도박공간개설을 통하여 간접적으로 얻은 이익에 당연히 포함된다고 보기도 어려워 도박공간을 개설한 자가 도박에 참가하여 얻은 수익을 도박공간개설로 얻은 범죄수익으로 몰수하거나 추징할 수 없다(대판 2022.12.29. 2022도8592).

몰수에는 필요적 몰수와 임의적 몰수가 있으며 후자를 원칙으로 한다(제48조). 필요적 몰수로는 형법각칙상 뇌물에 관한 죄에 있어서 범인 또는 정을 아는 제3자가 받은 뇌물 또는 뇌물에 공할 금품(제134조), 아편에 관한 죄의 아편·몰핀이나 그 화합물(제206조) 등이 있다.

> **판례** 임의적 몰수
>
> - [1] 형법 제48조 제1항의 '범인' 속에는 '공범자'도 포함되므로 범인 자신의 소유물은 물론 공범자의 소유물도 그 공범자의 소추 여부를 불문하고 몰수할 수 있고, 이는 범죄수익은닉의 규제 및 처벌 등에 관한 법률 제9조 제1항의 '범인'의 해석에서도 마찬가지이다. 그리고 형벌은 공범자 전원에 대하여 각기 별도로 선고하여야 할 것이므로 공범자 중 1인 소유에 속하는 물건에 대한 부가형인 몰수에 관하여도 개별적으로 선고하여야 한다. [2] 형법 제48조 제1항 제1호에 의한 몰수는 임의적인 것이므로 그 몰수의 요건에 해당되는 물건이라도 이를 몰수할 것인지의 여부는 일응 법원의 재량에 맡겨져 있다 할 것이나, 형벌 일반에 적용되는 비례의 원칙에 의한 제한을 받으며, 이러한 법리는 범죄수익은닉의 규제 및 처벌 등에 관한 법률 제8조 제1항의 경우에도 마찬가지로 적용된다(대판 2013.5.23. 2012도11586).

> **판례** 몰수 판결의 효력
>
> - 형사법상 몰수는 공소사실에 관하여 형사재판을 받는 피고인에 대한 유죄의 판결에서 다른 형에 부가하여 선고되는 형인 점에 비추어, 피고인 이외의 제3자의 소유에 속하는 물건에 대하여 몰수를 선고한 판결의 효력은 원칙적으로 몰수의 원인이 된 사실에 관하여 유죄의 판결을 받은 피고인에 대한 관계에서 그 물건을 소지하지 못하게 하는 데 그치고 그 사건에서 재판을 받지 아니한 제3자의 소유권에 어떤 영향을 미치는 것은 아니다(대판 1999.5.11. 99다12161).

나. 대물적 요건(몰수의 대상)

1) 범죄행위에 제공하였거나 제공하려고 한 물건

① '범죄행위'란 구성요건에 해당하고 위법한 행위를 의미하고, ② '제공하였다'는 것은 현실적으로 범죄수행에 사용되었음을 의미한다. 그러나 범행에 제공할 의사 없이 우연히 범행에 도움을 준 물건 등은 여기에 해당되지 아니한다. ③ '제공하려고 하였다'는 것은 범행에 사용하려고 준비하였지만 현실적으로 사용하지 못한 것을 의미하고, ④ '물건'은 민법 제98조의 물건과 동일한 개념이고, 반드시 압수되어 있는 물건에 제한되지 않는다.

> **판례** 몰수의 범죄행위에 제공하였거나 제공하려고 한 물건
>
> ① 피해자로 하여금 사기도박에 참여하도록 유인하기 위하여 고액의 수표를 제시해 보인 경우, (중략) 위 수표가 직접적으로 도박자금으로 사용되지 아니하였다 할지라도, 위 수표가 피해자로 하여금 사기도박에 참여하도록 만들기 위한 수단으로 사용된 이상, 이를 몰수할 수 있고, (후략) (대판 2002.9.24. 2002도3589)
>
> ② 형법 제48조 제1항 제1호의 "범죄행위에 제공한 물건"이라 함은, 가령 살인행위에 사용한 칼 등 범죄의 실행행위 자체에 사용한 물건에만 한정되는 것이 아니며, 실행행위의 착수 전의 행위 또는 실행행위의 종료 후의 행위에 사용한 물건이더라도 그것이 범죄행위의 수행에 실질적으

로 기여하였다고 인정되는 한 위 법조 소정의 제공된 물건에 포함된다고 볼 것이다. (중략) 이 사건 승용차는 단순히 범행장소에 도착하는 데 사용한 교통수단을 넘어서 이 사건 장물의 운반에 사용한 자동차라고 보아야 할 것이며, 따라서 형법 제48조 제1항 제1호 소정의 범죄행위에 제공한 물건이라고 볼 수 있다(대판 2006.9.14. 2006도4075).

③ ('황금성' 게임기를 이용하여 손님들로 하여금 사행행위를 하게 한 경우) 사행성 게임기는 (중략) 당국으로부터 적법하게 등급심사를 받은 것이라고 하더라도 본체를 포함한 그 전부가 범죄행위에 제공된 물건으로서 몰수의 대상이 된다(대판 2006.12.8. 2006도6400).

④ 관세법 제188조 제1호 소정의 물품에 대한 수입신고를 함에 있어서 주요사항을 허위로 신고한 경우에 위 물건은 신고의 대상물에 지나지 않아 신고로서 이루어지는 허위신고죄의 범죄행위 자체에 제공되는 물건이라고 할 수 없으므로 형법 제48조 제1항 소정의 몰수요건에 해당한다고 볼 수 없다(대판 1974.6.11. 74도352).

⑤ 체포될 당시에 미처 송금하지 못하고 소지하고 있던 자기앞수표나 현금은 장차 실행하려고 한 외국환거래법 위반의 범행에 제공하려는 물건일 뿐, 그 이전에 범해진 외국환거래법 위반의 '범죄행위에 제공하려고 한 물건'으로는 볼 수 없으므로 몰수할 수 없다고 한 사례(대판 2008.2.14. 2007도10034)

⑥ [1] 형법 제48조는 몰수의 대상을 '물건'으로 한정하고 있다. 이는 범죄행위에 의하여 생긴 재산 및 범죄행위의 보수로 얻은 재산을 범죄수익으로 몰수할 수 있도록 한 「범죄수익은닉의 규제 및 처벌 등에 관한 법률」이나 범죄행위로 취득한 재산상 이익의 가액을 추징할 수 있도록 한 형법 제357조 등의 규정과는 구별된다. 민법 제98조는 물건에 관하여 '유체물 및 전기 기타 관리할 수 있는 자연력'을 의미한다고 정의하는데, 형법이 민법이 정의한 '물건'과 다른 내용으로 '물건'의 개념을 정의하고 있다고 볼 만한 사정도 존재하지 아니한다. [2] 피고인이 범죄행위에 이용한 웹사이트는 형법 제48조 제1항 제2호에서 몰수의 대상으로 정한 '범죄행위로 인하여 생하였거나 이로 인하여 취득한 물건'에 해당하지 않으므로, 그 웹사이트 매각을 통해 취득한 대가는 형법 제48조 제1항 제2호, 제2항이 규정한 추징의 대상에 해당하지 않는다(대판 2021.10.14. 2021도7168).

⑦ 몰수는 압수되어 있는 물건에 대해서만 하는 것이 아니므로 판결선고전 검찰에 의하여 압수된 후 피고인에게 환부된 물건에 대하여도 피고인으로부터 몰수할 수 있다(대판 1977.5.24. 76도4001).

⑧ 범죄행위에 제공하려고 한 물건은 범인 이외의 자의 소유에 속하지 아니하거나 범죄 후 범인 이외의 자가 정을 알면서 취득한 경우 이를 몰수할 수 있고, 한편 법원이나 수사기관은 필요한 때에는 증거물 또는 몰수할 것으로 사료하는 물건을 압수할 수 있으나, 몰수는 반드시 압수되어 있는 물건에 대하여서만 하는 것이 아니므로, 몰수대상물건이 압수되어 있는가 하는 점 및 적법한 절차에 의하여 압수되었는가 하는 점은 몰수의 요건이 아니다(대판 2003.5.30. 2003도705).

⑨ 비트코인은 재산적 가치가 있는 무형의 재산이라고 보아야 하고, 몰수의 대상인 비트코인이 특정되어 있으므로 피고인이 취득한 비트코인을 몰수할 수 있다(대판 2018.5.30. 2018도3619).

⑩ 구 형법 제48조 제1항 제1호의 '범죄행위에 제공한 물건'은 범죄의 실행행위 자체에 사용한 물건만 의미하는 것이 아니라 실행행위 착수 전 또는 실행행위 종료 후 행위에 사용한 물건 중

범죄행위의 수행에 실질적으로 기여하였다고 인정되는 물건까지도 포함한다. (중략) 전자기록은 일정한 저장매체에 전자방식이나 자기방식에 의하여 저장된 기록으로서 저장매체를 매개로 존재하는 물건이므로 위 조항에 정한 사유가 있는 때에는 이를 몰수할 수 있는바, 가령 휴대전화의 동영상 촬영기능을 이용하여 피해자를 촬영한 행위 자체가 범죄에 해당하는 경우, 휴대전화는 '범죄행위에 제공된 물건', 촬영되어 저장된 동영상은 휴대전화에 저장된 전자기록으로서 '범죄행위로 인하여 생긴 물건'에 각각 해당하고 이러한 경우 법원이 휴대전화를 몰수하지 않고 동영상만을 몰수하는 것도 가능하다(대판 2024.1.4. 2021도5723).

2) 범죄행위로 인하여 생겼거나 취득한 물건

① '범죄행위로 인하여 생긴 물건'이란 범죄행위로 인하여 비로소 생성된 물건을 말하고, ② '범죄행위로 인하여 취득한 물건'이란 범행 당시에 이미 있던 물건이지만 범행으로 인하여 범인이 취득하게 된 물건을 말한다.

> **판례** 범죄행위로 인하여 생하였거나 또는 이로 인하여 취득한 물건
>
> ① 미화를 휴대하여 우리나라에 입국한 후 외국환관리법 제18조, 동법 시행령 제28조 제1항의 규정에 따라 등록하지 아니한 경우에 있어서는 그 행위 자체에 의하여 취득한 미화는 있을 수 없는 것이므로 동법 제36조의 2에 정하는 바에 따라 이 사건 미화를 몰수할 수 없다(대판 1982.3.9. 81도2930).
>
> ② 오락실업자, 상품권업자 및 환전소 운영자가 공모하여 사행성 전자식 유기기구에서 경품으로 배출된 상품권을 현금으로 환전하면서 그 수수료를 일정한 비율로 나누어 가지는 방식으로 영업을 한 경우, 환전소 운영자가 환전소에 보관하던 현금 전부가 위와 같은 상품권의 환전을 통한 범죄행위에 제공하려 하였거나 그 범행으로 인하여 취득한 물건에 해당하여 형법 제48조 제1항 제1호 또는 제2호의 규정에 의하여 몰수의 대상이 되고, 환전소 운영자가 위 환전소 내에 보관하고 있던 현금 중 일부를 생활비 등의 용도로 소비하였다고 하여 달리 볼 것이 아니라고 한 사례(대판 2006.10.13. 2006도3302)
>
> ③ 부동산의 소유권을 이전받을 것을 내용으로 하는 계약(1차 계약)을 체결한 자가 그 부동산에 대하여 다시 제3자와 소유권이전을 내용으로 하는 계약(전매계약)을 체결한 것이 부동산등기 특별조치법 제8조 제1호 위반행위에 해당하는 경우, 전매계약에 의하여 제3자로부터 받은 대금은 위 조항의 처벌대상인 '1차 계약에 따른 소유권이전등기를 하지 않은 행위'로 취득한 것이 아니므로 형법 제48조에 의한 몰수나 추징의 대상이 될 수 없다(대판 2007.12.14. 2007도7353).
>
> ④ 「마약류 불법거래 방지에 관한 특례법」 제6조를 위반하여 마약류를 수출입·제조·매매하는 행위 등을 업으로 하는 범죄행위의 정범이 그 범죄행위로 얻은 수익은 마약거래방지법 제13조부터 제16조까지의 규정에 따라 몰수·추징의 대상이 된다. 그러나 위 정범으로부터 대가를 받고 판매할 마약을 공급하는 방법으로 위 범행을 용이하게 한 방조범은 정범의 위 범죄행위로 인한 수익을 정범과 공동으로 취득하였다고 평가할 수 없다면 위 몰수·추징 규정에 의하여 정범과 같이 추징할 수는 없고, 그 방조범으로부터는 방조행위로 얻은 재산 등에 한하여 몰수, 추징할 수 있다고 보아야 한다(대판 2021.4.29. 2020도16369).
>
> ⑤ [1] 형법 제48조가 규정하는 몰수·추징의 대상은 범인이 범죄행위로 인하여 취득한 물건을 뜻하

고, 여기서 '취득'이란 해당 범죄행위로 인하여 결과적으로 이를 취득한 때를 말한다고 제한적으로 해석함이 타당하다. [2] 피고인들이 사업장폐기물배출업체로부터 인수받은 폐기물을 폐기물관리법에 따라 허가 또는 승인을 받거나 신고한 폐기물처리시설이 아닌 곳에 매립하였다는 점을 유죄로 인정하면서 사업장폐기물배출업체로부터 받은 돈을 형법 제48조 소정의 몰수·추징의 대상으로 보려면, (중략) 위 돈이 피고인들과 사업장폐기물배출업체 사이에 피고인들의 범죄행위를 전제로 수수되었다는 점이 인정되어야 한다(대판 2021.7.21. 2020도10970).[19]

3) 제1호 또는 제2호의 대가로 취득한 물건

장물의 매각대금, 인신매매의 대금 등과 같이 범죄에 의하여 간접적으로 취득한 부정한 이득이 여기에 해당한다.

> **판례** 제1호 또는 제2호의 대가로 취득한 물건
>
> ① 장물을 처분하여 그 대가로 취득한 압수물은 몰수할 것이 아니라 피해자에게 교부하여야 할 것이다(대판 1969.1.21. 68도1672).
> ② 관세법 제198조 제2항에 따라 몰수하여야 할 압수물이 멸실, 파손 또는 부패의 염려가 있거나 보관하기에 불편하여 이를 형사소송법 제132조의 규정에 따라 매각하여 그 대가를 보관하는 경우에는, 몰수와의 관계에서는 그 대가보관금을 몰수 대상인 압수물과 동일시 할 수 있다(대판 1996.11.12. 96도2477).

다. 대인적 요건

1) 범인 이외의 자의 소유에 속하지 아니할 것

범인소유의 물건뿐만 아니라 무주물, 소유자 불명의 물건, 금제품도 몰수할 수 있다. 그러나 범인 외의 자의 소유에 속하는 물건은 몰수할 수 없다. 범인에는 정범 이외에 공범도 포함되므로 공범 소유의 물건도 몰수할 수 있다.

누구의 소유에 속하는 물건인가는 판결선고 당시의 권리관계를 기준으로 하여 결정한다.

범인 외의 자의 소유에 속하는 물건에 대하여 몰수선고가 있는 경우에는 피고인에 대한 관계에서 그 소지를 몰수할 뿐이고, 제3자의 소유권에는 영향이 없다.

2) 범죄 후 범인 이외의 자가 사정을 알면서 취득한 물건

취득 당시에 그 물건이 형법 제48조 제1항의 각 호에 해당함을 알면서 취득한 경우에는 범인 이외의 자의 소유일지라도 몰수할 수 있다.

> **판례** 몰수의 대인적 요건
>
> ① [1] 형법 제48조 제1항의 '범인'에는 공범자도 포함되므로 피고인의 소유물은 물론 공범자의 소유물도 그 공범자의 소추 여부를 불문하고 몰수할 수 있고, 여기에서의 공범자에는 공동정범, 교

---

[19] 원심은 피고인들이 사업장폐기물배출업체로부터 인수받은 폐기물을 폐기물관리법에 따라 허가 또는 승인을 받거나 신고한 폐기물처리시설이 아닌 곳에 매립하였다는 점을 유죄로 인정하면서 사업장폐기물배출업체로부터 받은 돈을 형법 제48조 소정의 몰수·추징의 대상으로 보았으나, 형법 제48조 소정의 몰수·추징 대상에 해당하려면 위 돈이 피고인들과 사업장폐기물배출업체 사이에 피고인들의 범죄행위를 전제로 수수되었다는 점이 인정되어야 하는데, 이에 대한 심리가 미진하였다는 이유로 원심을 파기한 사례

사범, 방조범에 해당하는 자는 물론 필요적 공범관계에 있는 자도 포함된다. [2] 형법 제48조 제1항의 '범인'에 해당하는 공범자는 반드시 유죄의 죄책을 지는 자에 국한된다고 볼 수 없고 공범에 해당하는 행위를 한 자이면 족하므로 이러한 자의 소유물도 형법 제48조 제1항의 '범인 이외의 자의 소유에 속하지 아니하는 물건'으로서 이를 피고인으로부터 몰수할 수 있다(대판 2006.11.23. 2006도5586).

② 공무원이 그 권한에 의하여 작성한 문서는 신청자의 허위신고에 의한 허위내용의 것이라도 그 기재부분 자체는 당해공무소의 소유에 속하는 것이다. 군 피.엑스(P.X)에서 공무원인 군인이 그 권한에 의하여 작성한 월간판매실적보고서의 내용에 일부 허위기재된 부분이 있더라도 이는 공무소인 소관 육군부대의 소유에 속하는 것이므로 이를 허위공문서 작성의 범행으로 인하여 생긴 물건으로 누구의 소유도 불허하는 것이라 하여 형법 제48조 제1항 제1호를 적용, 몰수하였음은 부당하다(대판 1983.6.14. 83도808).

③ 형법 제48조 제1항의 "범인" 속에는 "공범자"도 포함되므로 범인 자신의 소유물은 물론 공범자의 소유물도 그 공범자의 소추 여부를 불문하고 몰수할 수 있고, (후략) (대판 2013.5.24. 2012도15805 등)

라. 추징

몰수의 대상인 물건을 몰수할 수 없을 때에는 그 가액을 추징하고(제48조 제2항), 문서·도화, 전자기록 등 특수매체기록 또는 유가증권의 일부가 몰수에 해당하는 때에는 그 부분을 폐기한다(같은 조 제3항). 추징가액의 산정은 판결선고시의 가액을 기준으로 한다.

> **판례** 추징의 선고 등
>
> ① 추징은 일종의 형으로서 검사가 공소를 제기함에 있어 관련 추징규정의 적용을 빠뜨렸다 하더라도 법원은 직권으로 이를 적용하여야 하는 것이므로, (후략) (대판 2007.1.25. 2006도8663)
>
> ② 금품의 무상대여를 통하여 위법한 정치자금을 기부받은 경우 범인이 받은 부정한 이익은 무상대여금에 대한 금융이익 상당액이라 할 것이므로, 여기서 몰수 또는 추징의 대상이 되는 것은 무상으로 대여받은 금품 그 자체가 아니라 위 금융이익 상당액이다(대판 2007.3.30. 2006도7241).
>
> ③ 금품의 무상차용을 통하여 위법한 재산상 이익을 취득한 경우 범인이 받은 부정한 이익은 그로 인한 금융이익 상당액이므로 추징의 대상이 되는 것은 무상으로 대여받은 금품 그 자체가 아니라 위 금융이익 상당액이다(대판 2014.5.16. 2014도1547 등).
>
> ④ 갑 주식회사 대표이사인 피고인이 금융기관에 청탁하여 을 주식회사가 대출을 받을 수 있도록 알선행위를 하고 그 대가로 용역대금 명목의 수수료를 갑 회사 계좌를 통해 송금받아 특정경제범죄 가중처벌 등에 관한 법률 위반(알선수재)죄가 인정된 사안에서, 피고인이 갑 회사의 대표이사로서 같은 법 제7조에 해당하는 행위를 하고 당해 행위로 인한 대가로 수수료를 받았다면, 수수료에 대한 권리가 갑 회사에 귀속된다 하더라도 행위자인 피고인으로부터 수수료로 받은 금품을 몰수 또는 그 가액을 추징할 수 있으므로, 피고인이 개인적으로 실제 사용한 금품이 없더라도 마찬가지라고 본 원심판단을 정당하다고 한 사례(대판 2015.1.15. 2012도7571)
>
> ⑤ 추징은 성질상 몰수와 다를 바 없으므로 주형을 선고유예하고 추징만을 선고할 수 있다(대판

1981.4.14. 81도614).

⑥ 형법 제7조 규정의 취지에 비추어 외국판결에 의하여 몰수추징의 선고가 있었던 경우라도 관세법 제198조의 몰수할 수 없는 때에 해당한다 할 것이므로 그 물품의 범칙 당시의 국내도매가격에 상당한 금액을 피고인으로부터 추징하여야 마땅하다(대판 1977.5.24. 77도629).

⑦ 국내에 밀수입하여 관세포탈을 기도하다가 외국에서 적발되어 압수된 물품이 그 후 몰수되지 아니하고 피고인의 소유 또는 점유로 환원되었으나 몰수할 수 없게 되었다면 관세법 제198조에 의하여 범칙 당시의 국내 도매가격에 상당한 금액을 추징하여야 할 것이나, 동 물품이 외국에서 몰수되어 그 소유가 박탈되므로서 몰수할 수 없게 된 경우에는 위 법조에 의하여 추징할 수 없다(대판 1979.4.10. 78도831).

⑧ 형법 제134조는 뇌물에 공할 금품을 필요적으로 몰수하고 이를 몰수하기 불가능한 때에는 그 가액을 추징하도록 규정하고 있는바, 몰수는 특정된 물건에 대한 것이고 추징은 본래 몰수할 수 있었음을 전제로 하는 것임에 비추어 뇌물에 공할 금품이 특정되지 않았던 것은 몰수할 수 없고 그 가액을 추징할 수도 없다(대판 1996.5.8. 96도221).

⑨ 추징은 부가형이지만 징역형의 집행유예와 추징의 선고를 받은 사람에 대하여 징역형의 선고의 효력을 상실케 하는 동시에 복권하는 특별사면이 있은 경우에 추징에 대하여도 형 선고의 효력이 상실된다고 볼 수는 없다(대결 1996.5.14. 96모14).

> **판례** 추징의 가액산정

① 몰수하기 불능한 때에 추징하여야 할 가액은 범인이 그 물건을 보유하고 있다가 몰수의 선고를 받았더라면 잃었을 이득상당액을 의미한다고 보아야 할 것이므로 그 가액산정은 재판선고시의 가격을 기준으로 하여야 할 것이다(대판 1991.5.28. 91도352).

② 피고인이 범죄행위로 취득한 주식이, 판결 선고 전에 그 발행회사가 다른 회사에 합병됨으로써 판결 선고시의 주가를 알 수 없을 뿐만 아니라, 무상증자 받은 주식과 다시 매입한 주식까지 섞여서 처분되어 그 처분가액을 정확히 알 수 없는 경우, 주식의 시가가 가장 낮을 때를 기준으로 산정한 가액을 추징하여야 한다(대판 2005.7.15. 2003도4293).

③ [1] 몰수할 수 없는 때에 추징하여야 할 가액은 범인이 그 물건을 보유하고 있다가 몰수의 선고를 받았더라면 잃었을 이득상당액을 의미하므로, 다른 특별한 사정이 없는 한 그 가액산정은 재판선고 시의 가격을 기준으로 하여야 한다. [2] 변호사법 위반의 범행으로 금품을 취득한 경우 그 범행과정에서 지출한 비용은 그 금품을 취득하기 위하여 지출한 부수적 비용에 불과하고, 몰수하여야 할 것은 변호사법 위반의 범행으로 취득한 금품 그 자체이므로, 취득한 금품이 이미 처분되어 추징할 금원을 산정할 때 그 금품의 가액에서 위 지출 비용을 공제할 수는 없다(대판 2008.10.9. 2008도6944).

④ 몰수·추징은 수뢰자가 뇌물을 그대로 보관하다가 증뢰자에게 반환한 때에는 증뢰자로부터 할 것이지 수뢰자로부터 할 것은 아니다(대판 2020.6.11. 2020도2833).

⑤ 수인이 공모하여 뇌물을 수수하였을 경우에는 각자가 실제로 수수한 금품을 몰수하거나 이를 소비하여 몰수할 수 없는 경우에는 그 가액을 뇌물을 수수한 피고인들 개별적으로 추징할 것이며, 수수한 금품을 개별적으로 알 수 없는 경우에는 평등하게 몰수 또는 추징할 것이고, 피고인 전원으로부터 수수한 금품을 공동으로 몰수하거나 이를 추징할 수 없다(대판 1993.10.12. 93도2056,

대판 1975.4.22. 73도1963, 대판 1970.1.27. 69도2225).

⑥ 몰수하기 불능한 때에 추징하여야 할 가액은 범인이 그 물건을 보유하고 있다가 몰수의 선고를 받았더라면 잃게 될 이득상당액을 의미하므로, 추징하여야 할 가액이 몰수의 선고를 받았더라면 잃게 될 이득상당액을 초과하여서는 아니 된다(대판 2017.9.21. 2017도8611).

⑦ 「마약류 관리에 관한 법률」 제67조에 따른 추징에서 **추징할 메스암페타민의 가액은 매매알선 범행에 대하여는 실제 거래된 가격을, 교부범행에 대하여는 소매가격을, 투약범행에 대하여는 1회 투약분 가격을 기준으로 삼아 산정**하는 것이 타당하다(대판 2013.7.25. 2013도5971 참조)(대판 2021.4.29. 2021도1946).

판례 뇌물 등의 몰수와 추징

① 수뢰자가 뇌물을 그대로 보관하였다가 증뢰자에게 반환한 때에는 증뢰자로부터 몰수·추징할 것이므로 수뢰자로부터 추징함은 위법하다(대판 1984.2.28. 83도2783).

② 피고인들이 뇌물로 받은 돈을 그 후 다른사람에게 다시 뇌물로 공여하였다 하더라도 그 수뢰의 주체는 어디까지나 피고인들이고 그 수뢰한 돈을 다른 사람에게 공여한 것은 수뢰한 돈을 소비하는 방법에 지나지 아니하므로 피고인들로부터 그 수뢰액 전부를 각 추징하여야 한다(대판 1986.11.25. 86도1951).

③ 수뢰자가 자기앞수표를 뇌물로 받아 이를 소비한 후 자기앞수표 상당액을 증뢰자에게 반환하였다 하더라도 뇌물 그 자체를 반환한 것은 아니므로 이를 몰수할 수 없고 수뢰자로부터 그 가액을 추징하여야 할 것이다(대판 1999.1.29. 98도3584 등).

④ [1] 형법 제133조 제2항은 증뢰자가 뇌물에 공할 목적으로 금품을 제3자에게 교부하거나 또는 그 정을 알면서 교부받는 증뢰물전달행위를 독립한 구성요건으로 하여 이를 같은 조 제1항의 뇌물공여죄와 같은 형으로 처벌하는 규정으로서, 제3자의 증뢰물전달죄는 제3자가 증뢰자로부터 교부받은 금품을 수뢰할 사람에게 전달하였는지의 여부에 관계없이 제3자가 그 정을 알면서 금품을 교부받음으로써 성립하는 것이고, 본죄의 주체는 비공무원을 예정한 것이나 공무원일지라도 직무와 관계되지 않는 범위 내에서는 본죄의 주체에 해당될 수 있다 할 것이므로, 피고인이 자신의 공무원으로서의 직무와는 무관하게 군의관 등의 직무에 관하여 뇌물에 공할 목적의 금품이라는 정을 알고 이를 전달해준다는 명목으로 취득한 경우라면 제3자뇌물취득죄가 성립된다. [2] (중략) 공무원의 직무에 속한 사항의 알선에 관하여 금품을 받고 그 금품 중의 일부를 받은 취지에 따라 청탁과 관련하여 관계 공무원에게 뇌물로 공여하거나 다른 알선행위자에게 청탁의 명목으로 교부한 경우에는 그 부분의 이익은 실질적으로 범인에게 귀속된 것이 아니어서 이를 제외한 나머지 금품만을 몰수하거나 그 가액을 추징하여야 한다(대판 2002.6.14. 2002도1283).

⑤ 형법은 제357조 제1항에서 배임수재죄를, 제2항에서 배임증재죄를 규정하고, 이어 제3항에서 "범인이 취득한 제1항의 재물은 몰수한다. 그 재물을 몰수하기 불능하거나 재산상의 이익을 취득한 때에는 그 가액을 추징한다."라고 규정하고 있다. (중략) 수재자가 증재자로부터 받은 재물을 그대로 가지고 있다가 증재자에게 반환하였다면 증재자로부터 이를 몰수하거나 그 가액을 추징하여야 한다(대판 2017.4.7. 2016도18104).

⑥ 수인이 공동으로 수재한 경우에는 그 분배받은 금원, 즉 실질적으로 귀속된 이익금만을 개별적으

로 몰수·추징하도록 하여야 하고, 그 분배받은 금원을 확정할 수 없을 때에는 이를 평등하게 분할한 금원을 몰수·추징하여야 한다. 그리고 여기서의 범인에는 공동정범자 뿐만 아니라 종범 또는 교사범도 포함되고 소추여부를 불문한다(대판 2001.3.9. 2000도794).

> **판례** **특별법상 징벌적 추징**

① 외국환관리법상의 몰수와 추징은 일반 형사법의 경우와 달리 범죄사실에 대한 징벌적 제재의 성격을 띠고 있다고 할 것이므로, 여러 사람이 공모하여 범칙행위를 한 경우 몰수대상인 외국환 등을 몰수할 수 없을 때에는 각 범칙자 전원에 대하여 그 취득한 외국환 등의 가액 전부의 추징을 명하여야 하고, 그 중 한 사람이 추징금 전액을 납부하였을 때에는 다른 사람은 추징의 집행을 면할 것이나, 그 일부라도 납부되지 아니하였을 때에는 그 범위 내에서 각 범칙자는 추징의 집행을 면할 수 없다(대판 1998.5.21. 95도2002 전원합의체).

② [1] 마약류관리에관한법률 제67조에 의한 몰수나 추징은 범죄행위로 인한 이득의 박탈을 목적으로 하는 것이 아니라 징벌적 성질의 처분이므로, 그 범행으로 인하여 이득을 취득한 바 없다 하더라도 법원은 그 가액의 추징을 명하여야 하고, 그 추징의 범위에 관하여는 죄를 범한 자가 여러 사람일 때에는 각자에 대하여 그가 취급한 범위 내에서 의약품 가액 전액의 추징을 명하여야 한다. [2] 히로뽕을 수수하여 그 중 일부를 직접 투약한 경우에는 수수한 히로뽕의 가액만을 추징할 수 있고 직접 투약한 부분에 대한 가액을 별도로 추징할 수 없다(대판 2001.12.28. 2001도5158 등).

③ 관세법상 몰수·추징은 관세법위반에 대한 제재로서 여러 범칙자에 대하여 추징을 명할 경우 각 범칙자에 대하여 그 가액 전부의 추징을 명하여야 하는 것이므로, (후략) (대판 2002.12.6. 2000도3581)

④ 특정경제범죄가중처벌등에관한법률 제10조 제3항, 제1항에 의한 몰수·추징은 (중략) 재산국외도피 사범에 대한 징벌의 정도를 강화하여 범행 대상인 재산을 필요적으로 몰수하고 그 몰수가 불능인 때에는 그 가액을 납부하게 하는 소위 징벌적 성격의 처분이라고 보는 것이 상당하므로 그 도피재산이 피고인들이 아닌 회사의 소유거나 피고인들이 이를 점유하고 그로 인하여 이득을 취한 바가 없다고 하더라도 피고인들 모두에 대하여 그 도피재산의 가액 전부의 추징을 명하여야 한다(대판 2005.4.29. 2002도7262).

⑤ 마약류 관리에 관한 법률상의 추징은 범죄행위로 인한 이득의 박탈을 목적으로 하는 것이 아니라 징벌적 성질을 가진 처분이므로 그 범행으로 인하여 이득을 취한 바 없다 하더라도 법원은 가액의 추징을 명하여야 할 뿐 아니라, 소유자나 최종소지인 뿐만 아니라 동일한 향정신성의약품을 취급한 자들에 대하여 그 취급한 범위 내에서 가격 전부의 추징을 명하여야 한다(대판 2007.3.15. 2006도9314).

⑥ 밀항단속법상의 몰수와 추징은 일반 형사법과 달리 범죄사실에 대한 징벌적 제재의 성격을 띠고 있으므로, 여러 사람이 공모하여 죄를 범하고도 몰수대상인 수수 또는 약속한 보수를 몰수할 수 없을 때에는 공범자 전원에 대하여 그 보수액 전부의 추징을 명하여야 한다(대판 2008.10.9. 2008도7034).

⑦ 마약류 관리에 관한 법률에 따른 추징에서 그 소유자나 최종소지인으로부터 마약류 전부 또는 일부를 몰수하였다면 다른 취급자들과의 관계에 있어서 이를 몰수한 것과 마찬가지이므로 다른 취급자들에 대하여는 몰수된 마약류의 가액을 추징할 수 없다(대판 2016.6.9. 2016도4927).

V. 명예형

> **제43조(형의 선고와 자격상실, 자격정지)** ① 사형, 무기징역 또는 무기금고의 판결을 받은 자는 다음에 기재한 자격을 상실한다.
> 1. 공무원이 되는 자격
> 2. 공법상의 선거권과 피선거권
> 3. 법률로 요건을 정한 공법상의 업무에 관한 자격
> 4. 법인의 이사, 감사 또는 지배인 기타 법인의 업무에 관한 검사역이나 재산관리인이 되는 자격
>
> ② 유기징역 또는 유기금고의 판결을 받은 자는 그 형의 집행이 종료하거나 면제될 때까지 전항 제1호 내지 제3호에 기재된 자격이 정지된다. 다만, 다른 법률에 특별한 규정이 있는 경우에는 그 법률에 따른다.
>
> **제44조(자격정지)** ① 전조에 기재한 자격의 전부 또는 일부에 대한 정지는 1년 이상 15년 이하로 한다.
> ② 유기징역 또는 유기금고에 자격정지를 병과한 때에는 징역 또는 금고의 집행을 종료하거나 면제된 날로부터 정지기간을 기산한다.

1. 명예형의 의의

범인의 명예 또는 자격을 박탈하는 것을 내용으로 하는 형벌이다.

2. 자격상실

사형·무기징역 또는 무기금고의 판결이 있으면 ① 공무원이 되는 자격, ② 공무원의 선거권과 피선거권, ③ 법률로 요건을 정한 공법상의 업무에 관한 자격, ④ 법인의 이사·감사 또는 지배인 기타 법인의 업무에 관한 검사역이나 재산관리인이 되는 자격을 상실한다(제43조 제1항).

3. 자격정지

일정한 기간 동안 일정한 자격의 전부 또는 일부를 정지시키는 것을 내용으로 하는 명예형이다. 자격정지는 ① 유기징역 또는 유기금고의 판결을 받은 자의 일정한 자격이 그 형의 집행이 종료하거나 면제될 때까지 정지되는 당연정지(제43조 제2항)와 ② 판결에 의해 자격의 전부 또는 일부를 정지시키는 선고정지가 있다(제44조).

선고정지의 경우 자격정지기간은 1년 이상 15년 이하이고(제44조 제1항), 그 기산점은 자격정지가 선택형인 때에는 판결이 확정된 날, 유기징역 또는 유기금고에 병과한 때에는 그 집행을 종료하거나 면제된 날부터이다(같은 조 제2항).

VI. 형의 경중

> **제50조(형의 경중)** ① 형의 경중은 제41조 각 호의 순서에 따른다. 다만, 무기금고와 유기징역은 무기금고를 무거운 것으로 하고 유기금고의 장기가 유기징역의 장기를 초과하는 때에는 유기금고를 무거운 것으로 한다.
> ② 같은 종류의 형은 장기가 긴 것과 다액이 많은 것을 무거운 것으로 하고 장기 또는 다액이 같은 경우에는 단기가 긴 것과 소액이 많은 것을 무거운 것으로 한다.

> ③ 제1항 및 제2항을 제외하고는 죄질과 범정을 고려하여 경중을 정한다.

형의 경중은 제41조 각 호의 순서에 따른다. 다만, 무기금고와 유기징역은 무기금고를 무거운 것으로 하고 유기금고의 장기가 유기징역의 장기를 초과하는 때에는 유기금고를 무거운 것으로 한다(제50조 제1항).

같은 종류의 형은 장기가 긴 것과 다액이 많은 것을 무거운 것으로 하고 장기 또는 다액이 같은 경우에는 단기가 긴 것과 소액이 많은 것을 무거운 것으로 한다(제50조 제2항).

위와 같은 경우를 제외하고는 죄질과 범정을 고려하여 경중을 정한다(제50조 제3항).

제2절 형의 양정

I. 형의 양정의 의의 및 단계

법관이 구체적인 행위자에 대하여 선고할 형을 정하는 것을 형의 양정 또는 형의 적용이라고 한다.

1. 법정형

개개의 구성요건에 규정되어 있는 형벌을 말하며, 이는 구체적인 형의 선택을 위한 일차적 기준이 된다. 형법은 상대적 법정형을 원칙으로 하고 있고, 여적죄(제93조)에 관하여만 절대적 법정형(사형)을 규정하고 있다.

2. 처단형

법정형이 처단의 범위로 구체화된 형을 말한다. 즉 법정형에 선택할 형종이 있는 경우에는 먼저 형종을 선택하고 그 형에 필요한 가중·감경을 한 형이 처단형이다. 이는 선고형의 최종적인 기준이 된다.

3. 선고형

법원이 처단형의 범위 내에서 구체적으로 형을 양정하여 당해 피고인에게 선고하는 형을 말한다. 형법은 정기형을 원칙으로 하고 있다. 절대적 부정기형은 죄형법정주의에 반하므로 허용되지 않으나, 상대적 부정기형은 허용된다(소년법 제60조 참조).

II. 형의 가중·감경·면제

1. 형의 가중과 감경

가. 형의 가중

형법상 형의 가중은 법률상의 가중만 인정되고 재판상의 가중은 인정되지 않는다(죄형법정주의). 또한 형법은 필요적 가중만 인정하고 임의적 가중은 인정하지 않는다.

나. 형의 감경

1) 법률상의 감경

법률의 규정에 의하여 형이 감경되는 경우를 말하며, 형법은 **필요적 감경사유와 임의적 감경사유**를 규정하고 있다.

2) 재판상의 감경 – 정상참작감경

> **제53조(정상참작감경)** 범죄의 정상에 참작할 만한 사유가 있는 경우에는 그 형을 감경할 수 있다.

법률상의 감경사유가 없는 경우에도 **법원은 정상에 특히 참작할 만한 사유가 있는 경우에 그 형을 감경할 수 있다**(제53조). 이를 정상참작감경(작량감경)이라고 한다.

정상참작감경 역시 형법 제55조에서 정하는 감경방법에 따라야 하고(64도454), 법률상 감경과 달리 정상참작감경사유가 여러 개 있는 경우에도 거듭 감경할 수는 없다(63도410).

> **판례** **정상참작감경**
>
> ① 하나의 죄에 대하여 징역형과 벌금형을 병과하여야 할 경우에 특별한 규정이 없는 한 징역형에만 작량감경을 하고 벌금형에는 작량감경을 하지 않는 것은 위법하다(대판 2011.5.26. 2011도3161).
>
> ② 형법 제56조는 형을 가중 감경할 사유가 경합된 경우 가중 감경의 순서를 정하고 있고, 이에 따르면 법률상 감경을 먼저하고 마지막으로 작량감경을 하게 되어 있으므로, 법률상 감경사유가 있을 때에는 작량감경보다 우선하여 하여야 할 것이고, 작량감경은 이와 같은 법률상 감경을 다하고도 그 처단형보다 낮은 형을 선고하고자 할 때에 하는 것이 옳다(대판 1994.3.8. 93도3608, 대판 1991.6.11. 91도985).
>
> ③ 형법 제38조 제1항 제3호에 의하여 징역형과 벌금형을 병과하는 경우에는 각 형에 대한 범죄의 정상에 차이가 있을 수 있으므로 징역형에만 작량감경을 하고 벌금형에는 작량감경을 하지 아니하였다고 하여 이를 위법하다고 할 수 없다(대판 2006.3.23. 2006도1076).
>
> ④ 형법 제38조 제1항 제1호는 경합범 중 가장 중한 죄에 정한 형이 사형 또는 무기징역이나 무기금고인 때에는 가장 중한 죄에 정한 형으로 처벌하도록 규정하고 있으므로, 경합범 중 가장 중한 죄의 소정형에서 무기징역형을 선택한 이상 무기징역형으로만 처벌하고 따로이 경합범가중을 하거나 가장 중한 죄가 누범이라 하여 누범가중을 할 수 없음은 더 말할 나위도 없고, 위와 같이 무기징역형을 선택한 후 형법 제56조 제6호의 규정에 의하여 작량감경을 하는 경우에는 같은 법 제55조 제1항 제2호의 규정에 의하여 7년 이상의 징역으로 감형되는 한편, 같은 법 제42조의 규정에 의하여 유기징역형의 상한은 15년이므로 15년을 초과한 징역형을 선고할 수 없다(대판 1992.10.13. 92도1428 전원합의체).

법률상의 가중사유	일반적 가중사유	특수교사·방조 가중(제34조 제2항), 경합범 가중(제38조), 누범가중(제35조)
	특수한 가중사유	상습범 가중(아편에 관한 죄, 상해와 폭행의 죄, 체포와 감금의 죄, 협박의 죄, 절도와 강도의 죄, 사기와 공갈의 죄), 특수공무방해죄(제144조), 특수체포·감금죄(제278조)

법률상의 감면사유	필요적 감면사유	중지미수(제26조), 자수의 특례(내란죄, 내란목적살인죄, 외환의 죄, 외국에 대한 사전죄, 폭발물사용죄, 현주건조물방화죄, 공용건조물방화죄, 타인소유일반건조물방화죄, 폭발성물건파열죄, 가스·전기방류죄, 가스·전기공급방해죄, 통화위조·변조죄, 위증죄, 모해위증죄, 허위감정·통역·번역죄, 무고죄)
	필요적 감경사유	청각 및 언어 장애인(제11조), 종범(제32조)
	임의적 감면사유	과잉방위(제21조 제2항), 과잉피난(제22조 제3항), 과잉자구행위(제23조 제2항), 불능미수(제27조), 자수와 자복(제52조 제1항)
	임의적 감경사유	심신미약자(제10조 제2항), 장애미수(제25조), 피약취·유인·매매된 자의 석방(제295조의2), 해방감경(제324조의6)

2. 형의 면제

형의 면제란 범죄가 성립하여 형벌권은 발생하였으나 일정한 사유로 인하여 형벌을 과하지 않는 경우를 말한다. 형 면제판결은 유죄판결의 일종이고, 법률규정이 있는 경우에 한하여 할 수 있다. 필요적 면제 사유로는 중지미수(제26조)가 있고, 임의적 면제 사유로는 불능미수(제27조), 과잉피난(제22조 제3항), 과잉자구행위(제23조 제2항), 자수 및 자복(제52조) 등이 있다. 이들 모두 감경과 택일적으로 규정되어 있다.

3. 자수와 자복

> **제52조(자수, 자복)** ① 죄를 지은 후 수사기관에 자수한 경우에는 형을 감경하거나 면제할 수 있다.
> ② 피해자의 의사에 반하여 처벌할 수 없는 범죄의 경우에는 피해자에게 죄를 자복하였을 때에도 형을 감경하거나 면제할 수 있다.

자수란 자발적으로 자신의 범죄사실을 수사기관에 신고하여 소추를 구하는 의사표시를 말하고, 자복이란 반의사불벌죄에 있어서 범인이 피해자에게 자신의 범죄를 고백하는 것을 말한다.

형법은 자수한 경우와 자복한 경우를 모두 임의적 감면사유로 규정하고 있다(형법 제52조).

> **판례** 자수와 자복
> ① 범죄사실과 범인이 누구인가가 발각된 후라 하더라도 범인이 자발적으로 자기의 범죄사실을 수사기관에 신고한 경우에는 이를 자수로 보아야 한다(대판 1965.10.5. 65도597).
> ② 제52조 제1항의 자수라 함은 범인이 스스로 수사책임이 있는 관서에 자기의 범행을 고하고 그 처분을 구하는 의사표시를 하는 것을 말하고, 가령 수사기관의 직무상의 질문 또는 조사에 응하여 범죄사실을 진술하는 것은 자백일 뿐 자수로는 되지 않는다(대판 1982.9.28. 82도1965).
> ③ 경찰관에게 검거되기 전에 친지에게 전화로 자수의사를 전달하였더라도 그것만으로는 자수로 볼 수 없다(대판 1985.9.24. 85도1489).
> ④ 수사기관에 자진출석하여 범죄사실을 자백한 경우는 형법상 자수에 해당한다(대판 1994.5.10. 94도659).

⑤ 피고인이 수사기관에 자진 출석하여 처음 조사를 받으면서는 돈을 차용하였을 뿐이라며 범죄사실을 부인하다가 제2회 조사를 받으면서 비로소 업무와 관련하여 돈을 수수하였다고 자백한 행위를 자수라고 할 수 없고, 설령 자수하였다고 하더라도 자수한 이에 대하여는 법원이 임의로 형을 감경할 수 있음에 불과한 것으로서 원심이 자수의 착오 주장에 대하여 판단하지 아니하였다 하여 위법하다고 할 수 없다고 한 사례(대판 2011.12.22. 2011도12041)

⑥ 자수서를 소지하고 수사기관에 자발적으로 출석하였으나 자수서를 제출하지 아니하고 범행사실도 부인하였다면 자수가 성립하지 아니하고, 그 이후 구속까지 된 상태에서 자수서를 제출하고 범행사실을 시인한 것을 자수에 해당한다고 인정할 수 없다고 한 사례(대판 2004.10.14. 2003도3133)

⑦ 객관적 사실을 자발적으로 수사기관에의 신고가 자발적이라고 하더라도 그 신고의 내용이 자기의 범행을 부인하는 등의 내용으로 자기의 범행으로서 범죄성립요건을 갖추지 아니한 사실일 경우에는 자수는 성립하지 아니하며, 수사기관의 직무상의 질문 또는 조사에 응하여 범죄사실을 진술하는 것은 자백일 뿐 자수로는 되지 않는다(대판 2004.6.24. 2004도2003).

⑧ 피고인이 검찰의 소환에 따라 자진 출석하여 검사에게 범죄사실에 관하여 자백함으로써 형법상 자수의 효력이 발생하였다면, 그 후에 검찰이나 법정에서 범죄사실을 일부 부인하였다고 하더라도 일단 발생한 자수의 효력이 소멸하는 것은 아니다(대판 2002.8.23. 2002도46).

⑨ 세관 검색시 금속탐지기에 의해 대마 휴대사실이 발각될 상황에서 세관 검색원의 추궁에 의하여 대마 수입 범행을 시인한 경우, 자발성이 결여되어 자수에 해당하지 않는다(대판 1999.4.13. 98도4560).

⑩ 범죄사실을 부인하거나 죄의 뉘우침이 없는 자수는 그 외형은 자수일지라도 법률상 형의 감경 사유가 되는 진정한 자수라고는 할 수 없다(대판 1994.10.14. 94도2130).

⑪ 법인의 직원 또는 사용인이 위반행위를 하여 양벌규정에 의하여 법인이 처벌받는 경우, 법인에게 자수감경에 관한 형법 제52조 제1항의 규정을 적용하기 위하여는 법인의 이사 기타 대표자가 수사책임이 있는 관서에 자수한 경우에 한하고, 그 위반행위를 한 직원 또는 사용인이 자수한 것만으로는 위 규정에 의하여 형을 감경할 수 없다(대판 1995.7.25. 95도391).

4. 형의 가감례

제54조(선택형과 정상참작감경) 한 개의 죄에 정한 형이 여러 종류인 때에는 먼저 적용할 형을 정하고 그 형을 감경한다.

제56조(가중·감경의 순서) 형을 가중·감경할 사유가 경합하는 경우에는 다음 각 호의 순서에 따른다.
1. 각칙 조문에 따른 가중
2. 제34조제2항에 따른 가중
3. 누범 가중
4. 법률상 감경
5. 경합범 가중
6. 정상참작감경

> **제55조(법률상의 감경)** ① 법률상의 감경은 다음과 같다.
> 1. 사형을 감경할 때에는 무기 또는 20년 이상 50년 이하의 징역 또는 금고로 한다.
> 2. 무기징역 또는 무기금고를 감경할 때에는 10년 이상 50년 이하의 징역 또는 금고로 한다.
> 3. 유기징역 또는 유기금고를 감경할 때에는 그 형기의 2분의 1로 한다.
> 4. 자격상실을 감경할 때에는 7년 이상의 자격정지로 한다.
> 5. 자격정지를 감경할 때에는 그 형기의 2분의 1로 한다.
> 6. 벌금을 감경할 때에는 그 다액의 2분의 1로 한다.
> 7. 구류를 감경할 때에는 그 장기의 2분의 1로 한다.
> 8. 과료를 감경할 때에는 그 다액의 2분의 1로 한다.
> ② 법률상 감경할 사유가 수개 있는 때에는 거듭 감경할 수 있다.

가. 형의 가중·감경의 순서

1) 형종의 선택

한 개의 죄에 정한 형이 여러 종류인 때에는 먼저 적용할 형을 정하고 그 형을 감경한다(제54조).

2) 가중·감경사유가 경합하는 경우

형을 가중·감경할 사유가 경합하는 경우에는 ① 각칙 조문에 따른 가중, ② 제34조 제2항(특수교사·방조)에 따른 가중, ③ 누범 가중, ④ 법률상 감경, ⑤ 경합범 가중, ⑥ 정상참작감경의 순서에 따른다(제56조).

나. 형의 가중·감경의 정도 및 방법

1) 형의 가중 정도

유기징역이나 유기금고를 가중하는 경우에는 50년까지로 하며(제42조 단서), 누범·경합범 및 특수교사·방조와 같은 일반적 가중사유의 가중 정도는 별도로 규정되어 있다(제35조, 제38조, 제34조 제2항).

> **판례** **상습범 가중**
> - 형법은 제264조에서 상습으로 제258조의2의 죄를 범한 때에는 그 죄에 정한 형의 2분의 1까지 가중한다고 규정하고, (중략) 형법 제264조에서 상습범을 가중처벌하는 입법 취지 등을 종합하면, 형법 제264조는 상습특수상해죄를 범한 때에 형법 제258조의2 제1항에서 정한 법정형의 단기와 장기를 모두 가중하여 1년 6개월 이상 15년 이하의 징역에 처한다는 의미로 새겨야 한다(대판 2017.6.29. 2016도18194).

2) 형의 감경 정도 및 방법

법률상 감경은 제55조 제1항에 의하고, 그 사유가 수개 있는 때에는 거듭 감경할 수 있다(제55조 제2항). 정상참작감경 역시 법률상의 감경례에 준하여 감경한다. 다만, 작량감경의 사유가 수개 있는 경우라도 거듭 감경할 수 없다.

> **판례** 법률상 감경

① 형법 제55조 제1항 제6호의 벌금을 감경할 때의 「다액」의 2분의 1이라는 문구는 「금액」의 2분의 1이라고 해석하여 그 상한과 함께 하한도 2분의 1로 내려가는 것으로 해석하여야 한다(대판 1978.4.25. 78도246 전원합의체).

② 형법 제55조 제1항 제3호에 의하여 형기를 감경할 경우 여기서의 형기라 함은 장기와 단기를 모두 포함하는 것으로서 당해 처벌조항에 장기 또는 단기의 정함이 없을 때에는 형법 제42조에 의하여 장기는 15년, 단기는 1월이라고 볼 것이어서 형법 제250조의 소정 형 중 5년 이상의 유기징역형을 선택한 이상 그 장기는 15년이므로 법률상 감경을 한다면 장기 7년 6월, 단기 2년 6월의 범위 내에서 처단형을 정하여야 한다(대판 1983.11.8. 83도2370).

③ 법관은 형의 양정을 할 때 법정형에서 형의 가중·감경 등을 거쳐 형성된 처단형의 범위 내에서만 양형의 조건을 참작하여 선고형을 결정해야 한다. (중략) 임의적 감경사유의 존재가 인정되고 법관이 그에 따라 징역형에 대해 법률상 감경을 하는 이상 형법 제55조 제1항 제3호에 따라 상한과 하한을 모두 2분의 1로 감경한다(대판 2021.1.21. 2018도5475 전원합의체).

III. 양형

1. 양형의 의의

양형이란 법원이 법정형에 법률상의 가중·감경 또는 정상참작감경을 한 처단형의 범위에서 구체적으로 선고할 형을 정하는 것을 말한다. 양형부당은 형사소송법상 항소이유가 되고(형소법 제361조의5) 사형·무기 또는 10년 이상의 징역이나 금고가 선고된 사건에 있어서 형의 양정이 심히 부당하다고 인정할 현저한 사유가 있는 때에는 상고이유가 된다(형소법 제383조 제4호).

> **판례** 양형판단의 법적 성질

- [1] 양형의 조건에 관한 형법 제51조는 형을 정하는 데 참작할 사항을 정하고 있다. 형을 정하는 것은 법원의 재량사항이므로, 형사소송법 제383조 제4호에 따라 사형·무기 또는 10년 이상의 징역·금고가 선고된 사건에서 양형의 당부에 관한 상고이유를 심판하는 경우가 아닌 이상, 사실심법원이 양형의 기초 사실에 관하여 사실을 오인하였다거나 양형의 조건이 되는 정상에 관하여 심리를 제대로 하지 않았다는 주장은 적법한 상고이유가 아니다. [2] 사실심법원의 양형에 관한 재량도, 범죄와 형벌 사이에 적정한 균형이 이루어져야 한다는 죄형 균형 원칙이나 형벌은 책임에 기초하고 그 책임에 비례하여야 한다는 책임주의 원칙에 비추어 피고인의 공소사실에 나타난 범행의 죄책에 관한 양형판단의 범위에서 인정되는 내재적 한계를 가진다(대판 2020.9.3. 2020도8358).[20]

---

[20] 원심판결 이유 중 '양형의 이유'란에 피고인에게 공소가 제기되지 않았고 따로 양형조건도 될 수 없는 사실인 메트암페타민 '판매'가 양형 사유처럼 기재된 부분이 있는 사안에서, 원심이 제1심과 비교하여 양형의 조건에 실질적인 변화가 없는 상태에서 필로폰 '판매'를 양형 사유로 기재하지 않은 제1심과 같은 형을 정하여 선고한 점 등에 비추어 위 필로폰 판매 사실을 핵심적인 형벌가중적 양형조건으로 삼아 양형에 반영하였다고 보기 어려우므로, 원심이 피고인에 대하여 사실상 공소가 제기되지 않은 필로폰 판매 범행을 추가로 처벌한 것과 같은 실질에 이르렀다고 볼 수 없어 원심의 양형판단에 죄형 균형 원칙이나 책임주의 원칙의 본질적 내용을 침해하여 판결에

2. 양형의 조건

> **제51조(양형의 조건)** 형을 정함에 있어서는 다음 사항을 참작하여야 한다.
> 1. 범인의 연령, 성행, 지능과 환경
> 2. 피해자에 대한 관계
> 3. 범행의 동기, 수단과 결과
> 4. 범행 후의 정황

양형에 있어서 참작하여야 할 조건으로 ① 범인의 연령·성행·지능과 환경, ② 피해자와의 관계, ③ 범행의 동기·수단과 결과, ④ 범행 후의 정황이 있다(제51조).

구성요건의 불법과 책임을 근거 지우거나 가중·감경사유가 된 상황은 다시 양형의 자료가 될 수 없다(이중평가의 금지).

> **판례** 진술거부권 행사를 가중적 양형의 조건으로 참작할 수 있는지 여부
>
> - 형법 제51조 제4호에서 양형의 조건의 하나로 정하고 있는 범행 후의 정황 가운데에는 형사소송절차에서의 피고인의 태도나 행위를 들 수 있는데, 모든 국민은 형사상 자기에게 불리한 진술을 강요당하지 아니할 권리가 보장되어 있으므로(헌법 제12조 제2항), 형사소송절차에서 피고인은 방어권에 기하여 범죄사실에 대하여 진술을 거부하거나 거짓 진술을 할 수 있고, 이 경우 범죄사실을 단순히 부인하고 있는 것이 죄를 반성하거나 후회하고 있지 않다는 인격적 비난요소로 보아 가중적 양형의 조건으로 삼는 것은 결과적으로 피고인에게 자백을 강요하는 것이 되어 허용될 수 없다고 할 것이나, 그러한 태도나 행위가 피고인에게 보장된 방어권 행사의 범위를 넘어 객관적이고 명백한 증거가 있음에도 진실의 발견을 적극적으로 숨기거나 법원을 오도하려는 시도에 기인한 경우에는 가중적 양형의 조건으로 참작될 수 있다(대판 2020.9.3. 2020도8358).

Ⅳ. 판결선고 전 구금과 판결의 공시

1. 판결선고 전 구금일수의 산입

> **제57조(판결선고전 구금일수의 통산)** ① 판결선고전의 구금일수는 그 전부를 유기징역, 유기금고, 벌금이나 과료에 관한 유치 또는 구류에 산입한다.
> ② 전항의 경우에는 구금일수의 1일은 징역, 금고, 벌금이나 과료에 관한 유치 또는 구류의 기간의 1일로 계산한다.

판결선고 전의 구금(미결구금)이란 범죄의 혐의를 받는 자를 재판이 확정될 때까지 구금하는 것을 말하며, 형법은 그 구금일수의 전부를 유기징역·유기금고·벌금형이나 과료에 관한 유치 또는 구류에 산입하도록 하고 있다(제57조 제1항, 필요적 전부산입). 이 경우에 구금일수의 1일은 징역·금고·벌금이나 과료에 관한 유치 또는 구류기간의 1일로 계산한다(같은 조 제2항).

영향을 미친 잘못이 없다고 판단한 사례

> **판례** 판결선고 전 구금일수의 산입

① 형의 집행과 구속영장의 집행이 경합하고 있는 경우에는 구속 여부와 관계없이 피고인 또는 피의자는 형의 집행에 의하여 구금을 당하고 있는 것이어서, 구속은 관념상은 존재하지만 사실상은 형의 집행에 의한 구금만이 존재하는 것에 불과하므로 이것을 통산한다면 하나의 구금으로써 두 개의 자유형의 집행을 동시에 하는 것과 같게 되는 불합리한 결과가 되어 피고인에게 부당한 이익을 부여하게 되므로, 이러한 경우의 미결구금은 본형에 통산하여서는 아니 된다(대판 2001.10.26. 2001도4583).

② 판결선고 당일에 집행유예, 선고유예, 벌금형 등의 선고나 보석, 구속취소 등으로 인하여 그날 중으로 석방된 피고인이 바로 당일에 상소를 제기한 경우에는 그 선고 당일(석방된 당일)의 구금일수 1일은 상소심의 재정통산의 대상이 된다고 할 것이고, 상소심은 재정통산의 대상이 되는 미결구금일수가 있을 때에는 반드시 그 전부 또는 일부를 본형에 산입하여야 하는 것이므로 그 경우 위 미결구금일수 1일을 반드시 본형에 산입하는 선고를 하여야 한다(대판 2006.2.10. 2005도6246).

③ 피고인이 수사기관에 의해 체포되었다가 당일 석방된 경우, 피고인에 대하여 벌금형을 선고하면서 위 미결구금일수를 노역장유치기간에 산입하여야 함에도 이를 산입하지 아니한 것이 위법하다(대판 2007.2.9. 2006도7837).

④ 피고인이 미결구금일수로서 본형에의 산입을 요구하는 일수는 공소의 목적을 달성하기 위하여 어쩔 수 없이 이루어진 강제처분기간이 아니라, '대한민국 정부와 미합중국 정부 간의 범죄인인도조약'에 따라 체포된 후 인도절차를 밟기 위한 기간에 불과하여 형법 제57조에 의하여 본형에 산입될 미결구금일수에 해당하지 않는다(대판 2009.5.28. 2009도1446).

⑤ 형법 제7조는 (중략) 여기서 '외국에서 형의 전부 또는 일부가 집행된 사람'이란 문언과 취지에 비추어 '외국 법원의 유죄판결에 의하여 자유형이나 벌금형 등 형의 전부 또는 일부가 실제로 집행된 사람'을 말한다고 해석하여야 한다. 따라서 형사사건으로 외국 법원에 기소되었다가 무죄판결을 받은 사람은, 설령 그가 무죄판결을 받기까지 상당 기간 미결구금되었더라도 이를 유죄판결에 의하여 형이 실제로 집행된 것으로 볼 수는 없으므로, '외국에서 형의 전부 또는 일부가 집행된 사람'에 해당한다고 볼 수 없고, 그 미결구금 기간은 형법 제7조에 의한 산입의 대상이 될 수 없다(대판 2017.8.24. 2017도5977 전원합의체).

2. 판결의 공시

> **제58조(판결의 공시)** ① 피해자의 이익을 위하여 필요하다고 인정할 때에는 피해자의 청구가 있는 경우에 한하여 피고인의 부담으로 판결공시의 취지를 선고할 수 있다.
> ② 피고사건에 대하여 무죄의 판결을 선고하는 경우에는 무죄판결공시의 취지를 선고하여야 한다. 다만, 무죄판결을 받은 피고인이 무죄판결공시 취지의 선고에 동의하지 아니하거나 피고인의 동의를 받을 수 없는 경우에는 그러하지 아니하다.
> ③ 피고사건에 대하여 면소의 판결을 선고하는 경우에는 면소판결공시의 취지를 선고할 수 있다.

피해자의 이익이나 명예회복을 위하여 판결의 선고와 함께 그 전부 또는 일부를 관보나 일간신문 등을 통하여 공적으로 주지시키는 제도이다.

피해자의 이익을 위하여 필요하다고 인정할 때에는 피해자의 청구가 있는 경우에 한하여 피고인의 부담으로 판결공시의 취지를 선고할 수 있으며(제58조 제1항), 피고사건에 대하여 무죄의 판결을 선고하는 경우에는 무죄판결공시의 취지를 선고하여야 한다. 다만, 무죄판결을 받은 피고인이 무죄판결공시 취지의 선고에 동의하지 아니하거나 피고인의 동의를 받을 수 없는 경우에는 그러하지 아니하다(같은 조 제2항). 또한, 피고사건에 대하여 면소의 판결을 선고하는 경우에는 면소판결공시의 취지를 선고할 수 있다(같은 조 제3항).

제3절 누범

> **제35조(누범)** ① 금고 이상의 형을 선고받아 그 집행이 종료되거나 면제된 후 3년 내에 금고 이상에 해당하는 죄를 지은 사람은 누범으로 처벌한다.
> ② 누범의 형은 그 죄에 대하여 정한 형의 장기의 2배까지 가중한다.
>
> **제36조(판결선고후의 누범발각)** 판결선고후 누범인 것이 발각된 때에는 그 선고한 형을 통산하여 다시 형을 정할 수 있다. 단, 선고한 형의 집행을 종료하거나 그 집행이 면제된 후에는 예외로 한다.

I. 누범의 의의

형법상의 누범이란 금고 이상의 형을 선고받아 그 집행이 종료되거나 면제된 후 3년 내에 금고 이상에 해당하는 죄를 범한 경우를 의미한다(제35조 제1항).

> **판례** 누범과 상습범의 구별
> - 상습범과 누범은 서로 다른 개념으로서 누범에 해당한다고 하여 반드시 상습범이 되는 것이 아니며, 반대로 상습범에 해당한다고 하여 반드시 누범이 되는 것도 아니다. 또한, 행위자책임에 형벌가중의 본질이 있는 상습범과 행위책임에 형벌가중의 본질이 있는 누범을 단지 평면적으로 비교하여 그 경중을 가릴 수는 없고, 사안에 따라서는 폭력행위 등 처벌에 관한 법률 제3조 제4항에 정한 누범의 책임이 상습범의 경우보다 오히려 더 무거운 경우도 얼마든지 있을 수 있다. 이상과 같은 점을 고려하면, 같은 법 제3조 제4항의 누범에 대하여 같은 법 제3조 제3항의 상습범과 동일한 법정형을 정하였다고 하여 이를 두고 평등원칙에 반하는 위헌적인 규정이라고 할 수는 없다(대판 2007.8.23. 2007도4913).

II. 누범가중의 요건

1. 전범에 관한 요건

가. 금고 이상의 형을 선고 받아야 한다.

여기서 금고 이상의 형이란 선고형을 의미하며, 유효하여야 한다. 따라서 일반사면을 받거나 집행유예기간을 경과한 경우에는 누범전과가 될 수 없다.

> 판례 **누범전과에 해당하는 경우**

① 복권은 사면의 경우와 같이 형의 언도의 효력을 상실시키는 것이 아니고, 다만 형의 언도의 효력으로 인하여 상실 또는 정지된 자격을 회복시킴에 지나지 아니하는 것이므로 복권이 있었다고 하더라도 그 전과사실은 누범가중사유에 해당한다(대판 1981.4.14. 81도543).

② 형의 선고를 받은 자가 특별사면을 받아 형의 집행을 면제받고 또 후에 복권이 되었다 하더라도 형의 선고의 효력이 상실되는 것은 아니므로 실형을 선고받아 복역타가 특별사면으로 출소한 후 3년 이내에 다시 범죄를 저지른 자에 대한 **누범가중은 정당**하다(대판 1986.11.11. 86도2004).

> 판례 **누범전과에 해당하지 않는 경우**

① [1] 폭력행위 등 처벌에 관한 법률 제2조 제3항은 "이 법을 위반하여 2회 이상 징역형을 받은 사람이 다시 제2항 각 호에 규정된 죄를 범하여 누범으로 처벌할 경우에는 다음 각 호의 구분에 따라 가중처벌한다."라고 규정하고 있다. 그런데 형의 실효 등에 관한 법률에 따라 형이 실효된 경우에는 형의 선고에 의한 법적 효과가 장래를 향하여 소멸하므로 형이 실효된 후에는 그 전과를 폭력행위처벌법 제2조 제3항에서 말하는 '징역형을 받은 경우'라고 할 수 없다. [2] 형법 제65조는 "집행유예의 선고를 받은 후 그 선고의 실효 또는 취소됨이 없이 유예기간을 경과한 때에는 형의 선고는 효력을 잃는다."라고 규정하고 있다. (중략) 형법 제65조에 따라 형의 선고가 효력을 잃는 경우에도 그 전과는 폭력행위 등 처벌에 관한 법률 제2조 제3항에서 말하는 '징역형을 받은 경우'라고 할 수 없다(대판 2016.6.23. 2016도5032).

② 피고인이 폭력행위등처벌에관한법률위반(집단·흉기등재물손괴등)죄 등으로 징역 8월을 선고받아 판결이 확정되었는데, 그 집행을 종료한 후 3년 내에 상해죄 등을 범하였다는 이유로 제1심 및 원심에서 누범으로 가중처벌된 사안에서, 피고인이 누범전과인 확정판결에 대해 재심을 청구하여, (중략) 상해죄 등 범행 이후 진행된 재심심판절차에서 징역 8월을 선고한 재심판결이 확정됨으로써 확정판결은 당연히 효력을 상실하였으므로, 더 이상 상해죄 등 범행이 확정판결에 의한 형의 집행이 끝난 후 3년 내에 이루어진 것이 아니라고 한 사례(대판 2017.9.21. 2017도4019).

나. 형의 집행이 종료되거나 또는 면제되어야 한다.

형의 집행을 종료하였다고 함은 형기가 만료된 경우를 말하며, 형의 집행을 면제받은 경우로는 **형의 시효가 완성된 때**(제77조), **특별사면에 의하여 형의 집행이 면제된 때**(사면법 제5조) 등을 들 수 있다. 전형은 집행이 종료 또는 면제되었을 것을 요하므로 **전형의 집행 전이나 집행 중 또는 집행정지 중에 범한 죄는 누범이 아니다**.

2. 후범에 관한 요건

가. 금고 이상에 해당하는 죄를 지어야 한다.

누범으로서 판결의 대상이 되는 범죄는 금고 이상의 형에 해당하는 죄일 것을 요한다. 여기서 '금고 이상의 형'은 유기금고형이나 유기징역형을 의미하고, 법정형이 아닌 **선고형**을 뜻한다. 따라서 법정형 중 **벌금형을 선택한 경우**(82도1720) 또는 **무기징역형을 선택한 경우**(92도1428)

에는 누범가중을 할 수 없다.

후범은 전범과 같은 죄명이거나 죄질을 같이하는 동종의 범죄일 것을 요하지 않으며, 고의범인가 과실범인가도 문제되지 않는다.

> **판례** 전범과 후범과의 관계
>
> - 형법 제35조가 누범에 해당하는 전과사실과 새로이 범한 범죄 사이에 일정한 상관관계가 있다고 인정되는 경우에 한하여 적용되는 것으로 제한하여 해석하여야 할 아무런 이유나 근거가 없고, 위 규정이 헌법상의 평등원칙 등에 위배되는 것도 아니다(대판 2008.12.24. 2006도1427).

나. 전범의 형집행종료 또는 면제 후 3년 이내에 범하여야 한다.

후범은 전범의 형의 집행을 종료하거나 면제를 받은 후 3년 이내에 행하여져야 한다. '형 집행 종료 후'라 함은 형집행 종료일의 다음날 또는 형집행 면제일의 다음날이라고 봄이 타당하다(2020도8728). 따라서 전형의 집행 전·집행 중의 범죄는 누범이 될 수 없다.

누범기간 내에 범하였는지 여부는 후범의 실행의 착수시를 기준으로 결정한다. 다만 예비·음모를 처벌하는 범죄의 경우에는 3년 내에 예비·음모가 있으면 된다. 상습범의 경우에는 상습범 중 일부 행위가 3년 내에 행해졌다면 전체행위가 누범관계에 있다(82도200). 경합범의 경우에는 3년 이내에 행해진 범죄에 대해서만 누범가중이 가능하다.

> **판례** 누범가중의 요건 판단
>
> ① 잔형기간 경과 전인 가석방기간 중에 본건 범행을 저질렀다면 이를 형법 제35조에서 말하는 형집행종료 후에 죄를 범한 경우에 해당한다고 볼 수 없으므로 여기에 누범가중을 할 수 없는 이치라 할 것이다(대판 1976.9.14. 76도2071).
> ② 형법 제35조 제1항에 규정된 "금고 이상에 해당하는 죄"라 함은 유기금고형이나 유기징역형으로 처단할 경우에 해당하는 죄를 의미하는 것으로서 법정형 중 벌금형을 선택한 경우에는 누범가중을 할 수 없다(대판 1982.9.14. 82도1702).
> ③ 금고 이상의 형을 받고 그 형의 집행유예기간 중에 금고 이상에 해당하는 죄를 범하였다 하더라도 이는 누범가중의 요건을 충족시킨 것이라 할 수 없다(대판 1983.8.23. 83도1600).
> ④ 다시 금고 이상에 해당하는 죄를 범하였는지 여부는 그 범죄의 실행행위를 하였는지 여부를 기준으로 결정하여야 하므로 3년의 기간 내에 실행의 착수가 있으면 족하고, 그 기간 내에 기수에까지 이르러야 되는 것은 아니다(대판 2006.4.7. 2005도9858 전원합의체).
> ⑤ 포괄일죄의 일부 범행이 누범기간 내에 이루어진 이상 나머지 범행이 누범기간 경과 후에 이루어졌더라도 그 범행 전부가 누범에 해당한다고 보아야 한다(대판 2012.3.29. 2011도14135).
> ⑥ '형집행 종료 후'라 함은 '형집행 종료일 후'를 의미한다고 해석되므로, 형집행 종료일에 출소하여 같은 날 다시 죄를 범하였다고 하더라도 위 조항의 누범으로 볼 수 없고, 누범기간의 기산점도 형집행 종료일의 다음날이라고 봄이 타당하다(대판 2021.2.25. 2020도8728).
> ⑦ 한 개의 상습범 중 그 일부인 맨처음의 소위(1975. 3. 23.)와 다음의 두 번째의 소위(1975. 4. 9.)가 전과와 누범관계에 있으므로 나머지의 세 번째의 소위(1975. 5. 24)가 전과인 징역형의 집행을 종료한지(1972. 4. 28.) 3년 뒤의 소위라 할지라도 위의 첫째번 및 둘째번의 소위

와 합쳐서 한 개의 상습법을 구성하므로 위의 행위 전부가 누범관계에 있다(대판 1976.1.13. 75도 3397).

⑧ 상습범 중 일부 소위가 누범기간내에 이루어진 이상 나머지 소위가 누범기간 경과 후에 행하여졌더라도 그 행위 전부가 누범관계에 있는 것이다(대판 1982.5.25. 82도600).

Ⅲ. 누범의 효과 및 판결선고 후의 누범발각

1. 누범의 효과

누범의 형은 그 죄에 정한 형의 장기의 2배까지 가중한다(제35조 제2항). 다만 장기는 50년을 초과할 수 없으며(제42조 단서), 형의 단기까지 가중되는 것은 아니다.

2. 판결선고 후의 누범발각

판결선고 후 누범인 것이 발각된 때에는 그 선고한 형을 통산하여 다시 형을 정할 수 있다. 다만 선고한 형의 집행을 종료하거나 그 집행이 면제된 후에는 예외로 한다(제36조).

> **판례** 특정범죄 가중처벌 등에 관한 법률 제5조의4 제5항과 누범가중
>
> ① 특정범죄 가중처벌 등에 관한 법률 제5조의4 제5항[21])을 적용하기 위한 요건으로서 요구되는 과거 전과로서의 징역형에는 소년으로서 처벌받은 징역형도 포함된다고 보아야 한다(대판 2010.4.29. 2010도973).
>
> ② 특정범죄가중법 제5조의4 제5항 제1호 중 '이들 죄를 범하여 누범으로 처벌하는 경우' 부분에서 '이들 죄'란, 앞의 범행과 동일한 범죄일 필요는 없으나, 특정범죄가중법 제5조의4 제5항 각 호에 열거된 모든 죄가 아니라 앞의 범죄와 동종의 범죄, 즉 형법 제329조 내지 제331조의 죄 또는 그 미수죄를 의미한다(대판 2020.2.27. 2019도18891).
>
> ③ 특정범죄 가중처벌 등에 관한 법률 제5조의4 제5항 제1호 (중략) '세 번 이상 징역형을 받은 사람'은 그 문언대로 형법 제329조 등의 죄로 세 번 이상 징역형을 받은 사실이 인정되는 사람으로 해석하면 충분하고, 전범 중 일부가 나머지 전범과 사이에 후단 경합범의 관계에 있다고 하여 이를 처벌조항에 규정된 처벌받은 형의 수를 산정할 때 제외할 것은 아니다(대판 2020.3.12. 2019도17381).
>
> ④ 특정범죄 가중처벌 등에 관한 법률 제5조의4 제5항은 (중략) 이 사건 법률 규정은 형법 제35조(누범) 규정과는 별개로 '형법 제329조부터 제331조까지의 죄(미수범 포함)를 범하여 세 번 이상 징역형을 받은 사람이 그 누범 기간 중에 다시 해당 범죄를 저지른 경우에 형법보다 무거운 법정형으로 처벌한다'는 내용의 새로운 구성요건을 창설한 것으로 해석해야 한다. 따라서 이 사건 법률 규

---

21) 특정범죄 가중처벌 등에 관한 법률 제5조의4(상습 강도·절도죄 등의 가중처벌) ⑤「형법」제329조부터 제331조까지, 제333조부터 제336조까지 및 제340조·제362조의 죄 또는 그 미수죄로 세 번 이상 징역형을 받은 사람이 다시 이들 죄를 범하여 누범으로 처벌하는 경우에는 다음 각 호의 구분에 따라 가중처벌한다.
  1. 「형법」제329조부터 제331조까지의 죄(미수범을 포함한다)를 범한 경우에는 2년 이상 20년 이하의 징역에 처한다.
  2. 「형법」제333조부터 제336조까지의 죄 및 제340조 제1항의 죄(미수범을 포함한다)를 범한 경우에는 무기 또는 10년 이상의 징역에 처한다.
  3. 「형법」제362조의 죄를 범한 경우에는 2년 이상 20년 이하의 징역에 처한다.

정에 정한 형에 다시 형법 제35조의 누범가중한 형기범위 내에서 처단형을 정하여야 한다(대판 2020.5.14. 2019도18947).

⑤ 특정범죄 가중처벌 등에 관한 법률 제5조의4 제5항은 (중략) 징역형의 집행유예를 선고한 판결이 확정된 후 선고의 실효 또는 취소 없이 유예기간을 경과함에 따라 형 선고의 효력이 소멸되어 그 확정판결이 특정범죄가중법 제5조의4 제5항에서 정한 "징역형"에 해당하지 않음에도, 위 확정판결에 적용된 형벌 규정에 대한 위헌결정 취지에 따른 재심판결에서 다시 징역형의 집행유예가 선고·확정된 후 유예기간이 경과되지 않은 경우라면, 특정범죄가중법 제5조의4 제5항의 입법취지에 비추어 위 재심판결은 위 조항에서 정한 "징역형"에 포함되지 아니한다(대판 2022.7.28. 2020도13705).

제4절 집행유예·선고유예·가석방

I. 집행유예

> **제62조(집행유예의 요건)** ① 3년 이하의 징역이나 금고 또는 500만원 이하의 벌금의 형을 선고할 경우에 제51조의 사항을 참작하여 그 정상에 참작할 만한 사유가 있는 때에는 1년 이상 5년 이하의 기간 형의 집행을 유예할 수 있다. 다만, 금고 이상의 형을 선고한 판결이 확정된 때부터 그 집행을 종료하거나 면제된 후 3년까지의 기간에 범한 죄에 대하여 형을 선고하는 경우에는 그러하지 아니하다.
> ② 형을 병과할 경우에는 그 형의 일부에 대하여 집행을 유예할 수 있다.
>
> **제62조의2(보호관찰, 사회봉사·수강명령)** ① 형의 집행을 유예하는 경우에는 보호관찰을 받을 것을 명하거나 사회봉사 또는 수강을 명할 수 있다.
> ② 제1항의 규정에 의한 보호관찰의 기간은 집행을 유예한 기간으로 한다. 다만, 법원은 유예기간의 범위 내에서 보호관찰기간을 정할 수 있다.
> ③ 사회봉사명령 또는 수강명령은 집행유예기간내에 이를 집행한다.

1. 집행유예의 의의

집행유예란 형을 선고함에 있어서 일정한 기간 동안 형의 집행을 유예하고 그 유예기간을 경과한 때에는 형의 선고의 효력을 잃게 하는 제도를 말한다(제62조).

2. 집행유예의 요건

가. 3년 이하의 징역이나 금고 또는 500만 원 이하의 벌금의 형을 선고할 경우

3년 이하의 징역이나 금고 또는 500만 원 이하의 벌금의 형을 선고할 때에만 집행유예를 할 수 있다. 여기의 형은 선고형을 의미하며, 형을 병과하는 경우에는 그 형의 일부에 대하여 집행을 유예할 수 있다(제62조 제2항).

> **판례** 집행유예의 선고
> - 형법 제57조에 의하여 산입된 미결구금기간이 징역 또는 금고의 본형기간을 초과한다고 하여도 형법 제62조의 규정에 따라 그 본형의 '집행'을 유예하는 데에는 아무런 지장이 없다고 할 것이다(대판 2008.2.29. 2007도9137).

나. 정상에 참작할 만한 사유

정상에 참작할 만한 사유란 형의 선고만으로도 유예기간뿐만 아니라 장래에 재범을 하지 않을 것으로 인정되는 경우를 말하며, 이를 판단함에 있어서는 제51조의 양형에 관한 조건을 종합하여 참작하여야 한다. 판단의 기준시기는 판결선고시이다.

다. 금고 이상의 형의 선고한 판결이 확정된 때부터 그 집행을 종료하거나 면제된 후 3년까지의 기간에 범한 죄가 아닐 것

1) 금고 이상의 형을 선고한 판결

집행유예의 결격사유를 규정한 제62조 제1항 단서의 해석과 관련하여 '금고 이상의 형'이 실형만을 의미하는지 아니면 집행유예도 포함하는지, 즉 금고 이상의 형에 대한 집행이 유예된 형이 확정된 경우가 형법 제62조 제1항 단서에 해당하는지 문제 된다.

이에 대하여 판례는 긍정설의 입장에서 "형법 제62조 제1항 단서의 '금고 이상의 형을 선고한 판결이 확정된 때'는 실형뿐 아니라 형의 집행유예를 선고한 판결이 확정된 경우도 포함한다"고 판시하였다(2006도6196). 다만 위 판례는 집행유예 기간 중에 범한 범죄라고 할지라도 집행유예가 실효·취소됨이 없이 그 유예기간이 경과한 경우에는 이에 대해 다시 집행유예의 선고가 가능하다고 판시하였다(위 판례).

> **판례** 집행유예 기간 중에 범한 죄에 대하여 다시 집행유예를 선고할 수 있는지 여부
> - 집행유예 기간 중에 범한 죄에 대하여 형을 선고할 때에, 집행유예의 결격사유를 정하는 형법 제62조 제1항 단서 소정의 요건에 해당하는 경우란, 이미 집행유예가 실효 또는 취소된 경우와 그 선고 시점에 미처 유예기간이 경과하지 아니하여 형 선고의 효력이 실효되지 아니한 채로 남아 있는 경우로 국한되고, (중략) 집행유예 기간 중에 범한 범죄라고 할지라도 집행유예가 실효 취소됨이 없이 그 유예기간이 경과한 경우에는 이에 대해 다시 집행유예의 선고가 가능하다 (대판 2007.2.8. 2006도6196).

2) 범죄를 범한 시기

범죄가 '금고 이상의 형을 선고한 판결이 확정된 때부터 그 집행을 종료하거나 면제된 후 3년까지의 기간'에 범한 경우에 한하여 집행유예를 선고할 수 없다. 따라서 금고 이상의 형을 선고한 판결이 확정되기 이전에 범한 죄에 대하여는 집행유예가 가능하다.

> **판례** 집행유예의 요건
> - 집행유예의 요건을 규정하고 있는 형법 제62조 소정의 "3년 이하의 징역 또는 금고의 형"이라 함은 법정형이 아닌 선고형을 의미하는 것이므로, (후략) (대판 1989.11.28. 89도780)

3. 집행유예와 보호관찰·사회봉사명령 및 수강명령

형의 집행을 유예하는 경우에는 보호관찰을 받을 것을 명하거나 사회봉사 또는 수강을 명할 수 있다(제62조의2 제1항). 보호관찰의 기간은 집행을 유예한 기간으로 한다. 다만, 법원은 유예기간의 범위 내에서 보호관찰기간을 정할 수 있다(같은 조 제2항). 사회봉사명령 또는 수강명령은 집행유예기간 내에 이를 집행한다(같은 조 제3항).

> **판례** 보호관찰 및 사회봉사명령
>
> ① 형법 제62조에 의하여 집행유예를 선고할 경우에는 같은 법 제62조의2 제1항에 규정된 보호관찰과 사회봉사 또는 수강을 동시에 명할 수 있다(대판 1998.4.24. 98도98).
>
> ② 피고인에 대하여 형의 집행을 유예함과 동시에 집행유예기간 동안 보호관찰을 받을 것을 명하면서 "보호관찰기간 중 노조지부장 선거에 후보로 출마하거나 피고인을 지지하는 다른 조합원의 출마를 후원하거나 하는 등의 방법으로 선거에 개입하지 말 것"이라는 내용의 특별준수사항을 부과한 사안에서, 범행에 이르게 된 동기와 내용, 피고인의 지위, 업무 환경, 생활상태, 기타 개별적·구체적 특성들을 종합할 때, 원심이 피고인의 재범을 방지하고 개선·자립에 도움이 된다고 판단하여 위와 같은 특별준수사항을 부과한 것은 정당하다(대판 2010.9.30. 2010도6403).
>
> ③ [1] 사회봉사명령·수강명령 대상자에 대한 특별준수사항은 보호관찰 대상자에 대한 것과 같을 수 없고, 따라서 보호관찰 대상자에 대한 특별준수사항을 사회봉사명령·수강명령 대상자에게 그대로 적용하는 것은 적합하지 않다. [2] 보호관찰법 제32조 제3항이 보호관찰 대상자에게 과할 수 있는 특별준수사항으로 정한 "범죄행위로 인한 손해를 회복하기 위하여 노력할 것(제4호)" 등 같은 항 제1호부터 제9호까지의 사항은 보호관찰 대상자에 한해 부과할 수 있을 뿐, 사회봉사명령·수강명령 대상자에 대해서는 부과할 수 없다. [3] 한편 보호관찰법 제32조 제3항 제4호는 보호관찰 대상자에게 과할 수 있는 특별준수사항으로 '범죄행위로 인한 손해를 회복하기 위해 노력할 것'을 정하고 있는데, 이 사건 특별준수사항은 범죄행위로 인한 손해를 회복하기 위하여 노력할 것을 넘어 일정 기간 내에 원상회복할 것을 명하는 것으로서 보호관찰법 제32조 제3항 제4호를 비롯하여 같은 항 제1호부터 제9호까지 정한 보호관찰의 특별준수사항으로도 허용될 수 없음을 밝혀 둔다(대판 2020.11.5. 2017도18291).
>
> ④ 재벌그룹 회장의 횡령행위 등에 대하여 집행유예를 선고하면서 사회봉사명령으로서 일정액의 금전출연을 주된 내용으로 하는 사회공헌계획의 성실한 이행을 명하는 것은 시간 단위로 부과될 수 있는 일 또는 근로활동이 아닌 것을 명하는 것이어서 허용될 수 없고, 준법경영을 주제로 하는 강연과 기고를 명하는 것은 헌법상 양심의 자유 등에 대한 심각하고 중대한 침해가능성, 사회봉사명령의 의미나 내용에 대한 다툼의 여지 등의 문제가 있어 허용될 수 없다(대판 2008.4.11. 2007도8373).

4. 집행유예의 효과

> **제65조(집행유예의 효과)** 집행유예의 선고를 받은 후 그 선고의 실효 또는 취소됨이 없이 유예기간을 경과한 때에는 형의 선고는 효력을 잃는다.

가. 집행유예의 선고

집행유예의 요건이 구비되면 1년 이상 5년 이하의 범위 내에서 법원의 재량으로 집행유예를 선고할 수 있다. 하나의 형의 일부에 대한 집행유예는 할 수 없으나 형을 병과할 때에는 그 일부에 대한 집행유예가 가능하다(제62조 제2항).

> **판례** 집행유예의 요건
>
> ① 징역형과 벌금형을 병과하면서 그 징역형에 대하여 집행을 유예하고 그 벌금형에 대하여 선고를 유예하였음은 정당하다(대판 1976.6.8. 74도1266).
>
> ② [1] 형법 제37조 후단의 경합범 관계에 있는 죄에 대하여 형법 제39조 제1항에 의하여 따로 형을 선고하여야 하기 때문에 하나의 판결로 두 개의 자유형을 선고하는 경우 그 두 개의 자유형은 각각 별개의 형이므로 형법 제62조 제1항에 정한 집행유예의 요건에 해당하면 그 각 자유형에 대하여 각각 집행유예를 선고할 수 있는 것이고, 또 그 두 개의 자유형 중 하나의 자유형에 대하여 실형을 선고하면서 다른 자유형에 대하여 집행유예를 선고하는 것도 우리 형법상 이러한 조치를 금하는 명문의 규정이 없는 이상 허용되는 것으로 보아야 한다. [2] (중략) 집행유예를 함에 있어 그 집행유예기간의 시기는 집행유예를 선고한 판결 확정일로 하여야 하고 법원이 판결 확정일 이후의 시점을 임의로 선택할 수는 없다(대판 2002.2.26. 2000도4637 등).
>
> ③ 하나의 자유형 중 일부에 대해서는 실형을, 나머지에 대해서는 집행유예를 선고하는 것은 허용되지 않는다(대판 2007.2.22. 2006도8555).

나. 집행유예 기간 경과의 효과

집행유예의 선고를 받은 후 그 선고의 실효 또는 취소됨이 없이 유예기간을 경과한 때에는 형의 선고는 효력을 잃는다(제65조). 형의 선고가 효력을 잃는다는 것은 형의 집행이 면제될 뿐만 아니라 처음부터 형의 선고가 없었던 상태로 돌아감을 의미한다. 형의 선고가 효력을 잃는다는 것은 형의 선고의 법률적 효과가 없어진다는 것일 뿐 형의 선고가 있었다는 기왕의 사실까지 없어지는 것은 아니므로, 형의 선고에 의하여 이미 발생한 법률효과에는 영향을 미치지 않는다.

5. 집행유예의 실효

> **제63조(집행유예의 실효)** 집행유예의 선고를 받은 자가 유예기간 중 고의로 범한 죄로 금고 이상의 실형을 선고받아 그 판결이 확정된 때에는 집행유예의 선고는 효력을 잃는다.

집행유예의 선고를 받은 자가 유예기간 중 고의로 범한 죄로 금고 이상의 실형을 선고받아 그 판결이 확정된 때에는 집행유예의 선고는 효력을 잃는다(제63조).

① 집행유예기간 중에 범한 죄는 고의범이어야 한다. 따라서 과실범을 범한 경우에는 집행유예의 선고는 실효되지 않는다. ② 실효사유가 되는 고의범은 집행유예기간 중에 범하여야 한다. 따라서 집행유예기간 이전에 범한 범죄의 경우 기존의 집행유예의 선고의 실효사유에 해당하지 아니한다. 또한 ③ 집행유예기간 중에 범한 고의범으로 금고 이상의 실형이 확정되어야 한다. 따라서 집행유예를 선고받은 경우 기존의 집행유예의 선고는 실효되지 않는다.

집행유예가 실효된 경우 기존에 선고된 형이 집행된다.

> **판례** 집행유예의 실효

① 집행유예의 효과에 관한 형법 제65조에서 '형의 선고가 효력을 잃는다'는 의미는 형의 실효 등에 관한 법률에 의한 형의 실효와 같이 형의 선고에 의한 법적 효과가 장래에 향하여 소멸한다는 취지이므로 위 규정에 따라 형의 선고가 효력을 잃는 경우 그 전과 자체를 특가법 제5조의4 제5항에서 정한 '징역형을 받은 경우'로 볼 수 없다(대판 2014.9.4. 2014도7088).

② 형법 제65조는 (중략) '형의 선고가 효력을 잃는다'는 의미는 형의 실효와 마찬가지로 형의 선고에 의한 법적 효과가 장래를 향하여 소멸한다는 취지이다. 따라서 형법 제65조에 따라 형의 선고가 효력을 잃는 경우에도 그 전과는 폭력행위 등 처벌에 관한 법률 제2조 제3항에서 말하는 '징역형을 받은 경우'라고 할 수 없다(대판 2016.6.23. 2016도5032).

6. 집행유예의 취소

> **제64조(집행유예의 취소)** ① 집행유예의 선고를 받은 후 제62조 단행의 사유가 발각된 때에는 집행유예의 선고를 취소한다.
> ② 제62조의2의 규정에 의하여 보호관찰이나 사회봉사 또는 수강을 명한 집행유예를 받은 자가 준수사항이나 명령을 위반하고 그 정도가 무거운 때에는 집행유예의 선고를 취소할 수 있다.

집행유예의 선고를 받은 후 금고 이상의 형을 받아 집행을 종료한 후 또는 집행이 면제된 후부터 3년을 경과하지 아니한 자라는 것이 발각된 때에는 집행유예의 선고를 취소한다(제64조, 필요적 취소). 또한 보호관찰이나 사회봉사 또는 수강을 명한 집행유예를 받은 자가 준수사항이나 명령을 위반하고 그 정도가 무거운 때에는 집행유예의 선고를 취소할 수 있다(제64조 제2항, 임의적 취소). 집행유예가 취소된 경우 기존에 선고된 형이 집행된다.

> **판례** 집행유예의 취소

① 집행유예의 선고를 받은 후 그 선고의 실효 또는 취소됨이 없이 유예기간을 경과한 때에는 형법 제65조가 정하는 바에 따라 형의 선고는 효력을 잃는 것이고, 그와 같이 유예기간이 경과함으로써 형의 선고가 효력을 잃은 후에는 형법 제62조 단행의 사유가 발각되었다고 하더라도 그와 같은 이유로 집행유예를 취소할 수 없고 그대로 유예기간경과의 효과가 발생한다(대결 1999.1.12. 98모151).

② 형법 제62조의2의 규정에 의하여 보호관찰이나 사회봉사 또는 수강을 명한 집행유예를 받은 자가 준수사항이나 명령을 위반한 경우에 그 위반사실이 동시에 범죄행위로 되더라도 형사절차와는 별도로 법원이 보호관찰등에관한법률에 의한 검사의 청구에 의하여 형법 제64조 제2항에 규정된 집행유예 취소의 요건에 해당하는가를 심리하여 준수사항이나 명령 위반사실이 인정되고 위반의 정도가 무거운 때에는 집행유예를 취소할 수 있다(대결 1999.3.1. 99모33).

③ 형법 제64조 제1항에 (중략) 집행유예를 선고받은 후 형법 제62조 단행의 사유 즉 금고 이상의 형의 선고를 받아 집행을 종료한 후 또는 집행이 면제된 후로부터 5년을 경과하지 아니한 자인 것이 발각된 때라 함은 집행유예 선고의 판결이 확정된 후에 비로소 위와 같은 사유가 발각된 경우를 말하고 그 판결확정 전에 결격사유가 발각된 경우에는 이를 취소할 수 없으며, 이때 판결확정 전에 발각되었다고 함은 검사가 명확하게 그 결격사유를 안 경우만을 말하는

것이 아니라 당연히 그 결격사유를 알 수 있는 객관적 상황이 존재함에도 부주의로 알지 못한 경우도 포함된다(대결 2001.6.27. 2001모135).

④ 법원이 보호관찰 등에 관한 법률에 의한 검사의 청구에 의하여 형법 제64조 제2항에 규정된 집행유예취소의 요건에 해당하는가를 심리함에 있어, 보호관찰기간 중의 재범에 대하여 따로 처벌받는 것과는 별도로 보호관찰자 준수사항 위반 여부 및 그 정도를 평가하여야 하고, 보호관찰이나 사회봉사 또는 수강명령은 각각 병과되는 것이므로 사회봉사 또는 수강명령의 이행 여부는 보호관찰자 준수사항 위반 여부나 그 정도를 평가하는 결정적인 요소가 될 수 없다(대결 2010.5.27. 2010모446).[22]

⑤ 검사는 보호관찰이나 사회봉사 또는 수강을 명한 집행유예를 받은 자가 준수사항이나 명령을 위반하고 그 정도가 무거운 경우 보호관찰소장의 신청을 받아 집행유예의 선고 취소청구를 할 수 있는데(보호관찰 등에 관한 법률 제47조 제1항, 형법 제64조 제2항), 그 심리 도중 집행유예 기간이 경과하면 형의 선고는 효력을 잃기 때문에 더 이상 집행유예의 선고를 취소할 수 없고 취소청구를 기각할 수밖에 없다. 집행유예의 선고 취소결정에 대한 즉시항고 또는 재항고 상태에서 집행유예 기간이 경과한 때에도 같다. 이처럼 집행유예의 선고 취소는 '집행유예 기간 중'에만 가능하다는 시간적 한계가 있다(대결 2023.6.29. 2023모1007).

II. 선고유예

> **제59조(선고유예의 요건)** ① 1년 이하의 징역이나 금고, 자격정지 또는 벌금의 형을 선고할 경우에 제51조의 사항을 고려하여 뉘우치는 정상이 뚜렷할 때에는 그 형의 선고를 유예할 수 있다. 다만, 자격정지 이상의 형을 받은 전과가 있는 사람에 대해서는 예외로 한다.
> ② 형을 병과할 경우에도 형의 전부 또는 일부에 대하여 선고를 유예할 수 있다.
>
> **제59조의2(보호관찰)** ① 형의 선고를 유예하는 경우에 재범방지를 위하여 지도 및 원호가 필요한 때에는 보호관찰을 받을 것을 명할 수 있다.
> ② 제1항의 규정에 의한 보호관찰의 기간은 1년으로 한다.
>
> **제60조(선고유예의 효과)** 형의 선고유예를 받은 날로부터 2년을 경과한 때에는 면소된 것으로 간주한다.

1. 선고유예의 의의와 법적 성질

선고유예란 범정이 경미한 범죄에 대하여 일정한 기간 동안 형의 선고를 유예하고 그 유예기간을 경과한 때에는 면소된 것으로 간주하는 제도이다(제59조).

---

[22] 이미 수차례 음주 및 무면허운전으로 처벌받은 전력이 있는 피고인이 같은 범행으로 집행유예 선고와 함께 보호관찰 등을 명받았음에도 보호관찰관의 지도·감독에 불응하여 집행유예취소 청구가 되어 유치되기까지 하였음에도, 위 집행유예취소 청구가 기각된 후에 종전과 같이 보호관찰관의 지도·감독에 불응하며 동종의 무면허운전을 한 사안에서, 보호관찰 대상자로서의 준수사항을 심각하게 위반하였다고 할 것임에도, 피고인에 대한 집행유예 취소 청구를 기각한 원심결정에 법리오해 및 심리미진의 위법이 있다고 한 사례

2. 선고유예의 요건

가. 1년 이하의 징역이나 금고, 자격정지 또는 벌금의 형을 선고할 경우

1년 이하의 징역·금고 이외에 자격정지·벌금형에 대해서도 선고유예가 가능하나, 구류에 대하여는 선고유예를 할 수 없다(93오1). 형을 병과하는 경우에는 그 일부에 대하여도 선고를 유예할 수 있다(제59조 제2항).

> **판례** 선고유예 선고
>
> ① 형의 선고를 유예할 수 있는 경우는 선고할 형이 1년 이하의 징역이나 금고, 자격정지 또는 벌금의 형인 경우에 한하고 구류형에 대하여는 선고를 유예할 수 없다(대판 1993.6.22. 93오1).
>
> ② 주형을 선고유예하는 경우에 반드시 부가형인 몰수나, 몰수에 갈음하여 부가형적 성질을 띠는 추징을 선고유예하여서는 안 된다고 해석할 수는 없다(대판 1978.4.25. 76도2262).
>
> ② 몰수에 갈음하는 추징은 부가형적 성질을 띠고 있어 그 주형에 대하여 선고를 유예하는 경우에는 그 부가할 추징에 대하여도 선고를 유예할 수 있으나, 그 주형에 대하여 선고를 유예하지 아니하면서 이에 부가할 추징에 대하여서만 선고를 유예할 수는 없다(대판 1979.4.10. 78도3098).

나. 뉘우치는 정상이 뚜렷할 것

뉘우치는 정상이 뚜렷하다 함은 행위자에게 형을 선고하지 않아도 재범의 위험이 없다고 인정되는 경우를 말하며, 그 판단의 기초는 제51조에 규정된 양형의 조건이다. 판단의 기준시기는 판결선고시이다. 피고인이 범죄사실을 부인하는 경우에도 선고유예를 할 수 있다.

> **판례** 선고유예의 행상이 양호하여 개전의 정이 현저할 것
>
> - 선고유예의 요건 중 '개전의 정상이 현저한 때'라고 함은, 반성의 정도를 포함하여 널리 형법 제51조가 규정하는 양형의 조건을 종합적으로 참작하여 볼 때 형을 선고하지 않더라도 피고인이 다시 범행을 저지르지 않으리라는 사정이 현저하게 기대되는 경우를 가리킨다고 해석할 것이고, 이와 달리 여기서의 '개전의 정상이 현저한 때'가 반드시 피고인이 죄를 깊이 뉘우치는 경우만을 뜻하는 것으로 제한하여 해석하거나, 피고인이 범죄사실을 자백하지 않고 부인할 경우에는 언제나 선고유예를 할 수 없다고 해석할 것은 아니며, 또한 형법 제51조의 사항과 개전의 정상이 현저한지 여부에 관한 사항은 널리 형의 양정에 관한 법원의 재량사항에 속한다고 해석되므로, 상고심으로서는 형사소송법 제383조 제4호에 의하여 사형·무기 또는 10년 이상의 징역·금고가 선고된 사건에서 형의 양정의 당부에 관한 상고이유를 심판하는 경우가 아닌 이상, 선고유예에 관하여 형법 제51조의 사항과 개전의 정상이 현저한지 여부에 대한 원심 판단의 당부를 심판할 수 없고, 그 원심 판단이 현저하게 잘못되었다고 하더라도 달리 볼 것이 아니다(대판 2003.2.20. 2001도6138 전원합의체).

다. 자격정지 이상의 형을 받은 전과가 없을 것

선고유예는 자격정지 이상의 형을 받은 전과가 있는 자에 대해서는 인정되지 않는다. 즉, 선고유예는 재범의 위험성이 없는 초범자에 대해서만 인정할 수 있음을 의미한다.

> [판례] 선고유예의 자격정지 이상의 전과

① 형법 제59조 제1항 단행에서 정한 "자격정지 이상의 형을 받은 전과"라 함은 자격정지 이상의 형을 선고받은 범죄경력 자체를 의미하는 것이고, 그 형의 효력이 상실된 여부는 묻지 않는 것으로 해석함이 상당하다고 할 것이고, 따라서 형의 집행유예를 선고받은 자는 형법 제65조에 의하여 그 선고가 실효 또는 취소됨이 없이 정해진 유예기간을 무사히 경과하여 형의 선고가 효력을 잃게 되었다고 하더라도 형의 선고의 법률적 효과가 없어진다는 것일 뿐, 형의 선고가 있었다는 기왕의 사실 자체까지 없어지는 것은 아니므로, 형법 제59조 제1항 단행에서 정한 선고유예 결격사유인 "자격정지 이상의 형을 받은 전과가 있는 자"에 해당한다고 보아야 한다(대판 2003.12.26. 2003도3768).

② 형법 제39조 제1항에 의하여 형법 제37조 후단 경합범 중 판결을 받지 아니한 죄에 대하여 형을 선고하는 경우에 있어서 형법 제37조 후단에 규정된 금고 이상의 형에 처한 판결이 확정된 죄의 형도 형법 제59조 제1항 단서에서 정한 '자격정지 이상의 형을 받은 전과'에 포함된다고 봄이 상당하다(대판 2010.7.8. 2010도931).

③ 일단 자격정지 이상의 형을 선고받은 이상 그 후 그 형이 구 형의실효등에관한법률 제7조에 따라 추후 실효되었다 하여도 이는 형법 제59조 제1항 단행에서 정한 선고유예 결격사유인, "자격정지 이상의 형을 받은 전과가 있는" 경우에 해당한다고 보아야 한다(대판 2004.10.15. 2004도4869).

3. 선고유예와 보호관찰

형의 선고를 유예하는 경우에 재범방지를 위하여 지도와 원호가 필요한 때에는 보호관찰을 받을 것을 명할 수 있다. 이 경우에 보호관찰의 기간은 1년이다(제59조의2). 집행유예의 경우와는 달리 사회봉사명령과 수강명령을 내릴 수 없다.

4. 선고유예의 효과

가. 선고유예의 선고

선고유예의 판결을 할 것인가는 법원의 재량에 속하나, 그 유예기간은 언제나 2년이다. 선고유예의 판결을 하는 경우에는 범죄사실과 선고할 형을 결정하여야 한다.

> [판례] 선고유예의 선고

① 형법 제59조에 의하여 형의 선고유예를 하는 경우에도 몰수의 요건이 있는 때에는 몰수형만의 선고를 할 수 있다고 해석함이 상당하다(대판 1973.12.11. 73도1133 전원합의체).

② 주형을 선고유예하는 경우에 부가형인 몰수나 몰수에 갈음하는 부가형적 성질을 띠는 추징도 선고유예할 수 있다(대판 1980.3.11. 77도2027).

③ 선고유예 판결을 할 경우에는 선고할 형의 종류와 양 즉 선고형을 정하여 놓아야 하고 선고가 유예된 형에 벌금형을 선택하면서 그 액을 정하지 아니한 채 선고유예 판결을 하면 위법이다(대판 1975.4.8. 74도618).

④ 형법 제59조에 의하여 형의 선고를 유예하는 판결을 할 경우에도 선고가 유예된 형에 대한 판단을 하여야 하는 것이므로 선고유예 판결에서도 그 판결이유에서는 선고할 형의 종류

와 량 즉 선고형을 정해 놓아야 하고 그 선고를 유예하는 형이 벌금형일 경우에는 그 벌금액 뿐만 아니라 환형유치처분까지 해 두어야 한다(대판 1988.1.19. 86도2654).

나. 선고유예기간 경과의 효과
형의 선고유예를 받은 날로부터 2년을 경과한 때에는 면소된 것으로 간주한다(제60조).

5. 선고유예의 실효

> 제61조(선고유예의 실효) ① 형의 선고유예를 받은 자가 유예기간 중 자격정지 이상의 형에 처한 판결이 확정되거나 자격정지 이상의 형에 처한 전과가 발견된 때에는 유예한 형을 선고한다.
> ② 제59조의2의 규정에 의하여 보호관찰을 명한 선고유예를 받은 자가 보호관찰기간중에 준수사항을 위반하고 그 정도가 무거운 때에는 유예한 형을 선고할 수 있다.

형의 선고유예를 받은 자가 유예기간 중 자격정지 이상의 형에 처한 판결이 확정되거나 자격정지 이상의 형에 처한 전과가 발견된 때에는 검사의 청구에 의하여 그 범죄사실에 대한 최종판결을 한 법원이 유예된 형을 선고한다(형법 제61조 제1항, 필요적 실효).

보호관찰을 명한 선고유예를 받은 자가 보호관찰의 기간 중에 준수사항을 위반하고 그 정도가 무거운 때에는 유예한 형을 선고할 수 있다(제61조 제2항, 임의적 실효).

> **판례** 선고유예의 실효
>
> ① 형의 선고유예를 받은 자가 유예기간 중 자격정지 이상의 형에 처한 판결이 확정되더라도 검사의 청구에 의한 선고유예 실효의 결정에 의하여 비로소 선고유예가 실효되는 것이고, 또한 형의 선고유예 판결이 확정된 후 2년을 경과한 때에는 형법 제60조가 정하는 바에 따라 면소된 것으로 간주되고, 그와 같이 유예기간이 경과함으로써 면소된 것으로 간주된 후에는 실효시킬 선고유예의 판결이 존재하지 아니하므로 선고유예 실효의 결정(선고유예된 형을 선고하는 결정)을 할 수 없으며, 이는 원결정에 대한 집행정지의 효력이 있는 즉시항고 또는 재항고로 인하여 아직 그 선고유예 실효 결정의 효력이 발생하기 전 상태에서 상소심에서 절차 진행 중에 그 유예기간이 그대로 경과한 경우에도 마찬가지이다(대결 2007.6.28. 2007모348).
>
> ② 형법 제61조 제1항에서 말하는 '형의 선고유예를 받은 자가 자격정지 이상의 형에 처한 전과가 발견된 때'란 형의 선고유예의 판결이 확정된 후에 비로소 위와 같은 전과가 발견된 경우를 말하고 그 판결확정 전에 이러한 전과가 발견된 경우에는 이를 취소할 수 없으며, 이때 판결확정 전에 발견되었다고 함은 검사가 명확하게 그 결격사유를 안 경우만을 말하는 것이 아니라 당연히 그 결격사유를 알 수 있는 객관적 상황이 존재함에도 부주의로 알지 못한 경우도 포함한다(대결 2008.2.14. 2007모845).

III. 가석방

> **제72조(가석방의 요건)** ① 징역이나 금고의 집행 중에 있는 사람이 행상이 양호하여 뉘우침이 뚜렷한 때에는 무기형은 20년, 유기형은 형기의 3분의 1이 지난 후 행정처분으로 가석방을 할 수 있다.
> ② 제1항의 경우에 벌금이나 과료가 병과되어 있는 때에는 그 금액을 완납하여야 한다.
>
> **제73조(판결선고전 구금과 가석방)** ① 형기에 산입된 판결선고 전 구금일수는 가석방을 하는 경우 집행한 기간에 산입한다.
> ② 제72조제2항의 경우에 벌금이나 과료에 관한 노역장 유치기간에 산입된 판결선고 전 구금일수는 그에 해당하는 금액이 납입된 것으로 본다.
>
> **제73조의2(가석방의 기간 및 보호관찰)** ① 가석방의 기간은 무기형에 있어서는 10년으로 하고, 유기형에 있어서는 남은 형기로 하되, 그 기간은 10년을 초과할 수 없다.
> ② 가석방된 자는 가석방기간중 보호관찰을 받는다. 다만, 가석방을 허가한 행정관청이 필요가 없다고 인정한 때에는 그러하지 아니하다.
>
> **제74조(가석방의 실효)** 가석방 기간 중 고의로 지은 죄로 금고 이상의 형을 선고받아 그 판결이 확정된 경우에 가석방 처분은 효력을 잃는다.
>
> **제75조(가석방의 취소)** 가석방의 처분을 받은 자가 감시에 관한 규칙을 위배하거나, 보호관찰의 준수사항을 위반하고 그 정도가 무거운 때에는 가석방처분을 취소할 수 있다.
>
> **제76조(가석방의 효과)** ① 가석방의 처분을 받은 후 그 처분이 실효 또는 취소되지 아니하고 가석방기간을 경과한 때에는 형의 집행을 종료한 것으로 본다.
> ② 전2조의 경우에는 가석방중의 일수는 형기에 산입하지 아니한다.

1. 가석방의 의의

가석방이란 자유형을 집행받고 있는 자가 행상이 양호하여 뉘우침이 뚜렷한 때 형기만료 전에 조건부로 수형자를 석방하고, 일정한 기간을 경과한 때에는 형의 집행을 종료한 것으로 간주하는 제도를 말한다(제72조, 제76조). 이는 행정처분으로 형집행의 일부를 포기하는 형집행작용이다.

2. 가석방의 요건

가. 징역 또는 금고의 집행 중에 있는 사람이 무기형은 20년, 유기형은 형기의 3분의 1이 지난 후일 것

가석방은 징역·금고의 집행 중에 있는 자에게만 인정된다. 따라서 징역 또는 금고 이외의 형벌에 대하여는 가석방을 인정할 여지가 없다. 여기의 형기는 선고형을 의미하며, 형기에 산입된 판결선고 전 구금일수는 집행을 경과한 기간에 산입한다(제73조 제1항).

> **판례** 가석방 요건
> - 사형집행대기기간을 처음부터 무기징역을 받은 경우와 동일하게 가석방요건 중의 하나인 형의 집행기간에 다시 산입할 수는 없다(대결 1991.3.4. 90모59).

나. 행상이 양호하여 뉘우침이 뚜렷할 것

이는 수형자가 규율을 준수하고 회오하고 있음을 인정할 만한 정상이 있음을 말하며, 이에 대한 판단은 순수히 특별예방적 관점을 기준으로 해야 한다.

다. 벌금 또는 과료의 병과가 있는 때에는 그 금액을 완납할 것

다만 벌금 또는 과료에 관한 유치기간에 산입된 판결선고 전 구금일수는 그에 해당하는 금액이 납입된 것으로 본다(제73조 제2항).

3. 가석방의 기간과 보호관찰

가석방의 기간은 무기형에 있어서는 10년, 유기형에 있어서는 남은 형기로 하되 그 기간은 10년을 초과할 수 없다(제73조의2 제1항). 가석방된 자는 가석방기간 중 보호관찰을 받는다(같은 조 제2항). 다만, 가석방을 허가한 행정관청이 필요가 없다고 인정한 때에는 그러하지 아니하다(같은 항 단서).

4. 가석방의 효과

가석방의 처분을 받은 후 처분의 실효 또는 취소됨이 없이 무기형에 있어서는 10년, 유기형에 있어서는 잔형기를 경과한 때에는 형의 집행을 종료한 것으로 본다(제76조 제1항).

5. 가석방의 실효와 취소

가. 가석방의 실효

가석방 기간 중 고의로 지은 죄로 금고 이상의 형을 선고받아 그 판결이 확정된 경우에 가석방 처분은 효력을 잃는다(제74조).

나. 가석방의 취소

가석방의 처분을 받은 자가 감시에 관한 규칙에 위배하거나, 보호관찰의 준수사항을 위반하고 그 정도가 무거운 때에는 가석방처분을 취소할 수 있다(제75조, 임의적 취소).

다. 가석방의 실효와 취소의 효과

가석방이 실효·취소되면 가석방 당시의 잔형기의 형을 집행한다. 이 경우 가석방 중의 일수는 형기에 산입하지 아니한다(제76조 제2항).

<집행유예·선고유예·가석방의 비교>

구분		집행유예	선고유예	가석방
조문		제62조~제65조	제59조~제61조	제72조~제76조
요건		① 3년 이하의 징역이나 금고 또는 500만 원 이하의 벌금형 선고 ② 정상을 참작할 사유가 있을 것 ③ 금고 이상의 형을 선고받아 집행을 종료하거나 면제된 후 3년을 경과하였을 것	① 1년 이하의 징역·금고·자격정지·벌금의 형의 선고 ② 뉘우치는 정상이 뚜렷할 것 ③ 자격정지 이상의 전과가 없을 것	① 무기는 20년, 유기는 형기의 3분의 1을 경과한 후일 것 ② 행상이 양호하여 개전의 정이 현저할 것 ③ 병과된 벌금 또는 과료를 완납할 것
보안처분	내용	보호관찰, 사회봉사·수강명령	보호관찰	보호관찰
	기간	집행유예기간(감축가능)	1년	가석방기간
기간		1년 이상 5년 이하	2년(단축불가)	무기형은 10년, 유기형은 잔여형기(10년 초과 불가)
효과		형선고의 효력 상실	면소된 것으로 간주	형집행이 종료된 것으로 간주
실효		유예기간 중 고의로 범한 죄로 금고 이상의 실형을 선고를 받아 그 판결이 확정된 경우(필요적 실효)	① 유예기간 중 자격정지 이상의 형에 처한 판결의 확정되거나 자격정지 이상의 전과가 발견된 때(필요적 실효) ② 보호관찰을 받은 자가 준수사항을 위반하고 그 정도가 무거운 때(임의적 실효)	가석방 중 금고 이상의 형의 선고를 받아 그 판결이 확정된 경우(다만, 과실범은 예외로 한다.) - 필요적 실효
취소		① 집행유예의 요건 중 ③번 요건이 결여된 것이 발각된 경우(필요적 취소) ② 보호관찰, 사회봉사·수강명령을 받은 자가 준수사항이나 명령을 위반하고 그 정도가 무거운 때(임의적 취소)	취소제도 없다.	① 감시에 관한 규칙에 위배한 때(임의적 취소) ② 보호관찰의 준수사항을 위반하고 그 정도가 무거운 때(임의적 취소)

제5절 형의 시효와 소멸

I. 형의 시효

> **제77조(형의 시효의 효과)** 형을 선고받은 사람에 대해서는 시효가 완성되면 그 집행이 면제된다.
>
> **제78조(형의 시효의 기간)** 시효는 형을 선고하는 재판이 확정된 후 그 집행을 받음이 없이 다음의 기간을 경과함으로 인하여 완성된다.
>
> 1. 사형: 30년
> 2. 무기의 징역 또는 금고: 20년
> 3. 10년 이상의 징역 또는 금고: 15년
> 4. 3년 이상의 징역이나 금고 또는 10년 이상의 자격정지: 10년
> 5. 3년 미만의 징역이나 금고 또는 5년 이상의 자격정지: 7년
> 6. 5년 미만의 자격정지, 벌금, 몰수 또는 추징: 5년
> 7. 구류 또는 과료: 1년
>
> **제79조(시효의 정지)** ① 시효는 형의 집행의 유예나 정지 또는 가석방 기타 집행할 수 없는 기간은 진행되지 아니한다.
> ② 시효는 형이 확정된 후 그 형의 집행을 받지 아니한 자가 형의 집행을 면할 목적으로 국외에 있는 기간 동안은 진행되지 아니한다.
>
> **제80조(시효의 중단)** 시효는 사형, 징역, 금고와 구류에 있어서는 수형자를 체포함으로, 벌금, 과료, 몰수와 추징에 있어서는 강제처분을 개시함으로 인하여 중단된다.
>
> **제85조(형의 집행과 시효기간의 초일)** 형의 집행과 시효기간의 초일은 시간을 계산함이 없이 1일로 산정한다.

형의 시효란 형의 선고를 받은 자가 재판이 확정된 후 그 형의 집행을 받지 않고 일정한 기간이 경과한 때에 집행이 면제되는 것을 말한다. 이에 대하여는 형법 제77조 이하에서 규정하고 있다.

판례 벌금형의 시효중단

① 수형자가 벌금의 일부를 납부한 경우에는 이로써 집행행위가 개시된 것으로 보아 그 벌금형의 시효가 중단된다고 봄이 상당하고, 이 경우 벌금의 일부 납부란 수형자 본인이 스스로 벌금을 일부 납부한 경우, 즉 벌금의 일부를 수형자 본인 또는 그 대리인이나 사자가 수형자 본인의 의사에 따라 이를 납부한 경우를 말하는 것이고, 수형자 본인의 의사와는 무관하게 제3자가 이를 납부한 경우는 포함되지 아니한다(대결 2001.8.23. 2001모91).

② 벌금에 있어서의 시효는 강제처분을 개시함으로 인하여 중단되고(형법 제80조), 여기서 채권에 대한 강제집행의 방법으로 벌금형을 집행하는 경우에는 검사의 징수명령서에 기하여 '법원에 채권압류명령을 신청하는 때'에 강제처분인 집행행위의 개시가 있는 것으로 보아 특별한 사정이 없는 한 그때 시효중단의 효력이 발생하며, 한편 그 시효중단의 효력이 발생하기 위하여 집행행위가 종료되거나 성공하였음을 요하지 아니하고, 수형자에게 집행행위의 개시사실을 통지할

것을 요하지 아니한다. 따라서 일응 수형자의 재산이라고 추정되는 채권에 대하여 압류신청을 한 이상 피압류채권이 존재하지 아니하거나 압류채권을 환가하여도 집행비용 외에 잉여가 없다는 이유로 집행불능이 되었다고 하더라도 이미 발생한 시효중단의 효력이 소멸하지는 않는다(대결 2009.6.25. 2008모1396).

판례 **추징형의 시효중단**

① 추징형의 시효는 강제처분을 개시함으로써 중단되는데(형법 제80조), 추징형은 검사의 명령에 의하여 민사집행법을 준용하여 집행하거나 국세징수법에 따른 국세체납처분의 예에 따라 집행한다(형사소송법 제477조). 추징형의 집행을 채권에 대한 강제집행의 방법으로 하는 경우에는 검사가 집행명령서에 기하여 법원에 채권압류명령을 신청하는 때에 강제처분인 집행행위의 개시가 있는 것이므로 특별한 사정이 없는 한 그때 시효중단의 효력이 발생한다. 시효중단의 효력이 발생하기 위하여 집행행위가 종료하거나 성공할 필요는 없으므로 수형자의 재산이라고 추정되는 채권에 대하여 압류신청을 한 이상 피압류채권이 존재하지 않거나 압류채권을 환가하여도 집행비용 외에 잉여가 없다는 이유로 집행불능이 되었다고 하더라도 이미 발생한 시효중단의 효력이 소멸하지 않는다. 또한 채권압류가 집행된 후 해당 채권에 대한 압류가 취소되더라도 이미 발생한 시효중단의 효력이 소멸하지 않는다. (중략) 채권압류의 집행으로 압류의 효력이 유지되고 있는 동안에는 특별한 사정이 없는 한 추징형의 집행이 계속되고 있는 것으로 보아야 한다. 한편 피압류채권이 법률상 압류금지채권에 해당하더라도 재판으로서 압류명령이 당연무효는 아니므로 즉시항고에 의하여 취소되기 전까지는 역시 추징형의 집행이 계속되고 있는 것으로 보아야 한다(대결 2023.2.23. 2021모3227).

② [1] 유체동산 경매의 방법으로 추징형을 집행하는 경우에는 검찰징수사무규칙 제17조에 의한 검사의 징수명령서를 집행관이 수령하는 때에 강제처분의 개시가 있는 것으로 보아야 하고, 다만 집행관이 그 후에 집행에 착수하지 못하면 시효중단의 효력이 없어진다. [2] 집행관이 추징의 시효 만료 전에 징수명령서를 수령하고, 그 후 상당한 기간이 경과되기 전에 징수명령이 집행되었다면 추징의 시효가 완성된 후의 집행이 아니다(대결 2006.1.17. 2004모524).

II. 형의 소멸·실효 및 복권·사면

1. 형의 소멸

형의 소멸이란 유죄판결의 확정에 의하여 발생한 형의 집행권을 소멸시키는 제도를 말한다. 형의 소멸사유로는 ① 형의 집행종료, ② 가석방기간의 만료, ③ 형의 집행면제, ④ 형의 시효완성, ⑤ 범인의 사망 등이 있다.

2. 형의 실효

제81조(형의 실효) 징역 또는 금고의 집행을 종료하거나 집행이 면제된 자가 피해자의 손해를 보상하고 자격정지 이상의 형을 받음이 없이 7년을 경과한 때에는 본인 또는 검사의 신청에 의하여 그 재판의 실효를 선고할 수 있다.

> **형의 실효 등에 관한 법률 제7조(형의 실효)** ① 수형인이 자격정지 이상의 형을 받지 아니하고 형의 집행을 종료하거나 그 집행이 면제된 날부터 다음 각 호의 구분에 따른 기간이 경과한 때에 그 형은 실효된다. 다만, 구류와 과료는 형의 집행을 종료하거나 그 집행이 면제된 때에 그 형이 실효된다.
> 　1. 3년을 초과하는 징역·금고: 10년
> 　2. 3년 이하의 징역·금고: 5년
> 　3. 벌금: 2년
> ② 하나의 판결로 여러 개의 형이 선고된 경우에는 각 형의 집행을 종료하거나 그 집행이 면제된 날부터 가장 무거운 형에 대한 제1항의 기간이 경과한 때에 형의 선고는 효력을 잃는다. 다만, 제1항 제1호 및 제2호를 적용할 때 징역과 금고는 같은 종류의 형으로 보고 각 형기를 합산한다.

형의 실효란 전과사실을 말소시켜 수형자의 사회복귀를 용이하게 하는 제도이다. 이에는 재판상의 실효(제81조)와 당연실효(형의 실효 등에 관한 법률 제7조)가 있다.

> **판례** 형의 실효
> ① 형법 제65조 소정의 "형의 선고는 효력을 잃는다."는 취의는 형의 선고의 법률적 효과가 없어진다는 것일 뿐 형의 선고가 있었다는 기왕의 사실 자체까지 없어진다는 뜻이 아니다(대결 1983.4.2. 83모8).
> ② 형이 실효된 후에는 그 전과를 특정범죄가중처벌등에관한법률 제5조의4 제5항 소정의 징역형의 선고를 받은 경우로 볼 수는 없다(대판 2002.10.22. 2002감도39).

3. 복권

> **제82조(복권)** 자격정지의 선고를 받은 자가 피해자의 손해를 보상하고 자격정지 이상의 형을 받음이 없이 정지기간의 2분의 1을 경과한 때에는 본인 또는 검사의 신청에 의하여 자격의 회복을 선고할 수 있다.

자격정지의 선고를 받은 자가 피해자의 손해를 보상하고 자격정지 이상의 형을 받음이 없이 정지기간의 2분의 1을 경과한 때에는 본인 또는 검사의 신청에 의하여 자격의 회복을 선고할 수 있다(제82조).

> **판례** 복권의 효력
> • 복권은 사면의 경우와 같이 형의 언도의 효력을 상실시키는 것이 아니고, 다만 형의 언도의 효력으로 인하여 상실 또는 정지된 자격을 회복시킴에 지나지 아니하는 것이므로 복권이 있었다고 하더라도 그 전과사실은 누범가중사유에 해당한다(대판 1981.4.14. 81도543).

4. 사면

> **사면법 제3조(사면 등의 대상)** 사면, 감형 및 복권의 대상은 다음 각 호와 같다.
> 　1. 일반사면: 죄를 범한 자
> 　2. 특별사면 및 감형: 형을 선고받은 자
> 　3. 복권: 형의 선고로 인하여 법령에 따른 자격이 상실되거나 정지된 자
>
> **제5조(사면 등의 효과)** ① 사면, 감형 및 복권의 효과는 다음 각 호와 같다.

1. 일반사면: 형 선고의 효력이 상실되며, 형을 선고받지 아니한 자에 대하여는 공소권(公訴權)이 상실된다. 다만, 특별한 규정이 있을 때에는 예외로 한다.
2. 특별사면: 형의 집행이 면제된다. 다만, 특별한 사정이 있을 때에는 이후 형 선고의 효력을 상실하게 할 수 있다.
3. 일반에 대한 감형: 특별한 규정이 없는 경우에는 형을 변경한다.
4. 특정한 자에 대한 감형: 형의 집행을 경감한다. 다만, 특별한 사정이 있을 때에는 형을 변경할 수 있다.
5. 복권: 형 선고의 효력으로 인하여 상실되거나 정지된 자격을 회복한다.

② 형의 선고에 따른 기성의 효과는 사면, 감형 및 복권으로 인하여 변경되지 아니한다.

제8조(일반사면 등의 실시) 일반사면, 죄 또는 형의 종류를 정하여 하는 감형 및 일반에 대한 복권은 대통령령으로 한다. 이 경우 일반사면은 죄의 종류를 정하여 한다.

제9조(특별사면 등의 실시) 특별사면, 특정한 자에 대한 감형 및 복권은 대통령이 한다.

사면이란 대통령의 특권에 의하여 형사소추 또는 확정판결에 의한 처벌을 포기하는 제도이다. 사면에는 ① 죄를 범한 자에 대하여 미리 죄 또는 형의 종류를 정하여 대통령령으로 행하는 일반사면(사면법 제3조, 제8조)과 ② 형의 선고를 받은 특정인에 대하여 대통령이 행하는 특별사면(사면법 제3조, 제9조)이 있다.

> **판례** **사면의 효과**
>
> ① [1] 사면법 제5조 제1항 제1호 소정의 '일반사면은 형의 언도의 효력이 상실된다.'는 의미는 형법 제65조 소정의 '형의 선고는 효력을 잃는다.'는 의미와 마찬가지로 단지 형의 선고의 법률적 효과가 없어진다는 것일 뿐 형의 선고가 있었다는 기왕의 사실 자체의 모든 효과까지 소멸한다는 뜻은 아니다. [2] 확정판결의 죄에 대하여 일반사면이 있다 하더라도 일사부재리의 효력 등은 여전히 계속 존속하는 것이고, 확정판결이 있었던 사실에 의하여 그 전의 죄와 후의 죄 등이 형법 제37조 후단의 경합범관계에 있었다고 하는 효과도 일반사면에 의하여 좌우되는 것은 아니다(대판 1995.12.22. 95도2446).
>
> ② 형의 실효 등에 관한 법률 제7조 제1항 각 호에 따라 형이 실효되었거나 사면법 제5조 제1항 제1호에 따라 형 선고의 효력이 상실된 구 도로교통법 제44조 제1항 위반 음주운전 전과도 도로교통법 제148조의2 제1항 제1호의 '도로교통법 제44조 제1항을 2회 이상 위반한' 것에 해당된다고 보아야 한다(대판 2012.11.29. 2012도10269).
>
> ③ 여러 개의 형이 병과된 사람에 대하여 그 병과형 중 일부의 집행을 면제하거나 그에 대한 형의 선고의 효력을 상실케 하는 특별사면이 있은 경우, 그 특별사면의 효력이 병과된 나머지 형에까지 미치는 것은 아니므로 징역형의 집행유예와 벌금형이 병과된 신청인에 대하여 징역형의 집행유예의 효력을 상실케 하는 내용의 특별사면이 그 벌금형의 선고의 효력까지 상실케 하는 것은 아니다(대결 1997.10.13. 96모33).

Ⅲ. 기간

> 제83조(기간의 계산) 연 또는 월로 정한 기간은 연 또는 월 단위로 계산한다.
>
> 제84조(형기의 기산) ① 형기는 판결이 확정된 날로부터 기산한다.
> ② 징역, 금고, 구류와 유치에 있어서는 구속되지 아니한 일수는 형기에 산입하지 아니한다.
>
> 제85조(형의 집행과 시효기간의 초일) 형의 집행과 시효기간의 초일은 시간을 계산함이 없이 1일로 산정한다.
>
> 제86조(석방일) 석방은 형기종료일에 하여야 한다.

1. 기간의 계산

연 또는 월로 정한 기간은 연 또는 월 단위로 계산한다(제83조).

2. 형기의 계산

형기는 판결이 확정된 날로부터 기산한다(제84조 제1항). 여기서 형기란 자유형을 말한다. 징역·금고·구류와 유치에 있어서는 구속되지 아니한 일수는 형기에 산입하지 아니한다(제84조 제2항).

형의 집행과 시효기간의 초일은 시간을 계산함이 없이 1일로 산정한다(제84조, 초일산입의 원칙).

석방은 형기종료일에 하여야 한다(제86조).

제6절 보안처분

Ⅰ. 의의

보안처분이란 행위자의 장래의 위험성 때문에 행위자의 치료·교육·재사회화를 위한 개선과 그에 대한 보안이라는 사회방위를 주목적으로 하여 과해지는 형벌 이외의 형사제재를 말한다.

Ⅱ. 보안처분의 종류와 성질

1. 보안처분의 종류

가. 대인적 보안처분과 대물적 보안처분

대인적 보안처분은 장래의 범죄행위를 방지하기 위하여 특정인에게 선고되는 보안처분(자유박탈 보안처분과 자유제한 보안처분)을 말하며, 대물적 보안처분은 범죄와 법익침해의 방지를 목적으로 하는 물건에 대한 보안처분(몰수, 영업소의 폐쇄처분, 법인의 해산처분)을 말한다.

나. 자유박탈 보안처분과 자유제한 보안처분

자유박탈적 보안처분에는 치료감호법상의 치료감호와 교정처분 등이 있으며, 자유제한적 보안처분에는 소년법 등의 보호관찰이 있다.

2. 형벌과 보안처분의 관계

형벌과 보안처분이 동일한 행위자에 대하여 과하여지는 경우에 양자의 관계를 어떻게 할 것인가에 관하여는 일원주의, 이원주의 및 대체주의가 있다. 형벌과 보안처분은 그 정당성의 근거와 본질에 있어서의 차이를 긍정하면서도 집행의 단계에서 보안처분에 의한 대체를 허용하는 대체주의가 가장 타당하다.

III. 치료감호

치료감호란 심신장애 상태, 마약류·알코올이나 그 밖의 약물중독 상태, 정신성적 장애가 있는 상태 등에서 범죄행위를 한 자로서 재범의 위험성이 있고 특수한 교육·개선 및 치료가 필요하다고 인정되는 자에 대하여 적절한 보호와 치료를 함으로써 재범을 방지하고 사회복귀를 촉진하는 것을 목적으로 하는 보안처분을 말한다(치료감호법 제1조).

> **판례** 치료감호
>
> ① 형벌과 치료감호처분은 신체의 자유를 박탈하는 수용처분이라는 점에서 유사하기는 하나 그 본질과 목적 및 기능에 있어서 서로 다른 독자적 의의를 가진 제도인바, 명시적인 배제 조항 등이 없는 이상 어느 한 쪽의 적용 대상이라는 이유로 다른 쪽의 적용 배제를 주장할 수 없는 것이다(대판 2007.8.23. 2007도3820 등).
>
> ② 치료감호법 제4조 제1항은 "검사는 치료감호대상자가 치료감호를 받을 필요가 있는 경우 관할 법원에 치료감호를 청구할 수 있다."고 규정하고, 같은 법 제4조 제7항은 "법원은 공소제기된 사건의 심리결과 치료감호에 처함이 상당하다고 인정할 때에는 검사에게 치료감호청구를 요구할 수 있다."고 규정하고 있는바, 그 규정 형식 등에 비추어 치료감호법 제4조 제7항이 법원에 대하여 치료감호청구 요구에 관한 의무를 부과하고 있는 것으로 볼 수 없다(대판 2006.9.14. 2006도4211).

IV. 보호관찰

보호관찰은 치료감호가 가종료되거나 치료위탁된 피치료감호자를 감호시설 외에서 지도·감독하는 것을 내용으로 하는 보안처분을 말한다.

V. 기타의 보안처분

1. '형법'상의 보안처분

집행유예시의 보호관찰과 사회봉사·수강명령(제62조의2), 선고유예시의 보호관찰(제59조의2), 가석방시의 보호관찰(제73조의2 제2항)이 규정되어 있다.

2. '소년법'상의 보호처분

소년부 판사는 심리 결과 보호처분을 할 필요가 있다고 인정하면 결정으로써, ① 보호자 또는 보호자를 대신하여 소년을 보호할 수 있는 자에게 감호 위탁, ② 수강명령, ③ 사회봉사명령 등의 어느 하나에 해당하는 처분을 하여야 한다(소년법 제32조 제1항).

3. '보안관찰법'상의 보안관찰처분

소위 사상범 또는 정치범·양심범에 해당하는 보안관찰법 제2조 소정의 죄를 범한 자에 대한 보안관찰처분을 규정하고 있다.

4. '보호관찰 등에 관한 법률'상의 보호관찰처분

보호관찰 등에 관한 법률에서는 일정한 경우 보호관찰을 받을 사람에 대해서 규정하고 있다(제3조 제1항).

5. '특정 범죄자에 대한 보호관찰 및 전자장치 부착 등에 관한 법률'

위 법은 특정범죄를 저지른 사람의 재범방지를 위하여 형기를 마친 뒤에 보호관찰 등을 통하여 지도하고 보살피며 도움으로써 건전한 사회복귀를 촉진하고 위치추적 전자장치를 신체에 부착하게 하는 부가적인 조치를 취함으로써 특정범죄로부터 국민을 보호함을 목적으로 하고 있다.

> **판례** 전자장치 부착
>
> ① [1] 보호관찰 등에 관한 법률 제56조는 군사법원법 제2조 제1항 각 호의 어느 하나에 해당하는 사람에게는 보호관찰법을 적용하지 아니한다고 규정하고, 제64조 제1항에서 사회봉사·수강명령 대상자에 대하여는 제56조의 규정을 준용하도록 함으로써 현역 군인 등 이른바 군법 적용 대상자에 대한 특례 조항을 두고 있는데, (중략) 위 특례 조항은 군법 적용 대상자에 대하여는 보호관찰법이 정하고 있는 보호관찰, 사회봉사, 수강명령의 실시 내지 집행에 관한 규정을 적용할 수 없음은 물론 보호관찰, 사회봉사, 수강명령 자체를 명할 수 없다는 의미로 해석된다. [2] 특정 범죄자에 대한 위치추적 전자장치 부착 등에 관한 법률 (중략) 법원이 특정범죄를 범한 자에 대하여 형의 집행을 유예하는 경우에는 보호관찰을 받을 것을 명하는 때에만 전자장치를 부착할 것을 명할 수 있다. [3] 현역 군인인 성폭력범죄 피고인에게 집행유예를 선고하는 경우 보호관찰 등에 관한 법률 제56조가 정한 군법 적용 대상자에 대한 특례 규정상 보호관찰을 받을 것을 명할 수 없어 보호관찰의 부과를 전제로 한 위치추적 전자장치의 부착명령 역시 명할 수 없는데도, 원심이 피고인에 대하여 전자장치의 부착을 명한 것은 위법하다고 한 사례(대판 2012.2.23. 2011도8124).
>
> ② [1] 특정 범죄자에 대한 위치추적 전자장치 부착 등에 관한 법률 제5조 제3항에 규정된 '살인범죄를 다시 범할 위험성'이란 재범할 가능성만으로는 부족하고 피부착명령청구자가 장래에 다시 살인범죄를 범하여 법적 평온을 깨뜨릴 상당한 개연성이 있음을 의미한다. (중략) [2] 법원이 치료감호와 부착명령을 함께 선고할 경우에는 치료감호의 요건으로서 재범의 위험성과는 별도로, 치료감호를 통한 치료 경과에도 불구하고 부착명령의 요건으로서 재범의 위험성이 인정되는지를 따져 보아야 하고, 치료감호 원인이 된 심신장애 등의 종류와 정도 및 치료 가능성, 피부착명령청구자의 치료의지 및 주위 환경 등 치료감호 종료 후에 재범의 위험성을 달리 볼 특별한 사정이 있는 경우에는 치료감호를 위한 재범의 위험성이 인정된다 하여 부착명령을 위한 재범의 위험성도 인정된다고 섣불리 단정하여서는 안 된다(대판 2012.5.10. 2012도2289 등).

6. '성폭력범죄자의 성충동 약물치료에 관한 법률'

위 법은 사람에 대하여 성폭력범죄를 저지른 성도착증 환자로서 성폭력범죄를 다시 범할 위험성이 있다고 인정되는 사람에 대하여 성충동 약물치료를 실시하여 성폭력범죄의 재범을 방지하고 사회복귀를 촉진하는 것을 목적으로 한다.

> **판례** '성폭력범죄자의 성충동 약물치료에 관한 법률'에 의한 약물치료명령
>
> ① '성폭력범죄자의 성충동 약물치료에 관한 법률'에 의한 약물치료명령의 요건으로 '성폭력범죄를 다시 범할 위험성'이란 재범할 가능성만으로는 부족하고 피청구자가 장래에 다시 성폭력범죄를 범하여 법적 평온을 깨뜨릴 상당한 개연성을 의미한다. (중략) 비록 피청구자가 성도착증 환자로 진단받았다고 하더라도 그러한 사정만으로 바로 피청구자에게 성폭력범죄에 대한 재범의 위험성이 있다고 단정할 것이 아니라, 치료명령의 집행시점에도 여전히 약물치료가 필요할 만큼 피청구자에게 성폭력범죄를 다시 범할 위험성이 있고 피청구자의 동의를 대체할 수 있을 정도의 상당한 필요성이 인정되는 경우에 한하여 비로소 치료명령의 요건을 갖춘 것으로 보아야 한다(대판 2014.2.27. 2013도12301 등).
>
> ② 치료감호와 치료명령이 함께 선고된 경우에는 (중략) 치료감호를 통한 치료에도 불구하고 치료명령의 집행시점에도 여전히 약물치료가 필요할 만큼 피청구자에게 성폭력범죄를 다시 범할 위험성이 있고 피청구자의 동의를 대체할 수 있을 정도의 상당한 필요성이 인정되는 경우에 한하여 치료감호와 함께 치료명령을 선고할 수 있다고 보아야 한다(대판 2014.12.11. 2014도6930, 2014감도25, 2014전도126, 2014치도3).
>
> ③ [1] (전략) 헌법재판소는 성충동약물치료법 제8조 제1항에 대하여 입법 목적의 정당성, 수단의 적절성이 인정되고, 원칙적으로는 침해의 최소성 및 법익균형성이 충족되나, 장기형이 선고되는 경우 치료명령의 선고시점과 집행시점 사이에 상당한 시간적 간극이 있어 집행시점에서 발생할 수 있는 불필요한 치료와 관련한 부분에 대해서는 침해의 최소성과 법익균형성을 인정하기 어렵고, 이를 막을 수 있는 절차가 마련되어 있지 않아 과잉금지원칙에 위배된다는 이유로 헌법불합치결정을 하였다(헌재 2015.12.23. 2013헌가9). 위 헌법불합치결정의 취지에 비추어, 치료명령의 선고시점과 집행시점 사이에 상당한 시간적 간극이 있는 경우 집행시점에도 여전히 집행의 필요성이 있는지에 대하여 판단을 받을 기회를 부여하는 것은 제도를 합헌적으로 운용하기 위해 필수적인 절차로 보아야 한다. [2] (중략) 입법시한 이후 치료명령이 집행되는데도 개선입법에 따른 면제신청을 할 수 없는 경우라면, 법원으로서는 앞서 본 헌법 규정의 취지를 충분히 고려하여 그 집행에 대한 준수사항 위반행위에 정당한 사유가 있는지 여부를 판단하여야 한다(대판 2021.8.19. 2020도16111).

판례색인

대판 2025.3.13. 2024도19846	45		대판 2022.4.14. 2022도649	304
대판 2024.12.12. 2024도1856	275		대판 2022.4.14. 2020도17724	119
대판 2024.12.12. 2024도10141	279		대판 2022.3.24. 2017도18272 전원합의체	164
대판 2024.12.12. 2023도10286	125		대판 2022.3.11. 2018도18872	33
대판 2024.9.27. 2024도7832	350		대판 2022.2.24. 2020도17430 등	180
대판 2024.9.12. 2020도12920	182		대판 2022.1.27. 2021도15334	33
대판 2024.8.1. 2021도2084	181		대판 2022.1.13. 2021도14471	365
대결 2024.7.25. 2023도16951	206		대판 2022.1.13. 2021도11110	85
대판 2024.4.4. 2021도15080	105		대판 2022.1.13. 2021도10855	16
대판 2024.1.4. 2021도5723	376		대판 2022.1.4. 2021도14015	164
대판 2023.12.28. 2023도12316	355		대판 2021.12.30. 2021도9680	182
대판 2023.11.2. 2023도10768	218		대판 2021.11.25. 2021도10903	211, 306
대판 2023.10.18. 2022도15537	307, 309		대판 2021.10.28. 2020도1942	69
대판 2023.10.12. 2023도5757	36		대판 2021.10.14. 2021도8719	359
대판 2023.8.31. 2021도1833	115		대판 2021.10.14. 2021도7168	375
대판 2023.7.13. 2023도2043	370		대판 2021.10.14. 2017도10634	171
대결 2023.6.29. 2023모1007	400		대판 2021.9.16. 2021도5000	318
대판 2023.6.29. 2022도13430	43		대판 2021.9.9. 2021도8657	197
대판 2023.5.18. 2017도2760	181		대판 2021.9.9. 2019도5371	19
대판 2023.4.27. 2020도6874	141		대판 2021.9.9. 2017도19025 전원합의체	304, 313
대판 2023.3.9. 2022도16120	85		대판 2021.8.26. 2020도12017	35
대판 2023.2.23. 2022도4610	48		대판 2021.8.19. 2020도16111	414
대결 2023.2.23. 2021모3227	408		대판 2021.8.19. 2020도14576	186
대판 2023.1.12. 2022도11163	114		대판 2021.8.12. 2020도17796	232
대판 2023.1.12. 2019도16782	33		대판 2021.7.21. 2020도10970	377
대판 2022.12.29. 2022도8592	373		대판 2021.7.21. 2018도16587	364
대판 2022.12.29. 2022도10660	40		대판 2021.7.8. 2021도2993	331
대판 2022.12.29. 2017도10007	178		대판 2021.5.7. 2018도12973	84
대판 2022.12.22. 2020도16420 전원합의체	47		대판 2021.4.29. 2021도1946	380
대판 2022.12.22. 2016도21314 전원합의체	25		대판 2021.4.29. 2020도16369	376
대판 2022.12.1. 2022도1499	122, 124		대판 2021.3.25. 2020도18285	271
대판 2022.11.30. 2022도6462	50		대판 2021.3.25. 2017도17643	187
대판 2022.10.27. 2022도8806	324		대판 2021.3.11. 2020도16527	170
대판 2022.10.27. 2020도12563	310		대판 2021.2.25. 2020도8728	393
대판 2022.9.16. 2019도19067 등	40		대판 2021.2.10. 2019도18700	208
대판 2022.7.28. 2020도13705	395		대판 2021.2.4. 2020도12103	341
대판 2022.6.30. 2022도32	38		대판 2021.1.21. 2018도5475 전원합의체	388
대판 2022.6.30. 2020도7866	255, 303		대판 2021.1.14. 2016도7104	29
대판 2022.6.16. 2022도1401	121		대판 2020.12.30. 2020도9994	28
대판 2022.5.12. 2020도18062	102		대판 2020.12.24. 2018도17378	32

대판 2020.11.12. 2019도11688	344
대판 2020.11.5. 2017도18291	397
대판 2020.10.15. 2020도7307	41
대판 2020.9.3. 2020도8358	388, 389
대판 2020.9.3. 2015도1927	175
대판 2020.8.20. 2020도7154	16
대판 2020.6.11. 2020도2833	379
대판 2020.6.11. 2016도9367	66
대판 2020.6.11. 2016도3048	257
대판 2020.5.14. 2020도1355	338
대판 2020.5.14. 2019도18947	395
대판 2020.5.14. 2018도3690	33
대판 2020.5.14. 2014도9607	25
대판 2020.3.12. 2019도17381	394
대판 2020.3.12. 2019도11381	15
대판 2020.2.27. 2019도18891	394
대판 2020.2.20. 2019도9756 전원합의체	32
대판 2019.11.28. 2019도11766	335
대판 2019.9.26. 2018도7682	30
대판 2019.9.25. 2016도1306	24
대판 2019.8.29. 2018도2738	317
대판 2019.7.25. 2019도5283	25
대판 2019.7.25. 2018도7989	14
대판 2019.6.20. 2018도20698 전원합의체	358
대판 2019.5.16. 2019도97	245
대판 2019.4.18. 2017도14609 전원합의체	367
대판 2019.3.28. 2018도16002 전원합의체	246
대판 2019.1.31. 2018도16474	30
대판 2018.12.27. 2017도15226	34
대판 2018.12.13. 2016도1397	22
대판 2018.11.29. 2018도14863	358
대판 2018.11.29. 2018도10779	347
대판 2018.10.30. 2018도7172 전원합의체	35
대판 2018.10.25. 2018도7041	27
대판 2018.10.25. 2016도11429	35
대판 2018.10.25. 2015도17936	16
대판 2018.9.28. 2018도9828	35
대판 2018.8.30. 2018도10047	316
대판 2018.8.1. 2015도10388	68
대판 2018.7.24. 2018도3443	34
대판 2018.6.28. 2017도13426	15
대판 2018.5.30. 2018도3619	375
대판 2018.5.17. 2017도14749 전원합의체	36
대판 2018.5.11. 2018도2844	35, 113
대결 2018.4.24. 2018초기306	24
대판 2018.4.19. 2017도14322 전원합의체	279
대판 2018.4.12. 2017도20241, 2017전도132	32
대판 2018.4.12. 2013도6962	68
대판 2018.2.28. 2017도21249	339
대판 2018.2.13. 2017도19862	38
대판 2018.2.8. 2016도17733	263
대판 2018.2.8. 2016도16757	46
대판 2018.2.8. 2015도7397	185
대판 2018.1.25. 2017도18443	263
대판 2018.1.25. 2017도12537	96
대판 2018.1.24. 2017도18230	35
대판 2018.1.24. 2017도15914 등	34
대판 2017.12.28. 2017도17762	29
대판 2017.12.28. 2017도13982	68
대판 2017.12.22. 2017도13211	83
대판 2017.12.22. 2017도12649	270
대판 2017.12.21. 2015도8335 전원합의체	30
대판 2017.12.5. 2017도11564	69
대판 2017.11.14. 2017도3449	276
대판 2017.11.14. 2017도13421	32
대판 2017.10.26. 2012도13352	187
대판 2017.9.21. 2017도8611	380
대판 2017.9.21. 2017도4019	392
대판 2017.9.21. 2017도10866 등	143
대판 2017.9.7. 2017도9999	176
대판 2017.8.24. 2017도5977 전원합의체	53, 390
대판 2017.7.18. 2016도3185	32
대판 2017.7.11. 2013도7896	175
대판 2017.6.29. 2017도3005	32
대판 2017.6.29. 2016도18194	387
대판 2017.6.19. 2017도4240	256
대판 2017.5.31. 2017도3045	335
대판 2017.5.31. 2016도12865	311
대판 2017.5.31. 2013도8389	29, 32
대판 2017.5.30. 2017도4578	276
대판 2017.5.30. 2016도21713	344
대판 2017.4.7. 2017도378	322
대판 2017.4.7. 2016도18104	380
대판 2017.3.22. 2016도17465	52
대판 2017.3.15. 2016도19659	313
대판 2017.3.15. 2015도1456	329
대판 2017.3.15. 2014도12773	212
대판 2017.3.15. 2013도2168	140
대판 2017.3.9. 2013도16162	101
대판 2017.2.16. 2016도13362 전원합의체	94

대판 2017.2.16. 2015도16014 전원합의체	13	대판 2014.12.11. 2014도6930,	
대판 2016.12.15. 2016도16170	373	2014감도25, 2014전도126, 2014치도3	414
대판 2016.11.24. 2015도18765	31	대판 2014.12.11. 2014도11515	255
대판 2016.11.10. 2016도10770	31	대판 2014.12.11. 2014도10036	336
대판 2016.10.27. 2015도11504	31	대판 2014.11.13. 2011도393 등	174
대판 2016.10.13. 2016도8347	40	대판 2014.9.4. 2014도7088	399
대판 2016.9.28. 2016도7273	19	대판 2014.9.4. 2014도3263	373
대판 2016.7.29. 2016도5596	295	대판 2014.7.24. 2014도6206	91
대판 2016.6.23. 2016도5032	392, 399	대판 2014.6.26. 2009도14407	113
대판 2016.6.23. 2014도7170	31	대판 2014.6.12. 2014도1894	329
대판 2016.6.9. 2016도4927	381	대판 2014.5.16. 2014도1547	378
대판 2016.6.9. 2016도4618	292	대판 2014.5.16. 2013도12003	367
대판 2016.6.9. 2015도19626	31	대판 2014.5.16. 2012도12867	24
대판 2016.6.9. 2015도18555	103	대판 2014.4.30. 2013도15002	29
대판 2016.3.10. 2015도17847	29	대판 2014.4.10. 2012도8374	101
대판 2016.1.28. 2015도15669	40	대판 2014.3.27. 2014도469	357
대판 2016.1.28. 2014도2477	153	대판 2014.3.27. 2013도152	260, 295
대판 2016.1.14. 2015도9133	30	대판 2014.3.27. 2012도11204	179
대판 2015.12.24. 2015도13946	68	대판 2014.3.13. 2013도12430	104
대판 2015.11.27. 2014도191	170	대판 2014.2.27. 2013도12301	414
대판 2015.11.12. 2015도6809 전원합의체	79	대판 2014.2.13. 2013도14349 등	40
대판 2015.10.29. 2015도5355	43	대판 2014.1.29. 2013도12939	20
대판 2015.10.29. 2015도12838	355	대판 2014.1.23. 2013도13804	268
대판 2015.10.29. 2015도10948	344	대판 2014.1.16. 2013도6969	257
대판 2015.10.15. 2015도8169	336	대판 2014.1.16. 2013도11649	344
대판 2015.10.15. 2015도12451	83	대판 2013.12.12. 2013도6608	364
대판 2015.9.10. 2015도8592	334	대판 2013.11.28. 2013도10467	346
대판 2015.9.10. 2015도7081	344, 347	대판 2013.11.14. 2013도7494	308
대판 2015.9.10. 2015도6980 등	236	대판 2013.10.31. 2013도10020	355
대판 2015.8.27. 2015도8408	311	대판 2013.9.26. 2013도643	355
대판 2015.7.23. 2015도3080	279	대판 2013.9.12. 2012도2744	297
대판 2015.6.24. 2014도11315 등	96	대판 2013.7.26. 2013도2511	23, 38
대판 2015.6.24. 2014도11315	113, 115	대판 2013.7.25. 2013도5971	380
대판 2015.5.28. 2015도1362	19	대판 2013.7.25. 2011도12482	344
대판 2015.4.23. 2014도655	13	대판 2013.7.11. 2011도15056 등	46
대판 2015.4.23. 2014도16980	355	대판 2013.6.27. 2013도2510	363
대판 2015.4.9. 2014도14191	29	대판 2013.6.13. 2013도4737	347
대판 2015.3.20. 2014도16920	231	대판 2013.6.13. 2013도1685	14
대판 2015.2.26. 2014도15182	320	대판 2013.6.13. 2010도13609	154
대판 2015.2.16. 2014도14843	281	대판 2013.5.24. 2012도15805	378
대판 2015.2.12. 2014도12753	220	대판 2013.5.23. 2012도11586	374
대판 2015.2.12. 2014도11501	206	대판 2013.4.26. 2013도1222	133
대판 2015.1.15. 2013도15027	212	대판 2013.4.11. 2010도1388	29
대판 2015.1.15. 2012도7571	378	대판 2013.3.28. 2012도16383	220
		대판 2013.2.21. 2010도10500 전원합의체	336

대판 2013.1.24. 2012도12689	197	대판 2011.7.28. 2010도4183	267
대판 2012.11.29. 2012도10980	334	대판 2011.7.14. 2011도639	176
대판 2012.11.29. 2012도10269	410	대판 2011.7.14. 2011도2471	30
대판 2012.11.22. 2010두19270 전원합의체	12	대판 2011.7.14. 2011도2136	208
대판 2012.11.15. 2012도7407	296, 301	대판 2011.7.14. 2009도5516	66
대판 2012.10.11. 2012도1895	331, 355	대판 2011.6.10. 2011도4260	41
대판 2012.9.27. 2012도9295	358	대판 2011.6.10. 2011도2351	360
대판 2012.9.13. 2012도7760	44	대판 2011.6.9. 2010도10677	236
대판 2012.8.30. 2012도6027	178, 308	대판 2011.5.26. 2011도3161	384
대판 2012.7.5. 2011도161670	32	대판 2011.5.26. 2011도2412	185
대판 2012.6.28. 2012도3927	355	대판 2011.5.26. 2010도6090	342
대판 2012.6.28. 2011도15097	32	대판 2011.5.13. 2011도2021	293
대판 2012.6.14. 2010도14409	317	대판 2011.5.13. 2011도1415	264
대판 2012.5.24. 2011도7943	104	대판 2011.5.13. 2010도9962	166
대판 2012.5.10. 2012도675	364	대판 2011.5.13. 2010도16970 등	144
대판 2012.5.10. 2012도2289	413	대판 2011.5.13. 2009도14442	53, 185
대판 2012.5.10. 2011도12131	346	대판 2011.4.28. 2009도3642	256
대판 2012.5.10. 2010도5964	322	대판 2011.4.28. 2009도12671	93
대판 2012.5.9. 2011도11264	42, 66	대판 2011.4.14. 2011도300, 2011감도5	235
대판 2012.4.26. 2010도2905	276	대판 2011.4.14. 2010도10104	115
대판 2012.3.29. 2011도14135	393	대판 2011.3.24. 2010도14817	68
대판 2012.3.22. 2011도15057, 2011전도249 전원합의체	27	대판 2011.3.24. 2010도14393	18
		대판 2011.3.17. 2006도8839 전원합의체	185
대판 2012.3.15. 2011도17648	93, 129	대판 2011.2.24. 2010도7404	372
대판 2012.3.15. 2011도17117	93	대판 2011.2.24. 2010도13801	342
대판 2012.2.23. 2011도8124	413	대판 2011.2.10. 2010도16742	331
대판 2012.2.23. 2010도8981	23	대판 2011.1.27. 2010도11030	279
대판 2012.1.27. 2011도15914	366	대판 2011.1.13. 2010도9927	283
대판 2012.1.27. 2010도8336	30	대판 2010.12.23. 2010도11996	17
대판 2011.12.22. 2011도9721	271	대판 2010.11.11. 2010도10690	363
대판 2011.12.22. 2011도12927	284	대판 2010.11.11. 2010도10256	33
대판 2011.12.22. 2011도12041	386	대판 2010.11.11. 2007도8645	221
대판 2011.12.13. 2010도10029	101	대판 2010.9.30. 2010도6403	397
대판 2011.12.8. 2010도4129	355	대판 2010.9.30. 2008도4762	36
대판 2011.11.10. 2011도10539	239	대판 2010.9.9. 2010도6924	283
대판 2011.11.10. 2010도11631	302	대판 2010.7.22. 2010도1911	126
대판 2011.10.27. 2010도7624	255	대판 2010.7.15. 2010도3544	279
대판 2011.10.13. 2011도6287	187, 256	대판 2010.7.15. 2008도11679	210
대판 2011.10.13. 2010도15260	203	대판 2010.7.8. 2010도931	402
대판 2011.9.29. 2009도2821	280	대결 2010.5.27. 2010모446	400
대판 2011.9.29. 2008도9109	367	대판 2010.5.27. 2010도3498	334
대판 2011.9.8. 2009도13959	123	대판 2010.5.27. 2010도2680	36, 131
대판 2011.8.25. 2011도7725	35	대판 2010.4.29. 2010도973	394
대판 2011.8.25. 2011도6507	52	대판 2010.4.29. 2009도7070	93
대판 2011.8.18. 2009도7813	343	대판 2010.4.29. 2009도14427	234

대판 2010.4.29. 2009도13868	209	대판 2008.12.24. 2008도9169	353
대판 2010.4.15. 2009도9624	66	대판 2008.12.24. 2006도1427	393
대판 2010.3.11. 2009도5008	187	대판 2008.12.11. 2008도9606	167
대판 2010.2.25. 2010도93	334	대판 2008.12.11. 2008도9182	331
대판 2010.2.11. 2009도9807	110	대판 2008.12.11. 2008도6987	343
대판 2010.2.11. 2009도12958	144	대판 2008.11.27. 2008도7311	128
대판 2010.1.28. 2009도10139	277	대판 2008.11.13. 2008도7143	362
대판 2010.1.14. 2009도12109 등	76	대판 2008.10.23. 2008초기264	20
대판 2010.1.14. 2009도10845	355	대판 2008.10.23. 2008도6940	126
대판 2009.12.24. 2009도9667	235	대판 2008.10.23. 2005도10101	221
대판 2009.12.24. 2009도7815	264	대판 2008.10.9. 2008도7034	381
대판 2009.12.24. 2007도6243	186	대판 2008.10.9. 2008도6944	379
대판 2009.12.24. 2007도1915	212	대판 2008.9.11. 2008도5364	336
대판 2009.12.24. 2005도8980	119	대판 2008.9.11. 2007도7204	264
대판 2009.12.10. 2009도11448	16	대판 2008.9.11. 2006도8376	366
대판 2009.11.19. 2009도6058 전원합의체	36	대결 2008.7.24. 2008어4	18
대판 2009.10.29. 2009도7150	249	대판 2008.7.24. 2008도4085	52
대판 2009.10.29. 2009도5945	23	대판 2008.7.24. 2007도4310	284
대판 2009.10.15. 2008도9433	231	대판 2008.7.10. 2008도1433	186
대판 2009.10.15. 2006도6870	187	대판 2008.5.29. 2008도1857	22, 331
대판 2009.9.24. 2009도5900	235	대판 2008.5.8. 2008도198	336
대판 2009.9.24. 2009도5595	229	대판 2008.4.24. 2007도10058	134
대판 2009.9.24. 2009도4998	236	대판 2008.4.24. 2006도8644	25
대판 2009.9.10. 2009도6061, 2009전도13	38	대판 2008.4.17. 2004도4899	50
대판 2009.9.10. 2009도5075	41	대판 2008.4.11. 2007도8373	397
대판 2009.8.20. 2009도3452	235	대판 2008.4.10. 2008도1464	235
대판 2009.6.25. 2009도3505	354	대판 2008.3.27. 2008도917	235
대결 2009.6.25. 2008모1396	408	대판 2008.3.27. 2008도89	84
대판 2009.6.23. 2009도2994	280	대판 2008.3.27. 2007도9328	335
대판 2009.6.11. 2009도1518	309	대판 2008.3.27. 2007도7874	16
대판 2009.6.11. 2008도6530	67	대판 2008.3.27. 2007도7561	28
대판 2009.6.11. 2008도10373	212	대판 2008.3.13. 2007도10804	254
대판 2009.5.28. 2009도1446	390	대판 2008.2.29. 2007도9137	396
대판 2009.5.28. 2008도7030	123	대판 2008.2.29. 2007도10120	129
대판 2009.5.28. 2008도3598	208	대판 2008.2.28. 2007도9354	80
대판 2009.4.23. 2009도834	354	대결 2008.2.14. 2007모845	403
대판 2009.4.23. 2008도11921 등	221	대판 2008.2.14. 2007도8767	236
대판 2009.4.23. 2008도11921	114, 120	대판 2008.2.14. 2007도10034	375
대판 2009.4.23. 2008도11017	14, 16	대판 2008.2.14. 2005도4202	74
대판 2009.4.9. 2009도321	41	대판 2007.12.28. 2007도7717	160
대판 2009.2.12. 2008도9476	75	대판 2007.12.28. 2007도5204 등	174
대판 2009.1.30. 2008도8607	210	대판 2007.12.14. 2007도7353	376
대판 2009.1.30. 2008도860	216	대판 2007.12.14. 2005도872	310
대판 2009.1.30. 2008도10308	95	대판 2007.11.30. 2007도6556	14
대판 2008.12.24. 2008도9581	23	대판 2007.11.29. 2007도8050	311

대판 2007.11.29. 2006도119	306	대판 2006.12.8. 2006도6400	375
대판 2007.11.16. 2007도7205	216	대판 2006.12.7. 2005도3707	260, 295
대판 2007.11.16. 2005도1796	126	대판 2006.11.23. 2006도5586	378
대판 2007.10.26. 2007도4702	306	대판 2006.11.23. 2006도2732	104
대판 2007.10.26. 2005도8822	95, 289	대판 2006.11.10. 2006도5811	235
대판 2007.10.25. 2007도6712	256	대판 2006.10.13. 2006도5360 등	195
대판 2007.9.20. 2006도9157	187	대판 2006.10.13. 2006도3302	376
대판 2007.9.6. 2007도4739	335	대판 2006.9.28. 2006도2963	265
대판 2007.9.6. 2005도9670	178	대판 2006.9.22. 2006도5010	51
대판 2007.8.23. 2007도4913	391	대판 2006.9.14. 2006도4211	412
대판 2007.8.23. 2007도3820	412	대판 2006.9.14. 2006도4127	235
대판 2007.7.27. 2007도4484 등	199	대판 2006.9.14. 2006도4075	375
대판 2007.7.26. 2007도4556	373	대판 2006.9.14. 2004도6432	250
대판 2007.7.26. 2007도4404	340	대판 2006.9.8. 2006도148	142
대판 2007.7.26. 2007도3687	245	대결 2006.5.29. 2006모135	368
대판 2007.7.12. 2007도3391 등	195	대판 2006.5.25. 2003도3945	265
대판 2007.6.29. 2006도4582	26	대판 2006.5.11. 2005도798	54
대결 2007.6.28. 2007모348	403	대판 2006.4.28. 2003도80	83
대판 2007.6.28. 2007도873	30	대판 2006.4.28. 2003도4128	210, 305
대판 2007.6.28. 2005도8317	178	대판 2006.4.27. 2003도4151	173
대판 2007.6.14. 2007도2360	194	대판 2006.4.13. 2005도9396	153, 154
대판 2007.6.14. 2007도2162	34	대판 2006.4.13. 2003도3902	185
대판 2007.6.1. 2006도1813	42	대판 2006.4.7. 2005도9858 전원합의체	393
대판 2007.5.11. 2006도4328	161	대판 2006.3.24. 2005도8081	158, 169
대판 2007.5.11. 2006도1993	212	대판 2006.3.24. 2005도3717	206
대판 2007.5.10. 2007도1375	343	대판 2006.3.23. 2006도1076	384
대판 2007.4.27. 2007도1303	306	대판 2006.3.10. 2005도6316	216
대판 2007.4.27. 2007도1038	14	대판 2006.2.24. 2005도7673	66
대판 2007.4.27. 2006도7634	185	대판 2006.2.10. 2005도6246	390
대판 2007.4.26. 2007도428	278	대판 2006.2.10. 2005도3490	203
대판 2007.4.26. 2007도1794	151	대판 2006.1.27. 2005도8704	353, 354
대판 2007.3.30. 2006도7241	378	대결 2006.1.17. 2004모524	408
대판 2007.3.15. 2006도9418	161	대판 2006.1.13. 2005도7474	14
대판 2007.3.15. 2006도9314	381	대판 2006.1.12. 2004도6557	306
대판 2007.3.15. 2006도9042	340	대판 2005.12.8. 2005도8105	245
대판 2007.2.23. 2005도7430	235	대판 2005.11.10. 2005도1995	311
대판 2007.2.23. 2005도10233	353	대판 2005.11.10. 2004도2657	67
대판 2007.2.22. 2006도8555	398	대판 2005.10.28. 2005도5713	234
대판 2007.2.22. 2005도9229	122	대판 2005.10.28. 2005도4915	307, 333
대판 2007.2.9. 2006도7837	390	대판 2005.10.28. 2005도4462	42
대판 2007.2.8. 2006도7900	196	대판 2005.10.13. 2005도4589	272
대판 2007.2.8. 2006도6196	396	대판 2005.9.30. 2005도5236	335
대판 2007.1.25. 2006도8663	378	대판 2005.9.30. 2005도4688	187
대판 2007.1.12. 2006도5696	358	대판 2005.9.30. 2005도4051	343
대판 2007.1.11. 2006도5288	231	대판 2005.9.29. 2005도4592	213

대판 2005.9.28. 2005도3929	327	대판 2004.3.12. 2004도126	285
대판 2005.9.28. 2005도3065	231	대판 2004.2.27. 2003도7507	103
대판 2005.9.15. 2005도1952	337	대판 2004.2.27. 2003도6535	27
대판 2005.8.19. 2005도1697	215	대판 2004.2.12. 2003도6282	213
대판 2005.7.22. 2005도3034	80	대판 2004.1.15. 2001도1429	216, 362
대판 2005.7.15. 2003도4293	379	대판 2003.12.26. 2003도5980	24
대판 2005.7.8. 2005도2807	150	대판 2003.12.26. 2003도3768	402
대판 2005.6.10. 2005도835	208	대판 2003.12.26. 2001도6484	221
대판 2005.6.10. 2005도1373	103	대판 2003.11.13. 2003도3606	143
대판 2005.6.9. 2005도1085	306	대판 2003.10.30. 2003도4382	272
대판 2005.6.9. 2004도7218	142	대판 2003.10.24. 2003도4417	233
대판 2005.5.27. 2004도62	216	대판 2003.10.24. 2003도4027	318
대판 2005.5.26. 2005도945	132	대판 2003.9.26. 2003도3000	187
대판 2005.4.29. 2002도7262	381	대판 2003.8.22. 2002도5341	347
대판 2005.3.24. 2004도8137	115	대판 2003.8.19. 2001도3667	124
대판 2005.3.11. 2002도5112	275	대판 2003.7.25. 2002도6006	213
대판 2005.2.25. 2004도8259	241	대판 2003.7.8. 2001도1335	34
대판 2005.2.17. 2004도6940	329	대판 2003.6.24. 2002도6829	34
대판 2005.1.13. 2004도7360	15	대판 2003.6.13. 2003도889	268
대판 2004.12.10. 2004도6480	103	대판 2003.6.13. 2003도1279	234
대판 2004.11.18. 2004도1228	22	대판 2003.5.30. 2003도705	375
대판 2004.11.12. 2004도5257	362	대판 2003.5.13. 2003도939	213
대판 2004.11.11. 2004도4049	26	대판 2003.4.8. 2003도382	104
대판 2004.1015. 2004도4869	402	대판 2003.3.28. 2002도7477	269
대판 2004.10.28. 2004도4437	285	대판 2003.3.25. 2002도7134	234
대판 2004.10.28. 2004도3994	256	대판 2003.2.28. 2002도7335	343
대판 2004.10.28. 2004도3405	178	대판 2003.2.20. 2001도6138 전원합의체	401
대판 2004.10.14. 2003도3133	386	대판 2003.1.24. 2002도6103	281
대판 2004.9.16. 2001도3206 전원합의체	348	대판 2003.1.10. 2002도4380	351
대판 2004.8.30. 2004도3212	62	대판 2003.1.10. 2002도2363	34
대판 2004.8.20. 2004도2870	292	대판 2003.1.10. 2001도3292	124
대판 2004.8.20. 2003도4732	186	대판 2002.12.27. 2002도2539	28
대판 2004.7.9. 2004도810	343	대판 2002.12.26. 2002도5077	178
대판 2004.6.25. 2004도1751	343, 362	대판 2002.12.6. 2000도3581	381
대판 2004.6.25. 2003도7124	359	대판 2002.11.26. 2002도4929	52
대판 2004.6.24. 2004도2003	386	대판 2002.11.26. 2002도3539	234
대판 2004.6.24. 2002도995	74	대판 2002.11.26. 2002도2998	13
대판 2004.6.10. 2001도5380	172	대판 2002.10.25. 2002도4089	298
대판 2004.5.27. 2003도4531	82	대판 2002.10.22. 2002감도39	409
대판 2004.5.14. 2004도74	103	대판 2002.10.11. 2002도4315	93
대판 2004.5.13. 2004도1299	350	대판 2002.9.24. 2002도3589	374
대판 2004.4.27. 2002도315	154	대판 2002.8.27. 2001도513	241, 284
대판 2004.4.23. 2004도1109	28	대판 2002.8.23. 2002도46	386
대판 2004.4.23. 2002도2518	175	대판 2002.7.26. 2002도1855	21
대판 2004.4.9. 2003도8219	334	대판 2002.7.23. 2001도6281	324, 346

대판 2002.7.18. 2002도669 전원합의체	348	대판 2000.10.27. 98도679	21
대판 2002.7.12. 2002도2029	344	대판 2000.10.27. 2000도4187	14
대판 2002.6.28. 2002도2425	101	대판 2000.10.27. 2000도3570	67
대판 2002.6.28. 2000도3045	265	대판 2000.9.29. 2000도3051	203
대판 2002.6.14. 2002도1283	380	대판 2000.8.18. 2000도2943	210
대판 2002.5.17. 2001도4077	204	대판 2000.8.18. 2000도2231	102
대판 2002.5.16. 2002도51 전원합의체	329	대판 2000.8.18. 2000도1914	306
대판 2002.5.10. 2000도2807	213	대판 2000.7.28. 2000도2466	290
대판 2002.4.12. 2000도3485	133	대판 2000.7.4. 99도4341	104
대판 2002.4.12. 2000도3350	43	대판 2000.6.27. 2000도1155	94
대판 2002.3.26. 2001도6641	234	대판 2000.6.9. 2000도1253	234
대판 2002.2.28. 2001도6468	172	대판 2000.5.26. 2000도1338	326
대판 2002.2.26. 2000도4637	398	대판 2000.4.25. 98도2389	177, 180
대판 2002.2.21. 2001도2819 전원합의체	26	대판 2000.4.21. 99도5563	213
대판 2002.2.8. 2001도6669	244	대판 2000.4.21. 99도3403	49
대판 2002.2.8. 2001도6425	101	대판 2000.4.7. 2000도576	270
대판 2002.1.11. 2000도1881	246	대판 2000.3.28. 2000도228	145
대판 2001.12.28. 2001도6130	326	대판 2000.3.24. 99도5275	295
대판 2001.12.28. 2001도5158	256, 381	대판 2000.2.25. 99도4305	180
대판 2001.12.11. 2001도5005	126	대판 2000.2.25. 99도1252	295
대판 2001.11.30. 2001도5657	342	대판 2000.2.24. 99헌가4 전원재판부	24
대판 2001.11.9. 2001도4792	269	대판 2000.2.11. 99도5286	89
대판 2001.10.26. 2001도4583	390	대판 2000.2.11. 99도4797	345
대판 2001.10.25. 99도4837 전원합의체	174	대판 2000.1.28. 99도4022	42
대판 2001.9.25. 99도3337	50	대판 2000.1.21. 99도4940	340
대판 2001.9.25. 2001도3990	40	대판 1999.12.28. 98도138	142
대판 2001.9.7. 2001도2917	184	대판 1999.11.12. 99도3801	225
대결 2001.8.23. 2001모91	407	대판 1999.10.12. 99도3377	144
대판 2001.8.21. 2001도3447	338	대판 1999.9.17. 99도2889	272
대판 2001.8.21. 2001도3312	345, 360	대판 1999.9.17. 97도3349	20
대판 2001.7.27. 2000도4298	232	대판 1999.8.20. 99도1744	331
대결 2001.6.27. 2001모135	400	대판 1999.8.20. 99도1557	317
대판 2001.6.26. 2000도2871	174	대판 1999.7.15. 95도2870 전원합의체	69
대판 2001.6.12. 2000도3559	325	대판 1999.6.11. 99도943	148
대판 2001.6.1. 99도5086	92	대판 1999.5.11. 99다12161	374
대판 2001.5.15. 2001도1089	147	대판 1999.4.27. 99도883	320
대판 2001.3.27. 2000도5318	362	대판 1999.4.27. 99도693	194
대판 2001.3.13. 2000도4880	327	대판 1999.4.23. 99도636	171, 224
대판 2001.3.9. 2000도794	381	대판 1999.4.23. 99도354	338
대판 2001.3.9. 2000도5590	102	대판 1999.4.13. 99도640	238
대판 2001.2.23. 2000도4415	180	대판 1999.4.13. 98도4560	386
대판 2001.2.9. 2000도1216	352	대판 1999.4.13. 98도3619	335
대판 2001.1.5. 99도4101	103	대판 1999.4.9. 99도519	129
대판 2000.11.24. 2000도3945	372	대판 1999.4.9. 99도424	240
대판 2000.11.10. 99도782	326	대판 1999.3.26. 98도3030	251

대판 1999.3.12. 98도3443	234	대판 1997.6.13. 97도957	238
대결 1999.3.1. 99모33	399	대판 1997.6.13. 97도703	17
대판 1999.2.11. 98도2816 전원합의체	13	대판 1997.6.13. 96도1703	68
대판 1999.1.29. 98도3584	342, 380	대판 1997.4.22. 97도538	111
대판 1999.1.26. 98도3029	173	대판 1997.4.22. 95도748	317
대결 1999.1.12. 98모151	399	대판 1997.4.17. 96도3377 전원합의체	313
대판 1998.12.8. 98도3416	128, 350	대판 1997.4.17. 96도3376 전원합의체	143, 265, 330
대판 1998.12.8. 98도3263	82	대판 1997.4.17. 96도3376	19, 137
대판 1998.12.8. 93도3416	354	대판 1997.3.28. 95도2674	180
대판 1998.11.27. 98도2734	49	대판 1997.3.20. 96도1167 전원합의체	27
대판 1998.10.23. 98도2313	245	대판 1997.3.14. 96도1639	81, 305
대판 1998.10.15. 98도1759	14	대판 1997.2.14. 96도1959	270
대판 1998.10.13. 98도2584	331	대판 1997.1.24. 96도524	65
대판 1998.9.22. 98도1854	97, 118	대판 1997.1.24. 96도2427	305
대판 1998.9.4. 98도2061	312	대판 1997.1.21. 96도2715	331
대판 1998.6.23. 97도1189	210	대판 1996.11.12. 96도2477	377
대판 1998.6.18. 97도2231 전원합의체	22	대판 1996.11.8. 95도2710	116
대판 1998.5.21. 98도321	293	대판 1996.10.15. 96도1301	350, 352
대판 1998.5.21. 95도2002 전원합의체	381	대판 1996.10.11. 95도1706	264
대판 1998.4.28. 98다5135	119	대판 1996.9.6. 95도2551	78, 80, 305
대판 1998.4.24. 98도98	397	대판 1996.8.23. 96도1231	275
대판 1998.4.14. 98도231	81	대판 1996.8.23. 94도3191	218
대판 1998.4.14. 97도3340	339	대판 1996.7.30. 96도1285	326
대판 1998.3.24. 97도2956	354	대판 1996.7.30. 96도1081	82
대판 1998.2.27. 97도2812	123	대판 1996.7.26. 96도1158	44
대판 1998.2.27. 97도1757	292	대판 1996.7.12. 96도1181	341
대판 1998.2.24. 97도183	259	대판 1996.7.12. 96도1142	130
대판 1998.2.13. 97도2877	176	대판 1996.6.11. 96도857	198
대판 1998.2.10. 97도2961	268, 297	대판 1996.5.28. 96도979	183
대판 1998.2.10. 97도2836	340, 343	대판 1996.5.28. 95도1200	120
대판 1997.12.26. 97도2609	320, 340	대결 1996.5.14. 96모14	379
대판 1997.12.26. 97도2249	318	대판 1996.5.10. 96도620	214
대판 1997.11.28. 97도1740	275	대판 1996.5.10. 96도529	91, 129
대판 1997.11.20. 97도2021 전원합의체	50	대판 1996.5.10. 96도324	104
대판 1997.11.14. 97도2118	136, 180	대판 1996.5.8. 96도221	379
대결 1997.10.13. 96모33	410	대판 1996.4.26. 96도485	127
대판 1997.10.10. 97도1720	280	대판 1996.4.12. 96도215	133, 287
대판 1997.9.30. 97도1940	272	대판 1996.4.9. 96도241	141
대판 1997.9.26. 97도1469	343	대판 1996.4.9. 95도2466	341
대판 1997.9.12. 97도1706	271	대판 1996.4.7. 94도1325	211
대판 1997.8.29. 97도675	339	대판 1996.3.22. 96도313	291
대판 1997.6.27. 97도508	362	대판 1996.3.8. 95도2114	359
대판 1997.6.27. 97도163	273, 347	대판 1996.2.23. 95도2858	43
대판 1997.6.27. 95도1964	214	대판 1996.2.13. 95도2843	44
대판 1997.6.24. 97도1075	295, 299	대판 1996.1.26. 95도2461	302

대판 1996.1.26. 94도2654	282	대판 1994.4.26. 93도1731	75
대판 1995.12.26. 95도2188	211	대판 1994.4.15. 93도2899	180
대판 1995.12.22. 95도2446	410	대판 1994.3.22. 93도3612	89, 108
대판 1995.12.12. 95도1893	67	대판 1994.3.11. 93도2305	270
대판 1995.11.10. 95도2088	210	대판 1994.3.8. 93도3608	384
대판 1995.9.29. 95도456	307	대판 1994.3.8. 93도3154	277
대판 1995.9.15. 95도906	96	대판 1994.2.22. 93도613	175
대판 1995.9.15. 94도2561	100, 234	대판 1994.2.8. 93도120	169
대판 1995.9.5. 95도577	273	대판 1993.12.24. 92도3334	329
대판 1995.8.25. 95도717	208	대판 1993.11.23. 93도604	236
대판 1995.8.25. 95도1351	203	대판 1993.10.12. 93도2056	379
대판 1995.8.22. 95도936	182	대판 1993.10.12. 93도1888	215
대판 1995.8.22. 95도594	356	대판 1993.10.12. 93도1851	238, 239
대판 1995.7.28. 95도997	341, 356	대판 1993.10.8. 93도1951	251
대판 1995.7.28. 95도702	207	대판 1993.10.8. 93도1873	133, 298
대판 1995.7.28. 95도1081	211	대판 1993.9.14. 93도1790	354
대판 1995.7.28. 94도3325	67	대판 1993.9.14. 92도1560	209
대판 1995.7.25. 95도391	67, 386	대판 1993.7.27. 93도135	111
대판 1995.7.11. 95도382	118	대판 1993.7.27. 92도2345	165, 177
대판 1995.7.11. 94도1814	209	대판 1993.7.13. 93도14	82
대판 1995.6.30. 94도1017	206	대판 1993.6.22. 93오1	401
대판 1995.6.30. 93추83	15	대판 1993.6.8. 93도766	140
대판 1995.6.16. 94도2413	25	대판 1993.5.11. 93도49	362
대판 1995.6.16. 94도1793	211	대판 1993.4.13. 93도347	239
대판 1995.5.12. 95도425	89	대판 1993.4.13. 92도3035	350
대판 1995.2.28. 94도2746	182	대판 1993.3.26. 92도3405	345
대판 1995.1.24. 94도1949	104	대판 1993.3.23. 92도3045	102, 104
대판 1995.1.20. 94도2842	128	대판 1993.3.9. 92도3101	168
대판 1995.1.12. 94도2781	152	대판 1993.3.9. 92도2999	333
대판 1994.12.23. 93도1002	62, 295, 315, 321	대판 1993.2.23. 92도2077	118
대판 1994.12.22. 94도2511	102	대판 1993.1.15. 92도2579	119
대결 1994.12.20. 94모32 전원합의체	37	대판 1992.12.24. 92도2346	317
대판 1994.12.9. 93도3223	214	대판 1992.12.22. 92도2540	142, 145
대판 1994.11.8. 94도1657	182	대판 1992.11.13. 92도2194	44
대판 1994.11.4. 94도2361	132	대판 1992.10.13. 92도1428 전원합의체	363, 384
대판 1994.10.28. 93도1166	347	대판 1992.10.13. 92도1064	180
대판 1994.10.14. 94도2130	386	대판 1992.9.22. 91도3317	53
대판 1994.8.26. 94도780	216	대판 1992.9.14. 92도1534	325
대판 1994.8.26. 94도1291	111	대판 1992.9.8. 92도1650	229
대판 1994.8.23. 94도1484	271	대판 1992.8.18. 92도1425	194
대판 1994.8.9. 94도1318	347	대판 1992.8.18. 92도1140	211
대판 1994.5.24. 94도660	274	대판 1992.8.14. 92도1246	221
대판 1994.5.13. 94도581 등	195	대판 1992.7.28. 92도917	239, 291, 350
대판 1994.5.10. 94도659	385	대판 1992.7.28. 92도700	373
대판 1994.5.10. 94도563	39	대판 1992.6.9. 92도77	330

대판 1992.5.26. 91도894	208	대판 1990.8.28. 90도1217	232
대판 1992.5.22. 91도2525	215	대판 1990.8.14. 90도870	153
대판 1992.4.28. 92도56	126	대판 1990.8.14. 90도1328	195
대판 1992.4.28. 91도1346	126	대판 1990.8.14. 90도114	184
대판 1992.4.14. 92도297	345	대판 1990.8.10. 90도1211	164
대판 1992.3.31. 91도3279	277	대판 1990.7.27. 90도543	331
대판 1992.3.27. 91도2831	183	대판 1990.7.24. 90도1149	243
대판 1992.3.10. 92도37	183	대판 1990.7.10. 90도1176	335
대판 1992.3.10. 91도3172	111	대판 1990.6.22. 90도767	130
대판 1992.2.11. 91도2951	83	대판 1990.5.25. 90도607	230
대판 1992.1.17. 91도2837	317	대판 1990.5.22. 90도580	91
대판 1992.1.11. 91도2951	81	대판 1990.5.22. 90도579	123
대판 1991.12.13. 91도2127	184	대판 1990.4.27. 89도1467	176
대판 1991.11.12. 91도2211	221	대판 1990.4.24. 90도653	345
대판 1991.11.12. 91도2156	287	대판 1990.3.27. 89도1670	223
대판 1991.10.25. 91도2085	89	대판 1990.1.25. 89도252	349
대판 1991.10.18. 91도1911	43	대판 1990.1.25. 89도1211	330
대판 1991.10.11. 91도1755	280	대판 1990.1.23. 89도1395	118
대판 1991.9.10. 91도1722	350	대판 1990.1.23. 89도1328	183
대판 1991.9.10. 91다19913	146	대판 1989.12.26. 89도2087	102
대판 1991.8.27. 91도1637	340	대판 1989.12.12. 89도875	149
대결 1991.8.9. 91모54	367	대판 1989.12.12. 89도2049	151
대판 1991.6.25. 91도643	326, 349, 361	대판 1989.11.28. 89도780	396
대판 1991.6.11. 91도985	384	대판 1989.11.28. 89도201	167
대판 1991.5.28. 91도80	149	대판 1989.11.14. 89도1426	183
대판 1991.5.28. 91도636	193	대판 1989.10.13. 89도556	90
대판 1991.5.28. 91도352	379	대판 1989.10.13. 89도204	112
대판 1991.5.28. 91다10084	149, 154	대판 1989.9.12. 89도889	169
대판 1991.5.14. 91도580	133	대판 1989.9.12. 89도866	92
대판 1991.5.14. 91도542	294	대판 1989.9.12. 89도1153	229
대판 1991.5.14. 91도513	172	대판 1989.9.12. 89도1084	94
대판 1991.5.10. 90도2102	101	대판 1989.8.8. 89도664	326, 361
대판 1991.3.27. 91도139	166	대판 1989.8.8. 89도358	146
대결 1991.3.4. 90모59	404	대판 1989.4.11. 88도1247	258
대판 1991.2.26. 90도2856	95	대판 1989.3.28. 88도1484	117
대판 1991.2.12. 90도2547	92	대판 1989.3.14. 88도837	283
대판 1991.1.29. 90도2445	339, 361	대판 1989.3.14. 87도3674	148
대판 1991.1.25. 90도2560	42	대판 1989.2.28. 88도1141	209
대판 1990.12.26. 89도2589	114	대판 1989.2.14. 87도1860	211
대판 1990.12.11. 90도694	95	대판 1989.1.17. 88도971	98
대판 1990.11.27. 90도2262	287	대판 1989.1.17. 88도643	112
대판 1990.10.30. 90도1456	172	대판 1988.12.13. 88도184	202
대판 1990.10.16. 90도1604	208	대판 1988.12.13. 88도1807	361
대판 1990.9.28. 90도1365	345	대판 1988.11.8. 88도928	91
대판 1990.9.25. 90도1596	131	대판 1988.11.8. 88도1580	186

대판 1988.10.11. 88도1320	118	대판 1986.9.9. 86도1273	332
대판 1988.9.13. 88도55	231	대판 1986.9.9. 85도2433	90
대판 1988.9.13. 88도1197	291	대판 1986.8.19. 86도915	81
대판 1988.9.13. 88도1114	286	대판 1986.7.22. 86도1012 전원합의체	41
대판 1988.8.23. 88도855	111	대판 1986.7.8. 86도749	295, 322
대판 1988.6.28. 88도820	350, 354	대판 1986.7.8. 86도1048	91
대판 1988.6.28. 88도650	109	대판 1986.7.8. 84도2922	172
대판 1988.4.25. 87도2451	257	대판 1986.6.24. 86도810	203
대판 1988.4.12. 88도178	130, 131	대판 1986.6.24. 86도437	247
대판 1988.4.12. 87도2368	278	대판 1986.6.24. 86도403	51
대판 1988.3.22. 87도2585	306	대판 1986.3.11. 85도2831	241
대판 1988.2.23. 87도2358	171, 224	대판 1986.2.25. 85도2773	230
대판 1988.1.19. 87도2287	52	대판 1986.2.25. 85도2767	360
대판 1988.1.19. 86도2654	403	대판 1986.2.25. 85도2651	120
대판 1987.12.22. 87도84	42	대판 1986.2.11. 85도448	322
대판 1987.12.22. 87도1699	254	대판 1986.2.11. 85도2658	349
대판 1987.12.22. 86도1175	210	대판 1986.2.11. 85도2513	333
대판 1987.11.10. 87도1213	66	대판 1986.1.21. 85도2411	276
대판 1987.10.26. 87도1745	109	대판 1986.1.21. 85도2371	282
대판 1987.10.13. 87도1240	277	대판 1986.1.21. 85도2339	239
대판 1987.9.8. 87도1332	120	대판 1985.12.10. 85도1892	167, 288
대판 1987.7.21. 87도564	352	대판 1985.11.26. 85도1906	80, 305
대판 1987.5.26. 87도527	340	대판 1985.11.26. 85도1487	163
대판 1987.5.12. 87도694	327, 340	대판 1985.11.12. 85도1893	118
대판 1987.4.28. 87도297	94	대판 1985.10.22. 85도1455	144
대판 1987.3.24. 86도2673	200	대판 1985.10.8. 85도1537	131
대판 1987.2.24. 86도2731	349	대판 1985.9.24. 85도1489	385
대판 1987.2.10. 86도2338	100	대판 1985.9.10. 85도1370	149
대판 1987.1.20. 86도874	220	대판 1985.9.10. 84도1572	118
대판 1987.1.20. 86도2395	262	대판 1985.7.9. 85도707	159
대판 1987.1.20. 86도2360	361	대판 1985.7.9. 85도1109	89
대판 1987.1.20. 86도2199	229	대판 1985.6.25. 85도652	297
대판 1987.1.20. 86도1728	333	대판 1985.5.28. 85도588	102
대판 1987.1.20. 85도221	154	대판 1985.5.25. 85도361	194
대판 1986.12.23. 86도2256	229	대판 1985.5.14. 84도2751	94
대판 1986.11.25. 86도2090, 86감도231	246	대판 1985.5.14. 84도2118	271, 290
대판 1986.11.25. 86도1951	380	대판 1985.4.23. 85도464	229
대판 1986.11.11. 86도2004	392	대판 1985.4.23. 84도2890	364
대판 1986.11.11. 86도1862	150	대판 1985.4.9. 85도25	204
대판 1986.11.11. 86도1109	229	대판 1985.4.3. 85도303	131
대판 1986.10.28. 86도1517	320	대판 1985.3.26. 85도206	245
대판 1986.10.28. 86도1406	218	대판 1985.3.26. 84도2956	283
대판 1986.10.14. 86도1091	140	대판 1985.2.26. 84도2987	312
대판 1986.9.23. 86도1429	312	대판 1985.2.8. 84도2625	355
대판 1986.9.9. 86도956	82	대판 1984.12.26. 84도2582	160

대판 1984.12.26. 84도2433	230	대판 1983.12.13. 83도1458	296, 316
대판 1984.12.26. 84도1573 전원합의체	330	대판 1983.11.22. 83도2590	232
대판 1984.12.26. 83도1988	43	대판 1983.11.22. 83도2224	179
대판 1984.12.26. 82도1373	271	대판 1983.11.8. 83도711	342
대판 1984.12.11. 84도2524	229	대판 1983.11.8. 83도2499	44
대판 1984.12.11. 84도2347	92	대판 1983.11.8. 83도2370	388
대판 1984.12.11. 84도2183	130	대판 1983.10.11. 83도2057	234
대판 1984.12.11. 84도2002	98	대판 1983.10.11. 83도1897	193
대판 1984.11.27. 84도2263	332	대판 1983.9.27. 83도1906	151
대판 1984.11.27. 84도1906	81, 305, 332	대판 1983.9.13. 83도1927	214
대판 1984.11.27. 84도1862	264	대판 1983.9.13. 83도1762	98
대판 1984.10.10. 84도1793	245	대판 1983.9.13. 83도1467	147
대판 1984.10.10. 82도2595 전원합의체	65	대판 1983.8.23. 83도1600	393
대판 1984.10.5. 84도1544	287	대판 1983.8.23. 82도3222	94, 97, 116
대판 1984.9.25. 84도1611	147	대판 1983.7.26. 83도1378	351
대판 1984.9.11. 84도1381	230	대판 1983.7.12. 82도2114	247
대판 1984.8.21. 84도781	307	대판 1983.7.12. 82도180	318
대판 1984.8.21. 84도1297	359	대판 1983.6.14. 83도808	378
대판 1984.7.24. 84도832	231	대판 1983.6.14. 83도515 전원합의체	263
대판 1984.6.26. 84도831 등	90	대판 1983.6.14. 82도2713	125
대판 1984.6.26. 83도3090	148	대판 1983.5.24. 83도200	264
대판 1984.6.12. 84도799	173	대판 1983.5.10. 83도340 전원합의체	102
대판 1984.6.12. 84도780	276, 285	대판 1983.4.26. 83도323	351, 353
대판 1984.6.12. 84도683	146	대판 1983.4.26. 83도188	361
대판 1984.5.29. 84도483	117	대판 1983.4.26. 82도3079	333
대판 1984.5.15. 84도488	288	대판 1983.4.12. 82도43	305
대판 1984.5.15. 84도418	295	대판 1983.4.12. 82도2938	361
대판 1984.4.24. 84도372	290	대결 1983.4.2. 83모8	409
대판 1984.4.24. 84도242	148	대판 1983.3.22. 83도231	104
대판 1984.4.24. 84도195	321	대판 1983.3.8. 82도3248	179, 278
대판 1984.4.24. 84도185	118	대판 1983.3.8. 82도2944	229
대판 1984.4.10. 84도79	121	대판 1983.3.8. 82도2873	221
대판 1984.3.13. 83도1859	120	대판 1983.2.22. 82도3103	271
대판 1984.3.13. 82도3136	275	대판 1983.2.22. 81도2763	215
대판 1984.2.28. 83도3331	246	대판 1983.2.8. 82도2486	165
대판 1984.2.28. 83도3160	353	대판 1983.1.18. 82도2341	127
대판 1984.2.28. 83도3007	117, 196	대판 1982.12.28. 82도2525	92
대판 1984.2.28. 83도2783	380	대판 1982.12.28. 81도1875	350, 352
대판 1984.2.14. 83도3120	280	대판 1982.12.14. 82도2442	324
대판 1984.2.14. 83도2967	242	대판 1982.11.23. 82도2346	112
대판 1984.1.31. 83도2941	241, 284	대판 1982.11.23. 82도2024	81, 100, 274
대판 1984.1.24. 83도2813	109	대판 1982.11.23. 82도1446	89
대판 1983.12.27. 83도2629	240	대판 1982.11.9. 82도2055	342
대판 1983.12.27. 82도3141	103	대판 1982.10.26. 82도1818	277
대판 1983.12.13. 83도2276	222	대판 1982.10.26. 81도1409	327

대판 1982.10.12. 82도2183	164	대판 1978.9.26. 78도1996	81
대판 1982.9.28. 82도1965	385	대판 1978.6.27. 76도2196	212
대판 1982.9.14. 82도1702	393	대판 1978.4.25. 78도246 전원합의체	388
대판 1982.9.14. 80도2566	304	대판 1978.4.25. 76도2262	401
대판 1982.6.22. 82도705	330	대판 1978.4.11. 77도3149	173
대판 1982.6.8. 82도884	273	대판 1978.3.28. 77도4049	245
대판 1982.6.8. 82도781	274	대판 1978.1.17. 77도2193	133, 287
대판 1982.6.8. 82도486	325	대판 1977.9.28. 76도4133	313
대판 1982.5.25. 82도600	394	대판 1977.7.26. 77도1802	233
대판 1982.4.27. 82도285	333	대판 1977.6.28. 77도403	117
대판 1982.4.27. 82도122	308	대판 1977.6.28. 77도251	26, 247
대판 1982.3.9. 81도2930	376	대판 1977.5.24. 77도629	379
대판 1982.2.23. 81도2958	183	대판 1977.5.24. 76도4001	375
대판 1982.1.19. 81도646	207	대판 1977.5.24. 76도3460	148
대판 1982.1.12. 81도1811	131	대판 1977.1.11. 76도3871	99
대판 1981.11.24. 81도2422	259	대판 1976.12.14. 76도3375	325
대판 1981.10.13. 81도2397	361	대판 1976.10.29. 76도2828	159
대판 1981.9.8. 81도53	114	대판 1976.9.14. 76도2071	393
대판 1981.8.25. 80도800	145	대판 1976.7.13. 75도1205	153
대판 1981.5.26. 81도811	340	대판 1976.6.8. 76도144	177
대판 1981.4.14. 81도614	378	대판 1976.6.8. 74도1266	398
대판 1981.4.14. 81도543	392, 409	대판 1976.5.25. 75도1549	251
대판 1981.3.24. 80도3305	120	대판 1976.4.27. 75도115	172
대판 1981.3.10. 80도3321	290	대판 1976.2.10. 74도2046	124
대판 1980.12.9. 80도384	354	대판 1976.1.13. 75도3397	394
대판 1980.11.25. 80도2310	332	대판 1976.1.13. 74도3680	207
대판 1980.10.14. 80도2155	335	대판 1975.8.29. 75도1996	333
대판 1980.5.27. 80도290	234	대판 1975.5.27. 75도1184	341
대판 1980.5.20. 80도306	62, 280	대판 1975.5.27. 74도3559	154, 159
대판 1980.5.13. 78도2259	233	대판 1975.4.22. 75도727	108
대판 1980.3.11. 77도2027	402	대판 1975.4.22. 73도1963	379
대판 1979.10.10. 79도2093	339	대판 1975.4.8. 74도618	402
대판 1979.10.10. 79도2040	90	대판 1975.3.25. 74도2882	209, 215
대판 1979.8.28. 79도1671	207	대판 1974.12.24. 74도3064	231
대판 1979.8.21. 79도1249	274	대판 1974.11.12. 74도2676	205
대판 1979.8.14. 79도1393	342	대판 1974.10.8. 74도1301	360
대판 1979.7.10. 79도840	361	대판 1974.7.23. 74도1399	212
대판 1979.7.10. 78도840	325	대판 1974.6.11. 74도352	375
대판 1979.4.10. 78도831	379	대판 1974.5.28. 74도509	310
대판 1979.4.10. 78도3098	401	대판 1974.5.14. 73도2401	139
대판 1979.2.27. 78도3113	311	대판 1974.2.26. 73도2380	150
대판 1978.12.13. 78도2617	184	대판 1974.1.29. 73도3104	300
대판 1978.11.28. 78도2175	240	대판 1973.12.11. 73도1133 전원합의체	402
대판 1978.11.28. 78도1961	90, 129	대판 1973.4.30. 73도354	245
대판 1978.11.14. 78도2388	177	대판 1973.1.13. 72도2585	223

대판 1972.5.9. 71도1178	223	대판 1968.11.12. 68도912	148
대판 1972.3.31. 72도64	209	대판 1968.11.5. 68도1334	222
대판 1972.3.28. 72도296	92	대판 1968.8.23. 68도884	108
대판 1971.12.14. 71도1657	223	대판 1968.5.7. 68도370	144
대판 1971.11.9. 71도1629	184	대판 1968.4.30. 68도400	191
대판 1971.10.12. 71도1356	209	대판 1967.12.19. 67도1281	296
대판 1971.9.28. 71도1082	91	대판 1967.10.4. 67도1115	220
대판 1971.8.31. 71도1204	307	대판 1967.1.24. 66도1586	317
대판 1971.6.8. 71도795	318	대판 1966.12.6. 66도1317	250
대판 1971.2.23. 70도2629	223	대판 1966.9.20. 66도928	345
대판 1971.2.23. 70도2612	342	대판 1966.7.26. 66도914	220
대판 1970.12.22. 70도2271	360	대판 1966.7.26. 66도469	160
대판 1970.9.29. 70도1516	339	대판 1966.6.28. 66도104	106
대판 1970.9.22. 70도1638	262	대판 1966.6.28. 66도1	90
대판 1970.9.22. 70도1526	114	대판 1966.3.22. 65도1164	219
대판 1970.9.22. 70도1206	202, 204	대판 1966.3.5. 66도63	145
대판 1970.9.17. 70도1473	142, 143	대판 1965.12.21. 65도899	173
대판 1970.8.18. 70도1336	121	대판 1965.10.5. 65도597	385
대판 1970.7.28. 80도1218	307	대판 1965.9.28. 65도695	329
대판 1970.7.21. 70도996	159	대판 1965.8.24. 65도493	320
대판 1970.7.21. 70도1133	326, 339	대판 1964.11.17. 64도515	163
대판 1970.6.30. 70도562	354	대판 1962.8.23. 62도93	158
대판 1970.3.10. 69도2492	311	대판 1962.3.29. 4294형상598	274
대판 1970.2.10. 69도2070	241	대판 1961.11.16. 4292형상312	112
대판 1970.1.27. 69도2225	380	대판 1961.9.28. 4294형상415	352
대판 1969.12.23. 69도2084	221	대판 1961.8.2. 4294형상284	320
대판 1969.12.3. 69도 2138	157	대판 1960.10.31. 4293형상494	107
대판 1969.6.10. 69도690	154	대판 1959.9.1. 4292형상387	251
대판 1969.5.27. 69도24	205	대판 1959.7.31. 4292형상308	247, 251
대판 1969.4.22. 69도255	296	대판 1957.3.8. 4290형상18	144
대판 1969.2.25. 68도1676	242	대판 1954.1.30. 4286형상103	246
대판 1969.2.4. 68도1793	172	대판 1953.8.4. 4286형상20	273
대판 1969.1.21. 68도1672	377	대판 1950.4.18. 4283형상10	300
대판 1968.12.24. 68도 1229	146	대판 1948.8.17. 4281형상80	250
대판 1968.12.17. 68도1324	43		
헌재 2022.5.26. 2021헌가30 등	38	헌재 2015.12.23. 2013헌가9	414
헌재 2020.5.27. 2018헌바233 전원재판부	24	헌재 2015.9.24. 2014헌바154 등	37
헌재 2020.3.26. 2018헌바3 전원재판부	23, 24	헌재 2015.3.26. 2013헌바140 전원재판부	23
헌재 2019.8.29. 2014헌바212 등	23	헌재 2012.12.27. 2010헌가82	18
헌재 2019.7.25. 2017헌바513 전원재판부	23	헌재 2010.12.28. 2008헌바157	21
헌재 2019.4.11. 2018헌바14 전원재판부	24	헌재 2010.7.29. 2009헌가25 등	68
헌재 2019.2.28. 2016헌가13 전원재판부[위헌]	37	헌재 2009.7.30. 2008헌가10	66
헌재 2017.10.26. 2015헌바239 등	17	헌재 2009.5.28. 2006헌바109	25
헌재 2016.12.29. 2015헌바196	18	헌재 2007.8.30. 2003헌바51	22

헌재 2002.11.28. 2002헌가5 전원재판부	26
헌재 2002.6.27. 99헌마480	13, 21, 22
헌재 2002.2.28. 99헌가8	21
헌재 2001.12.20. 2001헌가6	15
헌재 2000.7.20. 99헌가15	13
헌재 2000.6.29. 99헌가16	14
헌재 1999.7.22. 97헌바76	19
헌재 1998.10.15. 98헌마168	22
헌재 1998.3.26. 97헌바83 전원재판부	38
헌재 1998.3.26. 96헌가20 전원재판부	22
헌재 1997.8.21. 96헌바9 전원재판부	38
헌재 1996.12.26. 93헌바65	20
헌재 1992.4.28. 90헌바24 전원재판부	37
헌재 1992.1.28. 89헌가8 전원재판부	22
헌재 1991.2.26. 90도2906	370

[제2판]
홍형철 공무원 형법 1 [형법총론]

초판 발행일 1쇄   2024년 7월 5일
2 판 발행일 1쇄   2025년 7월 5일

저 자   홍 형 철
발행인   이 종 은
발행처   새 흐 름
           서울특별시 마포구 독막로 295 삼부골든타워 212호
           등록   2014. 1. 21. 제2014-000041호(윤)
전 화   (02) 713-3069
F A X   (02) 713-0403
홈페이지   www.sehr.co.kr

ISBN   979-11-6293-678-8(93360)
정 가   26,000원

* 본서의 무단복제행위를 금합니다. 파본은 바꿔드립니다.
* 저자와 협의하여 인지첩부를 생략합니다.